BURT FRANKLIN: RESEARCH & SOURCE WORKS SERIES 566
Selected Essays in History, Economics, & Social Science 182

ÉTUDES

SUR

L'INDUSTRIE

ÉTUDES

SUR

L'INDUSTRIE

ET LA

CLASSE INDUSTRIELLE

A PARIS

AU XIIIe ET AU XIVe SIÈCLE

PAR

GUSTAVE FAGNIEZ

BURT FRANKLIN
NEW YORK

Published by LENOX HILL Pub. & Dist. Co. (Burt Franklin)
235 East 44th St., New York, N.Y. 10017
Originally Published: 1877
Reprinted: 1970
Printed in the U.S.A.

S.B.N. 8337-10966
Library of Congress Card Catalog No.: 73-126393
Burt Franklin: Research and Source Works Series 566
Selected Essays in History, Economics, and Social Science 182

A LA MÉMOIRE DE MA MÈRE

AVANT-PROPOS

Il nous paraît superflu de faire ressortir l'intérêt du sujet traité dans ce livre ; mais, plus ce sujet excite la curiosité, plus il rend le lecteur exigeant, plus il oblige l'auteur à aller au-devant de certains mécomptes et à se dégager de la responsabilité de certains défauts qu'il n'était pas en son pouvoir d'éviter.

C'est surtout à cause de leurs lacunes que ces études paraîtront manquer aux promesses de leur titre. Si elles tombent entre les mains d'un économiste habitué aux renseignements précis et complets de la statistique, ou dans celles d'un industriel désireux de se rendre compte des progrès de son industrie, ni l'un ni l'autre n'y trouveront des notions aussi sûres, aussi détaillées que dans les enquêtes et les traités techniques contemporains. S'ils s'en étonnaient, nous leur ferions observer que le moyen âge ne nous a laissé ni statistiques officielles ni manuels d'arts et métiers comparables à ceux de notre temps. Nous ajouterons, à l'adresse de tous les lecteurs et spécialement des érudits, que les archives anciennes qui contenaient le plus de matériaux pour un travail comme le nôtre, ont été partiellement ou entièrement détruites. Celles dont la perte est la plus regrettable, ce sont les archives des corporations elles-mêmes. Là se conservaient, avec les actes émanés de l'autorité publique, les titres de propriété, les procès-verbaux de réunions, les pièces de comptabilité, les brevets d'apprentissage, bref tous les documents auxquels donnait lieu le fonctionnement des corporations et qui nous auraient fait assister à leur vie intime. Que ces documents aient été conservés intacts jusqu'à la suppression définitive des corporations ou que celles-ci se fussent déjà débarrassées de ceux qui avaient perdu toute utilité pratique[1], leur perte nous a réduit à ne donner de leur administration intérieure qu'une idée générale et insuffisante. Combien on doit déplorer aussi l'incurie des greffiers du Châtelet qui n'ont pas su préserver de la destruction les plus anciens registres civils de cette juridiction! C'était elle qui jugeait en première instance ou en appel les affaires commerciales et industrielles, qui statuait sur les débats entre les patrons et leurs ouvriers ou apprentis, qui condamnait pour contraventions aux règlements.

Par suite de la disparition presque totale des documents les plus propres à nous montrer le jeu de l'organisation industrielle, les statuts et les règlements qui nous la présentent, pour ainsi dire, au repos, ont pris la première place parmi les sources de notre travail. Mais que de sous-entendus, que de lacunes dans ces règlements, fragments d'une législation qui consistait surtout dans les traditions professionnelles, dans la jurisprudence des gardes jurés!.. Ces règlements, secs et inanimés comme des textes de lois, ne nous auraient pas mis à même de pénétrer jusqu'à la réalité des choses, si des documents

1. Il est certain que des documents cités par Leroy en 1759 dans ses *Statuts des orfèvres-joyailliers,* tels que les registres de délibérations commençant en 1595, n'existent plus; mais, d'un autre côté, les documents inventoriés dans les procès-verbaux des scellés apposés par les commissaires au Châtelet, à la suite de la suppression des corporations par Turgot en 1776, appartiennent presque tous à une époque relativement moderne.

tout différents, de nature et de provenance diverses, ne nous avaient transporté au cœur même de la vie industrielle et ne nous avaient permis de donner à notre tableau quelque couleur et quelque vérité. On verra que nous avons emprunté quelques traits de ce tableau à des documents étrangers à notre cadre par leur date ou leur origine, lorsque l'analogie nous y autorisait et que l'harmonie ne devait pas en souffrir.

Dans quel ordre devions-nous classer et présenter les résultats de nos recherches? L'ordre chronologique, le plus simple de tous, n'était pas possible, car il ne saurait s'appliquer qu'à un sujet qui offre des périodes bien tranchées. Or, si l'industrie parisienne a subi, depuis l'époque à laquelle remontent les premiers documents jusqu'à la fin du XIVe siècle, d'inévitables modifications, ces modifications n'ont pas été assez importantes pour donner lieu à des divisions suffisamment justifiées. Restait l'ordre méthodique, avec ses difficultés et l'arbitraire qu'il implique toujours. A force d'y réfléchir cependant, nous avons reconnu que notre sujet offrait deux parties principales, distinctes à la fois par leur objet et par la méthode qu'elles exigent. Nous étudions dans ce volume l'industrie et la classe industrielle; ces deux choses, qui se confondent dans la réalité, peuvent, par une abstraction très-légitime, être envisagées séparément. Et non-seulement cette distinction est commode, mais elle est nécessaire. La même méthode ne peut servir à exposer la condition de la classe ouvrière, dans ses différents éléments, et le fonctionnement des diverses industries. A côté de nombreuses variétés de détail, l'organisation des corporations offre des traits généraux qui, si on réussit à les distinguer de ce qui est particulier et accidentel, doivent former un tableau d'ensemble aussi vrai que peut l'être une **généra-**

lisation. L'exposé des procédés industriels est incompatible avec une pareille méthode ; ici la variété domine, et on se heurterait à une difficulté invincible en essayant d'éliminer des différences qui sont essentielles pour amener à l'unité un sujet qui y répugne complétement. C'est cette considération qui explique la division de l'ouvrage en deux livres : l'un où la classe industrielle est étudiée à tous les points de vue et principalement au point de vue économique, sans distinction de métiers ; l'autre qui repose, au contraire, sur les distinctions professionnelles et qui fait connaître les habitudes et les procédés propres à un certain nombre d'industries.

Nous avons dit pourquoi ce livre restera, à certains égards, au-dessous de l'attente du lecteur, nous avons essayé d'en justifier le plan. Le meilleur succès, à notre gré, qu'il puisse obtenir, c'est d'en susciter de meilleurs sur l'industrie des principales villes de la France et d'ouvrir ainsi la voie à des travaux du même genre, qui permettront un jour d'écrire l'histoire générale de l'industrie et de la classe industrielle dans notre pays.

G. F.

Décembre 1877.

LIVRE PREMIER

ORGANISATION CIVILE, RELIGIEUSE ET ÉCONOMIQUE
DE LA CLASSE INDUSTRIELLE

CHAPITRE Ier

ÉTAT DE L'INDUSTRIE

Origine des corps de métiers. — Population industrielle. — Industries parisiennes les plus florissantes. — Quartiers occupés par les diverses industries.

Une curiosité naturelle et légitime porte l'esprit humain à s'enquérir de l'origine des institutions qui ont fourni une longue carrière et joué un grand rôle. Malheureusement l'historien éprouve souvent de grandes difficultés à satisfaire cette curiosité. Il en est ainsi pour les corporations de métiers. L'histoire ne nous fait pas assister à leur formation; quand elles nous apparaissent dans les documents, elles comptent déjà de longues années d'existence et nous offrent une organisation complète. Pourtant il n'est peut-être pas impossible, en rapprochant certains traits de cette organisation de quelques textes mérovingiens et carolingiens, de se représenter ce qu'était l'industrie avant les corps de métiers, ainsi que la façon dont ceux-ci prirent naissance.

Lorsque les Francs s'établirent en Gaule et s'approprièrent les domaines du fisc impérial et ceux qui avaient été abandonnés par leurs propriétaires [1], les artisans fixés sur ces domaines durent travailler pour leurs nouveaux maîtres. Les uns restèrent isolés et conservèrent leur fonds colonaire à la charge de

---

1. Les Francs avec lesquels Clovis conquit la Gaule jusqu'à la Seine étaient peu nombreux ; les terres du domaine public et les terres sans maître leur suffirent et ils ne dépouillèrent pas les Gallo-Romains d'une partie de leurs propriétés, comme le firent les Burgondes et les Visigoths. Voyez Waitz, *Deutsche Verfassungsgeschichte*, II, 54-55.

FAGNIEZ, *Études sur l'Industrie*.   1

fournir des produits de leur industrie [1]. La plupart furent distribués, suivant leurs métiers, dans des ateliers dont chacun était dirigé par une sorte de contre-maître (*ministerialis*) [2]. La nombreuse domesticité du conquérant germain comprenait donc tous les artisans dont l'industrie lui était nécessaire [3]. Dans les gynécées, des femmes se livraient au cardage de la laine, au tissage, au lainage, au foulage et à la teinture des étoffes à l'aide des matières livrées par l'intendant du domaine [4]. Le maître tirait un profit pécuniaire des talents de ses esclaves en vendant les produits de leur industrie ou en louant leurs bras à prix d'argent [5]. Les plus habiles avaient pour lui une grande valeur à cause des bénéfices qu'ils lui rapportaient. Aussi celui qui tuait un esclave initié à un art mécanique payait au maître un wergeld plus élevé lorsque cet esclave avait donné des preuves publiques d'habileté (publice probati) [6]. C'est à ces ouvriers

1. Guérard, *Prolégomènes du Polyptique d'Irminon*, § 236. Pour donner une idée de la condition du travail avant le xii• siècle, nous avons dû étendre les renseignements fournis par de trop rares documents à une époque antérieure à celle où ces documents ont été rédigés.
2. *Ibid.* Voyez aussi l'organisation du personnel attaché au service des évêques de Worms au commencement du xie siècle. Arnold, *Verfassungsgeschichte der Deutschen Freistædte*, I, 66-69.
3. « Si mariscalcus qui super duodecim caballos est, occiditur... Si coquus qui juniorem habet occiditur, quadraginta sol. componatur. Si pistor, similiter. Faber aurifex aut spatharius qui publico probati sunt, si occidantur, quadraginta sol. componantur. *Lex Alamannorum*, tit. 79. Si quis servum natione barbarum occiderit lectum ministerialem... Qui aurificem lectum... Qui fabrum argentarium.... Qui fabrum ferrarium... Qui carpentarium bonum occiderit...» *Lex Burgundionum*, tit. X. Voyez aussi le capitulaire *de Villis*, cap. 45.
4. Cap. *de Villis*, cap. 43 et 49 et Guérard, *Prolégomènes du Polyptique d'Irminon*, § 336 et 337.
5. « Quicunque vero servum suum aurificem, argentarium, ferrarium, fabrum ærarium, sartorem vel sutorem, in publico attributum artificium exercere permiserit, et id quod ad facienda opera a quocunque suscepit, fortasse everterit, dominus ejus aut pro eodem satisfaciat, aut servi ipsius, si maluerit, faciat cessionem. » *Lex Burgund.* tit. XXI, § 2. La responsabilité du maître prouve qu'il profitait en partie de l'argent gagné par l'esclave, mais le mot *permiserit* suppose que celui-ci était intéressé à travailler pour le public et qu'il gardait une partie du salaire.
6. Voyez les textes note 3 ci-dessus. Gfrörer tire de ces textes des conséquences bien exagérées. Cette distinction entre les ouvriers ordinaires et les ouvriers d'élite, *approuvés* suppose, selon lui, qu'il existait des corporations libres devant lesquelles ces derniers avaient fait preuve de capacité. *Zur Geschichte Deutscher Volksrechte im Mittelalter*, II, 143. Nous croyons que la supériorité de ces ouvriers était

travaillant à la fois au profit de leur maître et à leur profit personnel, que s'adressaient les hommes libres qui n'étaient pas assez riches pour entretenir des esclaves aussi nombreux, aussi experts que l'exigeaient leurs besoins. Les villages possédaient aussi des moulins et des forges, où des agents, ayant un caractère public, travaillaient pour les membres de la communauté [1]. Enfin il y avait dans les villes quelques artisans libres [2]. Mais on n'en a pas moins le droit de dire que, pendant la période mérovingienne et la période carolingienne, le travail industriel eut en général un caractère domestique et servile.

C'est de ces groupes d'artisans créés dans les domaines des grands propriétaires que sortirent les corps de métiers du moyen âge. Une organisation, imaginée dans l'intérêt du maître pour discipliner et rendre plus productif le travail servile, devint la garantie des privilèges de la classe industrielle, la source de sa prospérité. Cette transformation s'accomplit par degrés ; l'artisan réussit d'abord à s'assurer une partie des bénéfices de son travail, et nous venons de voir que, dès le VIe siècle [3], il avait parfois franchi ce premier pas, puis le maître les lui abandonna entièrement en stipulant seulement des droits pécuniaires, enfin les associations ouvrières s'attribuèrent des privilèges exclusifs qui firent disparaître les travailleurs isolés. Parvenues à une indépendance complète, elles conservaient encore, nous le verrons, des traces de leur origine. Le mouvement communal ne fut pour rien dans cette émancipation de la classe ouvrière, elle était terminée quand il commença, et ce fut, au contraire, l'existence des corporations qui favorisa la formation des communes.

Si la plupart des corporations de métiers ont l'origine que nous venons d'indiquer, il en est cependant quelques-unes qui descendent directement des colléges romains. Parmi les corporations parisiennes, celles des *marchands de l'eau* et des bouchers de la Grande-Boucherie doivent remonter à l'époque ro-

---

suffisamment établie par l'empressement avec lequel leurs services étaient recherchés.

1. « Et si in ecclesia vel infra curtem ducis vel in fabrica vel in molino aliquid furaverit... quia istas quatuor domus casæ publicæ sunt et semper patentes. » *Lex Bajuv.* IX, 2.
2. « Puer Parisiacus, cujus artis erat vestimenta componere... erat enim ingenuus genere. » Gregor. Tur. *Mir. S. Martini*, II, 58.
3. Voy. le § 2, tit. XXI de la *Lex Burgund.* cité plus haut.

maine. Les nautes parisiens, qu'une inscription nous montre dès l'époque de Tibère consacrant un autel à Jupiter, survécurent à l'invasion franque et ne perdirent rien de leur importance, puisqu'ils formèrent la municipalité parisienne [1]. La corporation des bouchers de la Grande-Boucherie se recrutait héréditairement, et cette particularité, qu'on ne rencontre dans aucune autre corporation de la capitale, fait inévitablement penser aux colléges romains chargés de l'alimentation publique, dont les membres étaient également héréditaires. A ces deux exceptions près, on ne peut retrouver les *collegia opificum* dans les corps de métiers du moyen âge. Aucun texte n'indique la persistance de ces colléges, tandis que nous en avons cité plusieurs qui témoignent de l'existence d'un régime industriel tout différent. Si, faisant abstraction des textes qui sont loin, il faut bien en convenir, d'être tout à fait topiques et concluants, on cherche à se représenter ce qui s'est passé lorsque les Francs ont occupé Paris, on est porté à penser qu'ils firent subir aux membres des colléges le sort de leurs esclaves germains, qu'ils les réduisirent à un état voisin de la servitude pour s'assurer leurs services. Des associations, dont les membres étaient enchaînés à leur profession dans un intérêt public, n'étaient pas faites pour être respectées ni même comprises par un peuple qui ne s'était pas encore élevé jusqu'à la notion de l'État.

Faut-il admettre qu'une partie des gens de métiers échappa à la servitude et, pour protéger son indépendance, forma des ghildes que le temps transforma en corps de métiers? Nous ne le pensons pas, et le petit nombre d'artisans qui avaient conservé leur liberté, comme le tailleur dont parle Grégoire de Tours, ne tarda pas, selon nous, à disparaître.

Mais nous avons hâte de renoncer aux conjectures pour aborder une époque où le secours des textes ne nous fera plus défaut. Il faut arriver à la seconde moitié du XIIe siècle pour trouver les premières traces de l'existence des corporations. Cette existence se révèle pour la première fois dans une charte de 1160 par laquelle Louis VII concède à Thèce Lacohe les revenus des métiers de tanneurs, baudroyeurs, sueurs, mégissiers et boursiers. Il résulte implicitement de cette charte que ces cinq métiers étaient exercés par autant de corporations. La corporation des bouchers de la Grande-Boucherie remontait,

---

[1]. Voyez Leroy, *Dissertation sur l'origine de l'Hôtel de Ville* en tête de l'*Hist. de Paris* de Félibien

nous l'avons dit, à l'époque romaine ; on ne s'étonnera donc pas de voir leurs usages qualifiés d'antiques en 1162, lorsque Louis VII les remit en vigueur. Les drapiers qui, en 1183, prirent à cens des maisons de Philippe-Auguste faisaient par là même acte de corporation. Enfin c'est au même prince que plusieurs corps de métiers font remonter certains priviléges consignés dans les statuts du *Livre des métiers*.

Du reste le fond de ces statuts pris dans leur ensemble a une origine bien antérieure à l'époque où ils furent rédigés. C'est ce qui fait leur importance. Nous n'avons pas besoin de dire qu'Étienne Boileau n'a pas donné aux corporations leurs règlements ; cela est trop évident. Il n'a pas même, comme les auteurs de nos codes, fait un choix parmi les coutumes de ces corporations dans des vues d'harmonie, d'équité et de progrès. Il s'est contenté de les recueillir par écrit telles que les gens de métiers les lui firent connaître, sans faire disparaître leurs contradictions, sans résoudre les questions soulevées par les requêtes de plusieurs corporations. Dans ces statuts une seule chose lui appartient : le plan. S'ils gardent en effet le silence sur une foule de points, ils s'occupent toujours, et cela dans un ordre uniforme, de la franchise ou de la vénalité du métier, du nombre des apprentis et des gardes-jurés, des impôts et du guet. Leurs nombreuses lacunes ne doivent pas plus nous étonner que l'époque relativement tardive à laquelle ils ont été rédigés ; la tradition qui avait permis de se passer pendant si longtemps de règlements écrits, suppléait à leur silence. En dépit de leur laconisme, les statuts d'Ét. Boileau ont une haute valeur et parce qu'ils reflètent un état de choses bien plus ancien et parce qu'ils conservèrent longtemps leur autorité et servirent de base à la législation postérieure. On reconnaîtra l'usage fréquent que nous en avons fait dans le cours de notre travail.

Avant d'exposer l'organisation de l'industrie parisienne, il faut dire quelques mots du développement auquel elle était parvenue. Les chroniques et les autres compositions historiques ne contribuent presque pour rien à l'idée que nous pouvons nous en faire. L'*Éloge de Paris*, composé en 1323 par Jean de Jandun[1], est presque le seul document de ce genre qui nous fournisse à

---

1. *Tractatus de laudibus Parisius*, chap. 3 et 4 de la IIe partie dans *Paris et ses historiens aux* XIVe *et* XVe *siècles*, par MM. Le Roux de Lincy et Tisserand.

cet égard quelques renseignements ; encore n'ont-ils pas toute la précision désirable. A défaut de précision, on découvre du moins, sous l'obscurité et le pédantisme de son style, la vive impression produite sur l'auteur par l'industrie et le commerce de la capitale. Renonçant à décrire tout ce qu'il a vu aux Halles, dans ces Halles que Guillebert de Metz nous dépeindra au siècle suivant comme aussi vastes qu'une ville [1], Jean de Jandun se borne à signaler les provisions considérables de draps, les fourrures, les soieries, les fines étoffes étrangères exposées au rez-de chaussée, et, dans la partie supérieure qui présente l'aspect d'une immense galerie, les objets de toilette, couronnes, tresses, bonnets, épingles à cheveux en ivoire, besicles, ceintures, aumônières, gants, colliers. Les divers ornements destinés aux fêtes, nous dit-il dans un style que nous sommes obligé de simplifier pour le rendre intelligible, fournissent à la curiosité un aliment inépuisable. Jean de Jandun exprime d'une façon vive et frappante le développement de l'industrie parisienne, en déclarant qu'on ne trouvait presque pas deux maisons de suite qui ne fussent occupées par des artisans. Ce trait est ce qu'il y a de plus intéressant dans le court chapitre consacré par lui aux professions manuelles et où il se contente d'énumérer un certain nombre de métiers, sans donner de particularités sur aucun d'eux. Cette énumération comprend l'art de la peinture, de la sculpture et du relief, l'armurerie et la sellerie, la boulangerie, dont les produits sont d'une exquise délicatesse, la poterie de métal, enfin les industries des parcheminiers, des copistes, des enlumineurs et des relieurs.

Heureusement nous ne sommes pas réduits à cette vague description pour nous représenter l'état de l'industrie parisienne au XIIIe et au XIVe siècles. Les rôles des tailles levées à Paris de 1292 à 1300, puis en 1313 nous offrent des informations plus précises. On y trouve rue par rue la liste de tous les artisans soumis à la taille, avec l'indication de leur cote. Ces documents officiels pourraient donc servir de base à une statistique de l'industrie parisienne, s'ils contenaient le recensement de toute la population ouvrière. Mais les simples ouvriers n'y figurent qu'en petit nombre ; et les patrons eux-mêmes n'y sont pas tous compris, comme on en verra les preuves plus loin. Toutefois, si ces rôles ne nous font pas connaître l'ensemble de la popula-

---

1. *Description de Paris au* XVe *siècle*, par Guillebert de Metz, même ouvrage, p. 198.

tion industrielle, ils permettent du moins de s'en faire une idée approximative, ainsi que du nombre des artisans de chaque métier; ils nous indiquent en même temps la répartition des diverses corporations dans Paris et par la cote de leurs membres, leur prospérité relative.

Géraud a fait le relevé des gens de métiers mentionnés dans le rôle de 1292; leur nombre, si on exclut de cette liste tous ceux qui n'exerçaient pas l'industrie proprement dite, s'élève à 4,159. Nous avons fait le même travail pour le rôle de 1300 et nous y avons compté 5,844 contribuables voués aux professions mécaniques. Nous avons constaté qu'un assez grand nombre de contribuables, dont la profession est indiquée dans le rôle de 1300, sont inscrits sans cette indication dans celui de 1292, et par conséquent ne sont pas entrés dans le recensement de Géraud; on peut aussi supposer que celui-ci a vu maintes fois un surnom là où nous avons cru reconnaître une qualification professionnelle. Toutefois ces raisons ne suffisent pas à expliquer une différence de 1,685 contribuables et il faut en chercher la cause soit dans l'augmentation de la population ouvrière de 1292 à 1300, soit dans l'assiette de la taille à ces deux époques, assiette qui nous est malheureusement inconnue.

Nous allons donner le recensement des artisans de chaque métier. Aux chiffres qui nous sont fournis par les rôles de 1292 et de 1300 nous ajouterons ceux que nous avons trouvés dans les statuts et dans quelques autres documents. Le tableau suivant présentera aussi les explications nécessaires sur les industries qui y figurent.

RECENSEMENT DES ARTISANS INSCRITS DANS LES RÔLES
DE 1292 ET DE 1300.

	1292	1300		1292	1300
A*feteeurs de toiles*, apprêteurs de toiles.	1	»	*Ameçonneeurs*, fabricants d'hameçons.	3	1
Affineurs.	3	8	*Ampolieeurs, ampoulieurs, empoleeurs*.	5	3
Affineurs d'argent.	1	»	D'après Géraud, ce sont des polisseurs. Cette explication n'est pas admissible.		
Aguilliers, aguillières, fabricants d'aiguilles	16	6			
Aiguillettes (fabricants d')[1].	»	2			

1. Des statuts de 1397 nomment 24 aiguilletiers et 2 aiguilletières. Arch. nat. *Livre rouge vieil du Chât.* Y II, f° 143 v°.

	1292	1300
Les *ampoulieurs* ou *poulieurs* étaient des ouvriers qui tendaient le drap sur la rame ou poulie.		
Aneliers, fabricants d'anneaux.	3 2	6 3
Appareilleurs, maîtres ouvriers qui tracent la coupe des pierres.		
Arbalestiers, arbalestriers, arbaletiers, fabricants d'arbalètes.	3	4
Archal (batteurs d').	2	10
Archalières, fabricants de fil d'archal.	»	1
Archiers, fabricants d'arcs.	8	5
Arçonneeurs. Ils ne faisaient pas des arçons de selles, comme l'a cru Géraud, mais arçonnaient la laine. Les arçons de selles étaient fabriqués par les chapuiseurs.	6	4
Argent (batteurs d'), ouvriers qui réduisaient l'argent en plaques.	»	1
Argenteeurs, argenteurs. Géraud traduit ce mot par : argentiers, orfèvres, changeurs. De ces trois interprétations aucune n'est exacte et il s'agit ici d'argenteurs, doreurs. Voy. le *Livre des mét.* p. 210.	3	2

	1292	1300
Armuriers, fabricants d'armures.	22	35
Armuriers (Vallets).	2	1
Atacheeurs, atachiers, atachières, « faiseurs de claus pour atachier boucles, mordans et membres seur corroie. » *Livre des met.* p. 64.	7	6
Aumônières (faiseuses d') [1].	»	3
Aumuciers, *aumucières*, fabricants d'aumusses.	9	8
Auquetonniers, faiseurs de hoquetons.	4	»
Azur (qui font), fabricants de bleu azur.	1	»
Baatiers, bastiers, fabricants de bâts. Cf. *chapuiseurs*.	3	1
Bahuiers, Bahuriers, fabricants de bahuts.	2	4
Balanciers, fabricants de balances [2].	2	3
Barilliers, fabricants de barils en cœur de chêne, poirier, alisier, érable, tamaris, brésil pour les vins fins, les eaux de senteur, etc. Voy. leur statut dans le *Livre des mét.* et dans Laborde, *Gloss. et répert. des émaux*. V° *Barris*.	6	6
Baudraières.	»	1
Baudraiers, corroyeurs de cuir pour ceintures, et semelles	15	35

---

1. A la fin du XIII⁰ siècle, 124 faiseuses d'aumônières sarrasinoises, tant maîtresses qu'ouvrières, firent enregistrer leurs statuts au Châtelet. *Ord. relat. aux mét.*, à la suite du *Livre des métiers*, p. 382. C'est une preuve entre plusieurs autres que les rôles de tailles ne contiennent pas le dénombrement complet de la population ouvrière de Paris.

2. En 1325, il y en avait 18. Bibl. nat. Ms. fr. 24069, fol. 128.

	1292	1300		1292	1300
de souliers. Voy. *Livre des mét.* p. 224.			*Boucliers d'archal.*	»	1
			Boudinières.	»	4
Baudraiers (Vallets).	1		*Boudiniers*, marchands de boudin. Les statuts des cuisiniers leur interdisent la vente du boudin. *Livre des mét.* p. 177.	12	2
Bazaniers, cordonniers en basane. *Livre des mét.* p. 231. Cf. *çavetiers*.	20	16			
Bazaniers (Vallets).	»	1			
Blazenniers, blazoniers, ouvriers qui recouvraient de cuir les selles et les blasons, c'est-à-dire les écus. Voy. leur statut, *Livre des mét.* p. 219.	2	2	*Boulangers.* Cf. *talemeliers.*	»	1
			Bourreliers [1].	24	23
			Bourreliers (Vallets).	1	»
			Boursières [2]. Les boursiers-brayers faisaient des bourses et des braies en cuir.	»	3
Bocetiers.	»	1			
Boisseliers, boisseliers.	1	1	*Boursiers*, fabricants de bourses.	45	32
Boitiers, serruriers pour boîtes et meubles. Voy. *Livre des mét.* p. 53.	»	2			
			Boursiers (Vallets).	3	»
			Boursiers de soie.	»	2
			Boutonnières.	»	3
Boschet (qui font ou vendent). Le *boschet* était une boisson.	»	2	*Boutonniers,* fabricants de boutons et de dés à coudre.	16	13
Bouchers, bouchiers, bouchers.	42	70	*Braaliers, braoliers,* faiseurs de braies en fil.	6	2
Bouchers (Vallets).	1	»			
Bouchières, bouchères.	»	2	*Brasseurs.* Cf. *cervoisiers.* [3]	1	»
Bouclières, femmes de *boucliers.*	»	2			
Boucliers (qui font), fabricants d'écus.	»	1	*Brésil (qui battent le).* On sait que le brésil est un bois de teinture.	»	1
Boucliers, fabricants de boucles.	36	73			
			Brodeeurs, broderesses,	14	23

---

1. En 1404 (n. s.), on comptait environ 23 bourreliers (*Reg. des bann.* Y 2, f° 215 v°) ; nous en relevons 26 dans un accord passé entre eux et les selliers-lormiers le 16 avril 1405. (n. s.) *Ibid.* f° 224.

2. En 1321 (n. s.) nous constatons l'existence de 14 boursiers et boursières de bourses en lièvre et en chevrotin. La plupart sont d'origine anglaise. Dans le nombre se trouve un mercier, dont le commerce comprenait bien d'autres objets que les bourses. Ms. fr. 24069, f° 44 v°. Remarquons que ces 14 personnes paraissent s'être occupées seulement de la vente des bourses.

3. Par lettres-patentes du 26 septembre 1369, Charles V accorda le monopole de la fabrication de la bière à Paris à 21 brasseurs. Le roi réserva seulement aux quatre Hôtels-Dieu le droit de brasser de la cervoise pour la consommation des pauvres et des gens de la maison. (*Ord. des rois de Fr.* V, 222.)

	1292	1300		1292	1300
brodeurs, brodeuses [1].			Çavetiers (*Vallets*).	1	»
Brunisseurs, ouvriers qui polissent les métaux.	»	1	Cerceaux (*plieurs de*). Ils cerclaient les tonneaux.	»	4
Cages (*qui font*).	»	1	Cerceliers. N'étaient probablement pas différents des plieurs de cerceaux.	1	»
Calendreeurs, calandreurs d'étoffes.	2	6
Carreaux de fer (*fabricants de*).	»	1	Cerenceresses, ouvrières qui peignaient le lin et le chanvre avec le seran.	3	»
Carriers, ouvriers qui extraient la pierre des carrières.	18	9
Çavetières.	»	1	Cervoisières.	»	7
Çavetiers. Géraud dit que les *çavetiers* se distinguaient des *cordouaniers* en ce qu'ils travaillaient la basane, tandis que les derniers employaient le cordouan. C'était les *çavetonniers* qui faisaient les « petiz solers de bazane. » Les *çavetiers* étaient ce que sont aujourd'hui les savetiers.	140	171	Cervoisiers. Cf. brasseurs.	37	33
			Cervoisiers (*Vallets*).	2	1
			Chandéles de bougie (*qui font*).	»	1
			Chandelières.	»	11
			Chandelières de cire [2].	»	1
			Chandeliers, faiseurs de chandèles.	71	58
			Chandeliers (*Vallets*).	1	1
			Chandeliers de cire. Cf. ciriers.	1	»
			Chandeliers de suif.	»	1
			Chapelières.	»	4
			Chapelières de perles.	»	2

1. A la fin du xiiie siècle, Paris comptait 80 brodeuses et 13 brodeurs. (*Ord. relat. aux mét.* p. 379.) Dans un règlement de 1303 figurent 25 brodeuses (ordené de tout le commun... especialment de Jehanne, etc.). Arch. nat. KK 1336, f° 113. En 1316, le nombre des ouvriers et ouvrières en broderie s'élevait à 179. Fr. 24069, f° 179. Dans ce dernier chiffre sont probablement compris les simples ouvriers et ouvrières.

2. Le commerce des chandelles de cire, autrement dit des bougies, était dans la dépendance du chambellan de France. Cet officier avait inféodé à un particulier la maîtrise des 26 chandeliers de cire, qui avaient le monopole de la fabrication des bougies. Le maître et les chandeliers vendaient, moyennant un prix dont le maximum fut fixé par le Parlement à 5 s. tourn. par an, le droit de faire le commerce des chandelles de cire. C'était presque exclusivement des femmes qui se livraient à ce commerce (*Livre du Chât. rouge troisième*, f° 99 et Félibien IV, 525) : « Les venderesses de chandelles de cire par la ville de Paris doyvent avoir congé des maistres des XXVI mestiers de cire. » Enquête du Parlem. de la Toussaint 1279. L. Delisle, *Restitution d'un vol. des Olim*, n° 388. En 1320, les pauvres femmes qui colportaient les bougies étaient en procès devant le prévôt de Paris avec le propriétaire des 26 maîtrises de chandeliers et les 26 maîtres chandeliers. (*Registre des bannières*, Y 3, f° 99.) Les bougies étaient faites aussi par les épiciers. *Ordonnance prévôtale sur les épiciers*, 30 juillet 1311. Ms. fr. 24069, f° 84 v°.

	1292	1300		1292	1300
Chapelières de soie. Elles tissaient des voiles appelés couvre-chefs. Nous considérons comme chapelières de soie trois femmes indiquées dans le rôle de 1300 comme faisant des couvre-chefs [1].	4	3	*Chaumeeurs, chaumiers,* couvreurs en chaume ?	3	2
			Chaumeresses.	»	1
			Ciriers, cirières. Cf. *chandéles de bougie, (qui font) chandeliéres de cire.*	19	8
			Ciriers (Vallets).	1	»
			Cloutiers.	19	20
Chapeliers.	47	35	*Coffrières.*	»	2
Chapeliers de feutre.	7	10	*Coffriers,* coffretiers.	17	8
Chapeliers de feutre (Vallets).	2	»	*Coffriers-bahuiers.*	»	1
			Coiffes de laine (faiseurs de).	»	1
Chapeliers de perles.	»	1
Chaperonniers. Ils faisaient des chaperons.	6	6	*Coiffiers, coiffières.*	29	12
			Conréeurs, corroyeurs.	22	27
Chapuiseresses de selles	»	1	*Conréeurs de basanne.*	1	»
Chapuiseurs.	11	9	*Conréeurs de connins,* corroyeurs de peaux de lapin.	»	2
Chapuiseurs (Vallets).	1	»
Chapuiseurs de bâts. Cf. *baatiers.*	1	»
			Conréeurs de cordouan, corroyeurs de cuir façon de Cordoue.	2	1
Charpentières, femmes de charpentiers.	»	4
Charpentiers.	95	108	*Conréeurs de cuirs.*	3	4
Charpentiers de maisons.	1	»	*Conréeurs de peaux* ou *de pelleterie.*	2	1
Charpentiers de nés, charpentiers de bateaux.	2	»	*Contresangliers,* fabricants de contre-sangles.	2	1
Charrons.	19	11	*Coquilliers.* Géraud croit qu'ils faisaient les coiffures de femmes appelées *coquilles.*	3	»
Charrons (Vallets).	1	»
Chasubliers.	5	4
Chauciers, chaussetiers [2].	61	48
Chauciers (Vallets).	2	2	*Corbeilliers,* corbeilniers, vanniers.	1	1
Chaudronnières [3].	»	3
Chaudronniers. Cf. *maignens.*	6	12	*Cordières.*	»	2
			Cordiers.	26	11

1. Le *Livre des métiers* nous fait connaître trois autres corporations qui travaillaient pour la coiffure et qui ne paraissent pas avoir été représentées dans les registres de 1292 et de 1300 : les chapeliers de fleurs, les chapelieres de paon et les chapelieres d'orfroi.
2. Les maîtres chauciers qui prêtèrent serment d'observer les statuts rédigés au temps d'Et. Boileau étaient au nombre de 45. Les mêmes statuts font connaître le nom de 33 ouvriers; mais, en ce qui touche les ouvriers, l'énumération des statuts est loin d'être complète. *Livre des mét.* p. 140-141.
3. En 1327, il y avait à Paris 46 chaudronniers et chaudronnières. Ms. fr. 24069, f° 32 v°.

— 12 —

	1292	1300		1292	1300
Cordiers (*Vallets*).	1	»	*Couverturiers*. Ils faisaient des couvertures. Cf. *coutepointiers*	»	4
Cordouanières.	»	8			
Cordouaniers, cordonniers de cordouan [1].	226	267			
Cordouaniers (*vallets*), Nous comptons parmi les vallets cordonniers inscrits dans le registre de 1292 deux *compagnons cordouaniers* que Géraud a eu le tort de ne pas considérer comme tels.	9	2	*Crépinières*.	»	16
			Crépiniers. [Les crepiniers et crépinières faisaient en fil et en soie des coiffes de femmes (voy. Quicherat, *Hist. du costume*, 189), des taies d'oreiller et des pavillons pour couvrir les autels (*Liv. des mét.* p. 85).]	32	13
Corroiers, courraiers, courroiers, faiseurs de courroies.	81	135			
			Cristalières.	»	2
Courraières, courroières.	»	13	*Cristaliers*, lapidaires. Ils ne formaient avec les pierriers de pierres naturelles qu'une corporation, qui taillait le cristal et les pierres fines.	18	13
Coutelières.	»	1			
Couteliers. Cf. *emmancheurs* [2].	22	38			
Couteliers-fèvres.	2	»			
Coutepointiers, faiseurs de courtepointes. Cf. *couverturiers*.	8	18			
			Cuisinières.	»	2
			Cuisiniers.	21	15
Coutières.	»	1	*Cuisiniers* (*Vallets*.)	2	»
Coutiers, faiseurs de coutes, c'est-à-dire de couvertures [3].	9	5	*Cuviers* (*fabricants de*).	»	1
			Déciers, déciers, fabricants de dés à jouer.	7	4
Couturières.	46	31			
Couturiers. Ils appartenaient à la même corporation que les tailleurs.	57	121	*Déeliers*, fabricants de dés à coudre. Cf. *boutonniers*.	1	»
			Doreeurs, doreurs.	4	3
Couturiers (*Vallets*.)	»	1	*Doreeurs* (*Vallets*).	1	»
Couturiers de gants.	1	»	*Dorelotières*.	»	2
Couturiers de robes.	»	1	*Dorelotiers*, rubaniers [4].	14	12

1. Plus d'un siècle après la levée de nos deux tailles, en 1418, l'épidémie enlevait à Paris, en deux mois, 1800 cordonniers, tant patrons qu'ouvriers. *Journal parisien sous les règnes de Charles VI et de Charles VII*.)
2. En 1369 (n. s.), la fabrication des lames de couteaux occupait environ 23 couteliers. (Arch. nat. KK 1336, f° 25.)
3. En 1347, 37 coutiers et coutières firent ajouter par le prévôt de Paris plusieurs articles à leurs statuts. Ms. fr. 24069 entre le f° 83 et le f° 84, et *Ord. des rois de Fr*. V, 548, où ces articles sont datés mal à propos de 1341.
4. En 1404 (n. s.), la corporation fut représentée devant le prévôt de Paris par 27 maîtres ou maîtresses. (*Reg. des bann*. Y 2, f° 210.)

	1292	1300		1292	1300
Drapiers, marchands de draps.	19	56	de l'écrevisse. Mais d'après Quicherat (*Hist. du costume*, p. 305), l'usage et le nom de cette cuirasse ne paraît pas remonter au-delà de la fin du XVe siècle.		
Drapiers (*Vallets*).	1	16			
Draps d'or (*fabricants de*).	»	3			
Emmancheurs, faiseurs de manches de couteaux. Dans les 27 emmancheurs imposés en 1300 je compte un contribuable qualifié : *qui fait manche*.	10	27			
			Escriniers, faiseurs d'écrins, de boîtes [1].	2	5
			Escuciers, faiseurs de boucliers, d'après Géraud.	1	»
Encrières.	1	»	*Escueles d'étain* (*batteurs d'*).	»	1
Encriers, fabricants d'encre.	»	1	*Escueles d'étain* (*fabricants d'*).	»	1
Enlumineurs	13	15			
Entailleurs d'images, sculpteurs.	1	»	*Escueliers*, fabricants d'écuelles, d'auges, d'outils en bois.	9	3
Entailleurs de manches.	»	1			
Eschafaudeeurs, constructeurs d'échafaudages.	2	4	*Escueliers* (*Compagnons*).	»	1
			Escueliers (*Vallets*.)	3	»
Eschaudeeurs. Géraud croit que ce mot vient d'échaudés et désigne une espèce de pâtissiers.	2	»	*Esmailleurs* [2].	5	6
			Esmouleurs, rémouleurs.	6	2
			Esmouleurs de couteaux.	»	1
Eschequetiers. Nous ignorons le sens de ce mot.	»	2	*Esperonniers.*	3	5
			Espicières.	»	4
			Espiciers [3].	28	65
Escorcheeurs.	13	20	*Espiciers* (*Vallets*).	6	2
Escorcheeurs de moutons.	»	1	*Espingliers*, fabricants d'épingles.	»	12
Escreveiciers. Géraud pense que ce mot désignait les fabricants d'une cuirasse dont les lames s'emboîtaient les unes dans les autres comme les écailles	2	»	*Espinguières.*	»	2
			Espinguiers.	10	11
			Estachéeurs. Géraud attribue à ce mot le même sens qu'au mot attachéeurs.	2	2
			Estain (*batteresses d'*).	»	1
			Fariniers, meuniers ?	5	2

1. A la fin du XIVe siècle, les écriniers dépassaient le nombre de 24. (*Reg. du Parl.* X^{ia} 43, f° 266.)
2. Nous trouvons 40 émailleurs d'orfévrerie à la fin du XIIIe siècle. Ms. fr. 24069, f° 78.
3. On ne trouve guère plus d'une vingtaine de noms d'épiciers dans l'ordonnance rendue par le prévôt le 30 juillet 1311. Ms. fr. 24069, f° 84 v°.

	1292	1300		1292	1300
Favresses. Cf. *fevres.*	»	2	*Forcetiers*, fabricants d'outils en fer et notamment de forces pour tondre les draps [1].	11	10
Fermaillers, fabricants d'anneaux, de fermaux, de fermoirs de livres. Voy. le statut des fremaillers de laiton, dans le *Livre des mét.*	5	10
			Forgerons. Cf. *fèvres.*	»	1
			Formagiers, fourmagiers, faiseurs et marchands de fromages. Cf. *fromagères.*	18	23
Fermaillières.	»	1
Ferpiers, fripiers.	121	163
Ferpiers (Vallets).	2	»
Ferrons.	11	18	*Fouacières.*	»	1
Feutrières.	»	2	*Fouaciers, fouacières*, faiseurs et faiseuses de fouaces.	3	»
Feutriers, ouvriers qui apprêtent le feutre.	10	6
Feutriers (Vallets).	1	»
Fèvres, forgerons. Ce terme générique désignait les ouvriers qui travaillaient le fer sans avoir une spécialité. Cf. *Forgerons.*	74	40	*Foulons* [2].	24	83
			Foulons (Vallets).	»	1
			Four (aides à).	»	3
			Fourbisseurs [3].	35	43
			Fourbisseurs (Vallets).	»	1
			Fournier de Saint-Magloire. Celui qui exploitait le four banal de l'abbaye.	»	1
Fil d'argent (qui tret le).	1	»
Filandriers, filandrières, fileurs, fileuses.	5	6	*Fournier de Saint-Martin-des-Champs.* Celui qui exploitait le four banal du prieuré.	»	1
File laine (qui).	2	1
File sa quenouille (qui).	»	1
Fileresses de soie.	8	36	*Fournières.*	»	3
Fileresses d'or.	»	1	*Fourniers.* Sous cette désignation étaient compris non-seulement ceux qui tenaient un four banal, mais aussi des garçons boulangers et même des boulangers établis.	94	66
Fileurs d'or.	2	1
Floreresses de coiffes, fleuristes.	1	»
Fondeeurs.	2	3
Fondeurs de cuivre.	»	1
Fondeurs de la monnaie.	»	1
Fonteniers, fabricants de fontaines.	1	1
			Fourniers (Vallets).	1	6

1. A la fin du XIIIe siècle, les forcetiers parisiens étaient au nombre de 13. (*Ord. relat. aux métiers*, p. 358.)

2. Plus de 300 foulons allèrent au-devant de Philippe le Hardi lorsqu'il rapporta d'outre-mer les ossements de saint Louis. (*Hist. de Fr.* XX, 181, D.)

3. Les statuts de 1290 nomment 40 patrons et 65 ouvriers fourbisseurs. (*Ord. relat. aux mét.*, p. 367-368.) Huit ans après, le nombre des patrons était réduit à 29. (*Ibid.* p. 369.)

	1292	1300		1292	1300
Fourreliers, fabricants de fourreaux.	6	3	que des *greves*, comme le dit Géraud.		
Fourreurs de chapeaux.	»	3	Ils appartenaient à la corporation des fèvres.		
Fours (faiseurs de).	»	1			
Frasarresses.	»	1			
Fraseeurs, faisaient les garnitures bouillonnées appelées *frezeaux* et *frezelles*. Voy. Quicherat, *Hist. du costume*.	1	»	*Haubergières*.	»	2
			Haubergiers, fabricants de hauberts.	4	7
			Heaumier le roi.	»	1
			Heaumiers, fabricants de heaumes.	7	7
Fromagères. Cf. *formagiers*.	»	3	*Heaumiers (Vallets)*.	1	1
			Huches (faiseurs de).	»	2
Fueil (qui font le). Le *fueil* était une teinture comme le prouve le texte suivant : « L'en ne pourra faire draps tains en moulée, en *fuel* ne en fostet... »	»	1	*Huchières*.	»	2
			Huchiers.	29	52
			Huilières.	»	2
			Huiliers, fabricants d'huile [1].	43	29
			Huissières.	»	1
			Huissiers, fabricants d'huis.	»	2
Gaisnières.	»	2	*Imagières*.	»	2
Gaisniers.	52	40	*Imagiers, ymagiers*, sculpteurs.	24	23
Gaisniers (Compagnons)	»	1			
Galochiers, fabricants de galoches.	2	2	*Imagiers emmancheurs*, ouvriers qui sculptaient les manches de couteaux.	»	1
Gantières.	»	1			
Gantiers.	21	40			
Gantiers (Vallets).	2	»	*Laceeurs*, passementiers-rubaniers. Cf. *dorelotiers*.	»	1
Gantiers de laine.	»	1			
Garnisseurs. Ils garnissaient de viroles et de coipeaux les couteaux, les épées, les gaînes.	4	11			
			Lacets de soie (faiseuses de).	»	1
			Lacières.	6	1
			Lacs (qui font).	»	2
Garnisseurs de couteaux.	»	1	*Lacs à chapeaux (hommes qui font)*.	»	1
Gascheeurs, gâcheurs de plâtre.	2	1	*Lacs de soie (femmes qui font)*.	»	1
Gasteliers, pâtissiers.	7	»	*Laine (femmes qui œuvrent de)*. Cf. *file laine (qui)*.	»	2
Gravelières.	»	1			
Graveliers, ouvriers qui se livraient à l'extraction du gravier.	5	3			
			Lampiers, fabricants de lampes et de chandeliers.	5	6
Greffiers. Fabriquaient des agrafes plutôt	7	6	*Laneeurs*, ouvriers qui chardonnaient le	2	5

1. Dans ce nombre sont comprises les huilières.

	1292	1300		1292	1300
drap pour le rendre pelu.			*Males (qui font).*	»	1
			Maliers, maletiers.	»	1
Lanières.	»	18	*Manches (feseeurs de, qui font).*	2	1
Laniers, marchands de laine ?	»	16			
			Mareschales.		»
Lanterniers, fabricants de lanternes.	3	8	*Mareschaux.*	34	
			Mareschaux (Vallets).	3	»
Lanterniers d'archal.	»	1	*Mazelinniers.* Cf. *madelinières*. Fabricants de vases en madre.	5	»
Laveeurs de robes, dégraisseurs.	»	1			
Lieeurs, relieurs de livres.	17	4			
			Mercières.	»	23
Lingiers, lingières.	3	8	*Merciers.*	70	129
Les lingers et lingères recensés par Géraud sont au nombre de 5 ; mais il a compté à tort parmi les lingers un marchand de fil de lin (*qui vent file linge*) et un linier (*lingnier*), c'est-à-dire un marchand de lin.			*Merciers (Vallets).*	1	1
			Mereaux de plomb (fabricants de).	»	1
			Mesgissiers [2].	23	38
			Meunières.	»	4
			Meuniers.	56	17
			Miel (qui fait, qui vend).	1	1
			Miroeriers, fabricants de miroirs.	4	5
			Miteniers.	»	1
Loiriers, probablement, comme le pense Géraud, fabricants de courroies, corroiers, courraiers.	»	1	*Monnaies (qui fait les coins de la).*	»	1
			Monnoiers.	19	»
			Monnoiers (Vallets).	1	»
			Morteliers.	8	6
Lorimières.	»	1	*Mouleeurs.* Ouvriers qui fondaient dans des moules des boucles, des sceaux et autres petits objets en cuivre et en archal. Voy. leur statut dans le *Livre des mét.*	2	»
Lorimiers, lormiers [1].	39	49			
Maçonnes, femmes de maçons.	»	1			
Maçons.	104	122			
Maçons (Aides à).	»	7			
Madelinières. Cf. *mazelinniers.*	»	2			
Maignans. Cf. *chaudronniers.*	12	4			
			Mouleeurs (Vallets).	1	»

1. Nous constatons l'existence de 64 lormiers en 1304, de 50 en 1310, de 47 en 1320. Ms. fr. 24069, f° 96-98.
2. En 1324 (n. s.), je compte 35 patrons mégissiers. Ms. fr. 24069, f° 197. En 1395, les mégissiers établis ne dépassaient guère le nombre de 15. (*Reg. d'aud. du Chât.* Y 5220, à la date du 24 septembre.) Dans des statuts de 1407, on trouve l'énumération « de la plus grant et saine partie des mégissiers de nostre bonne ville ». Cette énumération comprend 17 mégissiers. (*Ord. des rois de France,* IX, 210.) Nous connaissons le nombre des simples ouvriers mégissiers en 1399 (n. s.), il ne s'élevait guère au-delà de 32. (*Reg. d'aud. du Chât.* Y 5221, f° 82.)

	1292	1300		1292	1300
Moustardières.	»	1	*Pauciers*, peaussiers.	1	»
Moustardiers.	10	7	*Paveurs.*	»	1
Nates (qui font).	»	1	*Peautre (batteurs de).*	»	1
Natiers.	1	»	Cf. peautriers, piautriers.		
Navetiers, fabricants de navettes de tisserands. Ce mot a conservé cette signification.	4	1	*Peautriers* [3].	»	2
			Peintres.	33	38
			Peintres (Vallets).	»	2
			Peletières.	»	6
Nes (qui euvrent es).	»	1	*Peletiers.*	214	338
Oiers, rôtisseurs.	3	»	*Peletiers (Vallets).*	5	8
Orbateurs, batteurs d'or.	6	14	*Pelliers.* Géraud interprète ce mot par fabricants ou marchands de perles.	6	6
Orfaveresses.	»	2			
Orfèvres.	116	251			
Orfèvres (Vallets).	2	7	*Perrières.*	»	1
Orfrosiers, faiseurs d'orfroi, c'est-à-dire de galon.	1	»	*Perriers*, joailliers [4].	13	8
			Piautriers. Cf. Peautre, peautriers.	»	3
Oublaières.	»	2	*Pigneresses*, ouvrières qui peignaient les matières textiles.	3	2
Oubloiers, faiseurs d'oublies [1].	29	24			
Paneliers. D'après Géraud, ils faisaient des panneaux pour prendre les lapins.	3	2			
			Pigneresses de laine.	»	1
			Pigneresses de soie.	»	1
			Pigniers.	9	3
Panonceaux (qui font).	»	1	*Piqueeurs*, faiseurs de piques.	3	2
Paonnières, chapelières de paon.	»	1	*Plastriers.*	36	22
			Plastriers (Compagnons).	»	1
Paonniers, chapeliers de paon.	5	2	*Plommiers, ploumiers.* C'était des fabricants de *plommées*, ou fléaux terminés par une boule de plomb, bien plutôt que des brodeurs (*plumarii*).	1	1
Pareeurs. C'était, sous un autre nom, les mêmes ouvriers que les *laneeurs*.	5	4			
Pataières.	»	6			
Pataiers, pâtissiers.	68	55			
Pataiers (Vallets).	4	»			
Patenôtrières.	»	3	*Potières.*	»	8
Patenôtriers [2].	14	14	*Potières d'étain.*	»	2

1. En 1397, « la plus grant et saine partie » du métier se composait de 29 oubliers. *Ord. des rois de Fr.* VIII, 150.
2. Au temps d'Et. Boileau, la fabrication des chapelets de corail et de coquilles occupait 14 patenôtriers et une patenôtrière. (*Livre des mét.* p. 70.)
3. Une ordonnance de 1305 (n. s.) nous fait connaître les noms de 13 patrons peautriers (Ms. fr. 24069, fol. 31 v°). Quelque temps après que cette ordonnance eut été rendue, 9 personnes y adhérèrent successivement, parmi lesquelles un potier qui travaillait aussi le peautre au martel. (*Ibid.*)
4. En 1340 Paris possédait 14 pierriers de verre. Ms fr. 24069, fol. 268.

	1292	1300		1292	1300
Potiers.	54	36	Savonniers, fabricants	8	5
Potiers d'étain [1].	»	3	de savons.		
Potiers de terre.	»	1	Scieurs d'es, scieurs	»	2
Poulaillères, marchandes de volailles et de gibier.	»	5	de long. Cf. siéeurs.		
			Séelleeurs, graveurs de sceaux.	8	7
Poulaillers.	49	43	Séelléeurs (Vallets).	2	»
Pouletières, pouletiers. Faisaient le même commerce.	3	»	Selières.	»	2
			Seliers.	51	63
			Seliers (Vallets).	7	1
Queus. Cf. cuisiniers.	23	»	Serruriers [3].	27	36
Rafreschisseeurs. Ils remettaient à neuf les vêtements. Voy. Ord. relat. aux mét., p. 425.	»	3	Siéeurs, Cf. scieurs.	7	»
			Soie (femmes qui curient).	»	2
			Soie (qui dévident).	»	1
			Soie (femmes qui font tissus de).	»	1
Recouvreeurs, couvreurs.	21	31	Soie (ouvrières de).	»	38
Recouvreeurs (Vallets).	1	»	Soie (ouvriers de).	»	4
			Sonnettes (hommes qui font).	»	1
Relieurs, Voy. lieurs.	»	»			
Retondeeurs, ouvriers qui tondaient les draps qui avaient subi déjà une première tonte.	9	2	Soufletiers, fabricants de soufflets.	2	3
			Sueurs, cordonniers.	25	27
			Tabletières.	»	1
			Tabletiers. Ils faisaient des tables, des étuis, etc., en bois, en ivoire, en corne. Voy. leur statut dans le Livre des mét.	21	19
Retordent fil (qui).	»	1			
Saintiers, fondeurs de cloches. Voy. Compte de la refonte d'une cloche de Notre-Dame de Paris en 1396, tirage à part, p. 9.	»	1			
			Taçonneeurs, savetiers.	1	»
			Taières, toières.	7	»
			Taiers. Ils faisaient probablement les taies d'oreillers.	»	3
Sarges (qui fet les).	1	»			
Sargiers.	»	2	Tailleresses.	1	»
Sarrasinoises (qui fait œuvres).	»	1	Tailleurs.	124	160

1. En 1304 (n. s.), la corporation des potiers d'étain ne comptait guère plus de 19 patrons. Ms. fr. 24069, f° 29 v°.

2. On sera frappé de l'absence des pourpointiers ou doubletiers dans cette nomenclature. Ils ne firent rédiger leurs statuts qu'en 1323 (voy. Append. n° 52) parce qu'ils commençaient alors à se multiplier et avaient déjà 14 ateliers. Ce n'est donc que vers cette époque que la mode des pourpoints se répandit, elle était encore inconnue au commencement du XIV° siècle. Ce sont ces statuts dont M. Quicherat veut parler, p. 206, et auxquels il donne par distraction la date de 1296.

3. En 1392 le nombre des serruriers ne dépassait guère 59. (Reg. des bannières, Y 2, f° 116 v°.)

	1292	1300		1292	1300
Tailleurs (*Vallets*).	7	»	*Tonnelières.*	»	2
Tailleurs de dras.	1	»	*Tonneliers.*	70	89
Tailleurs d'or.	1	»	*Tonneliers* (*vallets*).	2	»
Tailleurs de pierre.	12	31	*Tourneurs.*	12	15
Tailleurs de robes.	15	27	*Treffiliers.*	8	9
Talemelières.	»	5	*Treffiliers d'argent.*	»	1
Talemeliers.	62	131	*Tripières.*	»	3
Talemeliers (*vallets*).	5	2	*Tripiers.*	3	3
Taneeurs.	2	30	*Trompeeurs*, faiseurs de trompes et non pas joueurs de trompes, comme le dit Géraud. Voy. *Ord. relat. aux mét.*, p. 360-361.	3	4
Taneeurs (*vallets*).	»	2
Tapicières.	»	1
Tapiciers [1].	24	29
Teinturières.	»	2
Teinturiers.	15	33
Teinturiers (*vallets*).	»	2
Teinturiers de robes.	2	»	*Trumeliers*, fabricants de l'armure qui couvrait les jambes et qu'on appelait *trumelières.*	1	»
Teinturiers de soie.	»	3
Telières.	»	6
Teliers, tisserands de toiles. Voy. Du Cange, v° *telarius.*	11	1
			Tuiliers, fabricants de tuiles.	22	9
Tiretainiers.	4	»
Tisserandes de teiles.	»	2	*Vanetiers.*	1	»
Tisserands, tisserandes [2].	82	360	*Vaniers.* Ces deux mots sont synonymes.	4	»
Tisserands (*vallets*).	»	2
Tisserands de lange, tisserands drapiers.	»	1	*Veilliers*, fabricants de vrilles. Ils appartenaient à la corporation des fèvres.	3	2
Tisserands de linge, tisserands de toile.	4	7
Tisserands de soie.	»	1	*Veluet* (*qui fait le*), ouvrier en velours.	1	»
Tissus (*qui fait, feseresse de*).	2	»
			Verriers, voirriers, verriers.	17	14
Toiles (*qui bat les*).	1	»
Toilliers. Ce mot doit être compris comme teliers.	3	»	*Viroliers*, faiseurs de viroles. Cf. *garnisseeurs.*	3	5
Tondeurs.	20	36	*Voirrières.*	»	1

Disons maintenant dans quelles branches d'industrie Paris se distinguait et s'était fait une réputation. La draperie parisienne, sans atteindre le même développement que celle de Flandre, avait pris une assez grande extension. La capitale était une des

---

1. En 1302, 10 tapissiers de haute lice et 6 tapissiers sarrasinois représentent la corporation devant le prévôt de Paris. Ms. fr. 24069, f° 241.
2. Dont 350 tisserands et 10 tisserandes.

villes « *drapantes* » qui composaient la hanse de Londres[1]. L'étoffe de laine qu'on y fabriquait sous le nom de *biffe* jouissait d'une grande renommée[2]. Le *Dit du Lendit rimé* parle des draps parisiens[3] qui sont également mentionnés dans les tarifs des marchandises vendues aux foires de Champagne[4]. De tous les gens de métiers inscrits dans le rôle de 1313, les drapiers sont certainement les plus imposés, et par conséquent les plus riches. Il en est dont la cote s'élève à 24 livres, à 30 liv., à 127 liv., à 135 liv., et c'est un drapier qui supporte la plus forte contribution du rôle, qui est de 150 livres[5].

La mercerie était aussi très-florissante à Paris et y attirait un grand concours de marchands de tous les pays[6]. Le commerce des merciers comprenait des objets très-divers, dont la fabrication exigeait déjà ce goût et ce savoir-faire qui recommandent aujourd'hui les produits parisiens à l'étranger[7].

Enfin la bijouterie parisienne était très-estimée, à en juger par des vers du roman d'Hervis qui la mettent sur le même rang que les draps de Flandre[8].

L'activité industrielle et commerciale se déployait surtout sur la rive droite de la Seine qu'on appelait le quartier *d'outre Grand-Pont*. Les artisans de même profession étaient fréquemment groupés dans le même quartier ; mais il ne faut pas considérer cet usage comme étant d'une constance absolue, car les artisans et les consommateurs avaient un intérêt commun à ce que chaque industrie n'eût pas un centre unique, les premiers pour ne pas se faire une concurrence préjudiciable, les seconds pour trouver à leur portée les produits dont ils avaient besoin. Aussi, quand on parcourt les registres des tailles de 1292, de 1300 et de 1313, ne s'étonne-t-on pas de la diversité des métiers

---

1. Bourquelot, *Études sur les foires de Champ.* p. 134 et suiv.
2. *Proverbes et dictons populaires,* éd. Crapelet cités par le même auteur, p. 231.
3. Barbazan et Méon, *Fabliaux et contes,* II, 301.
4. Bourquelot, *op. laud.* I, 144.
5. Voy. dans notre nomenclature, v° *foulons.*
6.   Et reviennent de toz païs
    Les bons marcheans à Paris
    Por la mercerie achater...

Le *Dit des marchéans* à la suite des *Proverbes et dictons populaires* publiés par Crapelet.
7. Voy. le même dit et le *Dit des merciers* dans le même recueil, ainsi qu'à l'append. la pièce n° 59.
8. Voy. les *Études sur les foires de Champ.* p. 114, 306, 307.

qui s'exerçaient, pour ainsi dire, côte à côte. Cependant le nom seul de certaines rues, qui s'est conservé jusqu'à nos jours, prouverait qu'elles étaient, à l'origine du moins, le siége d'une industrie spéciale. Le nom de la Mortellerie est expliqué par le passage suivant : « ... en la rue de la Mortèlerie, devers Saine, où l'on fait les mortiers[1]... » La population de la Tannerie se composait en majorité de tanneurs[2]. Les selliers, les lormiers et les peintres étaient domiciliés en grand nombre dans la partie de la *Grant Rue* ou rue Saint-Denis, qui s'étendait depuis l'hôpital Sainte-Catherine jusqu'à la porte de Paris, et qui était appelée la *Sellerie*[3]. La rue Erembourg de Brie portait aussi le nom de rue des Enlumineurs, qu'elle devait à la profession de ses habitants composés presque exclusivement d'enlumineurs, de parcheminiers et de libraires[4]. C'était dans les rues Trousse-Vache et Quincampoix que les marchands de tous les pays venaient s'approvisionner de mercerie[5]. Les tisserands étaient établis dans le quartier du Temple, rue des Rosiers, des Ecouffes, des Blancs-Manteaux, du Bourg-Thibout, des Singes ou Perriau d'Etampes, de la Courtille-Barbette et Vieille-du-Temple[6]. Jean de Garlande nous apprend que les *archers*, c'est-à-dire les fabricants d'arcs, d'arbalètes, de traits et de flèches, avaient élu domicile à la Porte Saint-Ladre[7]. On comptait un grand nombre de fripiers dans la paroisse des Saints-Innocents[8]. Les *attachiers* demeuraient sur la paroisse Saint-Merry, car, durant le carême, ils cessaient de travailler quand complies sonnaient à cette église[9].

Ces agglomérations, dont nous pourrions donner d'autres exemples, s'expliquent par plusieurs causes. D'abord, les membres d'une association, unis par des occupations et des intérêts communs, ont une tendance naturelle à se grouper. Indépendamment de cette cause générale, plusieurs corps de métiers

1. *Cartul. de Notre-Dame*, III, 300.
2. *Liv. de la taille de* 1313, p. 113 et 114.
3. *Liv. de la taille de* 1313, p. 99 et le plan de Géraud.
4. Jaillot, *Rech. sur Paris*, V, *quart. Saint-André*, p. 44, et Sauval, *Antiq. de Paris*, I, 119. Rôle de 1292, ed. Géraud, p. 156-157 et rôle de 1300, fol. 291 v°.
5. Le *Dit des marchéans*, loc. cit.
6. *Histor. de Fr.* XX, 299, A. et rôle de 1300.
7. Voy. son *Dictionnaire*, n° XVIII, à la suite de *Paris sous Philippe le Bel*.
8. *Liv. de la taille de* 1313, p. 51.
9. *Liv. des mét.* p. 64.

étaient attirés dans certains quartiers par les exigences de leurs industries, d'autres ne pouvaient s'en écarter pour des raisons d'hygiène ou de police. Certaines industries, telles que la teinturerie, ne pouvaient s'exercer que dans le voisinage d'un cours d'eau [1]. Au mois de février 1305 (n. s.), Philippe le Bel rétablit les changeurs sur le Grand-Pont, qu'ils occupaient déjà avant sa destruction, et défendit de faire le change ailleurs [2]. Il est aisé de découvrir le motif de cette interdiction : le commerce de l'argent, se prêtant à des fraudes nombreuses, nécessitait une surveillance active que la réunion des changeurs dans un lieu aussi fréquenté que le Grand-Pont, rendait beaucoup plus facile [3]. C'est sans doute pour la même raison que le prévôt de Paris assigna aux billonneurs une place nouvellement créée vis-à-vis de l'Écorcherie, au bout de la Grande-Boucherie. Plusieurs obtinrent de rester dans la rue au Feurre, en représentant qu'elle était située au centre de Paris, près de la rue Saint-Denis, la plus commerçante de la ville, et dans le voisinage des Halles. Les billonneurs domiciliés sur le Grand et le Petit-Pont furent compris dans cette exception, les autres durent se conformer à la mesure prise par le prévôt [4]. En 1395, le procureur du roi au Châtelet voulait obliger les mégissiers qui corroyaient leurs cuirs dans la Seine depuis le Grand-Pont jusqu'à l'hôtel du duc de Bourbon, à transporter plus en aval leur industrie, parce qu'elle corrompait l'eau nécessaire aux riverains et aux habitants du Louvre et dudit hôtel [5].

L'intérêt de la salubrité publique avait fait placer les boucheries hors de la ville [6], parce qu'à cette époque on avait l'habitude

---

1. Jaillot, IV, *quart. de la place Maubert*, p. 104.
2. « ... Duximus ordinandum, quod cambium Parisius erit et tenebitur supra nostrum magnum pontem solummodo a parte Gravie inter ecclesiam Sancti Leofredi et majorem archam sive deffectum ipsius pontis, prout hactenus ante corruptionem pontis ejusdem quondam lapidei extitit consuetum; item quod nulli omnino liceat alibi quam in loco illo cambiare... » *Ordonn. des rois de Fr.* I, 426.
3. A Rouen, le change ne pouvait se faire que dans la rue de *Corvoiserie*. Ce qui prouve qu'en fixant l'endroit où les changeurs devaient avoir leurs boutiques, l'autorité avait pour but de faciliter la surveillance, ce sont les fraudes commises par plusieurs changeurs rouennais qui s'étaient établis dans des lieux obscurs et retirés. *Ibid.* I, 789.
4. Arch. de la Préf. de Pol. *Cop. du liv. vert vieil premier*, f° 7 r°.
5 *Reg. d'aud. du Chât.* Y 5220 à la date du 6 novembre 1395.
6. « ... Car l'en faisoit et les boucheries et les cimentières tout hors

d'y abattre et d'y équarrir les bestiaux. La Grande-Boucherie ne fit partie de Paris que depuis l'agrandissement de la capitale par Philippe-Auguste. Elle était située au nord du Grand-Châtelet[1], et désignée aussi sous les noms de boucherie Saint-Jacques, du Grand-Châtelet et de la porte de Paris. Elle se composait de trente et un étaux et d'une maison commune nommée le *four* du métier, parce que le maître et les jurés y tenaient leurs audiences[2].

Les étaux des bouchers de Sainte-Geneviève se trouvaient dans la rue du même nom. Ils y jetaient le sang et les ordures de leurs animaux et avaient fait pratiquer à cette fin un conduit qui allait jusqu'au milieu de la voie. Un arrêt du Parlement, du 7 septembre 1366, les obligea à abattre, vider et apprêter les bestiaux hors Paris, au bord d'une eau courante[3].

Dom Bouillart attribue à Gérard de Moret, abbé de Saint-Germain des Prés, la création de la boucherie du bourg de ce nom[4]. Cependant, Jaillot assure que des actes du XIIe siècle font mention des bouchers de Saint-Germain[5]. Quoi qu'il en soit, par une charte du mois d'avril 1274-75, l'abbé Gérard loua à perpétuité aux bouchers y dénommés et à leurs héritiers seize étaux, situés dans la rue conduisant à la poterne des Frères mineurs, et appelée depuis rue de la Boucherie[6]. Le loyer de ces seizes étaux s'élevait à 20 livres tournois, payables aux quatre termes d'usage à Paris, et était dû solidairement par chaque boucher. Le nombre ne pouvait en être augmenté ni diminué sans l'autorisation de l'abbé. Ceux qui devenaient vacants par la mort ou l'absence du locataire, ne pouvaient être loués qu'à des personnes originaires du bourg, et pour une somme qui ne devait pas dépasser 20 sous parisis. La vacance ou même la destruction de l'un d'eux n'opérait pas de réduction dans le loyer dont le taux restait fixé à 20 livres. Le défaut de

---

des cités pour les punaisies et pour les corrupcions eschiever. » *Descript. de Paris sous Charles V* faisant partie du commentaire de Raoul de Presles sur la *Cité de Dieu. Paris et ses historiens*, p. 110. Cf. Lebeuf, *Mém. sur l'hist. d'Auxerre*, III, 203.

1. Géraud, *ouv. cité*, p. 375-76, et le plan.
2. Sauval, I, 633. C'est ainsi que le siége de la juridiction épiscopale était appelé le For-l'Évêque, *forum episcopi*.
3. *Livre du Châtelet rouge* 3e, f° 96 r°.
4. *Hist. de Saint-Germ. des Prés*, p. 137.
5. T. V, *quart. du Luxembourg*, p. 7.
6. Géraud, *ouv cité*, p. 343, et le plan.

payement amenait la saisie des biens meubles de tous les bouchers ou de l'un d'eux (*communiter vel divisim*), jusqu'à l'acquittement intégral de la dette. L'abbaye avait aussi la faculté de confisquer leurs viandes en cas de non-payement ou de violation d'une clause du bail. Dans la suite, les bouchers qui occupaient alors les étaux, convertirent spontanément les livres tournois en livres parisis et augmentèrent par là le loyer d'un quart. La charte rédigée à cette occasion, le mercredi 29 mars 1374 (n.s.), constate deux autres modifications apportées au bail. Le boucher sur lequel la saisie avait été opérée pour le tout eut désormais, contre ses codébiteurs solidaires, un recours dont la première charte ne parle pas, et l'étranger qui épousait une femme native du bourg, fut admis à s'y établir boucher pendant la durée du mariage. Indépendamment de ces seize étaux, la même rue en contenait trois autres qui ne sont pas compris dans le bail. L'abbé Richard, de qui émane la charte, prévoyant le cas où ce nombre augmenterait, se réserva, ainsi qu'à ses successeurs, le droit de les louer à des bouchers connaissant bien leur état et nés à Saint-Germain [1].

La fondation d'une nouvelle boucherie rencontrait l'opposition des bouchers du Châtelet, qui y voyaient une atteinte à leur monopole. Ils eurent un procès devant le Parlement avec les Templiers, au sujet d'une boucherie que ceux-ci faisaient construire dans une terre, sise aux faubourgs de Paris. Les adversaires des Templiers prétendaient être en possession d'instituer leurs fils bouchers avec la faculté d'exercer cette industrie pour toute la ville, sous la condition de l'autorisation royale [2]. Personne, disaient-ils, fût-ce un seigneur justicier, ne pouvait créer des bouchers, ni construire une boucherie à Paris ou dans les faubourgs, à l'exception de ceux qui en avaient depuis un temps immémorial. Philippe III, avec leur assentiment, accorda aux Templiers la permission d'avoir hors des murs deux étaux, dont la longueur ne devait pas dépasser douze pieds, et d'y établir deux bouchers, qu'ils ne seraient pas obligés de prendre parmi les fils de maîtres [3]. Il était permis à ces bouchers de faire écor-

1. *Ordon. des rois de Fr.* VI, 73.
2. ... « Dicebant se et predecessores suos esse et fuisse in possessione... faciendi et constituendi carnifices ad scindendum et vendendum carnes pro tota villa, videlicet filios carnificum, auctoritate et assensu nostro... » *Ibid.* III, 260.
3. « ... Quoscumque et qualescumque et de quocumque genere voluerint eligere... » *Ibid.*

cher et préparer les bestiaux par leurs garçons, mais ils étaient tenus de les dépecer et de les vendre en personne. Le roi les affranchit de tous les droits auxquels la corporation était sujette, en déclarant qu'il n'entendait pas porter atteinte par cette concession aux usages et priviléges de ladite corporation [1]. Cette transaction, datée du mois de juillet 1282, nous fait connaître l'origine de la boucherie du Temple.

Le 2 novembre 1358, le dauphin Charles autorisa le prieuré de Saint-Éloi à établir six étaux à bouchers dans sa terre située près de la porte Baudoyer et au delà de la porte Saint-Antoine. Le prieur obtint cette faveur en faisant valoir la commodité qu'elle procurerait aux habitants du quartier Saint-Paul, dont toutes les boucheries se trouvaient fort éloignées, et l'exemple de l'abbaye de Saint-Germain-des-Prés et du prieuré de Saint-Martin-des-Champs, qui avaient des boucheries dans les faubourgs [2].

L'évêque de Paris possédait un étal situé entre la grande et la petite porte de l'Hôtel-Dieu. Cette position causant beaucoup d'incommodité aux malades et aux personnes de la maison, l'évêque et l'hospice s'accordèrent pour qu'il fût transporté plus loin, dans la rue Neuve-Notre-Dame, à condition qu'il resterait sous la juridiction du prélat, et que le boucher qui l'occuperait conserverait ses priviléges. Philippe de Valois consentit à l'un et à l'autre, au mois de décembre 1345 [3].

Mentionnons enfin la boucherie du bourg de Saint-Marcel et celle du Petit-Pont, qui était sous la juridiction de Saint-Germain-des-Prés [4].

---

1. *Ordonn. des rois de Fr.* III, 260.
2. *Voy. Append.*, n° 1.
3. Félibien, *Hist. de Paris*, I, 382, et preuves, III, 253. C'est sans doute cet étal qui constituait la boucherie du Parvis mentionnée par l'auteur du *Ménagier de Paris*, II, 80, dans son énumération des boucheries de cette ville.
4 L. Delisle, *Restit. d'un vol. des Olim*, n° 736.

CHAPITRE II

VIE CIVILE ET RELIGIEUSE DU CORPS DE MÉTIER.

Le corps de métier était une personne morale. — Ses revenus et ses dépenses. — Il n'avait pas en principe le droit de sceau. — La confrérie.

Les corporations d'artisans étaient indépendantes jusqu'à un certain point de l'État, et constituaient des personnes morales. En effet, d'une part elles nommaient assez fréquemment leurs magistrats, investis quelquefois d'une juridiction professionnelle, et réglaient leur discipline intérieure avec une liberté presque complète, l'autorité publique se contentant généralement d'homologuer leurs statuts ; de l'autre, elles étaient capables d'acquérir, d'aliéner, de faire en un mot tous les actes de la vie civile. Ainsi, en 1183, Philippe-Auguste accensa aux drapiers de Paris, pour 100 liv. parisis, vingt-quatre maisons confisquées sur les Juifs[1]. Au mois d'août 1219, un certain Raoul Duplessis leur donna, moyennant un cens de 12 den., une maison avec son pourpris, située derrière le mur du Petit-Pont, ainsi que 30 s. 2 den. de cens à percevoir sur les maisons voisines de celle où leur corporation tenait ses séances[2]. Au mois de novembre 1229, cette même corporation reçut de Nicolas Brunel, bourgeois de Paris, et d'Emeline, sa femme, 11 liv. et 19 den. parisis de croît de cens, dont un cinquième à titre gratuit et le surplus moyennant 200 liv. parisis. La terre sur laquelle était assis ce surcens relevant de l'évêque de Paris, les drapiers s'engagèrent à servir à celui-ci,

---

1. L. Delisle, *Catal. des actes de Ph.-Aug.* n° 86.
2. *Bibl. de l'École des Chartes*, 1re série, V, 476.

ainsi qu'à ses successeurs, comme droit de lods et ventes, une rente de 20 s. parisis, payable moitié à l'octave de la Nativité de saint Jean-Baptiste (24 juin) et moitié à l'octave de Noël[1]. En janvier 1234 (n. s.), en présence d'un clerc commis par l'official de Paris, Philippe d'Étampes et sa femme Émeline donnèrent aux bouchers de la Grande-Boucherie, pour 9 liv. parisis de croît de cens payables moitié quinze jours après Noël *(ad quindenam Nativitatis Domini)*, et moitié quinze jours après la Saint-Jean-Baptiste, une place située dans la rue Pierre-à-Poissons *(in platea piscium)*[2], près des étaux desdits bouchers. Philippe d'Étampes et sa femme garantirent aux bouchers la possession paisible de ladite place, sur laquelle Émeline renonça à tous les droits qu'elle avait ou pouvait avoir à titre de douaire ou autrement. Eudes, maître des bouchers, au nom de la communauté, affecta en garantie du payement du surcens aux termes fixés 60 s. parisis de croît de cens que ladite communauté percevait sur une maison de la rue de l'Écorcherie. A défaut de payement à échéance, Philippe et Émeline stipulèrent une indemnité de 12 den. par chaque jour de retard. En outre, ils avaient la faculté d'opérer la saisie de la place et des 60 s. de surcens qui garantissaient leur créance [3].

On vient de voir le maître des bouchers contracter pour ses confrères, dont il était le représentant naturel ; les corps de métiers étaient également habiles à se faire représenter en justice par des procureurs [4], tandis que les associations qui n'avaient pas le caractère de personnes morales, ne pouvaient pas plus plaider qu'acquérir sans y être autorisées par le roi [5].

Outre leurs revenus ordinaires, tels que loyers, cens, rentes, etc., les corporations avaient des revenus casuels qui se composaient du droit payé à l'occasion de l'entrée en apprentissage, des droits de réception et d'une partie des amendes encourues pour infractions aux règlements. Lorsque ces revenus étaient insuffisants, elles obtenaient l'autorisation de s'imposer. Ainsi

---

1. *Cart. de Notre-Dame,* III, 65.
2. Cette rue longeait le Châtelet. Voy. le plan de Géraud.
3. Append. n° 2.
4. *Cop. du Livre vert ancien,* f° 89 r°, aux Arch. de la Préf. de Pol. Voy. aussi la procuration générale donnée par les fripiers colporteurs à Jehan le Charpentier et à Guillaume Lourmoy. *Ordon. des rois de Fr.* VI, 679.
5. *Ibid.* V, 271.

les tisserands, étant endettés de 660 livres, mirent sur chaque pièce de drap fabriquée à Paris une taxe de 12 den. parisis, qui devait être perçue jusqu'à leur entière libération, et dont ils affermèrent le produit pour une somme égale au montant de leurs dettes et payable par quotités de 110 s. parisis chaque semaine. Ce n'était pas la première fois que les tisserands recouraient à ce moyen pour se créer des ressources extraordinaires[1]. Lorsqu'elles devaient avoir un procès, les corporations se réunissaient, avec l'autorisation du prévôt, pour s'imposer une contribution destinée à couvrir les frais de justice. C'est ce que firent les barbiers en 1398, les boulangers et les *chandeliers* de suif en 1399, les mégissiers en 1407[2].

1. «.... Pro pluribus collectis consimilibus alias ab eis impositis et venditis... » *Olim*, III, 2e part. 941.
2. « A la requeste des maistres et ouvriers barbiers de la ville de P., disant que ilz avoient certaines accions et poursuites à expetiter et intenter à l'encontre du principal maistre et jurez dud. mestier...... ce qu'ilz ne povoient fere senz passer procuracions et constituer procureurs, un ou plusieurs ; et aussy ne se oseroient eulz assembler pour ce fere senz congié et licence, supplians à eulz estre sur ce pourveu, nous à yceus avons donné congié et licence de eulz assembler pardevant... nostre amé Fontenay, examinateur et en sa presence fere et passer procurations, constituer procureurs un ou plusieurs pardevant telz notaires comme bon leur semblera et fere assiete jusque à 20 liv. par. por ceste foiz, pour poursuir et demener ce que dit est et paier les missions qu'il esconvendra pour cause de ce et pour leur fere eslire quatre, six ou huit bonnes personnes et souffisantes pour fere lad. assiete avecque un colecteur qui en peust et sache rendre bon compte, quant et à qui il appartendra. » 16 décembre 1398, *Reg. d'aud. du Chât.* Y. 5221, fol. 48. — « A la requeste des boulangers de P., disans que ils esperoient avoir certaine cause ou proces à l'encontre du procureur et maitre de S. Ladre pour raison du droiz..... à eulz et leur d. mestier appartenans, ce qu'ilz ne pourroient faire senz passer procuration.... et aussy leur esconvenoit asseoir, indire et imposer sur eulz une bourse jusques à certaine somme de den. pour paier les frais... qu'il esconvendroit faire, ce qu'ilz ne pourroient faire ne eulz assembler senz congié de justice, nous à yceux avons donné congié.... de passer procuration... et eulz assembler... pour savoir se ilz seront d'acort de faire lad. assiete jusques à XX liv. par. et ce fait pour faire faire lad. assiette... » an. 1399. *Ibid.* fol. 157 vo — « A la requeste des jurez et gardes du mestier des chandelliers de suif de la ville de P., disans que ilz ont certaine causez, actions et poursuites à poursuir...... à l'encontre de certaines personnes pour raison des droiz, franchises et libertez à leur d. mestier appartenans, pour lesqueles poursuivre il leur esconvenoit faire... procureurs et aussy... faire plusieurs missions que ils ne pourroient supporter senz faire aucune bourse, assiete ou impost sur eulz et les autres ouvriers dud. mestier jusques à XX liv., ce qu'ilz n'ose-

Indépendamment des revenus dont jouissaient les autres corporations, le budget des bouchers de la Grande-Boucherie comprenait les produits de la juridiction exercée par le maître et les jurés. Le droit de deux deniers auquel donnait lieu l'apposition du signet de la communauté sur une obligation, et celui d'un denier acquitté par la partie ou le témoin qui prêtait serment, faisaient partie des revenus judiciaires, sur lesquels le maître prenait un tiers, et dont le reste était employé aux dépenses sociales. Les exploits de justice et même les revenus dans leur ensemble étaient quelquefois affermés. Le vendredi après la Saint-Jacques et la Saint-Christophe (25 juillet), chaque boucher payait le loyer de son étal et passait un nouveau bail. Lorsque l'un d'eux ne se présentait pas ce jour-là pour faire un bail et qu'il n'avait pas payé le loyer échu au fermier, celui-ci était mis en possession de l'étal et s'en appropriait les revenus pendant l'année courante, à la charge d'en payer le loyer au nouveau fermier[1]. Le boucher, bien que son créancier fût désintéressé, n'était admis à continuer son métier qu'après s'être libéré de sa dette au profit de la corporation, et il était en outre condamné à l'amende, s'il ne justifiait pas son absence auprès du maître et des jurés. Quand un boucher mourait avant d'avoir payé son loyer, le fermier était également mis en possession de l'étal, à moins que les jurés ne consentissent à le louer à un confrère, qui devait payer le loyer échu et celui de l'année suivante. Il en était de même lorsque le locataire mourait avant le jour de l'échéance ; cependant, si le défunt laissait un fils exerçant la même profession, celui-ci pouvait

---

roient faire ne eulz assembler senz congié, nous à yceux avons donné congié de eulz assembler pardevant telz notaires... pour passer lad. procuration et d'estre oud. assiete et en impost en la presence de... sergent... ou cas où ilz seroient d'acort par quatre, six ou huit bonnes personnes qui à ce seront nomméz... par lesd. chandelliers, present led. sergent qui leur fera le serement... » av. 1399. Y 5222, fol. 162. — « Ce jour nous octroiasmes à Bouchart Moreau, procureur des megissiers de P., de eulx povoir assembler pardevant nostre amé Moursin, examinateur et de asseer... sur eulx une bourse jusques à 50 liv. p. et au dessoubz pour les poursuites de leurs causes... touchans leurd. mestier, ou cas que de ce la plus grant et saine partie desd. megissiers en sera d'acord et de constituer procureurs pardevant deux notaires... » 23 fevrier 1407 (n. s.). Y 5226.

1. Pour comprendre l'avantage que le fermier tirait d'un étal dont il payait le loyer, il faut supposer qu'il le sous-louait plus cher et profitait de l'excédant.

occuper l'étal de son père jusqu'à l'expiration du bail, à la condition de payer le loyer[1].

L'entretien de la maison commune, la rétribution d'un conseil chargé des intérêts de la société[2], les frais de représentation, des repas de corps et des services religieux, les aumônes, telles étaient les principales dépenses auxquelles les corps de métier avaient à faire face.

Les corporations industrielles avaient-elles un sceau ? On serait tenté de le croire, quand on considère qu'elles formaient des personnes morales : en effet, la faculté de passer des contrats semble impliquer celle de les valider par l'apposition d'un sceau[3]. Cependant il n'en était pas ainsi, et le droit de sceau, loin d'être inhérent aux corporations, ne leur appartenait que lorsqu'il leur avait été octroyé par une concession spéciale[4]. Or, l'autorité publique devait, on le comprend, se montrer assez avare de ces concessions, qui avaient pour résultat de la priver d'une source de revenus. Parmi les corporations parisiennes, bien peu possédaient un sceau. Leroy nous a transmis la copie de celui des orfévres, qu'il regarde comme ayant été gravé au XIIIe siècle. Il a pour type saint Éloi, et pour légende les mots : *Sigillum confratrie sancti Eligii aurifabrorum*[5]. Les bouchers de la Grande-Boucherie, comme on l'a vu, jouissaient également du droit de sceau. Enfin, un accord passé entre les prévôts, ouvriers et monnayers du serment de France et l'évêque de Paris, fut scellé du « séel commun de la monnoie de Paris[6]. »

1. *Ordonn. des rois de Fr.* VI, 590.
2. «.... Et les deux pars (des exploits de justice) tourneront au prouffit du commun, à paier le conseil ou autrement, selon ce que l'en verra que bon soit. » *Ibid.*
3. « *Arca communis* et *sigillum* sont les caractères auxquels on reconnaît une communauté faisant corps. » *Dict. de droit* de Ferrière, ed. 1771, au mot *Sceau des communautés.*
4. « Et aussi avons-nous donné et donnons aus dessus-diz tissarrans congié et license qu'ilz facent faire un séel de leur mestier, duquel ilz pourront sceller lettres, tèles que audit mestier pourront attouchier, et que li franc varlet du mestier pourront avoir le dit séel à leur besoing pour trois soulz de Paris. » *Ordonn. du seigneur de Commines concernant les tisserands de drap de cette ville,* en date du 29 septembre 1359. *Ordonn. des rois de Fr.* IV, 208, art. 7.
5. Leroy, *Stat. et privil. du corps des march. orfévres-joyailliers de la ville de Paris,* 1759. D'après M. Labarte, ce sceau porte tous les caractères de la monnaie de saint Louis et a été évidemment gravé sous son règne. *Hist. des arts indust.* II, 300.
6. *Cartul. de Notre-Dame,* III, 334.

Nous avons envisagé le corps de métier dans l'ordre civil ; étudions-en maintenant le caractère moral et religieux. La pratique de la dévotion et de la charité venait, en effet, resserrer entre les artisans de même profession les liens formés par la communauté d'intérêts. Le *Livre des métiers* contient déjà des dispositions pieuses et charitables. Ainsi les statuts des tréfiliers d'archal condamnent le contrevenant à payer 4 den. pour l'entretien du luminaire de l'église des frères Sachets[1]. Le boulanger, qui cuisait un jour de fête chômée, encourait, par fournée, une amende de 2 s. de pain qui était convertie en aumône, et le pain trop petit (les règlements ne permettaient pas d'en faire de plus petit que celui d'une obole), était confisqué au profit des pauvres[2]. Chez les tapissiers de tapis *sarrazinois*[3], la moitié des amendes était, par les soins des gardes du métier, distribuée aux pauvres de la paroisse des Saints-Innocents[4]. Les tailleurs de robes, les cordonniers et les gantiers en consacraient une partie au soutien de leurs confrères indigents[5]. La volaille et le gibier, saisis dans certain cas sur les poulaillers, revenaient à l'Hôtel-Dieu et aux prisonniers du Châtelet[6]. Le droit payé par l'apprenti à son entrée en apprentissage recevait parfois un emploi charitable[7]. Chez les fabricants de courroies, il servait, ainsi que le droit de réception à la maîtrise, à mettre en apprentissage les fils de maîtres devenus orphelins et privés de ressources[8]. Chez les *boucliers* de fer (fabricants de boucles), il subvenait également aux frais d'apprentissage des fils de maîtres tombés dans la misère[9]. Nous croyons, avec Jaillot[10], qu'il faut attribuer aux monnayeurs de la monnaie de Paris, ou au moins à l'un d'eux, la fondation de la léproserie du Roule dont on trouve la première mention dans des lettres de Pierre de Nemours, évêque de Paris, du mois d'Avril 1217-18[11]. C'est sans doute à titre de fondateurs qu'ils avaient, sur l'admi-

1. *Livre des mét.* p. 63.
2. *Ibid.* p. 11 et 12.
3. C'est-à-dire de tapis façon d'Orient.
4. *Livre des mét.* p. 128.
5. *Ibid.* p. 143, 229, 242.
6. *Livre des mét.* p. 180.
7. *Ibid.* p. 248.
8. *Ibid.* p. 234.
9. *Ibid.* p. 57.
10. T. 1, Quart. du Palais-Royal, p. 70-71.
11. Dubois, *Hist. ecclesiæ Parisiensis*, éd. 1710, II, 262.

nistration de cet hospice, des prétentions qui furent, jusqu'à un certain point, reconnues par une transaction faite entre eux et l'évêque de Paris, Fouques de Chanac, le 12 mars 1343 (n. s.). D'après cet accord, le *gouverneur* de l'hospice était nommé et révoqué par l'évêque qui pouvait y faire entrer quatre personnes, en comptant le chapelain, et davantage si les revenus de la maison le permettaient. De leur côté, les monnayeurs avaient le droit d'y placer quatre de leurs confrères et de commettre quelques-uns d'entre eux pour recevoir, avec des délégués de l'évêque, les comptes de l'administrateur. En revanche, ils s'engagèrent à contribuer aux dépenses pour une somme de 220 livres parisis jusqu'à la Saint-Jean-Baptiste et, à partir de cette époque, à y consacrer le montant des boîtes des monnaies de Paris, Rouen, Troyes et Montdidier, où chaque ouvrier versait 1 denier tournois par 20 marcs convertis en espèces, et chaque monnayer un denier tournois par semaine[1].

Si les faits que nous venons de citer ne prouvent pas nécessairement que les corporations formassent, dès le XIIIe siècle, des confréries religieuses, ils témoignent du moins des sentiments de piété et de charité qui devaient amener la création de ces confréries. Les statuts du *Livre des métiers* ne sont pas assez explicites à cet égard pour nous permettre de juger exactement du développement que ces associations pouvaient avoir atteint dès cette époque. Ils nous font cependant connaître la confrérie de Saint-Léonard, fondée à Saint-Merry par les *boucliers* d'archal et de cuivre[2], et celle de Saint-Blaise, érigée par les maçons dans une chapelle de ce vocable, voisine de Saint-Julien-le-Pauvre[3]. Un article du statut des orfèvres nous autorise à faire remonter au même temps la

---

1. « Et pour faire les réparations, charges du dit hostel et ses appartenances, avecques ce nous ouvriers et monnoyers baudrons, tant du nostre comme de ce qui peut estre ès boistes ; et sera, dedens la Saint-Jehan-Baptiste prouchain venant, onze vins livres parisis, avecques les émolumens de nos boistes accoutumées, qui depuis la dicte Saint-Jehan ou prouffit du dit hostel tourneront d'ores en avant des monnoies de Paris, de Rouen, de Troyes, de Mondidier, qui jadis fu de Saint-Quentin, c'est assavoir, de chascun vint mars, que lesdiz ouvriers feront esdictes monnoies, un tournois, et desdiz monnoiers un tournois, la sepmaine, de chascun, se iceuls monnoiers ouvrent plus de un jour en la sepmaine. » *Cartul. de Notre-Dame*, III, 334.
2. *Livre des mét.* p. 60 et Lebeuf, *Hist. de la ville et du dioc. de Paris*, éd. Cocheris, II, 201 et 216.
3. *Livre des mét.* p. 107 et Lebeuf, I, 390 et 422.

confrérie de Saint-Éloi. D'après cet article, l'argent versé dans la caisse de la confrérie des orfévres était destiné à un dîner offert, le jour de Pâques, aux pauvres de l'Hôtel-Dieu. Il est évident qu'il s'agit ici, non du corps de métier, dont tous les revenus ne pouvaient être applicables à ce dîner, mais de la caisse particulière de la confrérie de Saint-Éloi ; cela ressort d'ailleurs de la comparaison de cet article avec un article des statuts de 1355, qui, malgré certaines différences, a été fait sur le premier, et nous en révèle le véritable sens[1]. En dehors de ces cas, le mot *confrérie*, qui se présente souvent dans le recueil d'E. Boileau, nous paraît y désigner le corps de métier, plutôt que l'association toute morale que ce nom désigne plus spécialement. Quoi qu'il en soit, ces sociétés pieuses et bienfaisantes étaient déjà nombreuses quand Philippe le Bel les abolit, c'est-à-dire, probablement au commencement du xive siècle[2]. C'est en partie à l'aide des lettres patentes par lesquelles ses successeurs autorisèrent le rétablissement de plusieurs d'entre elles, que nous essaierons de donner une idée de leur organisation ; mais, pour suppléer à l'insuffisance de ces documents, et en général de ceux qui rentrent strictement dans les limites de notre sujet, nous avons dû quelquefois les franchir, soit en descendant jusqu'au xve siècle, soit en consultant les statuts des confréries de province, ou de celles qui n'avaient pas un caractère professionnel.

La composition de la confrérie n'était pas toujours la même que celle de la corporation. Tantôt elle ne comprenait qu'une partie des gens du métier, tantôt, au contraire, elle admettait

---

1. *Livre des mét.* p. 39 et *Ordonn. des rois de Fr.* III, 10, *art.* 25. Ce n'est pas le seul rapprochement qu'on puisse faire entre les deux statuts : ceux du mois d'août 1355 ont emprunté textuellement plusieurs articles aux statuts d'Et. Boileau. Le préambule de l'ordonnance par laquelle le roi Jean promulgua les nouveaux statuts, dit du reste que les commissaires chargés de les examiner, les ont soigneusement comparés avec les anciens. Ni les uns ni les autres ne parlent d'une confrérie formée en 1202 par plusieurs orfévres dans la chapelle de Saint-Denis et de ses compagnons à Montmartre. C'est Leroy qui nous en apprend l'existence (pp. 30 et 31) ; mais son témoignage, appuyé sur des titres des archives de la corporation, a presque autant d'autorité que ces titres eux-mêmes, qui ne nous sont pas parvenus.

2. « Quedam confratria.... quam felicis memorie carissimus dominus et genitor noster, aliquibus ex causis, *sicut et ceteras confratrias quorumcunque ministeriorum ville predicte Paris.*, prohibuit non teneri. « Lettres pat. de Philippe V du mois d'avril 1320-21. *Append.* n° 3.

Fagniez, *Études sur l'Industrie*.

des personnes qui y étaient étrangères. Ainsi les pourpointiers de la rue des Lombards formaient une confrérie à part qui se tenait dans l'église voisine de Sainte-Catherine[1]. Les valets merciers avaient aussi leur confrérie particulière en l'honneur de saint Louis[2]. Il en était de même des ouvriers cordonniers, qui naturellement avaient pris pour patrons saint Crépin et aint Crépinien[3]. Un certain nombre de boursiers, originaires pour la plupart de Bretagne, avaient établi une confrérie sous 'invocation de saint Brieuc, patron de leur pays[4]. Plusieurs cardeurs de laine, fixés à Paris où ils avaient cherché un refuge contre les guerres qui désolaient le pays au XIVe siècle, s'étaient unis en confrérie sous la protection de la Trinité, de la Vierge et de saint Jean-Baptiste[5]. Les orfèvres se partageaient entre plusieurs confréries, parmi lesquelles nous avons déjà signalé celle de Saint-Éloi[6] et celle de Saint-Denis et de ses compagnons. Il faut y joindre la confrérie de Notre-Dame-du-Blanc-Mesnil, instituée, pendant le XIVe siècle, au village de ce nom, pour ne pas parler de celle de Saint-Anne et de Saint-Marcel, dont la création ne date que de 1447[7].

D'un autre côté, la confrérie de Sainte-Véronique, à Saint-Eustache, composée en majorité de marchands et de marchandes de toile des Halles, comptait, parmi ses membres, des personnes qui n'appartenaient pas à cette profession[8]. La confrérie des drapiers recevait également des personnes n'exerçant pas le commerce des draps[9]. Les bouchers de la Grande-Boucherie, qui, le jour de leur confrérie, célébraient la Nativité de Notre-Seigneur, y admettaient tous ceux qui désiraient en faire partie[10]. Tout le monde enfin pouvait entrer dans la confrérie fondée à Saint-Germain-l'Auxerrois par des paroissiens de cette église, dont la plupart étaient ouvriers pelletiers[11].

1. *Ordonn. des rois de Fr.* IX, 167.
2. *Append.* n° 4.
3. *Ibid.* n 5.
4. *Ordonn. des rois de Fr.* VIII, 316.
5. *Append.* n° 6.
6. Voy. l'*Inventaire du trésor de la confrérie de Saint-Eloi. Append.* n° 7.
7. Leroy, *ubi supra.*
8. *Append.* n° 8, et Lebeuf, I, 125 et note 94.
9. « *Le confrère, qui ne marchandera,* doit chascun an huit soulz par.... » *Ordonn. des rois de Fr.* III, 583.
10. *Append.* n° 9.
11. *Ordonn. des rois de Fr.* VII, 688.

Mais, en général, la confrérie, par la façon dont elle était composée, se confondait avec le corps de métier et ne s'en distinguait que par son but et son organisation.

La célébration d'offices religieux, l'assistance mutuelle, les bonnes œuvres, les repas de corps, tel était l'objet multiple des confréries. La dévotion, la charité, le plaisir s'y unissaient si intimement qu'il est impossible de nous en occuper successivement à ces divers points de vue, comme l'exigerait un ordre rigoureux. Chacune d'elles, on le sait, se plaçait sous l'invocation d'un saint qui était considéré comme le patron du métier, et dont elle prenait le nom. La Grande-Boucherie et la maison commune des orfévres renfermaient une chapelle[1]; mais, le plus souvent, les confrères se réunissaient à l'église pour assister aux cérémonies religieuses. Chaque semaine, la confrérie de Saint-Brieuc faisait célébrer une messe en l'honneur du patron[2]. Tous les lundis, le service divin était célébré à Notre-Dame devant les images des saints Crépin et Crépinien pour les compagnons cordonniers[3]. Le même jour, la confrérie des cardeurs faisait dire une messe dans l'hôpital du Saint-Esprit[4]. Au mois d'août 1336, Philippe de Valois amortit une rente de 20 livres parisis, destinée par les orfévres de la confrérie Saint-Éloi à la fondation d'une chapellenie, à charge de chanter chaque jour l'office des morts[5]. Les drapiers achetèrent aussi une rente amortie avec l'intention de fonder une chapelle ou un hôpital[6].

Les confréries rendaient à leurs membres les derniers devoirs. Celui qui n'assistait pas aux obsèques d'un confrère était mis à l'amende. Le tabletier, qui n'accompagnait pas le corps en personne, devait du moins envoyer quelqu'un de sa maison, sous peine de payer une demi-livre de cire à la confrérie[7]. Dans la

---

1. *Ord. des rois de Fr.* VII, 179. Leroy p. 27. Jaillot, I, *Quart. Ste-Opportune*, p. 46. Lebeuf, I, p. 96 et note 39.
2. *Ordonn. des rois de Fr.* VIII, 316.
3. *Append.* n° 5. En 1322 les cordonniers firent célébrer dans leur chapelle des SS. Crépin et Crépinien un office des morts pour le repos de l'âme de Philippe le Long. Arch. nat. *Reg. capit. de N. D.* LL 215, p. 390.
4. *Append.* n° 6.
5. *Ibid.* n° 10.
6. *Ordonn. des rois de Fr.* III, 584, art. 12.
7. « Derechief nous disons que, se il muert home ou une fame du mestier, nous voulons que il i ait de chascun ostel une persone avec le corps, et quiconques soit defaillant, il paie demie livre de cire à la confrarie. » Bibl. nat. Ms. fr. 24069, fol. 145 v°.

— 36 —

confrérie des boulangers et pâtissiers d'Amiens, le maître ou la maîtresse qui, n'étant pas absent de la ville et ayant reçu une convocation, n'allait pas à l'enterrement ou même au mariage d'un confrère, encourait une amende de 4 deniers parisis; mais, si l'un des époux s'y rendait, l'autre pouvait s'en dispenser. La confrérie fournissait quatre torches pour ces cérémonies, ainsi que pour le baptême des enfants des confrères[2]. A Soissons, lorsqu'un tailleur mourait, les quatre compagnons les plus voisins du défunt veillaient le corps toute la nuit, et, le lendemain, tous les confrères assistaient au service et à l'enterrement; ceux qui manquaient à ces devoirs de confraternité étaient punis d'une amende. Si le défunt ne laissait pas de quoi se faire enterrer, la confrérie faisait les frais du linceul et des cierges[3]. La confrérie de Saint-Paul donnait, pour l'enterrement de ses membres, quatre torches, quatre cierges, la croix et le poêle, et, le lundi qui suivait le décès, elle faisait chanter, pour l'âme du défunt, une messe de *Requiem* avec diacre et sous-diacre[4]. Les boursiers de la confrérie de Saint-Brieuc faisaient également chanter une messe de *Requiem* le jour des obsèques d'un confrère[5].

La confrérie se tenait généralement le jour de la fête du patron; par exception, celle des bouchers de la Grande-Boucherie, en l'honneur de la Nativité de Jésus-Christ, était fixée au dimanche après Noël[6]. Un crieur parcourait les rues, une clochette à la main, en annonçant le lieu et l'heure de la réunion[7]. Les confrères, parés de leurs plus beaux habits, se réu-

---

1. « Que chacun maistre ou maistresse dud. mestier ou l'un d'eulx sera tenus de aler aux honneurs de corps ou de nopces, ou cas qu'ilz seront tous deuz en le ville ou qu'ilz soient sur ce sommez deuement, et ou cas que eulx ou l'un d'eulx en seront défaillans, il seront tenus de paier pour ce et pour chacune fois.... IIII d. par. » *Mon. inéd. de l'hist. du Tiers Etat*, II, 48, art. 7.

2. *Ibid.* art. 8.
3. *Ordonn. des rois de Fr.* VII, 397.
4. *Append.* n° 11.
5. *Ordonn. des rois de Fr.* VIII, 316.
6. *Append.* n° 9.
7. « La veille du siége, est acoustumé que l'abbé, le prévost, doyen et greffier et les asmonniers eslus, commendent au crieur de la confrarie que il voyse parmi la ville de Paris, et qu'il crie : à tel jour et en tel lieu sera le siège de la grant confrérie... » *Stat. de la grande confrérie Notre-Dame*, à la suite des *Recherches* sur cette confrérie insérées par M. L. de Lincy dans le t. XVII des *Mém. des Antiq. de Fr.* p. 280, art. 64. « Item ceste presente année ensuivant IIII[c] IIII[xx] et XI, a esté donné à lad. con-

nissaient à l'église pour entendre une grand' messe en l'honneur du patron, accompagnée quelquefois d'un sermon et d'une procession, et suivie des vêpres[1]. C'était après ou même pendant les vêpres que le bâtonnier en exercice était remplacé. Dans ce dernier cas, au moment où l'on chantait le verset du *Magnificat: Deposuit potentes de sede,* le bâtonnier sortait de charge et, aux mots suivants : *et exaltavit humiles,* on installait son successeur. C'est ce qu'on appelait *faire le deposuit,* soit que l'installation eût lieu par les soins du clergé, soit que le nouveau bâtonnier reçût le bâton des mains de son prédécesseur. Cette cérémonie, qui mettait en action les paroles du psaume, était suivie d'un *Te Deum,* après lequel on terminait les vêpres[2]. Le nouveau dignitaire faisait un don à la confrérie[3].

Les cérémonies religieuses, plus ou moins nombreuses suivant les confréries, duraient parfois plusieurs jours ; d'un autre côté, elles ne remplissaient pas exclusivement le jour de la fête patronale, qui était souvent consacré aussi à un repas de corps[4]. Lorsque cette fête tombait un jour maigre, le

---

frarie par Katherine, femme de Robert Bonneuvre, une cotte ou corset pour vestir au crieur qui crie lad. confrarie, laquelle cotte est d'escarlate vermeille, sémée de rosiers à roses blanches et les deux ymages de sainte Anne devant et derrière, et lesd. rosiers tout fait de bonne broderie à soye et or, et les franges de fine soie jaunes, vertes et rouges, et doublée de toille de Hollende noire. » Arch. nat. *Reg. de la confr. de Sainte-Anne*, K 999, f. 22 r°. Voyez aussi *Append.* n° 5 et 8.

1. «.... et le jour de la feste, messe solempnelle, où il aura preschement et ce jour vespres... » *Ordonn. des rois de Fr.* XIII, 77, *art.* 1. « Que tous led. boulenguiers, pasticiers et fourniers, seront tenus d'estre en estat et habit honnourable, selon leur faculté et puissance, à la pourcession le jour S. Honnoré... » *Mon. inéd. de l'hist. du Tiers-État*, II, 48. « Nul ne puet estre de la d. confrarie, ne estre en aucun service d'icelle, s'il n'est souffisaument peléz. » *Append.* n° 11.
2. *Ordonn. des rois de Fr.* XIX, 114, *art.* 19. Louandre, *Hist. d'Abbeville*, II, 196, et Lebeuf, *Lettre sur cette expression : faire le deposuit et sur les bâtons de confréries* dans le *Mercure de France* d'août 1733.
3. « Que à la feste du dit saint Pol a un bastonnier qui y donne ce qui li plait, et ce qu'il donne est converti au proffit de la dicte confrarie. » *Append.* n° 11.
4. «... et aussi que les diz confrères se puissent assembler chascun an une foiz pour le fait de lad. confrarie et disner ensemble ainsi qu'il est acoustumé ès autres confraries de nostre dicte ville... » *Ordonn. des rois de Fr.* VII, 686. Le religieux de S. Denis semble même dire qu'à la fin du XIVe siècle, les confréries ne se réunissaient plus que dans de joyeux banquets. I, 242.

banquet était remis [1]. Dans ce banquet, où chaque convive payait son écot et n'était admis que sur la présentation du méreau qui lui avait été délivré en échange de sa cotisation [2], les pauvres avaient leur part. La confrérie de Saint-Paul leur réservait quinze places et les y traitait avec de touchants égards, les faisant asseoir et servir les premiers, à côté des plus riches confrères, exigeant seulement qu'ils se présentassent avec une tenue convenable [3]. Le repas de la confrérie des drapiers était l'occasion d'abondantes aumônes en nature. Il avait lieu le dimanche après les Étrennes, à moins que la confrérie de Notre-Dame ne tombât ce jour-là. Les pauvres de l'Hôtel-Dieu recevaient chacun un pain, un morceau de bœuf ou de porc et une pinte de vin, et les femmes de l'hospice, nouvellement accouchées, un plat (*mez*) entier. La même quantité de pain et de viande, avec le double de vin (une quarte au lieu d'une pinte), était distribuée aux prisonniers du Châtelet ; les gentilshommes, qui se trouvaient parmi eux, avaient deux plats. Tous les Jacobins et les Cordeliers étaient gratifiés d'un pain d'un denier fort. On donnait à tous les pauvres qui se présentaient un pain, et, lorsque le pain était épuisé, une bonne maille. Le pain et le vin de reste revenaient aux maladreries et aux hôtels-Dieu de la banlieue qui le demandaient. Les sains et les oings appartenaient aux religieuses de l'abbaye de Valprofond [4].

On voit que la charité avait sa place dans des réunions dont le plaisir semblait être le seul but ; elle s'exerçait encore en temps ordinaire, soit au sein même de la confrérie, soit en dehors. Les ouvriers pourpointiers avaient l'habitude, en entrant chez un patron, de payer à leurs camarades d'atelier une bienvenue de 2 ou 3 sous parisis, qu'ils allaient dépenser ensemble au cabaret ; ils la remplacèrent par une cotisation de 8 deniers, payable au cas seulement où l'ouvrier, à la fin de la première semaine, restait au service du patron, et dont le pro-

---

1. « Et pour ce que souvent led. jour de la Magdalène peult escheoir au vendredy ou samedy que on ne mange point de char, a esté délibéré que ce néantmoins, lad. feste sera solemnisée solennellement à son jour... mais, pour faire le disner, sera différé jusques au dimanche ensuivant... » *Ord. des rois de Fr.* XIX, 114, art. 17.
2. *Ibid.* art. 16.
3. « Item au dit siége a quinze poures souffisaument peléz qui sont les premiers assis et servis à un doys des plus riches hommes. » *Append.* n° 11.
4. *Ord. des rois de Fr.* III, 581.

duit devait être consacré aux dépenses de la confrérie, notamment à secourir les pauvres du métier et à fonder en leur faveur deux lits garnis à l'hôpital Sainte-Catherine [1]. Chez les tailleurs de Soissons, le confrère pauvre qui tombait malade recevait des secours sur la caisse de la confrérie [2]. La maison commune des orfévres comprenait un hospice pour les vieillards et les pauvres de la communauté, et c'est même sous le titre d'hôpital qu'on la trouve le plus souvent désignée [3]. Nous avons déjà parlé du dîner que la confrérie de Saint-Éloi donnait, le jour de Pâques, aux pauvres de l'Hôtel-Dieu. Au XIVe siècle, cette bonne œuvre s'étendit à tous les prisonniers de Paris [4]. Les drapiers, on l'a vu, avaient acheté une rente amortie avec la pensée de fonder, soit une chapellenie, soit un hôpital [5]. Les aumônes reçues par la confrérie de Saint-Louis aux valets merciers profitaient exclusivement à l'hospice des Quinze-Vingts, où elle se tenait [6].

A côté de ces confréries, qui ne se distinguaient pas moins par leur caractère religieux que par leur caractère charitable, signalons une véritable société de secours mutuels, fondée par les corroyeurs de robes de vair, en dehors de toute préoccupation religieuse, afin de venir en aide à ceux d'entre eux que la maladie réduisait au chômage. Les ouvriers, qui voulaient participer aux avantages de cette société, payaient un droit d'entrée de 10 s., avec 6 d. pour le clerc, et versaient une cotisation d'un denier par semaine ou de deux deniers par quinzaine. Les membres, qui se trouvaient débiteurs de plus de 6 d., ne pouvaient obtenir l'assistance de la société qu'après s'être libérés. Le droit d'entrée et les cotisations étaient reçus par six personnes du métier, élues annuellement, ainsi que le clerc, par la corporation, à laquelle elles rendaient compte. Ces fonds étaient exclusivement employés à secourir les ouvriers malades ; pendant la maladie, on leur donnait 3 s. par semaine, 3 s. pour la semaine où ils entraient en convalescence (*pour la semaine qu'il relevera*), 3 s. enfin pour « *soy efforcer,* » c'est-

---

1. *Ord. des rois de Fr.* IX, 167.
2. «... et tout cil deniers seront mis en la bourse Notre-Dame... et s'il y a povre confrère qui soit malade, on l'en donra pour Dieu... » *Ibid.* VII, 397.
3. Jaillot, I, *Quart. S*[te] *Opportune*, p. 44. Leroy, pp. 27 et 34.
4. *Ordonn. des rois de Fr.* III, 10, *art.* 25.
5. *Ordonn. des rois de Fr.* III, 584, *art.* 12.
6. *Append.* n° 4.

à-dire pour leur permettre de se rétablir entièrement ; mais aucun secours n'était accordé à ceux qui s'étaient attiré des blessures par leur humeur querelleuse (*par leur diversité*) [1].

La caisse de la confrérie était alimentée par les droits d'entrée, les cotisations, les amendes, les donations et les legs. Dans la confrérie de Saint-Brieuc, le droit d'entrée était fixé à 12 d. ; en outre, chaque membre acquittait, à la fête du patron, une cotisation de même valeur, et laissait à l'association, lorsqu'il cessait d'en faire partie, soit par la mort, soit volontairement, une livre de cire ou sa valeur en argent [2]. La confrérie de Saint-Paul laissait ses membres libres de léguer ce qu'ils voulaient ; mais, en revanche, le droit d'entrée s'élevait à 5 sous, sans compter 1 sou pour les pauvres et 2 deniers pour le clerc ; il faut y joindre une cotisation annuelle d'un sou [3]. Après sa réception à la maîtrise, le tailleur faisait à la confrérie un don en rapport avec sa fortune, et ne pouvait exercer sa profession que lorsque les jurés du métier s'étaient déclarés satisfaits de sa générosité [4]. L'ouvrier foulon, qui s'établissait, payait 60 sous à la confrérie érigée par les foulons en l'église Saint-Paul [5]. Nous avons vu que l'ouvrier pourpointier, qui passait au service d'un nouveau patron, versait 8 deniers dans la caisse de la confrérie [6]. Les savetiers acquittaient, au profit de leur confrérie établie à Saint-Pierre-des-Arcis, une cotisation annuelle dont le taux était généralement de 12 deniers, mais n'avait cependant rien d'obligatoire ; la dépopulation de Paris et des environs ayant fait perdre à la corporation beaucoup de ses membres, et les survivants étant ruinés par les charges qui pesaient sur eux, plusieurs ouvriers se dispensèrent d'entrer dans la confrérie qui ne se trouva plus, dès lors, en état d'entretenir le mobilier

---

1. *Append.* n° 12.
2. *Ordonn. des rois de Fr.* VIII, 316.
3. *Append.* n° 11.
4. «... Toutes et quanteffoiz que par lesd. jurez et gardes d'icellui mestier.... sera fait, passé et créé aucun maistre d'icellui métier, que chascun maistre passé nous paie dix solz par... avec tel don voluntaire qu'il vouldra faire à lad. conf. selon sa puissance et faculté..., desquelz dix solz nostre receveur du demayne à Paris ou son commant... baillera aud. maistre passé quictance souffisant, ou cas... que lesd. jurez soient contenz et satisfaiz du don qu'il aura fait à lad. confrarie. » Arch. nat. *Reg. des bannières*, Y 7, f. XIII v°.
5. *Ibid.* f. XXI r°.
6. Voy. plus haut, p. 36-39.

sacré de sa chapelle et d'y continuer la célébration du service divin. Pour prévenir sa ruine, les savetiers prirent les mesures suivantes qui obtinrent l'approbation royale. Désormais, personne ne put être admis à la maîtrise qu'à la condition de faire partie de la confrérie et de lui payer une livre de cire. Chaque apprenti, à son entrée en apprentissage, dut payer 4 sous parisis. Enfin les patrons et ouvriers furent soumis à une cotisation d'un denier par semaine [1]. Le drapier payait, sur chaque pièce de drap qu'il achetait, un droit d'un denier parisis, dont le produit servait à l'acquisition de blé pour les pauvres. Pour le confrère non-commerçant, ce droit était remplacé par une cotisation de 8 sous, payable à Noël et destinée au même usage [2]. Les arrhes que le drapier recevait de l'acheteur étaient exclusivement consacrées aux aumônes en nature faites à l'occasion du repas de corps, et celui qui en disposait autrement était obligé de les remplacer de sa bourse. Le vendeur devait rappeler à l'acheteur le payement des arrhes [3]. Chez les orfévres, elles étaient également versées dans la caisse de la confrérie, ainsi que les bénéfices réalisés par celui qui, son tour venu, avait ouvert boutique un jour chômé [4].

A la tête de la confrérie se trouvaient des administrateurs particuliers, appartenant au métier, élus pour un an par les confrères auxquels ils rendaient leurs comptes en sortant de charge. L'élection avait lieu quelquefois à l'église même, en présence de deux clercs notaires du Châtelet, délégués par le prévôt de Paris [5]. Des actes relatifs à une maison de la rue aux

---

1. *Reg. des bann.* Y 7, f. LXX r⁰.
2. « Que de chascun drap ou pièce de drap que le confrère achète, il doit un denier par., lequel est pour acheter blé pour faire aumosne. Item, le confrère qui ne marchandera doit chascun an huit soubz par., au gist de Noël pour la dite aumosne. » *Ordonn. des rois de Fr.* III, 583.
3. « Que aucuns confrères ne puet donner le denier-Dieu de sa marchandise autre part que à ladite aumosne, et, se il le donne, il le doit restablir du sien, et est tenuz à ramentevoir à l'acheteur de le bailler : et tout est converti à la dite aumosne. » *Ibid.* 584, *art.* 11.
4. *Livre des mét.* p. 39 et *Ordonn. des rois de Fr.* III, 10, *art.* 25 et 29.
5. « A tous ceuls qui ces lettres verront, Jehan, seigneur de Foleville... garde de la prévosté de Paris, salut. Savoir faisons que pardevant Guillaume le Préffé et Andry le Preux, clers notaires du Roy nostre seigneur ou Chastellet de Paris, furent personnelment establis honorables hommes et sages maistres Jehan Maulin, etc., marchans et bourgois de Paris, confrères et conseillers avecques plusieurs autres de l'église, hospital et con-

Deux-Portes, dite l'*Hôtel des trois pas de Degré*, sur l'emplacement de laquelle les orfèvres construisirent leur maison commune, montrent bien que l'administration de la confrérie était distincte de celle du corps de métier. En effet, dans l'acte de vente, en date du 17 décembre 1399, la confrérie de Saint-Éloi est représentée par ses maîtres ou gouverneurs, comme le corps de métier par ses gardes. Les maîtres ou gouverneurs figurent également à côté des gardes du métier dans l'acte d'ensaisinnement, et dans les lettres d'amortissement accordées par l'évêque de Paris en qualité de seigneur censier [1].

frarie du S. Sépulcre de Jhérusalem fondé à Paris en la grant rue S. Denis, assembléz de nostre congié et liscence en plain siège d'icelle confrarie tenu en lad. église le dimanche XXVIIIe jour de juing, l'an mil trois cens quatre-vins et quatorze, et là comme faisans la plus saine partie des confrères et conseillers de lad. confrarie du Sépulcre, consentans et non contredisans les confrères et conseillers estans ou dit siège, firent et constituèrent pardevant les diz notaires comme pardevant nous pour eulx et pour les diz confrères et conseurs conjointement et diviseement, maistres, gouverneurs, pourvéeurs et administrateurs pour ceste présente année... c'est assavoir Jehan Falle, etc... » Arch. nat. L 592, 2e liasse.

1. «... aux gardes du mestier de l'orfavrerie et maistres de la confrarie aus orfèvres de Paris pour et ou nom de la comunaulté dud. mestier et confrarie... » — «... custodes operis seu ministerii aurifabrorum Paris. ac magistri seu gubernatores confratrie S[ti] Eligii ad aurifabros Par... » Arch. nat. T 1490[2], liasse 6, pièces 1, 3 et 4.

CHAPITRE III

VIE PUBLIQUE DU CORPS DE MÉTIER

Services rendus par le corps de métier en matière d'impôts et de police. — Sa participation aux fêtes et aux cérémonies publiques. — Son rôle politique.

Jusqu'ici, nous avons considéré le corps de métier en lui-même, abstraction faite de la place qu'il occupait dans l'organisation sociale ; nous allons étudier maintenant la part qu'il prenait à la vie publique.

Dans un assez grand nombre de villes, les corporations d'arts et métiers concouraient au gouvernement municipal ou contribuaient à l'élection des officiers municipaux[1]. A Paris, l'administration et la police étaient concentrées dans les mains du prévôt royal et les corporations industrielles n'avaient aucun lien avec l'échevinage, dont la principale attribution consistait à surveiller le commerce fluvial. Elles n'eurent donc d'autre rôle politique que celui qu'elles usurpèrent à la faveur des circonstances, et l'autorité n'utilisait leur organisation que pour asseoir les impôts, assurer le bon ordre et rendre les fêtes et les cérémonies publiques plus brillantes.

Les corporations nommaient un ou plusieurs de leurs membres pour répartir le montant de la taille et vérifier la recette[2].

---

1. Il en était ainsi à Amiens, Péronne, Saint-Quentin, Beauvais, Montpellier, Arles, Marseille, Perpignan.
2. « Ce sunt les XVI preudeshomes qui sunt esleus à assaar la taille de X mille livres par. por la chevalerie monseigneur Looys, roy de Navarre, ainzné fuilz nostre sire le roy de France, l'an de grace MCCC et XIII le lundi apres feste seinte Luce. *Por drapiers* : Symon de S. Benoast, etc. Ce sunt

Lorsque la taille ne s'étendait pas au delà du quartier dans l'intérêt duquel elle était imposée, elle était levée non pas, comme les tailles générales, par paroisses et par quêtes, mais par corporations, et alors chaque corporation répartissait entre ses membres la somme à laquelle elle avait été imposée [1].

C'est au sein des corporations de métiers, que se recrutait la milice bourgeoise à laquelle était en partie confiée la police de la ville. Les artisans de certains métiers s'étaient spontanément chargés de faire le guet à leurs frais et à tour de rôle de trois semaines en trois semaines. On voit, par l'ordonnance du mois de décembre 1254, qu'il existait déjà un guet soldé par le roi et composé de vingt sergents à cheval et de quarante sergents à pied, sous le commandement d'un officier nommé le *chevalier du guet* [2]. A la différence de celui-ci, qui parcourait les rues en patrouille, le guet bourgeois était à poste fixe [3]. Les métiers soumis au service étaient un peu plus de vingt et un. On en compterait vingt et un juste si l'on s'en tenait à ce fait que le tour de chacun d'eux venait une fois en trois semaines, mais on voit que plusieurs se réunissaient quelquefois pour former le contingent qu'un seul d'entre eux n'aurait pu fournir. Ainsi, on ne comptait parmi les batteurs d'or que six maîtres tenus au guet, et ils invoquaient ce petit nombre comme motif de dispense [4]. Un arrêt du Parlement, de la Pentecôte 1271, nous

les XXIIII preudommes que le commun de la ville de P. a esleu pour ouir le conte de la taille des cent mille livres : Robert de Sernay, Thomas Lami, *por talemeliers*, etc. » Arch. nat. KK 1337, fol. 47 v° et 51 v°.

1. « ..... comme nagaires Mᵉ Guill de Nevers, examinateur de nostre Chastellet de P. eust esté commis... de par le prevost de P. à la requeste de... plusieurs autres personnes demourans... à Saint Marcel lez Paris à faire curer la rivière de Byevre... et aussi à imposer taille sur les manans et habitans aud. Saint Marcel jusques à certaine somme de den... pour tourner... ou payement... de ceulz qui lad. rivière cureroient... et, en accomplissant sad. commision, led. commissaire se feust transporté pardevant nostre... conseiller maistre Pierre de Pacy affin d'estre satifiá et payé de plusieurs de ses hostes qui imposéz estoient à lad. taille *par les gens de leurs mestiers* à la somme de XXXIII s. p. ou environ et li eust requis que d'icelle somme il le voulsist faire payer... » *Accord homologué par le Parlement le* 19 *septembre* 1373. Arch. nat. X¹ᶜ 27.
2. Delamare, *Traité de la police*, I, 236.
3. C'est à cause de cela qu'il était appelé *guet dormant, guet assis.*
4. « ..... quar leur mestier n'est pas molt efforsans à la ville de gent, quar el mestier devant dit ne sont que VI preudoume qui guet doivent au Roy... » *Livre des mét.* p. 78.

montre qu'il faut ajouter à ces vingt et un métiers les changeurs, les orfévres, les drapiers, les taverniers [1]. Une ordonnance du roi Jean, du 6 mars 1364 (n. s.) parle de la convocation des gens du métier ou *des métiers* dont le tour est arrivé. Cette convocation devait être faite en temps opportun par deux officiers portant le titre de *clercs du guet*, et chargés d'enregistrer les noms de ceux qui se présentaient au Châtelet avant le couvre-feu, de remplacer les défaillants à leurs frais et de distribuer le guet par escouades de six hommes entre les différents postes. Il y en avait deux près du Châtelet; les autres étaient établis dans la cour du Palais, près de l'église de Sainte-Marie-Madeleine de la Cité, à la place aux Chats, devant la fontaine des Innocents, sous les piliers de la place de Grève et à la porte Baudoyer. L'effectif était donc de quarante-huit hommes. Quelquefois il y en avait davantage, et alors l'excédant était envoyé aux carrefours où les *clercs* jugeaient qu'il serait le plus utilement placé. Le service durait depuis le couvre-feu jusqu'au jour. Les bourgeois s'armaient eux-mêmes et servaient généralement en personne. Cependant les cordonniers pouvaient, dès le temps de la reine Blanche, se faire remplacer par leurs ouvriers [2], et les couteliers jouissaient depuis Philippe-Auguste du même privilége [3]. Plusieurs métiers avaient affermé du roi le revenu du guet auquel ils étaient soumis et dont ils se déchargeaient sur des remplaçants. De ce nombre étaient les tisserands. Chaque fois que leur tour était arrivé, ils fournissaient soixante hommes et payaient 20 s. parisis au roi, plus 10 s. qui se répartissaient entre leurs remplaçants, les clercs du guet et les veilleurs *(gaites)* du Grand et du Petit-Pont. Le maître du métier était chargé de convoquer le guet et, à ce titre, sergent juré du roi [4]. Il forçait même les

---

1. « Conquerentibus scambitoribus, aurifabris, drapariis, tabernariis... de preposito Paris. quod eorum vadia ceperat, respondit idem prepositus... dicta vadia se cepisse eo quod guettare nolebant per villam Paris., sicut et viginti unum ministeria ville Par., ad suum mandatum... » *Olim*, 1, 865.
2. *Livre des mét.* p. 230.
3. *Ibid.* p. 51.
4. « Li gais de toisserans est au mestre et as toisserans par xx s. de Paris que li mestres des toisserans paie, toutes les nuiz que leur gais siet, au Roy et x s. de Parisis à ceux qui le reçoivent pour leur gages et pour les gages aux gaites du petit pont et du grant pont, et pour lx homes que il livrent toutes les nuiz gaitant que leur gais afiert. Li mestres du mestier des toisserans doit semondre le guet, quel que il soit, et en est

fabricants de tapis de luxe à guetter en violation de leur privilége, et ceux-ci l'accusaient de s'approprier les revenus du guet au détriment du trésor royal[1]. Au XIVe siècle, les tisserands, appauvris et décimés par les guerres et les épidémies, n'avaient plus les moyens de se racheter du guet. La plupart quittèrent la terre du roi pour aller s'établir dans les seigneuries ecclésiastiques, dont les habitants jouissaient de l'immunité. Il ne resta environ que seize familles de tisserands dans le domaine royal. A la requête du maître et des jurés du métier qui avaient déterminé le retour d'un certain nombre de familles et faisaient espérer que les autres suivraient cet exemple, Charles V, au mois d'avril 1372-73, affranchit les tisserands qui viendraient s'établir sous sa juridiction immédiate de l'obligation de se racheter et leur remit même les arrérages échus, à la charge de faire le guet comme les autres corporations[2]. Ainsi, ils obtinrent comme une faveur de quitter une situation privilégiée, que les circonstances avaient rendue onéreuse, pour rentrer dans la condition commune.

Plusieurs corporations cependant se rachetaient du service par une redevance en nature ou en argent. Tel était le cas des tonneliers et des *esculliers* (fabricants d'écuelles, de hanaps, d'auges, etc.). Chaque *escullier* fournissait annuellement au cellier royal sept auges de deux pieds de long[3], et chaque tonnelier obtenait son exemption depuis la Madeleine (22 juillet) jusqu'à la Saint-Martin d'hiver (11 novembre), en payant au roi

---

sergens lou Roy de ce service faire, et le doit faire bien et loiaument par son serement. » *Livre des mét.* p. 125. « Ce sont les noms des personnes qui reçoivent le guet hors la main du Roy : ... Item les tixerans qui ont mestres et rendent au Roy xxxii s. xi d. et le guet accoustumé par les quarrefours par trois sepmaines. » *Ord. relat. aux mét.* pp. 426-27.

1. «... Et soloient estre (quitte du guet) tuit li autre del mestier devant dit, fors puis III anz en ça que Jehans de Champieus, mestre des toisserranz, les a fait guetier contre droit et contre reson, si come il semble aux preudeshomes du mestier, car leur mestier n'apartient qu'aus yglises et aus gentis homes et aus haus homes, come au Roy et à contes, et par tèle raison avoient-il esté frans de si au tens devant dit que icil Jehans de Champieus, à qui le guet des toisserranz est, les a fait guetier contre reson, si come il est dit devant, et met le pourfit en sa bourse, et non pas en la bourse lou Roy. » *Liv. des mét.*, p. 128. Le maître des maréchaux convoquait les gens du métier par l'intermédiaire de six d'entre eux qu'il nommait chaque année à cet effet, et qui, à raison de leurs fonctions, étaient exemptés. *Ibid.* p. 45.

2. Voy. *Append.* n° 15.
3. *Livre des mét.* p. 113.

la valeur d'une journée de travail[1]. L'expression *payer*, que les statuts de certains métiers appliquent au guet, prouve que, pour ces métiers, le service avait été converti en une prestation pécuniaire[2]. L'usage de s'en affranchir à prix d'argent se généralisa même abusivement par la prévarication des clercs du guet, dont les bourgeois achetaient la tolérance, si bien que la ville fut privée pendant quelque temps de la garde de nuit qui veillait à sa sûreté. Le 6 mars 1364 (n. s.), le roi Jean, voulant remettre en vigueur une institution aussi utile, destitua les coupables et décida qu'à l'avenir leur office serait rempli par deux notaires du Châtelet, qui l'exerceraient concurremment avec leurs premières fonctions. Comme plusieurs s'esquivaient après avoir fait inscrire leurs noms, il ordonna que le guet des sergents visiterait les postes et prendrait les noms des absents afin de les faire connaître au prévôt de Paris, enfin il défendit aux clercs de profiter de leur position pour faire des gains illégitimes[3].

Le guet bourgeois était commandé par le prévôt ou par son lieutenant. Les changeurs, les orfévres, les drapiers, les taverniers, revendiquaient le privilége de ne guetter que sous le commandement personnel du prévôt, mais la jurisprudence constante du Parlement se montra contraire à cette prétention. Dans sa session de l'octave de la Toussaint 1264, il jugea à l'unanimité que les drapiers étaient tenus de guetter en l'absence comme en la présence de cet officier, et ce n'était pas la première fois qu'il se prononçait en ce sens[4]. Un arrêt du lundi après la Saint-Barnabé (11 juin) 1265, apprend que la même chose avait été décidée à plusieurs reprises à l'égard des bourgeois de Paris en général[5], et la question posée de nouveau à l'occasion des changeurs, des orfévres, des drapiers, des taverniers, etc., fut résolue de même en 1271, conformément

---

1. «...touz les tonneliers de la ville de Paris, ne doivent point de guet entre la Magdeleine et la Saint-Martin d'yver, pour une journée que chascun poie au Roy. » *Ord. rel. aux mét.* p. 426.
2. « Li escriniers *paieront le guet* et la taille et les autres costumes, ausi come li autres bourgeois de Paris. » *Ibid.* p. 376.
3. *Ordonn. des rois de Fr.* III, 669 et suiv.
4. « Determinatum est concorditer quod drapparii Parisienses guettent et cum preposito et sine preposito Par., sicut et alii, et alias fuerat similiter determinatum. » *Olim,* I, 584.
5. «...Burgenses Paris. de quibus pluries determinatum est quod cum preposito et sine eo guettare debent, quociens fuerint requisiti. » *Ibid.* 609.

à un arrêt du Parlement, de la Saint-Martin d'hiver 1258, dont l'existence fut établie par un record de cour[1].

Le privilége des corporations exemptes du guet se fondait généralement sur ce qu'elles exerçaient une industrie de luxe ; travaillant surtout pour la noblesse et le clergé, elles participaient en quelque sorte à la faveur dont ces classes élevées étaient l'objet. C'est à ce titre que les haubergiers[2], les barilliers[3], les imagiers[4], les chapeliers de paon[5], les archiers[6], jouissaient de l'immunité, et que les lapidaires[7], les tapissiers de tapis imités de ceux de l'Orient[8], les tailleurs de robes[9], y prétendaient. Une tradition, transmise de père en fils chez les mortelliers et tailleurs de pierre, faisait remonter leur privilége à cet égard au temps de Charles-Martel[10]. Les maîtres et clercs du guet obligeaient les barbiers à guetter, bien que le registre des métiers ne leur imposât pas cette charge. Les barbiers s'en plaignirent à Charles V ; ils représentèrent que quatorze d'entre eux sur quarante étaient exempts, soit à cause de leur âge, soit parce qu'ils demeuraient sur des terres franches ou seigneuriales ; ils ajoutèrent qu'ils étaient souvent appelés la nuit par les malades à défaut des médecins et chirurgiens. Le roi manda au prévôt de Paris de consulter les registres des métiers conservés au Châtelet et à la Chambre des comptes et de faire droit, s'il y avait lieu, à la requête des barbiers. C'est ce que fit le prévôt après avoir vérifié que les registres ne contenaient rien qui s'y opposât[11]. Un document qui paraît avoir été rédigé à la suite d'une enquête ordonnée par le Parlement[12] nous offre la liste complète des corporations et des personnes exemptes du

1. *Olim*, I, 865.
2. *Livre des mét.* p. 66.
3. *Ibid.* p. 104.
4. *Ibid.* pp. 157, 158.
5. *Ibid.* p. 253.
6. *Ibid.* p. 260.
7. *Ibid.* p. 74.
8. *Ibid.* p. 128.
9. *Ibid.* p. 144.
10. « Li mortelliers sont quite du guiet, et tout tailleur de pierre, très le tans Charles Martel, si come li preudome l'en oï dire de père en fils. » *Ibid.* p. 111.
11. *Ordonn. des rois de Fr.* IV, 609.
12. « Ce sont les mestiers frans de la ville de Paris qui ne doivent point de guet au Roy, *si come il dient. Tamen non constat curie quare debeant esse quitti.* » *Ord. relat. aux mét.* p. 425.

guet. Elle comprend, outre celles que nous avons déjà citées, les chasubliers, les graveurs de sceaux *(seelleurs)*, les libraires, les parcheminiers, les enlumineurs, les écrivains, les tondeurs de draps, les bateliers, les buffetiers, les fabricants de gants de laine, de chapeaux en *bonnet*[1], de nattes, de haubergeons, de braies, de bijoux en verre *(voirriers)*, les déchargeurs de vin, les sauniers, les corroyeurs de robes de vair, les corroyeurs de cordouan, les monnayeurs, les brodeurs de soie, les courtepointiers, les vanniers, les tapissiers qui se servaient de la navette, les marchands de fil *(fillandriers)*, les calendreurs, les marchands d'oublies, les écorcheurs, les orfévres, les étuveurs, les apothicaires, les habitants de l'enceinte des églises et des monastères, les mesureurs, ceux qui remettaient les vêtements à neuf, les petits marchands qui étalaient leurs denrées aux fenêtres *(touz fenestriers)*, les courtiers de commerce, les marchands de vin étaliers, les artisans attachés au service du roi, des princes du sang et des seigneurs, les boiteux, les estropiés, les fous, les maîtres et jurés des métiers[2]. Les sexagénaires, les absents qui n'avaient pas quitté la ville après avoir eu connaissance de la convocation, les malades, ceux dont la femme était en couches, ceux qui avaient été saignés le jour même, pourvu que la convocation n'eût pas précédé la saignée, ceux enfin qui montaient la garde sur les murs de la ville, étaient dispensés, à la condition de faire, sous serment, leur déclaration aux clercs du guet[3]. Ceux-ci, paraît-il, n'acceptaient les excuses des fripiers que lorsqu'elles étaient présentées par leurs femmes. Les fripiers représentèrent l'inconvénient qu'il y avait pour elles à attendre au Châtelet l'heure du couvre-feu et à en revenir le soir par des rues écartées et désertes, et ils sollicitèrent du roi la permission de se faire excuser par leur ouvrier, leur servante ou leur voisin[4].

---

1. Nom d'une étoffe, qui est devenu ensuite celui de la coiffure qui en était faite.
2. *Ord. relat. aux mét.* p. 425.
3. *Ibid.* p. 426. *Ordonn. des rois de Fr.* III, 670, et *Livre des mét. pass.*
4. « Et dient li preudome du mestier qu'il sont grevé de ce que, puis X ans en çà, ceus qui gardent le gueit de par lou Roy ne voelent pas recevoir l'essoigne des choses desus dites, pour ceus du mestier, par leur voisins ou par leur sergens ;ançois voelent et font venir leur fames en propre parsone, soient bèles, soient lèdes, soient vielles ou jeunes, ou foibles ou grosses, pour leur seigneur essoignier. Laquèle chose est moult laide et moult vilaine, que une fame soit et siée en Chasteleit dessi à

Les descriptions que les chroniqueurs nous ont laissées des fêtes et des cérémonies publiques prouvent que les corps de métiers ne s'y confondaient pas avec le reste de la bourgeoisie et qu'ils y occupaient une place distincte.

Chacun d'eux était rangé à part et portait un uniforme neuf, en étoffe de prix, tel que le prévôt de Paris le lui avait assigné[1]. L'intervention du prévôt en pareille matière montre bien que leur assistance aux cérémonies publiques faisait partie du programme officiel de ces cérémonies. Mais ils ne se bornaient pas à y assister, ils contribuaient aux divertissements offerts à la foule. Jean de Saint-Victor, décrivant les fêtes célébrées à Paris, en 1313, à l'occasion de la chevalerie des trois fils de Philippe le Bel, parle du défilé de toutes les corporations avec leurs insignes particuliers ; les unes, ajoute-t-il, représentèrent l'enfer, les autres le paradis, d'autres firent passer sous les yeux du public tous les personnages du Roman du Renard, se livrant à l'exercice des diverses professions[2]. Nous savons par

queuvre-feu tant que li gueiz est livréz. Et dont s'en veit à tel eure parmi tel ville comme Paris est, toute seule entre li et son garçon ou sa garce, ou sanz l'un ou sanz l'autre, parmi rues foraines, dessi à son ostel. Et en on esté aucun mal, aucun péchié, aucune vilonie faite par la reison del tel essoignement. Pour laquel chose li preudome du mestier devant dit voudroient deprier et requerre la débonaireté du Roy, se il li pleust, que li essoigne feust essoigné par leur vallès, par leur chamberière ou par leur voisin. » *Livre des mét.* p. 203.

1. « In festo Pentecostes eodem anno Philippus primogenitus filius Ludovici regis Francorum, fit miles Parisius, cum tanto urbis et civium apparatu, ut retroactis temporibus vix [tam] solemne festum Parisius factum vel alibi reperiatur. Unde et tota civitas sericis pannis et cortinis extitit ornata, et omnia civitatis ministeria novis vestimentis induta de pannis brodatis, sericis, cendalis, aut vestibus aliis, secundum præceptum et dispositionem præpositi Parisius. » *Chron. Normanniæ, sub anno* 1254, ap. Duchesne, *Hist. Norm. script. antiqui*, p. 1011. « Le jeudi ensuivant d'icelle sepmaine de la Penthecouste, tous les bourgois et mestiers de la ville de Paris firent très-belle feste : et vindrent les uns en paremens riches et de noble euvre fais, les autres en robes neuves, à pié et à cheval, chacun mestier par soy ordené, au-dessus dit isle Nostre-Dame, à trompes, tabours, buisines, timbres et nacaires, à grant joie et grant noise demenant et de très biaux jeux jouant, etc. » *Chron. de S. Denis*, éd. P. Paris, V, 198-99. « Et quant le roy [Jean] entra à Paris, au retour de son joyeux avenement, la ville de Paris et grant pont estoient encourtinés de divers draps ; et toutes manieres de gens de mestier estoient vestus, chascun mestier d'unes robes pareilles, et les bourgois de la dicte ville d'unes autres robes pareilles... » *Ibid.* VI, 2.

2. « Omnes artifices processionaliter incedebant, et illi de singulis artificiis habebant distincta ornamenta ab aliis. Quidam cum hoc infernum

un autre chroniqueur, que les fabricants de courroies représentèrent la vie de ce personnage alors si populaire, tandis que les tisserands jouèrent des scènes empruntées surtout au Nouveau Testament[1]. A l'époque qui nous occupe, les gens de métiers assistaient en corps aux cérémonies et aux fêtes publibliques et n'y étaient pas représentés, comme ils le furent plus tard, par cette espèce d'aristocratie commerciale, composée de six corporations, qui n'apparaît pas dans l'histoire avant l'entrée de Henri VI à Paris, en 1431[2].

Si les corps de métiers n'exercèrent pas à Paris une action politique régulière, ils se jetèrent avec ardeur, et ajoutons avec discipline, dans les troubles qui agitèrent la capitale au XIVe siècle. L'émeute qui éclata en 1306, par suite du rétablissement de la forte monnaie, fut l'œuvre de la population ouvrière et marchande. Les propriétaires voulurent être payés de leurs loyers en bonne monnaie ; cette prétention légitime n'en irrita pas moins les petits locataires qui voyaient tripler brusquement les loyers qu'ils payaient depuis onze ans[3]. Des gens du peuple, foulons, tisserands, taverniers et autres, envahirent la maison de campagne d'Étienne Barbète, voyer de Paris et maître de la monnaie[4], la brûlèrent, saccagèrent le jardin, enfoncèrent les portes de son hôtel de la rue Saint-Martin, mirent le mobilier en pièces, enfin poussèrent l'audace jusqu'à bloquer le roi dans le Temple. C'est le jeudi avant l'Épiphanie que se commettaient ces excès. La veille de cette fête, vingt-huit des séditieux furent pendus aux quatre portes de la ville[5]. Un autre chroniqueur porte à quatre-vingts personnes le nombre des gens de métier qui subirent ce supplice[6]. D'après un troisième, le ressentiment de Philippe le Bel ne fut satisfait que par la mort d'un maître de chaque métier[7]. Quoi qu'il en soit, le caractère de la répression ne laisse pas de doute sur la classe à laquelle

---

effingebant, alii paradisum, alii processionem vulpis, in qua singula animalia effigiata singula officia exercebant. » *Hist. de Fr.* XXI, 656, J.

1. *Chron. rimée attrib. à Geffroi de Paris*, vers 4975-5005 *ap. Hist. de Fr.* XXII.
2. *Journal parisien* à l'année 1431 et Sauval, II, 468.
3. N. de Wailly, *Mém. sur les variations de la livre tourn. Mém. de l'Acad.* t. XXI, 2e *partie*, p. 209-211.
4. *Hist. de Fr.* XXI, 27, J.
5. *Chron. de S. Denis*, éd. P. Paris, V, 171-174.
6. *Ibid.* p. 174 en note.
7. *Hist. de Fr.* XXI, 139, H.

appartenaient les coupables. Est-ce, comme le pense M. Leroux de Lincy[1], à la suite de cette sédition que Philippe le Bel abolit les confréries religieuses, ou ne faut-il pas plutôt faire remonter leur suppression à un mandement royal du mercredi après la Quasimodo 1305, adressé au prévôt de Paris et interdisant dans cette ville aux personnes de toute classe et de toute profession les réunions de plus de cinq personnes, publiques ou clandestines, pendant le jour ou la nuit, sous n'importe quelle forme et quel prétexte[2]? Il semble impossible que les confréries religieuses aient échappé à une mesure d'un caractère aussi général. Du reste, elle paraît n'avoir été que transitoire ; dès le 12 octobre 1307, Philippe le Bel lui-même autorisait les *marchands de l'eau* à célébrer annuellement leur confrérie comme ils le faisaient avant sa défense[3], et le 21 avril 1309, il rétablit celle des drapiers, après s'être assuré par une enquête qu'elle ne présentait aucun danger[4]. Ses successeurs recoururent quelquefois à cette précaution avant de permettre le rétablissement d'une confrérie, et ils ne le permirent généralement qu'à la condition que les réunions auraient lieu en présence d'un délégué du prévôt de Paris[5].

Cinquante ans environ après l'émeute que nous venons de mentionner, on voit les corps de métiers engagés dans le parti d'Étienne Marcel, et formant une véritable armée à ses ordres. Le jeudi 22 février 1358 (n. s.), au matin, le prévôt des marchands les réunit tous en armes à l'abbaye de Saint-Éloi, près du Palais. Ils formaient une réunion d'environ 3,000 personnes. C'est cette foule qui massacra Regnaut d'Acy, avocat du roi au Parlement, au moment où il se rendait du Palais chez lui ; c'est elle qui fournit des instruments dévoués à Marcel pour l'exécution de ses sanglants projets contre les maréchaux de Champagne et de Normandie[6]. La population laborieuse, qui obéit, en 1306, à un mouvement tout spontané, agit ici au contraire avec une

---

1. *Rech. sur la grande confrérie Notre-Dame. Mém. des Antiq. de Fr.* XVII, 232.
2. « ... ne aliqui, cujuscumque sint conditionis vel ministerii aut status, in villa nostra predicta ultra quinque insimul per diem vel noctem, palam vel occulte congregationes aliquas sub quibuscumque forma, modo vel simulatione, post preconisationem predictam de cetero facere presumant. » *Ordonn. des rois de Fr.* I, 428.
3. La pièce est citée par M. Le Roux de Lincy, p. 233.
4. *Ordonn. des rois de Fr.* III, 583.
5. *Append.* n° 3 et 4.
6. *Chron. de S. Denis*, éd. P. Paris, VI, 86-88.

discipline et un ensemble qui s'expliquent certainement par le système d'associations où elle était comme enrégimentée. Le 10 août 1358, le régent accorda une amnistie presque générale aux Parisiens compromis dans l'insurrection. Au nombre des délits et des crimes énumérés par les lettres d'abolition figure le fait de s'être affilié par serment et sans la permission du dauphin à une association illicite qui n'est autre que la confrérie Notre-Dame[1]. Cet exemple montre bien le danger que pouvaient offrir, à un moment donné, les associations les plus étrangères à la politique ; on sait, en effet, que la grande confrérie aux prêtres et aux bourgeois de Notre-Dame, objet de la clémence royale, n'avait d'autre but avoué que la pratique de la dévotion et de la charité, et qu'elle avait compté la reine Blanche parmi ses membres[2].

La sédition des maillotins, qui eut lieu le 1er mars 1382 (n. s.), et les troubles dont elle fut suivie jusqu'à la rentrée de Charles VI à Paris, le 11 janvier 1383 (n. s.), se joignant au souvenir de la conduite factieuse des Parisiens sous le règne précédent[3], déterminèrent ce prince à priver la ville de son échevinage, dont il transporta les attributions au prévôt de Paris[4], et à dissoudre les corporations d'arts et métiers ; il remplaça les *maitres* électifs des métiers par des *visiteurs* à la nomination du prévôt, supprima la juridiction professionnelle exercée par plusieurs de ces corporations[5], et défendit

---

1. «.... de faire par manière de monopole une grant compaignie appellée la confrérie Nostre-Dame, à laquelle il avoient fait plusieurs sermens, convenances et alliance sans l'autorité et licence de nous... » *Ordonn. des rois de Fr.* IV, 346.

2. Voyez les recherches déjà citées de M. Le Roux de Lincy.

3. « ... et en oultre aient par plusieurs fois mesprins des le temps de nostre dit seigneur et père... » *Ordonn. des rois de Fr.* VI, 686.

4. Celui-ci ne put suffire à l'exercice de sa double charge, et le conseil royal confia l'administration municipale à un *garde de la prévôté des marchands* qui était, comme l'indique son titre, nommé par le roi. Cette charge, créée en 1388, fut donnée à Jean Juvénal des Ursins, père de l'historien. Juv. des Ursins, *Hist. de Charles VI*, éd. Denis Godefroy, 1653, pp. 69-70.

5. Cette suppression résulte implicitement du rapprochement de l'art. 3, qui déclare le prévôt seul compétent pour connaître des délits et contraventions professionnels, avec l'art. 6, d'après lequel l'ordonnance ne porte pas atteinte à la juridiction des grands officiers de la couronne ni des seigneurs justiciers de la capitale. Si l'art. 3 ne s'applique pas à ces derniers, il ne peut avoir d'autre portée que celle que nous lui attribuons.

d'une façon générale, et notamment aux confréries, de se réunir ailleurs qu'à l'église sans son autorisation ou celle du prévôt, et en l'absence de cet officier ou de son délégué. Cette défense était sanctionnée par la confiscation et la peine capitale [1]. Les biens des corporations passèrent entre les mains du roi ; telle dut être au moins la conséquence de leur dissolution, et nous avons la preuve qu'en exécution de son ordonnance, Charles VI confisqua la Grande-Boucherie. Du reste, elle lui rapporta si peu, et le défaut d'entretien y nécessita des réparations si urgentes et si considérables qu'il s'en dessaisit en 1388 (n. s.), pour la restituer aux bouchers [2]. On ne saurait fixer l'époque précise à laquelle les autres communautés se reformèrent, mais cela ne tarda pas.

1. L'ordonnance est du 27 janvier 1383 (n. s). *Ordonn. des rois de Fr.* VI, 685. Le religieux de Saint-Denis commet donc une erreur en plaçant au mois de février l'abolition de l'échevinage et la suspension des confréries, *velut cetuum iniquorum prestantes occasionem* (I, 242).

2. *Ordonn. des rois de Fr.* VII, 179. Les bouchers ayant prétendu que cette restitution comprenait la rue percée par Hugues Aubriot, prévôt de Paris, sur l'emplacement d'une partie de la Grande-Boucherie, et qui allait de Saint-Jacques-de-la-Boucherie au Grand-Pont, Charles VI déclara, le 3 mars 1394 (n. s), qu'elle ne s'appliquait qu'à la boucherie telle qu'elle existait en 1388, et ne s'étendait pas à la partie supprimée par Aubriot. *Ibid.* XII, 183, et Sauval, I, 634.

CHAPITRE IV

L'APPRENTI

Entrée en apprentissage. — Obligations du patron et de l'apprenti. — Causes de résiliation du contrat d'apprentissage.

En considérant le corps de métier comme personne civile, comme société religieuse et charitable, enfin dans sa participation à la vie publique, nous n'avons fait connaître que ses caractères accessoires. Avant tout, c'était une association d'artisans exerçant une industrie par privilége et d'après des règlements qu'elle faisait elle-même. L'artisan, appartenant nécessairement à une corporation, était soumis, depuis le commencement jusqu'à la fin de sa carrière, à la discipline corporative. Nous allons étudier la situation que cette discipline faisait à l'apprenti, à l'ouvrier, au chef d'industrie, le rôle qu'elle donnait aux gardes-jurés.

On s'étonnera peut-être de nous voir compter l'apprenti parmi les membres de la corporation; mais, si l'on réfléchit que le nombre des apprentis était généralement limité par les statuts, on reconnaîtra que l'entrée en apprentissage constituait le premier des priviléges corporatifs et donnait un droit éventuel à tous les autres. La question a plus d'importance qu'elle n'en a l'air, car elle conduit à se demander sur quoi reposait le monopole des corps de métiers. Dans les professions libres, comme dans celles où le monopole est fondé sur la restriction du nombre des charges, l'apprentissage, le stage, ne sont que des moyens d'acquérir l'aptitude nécessaire à l'exercice de la profession. Dans les corps de métiers du moyen âge, l'apprentissage avait encore un autre caractère : le nombre des apprentis y étant limité, ceux-ci participaient au monopole de la corporation et en faisaient par conséquent partie.

L'apprentissage était la première condition pour exercer un métier, soit comme ouvrier, soit comme patron. Le forain, qui avait fait son apprentissage ailleurs qu'à Paris, ne pouvait y travailler sans avoir justifié devant les gardes-jurés qu'il l'avait fait dans les conditions exigées par les statuts [1]. Les fils de maîtres eux-mêmes étaient bien rarement dispensés de l'apprentissage. Ils jouissaient cependant de ce privilége chez les bouchers de Sainte-Geneviève, chez les oyers et cuisiniers, chez les potiers d'étain. Le fils d'un cuisinier rôtisseur, s'il ignorait encore son état, le faisait exercer par un garçon jusqu'au jour où, de l'avis des gardes, il était capable de l'exercer lui-même [2]. Lorsqu'un potier d'étain mourait avant d'avoir eu le temps de former son fils, celui-ci succédait à son père en plaçant des ouvriers capables à la tête de son atelier [3]. Mais, en général, le moyen âge ne connaissait pas ces industriels qui n'apportent dans une industrie que leur nom et leurs capitaux [4].

Les statuts n'imposent aucune condition d'âge ni de naissance pour être admis à l'apprentissage. Des textes relatifs à divers métiers nous montrent des apprentis entrant en apprentissage à huit, à neuf, à onze, à quatorze et à dix-sept ans, et dans la même corporation l'apprentissage pouvait commencer plus ou moins tôt [5]. L'apprenti n'avait pas besoin d'établir qu'il était

---

1. *Livre des mét.* pp. 54, 59, 95, 235.
2. «... et se le filz de maistre ne sait riens du mestier par quoi il puisse la marchandise exercer, que il tiaigne à ses despens un des ouvriers du mestier qui en sont expres [*lis.* expers], jusques à tant que ycelui filz de maistre le sache convenable exercer aus diz des maistres dud. mestier... » **Ms. fr. 24069**, fol. xii^{xx}v.
3. «... se son pere trespasse sans avoir esté six ans oud. mestier, il **pourra lever**... son mestier en prenant avecques lui gens souffisans pour gouverner son ouvrouer et son mestier... » Arch. de la Préf. de Pol. *Copie du liv. vert ancien,* fol. 39.
4. Plusieurs personnes cherchèrent à se faire exempter par protection de l'apprentissage de deux ans exigé par les statuts des *coutiers*; mais, sur la requête de ceux-ci, Philippe de Valois manda au prévôt de Paris de faire respecter les statuts sur ce point comme sur les autres. 19 janv. 1348 (n. s). *Ord. des rois de Fr.* IV, 136.
5. «... la coustume et usage de leur mestier [des aumussiers] est de prendre aprentis à X ans, mesmement quant ils sont de petit aage... » 16 juillet 1399, *Reg. d'aud. du Chât.* Y 5222. Chez les tisserands et les foulons de Provins, au contraire, l'apprentissage devait commencer avant quinze ans révolus. Juin 1305, *Ord. des rois de Fr.* XII, 360, art. 6.

enfant légitime [1]. Ce qui le prouve, c'est qu'en 1402 le prévôt de Paris plaça comme apprentie chez une tisseuse de soie une orpheline de mère, dont le père était inconnu [2]. On voit aussi par là que la condition sociale des parents n'était pas un obstacle [3].

Si les statuts ne parlent pas de la capacité requise pour entrer en apprentissage, ils exigent du patron certaines garanties. Il devait être majeur ou émancipé [4], domicilié [5], assez riche pour entretenir l'apprenti, assez habile pour lui montrer à fond son métier [6]. On tenait compte aussi de sa moralité [7].

La plupart des statuts limitent le nombre des apprentis. Sur les soixante-dix-huit corporations industrielles dont le *Livre des métiers* constate l'existence à la fin du xiii° siècle, on en compte quarante-neuf où ce nombre est fixé de un à trois, et vingt-neuf seulement qui laissent pleine liberté à cet égard. Cette proportion ne fit que s'accroître. Mais, outre les apprentis que lui accordaient les statuts, le patron pouvait prendre en apprentissage ses enfants, les enfants de sa femme, ses frères, ses neveux, nés d'une union légitime [8]. Il était même permis aux selliers et aux chapuiseurs de selles d'avoir gratuitement et par charité un apprenti supplémentaire, étranger à la famille [9]. Grâce à la dérogation que subissait la règle en faveur de la

---

1. En Allemagne, cette preuve était exigée et s'établissait par l'extrait baptistaire. Berlepsch, *Chronik der Gewerke : Maurer und Steinmetzer*, p. 156.
2. *Reg. d'aud. du Chât.* Y 5224, fol. 75 v°.
3. Cf. au contraire Berlepsch, *loc. cit.* et *Bæckergewerk*, p. 116.
4. « Que filz ne fille du mestier ne puisse prendre aprantiz tant comme il soit en la subjection de son père et de sa mère... » *Additions aux statuts des dorelotiers homologués par la prévôté le jeudi avant la S. Sauveur* 1327. Arch. nat. KK 1336, fol. xxxiii.
5. « Que nul ne puisse prendre aprentiz se il ne tient chief d'ostel, c'est a savoir feu et lieu. » *Livre des mét.* p. 69.
6. «... que nul ne puisse prendre aprentis se il ne le puet tenir come l'en doit faire enfant de preudome... » *Ord. relat. aux mét.* p. 408. « Nus hom corroier ne puet prendre aprentis, se il ne le prent par les mestres t convient que li mestres regardent se cil qui l'aprentiz veut prendre est souffisans d'avoir et de sens... » *Liv. des mét.* p. 235. « Nus ne doit prendre aprentis se il n'est si saiges et si riches que il le puist aprendre et gouverner et maintenir son terme... » *Ibid.* p. 57.
7. 16 juillet 1399, Y 5222.
8. *Liv. des mét.* p. 38, 43, 49, 72, 80-81, 131, 156.
9. *Ibid.* p. 216. Plus tard, un édit de Henri II du 12 février 1553 (n. s.) accorda cette faculté à tous les métiers en faveur des enfants de l'hôpital de la Trinité.

famille, le patron formait un assez grand nombre d'apprentis. Il faut remarquer d'ailleurs que, dès que l'apprenti était entré dans sa dernière année, le maître avait le droit d'en prendre un autre pour remplacer le premier sans délai [1].

Si le nombre des apprentis était limité, c'était, à en croire certains statuts, à cause de la difficulté d'apprendre le métier à plusieurs personnes à la fois [2]. Cette raison avait contribué sans doute à l'adoption de cette mesure, comme le prouve une disposition du statut des *laceurs de fil et de soie,* qui accorde un apprenti de plus au maître dont la femme exerce le métier et peut par conséquent s'occuper personnellement d'un apprenti [3]. Mais, comme les corporations passaient par-dessus cette considération en faveur des parents du maître, il est évident qu'elles avaient obéi beaucoup plus à la crainte de la concurrence qu'à leur sollicitude pour l'apprenti, et que cette crainte n'avait cédé qu'au sentiment encore plus fort de la famille. Du reste, les *liniers* reconnaissent que l'intérêt des maîtres est engagé dans la question aussi bien que celui des apprentis [4].

La disposition limitant le nombre des apprentis ne restait pas à l'état de lettre morte. Le 21 mars 1395, Jean de Morville, tondeur, est condamné à l'amende portée par les statuts pour avoir pris un apprenti avant que le précédent ait terminé son apprentissage [5]. En 1409, Michelette la Chambellande, tisseuse, subit également une condamnation pécuniaire, parce qu'elle a trois apprenties, contrairement aux règlements [6]. Les corporations veillaient au maintien de cette restriction. En 1407 (n. s.), les gardes-jurés des patrons et le procureur des ouvriers mégissiers font opposition à la requête présentée au Châtelet par un confrère pour être autorisé à avoir deux apprentis [7].

Les statuts fixent souvent un minimum dans la durée et le prix de l'apprentissage. Quant à la durée, ce minimum était

---

1. *Ord. relat. aux mét.* 55, 380.
2. « Car qui plus d'aprentices prendront que 1, se ne seroit pas le profiz aus mestres, ne aus apprentices meesmes, car les mestreises sont asez charchiées en aprendre en bien unne. » *Liv. des mét.* 145. Voy. aussi Fr. 24069, f. 179.
3. *Liv. des mét.* p. 79.
4. *Liv. des mét.* p. 145.
5. *Reg. d'aud. du Chât.* Y 5220.
6. 7 décembre 1409. *Reg. d'aud. du Chât.* Y 5227.
7. 15 mars 1407 (n. s.). *Reg. d'aud. du Chât.* Y 5226.

généralement de six ans, mais quelquefois il atteignait jusqu'à onze ans et descendait jusqu'à quatre ou même à trois [1]. Ces différences ne s'expliquent pas par la difficulté plus ou moins grande des divers métiers, car l'apprentissage était de dix ans pour les tréfiliers d'archal [2] comme pour les orfévres. Encore l'apprenti orfévre pouvait-il sortir d'apprentissage plus tôt, s'il était capable de gagner 100 sous par an, outre ses frais de nourriture [3] : disposition digne de remarque, parce qu'elle est, à notre connaissance, la seule qui fasse dépendre la durée de l'apprentissage du savoir de l'apprenti [4]. Les corps de métiers, en prolongeant l'apprentissage presque toujours au delà du temps nécessaire, s'étaient évidemment moins préoccupés d'assurer la perfection du travail que de faire jouir les patrons des services gratuits d'un apprenti expérimenté, et de ne laisser parvenir à la maîtrise qu'un petit nombre d'aspirants. On comprend en effet que, de cette façon, les vacances étaient rares et que les apprentis ne se succédaient pas rapidement.

Les patrons qui violaient les prescriptions relatives à la durée de l'apprentissage, étaient passibles d'une amende. Thomas d'Angers, tondeur, avait engagé un second apprenti lorsque le premier n'avait pas encore fini son temps, et avait fait recevoir celui-ci comme ouvrier; il subit une condamnation à l'amende, dont le taux légal fut abaissé parce qu'il n'avait pas agi sciemment [5]. Nous signalerons encore une saisie faite sur une fabricante de tissus et sur son mari, parce qu'elle avait pris une apprentie pour un temps moins long que celui fixé par les statuts [6].

Le minimum légal du prix d'apprentissage était tantôt de

---

1. *Liv. des mét. pass.* et notamment p. 87, *note* 1. La grande ordonnance de police de 1351 (n. s.) fixe à deux ans seulement la durée de l'apprentissage des corroyeurs de cordouan et des baudroyeurs, mais elle ne fut pas mise en vigueur. *Ordonn. des rois de Fr.* II, 377.
2. *Liv. des mét.* p. 62.
3. *Ibid.* p. 38.
4. La durée de l'apprentissage fut réduite plus tard à huit ans, mais cette période put toujours être abrégée pour l'apprenti habile. *Ord. des rois de Fr.* III, 10; VI, 386.
5. En 1402, Y 5224, fol 79 v°.
6. « En la présence et du consentement du procureur du Roy, à la requeste duquel l'en avoit procédé par voie de gagerie sur Jehan Putereau et sa femme, ouvriere de texus, pource que elle avoit prinse à apprentisse Jehannete de S. Marc à mendre temps qu'elle ne devoit par les ordonnances... » 18 octobre 1409, Y 5227.

20 et de 40 s., tantôt de 4 et de 6 liv. Chez les baudroyeurs, il devait être payé comptant[1], tandis que chez les fabricants de braies il l'était par annuités[2]. Mais le plus souvent les parties fixaient à leur gré le mode de payement; parfois le prix était payé moitié au début, moitié à la fin de l'apprentissage[3]. Au lieu d'argent, le patron pouvait stipuler deux années de service de plus, ou prendre l'apprenti gratuitement[4].

Dès le moyen âge, la royauté comprit que la réglementation du nombre des apprentis, du prix et de la durée de l'apprentissage, était contraire à l'intérêt public, et elle chercha à l'abolir. Une ordonnance de Philippe le Bel, rendue le 7 juillet 1307, conformément aux vœux du prévôt de Paris et de la prévôté des marchands[5], permit d'avoir plusieurs apprentis et de fixer librement le prix et la durée de l'apprentissage[6]. Cette libérale mesure ne fut sans doute pas appliquée, car on voit en 1351 (n. s.) le roi Jean établir de nouveau en cette matière la liberté des conventions[7], mais l'ordonnance de 1351 qui, parmi beaucoup d'autres dispositions, portait abrogation des règlements relatifs à l'apprentissage, fut une œuvre de circonstance. La peste de 1348 avait diminué l'offre et augmenté le prix du travail; pour atténuer les effets de la dépopulation, l'ordonnance supprimait les entraves qui s'opposaient à l'accroissement du nombre des ouvriers et taxait les salaires. Le législateur ne voulait que pourvoir à une situation transitoire, et nous croyons que, même pendant la crise, il ne réussit pas plus à faire prévaloir la liberté dans le contrat d'apprentissage qu'à faire respecter ses tarifs.

En cas d'absence dûment constatée du père, la mère pouvait être autorisée par le prévôt à mettre son fils en apprentissage[8].

Dans certaines circonstances, cet officier plaçait lui-même

---

1. *Liv. des mét.* p. 224.
2. *Ibid.* p. 90.
3. An. 1399 (n. s.). *Reg. d'aud. du Chât.* Y 5221, fol. 122.
4. *Liv. des mét.* p. 72 et *pass.*
5. Les termes suivants indiquent bien que cette ordonnance, dont on doit la découverte à M. Richard, archiviste du Pas-de-Calais, fut inspirée par le prévôt de Paris et par l'échevinage: « Et semble au prevost de P. et à nos bourgois que il seroit bon que il feust establi... sur les diz mestiers en la manière que il est ci après escript. » *Mém. de la Société de l'Hist. de Paris,* II, p. 133.
6. *Ibid.* p. 140.
7. *Ord. des rois de Fr.* 377, art. 229.
8. 11 mai 1407, Y 5226.

des apprentis. Ainsi une femme s'étant adressée à lui pour faire placer son fils qu'un père ivrogne emmenait mendier, le prévôt, du consentement du père, le mit chez un cordonnier de *cordouan* [1]. En vertu de son autorité, une enfant de cinq ans, abandonnée par son père, entre en apprentissage chez une fripière [2]. En 1399, il place un enfant de huit ans, sans parents connus, chez un aumussier-chapelier, dont l'habileté et la moralité étaient garanties par plusieurs confrères [3]. La même année il valide le contrat d'apprentissage passé par les exécuteurs testamentaires de Guillemette de la Combe en vertu duquel sa petite-fille, Thévenète la Boutine, était devenue l'apprentie de

1. 16 février 1396 (n. s.), Y 5220.
2. « Oye la relacion et tesmoingnage à nouz faiz par Marion, femme Michiel Piedelievre, cardeur de laines, disant que dès le quinziesme jour devant Noël qui fu l'an IIII^{xx} et dix huit derrenierement passé, un nommé Jean le Houssereau, tisseran de toiles, lui avoit baillié en garde une jeune fille nommée Marion, que il disoit estre fille de lui et d'une sienne feu femme jusques au IIIIe ou v^e jour ensuivant, pour ce, si comme il disoit, que il aloit dehors de la ville, depuis le quel jour elle n'avoit veu led. Houssereau, mais avait toujours depuis ce nourry led. enfant à ses despens, ce qu'elle ne povoit plus faire, attendue aussy lad. absence et après ce que Jehanne, femme Hermon le Fevre, a offert nourrir pour Dieu et en aumosne led. enfant à present aagié de cinq ans ou environ, nous ycelle fille avons baillée comme par main de justice à ycelle femme des maintenant jusques à sept ans... durant lequel temps elle sera tenue... ycelle nourrir, lui monstrer, introduire et aprendre le mestier de freperie dont elle se mesle, la traitier doulcement, senz ce que lad. fille, en la fin d'icelui temps, lui puist amender aucun salaire, pourveu aussy que, se sond. père revient ou autre en dedans ycellui temps, qui la vueille avoir, ycelle Jehanne porra avoir action des despens d'icelle fille. » 13 août 1399, Y 5222, f. 83.
3. « Au tesmoignage de Jaquemin Pastereau (?), foulon de draps, Arnoult Doucet, aumussier, Colin Rossignol et Jehan de Houbelines, tous aumussiers, qui tous concordablement nous ont déposé et affirmé que Jehan Raier, ouvrier d'aumusserie et chapellerie, demourant à Paris, est un bon ouvrier, homme de bonne vie, renommée et honeste conversacion, et que la coustume et usage de leur mestier est de prendre aprentis à x ans, mesmement quant ilz sont de petit aage et non à moinz, nous par auctorité de justice, lui baillons à aprentis Thomassin le Tessier, aagié de VIII ans ou environ..., pour ycelui estre instruit aud. mestier, lequel Rayer l'a agréablement prinz aud. temps, pendant lequel il instruirra led. aprentis, telement que au bout desd. x ans il le randra expert oud. mestier, lui querra ses vivres, alimens, feu, lict et autres necessités selon son estat et led. enfant a promis le servir, etc.; et s'il advient que aucuns prouchains amis dud. mineur se apparussent qui voulsissent ravoir led. aprentis, en ce cas le contract sera adnullé par rendre aud. Rayer son interest. » 16 juillet 1399. Y 5222.

Jehannette la Riche, fabricante de tissus et d'orfrois. Avant de donner son homologation, il s'était assuré que le contrat était dans l'intérêt de l'enfant et que les père et mère étaient absents depuis plus de sept ans[1]. Une autre fois, c'est une orpheline élevée par charité, qui, sous ses auspices, commence l'apprentissage de la fabrication des tissus de soie[2]. Comme on voit, le prévôt n'intervient qu'en faveur des mineurs qui n'ont pas leurs protecteurs naturels.

La corporation procurait parfois aussi un patron à l'apprenti. Cela avait lieu chez les brodeurs et brodeuses pour l'apprenti que l'on ôtait au patron déjà pourvu du seul que les statuts lui accordassent[3]. Les enfants de *corroyers*, devenus orphelins et pauvres, étaient mis en apprentissage aux frais de la corporation[4]. Les fabricants de boucles de fer faisaient aussi les frais de l'apprentissage des fils de leurs confrères ruinés[5]. L'apprenti

---

1. « Au tesmoingnage de... prestres exécuteurs du testament... de feu Guillemete de la Combe, grant mere de Thevenete la Boutine, fille Jehan Boutin et Mondine, sa femme, aagiée de xi ans... de... amis et voisins de Jehannette la Riche, faiseresse de texus et d'orfroiz..., qui tous concordablement... nous ont tesmoigné... que lesd. Jehan Boutin et sa femme sont absens de Paris passé a vii ans et que c'estoit le proufit de lad. Thevenete que ycelle demourast comme apprentisse avec lad. Jehannete la Riche par la forme que bailliée lui avoit esté par lesd. executeurs..., ce considéré, nous led. bail comme faict par auctorité de justice avons auctorisé et oultre avons ordené que lesd. vi escus seront bailliéz à lad. maistresse selon la teneur et en déduction des deniers dont mencion est faicte ou brevet dudit bail... » An. 1399 (n. s.). *Reg. d'aud. du Chât.* Y 5221, f° 90.

2. « A la requeste de Perrette la Requeuse, ouvrière de tissus de soye, et apres ce que nous avons esté adcertenéz... Perrette la Gaumonnette de l'aage de neuf ans estre orfeline de mère et ne scevent qui est son pere et comme tele a esté nourrie pour Dieu par lad. Agnez l'espace de cinq anz passéz et apres ce que lad. Perrette a offert nourrir lad. mineur orfeline et lui quérir ses néccessitez et aprendre sond. mestier..., nous à ycelle Perrette ...avons baillé comme par justice lad. orfeline jusques aud. temps, parmi ce qu'elle a promis faire ce que dit est et la garder comme fille de preudome et de preude femme, senz ce que lad. fille puisse ou temps avenir, pour cause de ce, prétendre ou demander... droit de communauté ou loyer avec lad. Perrette... » An. 1402. Y 5224, f° 75 v°.

3. « Se il avenoit que aucuns ou aucune prissent plus d'un aprentis ou d'une aprentisse, que le surplus leur soit osté et mis en la garde du mestier, et si l'assigneroient ailleurs oud. mestier à fin que l'aprentiz ou apprentisse ne perdist son temps. » *Statuts des brodeurs et brodeuses validés en* 1316. Arch. nat. KK 1336, f° cxiii v°.

4. *Liv. des mét.* p. 234.

5. *Ibid. p.* 57.

tisserand, quittant un patron dont il avait à se plaindre, en trouvait un autre par les soins du maître ou chef des tisserands[1]. Chez les cassetiers, l'apprenti renvoyé indûment était placé par les gardes-jurés[2]. Les gardes-jurés couvreurs donnent un nouveau patron à Henriet de Châlons, dont l'apprentissage avait été interrompu[3].

Dans la plupart des industries, le contrat d'apprentissage devait être conclu ou *recordé*, c'est-à-dire répété article par article, en présence des gardes ou des membres de la corporation. Ils ne jouaient pas dans cette circonstance le rôle de simples témoins; ils s'assuraient encore si le patron avait assez d'expérience et de fortune pour prendre l'apprenti[4], et, lorsqu'ils ne le trouvaient pas assez riche, ils exigeaient une caution[5]. De son côté, l'apprenti fournissait aussi des cautions qui garantissaient l'exécution de ses engagements[6].

Le *brevet d'apprentissage,* passé sous seing privé ou en forme authentique, soit devant notaire, soit sous le sceau du Châtelet, était déposé aux archives de la communauté, afin d'y recourir en cas de contestation[7]. Le nom de l'apprenti était inscrit sur

1. *Livre des mét.* p. 116.
2. Fr. 24069, fol. xii{xx}xvi *b.*
3. *Ibid.* f. xiii{xx}vii v°.
4. *Liv. des mét.* pp. 57, 62, 65, 69, 72, 83, 86, 127, 153, 235, 249. Ord. relat. aux mét. p. 408. Fr. 24069, f° 171.
5. *Liv. des mét.* p. 117.
6. *Liv. des mét.* 53, 166. Ord. relat. aux mét. p. 405. « Aujourd'ui Jehan de Lisle, huchier qui faisoit demande à l'encontre de Jehan de Granges, dit le Normant, de la somme de LXXI escus d'or, qui par Guillemin le Charpentier, son nepveu, et duquel il estoit plege jusques à XL liv. par. et de toute léauté envers led. Jehan de Lisle, qui lui avoit baillé à aprentif à huchier, lui avoient esté embléz et receléz, si comme led. de Lisle disoit. Interrogué par serment de la manière et comment ycelui dez Granges avoit applegé sond. nepveu, dist et afferma que led. de Granches avoit envoié quérir led. de Lisle en son hostel et que, en faisant le contract dud. aprentissage, led. dez Granges avoit promis apleger sond. nepveu de XL liv. par. et de toute loialté, maiz, quant les parties vindrent devant les notaires pardevant lesquelz led. contract se devoit passer, led. dez Granches ne le volt appleger desd. XL liv., fors seulement de toute loialté. Et led. dez Granches, interrogué sur ce que dit est, afferma que, au temps dont parle led. de Lisle, sond. nepveu estoit venu nouvelement de Normandie... et ne l'avait oncques aplegé ne de XL liv. ne de loialté, maiz que seulement il lui avoit bien dit que il tenoit bien que sond. nepveu estoit preud'omme et léal. » 9 décembre 1395, *Reg. d'aud. du Chât.* Y. 5220, fol. 82.
7. *Liv. des mét.* p. 83 «... et de ce seront faites lettres soubz le séel

un registre conservé à la maison commune[1]. D'après un règlement des brodeurs et brodeuses du 7 mai 1316, l'enregistrement devait avoir lieu dans un délai de huit jours après l'entrée de l'apprenti chez son maître[2]. Avant de commencer son apprentissage, il payait, ainsi que son patron, un droit de 5 s. qui revenait tantôt aux gardes, tantôt au corps[3]. Chez les *boucliers* de fer, le produit de ce droit servait en partie de cautionnement pour garantir aux maîtres le payement de ce qui leur était dû par les apprentis[4].

L'obéissance et le respect étaient les principaux devoirs de l'apprenti. Il exécutait tous les travaux que son maître lui commandait[5]. Pour assurer l'autorité de celui-ci et éviter les contestations, le statut des chapeliers de feutre déclare d'avance mal fondée toute réclamation de l'apprenti contre son patron[6]; mais, comme on le verra, toutes les corporations ne restaient pas sourdes à ses griefs.

Le maître devait pourvoir à l'entretien de son apprenti d'une façon convenable, digne d'un enfant de bourgeois. La chaussure, l'habillement, étaient à sa charge, comme la nourriture et le logement[7]. Pour employer une expression pittoresque du temps, il tenait l'apprenti *à son pain et à son pot*[8]. Mais les parties pouvaient naturellement déroger aux usages et convenir, par exemple, que la famille fournirait l'habillement. C'est ainsi qu'en vertu d'une clause du contrat d'apprentissage, Jean et Jehannette Froucard furent condamnés à fournir des vêtements d'hiver à leur fils, apprenti chez un courte-pointier[9]. L'apprenti

---

de Chastellet ou d'autre seel autanticle... » Fr. 24069, fol. xii^{xx}xvi. *Reg. d'aud. du Chât. ubi supra.* Les notaires du Châtelet prenaient 12 den. pour la rédaction du brevet. *Copie du livre doulx sire*, f. 84 v° «... les lettres dud. contract avoient esté passées soubz le scel de la prévosté de Paris... » 15 mai 1405. Arch. nat. *Accords homologués au Parl.*

1. Leroy, *Statuts de l'orfévrerie*, 1759, p. 52. Cf. *Munimenta Gildhallæ Londoniensis. Liber Albus*, p. 272 : « ... et lour covenant face enrouller...»
2. Fr. 24069, f. 179.
3. *Liv. des mét.* pp. 55, 57, 72, 83, 184, 216, 220, 254.
4. « ... et à guarder les droitures des aprentis enver leurs mestres. » *Liv. des mét.* p. 57. Il faut entendre par *droitures* tout ce que l'apprenti pouvait devoir au maître, à un titre quelconque.
5. *Liv. des mét.* p. 131.
6. « Nus aprentiz ne soit creus contre son mestre en choses du mestier, que contens ne ire ne sourde entr'eus. » *Liv. des mét.* p. 249.
7. *Liv. des mét.* p. 116. *Ord. relat. aux mét.* p. 408.
8. *Ord. des rois de Fr.* VIII, 142 art. 6.
9. « En la présence de Colin de Crusse, coustepointier qui faisoit de-

marié était libre de ne pas manger chez son maître, et le statut des baudroyeurs lui alloue alors une indemnité de 4 den. par jour[1]. L'apprenti tisserand qui n'était pas convenablement entretenu portait plainte auprès du maître des tisserands. Celui-ci faisait venir le patron, lui recommandait de traiter son apprenti avec les soins dus à un *fils de prud'homme*, et si, au bout de quinze jours, le patron n'avait pas tenu compte de ses observations, plaçait le plaignant ailleurs. En outre, le maître rendait à son apprenti une partie du prix d'apprentissage, proportionnée au temps pendant lequel il avait duré. L'apprenti était-il resté trois mois chez son patron, il recouvrait les trois quarts de son argent; s'il en était sorti au bout de six mois, il avait droit à la moitié, et, après neuf mois, au quart. Lorsque le patron l'avait gardé une année entière, il ne restituait rien, parce que, la première année, l'apprenti ne lui rapportait rien et lui coûtait à peu près la valeur du prix d'apprentissage[2].

En cas de maladie, les frais de médecin et de traitement étaient supportés par les parents[3]. Ceux-ci stipulaient parfois que l'enfant irait à l'école[4]; mais cette sollicitude pour l'instruction de

---

mande à l'encontre de Jehannete la Froucarde, femme de Jehan Froucard à ce que elle feust de nous condannée à bailler... à Jaquet Froucart, filz dud. Jehan et de lad. Froucarde, aprentiz à coustepointier dud. Colin à vestir contre cest yver, selon ce que obligiée y estoit par lettres..., sur quoy lad. Jehannete avoit fait adjourner sond. mary, afin qu'il feust condamné à paier sa moitié de ce que led. aprentis coupteroit à vestir... nous lesd. mariéz avons condamné conjointement à quérir et livrer à leur d. filz à vestir selon son estat en cest yver... » *Reg. d'aud. du Chât.* 9 novembre 1395, Y 5220.

1. *Liv. des mét.* p. 225.
2. « ... Et se il a l'an entier esté entour son mestre, et lors s'en part par la défaute du mestre, li mestre ne li rent point de son argent. Car la première année ne gaaingne-il riens. Et iiii lib. ou cent s., se il les a eu du sien, il les puet bien avoir despandu entour le mestre. » *Liv. des mét.* p. 116.
3. « Aprez la requête faite par Raoulet Martel, boursier, ou nom de lui et de sa femme disant que pièça par Pierre Blondeau, tuteur de Raoulin Boisart, avoit esté baillé à aprentis à boursier à feu Jehan Mugot et à sa femme, à présent femme dud. Raoulet jusquez à certain temps qui encore n'est escheu et que passé a grant temps, il estoit venu un incident de maladie aud. Raoulin, duquel il ne povoit ester sans senz mires et phisicien, nous avons ordoné par provision que led. tuteur fera veoir et visiter ycelui malade par mires et phisiciens et lui querra vivres et alimens telz qu'il esconvendra selon sa maladie... » 3 février 1396 (n. s.). *Reg. d'aud. du Chât.* Y 5220.
4. « ... nous avons conferiné le marchié fait du bail dud. Jehannin à

l'apprenti n'était probablement pas très-commune ; souvent il ne passait que peu de temps à l'école, entrait de bonne heure en apprentissage et était absorbé par le métier[1]. Par contre, le patron lui faisait remplir exactement ses devoirs religieux. Les statuts, il est vrai, n'en disent rien ; mais le temps que les exercices religieux prenaient au patron fait supposer qu'ils n'occupaient pas moins de place dans la vie de l'apprenti[2].

Un article du statut des chapuiseurs, qui montre l'apprenti faisant les courses du patron, révèle un abus trop facile pour n'être pas général[3]. En revanche, le maître ne pouvait l'occuper qu'à des travaux entrepris pour son compte et non pour le compte de ses confrères[4]. On comprend la différence qu'il y avait pour l'apprenti à travailler chez un industriel, pourvu d'un capital, surveillant et dirigeant chez lui son élève, ou pour un patron réduit à la condition de salarié et occupant, tantôt dans un atelier, tantôt dans un autre, une position toujours secondaire. Aussi voyons-nous le prévôt de Paris résilier un contrat d'apprentissage, sur la requête de l'apprentie, parce ce que la maîtresse de celle ci,

Guerin le Bossu, tavernier, hostelier et drapier, lequel a prinz ycelui Jehannin à vi ans par tele condicion qu'il l'envoiera à l'escole un an et si lui querra durant led. temps boire, mengier, vestir, chaussier et toutes ses autres nécessités et si lui paiera et rendra en la fin dud. terme iiii fr. et parmi ce led. enfant le servira bien et deuement ou fait de sa marchandise de taverne et de draperie dont il se mesle... » an. 1399 (n. s.). *Reg. d'aud. du Chât.* Y 5221, f⁰ 136.

1. « ... Lequel prisonnier tousjours dist qu'il ne congnoissoit lettre aucune, tant parce que, quant il ot eu couronne [tonsure], il ne aprint ne ne fu puis à l'escolle, ne n'a ycelle escolle point frequenté, ne aussi aprins à lire, mais a aprins et mis tout son temps et son estude à aprendre son mestier de pelleterie, duquel il se vit... et quant il ot eu couronne, sond. pere le osta de l'escole et le fit aprendre sond. mestier, auquel temps il estoit moult jeune... » *Reg. crim. du Chât.* publ. par Duplès-Agier, p. 49.

2. En Allemagne, le patron devait envoyer ses apprentis à l'école et à l'église. Berlepsch, *Bæckergewerk*, p. 118.

3. « Se li aprentis set faire un chief-d'œuvre tout sus, ses mestres puet prendre 1 autre aprentis pour la reson de ce que, quant 1 aprentis set faire son chief-d'œuvre, il est reson qu'il se tiegne au mestier, et soit en l'ouvroir, et est reson que on l'oneure et deporte plus que celui qui ne le set faire, si que ses mestres ne l'envoit mie en la vile quere son pain et son vin ausi como un garçon... » *Liv. des mét.* p. 216-217.

4. « Nus vallèz ne puet prendre aprentiz tant qu'il soit en autrui service... Nus ne puet prendre aprentiz se il ne le met en œuvre de son propre chetel. Nus vallèz ne nus mestre ne puet aprentiz prendre pour metre en œuvre en autrui ovroer, que en son propre ovroer. » *Ibid.* p. 174, en note.

de son propre aveu, n'est pas établie, n'a pas d'atelier et va seulement travailler chez les autres [1].

Bien entendu, la défense de travailler chez les autres visait seulement les confrères du patron et n'empêchait pas celui-ci d'emmener l'apprenti chez les clients. Rarement l'apprenti y allait seul ; dans son intérêt, comme dans celui du client, il était accompagné du patron ou d'un ouvrier connaissant bien son état. Il y avait même danger à lui confier des marchandises, quand il était enfant, et les *chandeliers* ne furent sans doute pas les seuls à le reconnaître. Ceux-ci faisaient colporter et vendre leurs chandelles par de jeunes apprentis, peu au fait du métier, qui vagabondaient, buvaient et jouaient l'argent reçu des acheteurs ; puis, pour cacher leurs détournements, trompaient le public sur le poids de la marchandise[2]. Cet abus de confiance fit ajouter aux statuts un article défendant d'envoyer par la ville des apprentis inexpérimentés et comptant moins de trois ans d'apprentissage[3].

L'apprenti subissait, plus souvent peut-être encore qu'aujourd'hui, les mauvais traitements de son maître. Un épicier, qui avait frappé son apprenti sur la tête d'un bâton auquel pendaient des clefs, obtient de la victime un pardon écrit et notarié ; puis, pour faire oublier ses torts, lui permet un voyage à Reims et, au cas où il ne voudrait pas revenir, le libère de ses engagements[4]. Un apprenti orfèvre est frappé d'un trousseau de clefs qui lui fait un trou et deux bosses à la tête ; le père porte plainte et, sur l'aveu du patron, fait prononcer par le prévôt de Paris la résiliation du contrat[5]. Un certain Jean Persant dit

---

1. « Oye la confession de Poncete, femme de Cardinot Aubry, ligniere, qui estoit appelée par devant nous à la requeste de Perrete la Maugarnie, son aprantisse, à ce que elle feust desliée du contract que elle avoit avec elle, pour ce que lad. Poncete ne tenoit aucun ouvrouer et que seulement elle aloit aucune fois ouvrer par cy et par là, la quele a confessé que voirement ne tenoit elle point d'ouvrouer et que seulement elle aloit aucune foiz ouvrer ça et là et avoit esté par long temps senz rienz faire ne aprandre aucunement led. mestier à lad. Perrete, ce considéré, nous ycelle avons desliée dud. contract et condamné lad. Poncete es despens... » 22 octobre 1399. *Reg. d'aud. du Chât.* Y 5222, f⁰ 142.
2. *Ord. des rois de Fr.* VII, 481.
3. *Ibid.* 484, art. 2.
4. *Pièces inéd. du règne de Charles VI*, publ. par M. Douet d'Arcq, II, 158.
5. « Oy le plaidoié aujourd'hui fait pardevant nous entre Jaquet de Thorigny ou nom de lui et de son filz d'une part et Jehan Lorfèvre

Brindelle intente au For-l'Évêque une action en résiliation et en dommages-intérêts contre Jean d'Asnières et sa femme, pour avoir battu ses deux filles qui apprenaient chez les défendeurs la fabrication des *orfrois*. Ceux-ci présentent une exception d'incompétence, fondée sur ce que l'acte d'apprentissage a été passé sous le sceau de la prévôté de Paris, et ajournent le plaignant au Châtelet pour obtenir la remise des deux enfants et des dommages-intérêts. L'évêque de Paris fait évoquer l'affaire au Parlement qui, de l'accord des parties, la renvoie au For-l'Évêque en autorisant Brindelle par provision à mettre ses filles en apprentissage où il voudra[1]. La partie des archives du For-l'Évêque, qui s'est conservée jusqu'à nous, ne remonte pas à cette époque, de sorte que nous n'avons pu suivre l'affaire jusqu'au bout.

La justice n'attendait pas une plainte de la victime ou de sa famille pour agir; lorsqu'elle avait connaissance de sévices commis sur des apprentis, elle informait d'office. Ainsi le bailli de l'abbaye de Saint-Germain-des-Prés, instruit qu'Isabelle Béraude, apprentie de Jean Bruières, avait répété dans sa dernière maladie qu'elle mourait par suite des mauvais traitements de son maître, qui l'avait battue et foulée aux pieds, fit saisir les biens de celui-ci, examiner le corps par un médecin, et n'accorda mainlevée au patron que sous caution et à la condition qu'il se présenterait à la première réquisition[2]. Il

d'autre, sur ce que led. de Thorigny disoit... contre led. Lorfèvre que ycelui orfèvre, auquel led. filz avoit esté baillé à aprentis, traitoit malgracieusement et inhumainement ycelui filz et telement que, pour son sévice, led. fils devoit estre délié dud. contract et ses lettres à lui estre rendues, consideré que ycelui orfèvre a confessé avoir batu d'un trousseau de clefs telement led. filz appelé Jehannin que il lui avoit fait une plaie et deux boces en la teste, nous avons dit que en ce a eu sévice commis en la personne dud. filz par led. orfèvre et par sequele que il peut et doit estre deslié du contract qu'il avoit avec led. orfèvre de le plus servir et ses lettres dudit contract à lui estre rendues... » 30 août 1399. *Reg. d'aud. du Chât.* Y 5222, f⁰ 95.

1. 15 mai 1405. *Accords homologués au Parl.* Il ressort de cette procédure que les procès sur l'exécution d'un acte scellé au Châtelet pouvaient, de l'accord des parties, être portés devant une autre juridiction.
2. « Au jour d'ui pour ce que il est venu à congnoissance de justice que une fille nommée Ysabelet Beraulde, apprentisse de Jehan Bruieres, demourant en la rue des Portes, estoit morte le jourd'ui et avoit dit durant sa maladie plusieurs foiz que son d. maistre l'avoit batue et foulée aux piéz et lui avoit donné un coup qui la faisoit mourir, nous avons fait

serait facile de multiplier les preuves de la brutalité des patrons envers leurs apprentis, et cependant les faits du genre de ceux que nous avons cités étaient bien plus communs que les textes qui les constatent. Nous ne connaissons en effet que ceux qui ont donné lieu à des poursuites judiciaires ou à des lettres de rémission ; la plupart n'étaient pas portés devant la justice et restaient inconnus parce qu'il n'était pas toujours possible de les établir.

Du reste, les maîtres avaient, dans une certaine mesure, le droit de frapper leurs apprentis ; c'est seulement lorsqu'ils en abusaient qu'ils étaient punissables. Un apprenti huchier avait été emprisonné au Châtelet, probablement pour s'être sauvé de chez son maître. Le prévôt de Paris, en le condamnant à remplir les obligations de l'acte d'apprentissage, rappelle au patron ses devoirs : il doit traiter son apprenti en *fils de prud'homme*, lui fournir les choses stipulées au contrat, il le battra lui-même, s'il le mérite, et ne le laissera pas battre par sa femme[1].

L'apprenti recevait soit une somme une fois payée à la fin ou au cours de l'apprentissage, soit un salaire. Colin le Boucher, cordonnier de *cordouan*, prenant Jean Béguin pour trois ans, s'engage à lui payer un franc lorsqu'il aura fini son temps[2]. Colette Brébion entre chez Colart Devin, drapier, pour apprendre à filer et à carder, à condition qu'elle touchera 10 francs au bout de ses dix ans d'apprentissage ou même au bout de huit ans, si elle trouve alors à se marier avantageuse-

visiter le corps mort par M⁰ Jehan de Troies, mire, etc., et pour ce, veu le rapport, etc., nous avons recreuz aud. Bruieres ses biens... à la caucion de Pierre Dubiel... et led. Bruières a promis venir à justice... toutesffoiz que requis en sera. » 14 juin 1410. *Reg. d'aud. civiles du bailliage de S. Germain-des-Prés*, Arch. nat. Z² 3485.

1. « En la presence de Jehan Prévost, huchier d'une part et de Lorin Alueil, prisonnier au Chastellet à la requeste dud. Prévost d'autre part, nous avons condamné... led. Alueil à servir led. Prévost, son maistre, selon la forme et teneur des lettres obligatoires sur ce faictes dont il nous est apparu, senz despenz, excepté l'escripture et seel et les despens de la geole fais par led. prisonnier, lesquelz led. Prevost paiera et ce fait nous avons enjoint et commandé aud. Prevost que il traite led. Lorin, son aprentiz comme filz de preudomme doit estre et l'en quière les choses contenues en lad. obligacion *senz le faire batre par sa femme, mais le bate lui mesmes s'il mesprent...* » 3 septembre 1399. *Reg. d'aud. du Chât.* Y 5222, f⁰ 84. Les statuts municipaux de Worcester reconnaissent au maître le droit de correction corporelle sur ses apprentis et domestiques. *English Gilds, Ordinances of Worcester*, art. XXXIV, p. 390.

2. 16 fév. 1396 (n. s.), *Reg. d'aud. du Chât.* Y 5220.

ment[1]. Guérin le Bossu, à la fois tavernier, hôtelier et drapier, promet à un apprenti 4 fr., payables à l'expiration de l'apprentissage, qui est de six ans[2]. La corporation des couvreurs fournissait gratuitement des outils à l'apprenti qui sortait d'apprentissage[3].

Quant au salaire, nous rappellerons que le terme légal était abrégé pour l'apprenti orfévre, capable de gagner 100 s. par an et sa nourriture[4]. Le maître des tisserands stipulait un salaire au profit de l'apprenti qu'il faisait entrer chez un nouveau patron et qui était en état de le gagner[5]. Un apprenti pelletier demande judiciairement à son maître de pourvoir à son entretien et de *le faire gagner*, ou de lui rendre sa liberté[6].

Le patron charpentier se faisait payer les journées de son apprenti, sauf la première année d'apprentissage, pendant laquelle le client lui devait seulement de ce chef une indemnité de nourriture évaluée à 6 deniers[7]. Gardait-il ces journées pour

---

1. « ... Thomas Brebion... bailla à Colart Devin, drapier, une sienne fille nommée Colette, aagée de VIII ans ou environ jusques à dix ans, dont l'un est desjà escheu pour aprendre le mestier de la laine, c'est assavoir filler et carder, moiennant et parmi le pris et somme de dix frans que led. Colart en promist paier à ycelle Colette en la fin desd. années, pourveu que, se elle estoit en aage de marier, et elle trouvoit son bien, ycellui Colart lui serait [tenu?] et promist paier VIII ans passéz lad. somme, dont led. Colart a requis lettres et aussi que, se ycellui Colart pendant led. temps aloit de vie à trespassement, ycelle Colette seroit tenus servir la femme dud. Colart. » 23 avril 1407. *Reg. d'aud. du Chât.* Y 5226.

2. Voy. plus haut p. 65, *note 4*.

3. « ... et par tout ce temps li querra le maistre toutes ses nécessitéz en boire, en mengier, en vestir et en chaucier, et en la fin du terme le vallet aura touz ses outiex frans du mestier. » Ms. fr. 24068, f. XIII[xx]VII.

4. Voy. plus haut p. 59, *note 3*.

5. « ... et doit fere donner deniers à l'aprentiz, se il les set gaaingnier. » *Liv. des mét.* p. 16.

6. « Au jourd'hui Richard le Maire, fourreur peletier, contre lequel Regnaudin Alcin et Jehan Alcin, son père, faisaient requeste à ce que ycellui Regnauldin, qui pieça avait esté baillié à aprentis aud. mestier à Jehan Thifaine, peletier dont... led. Richart avoit à présent la cause... peust soy aloer et mettre à autre maistre aud. mestier pour gaigner sa vye ou que led. Richart *le feist gaignier* et lui quist ses necessitéz, a dit... que pieça il avoit rendu... ycellui Regnauldin à Jehan le Maignen que ycellui lui avoit baillée et ne lui demandoit rien, mais le quittoit de toute chose dont il lui pouvait faire demande, consentant que il puist gaignier et aloer et aller besoigner ailleurs, dont lesd. Regnaudin et Jehan ont requis acte. » 10 fév. 1407 (n. s.). *Reg. d'aud. du Chât.* Y 5225.

7. *Liv. des mét.* p. 105. En Allemagne, les apprentis maçons étaient

lui? Nous croyons qu'une part au moins en revenait à l'apprenti. Le patron ne pouvait accorder tout de suite un salaire à l'apprenti. Celui-ci devait avoir acquis une certaine expérience et obtenir des gardes-jurés un certificat de capacité [1]. Un patron fut condamné parce qu'il donnait 8 écus par an à son apprenti, qui n'avait pas encore été interrogé et reconnu par les gardes digne d'une rémunération [2].

Le maître était responsable des contraventions professionnelles commises par son apprenti [3].

La mort du patron ne mettait pas toujours fin à l'apprentissage. L'époux survivant ou les héritiers gardaient l'apprenti, lorsqu'ils continuaient le métier et se trouvaient en état de pourvoir à son entretien et de le faire travailler [4]. Nous signalerons, par exemple, un apprenti entré chez Colin d'Andeli et sa femme, mercière, et sur lequel celle-ci n'avait perdu ses droits ni par son veuvage ni par son second mariage [5]. En voici un autre qui du service de Jean Tiphaine, pelletier, était passé à celui de Richart le Maire, pelletier-fourreur, ayant-cause du premier [6]. Lorsque l'époux survivant ou les héritiers n'exer-

---

payés à l'année par le patron ou recevaient par ses mains des journées de celui qui faisait faire les travaux. Berlepsch, *Maurer und Steinmetzgewerk*, p. 156-159.

1. « ... avant que led. vallet (il s'agit ici de l'apprenti) puisse prendre ou avoir journée d'ouvrier maistre, il convendra qu'il ait servi à son mestre ou dit mestier 3 ans au moins, et convendra, avant qu'il prengne journée d'ouvrier, que il soit sceu qu'il soit souffisant de prendre journée d'ouvrier. » Ms. fr. 24069, f. xiii[xx]vii.

2. « Pour ce que Huguelin... a aujourd'hui confessé par devant nous que, contre les ordenances royaulx, il avoit prinz et retenu avec lui comme aprentis Baudoin... et néantmoins lui donne salaire de huit escus par an, ce qu'il ne peut faire par lesd. ordonnances jusques à ce que ycelui qui gaagne salaire ait esté oy par les jurez et trouvé souffisant à ce, nous ycelui avons condamné... » An. 1402. *Reg. d'aud. du Chât.* Y 5224, f° 19 v°.

3. *Liv. des mét.* p. 101 et Fr. 24069, f° 128 v°.

4. *Liv. des mét.* p. 151. Voy. plus haut p. 70, *note 1*.

5. « Pour ce que au jourd'ui de relevée Thevenin Raoul, qui dès l'an iiii[xx] et xi en novembre s'estoit commandé et baillé à aprentis à Colin d'Andeli et Jehanne sa femme, mercière, à présent femme Jacob Tronchet, a confessé qu'il a délaissé son service passéz sont vi ans et qu'il en restoit encore à faire iii ans, nous ycelui avons condamné... envers led. Tronchet et sad. femme en leurs dommages et intérests et à tenir prison, selon la teneur des lettres sur ce faictes, tout senz prejudice des actions dud. Tronchet et sa femme pour raison du salaire que lesd. d'Andely et sa femme devoient avoir du père dud. Thevenin, du quel il est heritier et aud. Thevenin ses deffenses. » An. 1402. Y 5224, f° 54 v°.

6. Voy. plus haut p. 70, *note 6*.

çaient pas le métier, le contrat était forcément résilié, et alors l'apprenti était cédé à un confrère du défunt ou entrait dans un autre atelier par les soins des gardes-jurés ou du prévôt de Paris. La même chose avait lieu soit lorsqu'il devenait impossible au patron de supporter les charges de l'apprentissage, soit lorsqu'il n'entretenait pas convenablement ou maltraitait l'apprenti[1]. Le contrat était naturellement résilié de l'accord des parties, qu'une indemnité fût stipulée ou non[2]. Cependant chez les tisserands drapiers, l'apprenti ne pouvait quitter son maître, moyennant indemnité, qu'après quatre ans d'apprentissage[3]. La cession ou, comme disent les statuts, la vente[4] de l'apprenti, n'était autorisée que dans le cas de force majeure, soit que le patron fût ruiné ou atteint d'une maladie de langueur, soit qu'il passât la mer pour faire quelque pèlerinage, soit enfin qu'il renonçât complétement à sa profession[5]. Si cette cession avait été permise en dehors de ces circonstances extraordinaires, les apprentis, désireux de quitter leur maître, l'auraient forcé par leur insubordination à les céder à un confrère[6]. Quelquefois la cession n'était valable que lorsqu'elle était ratifiée par les gardes-jurés[7] ou par la famille[8] qui examinaient si elle n'était pas préjudiciable à l'apprenti. Le statut des fileuses de soie à grands fuseaux veut que la convention soit passée devant les deux jurés, qui percevaient sur chaque

---

1. Voy. p. 67, *note* 5.
2. *Liv. des mét.* 72, 248 et *pass.*
3. *Ibid.* p. 115.
4. La même expression se trouve dans des statuts anglais d'une date relativement récente. *Engl. Gilds*, p. 209.
5. *Liv. des mét.* p. 49, 58 et *pass.* Fr. 24068, f° xii^{xx}xvi. En 1398, Colin et Raoul Hendegoth, tailleurs, plaidant au Châtelet contre Gilet le Gros, proposent à leur adversaire de prendre son apprenti aux mêmes conditions que lui, sans que ledit Gilet paraisse se trouver dans un des cas que nous venons d'énumérer. On pourrait en conclure qu'un siècle environ après Ét. Boileau, les corporations admettaient la cession, même lorsqu'elle n'était pas imposée au patron par la nécessité. Y 5221, f° 24.
6. *Liv. des mét.* p. 58.
7. « Que nul ne pourra vendre son apprentis se ce n'est en cas de necessité, de desconfiture ou que son maistre soit mort. Et fault, se il le veult vendre, que il vienne devers les juréz desd. deux mestiers et, s'il semble bon aux juréz, il le pourra vendre, et aultrement non... » *Statuts des chapelliers-mitenniers et aumuciers du* 1er *fév.* 1387 (n. s.). *Copie du liv. vert ancien*, f° 1.
8. *Ord. des rois de Fr.* VII, 482.

partie un droit de 6 deniers[1]. Chez les fileuses de soie à petits fuseaux, les gardes avaient le même droit et de plus dressaient acte du contrat[2].

L'apprenti, qui quittait son maître, ne pouvait être remplacé avant l'expiration du temps pour lequel on l'avait pris. Le but de cette défense était d'empêcher les patrons de prendre des apprentis uniquement pour les céder avec bénéfice, et de transformer ainsi leur atelier en un bureau de placement. On avait vu en effet plusieurs *forcetiers* s'établir et prendre des apprentis pour les vendre au bout de trois semaines ou d'un mois et redevenir de simples ouvriers. Il leur fut défendu désormais de céder leurs apprentis avant d'avoir exercé un an et un jour[3].

Lorsque l'apprenti se sauvait, il était recherché par ses cautions[4] et par son patron[5], qui, après l'avoir attendu un certain temps, en prenait un autre. Repris, il était emprisonné et remis chez son maître, ou, lorsque celui-ci l'avait remplacé, chez un autre patron. Il était redevable de dommages-intérêts et du temps qu'avait duré son escapade[6].

---

1. *Liv. des mét.* p. 81.
2. *Ibid.* p. 84.
3. *Ord. relat. aux mét.* p. 360.
4. « Se li apprentiz s'en va sanz congié d'entour son mestre, li pleige le doivent querre une jornée, voire Il bien et loialment... » *Ord. relat. aux mét.* p. 405.
5. *Liv. des mét.* p. 127. « Comme Jehanne de S. Fiacre, ouvrière de tiessus, eust japieça fait adjourner par devant nous ou Chastellet de Paris Robert Aussouart..., disant que, dès le ve jour de moys de mars l'an mi^{xx}xvii derrenierement passé, il avoit promis à lad. Jehanne une jeune fille appellée Jehannete..., cousine de la femme dud. Robert, jusquez à iii ans pour estre introduite oud. mestier et la servir durant le temps dessusd., le quel mestier lad. Jehannete seroit tenue de lui monstrer et aprendre deuement et convenablement et lui administrer et livrer ses despens de bouche pour et parmi la somme de xii liv. tourn. que led. Robert fu tenu de paier à lad. Jehanne à certains termes, c'est assavoir à Pasques lors ensuivant, vi liv. tourn. et les autres vi liv. à la fin desd. iii ans et *oultre eust promis querir lad. Jehannete en la ville de Paris ou cas ou durant le temps dessus d. elle se défuiroit ou absenteroit...*, si comme ycelle Jehanne disoit ce apparoir par lettres sur ce faictes... soubz le seel de Chastellet..., aprez ce que ycelui Robert a dit que il ne vouloit point bailler lad. Jehannete..., consideré que led. Robert ne volt ou sçot dire chose valable pour empeschier les demandes... de lad. Jehanne, nous ycelui... Robert... condamnons en telz dommages et interests comme elle pourra prouver... avoir desja encouru... » An. 1399 (n. s.). Y 5221, f° 122.
6. *Liv. des mét.* p. 67. *Ordonn. relat. aux mét.* p. 380. « ... Jacquet Clariatre aagié de xvii ans ou environ... il se fust louéz et mis à maistre

Des dommages-intérêts étaient dus également par l'apprenti qui, sans s'être sauvé, renonçait au métier et faisait résilier le contrat, fût-ce pour les motifs les plus respectables. Assurément, si la justice n'avait pas dû assurer avant tout la réparation du préjudice causé, elle n'aurait pas condamné à des dommages-intérêts une apprentie de quatorze ans, Guillemette Fachu que sa mauvaise santé et sa dévotion décidaient à entrer en religion [1].

Le mariage de l'apprenti, qui, dans certains métiers, mettait fin à l'apprentissage [2], modifiait seulement dans d'autres les rapports du patron et de l'apprenti [3].

a Jehan Clariatre son frère, charpentier pour aprendre le mestier de charpenterie et de ce eust obligié à lui touz ses biens et son corps à tenir prison, avec le quel son frère il a demouré par l'espace de an et demi ou environ, où il a souffert moult de durtéz et mesaises par paroles, menaces et bateures et tant qu'il a convenu qu'il se soit partiz d'avecques son d. frère et aléz par le païs pour gaigner sa vie moult pensiz, dolent, pour ce que plusieurs compaignons charpentiers lui disoient qu'il feist qu'il eust la lettre en quoy il estoit obligé envers son d. frere ou il le pourrait faire mettre en prison et prendre ses biens..... » An. 1382. *Trésor des Chartes reg.* JJ, 121, f° 49.

1. « ... Jehan le Fachu... et Jehan Jennet es noms et comme tuteurs... de Guillemete, fille dud. Fachu... aagiée de xiiii ans..., qui pieça avoit esté baillée comme apprentisse à texus à Thomas le Mercier et Jehanne sa femme jusquez à certain temps encore durant et ycelle mesmes Guillemete ont juré et affermé que icelle Guillemete avoit et a voué chasteté et se vouloit mettre en religion, non induite à ce, et en oultre que elle [est] si foible de son corps que elle n'est pas bien abile à estre au siècle et pour ce, en la présence dud. Thomas, renoncèrent aud. mestier, oye la quele renonciation nous condamnons lesd. tuteurs et Guillemete et led. Fachu en son nom es despens, dommages et interests dud. Thomas... » An. 1401. Y 5223, f° 13 v°.
2. Fr. 24069, f° xii[xx]xvi.
3. Voy. plus kaut, p. 65 *note* 1.

CHAPITRE V

L'OUVRIER

Embauchage de l'ouvrier. — Travail en ville et en chambre. — Travail à temps et à façon. — Taux des salaires. — Responsabilité de l'ouvrier. — Fin de l'engagement de l'ouvrier. — Rapports du patron et de l'ouvrier.

La condition de l'apprenti était au moyen âge à peu près ce qu'elle est aujourd'hui. Celle de l'ouvrier, au contraire, dépendant directement du régime industriel, diffère au moyen âge et dans les temps modernes au même degré que l'industrie manufacturière diffère de la petite industrie. Ce n'est pas que sa part dans la production et la répartition ait changé ; au fabricant qui faisait les avances il apportait, comme aujourd'hui, le concours de son travail moyennant un salaire fixé indépendamment des bénéfices de l'entreprise. Mais, si l'on cesse de considérer son rôle économique pour envisager son bien-être et ses rapports avec le fabricant, on verra que la grande industrie et l'industrie corporative lui font une situation très-différente.

Tandis que le contrat d'apprentissage était passé par écrit, les conventions entre patrons et ouvriers étaient le plus souvent conclues verbalement [1]. Les ouvriers sans ouvrage se réunis-

---

1. L'exemple suivant montre qu'il n'en était pas toujours ainsi : « Condamnons Jehannin Euvrart, coustellier, envers Perrin Vaillant en la somme de xxxv s. p. pour son salaire deservi à la peine de son corps en son hostel de Pasques derren. passé jusques à present et led. Perrin à le servir jusques à Pasques prochain venant au'pris de x fr. par an *selon le contract du loage fait entre eulz.* » 4 oct. 1399. Y 5222, f⁰ 130 v⁰.

saient à des endroits fixés pour se faire embaucher[1]. Les foulons qui voulaient se louer à la journée se rassemblaient devant le chevet de l'église Saint-Gervais, ceux qui travaillaient à l'année, près de la maison de l'Aigle, rue Baudoyer ; ils devaient s'y rendre isolément[2]. Ces agglomérations d'ouvriers n'étaient pas sans danger ; elles pouvaient donner lieu à des troubles ou au moins à des coalitions. Aussi l'autorité publique se vit quelquefois obligée de les interdire[3].

1. « Que tous les varletz dud. mestier qui vouldront gaigner et ne seront allouéz pour le jour soient tenuz aller es places acoustumées à trouver les varletz d'icellui mestier et à l'heure à ce ordonnée, affin que les maistres les puissent trouver tous ensemble pour les mectre en besongne. » *Statuts des tondeurs de drap*, 23 avril 1364. *Livre rouge neuf du Chât.* f° VIII^{xx}XI.

2. *Liv. des mét.* p. 131-133. Au mois d'août 1222 un certain Nicolas, prenant l'habit à Saint-Maur-des-Fossés, donna à l'abbaye cette maison qui était dans la censive de l'Hôtel-Dieu. En 1227 Alix, veuve d'Houdier Reboule, renonce, en faveur de l'abbaye, à ses prétentions sur la même maison : *que dicitur domus Aquile in vico Baldaeri sitam... Cartul. de S.-Maur-des-Fossés,* LL 112, f° 47, 53 v° « ... la meson de l'aigle..... assise à la porte Baudaar..... » An. 1294 (n. s.). KK 1337, f° XLV v°.

3. Bien que la pièce suivante se rapporte à Rouen, nous la donnons ici parce qu'elle révèle des abus qui n'étaient pas particuliers à cette ville : « A touz ceus qui ces lettres verront le baillif de Rouen salut. Comme jugement fust entre les attournés as tisserans de Rouen pour eus et pour le commun de leur mestier d'une partie et les attournés de la draperie de Rouen pour eus et pour le conmun d'autre, seur ce que les attournéz as d. tisserans requeroient au mere et aux pers de Rouen que eus eussent plache pour eus alouer à leur mestier faire et disoient si comme eus sont une partie du mestier de draperie... et touz autres mestiers ont plache en la ville de R. pour eus alouer... A ce distrent les attournéz du conmun de la draperie que plache ne doivent ils pas avoir, car bien puet estre que ancianement... il avoient place en la ville de R., pour eus alouer jouste une maison que l'on appele Damiete (?) et en lad. plache, quant il y assembloient pour eus alouer, il firent compilacions, taquehans, mauveses montées et enchierissemens à leurs volentéz de leurs euvres et moult d'autres vilains faiz qui ne sont pas à recorder, qui étoient ou domage du commun de la draperie et de toute la ville de R., pour les quiex meiffaiz la plache leur fu ostée et devée par justice bien a cinquante ans et plus et de puis chu temps eus ont eu certaine manière de eus alouer sanz plache avoir et sanz eus assembler..., les raisons oïes d'une partie et d'autre, les attournés as tisserans dessusd. amenderent de leur volenté le jugement dessusd. en l'Eschequier de la S. Michel par devant honorables hommes les maistres dud. Eschiquier. Après l'amende faite, il fut jugié et prononcié par jugement end. Eschiquier que les tisserans dessusd. n'aroient desorenavant la plache que eus réquéroient à avoir. Et [*lis.* en] tesmoing de laquele chose, nous avons mis à ces lettres le séel de la baillie de R... ce fu fait par devant les maistres dessusd. en l'an de grace 1285 en l'Eschiquier dessus dit. » *Vidimus* de Philippe le Long en 1320

Il était défendu de faire des propositions à l'ouvrier d'un confrère[1]. Un mois seulement avant l'expiration de son engagement, il était libre d'en contracter un nouveau avec un autre patron[2], car des offres prématurées lui auraient fait négliger son travail[3]. C'est par exception qu'il pouvait, en prévenant son patron, se louer avant le dernier mois[4].

L'ouvrier n'était reçu dans un atelier qu'après avoir prouvé par serment ou par témoin qu'il avait bien et dûment fait son apprentissage[5]. La première fois qu'il prenait du travail, il

(n. s.). *Trés. des Chartes*, JJ 59, pièce iiiie xiiii : « Que les vallets telliers allent à œuvre sans faire place commune ne harele..... » *Régl. sur la draperie de Montivilliers*, *Ord. des rois de Fr.* XII, 456, art. 15.

1. « ... que nul mestre ne puisse donner ne permestre [*lis.* promestre] avantage ne pour luy ne pour autre au vallet qui sert nul mestre de P. durant le terme du vallet... » *Ord. relat. aux mét.* p. 369. « Nulz varlès servans oud. mestier de serrurerie qui seront louéz ou enconvenanciéz tant en tâche comme à journée, ne se peuent louer ne enconvenancier à aucun autre maistre jusques atant qu'il aient acomply leur service, et s'il sont trouvéz faisans le contraire, ilz paieront 10 s. au Roy et le maistre qui les mettra en besoingne autant, s'il ne lui demande s'il doit point de service à homme de P., dont icelui maistre sera creu par son serement. » Mars 1393 (n. s.). *Livre rouge vieil du Chât.* f[o] c et xvii. « Condamnons Guillemin le Roux, lanternier en vii s. p. d'amende... pource que il a mis en œuvre et baillé à ouvrer de son mestier à un varlet d'icelui mestier..... qui estoit aloué de Henriet de Gaillon d'icelui mestier..... » 18 juin 1409. Y 5227.

2. « Que nulz ne puisse alouer ouvrier sur painne de l'amende que pour un an, et si ne porront alouer l'ouvrier ou le vallet devant un mois devant leur terme. » *Statuts des chapeliers*. Février 1367 (n. s.). *Ord. des rois de Fr.* IV, 702. « Que nul ne nulle ne pourra allouer varlet d'autruy jusques à ung mois près de la fin de son service sur peine de xv s. d'amende..... et en payera aultant le varlet comme le maistre. » *Statuts des chapeliers-aumussiers.* 1 fév. 1387 (n. s.). *Copie du liv. vert ancien*, f° 1.

3. « Que nul dud. mestier ne puisse alouer nul varlet qui gaaingne argent ne aprentiz requerre d'alouer devant à ce que il aient leur servise du maistre entour qui il auront esté parfait....., car ja puis que le varlet est allouéz à autre qu'à son premier maistre, ainçois que son terme soit acompli, ne le servira volontiers ne de cuer, ainçois quiert achoison, tant comme il puet, à ce que il puisse partir de son maistre et laisse le varlet à ouvrer avant heure, etc. » *Statuts des corroyeurs de robes de vair.* KK 1336, f[o] xiii.

4. « Que nulle personne dud. mestier qui soit en service à autrui ne se puisse louer à autruy dud. mestier jusques atant que il aura fait son terme à son mestre....., *se ainsi n'est que il parle avant à son maistre qu'il s'aloue à autre personne.* » *Addit. aux statuts des dorelotiers* en 1327, *ibid.* f[o] xxiii.

5. *Liv. des mét.* p. 64, 127, 156, 235.

jurait de travailler conformément aux statuts et de dénoncer les contrevenants, sans excepter son patron. Celui-ci était responsable de l'omission de cette formalité [1]. L'ouvrier n'entrait chez un nouveau patron que sur la présentation d'un congé d'acquit du précédent [2].

Chez les tapissiers, il payait aux gardes un droit d'un sou, chaque fois qu'il changeait d'atelier [3]. Les ouvriers pourpointiers se faisaient payer à boire par leur nouveau camarade d'atelier, qui dépensait ainsi 2 à 3 s. pour sa bienvenue [4]. Certaines corporations l'obligeaient à avoir un trousseau; chez les foulons, le trousseau devait valoir au moins 12 den., puis, dans le cours du XVe siècle, 4 s. [5]. Dès le XIIIe siècle, le costume de l'ouvrier fourbisseur, destiné par sa profession à être en rapport avec des gentilshommes, représentait une valeur d'au moins 5 sous [6].

Il était interdit de donner de l'ouvrage aux débauchés, aux voleurs, aux meurtriers, aux bannis, aux gens de mauvaise réputation. Les ouvriers vivant en concubinage étaient, sur la dénonciation d'un membre de la corporation, privés de leur place et même expulsés de la ville; le défaut de dénonciation était puni d'une amende [7]. Le forain venu à Paris en compagnie d'une femme pour être ouvrier tisserand ne trouvait de l'ouvrage qu'après avoir justifié de son mariage soit par témoins, soit par un certificat de l'église qui l'avait marié [8].

Les statuts défendent aux ouvriers de travailler en ville, ce qui veut dire qu'ils ne doivent pas mettre leur savoir-faire au service de personnes étrangères au métier qui l'utiliseraient dans un but commercial. Le monopole du fabricant aurait été inutile, si le premier venu avait pu, à l'aide d'ouvriers, entreprendre une industrie pour laquelle il n'était pas qualifié. Mais, bien entendu, les patrons emmenaient ou envoyaient leurs ouvriers chez les clients, et ceux-ci pouvaient même

---

1. *Liv. des mét.* p. 77, 186 et *note* 1, 217.
2. Ms. fr. 24069, f° 153 v°
3. *Ord. relat. aux mét.* p. 406.
4. *Ord. des rois de Fr.* IX, 167. Voy. plus haut p. 38.
5. *Liv. des mét.* p. 131. *Bannières du Chât.* Y 7, f° XXII.
6. « Que nus mestres ne puisse meitre varlet en œuvre, se il n'a cinc soudées de robe sus lui por les ouvriers tenir nettement por nobles genz, contes, barons, chevaliers et autres bonnes genz qui aucune foiz descendent en leur ouvrouers. » *Ord. relat. aux mét.* p. 366.
7. *Liv. des mét.* p. 122, 131. Ms. fr. 24069. f°s XIII^{xx} III et VII.
8. *Ord. relat. aux mét.* p. 390.

les faire venir chez eux, sans l'aveu d'un patron. Toutefois, sur ce dernier point, les corporations se montraient plus ou moins libérales. Chez les brodeurs, cela était défendu, parce que les patrons n'auraient plus trouvé d'ouvriers pour exécuter leurs commandes[1]. Chez les cloutiers, les ouvriers ne travaillaient pour le public que lorsque les patrons n'avaient plus d'ouvrage à leur donner[2]. En s'adressant à de simples ouvriers, le public n'enlevait pas seulement aux fabricants les bras dont ils avaient besoin, il faisait hausser les salaires et encourageait une concurrence d'autant plus dangereuse que les ouvriers, exempts de frais d'établissement, offraient leur travail à meilleur marché. En outre, le travail en ville échappait à la surveillance des gardes-jurés. Pour toutes ces raisons, les rapports directs des ouvriers et du public, lorsqu'ils n'étaient pas interdits ou soumis à une autorisation spéciale, n'étaient que tolérés, comme un mal inévitable, par les corporations[3].

1. *Ordonn. relat. aux mét.* p. 379.
2. « Que nule persone dud. mestier ne puist ouvrer entor home estrange tant come il puist trouver à ouvrer entour home du mestier. » *Liv. des mét.* p. 65.
3. Il était bien difficile, en effet, d'empêcher le public de s'adresser à de simples ouvriers, et l'ouvrier charpentier dont il est question dans le texte suivant fut condamné, non comme ayant travaillé pour un particulier, mais comme ayant employé de mauvais bois. « Condamné Thibaut de Tournisel, poure varlet charpentier en l'amende...., pour ce qu'il a confessé avoir fait une fenestre de charpenterie en la quele a auber contre les status... de leur mestier, la quele amende nous lui avons quitée et remise, present le procureur du Roy, considerée sa poureté et qu'il a juré par son serment qu'il ne l'avoit pas faicte pour vendre, maiz pour la donner à un procureur de céens qui avoit postulé pour lui... » An. 1399. *Reg. d'aud. du Chât.* Y 5221, f° 116 v°. Le texte qu'on va lire permet à l'ouvrier de prendre de l'ouvrage de n'importe qui, mais lui défend de passer un engagement avec une personne étrangère au métier; dans le premier cas, il ne faisait qu'exécuter une commande pour les besoins personnels d'un particulier; dans le second, il promettait son travail pendant un certain temps, et le particulier aurait pu l'employer pour faire concurrence aux maîtres : « Nulles mestresses ne ouvrières de ce mestier... ne se puet... alouer à persone nulle, quele qu'elle soit, se la dame n'est mestresse doud. mestier, mès elles pueent bien prendre à ouvrer de qui qu'elles voudront et qu'il leur plaira. » *Ord. relat. aux mét.* p. 325. Les citations suivantes montreront le travail en ville interdit : « Nus vallès... ne puet... ouvrer à P. du mestier... entour autre menestereul que du mestre [*lis.* mestier] desus devisé, quar ainsi aprandroit il le mestier... à plus d'aprentis que il ne puet ne ne doit faire par droit... » *Liv. des mét.* p. 168. « Nus boutonier ne se puet alouer à nul home qui ne soit de mestier de boutonier... » *Ibid.* p. 185. « Que nul..., soit maistre ou

Les ouvriers travaillaient généralement chez leur patron. Il faut naturellement excepter ceux dont l'industrie ne s'exerce qu'en plein air. En outre, le travail en chambre, qui répugnait tellement à l'esprit méfiant de la législation industrielle [1], n'était pas cependant interdit dans tous les métiers. Ainsi les lormiers faisaient coudre leurs harnais hors de chez eux [2]. Les chapeliers de coton employaient aussi des ouvriers en chambre [3]. Les merciers donnaient leur soie à des ouvrières qui la filaient et la travaillaient à domicile [4].

L'ouvrier travaillait à temps ou à façon. L'auteur du *Ménagier de Paris* distingue les ouvriers qui, livrés pour la plupart aux travaux agricoles, se louaient à la journée, à la semaine ou pour la saison, et ceux qui travaillaient à la pièce ou à la tâche [5]. Il est difficile de dire lequel de ces deux modes de travail était le plus commun. S'il est plus souvent question dans les textes

---

vallet, ne puisse ouvrer dud. mestier chiez marchant ne chiez bourgeois ne chiez autres..., se ce n'est chiez mestre du mestier, se ce n'est à tres noble prince auquel il soit du tout par especial, pour raison de la decevance qui y a esté faite et peut estre faite de cy en avant. » *Ibid.* p. 92. « Nus vallès corroiers ne se puet alouer à nul home se il n'est corroiers. » *Ibid.* p. 239. « Que nulle dud. mestier de lormerie, maistre ne varlet, n'ovrera d'icellui mestier chez nulle personne, se il n'est lormier. » *Ord. des rois de Fr.* III, 183. « Que nuls compaignons dud. mestier ne puissent aller ouvrer, se ce n'est sur les maistres et ouvriers d'icelui mestier, sans le congié des maistres ou gardes dud. mestier. » *Statuts des armuriers et coutepointiers du* 1 déc. 1364. *Copie du livre vert anc.* f° 97. Cf. l'article suivant relatif aux ouvriers tailleurs de Pontoise : « les compagnons ouvrans en chambre, qui ne sont maistres et qui taillent autres besongnes que à leur maistre..., paieront x s. pour chascun garnement. » *Ord. des rois de Fr.* IX, 603, art. 4.

1. « Nul varlet servant ne peut ouvrer en chambre en aucune manière pour souspeçon que ilz ne facent faulses clefs ou autre faulse ouvrage... » *Addit. à l'ancien statut des serruriers*, mars 1393 (n. s.) ; *Livre rouge vieil du Chât.* f° c et xvii v°.
2. « Li lormier... pueent... queudre et faire queudre en leur hostiex et hors de leur hostiex... » *Liv. des mét.* p. 223.
3. « ... pourront baillier leur laines à ouvriers souffisans pour ouvrer en la maison desd. ouvriers... » *Liv. des mét.* p. 252, n. 2.
4. *Ord. relat. aux mét.* p. 377.
5. « ... serviteurs sont de trois manières. Les uns qui sont prins..... pour un jour ou deux, une sepmaine ou une saison, en un cas nécessaire ou pénible ou de fort labour, comme soieurs, faucheurs, bateurs en granche ou vendengeurs, hottiers, fouleurs, tonneliers et les semblables. Les autres à temps et pour certain mistère, come cousturiers, fourreurs, boulengiers, bouchiers, cordoenniers et les semblables qui euvrent à la piece ou en tache pour certain euvre. » Ed. Pichon, II, 53-56.

du travail à temps, c'est qu'il prêtait à des abus et nécessitait la réglementation de l'autorité[1]. Au contraire, le travail à la tâche avait l'avantage de proportionner le salaire à la peine et de garantir le patron contre la paresse et la mauvaise foi de son ouvrier. Aussi le fabricant mettait probablement l'ouvrier à ses pièces toutes les fois que le genre de travail ne s'y opposait pas. Si les textes ne s'occupent pas davantage de ce mode de rémunération[2], c'est précisément parce qu'il ne donnait lieu à aucun abus, à aucune difficulté.

L'ouvrier qui travaillait à temps se louait à la journée[3], à l'année[4] et même pour une période de plusieurs années[5]. Chez les chapeliers, l'engagement ne pouvait excéder un an[6]. Les textes qui nous parlent d'ouvriers logés et nourris chez leur patron s'appliquent surtout à des ouvriers à l'année[7]. Les tréfiliers d'archal engageaient généralement leurs ouvriers pour un an[8]. Chez les fourbisseurs, le nombre de ces ouvriers à demeure était restreint à un par atelier, à deux pour le fourbisseur du roi[9].

Le travail à la lumière étant le plus souvent interdit, la journée durait habituellement depuis le lever jusqu'au coucher du soleil. Elle se composait donc nominalement de seize heures

---

1. Certains ouvriers, tels que tisserands de toile et de drap, foulons, laveurs, maçons, charpentiers, etc., allaient au travail et le quittaient suivant leur bon plaisir, tout en recevant des journées entières. Le prévôt de Paris ordonna le 12 mai 1395 qu'ils commenceraient leur journée au soleil levant et ne la termineraient qu'au soleil couchant, en prenant leurs repas aux heures convenables. *Liv. rouge du Chât.* f° cxii v°.
2. « Li valet *tacheeur* aus tailleeurs... » *Liv. des mét.* p. 143. « Jehan du Four, *tacheur* de peleterie... » *Taille de* 1313, éd. Buchon, p. 149.
3. *Liv. des mét.* p. 132. *Ord. relat. aux mét.* p. 408.
4. *Reg. d'aud. du Chât.* Y 5222, f° 130 v°.
5. « Au jour d'ui Thierry de Bec, varlet cousturier, en faisant son libelle à l'encontre de Hennequin de la Fontaine, tailleur de robes, a confessé que il s'estoit aloé aud. Hennequin jusques à trois ans, dont les deux sont encores à escheoir, pour le servir oud. mestier, comme son maistre varlet à tailler robes et faire tout ce qui à maistre varlet oud. mestier appartient et non autrement, dont led. Hennequin nous a requis acte. » 30 juillet 1399. Y 5222, f° 74.
6. *Ord. des rois de Fr.* IV, 702.
7. *Ibid.* VII, 98, art. 12.
8. « Nus mestres ne doit louer le vallet son voisin, devant qu'il ait fet son service, se n'est son mestre *qui le puet alouer* 1 *mois devant ce qu'il ait fet son service...* Li mestres et li vallet ont leurs vesprées pour eus reposer... et *doivent aler les vallez chascun an* 1 *mois en aoust*, se il vuelent. » *Liv. des mét.* p. 63.
9. *Ord. relat. aux mét.* p. 369.

au maximum et de huit heures et demie au minimum. Mais il faut en retrancher les heures de repas. Ajoutons que, si telle est la durée que les ordonnances applicables au travail manuel en général assignent à la journée, dans certains métiers elle se terminait à vêpres ou à complies, c'est-à-dire à quatre et à sept heures, suivant que les jours étaient courts ou longs[1]. Les ouvriers prenaient de l'ouvrage pour la soirée ou *vesprée*, mais ils contractaient alors un engagement nouveau, pour lequel ils se faisaient payer à part. Ainsi les ouvriers foulons, promettant de travailler consciencieusement pour leurs patrons, distinguent les *vesprées* des journées et des façons[2]. Les patrons prolongeaient ces veillées assez tard pour que les ouvriers, en rentrant chez eux, courussent risque d'être assassinés. Sur la plainte des ouvriers, le prévôt de Paris ordonna que la *vesprée* ne durerait pas au delà du soleil couchant[3]. Au XVᵉ siècle et peut-être dès le XIVᵉ la journée des ouvriers foulons durait de six heures du matin à cinq heures du soir, soit onze heures, en hiver (de la Saint-Rémi aux Brandons), de cinq heures du matin à sept heures du soir, c'est-à-dire quatorze heures, pendant les longs jours (des Brandons à la Saint-Rémi)[4]. La journée des ouvriers mégissiers,

---

1. « Li vallès toisserrans doivent lessier œvre de tistre sitost que le premier cop de vespres sera sonés, en quelque paroise que il œvre, mes il doivent ploier leur œvre puis ces vespres. » *Liv. des mét.* p. 125. « Li vallet ont leur vesprées, c'est à savoir que cil qui sont loué à journée, lessent œvre au premier cop de vespres N.-D. en charnage et en quaresme au cop de complie..... » *Ibid.* p. 132. « Nus baudroyers ne puet ne ne doit ouvrer entre les Brandons et la S. Remi puis que conplie est sonée à N.-D. et se ont establi li preudome du mestier pour eus reposer, quar les jours sont lonc et li mestier est trop penables. » *Ibid.* p. 225. « Li vallet corroiers ont leur vesprées, c'est à savoir que il n'overront pas en quaresmo puis le premier cop de complie, ne en charnage puis le premier crieur qui va du soir. » *Ibid.* p. 237. « Condamné Guillaume Posteau, demourant en la rue de la Fontaine Malbué..., en XII s. VI d. d'amende..., pour ce que en l'ostel de lui qui est conroieur de cuirs ont esté trouvéz c'est assavoir le IXᵉ jour de may derrenierement passé...., deux varlès ouvrans dud. mestier aprez vespres et le IXᵉ d'icelui moys III autres varlès ouvrans aprez lad. heure en enfreignant les ordenances. » An. 1401. *Reg. d'aud. du Chât.* Y 5223, fᵒ 19 vᵒ.
2. « Se mestre a mestier de vallet à la vesprée devant d. qui à cele journée ait ouvré à lui, alors le puet sanz aler en place, se il se pueent concorder du pris. » *Liv. des mét.* p. 132 «... ils le serviront bien et bel.... comme de journées et de vesprés faire et de commendaige..... » *Ord. relat. aux mét.* p. 397.
3. *Ord. relat. aux mét.* p. 397-399.
4. *Ord. des rois de Fr.* XVI, 586, *art.* 12.

lorsqu'elle eut été, sur leur demande, réduite par le prévôt, commença et finit avec le jour. Le samedi et la veille des jours fériés, ils pouvaient quitter leur ouvrage au troisième coup de vêpres sonnant à Notre-Dame[1]. Pendant les mois où les jours sont le plus courts, d'octobre à février, les ouvriers tondeurs de draps se mettaient à l'œuvre à minuit. Le jour venu, ils prenaient un repos d'une demi-heure pour se rafraîchir. Ils travaillaient ensuite jusqu'à neuf heures et jouissaient alors d'une heure de liberté, pendant laquelle ils déjeunaient. Ils dînaient de une heure à deux de l'après-midi et se remettaient à la besogne jusqu'au soleil couchant. Cela faisait plus de treize heures et demie de travail effectif. Le reste de l'année, ils n'allaient à l'atelier qu'au soleil levant et y restaient jusqu'à la fin du jour. Ils avaient deux heures pour dîner et un repos supplémentaire d'une demi-heure pendant l'après-dînée pour se rafraîchir sans sortir de l'atelier. Ce règlement ne s'appliquait pas aux ouvriers à l'année[2]. Malgré l'opposition des patrons, les ouvriers tondeurs obtinrent la suppression du travail de nuit et la réduction de la journée, pendant les mois de novembre, décembre et janvier, à neuf heures et demie de travail effectif. La journée commença dès lors à six heures du matin pour finir à cinq heures du soir ; elle était suspendue une demi-heure pour le déjeuner et une heure pour le dîner. Le reste de l'année, elle continua à être réglée par la longueur des jours[3]. On s'étonnera sans doute que le commencement et la fin de la journée fussent fixés d'une façon aussi vague[4], aussi sujette à contestation[5] ; mais il est probable que les parties s'entendaient pour considérer comme le signal de l'ouverture et de la clôture des travaux le son de la cloche paroissiale, le passage d'un crieur public ou tout autre fait quotidien et régulier de la vie parisienne. Nous savons, par exemple, que le jour était annoncé, au son du cor, par le guet-

---

1. 12 février 1324 (n. s.). KK 1336, f° cxv.
2. *Ord. des rois de Fr.* VII, 98, art. 12.
3. *Livre rouge* 3ᵉ *du Chât.* f° 87.
4. Chez les mégissiers, la journée finissait en hiver lorsqu'il ne faisait plus assez clair pour distinguer un tournois d'un parisis. KK 1336, *loc. cit.*
5. «... les jurés et gardes.... eussent requis que l'heure que lesd. varlez devoient laissier à tondre..... aud. soir entre la S. Remy et la Chandeleur feust expressement limitée et déclerée ainsi que elle estoit devers le matin, *afin de eschever les débas qui sur ce avenoient souventeffois entre eulx....* » *Livre rouge* 3ᵉ *du Chât. loc. cit.*

teur du Châtelet[1]. Quoi qu'il en soit, il n'y avait pas à Paris, comme dans plusieurs villes industrielles, une cloche spéciale pour appeler au travail et en annoncer la suspension et le terme[2].

Nous avons indiqué sur quel pied l'ouvrier était payé ; il faut se demander maintenant si son salaire suffisait seulement à ses premiers besoins ou lui assurait en outre un certain bien-être, première condition de moralité. Quand même nous aurions des documents assez nombreux, assez précis pour connaître la valeur intrinsèque de la main-d'œuvre dans les diverses branches de l'industrie parisienne pendant le cours du XIIIe et du XIVe siècle, il resterait à en fixer la valeur relative. Or les tentatives faites jusqu'ici pour déterminer la puissance de l'argent au moyen âge n'ont pas réussi, comme le prouve la diversité des systèmes et des résultats auxquels elles ont conduit. Les conditions du marché du travail peuvent donc seules nous fournir quelques lumières sur le taux des salaires. Le prix de la main-d'œuvre, comme celui de toutes les autres marchandises, est soumis au rapport de l'offre et de la demande. Dans quel rapport la population ouvrière à Paris se trouva-t-elle avec les besoins de la production du commencement du XIIIe à la fin du XIVe siècle ? Si nous ne sommes pas en mesure de résoudre avec certitude ce problème, susceptible de plusieurs solutions suivant qu'on se place à tel moment ou à tel autre de cette période, nous signalerons du moins certains faits de nature à l'éclairer. Le premier de ces faits qui se présente à l'esprit, c'est que la limitation du nombre des apprentis avait nécessairement pour conséquence de borner, dans une certaine mesure, celui des ouvriers. Mais cette considération ne doit pas faire oublier qu'on pouvait travailler à Paris pour le compte d'autrui sans avoir fait son apprentissage dans cette ville. Il suffisait qu'il eût duré le temps prescrit par les statuts parisiens[3]. Cette

---

1. *Liv. des mét.* p. 248. Il y avait aussi un guetteur au Louvre et au Petit-Pont. Du Cange, v° *gueta* sous *wacta*.
2. Par exemple, à Amiens, à Comines, à Tournai, c'était au son d'une cloche particulière que les ouvriers allaient à l'atelier et le quittaient. *Monum. inédits du Tiers État*, 1, 456. *Ord. des rois de Fr.* IV, 208, art. 1 ; 588, art. 7.
3. « Se aucuns hons estranges qui sache le mestier dessusd. vient à P..., il convient qu'il se face créable par devant les mestres du mestier..... qu'il i ait ouvré VII anz ou plus..... et quiconques le mestroit en euvre devant..... il seroit à v. s. de par. d'amende... » *Liv. des mét.* p. 54.

condition ne fermait pas la porte aux ouvriers du dehors attirés par les avantages de la capitale. Aussi voit-on les maîtres tailleurs se préoccuper des *estranges varlez* qui venaient à Paris et y exerçaient le métier en cachette[1]. Les ouvriers teinturiers étaient si nombreux que la moitié demeurait quelquefois sans ouvrage[2]. Les statuts des cloutiers prévoient le cas où les ouvriers ne trouveraient pas d'ouvrage chez les patrons[3]. L'existence des ouvriers n'était pas sédentaire, comme on serait porté à le croire[4], et ils ne se fixaient pas pour toujours là où ils étaient nés, où ils avaient fait leur apprentissage. L'attrait des grandes villes, la sécurité qu'elles leur offraient contre les gens de guerre[5], l'espérance de trouver du travail et de gagner de gros salaires[6], la curiosité, le désir de se perfectionner dans leur métier[7], tout contribuait à les faire changer souvent de résidence. S'il était un séjour capable de les retenir, c'était assurément Paris. Il faut donc tenir compte, dans l'appréciation

« Nus corroiers ne puet recevoir vallet en son mestier, se il n'a ouvré, où que ce soit, aus us et aus coustumes de P., c'est à savoir que il ait esté au mestier vi ans o plus. » *Ibid.* p. 235. *Voy. aussi* p. 161. Par exception on ne demandait aux ouvriers lormiers du dehors que d'avoir fait l'apprentissage exigé par les statuts d'une *bonne ville*. Ord. *des rois de Fr.* III, 183, art. 10.

1. *Liv. des mét.* p. 142-143.
2. *Ibid.* p. 402.
3. *Ibid.* p. 65.
4. « ..... en la ville de Paris en laquelle, et aussi en la ville de S. Denis en France il avoit par lonc temps et à plusieurs et diverses fois ouvré avec plusieurs mareschaux duquel mestier il est, et aussi es armées et chevauchées qui ont esté faites par le Roy ou pays de Flandres, a alé ouvrer de son mestier de mareschal, sanz ce que esd. voyages il feist aucun mal. » *Reg. crimin. du Chât.* p. 37.
5. Nous avons déjà parlé de cardeurs qui, au xive siècle, cherchent à Paris un asile contre la guerre et déclarent leur intention de s'y fixer. Voy. plus haut p. 34.
6. « Lequel prisonnier... afferma par son serement qu'il est homme de labour, qui gaigne sa vie à porter la hoste, servir les maçons et aler par le pays quant il treuve qui lui veult envoyer..... et que à aucunes fois il se entremet de ouvrer de mestier de cordouennier..... est venu demourer à Coulomyers en Brye..... et est venus à Paris pour gaigner, *pour ce que l'en y gaigne plus que l'en ne fait aud. lieu de Coulomyers.* » *Reg. criminel du Chât.* p. 50.
7. « ..... plusieurs compaignons et ouvriers dud. mestier de plusieurs langues et nations aloient et venoient de ville en ville ouvrer pour aprendre..... véoir et savoir les uns des autres, dont les aucuns d'eulx s'i arrestoient et marioient... » Les ouvriers faisaient déjà leur *tour de France. Ord. des rois de Fr.* XI, 60.

du taux des salaires, de la concurrence que les ouvriers du dehors venaient faire aux ouvriers parisiens. Il est probable que ceux-ci étaient animés envers leurs concurrents de l'hostilité que les tisserands de Troyes témoignaient contre les ouvriers étrangers et qui s'est produite dans tous les temps[1]. Les fabricants occupaient en outre des ouvriers des environs, qui naturellement se faisaient payer moins cher que ceux de la ville. A la vérité, les produits fabriqués hors Paris subissaient l'examen des gardes-jurés[2]; mais ce contrôle, auquel les produits indigènes étaient également soumis, n'empêchait pas les fabricants de chercher au dehors l'économie de la main-d'œuvre. En outre, ils travaillaient eux-mêmes, et, grâce à la longue durée de l'apprentissage, leurs apprentis leur rendaient autant de services que des ouvriers. Ajoutons qu'ils pouvaient prendre parmi leurs parents des apprentis supplémentaires. Enfin, en dépit des règlements, ils se faisaient aider par leurs domestiques[3]. Ces raisons nous donnent à penser que le travail manquait aux ouvriers plus souvent que les bras ne manquaient à l'industrie, et que les patrons faisaient la loi du marché[4]. Sans doute la population ouvrière a beaucoup aug-

---

1. « ... et contredient à mettre en euvre les compaignons estranges, combien qu'il soient bons ouvriers. » *Ord. des rois de Fr.* V, 595.

2. «... que toutes les mestresses qui envoieront hors de la ville faire euvre, la monstreront à ceus ou à celles qui seront establiz pour le mestier garder, pour savoir se il y a nulles mesprentures. » *Ord. relat. aux mét.* p. 386.

3. « Les chapelliers et mitoniers ne pourront faire ouvrer leurs chambrieres ne leurs varlets, se ils ne sont ordonnéz ou mis à apprentis aud. mestier.... » *Statuts des chapeliers mitainiers et aumussiers.* 1 février 1387 (n. s.). *Copie du livre vert ancien*, f° 1. « De l'acord du procureur du Roi ou Chastelet... à la requeste du quel gagerie ou exécution avoit esté faite sur Hetequin de Couloigne, brodeur, sur ses biens de la somme de XLV s. par., pour ce qu'il avoit ouvré en sa maison par III jours du mestier de broderie par autres que ses varlès, ce qu'il ne povoit faire par les ordenances royaulx, etc. prinz le serment dud. Hetequin, qui a affermé que il n'a fait ouvrer dud. mestier que un seul jour par autres que ses varlès... nous avons dit que ses biens et gages prins pour la cause que dessus ne seront vendus que pour XXV s. p. esquelz nous condamnons led. Hetequin pour la cause que dessus. » 17 juin 1399. Y 5222. « Condamné Guillaume Metiffeu, chandellier et espicier à amender ce que un sien varlet qui n'est pas du mestier de chandellier, a esté trouvé copant mesche à faire chandelle, qui est contre les ordenances, laquele amende a esté modérée à XL s. p., dont aux accus[eurs] appartient leur droit contenu es ordenences. » An 1402. *Ibid.* Y 5224, f° 44 v°.

4. Cependant le nombre des ouvriers mégissiers ne répondait pas aux

menté depuis le moyen âge, et, à ne considérer que ce fait, il semblerait que le taux des salaires ait dû baisser dans la même proportion. Mais le capital engagé dans l'industrie, la production, les échanges, enfin tout ce qui peut développer le besoin de bras, a suivi une progression plus rapide encore, de sorte qu'en définitive la proportion entre l'offre et la demande s'est modifiée au profit des ouvriers. En même temps que le taux des salaires s'est élevé, la valeur des denrées de première nécessité a diminué plus encore que celle de l'argent, et l'ouvrier, à la fois mieux payé et vivant à meilleur marché, jouit d'un bien-être plus grand. On objectera peut-être que, sous un régime industriel qui n'était pas celui de la libre concurrence, le fabricant n'était pas obligé de réduire autant que possible les salaires pour vendre aussi bon marché que ses concurrents; mais, si ce n'était pas pour lui, comme aujourd'hui, une condition de vie ou de mort, il était autant qu'aujourd'hui intéressé à diminuer le prix de revient, à payer le moins possible ses ouvriers et à augmenter ses bénéfices. Ce serait prêter au fabricant du moyen âge une équité et un désintéressement supérieurs à la nature humaine que de croire que, pouvant prendre des ouvriers au rabais, il se préoccupât de leur assurer un salaire rémunérateur et se contentât pour lui-même d'un bénéfice raisonnable.

Ce que nous disons du prix de la main-d'œuvre et du bien-être de l'ouvrier ne s'applique, bien entendu, qu'aux conditions ordinaires du marché du travail. Ce marché était naturellement soumis à des fluctuations, à des révolutions. C'est ainsi que la peste de 1348 produisit une hausse considérable et générale des salaires. La grande ordonnance de police de 1351 (n. s.) défend aux ouvriers de stipuler des salaires supérieurs de plus d'un tiers à ceux qu'ils gagnaient avant l'épidémie[1]. La main-d'œuvre enchérit également à la suite de la mortalité qui sévit à Paris et dans le reste de la France de 1399 à 1400[2]. La guerre de cent ans, les ravages des aventuriers qu'elle enfanta

---

besoins, car le patron, qui avait trois ouvriers, était tenu d'en prêter un à un confrère pressé. *Ord. des rois de Fr.* IX, 210.

1. *Ord. des rois de Fr.* II, 350, art. 166, 202, 245. Cf. *Die wirthschaftliche Lage des englischen Arbeiterstandes in 14. Jahrhundert* von Gustav Cohn. *Historische Zeitschrift*, an. 1868, 2e cahier. Est-il besoin de dire que le renchérissement eut lieu aussi bien pour les bénéfices des patrons que pour les salaires des ouvriers?

2. « .... et a convenu que led. Huguelin Arrode ait eu ouvriers plus

et amena en France eurent sur les salaires l'effet inverse, parce que, tout en réduisant la population, ces calamités publiques ruinèrent les classes riches, ôtèrent toute sécurité au commerce et diminuèrent la production et la demande de travail. Les variations monétaires, si fréquentes au XIVe siècle, changeaient la valeur réelle des salaires et obligeaient le roi à les faire taxer. L'affaiblissement du titre provoquait une hausse, et, la bonne monnaie rétablie, les ouvriers ne rabattaient pas toujours de leurs prétentions[1]. Sous l'empire de pareilles circonstances, le renchérissement de la main-d'œuvre était tel que quelquefois les ouvriers vivaient toute la semaine avec le produit de deux jours de travail. C'est ce que constate une ordonnance du mois de novembre 1354 qui leur défend de rester oisifs, d'aller au cabaret et de jouer les jours ouvrables, leur prescrit de se rendre avant le lever du soleil aux endroits où l'on venait les embaucher, détermine la durée des journées et charge les magistrats municipaux de veiller à ce que les gens valides gagnent leur vie par un travail quelconque, sous peine de vider la ville dans le délai de trois jours[2].

Les corporations s'efforçaient aussi de fixer le prix de la main-d'œuvre. Plusieurs statuts défendent d'accorder aux ouvriers des salaires supérieurs au taux traditionnel[3]. Le prix convenu entre le patron et l'ouvrier *corroier* pour la première journée devait rester le même jusqu'à la fin de la semaine[4]. Les corroyeurs de robes de vair ne pouvaient faire d'avances à leurs ouvriers[5].

---

chiers que en autre temps *pour la mortalité....* » *Comptes de l'argent. d'Isabeau de Bavière,* 1 février 1399 (n. s.) — 31 janvier 1400 (n. s.). *Arch. nat.* KK 41. Sur cette mortalité voy. Jean Juvénal des Ursins an. 1399, éd. Denis Godefroy, p. 140.

1. *Ord. des rois de Fr.* II, 58, 563, art. 7, 10; III, 47.
2. *Ibid.* II, 563.
3. « Li valet tacheeur aus tailleeurs ne puent demander autre louier de leurs mestres que le droit pris que ils ont usé depieça. » *Liv. des mét.* p. 143. « Que nus ne puisse donner ne permettre [*lis.* promettre]... à ouvrier nul deniers que leur journées propres et tel fuer de œuvre qui est a esté acoustumé à donner en la ville de Paris. » *Ord. relat. aux mét.* p. 374.
4. « Quiconques soit corroiers et loe vallet, à quelque jour qu'il le oe, il li doit livrer œvre à toute la semaine por le fuer de la première ournée. Et le vallet doit demourer toute la semaine pour celui feur. » *Liv. des mét.* p. 239 et n. 1.
5. « Que nus des mestres ne puisse rien donner ne prester à nul des

Pour avoir une idée juste du prix de la main-d'œuvre au moyen âge, il faut songer que l'ouvrier était bien plus souvent qu'aujourd'hui nourri et logé par le patron. Les ouvriers foulons déjeunaient à leur choix chez le patron ou au dehors, mais ne dînaient pas à l'atelier, car les statuts leur recommandent de se rendre au travail sans retard après dîner[1]. Les journées des ouvriers tondeurs de draps étaient de 2 et de 3 sous, suivant qu'ils étaient nourris par le patron ou qu'ils se nourrissaient à leurs frais[2]. Les ouvriers à l'année avaient chez le patron la nourriture et le logement.

L'ouvrier loué à la tâche ou à la journée apportait ses outils, les entretenait et les remplaçait ; mais, si son engagement était de longue durée, d'un an par exemple, le patron était tenu de les faire réparer et de lui en fournir de neufs[3].

Certaines corporations demandaient compte à l'ouvrier lui-même de ses contraventions professionnelles, d'autres considéraient le patron comme responsable[4].

L'engagement de l'ouvrier prenait naturellement fin par l'expiration du temps pour lequel il s'était loué ou l'achèvement

vallèz por reson d'aler au service de conréer péleterie, avant qu'ils l'aient déservi... » *Ord. relat. aux mét.* p. 415.

1. « Li vallet foulon se doivent desjeuner en charnage ciez leur mestres à l'heure de prime, s'il desjeuner se voelent hors de l'ostel à leur mestres où il leur plaist dedenz la vile de Paris, et doivent venir après disner à l'œvre au plutost que ils porront par reison, sans banie et sans attendre li uns li autre à desmesure. » *Liv. des mét.* p. 134.

2. « ... Ung ouvrier dud. mestier ne peut que gaingner 3 s. p. pour jour et se vivre dessus ou 2 s. et ses despens... » *Livre rouge troisième du Chât.* f⁰ 87.

3. « Que nul mestre de leur mestier ne quère... ostuiz, quiez qu'il soient, à ouvrier qui face euvre en tâche ou à journée. » Huchers an. 1290. *Ord. relat. aux mét.* p. 374. « ... s'ils sont loué dusqu'à certains tans et lor ostix brisent ou empirent, ils doivent estre refet au coust du segneur. Mais ce n'est pas fet, quant il en oevrent à lor tasque ou à lor jornées, car adont est li perix des ostix lor. » Beaumanoir, *Cout. de Beauvaisis,* éd. Beugnot, p. 397-398.

4. « Et se ainsint estoit que... aucun vallet ouvrast autrement..., le mestre paieroit l'amende dessus dite pour chascune foys. » *Liv. des mét.* p. 92. « Et qui autrement le fera, s'il est mestre du mestier, il poera 5 s. pour lui... et chascun ouvrier pour sa personne 2 s. » *Ibid.* p. 101. « Que nus varlet ne face euvre en jour de feste, sus l'amande du mestier, se ce n'est en euvre qui soit vendue, et que l'en doie rendre la journée, et que le varlet puisse ce faire *sanz péril de son mestre.* » *Ord. relat. aux mét.* p. 367. « Prinz les sermens de Daniau Fleury et Herman... juréz du mestier des taillandiers de P., ou serment desquelz Jehan Blondet dit

de sa tâche. La mort du patron n'entraînait pas, on l'a vu, la résiliation du contrat d'apprentissage, dans lequel la considération de la personne avait cependant plus d'importance. A plus forte raison, l'ouvrier devait continuer son travail auprès du successeur du défunt. Le patron, de son côté, ne lui donnait pas congé arbitrairement. Chez les fourbisseurs, il soumettait les motifs du renvoi à l'appréciation des quatre gardes-jurés et de deux camarades de l'ouvrier[1]. L'interdiction d'achever, sans l'autorisation des gardes, le travail commencé par un camarade protégeait l'ouvrier contre les caprices du patron[2].

On n'a pas tout dit sur la condition matérielle de l'ouvrier, quand on a parlé de son bien-être, tel qu'il résulte du rapport entre son salaire et le prix des objets de première nécessité, il faut encore mesurer la distance qui le séparait du fabricant et

---

Grant Vault, tailleur, s'estoit ... r[apporté] pour toutes preuves sur la requeste contre lui faicte par le procureur du Roy afin que les biens et gages dud. Grant Vault, prinz pour IX s. p. d'amende, en quoy il estoit encouru envers le Roy, pour ce que, le dimanche XXI de juillet derren. passé, yceulx jurés trouvèrent troiz varlèz ouvrans en l'ouvrouer et hostel dud. Grant Vault, c'est assavoir pour chascun desd. varlès III s. p., feussent venduz pour lad. somme ... » An. 1399 (n. s.). *Reg. d'aud. du Chât.*, Y 5221 f⁰ 107. Voy. aussi les statuts réformés des lormiers, 12 septembre 1357. *Ord. des rois de Fr.* III, 183, art. 20.

1. *Ord. relat. aux mét.* p. 367.
2. Ms. KK 1336, f⁰ XIII. *Ord. des rois de Fr.* VIII, 552, art. 6. Voici des exemples d'ouvriers condamnés pour avoir quitté le patron avant la fin de leur engagement : « Pour ce que Guill. Valée, prisonnier détenu au Chastellet à la requeste de Robin Poulard, chaussier, pour ce que il qui estoit son aloé, s'est défoy dud. service, si comme il disoit, est clerc non marié, nous ycellui avons délivré de prison, sauf aud. Robin son action contre ycellui Guillemin pour son interet et despens ... » An. 1399. Y 5221, f⁰ 159 v⁰. « Condempnons Copin Corderoide, valet serrurier en l'amende de x s. p. envers le Roy, pour ce qu'il s'est parti du service de Michelet le Tailleur senz achever son service et est alé ouvrer chiez Gilequin Brandoul (?) ... et oultre prinz le serment dud. Michelet, ou serment du quel il s'est r[apporté] pour toutes preuves, sur sa demande de III sepmaines de service pour les chomages que lui a fait led. Copin pendant le temps qu'il le devoit servir de son d. mestier de Pasques jusques à la S. Jehan derren. passé pour xxiii blancs la sepmaine, le quel a affirmé xv jours desd. chomages, ce considéré, nous à servir led. Michelet xv jours aud. pris avons condamné ... led. Copin ... » 7 juillet 1399. Y 5222. « Gaultier le Gros, varlet tixerrant en toilles, nous a huy admendé congnoissant ce que il, estant loué à Jehan de l'Abbaïe, tixerrant pour ouvrer de son mestier à la sepmaine, il a lessié led. Jehan emmy sepmaine sans parfaire lad. sepmaime et l'ouvrage par lui encommencié... » 9 sept. 1409. Z² 3485.

voir les chances qu'il avait de la franchir. A ce point de vue, le sort de l'ouvrier du moyen âge était bien préférable à celui de l'ouvrier contemporain. L'industrie manufacturière exige des frais d'établissement qui dépassent de beaucoup le capital que l'ouvrier peut amasser avec son travail. Forcé de travailler toujours pour le compte d'autrui, il s'habitue à opposer ses intérêts à ceux de son patron et à voir en lui un ennemi. De son côté, celui-ci, qui le plus souvent n'a pas travaillé de ses mains, compatit peu à des misères et à des sentiments qu'il n'a pas éprouvés et ne songe qu'à s'enrichir le plus vite possible. Au moyen âge, la situation respective du patron et de l'ouvrier était toute différente. Les frais d'établissement étaient si peu considérables que tout ouvrier laborieux et économe pouvait se flatter de devenir patron. On jugera combien ces frais étaient peu élevés si l'on se rappelle la spéculation de certains forcetiers. Ces forcetiers s'établissaient, achetaient le métier, montaient une forge, prenaient un apprenti, le tout dans le seul but de céder cet apprenti avec bénéfice, après quoi ils quittaient leur forge et se remettaient à travailler pour autrui. On ne devait pas leur payer bien cher l'avantage d'avoir un apprenti un peu dégrossi par un travail de trois semaines ou d'un mois, et cependant ce qu'ils recevaient faisait nécessairement plus que couvrir leurs dépenses de maîtrise et d'installation, car ils ne se seraient pas donné la peine de placer des apprentis s'ils n'y avaient pas trouvé un bénéfice[1]. Les conditions que l'ouvrier avait à remplir avant d'obtenir la maîtrise ne constituaient pas des difficultés comparables à celles qui résultent de l'importance des capitaux exigés par la grande industrie, d'autant plus que ces conditions ne servaient pas encore de prétexte aux abus qu'elles engendrèrent plus tard. Si l'ouvrier s'élevait facilement au rang de patron, celui-ci n'était jamais un capitaliste occupé seulement de la direction générale des affaires et abandonnant à un contre-maître la surveillance de l'atelier; il travaillait à côté de ses ouvriers et de ses apprentis, leur donnait ses instructions lui-même et avait à sa table souvent les premiers, toujours les seconds. Du reste, les rapports du patron et de l'ouvrier sont bien caractérisés par les noms de *maître* et de *valet* ou *sergent*, que les textes leur donnent habituellement. Ces termes n'expriment pas seulement l'autorité et la dépendance, mais aussi une intimité domestique, conduisant néces-

---

1. *Ord. relat. aux mét.* p. 360.

sairement à la camaraderie. Quelquefois le patron, soit volontairement, soit par suite de mauvaises affaires, redevenait simple ouvrier et travaillait pour ses anciens confrères[1]. Cette vie en commun, cette facilité avec laquelle patrons et ouvriers passaient d'une classe dans l'autre, empêchaient l'antagonisme systématique qui les divise aujourd'hui. Bien entendu, les ouvriers ne laissaient pas pour cela d'avoir des intérêts distincts et de former une classe indépendante. Ils prenaient part à l'adoption et à la révision des statuts[2], avaient leurs confréries particulières[3] et leurs gardes-jurés spéciaux[4]. Leurs rapports avec les patrons donnaient même lieu quelquefois à des procès[5].

En résumé, l'ouvrier parisien du XIIIe et du XIVe siècle ne jouissait pas d'un bien-être égal à celui de l'ouvrier contemporain, mais il ne restait pas toute sa vie, comme celui-ci, dans une condition précaire; presque toujours il parvenait à s'établir et à travailler pour son compte.

1. « ... Por ce que li pluseur d'aus ont esté aucune fois mestres et sont devenuz vallez par poureté ou par leur volenté. » *Liv. des mét.* p. 140.
2. KK 1336, f⁰ LVI. *Ord. relat. aux mét.* p. 350.
3. « L'amende dessus d., c'est assavoir de XVI s. par., li roys en a X s. et le pourveour du mestier III s. et la confrarrie, c'est assavoir quand l'amende charra du maistre, en la confrarrie aus maistres, et, se elle eschiet du varlet, elle escherra en la confrarrie aus varlès. » KK 1336, f⁰ LVIII v⁰.
4. « Au tesmoignage... de tous ou au moins la plus grant et saine partie des varlès mesgissiers de la ville de P. pour ce présens au jugement est subrogué juré et garde pour la garde des poins, registres, status et ordenances fais sur led. mestier au regart et en tant touche les varlès et ce qui sert pour eulz, Robin Ernoult... » 25 sept 1399. Y 5222, f⁰ III v⁰. « Au tesmoingnage, requeste, nominacion et election de tous ou au moins la plus grant partie des maistres, et varlès des conreeurs de cuir de la ville de P., sont donnéz et crééz maistres jurés et gardes pour led. mestier..., pour la garde ordenée pour les varlès, Freminet de Quandas, etc. » 18 août 1399. *Ibid.* f⁰ 87. « Le mardi XXI de janvier IIII[xx]XVIII les dessus nommez [au nombre de 32] faisans la plus grant partie des varlès mégissiers de P. ont esleu juréz en leur d. mestier de varlèz megissier Perrin de Caen et Jehannin Cotele... » an 1399 (n. s.). Y 5221, f⁰ 82. Voy. aussi *Liv. des mét.* 133.
5. Nous avons indiqué l'issue du procès que les ouvriers tondeurs firent aux patrons au sujet du travail de nuit. Il en est question dans les *Reg. d'audience du Châtelet* aux dates suivantes : 24 janv. 1407, Y 5225 ; 17 mars 1407 (n. s.), 21 mars 1407 (n. s.), 26 avril 1407, Y 5226. Le 14 février de la même année, le prévôt de Paris autorise les ouvriers brodeurs à se reunir pour donner mandat à un ou plusieurs procureurs de défendre leurs intérêts contre les patrons, Y 5225.

CHAPITRE VI

CONDITIONS POUR OBTENIR LA MAÎTRISE

Conditions de capacité : examen et chef-d'œuvre. — Droits d'entrée : achat du métier et droits accessoires. — Caution. — Serment professionnel. — Particularités de la maîtrise chez les boulangers et les bouchers. — Création de maîtrises.

L'apprentissage terminé, quelques corporations imposaient au candidat à la maîtrise un stage d'un an, pendant lequel il travaillait pour le compte d'autrui[1]. Mais, à l'époque qui nous occupe, la plupart ne connaissaient pas encore le *compagnonnage*.

L'examen et le chef-d'œuvre au contraire n'étaient pas inconnus au temps d'Ét. Boileau. Ces deux épreuves existaient quelquefois concurremment, ce qui se comprend si l'on réfléchit que chacune avait son utilité particulière, l'examen portant sur l'ensemble du métier et étant destiné à montrer si le candidat en possédait la théorie, le chef-d'œuvre devant donner par un exemple la mesure de son habileté pratique. L'examen était établi dans l'industrie des étoffes de soie et de velours[2], chez les tailleurs[3], les cordonniers de cordouan[4], les mégissiers[5], les selliers[6], les tonneliers. On le passait devant les

---

1. *Liv. des mét.* p. 88, 153. *Ord. relat. aux mét.* p. 384.
2. *Liv. des mét.* p. 91.
3. *Ibid.* p. 142.
4. *Ibid.* p. 228.
5. *Ord. des rois de Fr.* IX, 210, *addit. art.* 5.
6. « Dictis magistris et communi sellariorum proponentibus... quod... ad d. ministerium... nullus assumi debet in magistrum, qui sub magistro

gardes-jurés qui délivraient, s'il y avait lieu, un diplôme ou certificat [1]. Ils touchaient des droits d'examen [2].

Le chef-d'œuvre n'est nommé qu'une fois dans le *Livre des métiers*, et le passage où il en est question montre que cette épreuve avait lieu quelquefois avant la fin de l'apprentissage, puisqu'il parle de la situation que l'apprenti chapuiseur occupait chez son patron après l'avoir subie [3]. Mais, à côté de cette unique mention, on trouve telle phrase qui donne à penser que le chef-d'œuvre était dès lors exigé par plusieurs corporations [4]. Toutefois la plupart ne l'adoptèrent pas avant la seconde moitié du XIVe siècle.

Les gardes-jurés déterminaient le programme du chef-d'œuvre et le temps que le candidat devait mettre à l'exécuter; mais si, cédant au désir d'écarter un concurrent, ils choisissaient un sujet trop difficile, le prévôt en donnait un autre. On demandait à l'aspirant un de ces ouvrages d'un prix moyen et par conséquent d'une difficulté moyenne, comme il était destiné à en faire beaucoup. Les règlements fixaient même quelquefois la valeur de l'ouvrage de réception. Il était exécuté en présence des gardes et chez l'un d'eux. Cependant la maison commune des orfévres contenait une pièce qui, sous le nom de *chambre du chef-d'œuvre,* servait d'atelier et renfermait tous les outils nécessaires. La vente du chef-d'œuvre profitait à l'auteur, au moins en partie, car, chez les charpentiers, il en partageait le prix avec les ouvriers. Son œuvre était examinée par les gardes-jurés, auxquels on adjoignait quelquefois des notables du métier, ou plus rarement par des délégués de l'autorité. Le chef-d'œuvre de l'aspirant orfévre était exposé à la maison commune. La décision des examinateurs était susceptible d'appel

---

Par. non fuerit discipulus... et qui postmodum *edificetur seu approbetur per magistros d. ministerii.* » 23 juin 1354. *Append.* n° 16.

1. *Ord. des rois de Fr.* VIII, 548, *addit. art.* 5.
2. « Quiconques vouldra estre tonnelier... estre le pourra, pourveu que, avant toute euvre, il soit exprimenté, approuvé et tesmoingné estre à ce souffisant par les juréz dud. mestier... et paiera... aux juréz pour les examiner et certifier de leur examen 10 s. p. » *Réforme des statuts des tonneliers.* Décembre 1398. *Livre rouge vieil du Chât.* f° VIII[xx]XVIII.
3. *Liv. des mét.* 216-217.
4. « Nus toissarans de lange ne puet ne ne doit avoir mestier de toissarrenderie dedenz la banliue de P. *se il ne set le mestier faire de sa main...*» *Liv. des mét.* p. 114. « Que nus vallèz dehors ne soit receuz que come aprentiz jusques à tant qu'il saiche fourrer de touz poinz un chapel... » *Ibid.* p. 255.

devant le prévôt de Paris. Les fils de patrons n'étaient généralement pas dispensés de cette épreuve [1].

1. « Gautier de Lan, mestre forbeur d'espées establi le ix jour d'aoust [1349] apres ce que les mestres dessus d. ont rapporté que il avoit fait s'espée souffisamment. » Note écrite au f° 69 du Ms. fr. 24069. « Que nuls ne nulle broudeurs ne brouderesse ne puist commencier son mestier à soy ne en son hostel, se il n'a esté huit ans aprentiz à Paris ou ailleurs, et se il ne scet faire son chief d'œuvre tout prest séu par les maistres dou mestier. » An. 1316, *ibid*. f° ix^{xx}. « Que nulz dud. mestier ne porra avoir doresenavant aucuns aprantiz qui soient leurs allouéz à mains de iiii ans de terme et au dessous [*lis*. dessus] et... ne seront il mie reçeuz au chief d'œuvre des iiii ans, se il n'est reconnu souffisant au regard des dessusd. » *Ibid*. « Que nul ne puisse lever ouvrouoir dud. mestier, tant qu'il ait fait une pièce d'euvre de sa main bonne et souffisant sur un des maistres dud. mestier... » *Statuts des armuriers et coutepointiers* du 1 déc. 1364. *Copie du livre vert anc*. f° 97. « Le seillier garniseur fera... un chief d'euvre de une selle garnie de harnois de petit pris pour pallefroy ou pour haquenée ou d'autre maniere, telle comme les maistres dessus d. ordeneront selon le temps, et par semblable voie le lormier et ouvrier de la forge fera son chief d'euvre d'un mors clousis ou d'autre maniere telle comme les maistres... ordeneront selon le temps et selon le pris moien, le quel chief d'euvre sera veu... par les juréz avecques des loyaulx preudommes du mestier..., excepté ceuls qui seront fils de maistres ou qui seront dud. mestier et prendront par mariage femmez de maistres d'icellui mestier qui led. mestier pourront commencier... par paiant les droitures d. d. sans faire leur chief d'euvre ne estre sur ce examinéz. » 23 déc. 1370. KK 1336, f° lxiv v°. «... Et sera tenus cellui qui ainsi vouldra ouvrer comme maistre de fere un chief d'euvre devant les maistres d'icellui mestier en l'ostel de l'un d'iceulx, et, se par yceulx maistres est trouvé qu'il soit souffisant, euls le passeront comme maistre courroier. » *Ibid*. f° lxvi v°. « Doresenavant tous maletiers, selliers et lormiers pourront, se il leur plaist et ils le savent, faire, ouvrer et faire ouvrer et vendre ouvrage et marchandise de coffres à sommier, pourveu que, avant que aucun en puisse ou doye ouvrer ou faire ouvrer..., il fera de sa propre main bien et souffisamment un chief d'euvre d'icelui mestier de coffretier de moyen et comme tel comme il lui sera baillé et ordené par les juréz dud. mestier de sellerie et lormerie ou par justice, ou cas que lesd. juréz lui bailleront ou vouldront bailler led. chief d'œuvre de trop fort et dangereuse façon, et non par autres, au loz et par le tesmoignage d'iceulx jurés ou de justice, se mestier est, et non aultrement. » *Ord. du prévôt de P.* du 25 juin 1379. *Copie du livre vert anc.* f° 59. « La Court a octroyé aux bachelers ou varlès du mestier de charpenterie qu'ils puissent ouvrer, mais qu'il aient fait un chief d'euvre ou pris de ii frans, sus les quel euvre un franc sera beu par les ouvriers du mestier et l'autre franc sera au proffit de celluy qui fera l'ouvrage et le fera en son hostel, se il ly plaist, et à savoir se le chief d'euvre sera souffisant ou non, Me Jehan de Pacy et Me Jehan d'Arcyes sont commis par la Court et ce a la court octroyé senz préjudice du plet et des parties et jusques à ce que par la court en soit autrement ordené et les d. bachelers

Après avoir subi les épreuves dont nous venons de parler, on achetait au roi le droit d'exercer le métier. Mais l'obligation d'*acheter le métier*, suivant l'expression des statuts, était encore exceptionnelle à la fin du XIIIe siècle, car sur les cent corporations qui firent enregistrer leurs statuts par Ét. Boileau, on n'en compte que vingt où la maîtrise soit vénale. De ces vingt,

ou varlès ont requis qu'il soit enregistré. » 15 mars 1380, X[la] 1471, f⁰ 449 bis. « Nuls ne puet estre serrurier à P.. jusques atant que il ait fait son chief d'œuvre, tel comme il lui sera ordonné par les gardes du mestier... » *Addit. aux statuts des serruriers.* Mars 1393 (n. s.). *Livre rouge vieil*, f⁰ CXVII v⁰. En vertu d'une transaction passée entre les patrons et les ouvriers huchiers et confirmée par le Parlement le 4 septembre 1382, l'aspirant à la maîtrise devait subir la double épreuve d'un examen et d'un chef-d'œuvre, dont le programme était déterminé par les jurés et qui était exécuté chez l'un d'eux. La valeur du meuble fabriqué comme chef-d'œuvre était de 4 à 6 francs. *Copie du livre vert anc.* f⁰ 21. « Et quant led. apprenty vouldra lever son mestier, il fauldra qu'il face son chief d'œuvre de tous points, c'est assavoir tondre, fouler et appareiller... » *Statuts des chapeliers-mitenniers et aumuciers* du 1er février 1387 (n. s.). *Ibid.* f⁰ 1. « Au jourd'ui nous, à la requeste du procureur du Roy... ou Chastellet et des juréz du mestier dez serruriers de la ville de P., avons fait inhibicion et défense de par le Roy à Bertran Malet, serrurier que dud. mestier de serrurier il ne s'entremete plus... jusques à ce qu'il ait fait son chief d'œuvre selon la teneur des registres... » An. 1398, Y 5221, f⁰ 29. «... Quiconques vouldra estre tonnelier... estre... le pourra, pourveu que... premierement il ait fait un chief d'œuvre dud. mestier ordonnée par les juréz d'icellui mestier... et que led. chief d'œuvre soit souffisant... » *Réforme des statuts des tonneliers* en décembre 1398. *Livre rouge vieil du Chât.* f⁰ VIII[xx]XXVIII. « En la présence du procureur du Roy, de Perrin le Fort, Jehan du Fresnoy et Jehan Evrart, jurés des courraiers de P., d'une part et de Jehan de Rouvres d'autre part, entre lesqueles parties est débat et question pour raison de ce que lesd. procureurs du Roy et juréz disent que par les ordonnances du mestier dez courraiers de P. un chascun ouvrant dud. mestier estoit tenus faire un chief d'œuvre en présence des juréz, *alioquin* il ne povoit tenir ouvrouer dud. mestier. Or estoit il ainsi que led. de Rouvres n'en avoit fait aucun et pour ce requieroient que il le feist, *alioquin* que l'œuvre lui feust interdite, nous, aprèz aucunes defenses proposées dud. de Rouvres, avons ordoné et ordonons que led. Rouvres, présent à ce Amé Villiers et autres gens expers dud. mestier, à ce présens et appelés lesd. juréz, face un chief d'œuvre de ce dont il s'entremet, le quel nostre commis sur ce nous fera sa relacion pour sur ce ordonner ou apointer les parties comme de raison. Fait parties présentes. Et ce pendant led. de Rouvres pourra ouvrer de son mestier senz préjudice et par manière de provision et de bonne œuvre. » 10 mai 1399, Y 5222. « Quiconques vouldra doresenavant tenir... le mestier de franges et rubans... et des appartenances anciennes... faire le pourra, pourveu que il soit souffisant à ce et que il ait fait son chief d'œuvre bien et souffisament devant les maistres du mestier...,

dix étaient sous la dépendance des officiers de la maison du roi; c'étaient celles des talemeliers, des forgerons-maréchaux, des couteliers, des serruriers, des fripiers, des selliers, des cordonniers de cordouan, des cordonniers de basane, des savetiers, des gantiers [1]. Ce droit fut le prix dont les artisans engagés

c'est assavoir une piece de ruban croisetée d'or et de soie. It. une pièce de ruban eschicquettée d'or et de soie. It. une piece de ruban tout blanc de soie blanche. It. une piece de franges coupponnée de trois ou quatre couleurs de soie à chappelet d'or, et sera le chappellet eschiquetté d'or et de soy. It. une piece de coutouere à lacier de soie vermeille. It. une piece de fil de lin à trois liches et à quatre filz... Les filz et les filles desd. maistres et maistresses pourront lever led. mestier franchement..... pourveu qu'ils soient souffisans... et qu'ilz aient fait leur chief d'œuvre...» 4 janvier 1404 (n. s.), *Livre rouge du Chât.* f° 210. « Quiconques vouldra doresenavant estre bourrelier..., pourveu qu'il sera tenuz faire premierement un chief d'euvre... un harnois de lymons tout fourny comme une selle à plaine couverture et à bastiere, un collier de lymons garny de trayans avaloire, à croix dossiere et bride appartenans aud. harnois tout de cuir conrroyé... lequel chief d'euvre sera fait en l'ostel de l'un des quatre jurez... Un chascun filz de maistre... pourra tenir... son ouvroer quant bon lui semblera... pourveu que il sera tenu faire son chief d'œuvre.... » 20 février 1404 (n. s.). *Ibid.* f° 215. « ...à la requeste des procureurs du Roy et des jurez du mestier des bourreliers de la ville de P., nous avons fait deffense... à Regnault Baquet, varlet bourrelier que il ne s'entremette de ouvrer dud. mestier comme maistre plus tost et jusques à ce qu'il ait fait son chief d'œuvre.» 19 mai 1407. Y 5226... « que aucun dud. mestier, varletz ne aprentiz d'icellui,... ne pourra lever... ouvrouer... jusques à ce qu'il ait fait son chief d'euvre en l'ostel de l'un des jurez... toutesvoies ou cas que led. chief d'euvre aura esté trouvé bon et souffisament fait, il demourra au prouffit d'icellui qui icellui aura fait. » 8 mars 1410 (n. s.), *Bann. du Chât.* Y 7, f° 106. « Condamnons Conches de Herchant, varlet brodeur... que d'oresenavant il ne s'entremette de ouvrer en sa chambre ne tenir ouvrouer comme maistre jusquez à ce qu'il ait fait son chief d'euvre. » 19 janvier 1410 (n. s.). Y 5227. « Pour ce que par les jurez du mestier de celliers à P. nous a esté representé, présent le procureur du Roy, que naguaires ilz avoient ordoné à Gilet le Cellier, varlet cellier demourant vers la porte S. Honoré, de faire un chief d'œuvre, c'est assavoir une selle à haquenée ou palefroy estoffée et depuis ce aient veu et visité ycelle celle et trouvé que elle estoit faulse par le ordenance dud. mestier, pour ce que lad. selle est couverte d'une couverture clouée de cloux dont les pointes sont soudées d'estain et aussi la bâtiere de lad. celle n'est pas souffisante pour chief d'œuvre, mesmement qu'elle est trop courte devant et avec ce que le harnoiz de lad. celle n'est pas taillié ne ordonné de façon ne de la moison dont il doit estre selon la mesure et que ainsi l'a confessé led. Gilet, ce considéré, nous led. Gilet avons condamné en l'amende acoustumé montant XVI s. p. et oultre ordenons que lad. celle lui sera rebaillée pour amender..... » *Ibid.* Y 5224, f° 17 v°.

1. Les autres métiers vendus par le roi étaient ceux de regrattiers de

FAGNIEZ, *Études sur l'Industrie.* 7

dans les liens du servage payèrent à leur maître la liberté du travail. Il fut d'abord exigé de tous les groupes d'artisans qui obtinrent l'autorisation de travailler pour leur compte, puis la plupart des corporations réussirent à s'en dispenser et à effacer ainsi la trace de leur origine servile ; mais le roi ne pouvait accorder la même faveur à celles qui étaient tombées sous la juridiction d'un de ses officiers et qui grossissaient les revenus de sa charge. Le souvenir des prestations en nature qu'elles fournissaient à leur maître avant leur émancipation se conservait encore au XIIIe et au XIVe siècle dans le nom de certaines redevances pécuniaires. C'était pour faire ferrer les chevaux de selle du roi que les maréchaux-ferrants, primitivement obligés de les ferrer eux-mêmes, payaient chacun une redevance annuelle de 6 den., à laquelle furent soumis ensuite les autres forgerons, faisant partie de la même corporation ; cette redevance s'appelait les *fers le roi, ferra regia*[1]. Les *hueses le roy* étaient un droit du même genre ; il s'élevait à 32 s. p. pour

---

pain et d'autres denrées, de regrattiers de fruit et de légumes *aigres*, de tisserands de soie, de tisserands de laine, de poulaillers, de baudroyeurs et corroyeurs, de pêcheurs de l'eau du roi, de poissonniers de mer, de poissonniers d'eau douce, de braiers de fil. Encore le roi avait cédé à un particulier la vente du droit de pêche. Cf. cette liste tirée des statuts avec celle que M. Depping a publiée p. 298-299 de son édit. et qui présente avec la première des différences plus apparentes que réelles.

1. « Quiconques est del mestier devant d. il doit chascun an au roi VI den. aus fers le Roy, à paier au huitenes de Penthecoste ; et les a son mestre marischal... et de ce est tenuz li mestres marischax le Roy au ferrer ses palefroy de sa siele tant seulement, senz autre cheval nul. » *Liv. des mét.*, p. 44. « Cum lis mota fuisset coram magistris hospicii nostri inter procuratorem nostrum in causis d. hospicii... et magistrum Johannem de S. Audoeno, primum marescallum scutiferie nostre actores et consortes ex una parte et Petrum d'Autun, etc.... Parisius commorantes, defensores et consortes ex altera, super eo quod dicebant actores quod nos... seu noster primus marescallus scutiferie nostre pro nobis ad causam sui officii... eramusque in possessione et saisina... capiendi... quolibet anno semel in septimana magna ante Penthecoustes super marescallos equos ferrantes, fabros grossum ferrum fabricantes, custellarios, serarios et certos alios fabros artifices et grosserios d. ville nostre Par. sex den. par. pro jure nuncupato *ferra regia* et super non grosserios unum denarium par... » 24 mai 1398. Reg. du Parl. X[1a] 45, f° CCIIII[xx] XIIII v°. Chaque maréchal ferrant de Ham était tenu de ferrer gratuitement un cheval du seigneur de Ham, tant que ce cheval restait dans la ville. Au XIVe siècle, cette corvée n'avait pas encore été convertie en une redevance pécuniaire, seulement le seigneur donnait à dîner deux ou trois fois par an à chaque maréchal accompagné d'un ou deux ouvriers. Accords homologués au Parlement, 23 juin 1355, X[1c] 9.

l'ensemble des cordonniers de cordouan, à 3 den. par personne pour les cordonniers de basane et les selliers, et était censé destiné à l'achat des houseaux du prince [1]. La vénalité des maîtrises, qui avait signalé la transition du travail plus ou moins servile au travail libre, puis était devenue, lors de la rédaction du *Livre des métiers,* particulière à un petit nombre de corporations, reçut dans les siècles suivants une extension croissante à proportion des progrès de la fiscalité. Par exemple, elle s'introduisit en 1304 (n. s.) chez les potiers d'étain, en 1316 chez les brodeurs, en 1327 chez les chaudronniers. Cet impôt, lorsqu'il n'était pas concédé à un officier de la maison royale, était affermé ou perçu par le roi. Dans ce dernier cas, la perception s'opérait, soit directement par le receveur du domaine [2], soit par les gardes-jurés qui en versaient annuellement le produit entre les mains de ce comptable [3]. Le montant était fixé au maximum par les statuts [4], ou variait au gré du fermier [5]. Dans les corps de métiers où la maîtrise devint vénale, elle resta généralement gratuite pour les fils de patrons [6]. Dès le temps d'Et. Boileau, ils avaient quelquefois ce privilége. Ainsi le fils légitime d'un tisserand-drapier, avant d'être établi par mariage, pouvait, sans payer patente, faire marcher chez son père deux grands métiers et un petit. Cette faveur s'étendait au frère et au neveu; mais, pour éviter qu'un étranger en pro-

---

1. *Liv. des mét.* p. 214, 229-230. On pourrait signaler encore d'autres prestations en nature, mais qui n'avaient ni la même origine ni le même caractère. Ainsi les fabricants d'écuelles, d'auges, etc., se rachetaient du guet en livrant annuellement sept auges au cellier royal. Voyez plus haut, p. 46. Les cordiers étaient exempts de tout impôt à raison de leur métier, à la condition de fournir la corde du gibet. Reg. des bannières Y 7, f° LXIIII et v°. Dans certaines circonstances les gens de métiers étaient obligés de travailler pour le roi ; mais ils obéissaient alors à une réquisition, qui s'autorisait de l'intérêt public, et ne rappelait en rien les droits du maître sur le serf. « A Jehan de Nantuerre, sergent à verge du Chastelet, 3 aunes de royé pour son sallaire de prendre les mestiers de Paris et mestre les en l'œuvre pour le sacre le Roy... » *Comptes de l'argenterie,* publ. par M. Douët d'Arcq, p. 21. « Condamné Jehan du Pré, tonnelier à rendre et paier à Henryet le Lombart, fermier des journées du Roy n. s., pour cause d'une journée qu'il devoit au Roy pour lui et son varlet... » 6 novembre 1395. Reg. d'aud. du Chât. Y 5220.
2. Livre du Chât. jaune petit, f° XIII.
3. Arch. nat. T. 1490[b].
4. *Liv. des mét.* 44, 45, 51, 206-207.
5. *Ibid.* p. 113, 178, 224.
6. *Ord. des rois de Fr.* III, 183, *art.* 1. *Ord. relat. aux mét.* p. 365.

fitât sous leur nom, les uns et les autres n'en jouissaient qu'à la condition de savoir travailler de leurs mains [1]. La veuve d'un maître, qui continuait les affaires de son mari, n'était obligée d'acheter le métier que si elle se remariait avec un homme étranger à la corporation [2]. On craignait qu'un étranger participât à l'exploitation et aux bénéfices de l'industrie sous le couvert de sa femme en profitant d'une immunité toute personnelle à celle-ci. En épousant au contraire un membre de la corporation, fût-ce un apprenti ou un ouvrier [3], elle ne perdait pas son privilége. Par exception, la veuve d'un rôtisseur ne devait épouser qu'un patron, parce que la position subalterne que le mari aurait occupée chez sa femme, comme garçon de cuisine, était contraire à l'usage et à la nature [4].

Les asiles ouverts plus tard au travail libre n'existaient pas encore et l'obligation d'acheter la maîtrise s'étendait à tous les membres de la corporation, en quelque lieu qu'ils fussent établis. Seuls les boulangers de certains quartiers jouissaient de la franchise. Ces quartiers étaient la terre du chapitre de Notre-Dame, celle de l'évêque attenante au parvis, le franc-fief des Rosiers, les bourgs Saint-Marcel et Saint-Germain-des-Prés, la partie de la terre de Sainte-Gene-

---

1. *Liv. des mét.* p. 114.
2. *Ibid.* p. 131, 232. *Ord. relat. aux mét.* p. 406.
3. *Liv. des mét.* p. 131.
4. *Ibid.* p. 178, 179. On ne lira pas sans intérêt la pièce suivante relative aux veuves de maîtres : « Du consentement de... juréz et gardes du mestier des chandelliers de suif à P., d'une part et de Guillemette, vefve de feu Regnaut Olivier, d'autre part, qui est en proces pardevant nous pour raison de la défense faicte par et à la requeste desd. maistres et jurés à lad. femme à ce que elle ne ouvrast et tenéist ouvrouer dud. mestier pour ce que elle n'estoit mie experte et souffisante dud. mestier..., nous, pour yceux proces eschever et à ce que lad. femme et enfans puissent avoir leur vye et sustentacion...., et aprez ce aussy que ilz ont veu ouvrer ycelle vefve dud. mestier, si comme ilz dient, avons dit et ordené que ycelle vefve pourra ouvrer et tenir son ouvrouer doresenavant durant sa vye, pourveu que elle ne pourra ouvrer, aler ouvrer et faire ouvrer dud. mestier en estranges hostels de bourgeois ne autres et aussy que elle ne prendra ne pourra prendre ou tenir aucun aprentiz autre que cellui que elle a de présent jusques à six ans prouchain venans et qu'elle sera tenue et a promis et juré garder... les registres dud. mestier... et avecques ce, ou cas où elle se remariera à autre personne qui ne soit souffisament expert... oud. mestier, elle ne pourra monstrer à ycellui son mary ne à ses enfans, se aucuns en a ycellui... de autre femme que elle, led. mestier et sy ne afranchirra en rien ycellui son mary... an 1399. » Y 5222, f° 170 v°.

viève et de Saint-Martin-des-Champs située hors des murs, les cloîtres Saint-Benoît, Saint-Merry, Sainte-Opportune, Saint-Honoré, Saint-Germain-l'Auxerrois, la terre de Saint-Éloi, de Saint-Symphorien, de Saint-Denis-de-la-Chartre, de l'Hôtel-Dieu, etc [1].

Outre le prix d'achat du métier, le nouveau maître payait un droit à la corporation, une gratification aux gardes, désignée quelquefois sous le nom de *gants*[2] et un pourboire aux témoins de la vente[3]. Chez les fabricants de courroies, le droit d'entrée n'était dû au corps de métier qu'après un an d'exercice[4]. Dans certains métiers, il portait le nom de *past* et d'*aboivrement, abuvrement,* soit qu'il fût encore acquitté en nature, soit qu'il eût été converti en argent. Lorsqu'un jeune homme était établi boucher à la Grande-Boucherie par son père ou son tuteur, celui-ci s'obligeait, sous cautions, à donner le *past* et l'*abuvrement* et à payer les droits accessoires. Le *past* consistait en un repas offert par le nouveau membre à ses confrères, l'*abuvrement* était aussi un repas, mais plus léger, une collation. Ces deux repas de corps avaient lieu l'année de la réception, aux jours fixés par le maître et les jurés. Le maître, sa femme, le prévôt et le voyer de Paris, le prévôt du For-l'Évêque, le cellerier et le concierge du Parlement, recevaient à cette occasion du vin, des gâteaux, de la volaille, de la chair de bœuf et de porc, etc. Plusieurs d'entre eux, en envoyant chercher leur part du banquet, donnaient une légère gratification au ménétrier qui jouait dans la salle[5]. Chez les bouchers de Sainte-Geneviève, le dîner fut remplacé à la fin du XIVe siècle par un droit de six liv. par., dont moitié revenait à l'abbaye et moitié à la corporation[6]. Le past n'était pas particulier aux bouchers[7].

Certaines corporations exigeaient caution. Celle que don-

1. *Liv. des mét.* p. 4 et note 4.
2. *Ord. relativ. aux mét.* p. 406.
3. Ms. fr. 24,069, f° 153 v°. *Liv. des mét.* p. 91, 233, 240.
4. *Ibid.* p. 234.
5. Confirmation par Charles VI des usages et priviléges des bouchers de la Grande-Boucherie. Juin 1381. *Ordon. des rois de Fr.* VI, 595.
6. *Ibid.* VI, 614, art. 3
7. « L'an de grace mil cc iiii^{xx} et dix huit... fut ordené par Estiene Barbete... que cil qui sera fet mesureur de sel, paiera por son *abuvrement* et por son *past* VIII liv. p. » *Ord. relat. aux mét.* p. 355. A Pontoise, le nouveau boulanger payait à boire à ses confrères et offrait à chacun un gâteau d'une obole. *Ordon. des rois de Fr.* XI, 308. Cf. Du Cange, v° *passus* 7.

naient les tondeurs de drap était enregistrée au Châtelet et garantissait, jusqu'à concurrence de six marcs d'argent, la restitution des draps livrés[1]. Plusieurs bouchers de Sainte-Geneviève ayant disparu sans payer leurs bestiaux, l'abbaye ordonna qu'à l'avenir on ne serait reçu boucher qu'en fournissant une caution de 40 livres[2].

Le récipiendaire prêtait un serment professionnel sur des reliques ou sur l'Evangile, devant le prévôt de Paris ou les gardes-jurés[3]. Les statuts des fourbisseurs défendent aux gardes de recevoir le serment d'une personne non domiciliée ou d'une moralité suspecte. Ils doivent en référer au prévôt qui peut exiger des répondants de la probité de l'aspirant. On crut devoir prendre cette précaution parce que certains fourbisseurs avaient emporté les armes de leurs clients[4]. Le serment précédait généralement l'exercice du métier. Cependant le marchand d'épiceries et d'*avoirs-de-poids* ne le prêtait que dans un délai de huit jours après avoir commencé son commerce[5]. Le même délai était accordé aux meuniers du Grand-Pont[6]. Les gainiers et fabricants de boucliers renouvelaient ce serment tous les mois[7].

Chez les boulangers, on n'arrivait pas à la maîtrise immédiatement après avoir acheté le métier, il fallait encore faire un stage de quatre ans. En outre, la réception avait lieu avec un certain cérémonial qui mérite l'attention, parce que, dans les autres corporations, on ne trouve rien d'analogue. Pendant son stage, le candidat payait au roi 25 den. à l'Épiphanie, 22 den. à Pâques, 5 den. et une obole à la Saint-Jean-Baptiste, 6 sols de hauban à la Saint-Martin d'hiver, enfin chaque semaine un tonlieu d'un denier et une obole de pain. Au commencement de chaque année, il faisait sur la taille du percepteur une coche, qui le libérait des redevances de l'année précédente. Les quatre ans terminés, le maître des boulangers convoquait pour le premier dimanche après le jour de l'an le percepteur, les patrons boulangers, leurs premiers garçons et le récipiendaire. Celui-ci présentait au maître un pot de terre neuf, rempli de noix et

---

1. *Ordon. des rois de Fr.* VII, 98, art. 9.
2. *Ibid.* VI, 614.
3. *Liv. des mét.* p. 45, 47, 108, 227, 251. *Ord. relat. aux mét.* p. 358.
4. *Liv. des mét.* p. 258.
5. *Ordon. des rois de Fr.* I, 759.
6. *Liv. des mét.* p. 19.
7. Ms. fr. 24069, f° 127.

d'oublies, en lui déclarant qu'il avait fait ses quatre ans. Le maître, après s'être assuré auprès du percepteur de l'exactitude de cette déclaration, rendait le pot au récipiendaire qui, sur son ordre, le jetait contre le mur extérieur de la maison. Après quoi on entrait et on célébrait à table la maîtrise du nouveau confrère. Le maître de la corporation fournissait le feu et le vin, mais il était indemnisé par la cotisation des convives, fixée à un denier par tête[1].

Nous avons énuméré toutes les conditions exigées de l'aspirant à la maîtrise. A la différence de ce qui se passait dans certaines villes d'Allemagne [2], il n'était pas tenu de se marier ni de justifier d'une certaine fortune. La formule par laquelle débutent certains statuts : « Quiconques veut estre, etc... estre le puet s'il set faire le mestier et *il a de quoi,* » veut dire simplement qu'on peut s'établir si on en a les moyens, sans que la corporation ait à juger la question.

Par une exception unique, certaines corporations de bouchers n'admettaient dans leur sein que ceux qui y avaient droit par leur naissance. Les étaux de la Grande-Boucherie étaient occupés de père en fils, à l'exclusion des étrangers [3]. Ceux de la boucherie de Saint-Germain-des-Prés se transmettaient aussi héréditairement, et, à défaut d'héritiers, ne passaient qu'à des personnes originaires du bourg. Dans la suite, le monopole s'étendit à ceux qui avaient épousé une femme née à Saint-Germain, mais ils n'en jouissaient que pendant le mariage [4]. Ce mo-

---

1. *Liv. des mét.* p. 7-8.
2. Voy. Berlepsch, *Chronik der gewerke* : *Feuerarbeiter,* p. 76. *Maurer und Steinmetzer,* p. 143. Schœnberg, *Zur wirthshaftlichen Bedeutung des deutschen Zunftwesens,* p. 74 et note 193. A Londres, pour s'établir boulanger, il fallait pouvoir engager dans son commerce un capital mobilier de 40 s. *Liber Albus,* p. 342, 357.
3. *Ordon. des rois de Fr.* VI, 590, *art.* 23.
4. *Ibid.* VI, 73. « Jehan Raoulant, varlet bouchier, d'une part, et Colin Herment... tous bouchiers de la boucherie S. Germain des préz confessent que, comme ilz feussent en espérance d'entrer en proces... pour raison de ce que led. Jehan Raoulant s'estoit de nouvel efforcé de faire fait de boucherie... comme maistre boucher en lad. boucherie, soubz ombre de ce qu'il se disoit avoir un effant malle né en lad. boucherie et aussi qu'il se disoit avoir aprins led. mestier en la boucherie dud. S. Germain... et de ce que les dessus nomméz bouchiers disoient... que par les ordonnances et status de lad. boucherie nul ne povoit estre maistre bouchier ne vendre cher à estal en lad. boucherie... s'il n'estoit bouchier né de lad. ville de S. Germain ou s'il n'avoit femme espousée née d'icelle ville... c'est assavoir que doresenavant led. Jehan Raoulant taillera et

nopole exorbitant permet, nous l'avons dit [1], d'assigner aux bouchers de la Grande-Boucherie une origine romaine. Les ouvriers des monnaies avaient cela de commun avec les bouchers, qu'ils se recrutaient exclusivement dans certaines familles, ce qui s'explique sans doute par le secret dont devaient être entourés leurs travaux ; mais ils se distinguaient complétement des corporations industrielles en ce qu'ils étaient employés à un service public. On a donc le droit de dire que, de toutes les corporations d'arts et métiers, celles des bouchers étaient les seules qui formassent des castes.

A partir du XVe siècle, la royauté créa des maîtrises dans tous les métiers, mais au XIVe elle n'exerçait encore ce droit de joyeux avénement que pour créer des monnayers et des bouchers de la Grande-Boucherie. Si elle commença par les bouchers à concéder des lettres de maîtrise, c'est précisément parce que le commerce de la boucherie était entre les mains de quelques familles. L'établissement d'un nouvel étal augmentait le nombre de ces familles, menacées d'extinction, et tempérait un peu les abus du monopole. Aussi les bouchers s'opposaient à l'exécution des lettres de maîtrise, et l'impétrant était obligé de plaider pour se faire recevoir. Le 17 avril 1364, Charles V qui venait de monter sur le trône, donnait à Guillaume Haussecul et à sa postérité directe un étal de la Grande-Boucherie [2]. Il fallut un arrêt du Parlement (15 juin 1364) pour le faire mettre en possession. En 1371, lorsqu'il voulut céder son étal à son fils, la corporation s'y opposa en soutenant que la transmission ne pouvait avoir lieu au profit d'un enfant déjà né au moment où Guillaume s'était établi, et que la concession royale ne s'étendait qu'à la postérité future de l'impétrant. Cette subtilité ne fut pas

---

vendra cher à estal en lad. boucherie... pour et ou nom de sond. filz et jusques adce que sond. filz soit souffisament aagé et habille pour ce faire... » 14 octobre 1408. Arch. nat. Z² 3434. Dans la boucherie de Sainte-Geneviève, les étaux n'étaient pas le patrimoine de quelques familles, et la naissance dispensait seulement de l'apprentissage et de l'examen. *Ord. des rois de Fr.* VI, 614.

1. Voy. plus haut p. 4.
2. « Charles... savoir faisons... que, comme en nostre joieux advenement au gouvernement de nostre royaume, à Nous, de nostre droit royal, appartiegne créer et instituer un bouchier en la grant boucherie de P., nous pour ce considerans les bons et agréables services que nostre amé bouchier, Guillaume Haussecul nous a fais ou temps passé longuement et loyalment..... ycellui Guillaume, etc... » Trésor des chart. reg. 95, p. VIII^xx XIIII.

admise, et un arrêt du 29 novembre condamna les bouchers à recevoir le fils de Guillaume Haussecul[1]. Le 6 novembre 1380, Charles VI, à l'occasion de son avénement à la couronne, nomma Thibaut d'Auvergne, boucher de la Grande-Boucherie[2]. En 1324, Jehannot le Boucher avait obtenu la même faveur de Charles le Bel[3]. Il est à remarquer que les lettres royales de provisions accordées soit aux bouchers, soit aux monnayers, ne mentionnent pas la finance payée par l'impétrant.

1. X^{ia} 22, f° 342 v°.
2. Trésor des Chart. reg. 118, n$_o$ 77.
3. *Ibid.* reg. 62, n° VII^{xx} XVII. Le roi, par droit de joyeux avénement, créait aussi un boucher à Poissy. Mais ce boucher n'était pas dispensé du *past*, car Simon Pasquier, nommé au mois de juin 1395, renonça à son état « véant sa petite faculté et que, se il lui convenoit exercer led. mestier de boucher et en jouir, il lui fauldroit paier son past aux maistre des bouchers et autres bouchers de Poissy qui lui pourroit couster XI escuz ou plus, ce qu'il ne pourroit pas faire... » Accord homologué au Parlement le 7 juin 1406.

CHAPITRE VII

LE CHEF D'INDUSTRIE

Outillage et locaux industriels. — Acquisition des matières premières. — Sociétés commerciales. — Cumul de professions. — Jours chômés et morte-saison. — Coalitions. — Situation comparée des chefs d'industrie. — Caractère économique du chef d'industrie.

Pour se représenter la situation du chef d'industrie au XIIIe et au XIVe siècle, il faut oublier le manufacturier contemporain avec ses affaires considérables, ses gros capitaux, son outillage coûteux, ses nombreux ouvriers. La fabrication en gros n'était pas imposée, comme aujourd'hui, par l'étendue des débouchés et par la nécessité d'abaisser le prix de revient pour lutter contre la concurrence. Le fabricant n'avait donc pas besoin de locaux aussi vastes, d'un outillage aussi dispendieux, d'un approvisionnement aussi considérable. D'ailleurs les corporations possédaient des terrains, des machines qu'elles mettaient à la disposition de leurs membres [1]. Les étaux de la Grande-Boucherie appartenaient à la communauté, qui les louait tous les ans [2]. On n'a pas conservé assez de baux de cette

---

1. «..... Attendu ce que Jehan le Chaussier, foulon, demourant à S. Marcel... afferme par serement que il... tendi le drap entier de xviij aulnes..... es poulies *communes estans à lui et autres drappiers* en la ville de S. Marcel..... » *Reg. crim. du Chât.* II, 113. « ..... fossé plain d'yaue dormant, lequel fossé est assis en un four appellé le fresche aus tenneurs, empres lad. ville de Pontoise, *le quel appartient et est de l'eritage d'yceulz tenneurs à cause de leur d. mestier*. » Accords homologués au Parl. 27 janv. 1351 (n. s.). *Ord. des rois de Fr.* II, 114, art. 5. Cf. Schœnberg, *opus laudatum*, p. 88, 89. Maurer, *op. laud.* p. 189.

2. *Ord. des rois de Fr.* VI, 590.

époque pour pouvoir donner même un aperçu des loyers des boutiques et des ateliers. Le montant de ces loyers était nécessairement très-variable. Ainsi les chapeliers louaient plus cher que d'autres industriels, parce qu'en foulant ils compromettaient à la longue la solidité des maisons[1]. Les marchandises garantissaient le payement du loyer. Quand un boucher de Sainte-Geneviève ne payait pas le terme de son étal, qui était de 25 s., soit 100 s. par an, l'abbaye saisissait la viande et la vendait. Plusieurs bouchers prétendirent que la viande était vendue au-dessous de sa valeur et qu'elle devait être estimée ; mais le maire de l'abbaye leur donna tort et ils perdirent également en appel au Châtelet[2]. Signalons, à titre de curiosité, le bail de la maison dite le *Parloir aux bourgeois,* entre le Châtelet et Saint-Leufroi. Le prévôt des marchands et les échevins stipulent des preneurs, c'est-à-dire du chapelier du roi et de sa femme, une rente de 16 livres, plus « douze dousaines de chappeaulx appelez bourrelez de fleurs et six boucquez, c'est assavoir quatre dousaines de chappeaulx de margolaine, trois dousaines de romarin et cinq dousaines de pervenche, tous bourreletz papillotez d'or et les six boucquetz de rozes que lesd. Jehan et Bourgot... seront tenus rendre et paier pour tous devoirs[3]. » Le loyer s'augmentait souvent d'un droit payé au roi ou au seigneur justicier et au prévôt des marchands pour empiétement sur la voie publique. Le maréchal-ferrant, qui

---

1. « ..... Une maison assise sur le pont N. D... en laquelle souloit demourer Jehan Fourbault et depuis Pierre le Boursier, chappelier qui, à cause de sond. mestier, tenoit lad. maison à la somme de 7 liv. par. pour ce qu'elle povoit estre dommagée par chacun an plus que se autre mesnager... l'eust occupée..... » Bail du 27 février 1475 (n. s.). Arch. nat. H. 2010. « A MM. les prévost des marchans et eschevins de ceste ville de Paris. Supplie humblement Jacques d'Authun, chapelier demourant en la XXXe maison de dessus le pont N. D. du costé d'amont l'eaue, comme pour la grant charge et travail que font les chapeliers sur led. pont, toutes les maisons que tiennent iceulx chapeliers ont esté enchéries de 3 fr. plus que aux autres et de fait ce que les gens d'autre estat et mestier ne tiennent que à 12 fr. lesd. chapeliers tiennent à 15 fr., or est il que led. suppliant ne a plus intencion de ouvrer... dud. mestier de chapelier mais seulement se veult entremettre de vendre bonnetz... » En conséquence, l'échevinage réduit son loyer à 12 liv. tour. 21 juillet 1478, *ibid.* La date relativement récente de ces deux pièces ne pouvait nous empêcher d'en faire usage.
2. Bibl. Sainte-Geneviève. Censier de Sainte-Genev. f° XLVIII v^o et XLIX v^o.
3. 22 mai 1406, Arch. nat. KK 495³, f° LXVI v^o.

voulait établir un travail devant sa forge, devait obtenir l'autorisation du voyer de Paris, qui, sur le rapport du garde de la voirie, fixait le prix de l'emplacement concédé. Le concessionnaire payait en outre une redevance annuelle [1]. L'autorisation du voyer et aussi, semble-t-il, celle du prévôt des marchands, étaient nécessaires pour établir des auvents, des saillies, des degrés, bref pour enlever à la circulation une partie de la rue. Le voyer appréciait le dommage qui pouvait en résulter pour le public et fixait les mesures que le concessionnaire ne devait pas dépasser [2]. Les seigneurs justiciers avaient aussi leurs voyers [3]. On accordait assez facilement au commerce le droit d'empiéter sur la rue; du moins le prévôt des marchands était si prodigue de ces permissions, dont il tirait profit, qu'au XIV° siècle la circulation était presque impossible dans les rues principales [4]. Le 15 mai 1394, le prévôt de Paris ordonna par cri public aux marchands de débarrasser la chaussée de leurs étaux et étalages [5].

Les boutiques s'ouvraient sous une grande arcade, divisée horizontalement par un mur d'appui et en hauteur par des montants de pierre ou de bois. Les baies comprises entre ces montants étaient occupées par des vantaux [6]. Le vantail supérieur se relevait comme une fenêtre à tabatière, le vantail inférieur s'abaissait, et, dépassant l'alignement, servait d'étal et de

1. Appendice n° 17. Livre du Chât. rouge troisième, f° 1. *Liv. des mét.* p. 45.
2. D. Felibien, *Hist. de Paris, Preuves*, IV, 309. Livre rouge troisième, f. 104.
3. « Rapporté par les jurés voiers de l'église que huy ilz ont veu un auvent couvert d'essaulne... lequel auvent lesd. couvreurs ont couvert trop bas au dessoubs de la charpenterie une rengée d'essaulne ou préjudice de la voierie et chemin publique et pour ce est de necessité que lad. rengée soit rongnée et mise en estat deu, tellement que ce ne face prejudice au chemin publique ne aus voisins... » Décembre 1409. Reg. d'audiences civiles de S.-Germain-des-Prés. Z² 3485.
4. « De voieries et des estaulx mis parmy les rues dont il n'y a si petite poraiere ne si petit mercier ne autres quelconques qui mette son estal ou auvent sur rue qu'il ne reçoive prouffit et si en sont les rues si empeschées que pour le grant prouffit que le prévost des marchans en prent, que les gens ni les chevaulx ne pevent aler parmy les maistres rues. » 13 juin 1320. Livre du Chât. Doulx Sire, f° CIIII v°.
5. Livre du Chât. rouge vieil, f°ˢ VI^xx v°.
6. Elles étaient aussi garnies de rideaux : « Icellui Andry tira et sacha les courtines ou custodes de la boutique d'icellui barbier. » Du Cange, v° *custoda*.

comptoir [1]. Le chaland n'était donc pas obligé d'entrer dans la boutique pour faire ses achats. Cela n'était nécessaire que lorsqu'il avait à traiter une affaire d'importance. Voilà pourquoi les statuts défendent d'appeler le passant arrêté devant la boutique d'un confrère, pourquoi les textes donnent souvent aux boutiques le nom de *fenêtres*. Le public voyait plus clair au dehors que dans ces boutiques qui, au lieu des grandes vitrines de nos magasins, n'avaient que des baies étroites pour recevoir le jour. Les auvents en bois ou en tôle, les étages supérieurs qui surplombaient le rez-de-chaussée, venaient encore assombrir les intérieurs. Les drapiers, par exemple, tendaient des serpillières devant et autour de leurs ouvroirs. Le prévôt de Paris les interdit comme interceptant le jour et empêchant de discerner la qualité des étoffes. Mais les drapiers ayant représenté que, depuis leur suppression, le vent et la poussière entraient dans les ouvroirs et que l'éclat du soleil trompait les acheteurs, un autre prévôt, par une ordonnance du 6 octobre 1391, autorisa les drapiers, dont l'atelier faisait face à une maison ou à un cimetière, à avoir une serpillière descendant jusqu'à une aune et demie du rez-de-chaussée. Ces auvents auraient la même saillie et le passage resterait libre dessous pour les piétons et les cavaliers. Cependant si le drapier avait pour voisin un pelletier, il pouvait placer entre son atelier et celui du pelletier une serpillière de trois *quartiers* de largeur pour protéger ses draps contre le poil et la craie. Les drapiers, qui n'avaient pas de constructions devant eux étaient autorisés à faire descendre leurs serpillières jusqu'au rez-de-chaussée [2].

L'atelier et la boutique ne faisaient qu'un. En effet les règlements exigeaient que le travail s'exécutât au rez-de-chaussée sur le devant, sous l'œil du public [3]. Les clients qui entraient

---

1. Viollet-le-Duc, *Diction. d'architecture*, v° *boutique*. «... mettoient... un estal nommé le hestaut ou quarrefour de la poissonnerie de Beauvais et de ce que Jehan le Leu... avoit mis sur ycellui hestaut une banque, huis ou fenestre en empeschant le chemin ou voie de la d. poissonnerie et aussi pour une banque qui à deux chevilles estoit atachée à l'estal... 4 août 1376, X¹ᶜ 33.
2. Livre rouge vieil du Chât. fᵒˢ C et VI.
3. « Nul ne pourra ouvrer en chambre reposte en sa meson de tailler ne de drecier nul garnement, s'il ne le fet en l'establie de l'ouvrier desouz, à la veue du peuple. » *Ord. relat. aux mét.* p. 413. « Que nulle ne puist tenir chambre se il n'a ouvrouer par terre, parce que l'on y fait ou puet faire fauses euvres. » Stat. des lormiers de septembre 1357. *Ord. des rois de Fr.* III, 183, *art.* 26.

chez un fourbisseur, voyaient les ouvriers, ce qui ne serait pas arrivé si l'atelier et la boutique avaient été deux pièces distinctes [1]. Quant aux dimensions des étaux et des ateliers, nous avons trouvé des étaux de trois pieds [2], de cinq pieds [3], de cinq *quartiers* [4], des étaux portatifs de cinq pieds [5]. Une maison du Grand-Pont avait sur sa façade trois ateliers, dont l'un mesurait deux toises de long sur une toise et demie de large y compris la saillie sur la voie publique [6]. Les étaux des Halles étaient tirés au sort entre les maîtres de chaque métier [7].

Lorsque nous nous occuperons de certains métiers à un point de vue technique, nous traiterons de la provenance et de la qualité des matières premières propres à ces métiers. Pour le moment, nous voulons seulement parler d'une façon générale de l'acquisition des matières premières.

Les matières premières qui entraient à Paris, devaient être portées aux Halles, où elles étaient visitées [8]. Les fabricants ne

1. Voy. plus haut, p. 78, note 6.
2. « ... par estaus selonc que chascun tient d'estal, c'est à savoir de III piéz II den. le demi estal I den. » Addit. aux statuts des corroiers. Ms. fr. 24069.
3. *Liv. des mét.* p. 186.
4. *Ibid.* p. 123.
5. *Ibid.* p. 16.
6. *Cart. N. D. de Paris*, II 470-471.
7. « ... Et ce fait nous avons defendu... ausd. nomméz... que nul d'euls ne permue ne change son estal des halles qui lui aura esté baillé et qui lui escherra par le lot qui en aura esté fait... » 21 octobre 1395. Reg. d'aud. du Chât. Y 5220.
8. « ... Dit est que les neuf pieces de drap arrestés à la requeste dud. procureur du Roy pour ce que ilz n'avoient esté descendu en hale seront apreciéz et... en baillant dud. marchant caucion de la valeur d'iceulx, ilz lui seront recreuz... » 24 septembre 1395, Reg. d'aud. du Chât. Y 5220. « Après ce que Guyot Lambert, Jehan Bernart, Guiot Pinçon et Jehan du Hamel, tous cordoanniers demourans à Paris ont affermé par serrement que dix neufs cuirs appartenans à eulz et Guillaume à la Bourre, pris arrestéz es hales de Paris par les juréz des quatre mestiers de la ville de Paris, pour ce que ils sont mauvaisement tannéz, ils avoient acheté au Lendit, cuidant que ilz feussent bons et *que, en ensuivant leurs registres, les avoient envoyéz es hales pour visiter*, nous avons ordené que yceulx cuirs leur seront renduz sens amende ni confiscation pourveu que ilz ne seront tenéz et aussy leur avons defendu que yceux cuirs ils ne vendent en la ville, prevosté et viconté de Paris, sy non au Lendit... et seront tenuz de rapporter certifficacion des lieux et des personnes à qui ilz auront iceux venduz dedans la Magdalaine et avecques ce seront premierement signéz du fer condempnable, ainsy qu'il est acoustumé et de paier les juréz de leur salaire. » 20 juin 1399, Y 5222. « ... Rolin le Touzet,

pouvaient les acheter lorsqu'elles étaient encore en route et s'approvisionner ainsi aux dépens de leurs confrères [1]. Les corporations en achetaient en gros pour les partager ensuite également entre tous les maîtres ; déjà sans doute, afin d'éviter les injustices et les réclamations, les parts étaient tirées au sort [2]. Un texte nous montre les gardes-jurés des cordonniers de cordouan marchandant pour la corporation cinquante-quatre douzaines de peaux de cordouan venant d'Alençon. Un marchand, ayant offert un prix supérieur, se rendit acquéreur de ces cuirs moyennant 3 fr. la douzaine, mais les gardes-jurés les firent saisir avant que l'acheteur les eût enlevés des Halles. De quel droit, de quel prétexte s'autorisèrent-ils pour le faire? c'est ce que le texte ne dit pas, mais, à l'insistance avec laquelle l'acheteur affirme devant le prévôt de Paris que personne ne s'est présenté ni le jour de la vente, ni durant les onze jours suivants pour réclamer une part dans la marchandise, on voit que la corporation prétendait participer au marché [3]. Si ce droit était

---

marchand forain, demourant à Villepereur, qui estoit apparu pardevers nous à la requeste du procureur du Roy à fin d'admende pour ce qu'il avoit descendu hors hale certaine quantité de peaulx à toute la layne qu'il aportoit à Paris pour vendre... » 9 avril 1407, Y 5226.

1. « Que aucun tonnelier ne autre ne puist aler audevant des denrées quelzconques dud. mestier venant à Paris pour vendre ne icelles achetter en chemin en couvert ne en appert... » 26 décembre 1398. Reg. des bannières, Y 7, f⁰ XXXI.

2. Voy. Savary, *Dict. du commerce*, v⁰ *lotissement*. Au moyen âge le capitaine de l'art des teinturiers de Pise partageait entre les teinturiers les draps étrangers qu'on envoyait teindre en Italie. Bonaïni, *Stat. ined. di Pisa*, III, 131.

3. « Aujourd'hui Jehan l'Estoffe, marchant, qui est en proces pardevant nous contre le procureur du Roy et les jurés cordouanniers de la ville de Paris qui ont procédé par voie d'arrest sur L XIIes de cordouan estans es Hale à ce ordenés... IIII autres XIIes de cordouen, etc... achetées dud. Estoffe d'un marchant d'Alençon..... au pris de III fr. chascune XIIe, interrogé par serment de et sur la maniere dud. achat, dit que, environ un moys a, il scot la venue dud. cordouan, le quel les jurez dud. mestier des cordouanniers deslors et paravant lui avoient bargaignié et depuis il qui parle les bargaigna et en offry plus que lesd. jurez ne autres n'en avoient offert c'est assavoir III fr. pour XIIe, le quel marchié lui fu accordé par led. marchant forain qui lui vendit tout ledit cordouan aud. pris de III fr. pour XIIe, le quel marchié il qui parle et agréable et tantost apres paia les droits du Roy et lui furent lesd. cuirs délivrés par led. marchant... senz ce que ce jour aucun se apparust qui réclamast part en lad. marchandise, dit oultre que aprez la délivrance à lui faicte de lad. marchandise...., il laissa tous lesd. cuirs en lad. hale et encores y sont, senz ce que aucun se soit apparu qui part y ait réclamé jusquez à onze jours

douteux dans l'espèce, il ne l'était pas entre gens du même métier. Lorsqu'un fabricant survenait au moment où un confrère allait conclure un marché ayant pour objet des matières premières ou des marchandises du métier, le témoin pouvait se faire céder, au prix coûtant, une partie de l'achat. Comme la défense d'aller au devant des matières premières, comme le lotissement, cet usage singulier avait pour but d'empêcher l'accaparement, de faire profiter tous les membres de la corporation des bonnes occasions. Il était fondé sur cette idée, que les fabricants du même métier n'étaient pas des concurrents avides de s'enrichir aux dépens les uns des autres, mais des confrères, animés de sentiments réciproques d'équité et de bienveillance et appelés à une part aussi égale que possible dans la répartition des bénéfices. Cette conception des rapports entre confrères découlait nécessairement de l'existence même des corporations, comme la concurrence à outrance résulte de l'isolement des industriels modernes. Pour exercer le droit dont nous venons de parler, il fallait posséder la maîtrise dans sa plénitude. Ainsi un boulanger *haubanier* pouvait réclamer sa part dans le blé acheté par un confrère non haubanier, mais la réciproque n'avait pas lieu [1]. Les fripiers ambulants n'étaient pas admis à intervenir dans les marchés conclus devant eux par des fripiers en boutique, tandis que ceux-ci participaient aux achats faits par les premiers [2]. Les pêcheurs et marchands de poisson d'eau douce payaient 20 s., en sus du prix d'achat du métier, pour acquérir ce droit [3]. Lorsque

---

après l'achat faict desd. cuirs par lui qui parle et si dit le jour que il lez acheta, plusieurs compagnons cordouanniers... sont venus bargaignier dud. cuir et lui en offrirent III fr. et un quart pour XII⁰, maiz il ne les a voulu ne veult donner à moins de III fr. et demi la XII⁰. » 16 octobre 1409, Reg. d'aud. du Chât. Y 5227.

1. *Liv. des mét.* p. 17. En payant annuellement 3, 6 ou 9 sous (demi hauban, plein hauban, hauban et demi), le *haubanier* se rachetait d'un certain nombre de redevances. Le hauban consista d'abord en un muid de vin dû annuellement au Roi au temps des vendanges. Des contestations étant survenues entre les haubaniers et l'échanson royal qui recevait le vin, Philippe-Auguste convertit cette livraison en argent. Cette sorte d'abonnement n'était pas possible pour tout le monde; c'était un privilége réservé à certaines corporations ou accordé par le Roi à titre gratuit ou onéreux. *Liv. des mét.* p. 6, 7. Du Cange, v⁰ *halbannum*.

2. *Liv. des mét.* p. 200.

3. « Nus poisonniers qui le mestier ait achaté au Roy ne puet avoir le mestier tout sus, c'est à savoir partir au poison que ilz achatent qui ont le mestier tout sus... se il ne poie XX s. de parisis à IIII preu-

le patron était empêché, sa femme, un enfant, un apprenti, un serviteur avaient qualité pour l'exercer à sa place [1]. C'est, comme nous l'avons dit, au moment où le marché était conclu soit par la *paumée,* soit par la remise du denier à Dieu, que le tiers devait être présent [2]. Cependant il semble résulter d'un texte précédemment cité que, plusieurs jours après, il était encore temps de se faire céder une partie des marchandises. Quoi qu'il en soit, ce délai ne profitait aux tiers que lorsque l'acheteur ne prenait pas immédiatement livraison ; si, au contraire, comme cela arrivait le plus souvent, il entrait de suite en possession, il était trop tard pour intervenir dans un marché qui avait été exécuté, pour réclamer une part dans des denrées qui n'existaient plus qu'*in genere*. Le tiers intervenant devait payer comptant ou au moins dans un délai très-rapproché [3]. C'est à l'acheteur et non au vendeur qu'il payait le prix afférent à sa part. Il n'était en effet que le cessionnaire du premier, lequel restait débiteur du prix intégral et avait seulement un recours contre son confrère. Guillaume Nicolas, marchand de cordouan établi à Paris, avait acheté d'un marchand espagnol environ cent quarante-huit douzaines de peaux de cordouan à 60 s. p. la douzaine. Il devait encore le prix de dix-neuf douzaines. Poursuivi au Châtelet, il appela en garantie Philippot de la Ruele, qui, témoin du marché, s'était fait céder ces dix-neuf douzaines. Celui-ci fut condamné à les prendre et à les payer à Guillaume Nicolas, qui satisferait son vendeur, déduction faite de l'impôt pour le payement duquel les marchandises avaient été saisies [4]. On verra que le droit des tiers de prendre

desoumes du mestier qui sont juré de par le Roy à garder le mestier. » *Liv. des mét.* p. 263.

1. *Ibid.* p. 149, 200.
2. *Ibid.* p. 210-211, 218.
3. « De tous les mestiers que chascun acat à par luy, et, se jurés est au marquié et il y claime part, que il en ait sa partie, mais qu'il paie tantost prestement et sans intervalle. » xiv⁰ siècle. *Monum. inédits du Tiers Etat,* Abbeville, p. 211. Cf. un édit de François I⁰ʳ de juin 1544. Isambert, XII, 877, art. 13.
4. « Pour ce que Guillaume Nicolas, marchand de cordouan, demourant à Paris, a confessé avoir acheté de Sance d'Escarre, marchand du pays d'Espaigne VII×× VII XII⁰ˢ de cordouen et VIII peaulz, chascune XII⁰ lx s. p., dont il restoit encores à paier XIX XII⁰ˢ aud. forain, qui requeroit led. Nicolas estre condamné à ce rendre et paier, led. Nicolas disant qu'il n'y estoit tenus pour ce que à son marchié estoit seurvenu Philipot de la Ruele et autres qui en avoient retenu chascun certains los et porcion et aussi que qui lui vouldroit delivrer ycelles XIX XII⁰ˢ il estoit

part à un marché conclu en leur présence n'existait pas seulement entre confrères, mais que, pour certains objets de consommation, les bourgeois l'exerçaient à l'égard de quiconque achetait pour revendre.

Après avoir parlé des éléments du prix de revient, il nous reste à déterminer l'importance et le caractère du bénéfice du fabricant. Nous essaierons de le faire, non d'après des chiffres qui ne peuvent être concluants que pour les métiers auxquels ils se rapportent, mais d'après certains faits dont l'influence sur la situation du chef d'industrie est incontestable. Nous traiterons successivement à ce point de vue des sociétés commerciales, du cumul des professions, des jours chômés et de la morte-saison, des coalitions. Les conditions auxquelles est soumis le prix courant sont si nombreuses qu'il est impossible de les prendre toutes en considération.

La préoccupation d'empêcher une trop grande inégalité dans la répartition des bénéfices devait rendre les corporations peu favorables aux sociétés commerciales. L'association, en effet, crée de puissantes maisons qui attirent toute la clientèle et ruinent les producteurs isolés. Aussi certaines corporations défendaient les sociétés de commerce [1]. Mais cette prohibition, loin d'être générale, comme on l'a dit [2], avait un caractère exceptionnel. Si ces sociétés n'avaient pas été parfaitement légales, Beaumanoir ne leur aurait pas donné une place dans son chapitre des *compaignies*. Le jurisconsulte traite dans ce chapitre des associations les plus différentes, telles que la communauté entre époux, la société taisible, les sociétés commer-

---

prest de les paier, nous avons ordonné, en la presence dud. Philippot qui a confessé avoir acheté lesd. XIX XIIes de cordouan, que le pris d'icelles XIX XIIes, à prendre et paier lesquelles nous condamnons led. Philippot de la Ruele, sera mis en la main dud. G. Nicolas qui contentera led. forain de ce qu'il lui est deu jusques au reste de ce qui est à cause de l'imposicion pour laquele lesd. XIX XIIes estoient arrestées. » 8 juillet 1399. Reg. d'aud. du Chât. Y 5222.

1. « Doi mestre du mestier [des foulons] ne pleuseur ne pueent estre compaignon ensamble en un hostel. » *Liv. des mét.* p. 133. Cf. leurs statuts de 1443. *Ord. des rois de Fr.* XVI, 586, art. 17. « Que nulz... fasse compagnie de marchands... » *Liv. des mét.* p. 176 « ... et ne porront doy maistres tainturiers accompaigner ensemble à perte ou à gaigne pour teindre à autrui. » Accord entre l'évêque et l'échevinage de Noyon homologué au Parl. le 8 juillet 1399. Cf. *Liber Memorandorum*, p. 441. *English Gilds*, p. 210 note.

2. *Liv. des mét.* p. 133, n. 2.

ciales, etc. Parmi ces dernières, il distingue celle qui se forme *ipso facto* par l'achat d'une marchandise en commun et celles qui se forment par contrat. Celles-ci étaient nécessairement très-variées, et, pour donner une idée de leur variété, Beaumanoir cite la société en commandite, la société temporaire, la société à vie ; puis il énumère les causes de dissolution, et il termine en parlant des actes qu'un associé fait pour la société, de la responsabilité de ces actes, de la proportion entre l'apport et les bénéfices de chaque associé, enfin du cas où un associé administre seul les affaires sociales [1]. D'autres textes, dont deux sont relatifs à des sociétés en commandite et un troisième à une liquidation entre associés, prouvent surabondamment que l'industrie parisienne connaissait les sociétés commerciales [2];

1. *Coutumes du Beauvaisis*, éd. Beugnot, chap. XX, § 3, 4, 31-35.
2. « Inquesta facta per Stephanum *Taste-Saveur*, ballivum Senonensem et Therricum de Porta, prepositum de Moreto, ad sciendum qualiter Rogerus, dictus Judeus de Corbolio et *participes sui* consueverunt transire seu deferre merces quas duxerunt... » *Olim*, I, 88. « Magister Johannes *Bordez* [diffamatus] de negociacione, et dicitur quod pecuniam suam tradit mercatoribus ut percipiat in lucro. » *Reg. visit. Odonis Rigaudi*, éd. Bonnin, p. 35. « Li frepier... sont joustisable au mestre du mestier de toutes les choses qui à leur mestier appartiennent... si come de la marchandise et de *la conpaignie de la marchandise*... » *Liv. des mét.* p. 197. « Li trousiaus de cordouan en charrete doit iiii den. et se il i a trousiaus entreliés... qui soient à home *d'une conpaignie, porqu'il soient à une gaaigne*, si sunt quite pour un aquit... » *Ibid.* 2e *part.* p. 281. « ... freperie viez en charrete, se ele est à un homme, ou à ii ou à un, *qui ne soient d'une compaignie*, chascun acquitera sa chose... » *Ibid.* p. 282. « Mercier qui va à foire... et se il sunt en une charrete troy conpaignon ou quatre qui viegnent de la foyre et il ne sunt compaignon à un gaaing...» *Ibid.* p. 284. « ...cum Johannes dictus Corbenay de Brayo... tempore quo ipse et Guiotus dictus *le Feurre* erant consortes in lucro et dampno mercaturas invicem frequentando... » Arch. nat. JJ 80, p. v^c, lx. « De l'accord et consentement de Oudart de Milecourt, pelletier, nous y cellui avons condempné... envers Jehan de Gallande, chappellier et aulmussier en la somme de cinquante escus à lui deue de reste de iiie cinq escus que led. Jehan lui avoit bailléz pour employer en fait de marchandise à paier à Pasques prouchainement venant et oultre à rendre et bailler aud. Gallande dedans led. temps cinq cens de gorges de martres bonnes, loyales et marchandes ou 20 escus pour la valeur pour l'acquest que led. Jehan peut avoir eu en lad. marchandise... » 27 novembre 1409. Reg. d'aud. du Chât. Y 5227. « En la présence de Guillemin de Neufville d'une part et Perrot le Cauchois d'autre part entre lesquelles parties... est debat... pour raison du compte que requeroit à lui estre fait... led. Guillemin de l'administration... que avoit eu led. Perrot durant le temps qu'ils ont esté compaignons ensemble en fait de marchandise et aussy de l'arrest fait à la requeste dud. de Neufville sur un bastel où il prétend

mais, en somme, ces textes sont peu nombreux, et nous croyons que de nouvelles recherches n'en augmenteront pas sensiblement le nombre. Il faut en conclure qu'on ne comptait pas à Paris beaucoup de maisons dirigées par des associés ni même soutenues par des commanditaires. Nous n'avons trouvé la raison sociale d'aucune société française, tandis qu'on nommerait bien une dizaine de sociétés italiennes se livrant en France à des opérations de banque et de commerce [1].

Certains commerçants exerçaient à la fois plusieurs métiers ou joignaient aux profits du métier les gages d'un emploi complétement étranger au commerce et à l'industrie. On pouvait être en même temps tanneur, sueur, savetier et baudroyeur, boursier et mégissier [2]. Le tapissier de tapis *sarrazinois* avait le droit de tisser la laine et la toile après avoir fait un apprentissage, et réciproquement, le tisserand fabriquait des tapis à la même condition [3]. Les statuts des chapeliers de paon prévoient le cas où un chapelier réunirait à la chapellerie un autre métier [4]. La profession de tondeur de drap était incompatible avec une autre industrie, mais non avec le commerce ni avec des fonctions quelconques [5]. Il était permis aux émouleurs de grandes

avoir le quart, ensemble la moitié des fruits ou loyer qu'il a gaignéz depuis l'encommencement de leurd. compaignie jusques à ce qu'il soit party entre eux, nous avons ordonné... que lesd. parties rendent compte l'une à l'autre pardevant nostre amé Laporte à ce commis de nous de l'administration et gouvernement qu'ilz et chascun d'eulx ont eu du fait de leur marchandise durant le temps de lad. societé... » 14 janv. 1410 (n. s.). *Ibid. Ord. des rois de Fr.* IX, 303, art. 16 ; XI, 447, art. 8. « ... led Mᵉ Pierre [le Mée chirurgien de la reine] disant au contraire que vray estoit que en aoust l'an iiiᵉ et huit ou environ, led. Mᵉ Jehan [de Pise, chirurgien] lui avoit baillié la somme de 100 liv. tour. pour estre employée en marchandise de vins avec autre 100 liv. que led Mᵉ Pierre devoit mettre aux communs frais à perte et à gaigne l'un de l'autre et que es vendanges lors ensuivans led. Mᵉ P. avoit acheté des vins en Bourgogne qu'il avoit fait arriver à Paris au port de Greve ... » Accord homologué par le Parlement le 7 février 1411 (n. s.).

1. Voy. notamment sur les Anguisciola (*Angoisselles*), Arch. nat. JJ 81, p. 88 ; sur les Perruzzi (*Perruches*), Reg. du Parl. Xⁱᵃ 18, fᵒ 126 vᵒ, et 20, fᵒ 286 vᵒ.
2. *Liv. des mét.* 2ᵉ part. p. 300.
3. *Ord. relat. aux mét.* p. 407.
4. *Liv. des mét.* p. 253.
5. « Que aucun ouvrier dud. mestier ne puist ouvrer d'autre mestier que d'icellui mestier de tondre draps à table seiche... mais il se pourra bien entremectre de telle marchandise ou de telle office comme il lui plaira... » Liv. du Chât. rouge neuf, fᵒ viiiˣˣxi.

forces de tondre les draps et de forger ; le cumul de tout autre métier leur était interdit[1]. Un certain nombre de gens de métiers figurent dans les registres d'impositions de 1292 et de 1313 avec le titre de sergents du Châtelet[2].

Les femmes de patrons ne se bornaient pas à aider leur mari dans leurs affaires, à tenir par exemple les écritures[3]; elles grossissaient encore les revenus du ménage en faisant des affaires de leur côté. Nous signalerons une saisie pratiquée sur les biens avec lesquels la femme d'un charpentier se livrait au commerce de la friperie[4].

L'industrie chômait le dimanche, à la Noël, à l'Epiphanie, à Pâques, à l'Ascension, à la Pentecôte, à la Fête-Dieu, à la Trinité, aux cinq fêtes de la Vierge, à la Toussaint, aux fêtes des Apôtres, à la Saint-Jean-Baptiste, à la fête patronale de la corporation. Le samedi et la veille des fêtes, le travail ne durait pas au delà de nones, de vêpres ou de complies. Certaines corporations permettaient de travailler et de vendre en cas d'urgence ou lorsque le client était un prince du sang[5]. Dans

1. Liv. du Chât. Y 2, f° xii^{xx} et v°.
2. Géraud, *Paris sous Philippe le Bel,* p. 536. *Taille de* 1313, éd. Buchon, p. 44.
3. On ne pouvait se passer de livres de commerce et les deux textes suivants prouvent qu'ils étaient en usage : « Comme à la requeste de nostre procureur, Baudin de la Fosse dit Grouguet, demourant à Béthune ait esté approchiéz par devant maistres Jehan de Melles, etc., commissaires deputéz de par le Roy sur le fait des monnoyes es pays et conté d'Artois sur ce que nostre d. procureur lui imposoit que, en faisant et exerçant le fait de change en lad. ville de Béthune, led. Bauduin avoit acheté et alloué autres monnoyes d'or et d'argent que des monnoyes du Roy contre les ordonnances royaulx sur ce faictes... et que led. Beauduin, si tost qu'il sot la venue desd. commissaires, *deschira les papiers de son change*... » Accord homologué au Parl. le 20 novembre 1395. « Combien que, en faisant l'inventaire des biens... de feu Colin le Dauneux (?), eussent... esté trouvées... unes lettres obligatoires faites... le viiie jour de mars l'an mil ccc iiii^{xx} xiii, par lesqueles apparoit que Goscart Chesne, marchant de Couloigne sur le Rin estoit tenus envers led. Dauneux en iii^c xxx fr. de reste pour vente d'un jouel, néantmoins par le *papier de change* dud. feu Dauneux apparoit... que sur led. jouel avoit.,. esté paié par led. Goscalt tant que il ne lui estoit deu que iii^{xx} et xv fr., ordoné est que en baillant par led. marchant... lad. somme de iii^{xx}xv fr., lesd. lettres obligatoires seront rendues... audit Goscald... » 18 janv. 1396 (n. s). Reg. d'aud. du Chât. Y 5220.
4. Reg. du Parl. X^{1a} 44, f° 18 v°.
5. « ... Sauf... que, s'il étoit necessité de vendre et délivrer aucuns draps aux jours des festes deffendues, faire se pourra par en prenant congié aux maistres juréz... » an 1407, Y 2, f° xii^{xx} vi v° « ... ex-

un grand nombre de métiers, une ou plusieurs boutiques restaient ouvertes les jours chômés et les chefs d'industrie profitaient à tour de rôle de ce privilége lucratif.

Certaines industries connaissaient la morte-saison. C'est évidemment la morte-saison qui permettait aux ouvriers tréfiliers loués à l'année de se reposer pendant le mois d'août[1]. L'industrie moderne n'en est pas exempte ; mais le travail ne s'y arrête jamais complétement, grâce au développement des débouchés et aussi à cause de la nécessité d'utiliser un outillage coûteux qui se détériore lorsqu'il ne fonctionne pas.

Les coalitions étaient interdites entre fabricants comme entre ouvriers. D'après Beaumanoir, ceux qui prennent part à une coalition ayant pour but de faire hausser les salaires et accompagnée de menaces et de pénalités, sont passibles de la prison et d'une amende de 60 s.[2]. Il n'est question que d'amende, mais d'amende arbitraire, dans les statuts des tisserands drapiers[3]. On se coalisait aussi pour obtenir une réduction des heures de travail[4]. Les tanneurs de Troyes s'étaient entendus pour ne pas enchérir les cuirs marchandés par l'un d'eux. Comme on ne pouvait les vendre qu'à eux, parce qu'ils n'auraient jamais consenti à tanner les cuirs achetés par d'autres, force était aux marchands de se défaire de leurs cuirs à bas prix. Les cuirs étaient ensuite portés à la halle aux tanneurs et revendus au tanneur qui se portait dernier enchérisseur ; puis tous les membres présents se partageaient la plus-value. Le Parlement interdit cette coalition par un jugé du 9 août 1354[5]. La justice

cepté les besongnes de nosseigneurs et de nos dames les royaulx et robes de corps ou de nopces, ou se ce n'estoit qu'il convenist par necessitéz eslargir ou estrecier ung garnement qui par avant fust fait et parfait... » 1er décembre 1366. *Ord. des rois de Fr.* VIII, 550. *Liv. des mét.* p. 109.

1. *Liv. des mét.* p. 63. « Audita supplicacione amicorum carnalium Hugonis d'Arguenne dicencium quod Hanotus de Thérouane (?), tonsor pannorum ad domum ipsius Hugonis accedens, ensem sum evaginavit dicendo eidem Hug. quod false ipsum a suo servicio in *tempore mortuo sui operis* ejecerat... » Arch. nat. JJ 80 xii^{xx}x.
2. *Coutumes de Beauvaisis*, I, 429-430.
3. *Liv. des mét.* p. 122.
4. Bourquelot, *Hist. de Provins*, I, 423-424, et les pièces.
5. « Cum lis mota fuisset coram baillivo nostro Trecensi inter procuratorem nostrum d. baillivie... et tangnatores d. ville... dicebat enim [procurator] quod tangnatores... accordaverant... quod si aliquis civis Trecensis aut alter de foris veniens aliquod corium pilosum venale ante hallam eorumdem... deferret, ut majoris est, primus eorumdem tangnatorum qui

ne manquait pas de frapper les coalitions, quand elles étaient portées à sa connaissance et qu'elle avait entre les mains des preuves suffisantes. Mais il était bien facile à des fabricants peu nombreux de s'entendre secrètement pour fixer le prix de leur travail. Ainsi une coalition, formée par les tisserands de Doullens, dura pendant six ans sans donner lieu à des poursuites, et, lorsque l'échevinage en fut informé ou en eut recueilli les preuves, il ne sut comment traiter les coupables et demanda à l'échevinage d'Amiens ce qu'il ferait en pareil cas[1]. Cela prouve, non que les coalitions entre fabricants étaient rares, mais plutôt qu'elles ne conduisaient pas souvent leurs auteurs devant la justice. En réalité les chefs d'industrie fixaient à leur gré le prix de leurs produits et de leur main-d'œuvre, et, si quelque chose était capable de modérer leurs exigences, c'était seulement la concurrence de l'industrie étrangère.

Il semble que le monopole devait enrichir tous les maîtres et que l'industrie ne conduisait jamais à la ruine et à la misère. Assurément la plupart des fabricants faisaient de bonnes affaires; mais il y en avait aussi qui vivaient dans la gêne, qui étaient pauvres en quittant les affaires, qui tombaient en déconfiture. Les corporations avaient des caisses de secours pour assister ceux de leurs membres qui n'avaient pas réussi[2]. Nous savons que des patrons cédaient leurs apprentis parce qu'ils n'étaient

corium teneret valens xxx aut xl s. offerret xx s. pro eodem duntaxat et postmodum d. corium talimodo reponeret quod alter ipsorum tangnatorum subsequens et videns d. corium, scire et percipere posset quod aliquis ipsorum idem corium tenuerat et ut pro d. corio minus precium offerret et alter postea veniens minus eciam precium offerret pro eodem et quod ita fecerant... ad finem quod ille eorumdem qui primo d. corium tenuerat illud haberet pro minori precio quam valeret, cum [n] ullus alter qui non esset tangnator ipsum emeret, pro eo quod in d. villa invenire non posset qui ea pro aliquo precio tangnare vellet corium anted. ipsaque coria per eos sic empta ponebant ad partem usque ad vesperas et ea in domibus eorum defferre non audebant, ipsique postmodum congregati habebant inter se unum modum loquendi quo dicebant : emimus [*lis*. habuimus?] acquestatum coria nostra, hoc erat dictum quod ille eorum qui plus vellet dare pro coriis predictis ultra id quod deconstiterant haberet ea, quo facto inter se presentes dividebant acquestum anted..., per judicium d. curie dictum fuit quod d. tangnatores congregaciones, taillias seu imposiciones sine nostri vel nostrarum gentium licencia non faciant... quodque pilosa per eos empta de cetero modo predicto nullathenus acquestabunt nec illa portabunt in halla eorum pro acquestando modo predicto.... » 9 août 1354. Reg. du Parl. X^(la) 14, f° 122.

1. Entre 1301 et 1314. *Monum. inéd. du Tiers Etat*, Abbeville, p. 624.
2. Voy. plus haut p. 31, 39, 40.

plus en état de les entretenir. Il y avait parmi les fourbisseurs et les armuriers des gens pauvres, habitant les faubourgs, qui, ayant peu de chances de vendre dans leurs boutiques, avaient la permission de colporter leurs armures[1]. On se rappelle que des chaussetiers établis avaient dû renoncer à travailler pour leur compte et rentrer dans la classe des simples ouvriers[2]. Le prévôt de Paris abaissait quelquefois l'amende encourue pour contravention aux statuts à cause de la pauvreté du contrevenant[3]. Une *liniere* se voit retirer son apprentie, parce qu'elle était souvent sans ouvrage, n'avait pas d'atelier et ne travaillait que chez les autres[4]. La fortune ne souriait donc pas à tous, et la situation des fabricants était plus variée que ne le ferait supposer un régime économique, qui, restreignant leur nombre, imposait à tous les mêmes conditions d'établissement, les mêmes procédés et les mêmes heures de travail, leur ménageait autant que possible les mêmes chances d'approvisionnement et aurait dû par conséquent leur assurer le même débit. C'est que mille inégalités naturelles empêchaient l'uniformité à laquelle tendaient les règlements.

Pour caractériser, en terminant, le rôle économique du chef d'industrie, nous dirons que c'était à la fois un capitaliste et un ouvrier, et que ses bénéfices représentaient en même temps l'intérêt de son capital et le salaire de son travail; mais nous ajouterons que le peu d'importance des frais généraux, la rareté des associations, en faisaient un artisan beaucoup plus qu'un capitaliste et assignaient au travail une part prépondérante dans la production.

1. *Ord. relat. aux mét.* p. 366, 372.
2. Voy. plus haut p. 92.
3. « En la presence du procureur du Roy qui contendoit à l'encontre de Jehan Vye, cordoennier à ce que six cuirs de vache trouvéz et arrestéz par les juréz de la visitacion royale en l'ostel de Jehan Leclerc, conreeur et que led. Vye avoit envoyéz en l'ostel d'icellui conreeur pour amender la deffaulte de gresse et conroy... ce qui ne povait estre fait senz le consentement desd. juréz et après ce que led. Vye a affermé que il ne savoit riens desd. ordenances et que de bonne foy il les avoit envoyéz amender, nous avons decleréz lesd. cuirs estre forfais et acquis au Roy, laquele forfaiture, eu regart à ce que dit est et *à la povreté* dud. Vye, nous avons moderée à 30 s. par., etc..... » Juillet 1399. Reg. d'aud. du Chât. Y 5222.
4. Voy. p. 67, n° 1.

CHAPITRE VIII

LES GARDES-JURÉS ET LA JURIDICTION INDUSTRIELLE

Élection des gardes-jurés. — Leur police. — Juridiction professionnelle exercée par certaines corporations. — Autres attributions des gardes-jurés. — Leurs indemnités et leurs profits. — Leur reddition de compte. — Le *maître* dans certains métiers. — Juridiction exercée par les bouchers de la Grande-Boucherie sur les membres de la corporation. — Juridiction exercée sur certains métiers par le grand chambrier, — le grand pannetier, — le chambellan, — les écuyers du roi, — le premier maréchal de l'écurie, — le barbier du roi, — les maîtres des œuvres de maçonnerie et de charpenterie. — La juridiction de certains métiers passait quelquefois entre les mains de simples particuliers. — Conflits de juridiction entre les officiers de la maison du roi et les seigneurs justiciers. — Compétence des seigneurs justiciers et du prévôt de Paris en matière industrielle.

Nous avons exposé la condition de l'apprenti et de l'ouvrier, nous avons étudié dans ses traits généraux celle du chef d'industrie; pour passer en revue toutes les classes entre lesquelles se divisait la corporation, il nous reste à parler des agents chargés de veiller à l'observation des règlements, ce qui nous amènera tout naturellement à nous occuper des juridictions qui, sur leurs rapports, connaissaient des contraventions professionnelles.

La surveillance était presque toujours exercée par des membres de la corporation, auxquels les statuts donnent les noms de *jurés* et de *gardes*[1]. Un article mal compris de certains statuts a fait croire que les gardes-jurés étaient nommés par le

---

1. Mentionnons quelques exceptions à cette règle. Le prévôt de Paris faisait inspecter la boulangerie par des commissaires qui n'étaient pas boulangers. Ord. de janvier 1351 (n. s.); *Ord. des rois de Fr.* II, 350, art. 5. Les généraux maîtres des monnaies pouvaient faire visiter les ouvrages d'or-

prévôt de Paris aussi souvent que par les corporations. C'est une erreur ; le prévôt se bornait à instituer les élus. Il eût été assurément bien embarrassé pour choisir parmi les gens du métier les plus dignes de remplir les fonctions de syndics. Cette réflexion bien simple aurait dû conduire à rapprocher la disposition, qui a donné lieu à cette méprise, d'autres passages des mêmes statuts qui en déterminent le véritable sens[1]. Les dangers que pouvait présenter l'élection étaient suffisamment écartés par l'intervention du prévôt et son droit de révocation. Lorsque l'ordonnance du 27 janvier 1383 (n. s.) remplaça les gardes électifs par des *visiteurs* à la nomination du prévôt, celui-ci ne put se passer, pour faire ces nominations, du concours des gens de métiers ; seulement, au lieu de les faire procéder à des élections régulières, il se fit présenter des candidats par ceux des membres de la corporation qu'il trouva bon de consulter.

Les élections étaient faites par tous les gens de métiers établis et par eux seuls. En les attribuant au *commun*, à *la plus grant et saine partie* du métier, les textes nous paraissent exclure l'idée d'une classe de notables jouissant exclusivement du droit de suffrage. Nous avons peine à comprendre comment Leroy, lisant dans les statuts des orfèvres que les gardes-jurés étaient élus par les *prudhommes* du métier, a pu voir dans ce

févrerie sans prévenir ni appeler les gardes orfèvres. *Ord. des rois de Fr.* VI, 386. La haute surveillance des tailleurs appartenait à trois personnes étrangères à la corporation, dont l'une était préposée par le prévôt au quartier *d'outre Grand-Pont*, l'autre à la Cité, la troisième au quartier *d'outre Petit-Pont*. *Ord. relat. aux mét.* p. 414.

1. Cette disposition est ainsi conçue : « El mestier devant dit a 2 preudes hommes jurés et sermentés de par lou Roy *que li prevost de Paris met et oste à sa volenté.* » *Liv. des mét. passim.* Tels sont, par exemple, les termes dans lesquels le statut des tapissiers sarrasinois, revisé en 1277, règle la nomination des gardes ; or, en donnant plus loin leurs noms, il indique qu'ils ont été *établis* par les maîtres du métier. *Ord. relat. aux mét.* p. 406-407. D'après le statut des gantiers recueilli par Et. Boileau, les gardes-jurés sont nommés et révoqués par le prévôt ; mais un règlement de 1290 nous montre celui-ci instituant seulement ceux qui lui étaient désignés par la corporation. *Ibid.* p. 418-419. Si on lit le statut des liniers rédigé au temps d'Et. Boileau, on voit que le prévôt met et ôte les gardes-jurés *à sa volonté*, mais par *l'assentiment du commun du métier*. Des notes marginales qui accompagnent ce statut dans le Ms. fr. 24069 achèvent de montrer que les pouvoirs des gardes avaient leur source dans l'élection. *Liv. des mét.* p. 147 et n. 1. Voy. aussi les mentions d'élections enregistrées dans les reg. d'aud. du Chât., notamment Y 5222, 9 juillet 1399. — Y 5220, 21 octobre 1395. — Y 5221, f° 31. — Y 5222, f° 187. — Y 5224, f° 14, f° 52 v°, f°s 101, 135, 139.

mot la preuve que le droit de vote n'appartenait qu'aux notables et aux anciens gardes[1]. Les archives de sa corporation, qu'il connaissait bien, devaient lui fournir des preuves nombreuses de son erreur, car les documents que nous possédons sur l'élection des gardes-jurés orfévres contredisent absolument son opinion[2]. Les mêmes documents confirment au contraire ce qu'il dit au sujet du *garde doyen*; à partir de 1351, l'usage s'établit qu'un des gardes dont les pouvoirs expiraient restât encore une année en charge pour aider de son expérience les nouveaux élus : ce doyen était désigné tantôt par ses collègues sortants, tantôt par les gardes entrants[3].

Ce qui nous fait penser que les ouvriers ne prenaient pas part à l'élection, c'est que leur nombre leur aurait assuré la prépondérance et que, dans plusieurs métiers, ils se nommaient des gardes spéciaux. Ils jouissaient de ce droit chez les fabricants de boucles[4], les foulons[5], les mégissiers[6], les corroyeurs[7], les

1. *Statuts et priviléges des orfevres-joyailliers*, p. 163.
2. Tout au plus pourrait-on invoquer en faveur de cette opinion la pièce suivante dans laquelle les anciens gardes sont nommés avant les autres maîtres orfévres : « Aujourd'ui au tesmoingnage de Roger de la Posterne, Pierre Huiré, Oudart d'Espineul, Nicolas Marole, Jehan Pigart et Berthelot de la Lande, anciens juréz du mestier de l'orfaiverie à Paris, Robert Aufroy, etc. (suivent les noms de 22 orfévres) et plusieurs autres orfevres de Paris, assembléz de nostre commandement pardevant nous pour faire juréz en leur d. mestier pour ceste presente année *et quousque*, etc, nous avons fait et institué jurez et gardes dud. mestier à Paris, lesd. Robert Aufroy, Robert Aussenart, Jehan de Verdelay, Jehan Gilebert, Geoffroy Ferent et Thibaut de Rueil qui ont fait le serment acoustumé. Fait par Bezon, lieutenant. 11 décembre 1402. » Reg. d'aud. du Chât. Y 5224, f° 139. Mais on peut opposer à l'opinion de Leroy les termes dans lesquels sont relatées les élections faites de 1345 à 1456 dans le document publié en appendice sous le n° 18. Voyez aussi plus bas, p. 124, note 5, la mention de l'élection des gardes-jurés orfévres en 1399.
3. « Item l'an mil ccc lii le mardi xviii° jour de decembre furent esleus et establis pour estre gardes du mestier de l'orfaverie de Paris par l'assentement et accort de tout le commun du mestier Jehan le Rous, etc... et eslurent pour demourer avec eulz M° Jehan de Nangis. » Append. n° 18, § 11. « It. en l'an mil ccc lv le mardi xxvi° jour de janvier furent esleu ..... et par les anciens fu esleu à demourer Girart Villain. » *Ibid.* § 13. Les bourreliers, les rubaniers maintenaient aussi un des gardes-jurés en fonctions pendant deux ans. 20 fév. 1404, Y 2, f° 215 v°; 4 janv. 1403, Y 2, f° 210.
4. *Liv. des mét.* p. 61.
5. *Ord. relat. aux mét.* p. 398.
6. Reg. d'aud. du Chât. Y 5221, f° 82 ; Y 5222, f° 3 v°.
7. *Ibid.* f° 87.

épingliers[1]. Quant à l'incapacité des apprentis, elle ne peut faire aucun doute.

L'élection avait lieu au Châtelet, à la maison commune, dans l'église où la confrérie était établie[2]. Les électeurs étaient convoqués par un huissier audiencier du Châtelet[3]. On procédait à l'élection devant un examinateur ou un sergent[4]. Le procureur du roi devait y assister, et, lorsqu'il ne le faisait pas, son absence était constatée dans le procès-verbal[5].

Chez les foulons et les merciers, les gardes-jurés sortants nommaient leurs successeurs[6].

En général les gardes-jurés étaient au nombre de deux et nommés pour un an. Certaines corporations en avaient 4, 5, 6, 8[7], et ils restaient quelquefois en charge plus d'une année. Les foulons renouvelaient les leurs tous les six mois[8].

Ceux que la corporation nommait gardes-jurés étaient obligés d'accepter ce mandat; mais, lorsqu'ils l'avaient rempli, leur tour ne pouvait revenir qu'après un certain temps.

La principale attribution des gardes consistait à faire des

---

1. *Liv. des mét.* p. 154, note 2.
2. « Pour ce que par le procureur du Roy ou Chastellet et nostre amé… examinateur commis de nous à avoir esté present à la confrarie des tailleurs de robes à Paris nous a été raporté… que lesd. tailleurs, nagaires assembléz en lad. confrarie à la Trinité à Paris, avoient esleu en juréz de leur mestier… Henry Souriz, Jehan de Saint-Jehan, Jehan de Toury et Gervaise Buisson, ce consideré, nous aux diz (sic) esleuz avons establi juréz dudit mestier et leur avons fait faire le serment acoustumé… » An. 1402. Reg. d'aud. du Chât. Y 5224, f° 52 v°.
3. « A la requeste de… et autres tonneliers… nous avons commis… nostre audiencier à faire assembler les tonneliers… pardevers nous pour faire nouveaux juréz et parler d'aucunes choses touchans leur dit mestier. » 14 mai 1407. Reg. d'aud. du Chât. Y 5226.
4. « … et lors leur seront commis un examinateur dudit Chastellet ou un ou plusieurs sergens du Roy pour les faire assembler et eslire pardevant lui ou pardevant eulx deux nouviaux maistres pour l'année ensuyant….. » Teinturiers de peaux, 21 août 1357. Ms. fr. 24069, f° xiii^{xx}iv v°.
5. « Au tesmoingnage, requeste, nominacion et election de la plus grant, saine et notable partie des orfevres de la ville de Paris et *en l'absence du procureur du Roy* N. S. sont donnéz, créez et establiz maistres juréz et gardes de l'orfaverie de la ville de Paris… » An. 1399. Reg. d'aud. du Chât. Y 5222, f° 187.
6. *Liv. des mét.* p. 133-134. Merciers, 7 mars 1324 (n. s.). Ms. fr. 24069, f° xiii^{xx}i.
7. Au temps d'Et. Boileau, les orfévres n'avaient que 2 ou 3 gardes-jurés; en 1355 leur nombre s'élevait à 5 ou 6.
8. *Liv. des mét.* p. 133.

visites dans les ateliers et les boutiques pour empêcher les infractions aux règlements, que ces règlements s'appliquassent aux conditions d'aptitude, aux jours et aux heures de travail ou à la qualité des produits. Ces visites devaient être assez fréquentes[1], mais non périodiques, car elles ne pouvaient atteindre leur but qu'à la condition d'être inattendues[2]. Elles avaient lieu quelquefois la nuit[3].

Les gardes-jurés avaient le droit de requérir des sergents du Châtelet pour se faire assister dans leurs opérations[4]. Lorsqu'ils n'en trouvaient pas immédiatement, ils saisissaient eux-mêmes les marchandises et arrêtaient les contrevenants. Ils s'adjoignaient parfois un confrère[5].

Les saisies étaient faites aussi à la requête du procureur du roi au Châtelet pour des contraventions qui avaient échappé à la connaissance des gardes-jurés[6].

On pense bien que ces visites ne se faisaient pas sans résistance. Les gardes se voyaient refuser la porte des ateliers et étaient exposés à de mauvais traitements[7].

1. *Ord. des rois de Fr.* XII, 75, art. 44, 45.
2. « ... fieret visitacio de quindena in quindenam ita sagaciter et secrete quod aliquis dictorum ministeriorum eamdem visitacionem scire nequeant quousque visitatores electi supervenerint in loco ubi fieri debebat... visitacio..... » 21 novembre 1366. Ms. fr. 24069, f° xiii^{xx}xix et v°.
3. Leroy, p. 109.
4. « ... mandons à touz les serjans du Roy... ou Chastellet... que aux deux jurez et deputez... en faisant les choses dessus dictes... ils doingnent force et ayde... » Arch. nat. KK. 1336, f° 48. Jugement du prévôt de Paris, prononcé le 29 mai 1372 et inséré dans le même ms. entre les f°s 67 et 68.
5. « ... et pourront prendre avecques eulx une personne ou pluseurs de leurd. mestier pour leur aidier et conseillier à faire les visitacions... » Mai 1407. *Ord. des rois de Fr.* IX, 210.
6. « En la presence du procureur du Roy N. S., à la requeste du quel les jurez du mestier des texerrans de linge à Paris avoient prinz... et mis en la main du Roy une piece de toile... trouvée chiez Jehan Taboureau qui ycelle toile texoit pour ce que ycelle toile estoit de trop petit lé... » 9 mars 1396 (n. s.). Reg. d'aud. du Chât. Y 5220. « En la presence du procureur du Roy N. S. ou Chastellet... qui contendoit à fin dez peines... declarées es ordenances royaulz à l'encontre de... pour raison de iii^{c}iii^{xx}xvi aulnes de draps... » An. 1399. Y 5222, f° 178 v°. « Du consentement du procureur du Roy, à la requeste du quel quatre chevalées de toiles... ont esté arrestées... » 13 septembre 1399, *ibid.* f° 102 v°.
7. « Jehannin le Barbier, varlet de Richart Henry, bouchier demeurant à S. Germain, a esté le jour d'ui interrogué par nous Félix du Po z, juge en

Leur surveillance ne s'exerçait pas seulement sur les gens du métier, ils saisissaient la mauvaise marchandise jusque chez les marchands étrangers à la corporation et chez les acheteurs[1].

Le plus souvent les objets saisis étaient apportés au Châtelet, où dans certains cas l'on amenait aussi le coupable.

ceste partie..... lequel a affermé par son serement que le lendemain du jour des sendres... il estoit en l'ostel de son dit maistre avecques Jehan le Bouchier, Jehannin Moisy et un autre varlet apprentis dudit Richart appellé Girart et là affinoient et fondoient suif noir du demourant et des fondrilles du suif blanc qui le jour precedent avoit esté fondu oud. hostel..... ou quel suif blanc fu mis... du saing fondie par my... ne scet, sur ce requis, se led. Richart ou sa femme savoient riens dud. saing, combien que il creoit que ils le savoient bien et que les varles ne l'eussent osé faire sans le consentement dud. Richart ou de sad. femme et, eulx estans oud. hostel, une appellée Philipote, fille de la femme dud. Richart et femme d'un nommé Jehan le Jeune, lors varlet bouchier... ala en l'ostel de Jehan Bisart en une court derrière joignant du fontouer où sesd. varlès et lui estoient, laquelle Philipote leur dist à haulte voix par dessus un mur qui est entre lad. court et led. fontouer que l'on visitoit le suif parmy les autres hostelz de la boucherie et que ilz fermassent les huys de l'ostel où ils estoient..... et ce fait, incontinent les huys dud. hostel furent fermez..... dit oultre que tantost après ce que lesd. huys furent fermez, eulx quatre dessus diz oyrent hurter aud. huys plusieurs coups dont l'un d'eulx, ne scet lequel, dist telz moz : je pense que vecy les visiteurs qui viennent..... » 25 mai 1409. Arch. nat. Z², 3485. « Perrin Musnier, Jehannin Lucas admenez prisonniers es prisons de S. Germain pour ce que par informacion precedent ilz ont esté trouvéz chargéz et coulpables d'avoir esté de nuit avecques plusieurs autres varlès bouchiers parmi la ville de S. Germain arméz de bastons ferréz, espées et autres armeures por vouloir batre Jehan de l'Abbaïe et Pierre le Sage, sergens de S. Germain, ou content de ce que ilz avoient esté presens avecques mons. le prevost dud. S. Germain, son lieutenant et autres à faire la visitacion du suif de lad. boucherie, tant pour savoir se icellui suif estoit bon comme se il pesoit juste poix, en faisant laquelle visitacion l'en avait fait plusieurs rebellions... » 2 mars 1409 (n. s). Arch. nat. Z² 3484. Voy. aussi Append. n° 18, § 37.

1. Mémoire des orfévres contre les fermiers de l'imposition des merciers. Append. n° 59, art. 12. «...... lesd. juréz. avoient... prinz... sept pieces de sarges vermeilles brodées et armoiées estans... en l'ostel de Jehan le Doulx, bourgeois de Paris...» 6 mars 1396 (n. s.) Reg. d'aud. du Chât. Y, 5220. « Que nulle personne dud. mestier *ne d'autre* ne pourra refuser aux quatre mestre dud. mestier de lormerie à veoir... se il ont en leur hostel point de euvre de lormerie.... ». *Ord. des rois de Fr.* III, 183, art. 23. *Liv. des mét.* p. 251. Saisie d'une pièce de drap chez un drapier parce qu'elle est mal tondue, an. 1402. Reg. d'aud. du Chât. Y 5224, f° 1. Des gardes-jurés serruriers saisissent chez des layetiers des coffrets dont les serrures sont faites contrairement aux statuts. Append. n° 20.

Le statut des épingliers attribue une force décisoire au rapport des gardes fait sous la foi du serment[1]. Il faut se garder de croire qu'il en fut ainsi dans les autres corporations. Lorsque le rapport n'était pas probant, c'était au prévenu que le prévôt déférait le serment, et, si celui-ci jurait qu'il n'était pas coupable, il était renvoyé des fins de la plainte[2]. Au cas où la poursuite était motivée par l'imperfection du produit, le prévenu pouvait le faire soumettre à un nouvel examen, pour lequel le prévôt désignait des experts appartenant ou non au corps de métier[3].

---

1. *Liv. des mét.* p. 153-154, 382. « Prinz les sermens de Daniau Fleury et Herman..., juréz du mestier dez taillandiers de Paris, ou serment desquels Jehan Blondet dit Grant Vault, tailleur s'estoit... r[apporté] pour toutes preuves sur la requeste contre lui faicte par le procureur du Roy, afin que les biens et gages dud. Grant Vault prinz pour IX s. p. d'amende, en quoy il estoit encouru envers le Roy, pour ce que le dimanche XXI de juillet, yceulx juréz trouverent troiz varlès ouvrans en l'ouvrouer et hostel dud. Grant Vault, c'est assavoir pour chascun desd. varlès III s. p. feussent venduz pour lad. somme.......... » An. 1399 (n. s.). Reg. d'aud. du Chât. Y 5221, f° 107.

2. « Oye la demande faicte par le procureur du Roy à l'encontre de Guillaumin le Moustardier à ce qu'il feust condamné à l'amende... pour ce que par les juréz du mestier des aguilletiers il avoit esté trouvé ouvrant de nuit ou au moins avant le jour et à heure non deue......, prins sur ce le serment dud. Moustardier qui a affermé le contraire, attendu aussy que led. procureur... n'a voulu ni sceu prouver son entencion, nous led. Moustardier avons absolz de led. demande. » *Ibid.* f° 108 v°.

3. « ..... Et se il advenoit que les d. conrraeurs s'opposassent contre le rapport des d. juréz, le cordouan mal conrraé sera apporté au Chastellet pardevers nous... prevost de Paris et ferons appeler d'office telles gens du mestier ou autres qui se congnoistront..... » Arch. nat. KK 1336, f° 48. « Pour ce que à l'estal et hostel de Perrin Harenc, rostisseur..... ont esté trouvéz deux connins..... puans et non souffisans..... par les juréz...., sur quoy led. Harenc avoit esté appelé pardevant nous et avoit proposé..... que lesd. connins estoient bons et souffisans, oye sur ce la deposicion desd. juréz, ensemble de Guillaume Cordier, et J. de la Sale, queux, qui, mesmement led. Cordier, ont deposé lad. viande estre suspecte, mauvaise et non digne de estre mengée de creature humaine...., nous avons déclaré que lad. char..... sera arse devant l'uis dud. Harenc et..... au seurplus le condamnons en l'amende declarée ou registre..... » An. 1402. Reg. d'aud. du Chât. Y 5224, f° 113 v°. « ..... ordené est pour le debat desd. parties estant devant nous pour raison de certains draps decleréez ou raport des juréz sur ce fait prinz par yceulx juréz en la possession des dessus nomméz qui sont drapiers et drapieres..... que par nostre amé Chaon, examinateur, presens et appeles à ce lesd. juréz, yceulx draps..... seront veuz et visités de rechief par juréz et gens

Bien entendu, la voie de l'appel au Parlement était toujours ouverte au condamné.

Au reste, souvent les gardes ne portaient les marchandises au Châtelet et ne dénonçaient au prévôt ce qu'elles avaient de défectueux qu'après les avoir montrées aux maîtres et conformément à leur décision[1].

Les contraventions n'étaient même pas toujours portées devant le prévôt; dans certaines corporations elles étaient jugées par les gardes ou par l'assemblée des maîtres, qui ordonnaient la destruction des objets saisis, interdisaient l'exercice du métier, condamnaient à l'amende, aux dommages-intérêts. La juridiction de ces corporations ne s'étendait naturellement pas jusqu'aux peines afflictives; lorsque l'affaire exigeait l'application d'une de ces peines, le coupable était amené au Châtelet [2].

Les gardes-jurés apposaient une marque sur les marchandises qui avaient subi leur examen; cette marque était différente suivant que cet examen avait été favorable ou non. Les matières premières et les produits manufacturés du dehors n'étaient mis en vente qu'après avoir reçu leur visa[3].

---

tondeurs et tailleurs de robes et autres drapiers non suspects..... » *Ibid.* f⁰ 124 v⁰.

1. *Liv. des mét.* p. 207.
2. *Liv. des mét.* p. 39, 134-135, 239. *Ord. relat. aux mét.* p. 390. « ... Et que toutes les personnes qui seront trouvées en ces choses..... faisans..... seront pugnies de par nous *ou par les jurez* lesquiex seront establis..... » Ms. fr. 11709, f⁰ 13 v⁰. Procédures des gardes-jurés orfévres, Append. n⁰ 18, § 4, 20, 34, 53. *Liv. des mét.* p. 39.
3. « Et en oultre avons defendu aus d. jurez..... que aucun d'eulx ne voie ne visite aucunes des denrées dud. mestier qui seront amenées par les marchands à Paris senz appeler à ce ses compaignons jurez et qu'ils soient tous quatre..... » 21 octobre 1395. Reg. d'aud. du Chât. Y 5220. « ..... pour ce que lesd. sarges avoient été vendues... par lesd. forains senz avoir esté premierement visitées par lesd. jurez.... » 6 mars 1396 (n. s.). *Ibid.* « Que marchans forains ne pourront vendre... à Paris aucunes denrées de megis... » *Ord. des rois de Fr.* IX, 210, art. 12 addit. « Pour ce que à l'estal... de Parfait Hale ont esté trouvées par lesd. jurez dez courroiers de Paris 10 sainctures, etc..... lesquelles il exposoit en vente senz avoir esté visitées ne veues par lesd. jurez..... nous pour ceste fois seulement l'avons condamné en lad. amende de XV s. et au seurplus ordonnons que lesd. sainctures seront visitées par lesd. jurez et les bonnes à lui rendues et les autres demourront en main de justice..... » An. 1402. Reg. d'aud. du Chât. Y 5224, f⁰ 85. « ..... et avecques ce seront premierement signéz du fer condempnable, ainsy qu'il est acoustumé..... » 20 juin 1399, même série, Y 5222. « Que nul ne soit doresenavant si hardis de porter

Certains textes nous les représentent « pourchassant, faisant venir les amendes. » Cela ne veut pas dire qu'ils recouvraient les amendes, mais simplement qu'ils recherchaient les contraventions qui y donnaient lieu. Les condamnations pécuniaires prononcées par le prévôt étaient exécutées par les sergents[1]. Le rôle des gardes-jurés dans la procédure d'exécution se bornait à faire faire par le sergent, au moment de la constatation de la contravention, une saisie-gagerie de nature à assurer le payement de l'amende[2].

Les fonctions des gardes-jurés ne les exemptaient pas de surveillance ; elle était exercée sur eux par des confrères que désignaient les corporations[3].

Rechercher et signaler les infractions aux statuts, telle était

---

vendre ne faire vendre nulle œuvre hors de son hostel se premierement icelle... n'a esté veue... par les juréz... et pareillement auront visitacion sur toutes les denrées qui vendront de dehors avant ce que les marchans..... les puissent vendre... » 4 janvier 1403. Rubaniers. Reg. des bannières. Y 5, f⁰ 10. Serruriers, mars 1393 (n. s). Livre rouge vieil du Chât. f⁰ 117.

1. « ..... Et que les amendes [c'est-à-dire l'état des contraventions entraînant des amendes] appartenans au Roy soient baillées au receveur de Paris pour les lever et recevoir au prouffit dud. seigneur..... » KK 1336, f⁰ 106 v⁰ « ..... et licet idem receptor pro emenda..... appellantem excecutari fecisset..... » Append. n⁰ 20.

2. « ..... Prefati servientes et jurati..... ad domum jamd. appellantis accesserant, et ibidem plura sua scrinia arrestaverant ipsumque de summa quinque sol. et IIII den. gagiaverant..... » Append. n⁰ 20. « ..... Pour le salaire du sergent par qui celui qui sera trouvéz coulpables sera gagiéz du meffait..... » Arch. nat. KK 1336, f⁰ 61 v⁰. « Aprez ce que Gieffrin Couraut, lormier, qui avoit esté gaigié pour l'amende de VIII s. pour ce [que] il avoit esté trouvé ouvrant à la chandelle au matin, a affermé que l'ouvrage que il faisoit estoit pour monseigneur de Besançon, nous pour contemplacion dud. mons. l'arcevesque et aussy que ce n'est pas trop grant mesprenture, aud. Gieffrin avons delivré ses gaiges pris pour cause de ce..... » An. 1398, Reg. d'aud. du Chât. Y 5221, f⁰ 45. Le texte suivant est le seul qu'on pourrait invoquer pour soutenir que les amendes étaient recouvrées par les gardes. « Que nul des maistres du mestier dessus dit qui seront juréz et gardes du mestier, ne puisse issir hors de la maistrise, tant qu'il ait les forfaitures qu'il aura prinses de son temps mises à exceqution..... » Selliers, mardi avant la mi-carême 1303. KK 1336, f⁰ 58 v⁰. Mais ce texte signifie en réalité que les gardes-jurés ne doivent pas sortir de charge avant d'avoir fait les poursuites et obtenu les condamnations contre les contrevenants qu'ils ont dénoncés au prévôt.

3. *Ord. des rois de Fr.* XII, 75, art. 44, 45.

la principale occupation des gardes, mais ils en avaient une foule d'autres, dont nous avons parlé incidemment au cours de ce travail et que nous voulons énumérer pour donner l'idée des devoirs multiples que leur charge leur imposait. Ils plaçaient dans certains cas les apprentis, sauvegardaient les intérêts de ceux-ci lorsqu'ils entraient en apprentissage ou changeaient de maître, intervenaient dans les désaccords entre patrons et ouvriers, faisaient passer les examens pour la maîtrise, traçaient le programme du chef-d'œuvre et jugeaient le travail du candidat, percevaient parfois le prix d'achat du métier, recevaient le serment des nouveaux maîtres, enfin représentaient souvent la corporation dans ses transactions et ses affaires contentieuses [1].

Les fonctions des gardes-jurés entraînaient pour eux certaines dépenses, ils avaient à payer, par exemple, les vacations des sergents qui les accompagnaient dans leurs visites[2]. A titre de remboursement et en même temps d'indemnité pour leur temps perdu, ils bénéficiaient d'une part des amendes, qui leur était payée par le prévôt de Paris[3]. Lorsque cette participation aux amendes ne suffisait pas pour les faire rentrer dans leurs dépenses, ils en fixaient le total sous serment, au moment de sortir de charge, et la corporation les leur remboursait sans exiger de pièces à l'appui. Toutefois, le chiffre de leurs réclamations était soumis, lorsqu'il paraissait exagéré, à la taxe du prévôt[4].

Lorsque leur mandat expirait, ou même, si la corporation le demandait, pendant sa durée, ils rendaient compte de la part

---

1. *Ord. relat. aux mét.* p. 391. On ne peut pas compter au nombre de leurs devoirs de gardes-jurés les expertises que leur demandaient la justice ou les particuliers et pour lesquelles ils touchaient des vacations : « Au jour d'ui de relevée Jehan Le Cheron, Colin Le Clerc, Jehan Gautier, jurés et gardes du mestier des tonneliers de la ville de Paris et Jehan Guynaut, sergent à verge, confessent avoir eu et receu de Marie la Doulcete XXXIII s. IIII d. p., c'est assavoir chascun desd. jurés VIII s. p. tant pour leur salaire desservi de avoir esté en la ville de Vanves visiter une cuve contenant XVI queues..., en vin cler faicte par Jehan Bon Jehan...... de la malfacon de laquele, etc... contens est entre elle [lad. Marie] et led. Bon Jehan, comme pour leurs despens fais pour cause de ce...... Fait soubz les seaulx d'iceux jurez. » 26 septembre 1399. Reg. d'aud. du Chât. Y 5222, f° 112.
2. *Liv. des mét.* p. 154 et p. 11, n. 2.
3. *Ibid.* p. 48, 73, 78, 125, 180.
4. *Ibid.* p. 174, 214-215, 250.

des amendes que le prévôt leur avait remise comme afférente au métier [1].

Rappelons que l'entrée en apprentissage, la cession de l'apprenti, l'expiration du contrat entre le patron et l'ouvrier, l'examen, le chef-d'œuvre, l'obtention de la maîtrise étaient pour les gardes-jurés autant de sources de profit. Leurs visites leur rapportaient aussi des vacations fixées d'après le nombre de pièces qui leur passaient sous les yeux[2].

Chez les bouchers de la Grande-Boucherie et les tisserands-drapiers, les gardes-jurés avaient au-dessus d'eux un *maître*. Le maître des tisserands ne se distinguait des gardes-jurés qu'en ce qu'il ne faisait pas de visites et avait pour attribution propre la convocation des hommes qui remplaçaient les membres de la corporation dans le service du guet[3]. Tout autre était l'importance du maître des bouchers ; elle était en rapport avec la puissance, la richesse que cette corporation devait à sa constitution aristocratique. Les bouchers de la Grande-Boucherie avaient une administration et une juridiction complètement autonomes. Les officiers qui y présidaient étaient le maître et les jurés. Le premier était élu à vie, au suffrage à deux degrés, c'est-à-dire par douze bouchers que la corporation désignait comme électeurs. Le maître déléguait un homme de loi pour exercer la juridiction avec le titre de

---

1. Lormiers. *Ord. des rois de Fr.* III, 183, art. 31. « A la requeste des maistres et ouvriers barbiers de la ville de Paris disant que ilz avoient certaines actions et poursuites à... intenter à l'encontre du principal maistre et juréz dud. mestier, tant afin d'avoir certaineté des actions et poursuites faictes et intentées par lesd. principal maitre et juréz et des receptes par eulz faictes ou temps passé des barbiers qui avoient esté maistres, des droiz et devoirs exigéz pour cause de ce, comme de l'administration et gouvernement qu'ilz ont eu des mises, receptes et autrement par eulz faictes pour la confrarie de leurd. mestier..... nous à yceux avons donné congié et licence de eulz assembler..... constituer procureurs..... » An. 1398. Reg. d'aud. du Chât. Y 5221, f° 48.

2. « ..... que prealablement il ait esté visité et marqué par les juréz... lesquelz... pour ce faire, auront pour leur sallaire 2 den. p. pour chascun cent de pieces... . et du plus plus et de moins moins. ... » Mégissiers, Livre du Chât. rouge neuf Y 6⁴, f° x et v° « Les diz maistres auront pour leur poinne de chacun cent de chapias qu'il viseteront XII den. et tant en paiera l'acheteur comme le vendeur. » Chapeliers de feutre, an. 1323. Ms. fr. 24069, f° 72.

3. Voyez le titre des tisserands dans le *Livre des métiers* et plus haut, p. 45.

maire[1]. Mais il était tenu en principe de présider les audiences qui avaient lieu le mardi, le jeudi et le dimanche. Ce tribunal ne connaissait pas seulement des affaires professionnelles, mais de toutes celles où le défendeur était un boucher[2]. Le maître percevait le tiers des revenus judiciaires, les deux autres appartenaient à la communauté. Les quatre jurés étaient nommés tous les ans d'après un système qui revenait à peu près à la nomination des nouveaux jurés par les jurés en exercice. En effet les jurés dont les pouvoirs expiraient désignaient quatre bouchers qui nommaient les quatre nouveaux jurés et qui pouvaient se nommer eux-mêmes ou renommer les précédents. Les finances de la corporation étaient administrées par les jurés qui rendaient compte de leur gestion tous les ans au maître et à des commissaires spéciaux. Le maître ne devait faire aucune recette ni aucune dépense pour la corporation ; contrôleur, il ne pouvait être en même temps comptable. De même qu'il déléguait l'exercice de la juridiction, il laissait le plus souvent aux jurés le soin de rechercher et de dénoncer les contraventions. Ceux-ci se faisaient accompagner dans leurs visites par les écorcheurs que la corporation avait appelés aux fonctions de greffiers et de sergents[3]. Il arrivait cependant au maître de constater par lui-même des infractions aux statuts[4].

1. « Aujourd'ui sont comparus en jugement Guill. Thibert et Oudin de Ladehors, mes bouchers juréz et gardes du mestier de boucher en la grande boucherie de Paris, disans qu'ils avoient entendus que Richard de Saint-Yon, maitre des bouchers de lad. grande boucherie, avoit ordonné et créé Me Robert Fissier, son maire et lieutenant en lad. grande boucherie, dont et de laquelle ordonnance et creation ils estoient bien contens, disans qu'aud. maistre appartenoit de le faire, dont led. Me Robert present a requis avoir lettres, si lui avons octroyé. » 13 mars 1460 (n. s.). Bibl. nat. Reg. d'aud. de la Grande-Boucherie, Cabinet des titres, 760.
2. Usages de la Grande-Boucherie homologués par Charles VI en juin 1381. Ord. des rois de Fr. VI, 590, art. 26. Reg. d'aud. de la Grande-Boucherie, p. 5, 8, 9, 105.
3. Ord. des rois de Fr. loc. cit.
4. « Pour ce que par le maistre des bouchers de la grant boucherie de Paris et Candin Chiefdeville, sergent à verge, Denisot Milon fu trouvé, le IXe jour d'avril derrenier passé, vendant lart par pieces en son hostel es halles où quel pend l'enseigne du dieu d'amours en faisant fait de boucherie, ce qu'il ne povoit faire par les ordonnances.....nous ycelui Denisot avons condamné en l'amende acoustumé envers ledit maistre... » 13 mai 1406. Reg. d'aud. du Chât. Y 5225. L'exercice indu du commerce de la boucherie amenait le coupable soit devant le prévôt, soit devant la juridiction du corps de métier. Voy. l'art. 41 de l'ordonnance de 1381, loc. cit.

On peut considérer aussi comme des maîtres, bien qu'ils n'en portassent pas le titre, les trois *prud'hommes* que la corporation des fabricants de courroies mettait à sa tête. En effet, ces trois prud'hommes créaient un garde-juré pour exercer la police du métier et se réservaient seulement la connaissance des contraventions professionnelles [1].

Le nom de maître désignait aussi le lieutenant de certains officiers de la maison royale, celui qui les représentait dans leurs rapports avec les métiers placés sous leur dépendance. Les officiers auxquels leur charge conférait une certaine autorité sur plusieurs métiers étaient le grand chambrier, le grand panetier, le chambellan, les écuyers du roi, le premier maréchal de l'écurie, le barbier du roi, les maîtres des œuvres de maçonnerie et de charpenterie.

En sa qualité de maître de la garde-robe, le grand chambrier jouissait de certains droits sur plusieurs corporations qui s'occupaient de la confection et du commerce des vêtements. Il vendait le métier de fripier [2]. Son maire connaissait de toutes les causes professionnelles des fripiers, privativement au juge de leur domicile [3]. Le *Livre des métiers* lui reconnaît d'une façon indirecte la juridiction sur les pelletiers en matière commerciale [4]. Le 23 décembre 1367, le Parlement la lui enleva pour l'attribuer au roi, mais le grand chambrier ne tarda pas à la recouvrer en vertu d'un accord avec les pelletiers que la cour confirma le 2 mars 1369 (n. s.) et dont les dispositions méritent d'être rapportées. Chaque année, le dimanche après la Trinité, tous les pelletiers de Paris se réuniront, selon leur ancien usage, dans la halle de la pelleterie. Là le chambrier nommera son maire, et l'assemblée élira ensuite les quatre gardes du métier, qui prêteront serment entre les mains du maire de bien remplir leurs fonctions, et de se rendre à sa convocation, afin de dire leur avis après examen sur les marchandises

---

1. *Liv. des mét.* p. 239.
2. *Ibid.* p. 195. Etat des droits attachés à la chambrerie dressé en 1410. Du Cange, v° *camerarius*.
3. *Ibid.* p. 197. Du Cange, *ibid*.
4. « Tuit li vallet frepier, tuit li vallet gantier et *tuit li vallet peletier* doivent chascun chascun an 1 den. au mestre des frepiers, à paier à la Penthecoste ; et par cel den. est li mestres tenuz à ajourner pardevant lui, à la requeste de chascun vallet des mestiers devant dits, touz ceus qui des mestiers seront, toutes les fois que il auront mestier. » *Liv. des mét.* p. 199.

saisies. Immédiatement après la saisie, les marchandises seront scellées du sceau de la chambrerie et du sceau de l'un des jurés, et mises en dépôt jusqu'au lendemain ou surlendemain chez le pelletier le plus voisin, où le maire les enverra chercher pour être examinées par les jurés. Le maire ne devra juger qu'avec l'assistance de ceux-ci, lorsque le cas sera de nature à entraîner l'interdiction du métier [1]. Le droit d'inspecter et de réformer le commerce de la pelleterie appartenait encore au xv° siècle à la chambrerie de France [2].

Le grand chambrier vendait des lettres de maîtrise aux gantiers et aux ceinturiers et gardait pour lui une partie du prix. Chaque maîtrise de gantier lui rapportait 17 den. et 22 au roi ; sur les 16 s. que coûtait la maîtrise des ceinturiers et celle des basaniers, il avait 6 s. et le chambellan 10 s. [3]. Le statut des cordonniers de cordouan, rédigé au temps d'Et. Boileau, partage dans la même proportion entre ces deux officiers le prix de la maîtrise [4], mais l'état des droits de la chambrerie dressé au xv° siècle semble bien l'attribuer en entier au grand chambrier. Les selliers-lormiers recevaient de celui-ci leurs lettres de maîtrise [5], et lui payaient un droit d'entrée de 16 s. p., à cause du cordouan qu'ils mettaient en œuvre [6]. Les bourreliers ne pouvaient non plus travailler ce genre de cuir sans obtenir à prix d'argent son autorisation [7].

Le maître des gantiers, celui qui vendait les lettres de maîtrise au nom du grand chambrier, statuait sur les contestations

---

1. Livre rouge vieil, f° 130 v°. « Constitutis in nostra parlamenti curia Ricardo de Langle, mercatore et cive Paris... et procuratore carissimi advunculi nostri ducis Bourbonii.... camerarii Francie..., ex parte d. Ricardi extitit propositum quod prefatus advunculus..., racione officii camerariatus..., majorem habet ad quem visitacio nonnullorum ministeriorum Paris. unacum juratis eorum pertinere consuevit et inter cetera visitare mercaturas pellium Par. penes mercatores existencium quodque... major absque juratis ministerii... pellium... visitacionem facere non potest et si cas ipsum majorem visitare contingerit et mercaturas... capere... in crastinum super hiis judicium facere tenetur......... » 26 avril 1393. Reg. du Parl. X¹ᵃ 40, f° 203 v°.

2. Du Cange, *loc. cit.*

3. Du Cange, *loc. cit. Liv. des mét.* p. 231, 210.

4. *Liv. des mét.* p. 227.

5. « ... Et in illo ministerio institutus fuisset per ducem Borbonie, camerarium Francie, ad quem, ratione sui officii auctoritate regia fundati, spectat dicta institutio... » 23 juin 1354. Append. n° 16.

6. Du Cange, *loc. cit.*

7. *Liv. des mét.* p. 220.

professionnelles entre les patrons et les ouvriers ; mais c'était le prévôt de Paris qui instituait les gardes-jurés et recevait leurs rapports. Les amendes se partageaient entre le roi, son grand officier et les jurés [1].

En ce qui touche les cordonniers de cordouan et de basane, il est assez difficile de dire s'ils étaient soumis à la juridiction du grand chambrier ou à celle du prévôt de Paris. D'après le *Livre des métiers,* c'est à ce dernier qu'appartient la connaissance des contraventions professionnelles [2]. D'un autre côté, un document daté de 1286 nous apprend que le droit de visiter les marchandises des cordonniers, de saisir et de condamner au feu celles qui étaient défectueuses fut longtemps au nombre des prérogatives de la chambrerie, et que le roi ne le lui avait enlevé que cinq ou six ans avant. La même année, le parlement confirma le duc de Bourgogne, alors grand chambrier, dans le droit d'avoir 6. s. p. par chaque maîtrise de *cordouanier* et de basanier, de recevoir le serment professionnel du nouveau maître, et de lever une amende de 12 den. par. sur ceux qui travaillaient la nuit ou le samedi après vêpres [3]. Enfin en 1321 (n. s.), nous voyons les agents du grand chambrier faire des visites et des saisies chez des cordonniers de cordouan et de basane établis sur les terres de hauts justiciers [4], et, en 1366, il affiche hautement la prétention de surveiller d'une façon exclusive la confection des souliers et des houseaux [5]. Le dernier document qu'on puisse invoquer sur cette question est l'état des droits de la chambrerie dressé en 1410 et qui est d'accord avec le *Livre des métiers* pour attribuer la juridiction au prévôt. Pour concilier ces textes contradictoires, on peut dire qu'en droit l'autorité du grand chambrier se bornait à instituer les gardes-

---

1. *Liv. des mét.* p. 240-243. Du Cange, *loc. cit.*
2. *Ibid.* p. 230.
3. Delisle, *Restit. d'un vol. des Olim,* n° 639.
4. P. Anselme, *Hist. généalogique,* VIII, 430.
5. Un arrêt du Parlement rendu en 1345 avait soumis tous les cuirs bruts et ouvrés importés à Paris à l'inspection de 4 ou de 8 baudroiers et corroyeurs. Le grand chambrier et les cordonniers résistaient à l'exécution de cet arrêt. « Prefatis fratre nostro, cordubenariis et aluptariis ex adverso proponentibus quod ad d. fratrem nostrum solum et insolidum ad causam d. camerarie... spectat visitacio sotularium et housellorum in villa et banleuca Par... par majorem et servientes suos d. camerarii, vocatis ad hoc tribus cordubenariis. » 21 novembre 1366. Fr. 24069, f° XIIII[xx] v°.

jurés, mais qu'en fait il exerçait une partie de la police et de la juridiction.

On vient de voir que le chambellan partageait l'autorité et les droits du grand chambrier sur certains métiers. Ajoutons que c'était lui qui, d'après le statut rédigé sous Et. Boileau, recevait le serment du nouveau maître *cordouanier*[1] et qu'il prenait les cinq huitièmes du prix de la maîtrise des selliers, dont le reste revenait au connétable[2].

Le métier de savetier appartenait aux écuyers du roi. Le chef de la corporation, institué par eux, le vendait en leur nom moyennant un prix dont le maximum était fixé à 12 den., plus un sou de pourboire aux témoins de la vente. Le maître des savetiers recevait aussi les plaintes pour malfaçons, et condamnait le coupable à des dommages-intérêts envers le plaignant et à une amende de 4 den. dont il profitait personnellement[3].

Le grand panetier vendait à son profit le métier de boulanger, et exerçait la basse justice sur les membres de la corporation. Il avait pour lieutenant un boulanger qui, sous le titre de maître des talemeliers, percevait les amendes et rendait les jugements. Le grand panetier instituait aussi 12 gardes-jurés qui étaient pris dans le sein de la corporation. Il jugeait en personne, avec leur assistance, l'appel du boulanger auquel le maître avait interdit l'exercice de la profession[4]. À l'époque où les droits du grand panetier sur la boulangerie étaient enregistrés dans le *Livre des métiers,* ils ne comprenaient pas seulement, on le voit, la connaissance des faits relatifs au métier, mais la basse justice en général. Mais cette juridiction ne tarda pas à être limitée, car une enquête faite en 1281 constata qu'elle ne s'appliquait qu'aux affaires professionnelles et que, pour les autres, les boulangers étaient justiciables du prévôt de Paris[5]. La même enquête reconnut que, dans le cas où le maître et les gardes exerceraient négligemment leur surveillance, le prévôt de Paris pourrait les requérir de faire des visites et nommer des bourgeois pour les faire avec eux[6]. Le

---

1. *Liv. des mét.* p. 227.
2. *Ibid.* p. 207.
3. *Ibid.* p. 233.
4. *Ibid.* p. 9, 10, 13, 15.
5. L. Delisle, *Rest. d'un vol. des Olim,* n° 454.
6. *Restit. d'un vol. des Olim,* loc. cit.

droit de stimuler la surveillance du grand panetier et de s'y associer devait conduire le prévôt à agir de son chef, et il faut avouer que l'intervention du premier magistrat de Paris était bien justifiée par l'intérêt d'avoir du pain à bon marché et de bonne qualité. Aussi, dans les mesures qu'il prit pour remédier à la disette de 1305, Philippe le Bel ne tint aucun compte des droits du grand panetier, et, sans même les mentionner, comme s'il les tenait pour abrogés ou suspendus par la crise, il chargea le prévôt, de concert avec l'échevinage, de taxer le pain, de nommer des commissaires pour s'assurer de sa qualité et de punir sévèrement ceux qui vendraient du pain de qualité inférieure [1]. La disette passée, le grand panetier recouvra sa juridiction sur la boulangerie ; mais, de son côté, le prévôt ne perdit pas celle que des circonstances extraordinaires lui avaient fait attribuer. Ces deux juridictions s'exercèrent donc par prévention et non, comme on pense, sans conflits. Ainsi la municipalité parisienne s'étant plainte au parlement des graves abus commis par les boulangers dans leur profession, le prévôt de Paris, en vertu d'un mandement de la chambre des requêtes, prit l'affaire en main. Harpin, seigneur de Herquin, panetier de France, réclama auprès de Louis X la connaissance des faits incriminés. Les membres de la chambre des requêtes qui purent être réunis, — car le parlement ne siégeait pas en ce moment, — jugèrent en faveur du prévôt, par application d'une ordonnance de Philippe le Bel, qui était très-probablement l'ordonnance de 1305 [2].

En 1333, le procureur du roi, le prévôt des marchands et les échevins prétendirent que le prévôt de Paris était seul compétent pour connaître des délits professionnels des boulangers, mais le Parlement, ayant consulté le *Livre des métiers* conservé au Châtelet, confirma par un arrêt du 31 décembre tous les droits attachés à la paneterie de France, tels qu'ils avaient été fixés par Ét. Boileau, avec cette seule réserve que, si le grand panetier n'exerçait pas une surveillance active sur les boulangers, le prévôt, après l'avoir requis d'y apporter plus de zèle, pourrait agir à sa place [3]. Il n'en fallait pas davantage pour laisser la porte ouverte à l'intervention du prévôt, car la vigi-

---

1. *Ord. des rois de Fr.* I, 427.
2. 1er juin 1316, *Olim*, II, 624.
3. Bibl. nat. Fragment d'un cartul. de l'Hôtel de Ville, f⁰ 26, et Delamare, II, 849.

lance du grand chambrier était souvent en défaut, et, quand même elle eût été plus grande, il suffisait que certaines contraventions lui échappassent pour que le prévôt se trouvât autorisé à agir. En s'efforçant de faire placer la boulangerie sous l'autorité exclusive du prévôt de Paris, l'échevinage parisien montrait assez combien la police du grand panetier lui paraissait peu efficace pour sauvegarder le grand intérêt de l'alimentation publique.

Cet officier ne se résigna pas tranquillement à partager avec le prévôt la surveillance des boulangers. En 1371, ce dernier ayant fait faire des visites par deux commissaires spéciaux, Raoul de Raineval, alors grand panetier, s'en plaignit au parlement comme d'une atteinte à des droits consacrés par le statut des boulangers. Le procureur général se porta opposant, et soutint que le prévôt était en possession de faire des ordonnances sur la boulangerie et de les faire observer, d'instituer des commissaires pour visiter le pain, de punir les contrevenants et de donner en aumône le pain confisqué, enfin d'exercer haute, moyenne et basse justice sur les boulangers de Paris et de la banlieue et sur leur famille. La cour, n'étant pas suffisamment éclairée par l'audition et les mémoires des parties, ni par le registre du Châtelet, ordonna, le 21 juillet 1371, une enquête, sur laquelle fut rendu un jugement définitif que nous n'avons pas [1].

L'année suivante, les abus qui, grâce à la négligence du grand panetier, s'étaient introduits dans le commerce de la boulangerie, devinrent si criants, que Charles V commit deux conseillers au parlement et le prévôt de Paris pour faire des visites chez les boulangers et les obliger à faire du pain d'un certain poids, d'une certaine qualité et d'un certain prix [2]. En validant, au mois de juillet 1372, le règlement adopté par les commissaires, le roi autorisa le prévôt à instituer, en aussi

---

1. P. Anselme, *Hist. généalogique*, VIII, 678.
2. « Karolus... intelleximus quod pistores et bolengarii... panes albos et alios minoris ponderis ac speciei et valoris... conficere presumpserunt et de die in diem conficiunt, presertim attento bladorum precio nunc currente,... et licet plures fuerint commissarii super d. ministerio deputati, attamen d. pistores... in suis perstiterunt maliciis... in ipsius ville... cedunt et amplius cederetur dampnum... maxima et cum per pannetarium nostrum Francie vel ejus deputatos nullum saltem sufficiens super hoc fuerit appositum remedium..., quapropter..., vobis... committimus, etc... » 21 avril 1372. Reg. du Parl. X¹ª 22, f° 331 v°.

grand nombre qu'il le jugerait convenable, des inspecteurs de la boulangerie, qui prendraient pour leurs visites le quart des amendes et d'autres profits. L'ordonnance royale conserva au grand panetier le droit de surveiller les boulangers et de confisquer leur mauvaise marchandise, mais il devait faire savoir au prévôt les noms des délinquants, afin que celui-ci pût lever les amendes au profit du roi [1].

Les boulangers de tout le royaume payaient quelquefois au grand panetier un droit de joyeux avénement. Le 7 janvier 1398 (n. s.), il fut annoncé par cri public que le roi avait révoqué toutes les commissions données à l'occasion de son avénement pour percevoir 5 s. au bénéfice de ce dignitaire sur chaque boulanger et sur toute autre personne faisant le commerce du pain [2].

Le premier maréchal de l'écurie du roi vendait jusqu'à concurrence de 5 s. des lettres de maîtrise aux artisans qui se livraient aux travaux de forge, c'est-à-dire aux maréchaux-ferrants, aux forgerons de gros ouvrages, aux couteliers fabricants de lames, aux serruriers, aux *greffiers* ou faiseurs de fermetures en fer, aux heaumiers, aux *veilliers* ou fabricants de vrilles, aux taillandiers *(grossiers)* et aux forcetiers. Il percevait annuellement sur chaque forgeron 6 den. par., moyennant quoi il était obligé de ferrer à ses frais les chevaux de selle du roi [3]. Les textes lui donnent quelquefois le titre de maître des févres, c'est-à-dire de tous les ouvriers en ferronnerie [4]. Il connaissait de leurs délits professionnels, des contestations qui s'élevaient entre eux, des plaintes portant sur leurs malfaçons; les actions pétitoires, celles qui étaient intentées pour larcin et pour blessures avec effusion de sang et les autres procès ressortissant à la haute justice n'étaient pas de sa compétence [5]. Il avait ses sergents particuliers [6], ce qui ne l'em-

1. Delamare, II, 899.
2. Livre rouge vieil, f° 76 v°.
3. *Liv. des mét.* p. 44, 51 et plus haut p. 98.
4. « Le maître des fevres avoit pris gages chies Jehan d'Avesnes, serrurier... » Append. n° 26 § 4. « Inter priorem et conventum S. Martini de Campis ex una parte et procuratorem nostrum, prepositum Par. et magistrum fabrorum Par. ex alia, racione voiarie de parvis vicis in burgo S. Martini Par., renovacio est eorum commissionis ad magistros Johannem de Divione et Radulphum de Meullento, clericos de commissione procuratorum parcium. » 2 janvier 1321. Reg. du Parl. X¹ᵃ 8844, f° 67 v°.
5. *Liv. des mét.* p. 46.
6. « ... Hervy le mareschal, demourant à Paris en la rue de Heron-

pêchait pas de demander main-forte au prévôt lorsque ses justiciables résistaient à l'exécution de ses jugements[1]. Au reste il n'exerçait pas sa juridiction privativement au prévôt, mais bien concurremment avec lui. On ne peut en douter quand on voit que les gardes-jurés des forcetiers[2], des couteliers[3] et des serruriers étaient institués par le prévôt, quand on voit cet officier connaître d'un débat au sujet de serrures défectueuses ou prétendues telles[4], et l'un de ses sergents saisir une chaudière chez un serrurier qui avait travaillé trop tard[5]. Charles VI confirma par des lettres patentes du mois de septembre 1384 les prérogatives de la maréchaussée de France[6].

Les maîtres des œuvres de charpenterie et de maçonnerie exerçaient la basse justice sur les ouvriers en maçonnerie et en charpente. En 1314 (n. s.) Philippe le Bel dépouilla le premier de sa juridiction pour faire cesser ses empiétements sur les justices seigneuriales[7]. Le second conserva la sienne, dont le siége était au Palais. Lorsque l'exécution de ses jugements

---

delle.. comme le dimanche quatorsiesme jour de ce present moys de septembre... Jehannins de Mauveilley en Bourgoingne, varlé dud. suppliant, li estant sur le pont nouvel.. appellé le pont Saint-Michel assez pres de la maison dud. suppliant, feu Jehannins le Meignen, mareschaux et demourant à Paris, en passant par illec, eust dit aud. Jehannins que li et le dit suppliant son mestre, qui ce jour à matin avoient seignié un cheval en le temple empres l'oil, l'avoient mal seigné et en ce disant... li requist qu'il li donnast une pinte de vin, ce que le dit Jehannin fist, et à boire icelle pinte de vin, le dit feu Meignen appella *l'un des sergens du maistre de leur mestier* par lequel le dit Meignen le volt faire adjourner pardevant le maistres dud. mestier... » Septembre 1382. Arch. nat. JJ 121, f° 87. On voit que les maréchaux étaient en même temps vétérinaires.

1. *Liv. des mét.* p. 47.
2. *Ord. relat. aux mét.* p. 358.
3. *Liv. des mét.* p. 48.
4. Jugé du 29 janvier 1395. Append. n° 20.
5. « L'an de grâce MCCIII[xx] et XVIII le jeudi devant la Marceche fu resaisi en Garlande Jehan de Hanin, coutelier par Pierre le Couvert et Gieffroi dit Vit d'Amour, sergant à verge de Chastelet d'une chaudiere que le d. Pierre avoit pris chiés le dit Jehan de Hanin pour ce que le dit Jehan avoit ouvré trop tart en son mestier... » Append. n° 26, § 6.
6. Delamare, I, 150. Le maréchal du roi prêtait serment de rendre fidèlement les chevaux, palefrois et roncins qui lui étaient confiés, et de n'élever aucune prétention à l'hérédité de sa charge. D. Martene, *Ampliss. collectio*, I, col. 1175.
7. Cartul. de S. Magloire, p. 367 et KK 1336, f° 112.

rencontrait de la résistance, il requérait des sergents du Châtelet pour se faire obéir [1].

Les barbiers, dont la profession comprenait la partie la plus élémentaire de la médecine et de la chirurgie [2], étaient soumis à la juridiction du barbier du roi qui avait dans la maison royale le rang de valet de chambre. Sous le titre de maître des barbiers, il administrait la corporation [3], jugeait les causes professionnelles [4], pouvait déléguer son autorité à un lieutenant et était assisté dans la police du métier par quatre jurés. Les amendes et les confiscations profitaient partie au roi, partie à la corporation. Pour l'exécution des jugements, le prévôt mettait les sergents du Châtelet à la disposition du maître des barbiers [5]. Celui-ci pouvait condamner à la prison, mais le condamné ne devait subir sa peine qu'au Châtelet [6]. En entérinant les lettres par lesquelles Charles V avait confirmé, au mois de décembre 1371, les priviléges des barbiers, le prévôt se réserva la connaissance en appel des affaires jugées en première instance par le barbier du roi et exigea de celui-ci qu'il tînt registre des amendes et des procédures de sa juridiction et qu'il remît au receveur de Paris un état des amendes revenant au

---

1. *Liv. des mét.* titre 47 et p. 107-111.
2. « Quod barbitonsorum officium quedam pars et porcio arcium medicine et cirurgie existebat et pro conservacione humanorum corporum in quibus barbitonsores multas curas exercebant introductum... » 23 décembre 1395. Append. n° 24.
3. Voy. plus haut p. 131, n. 1.
4. Il surveillait aussi la vie privée de ses confrères. En 1361, un barbier se vit interdire le métier à cause de son immoralité. Append. n° 24.
5. Confirmation des priviléges des barbiers par Charles V en décembre 1371. *Ord. des rois de Fr.* V, 440.
6. « Pour ce que Durant, procureur Gilet de Fresne, qui estoit en procès contre le procureur du roy pour ce que, soubz umbre de ce qu'il se dit premier barbier du roy et de son office, il avait envoié en autres prisons que celles du roy Conrart de Cleves, varlet barbier pour deux amendes que led. barbier doit au roy et aud. premier barbier pour raison de deux barbes qu'il a faictes à prouffit à deux diverses personnes, combien qu'il ne soit pas passé maistre ne tenant ouvrouer contre les ordenances, a affermé que ce qu'il a fait [il a fait] pour le droit du roy et qu'il ne prétend pas avoir contrainte de prison à cause de son office et que le plus tost qu'il pot, il fist led. emprisonnement savoir au dit procureur du roy et aprez ce que nous lui avons fait defense que il ne procede plus par telz emprisonnemens... nous led. de Fresne pour ceste fois... avons mis hors de procès... » An. 1402. Reg. d'aud. du Chât. Y 5224, f° 81.

trésor [1]. Le barbier du roi n'était pas le seul officier de la maison royale dont les jugements fussent susceptibles d'être réformés par le prévôt ; toutes les juridictions que nous venons de passer en revue ressortissaient au Châtelet [2].

Des droits sur les métiers, tels que ceux qui étaient attachés à la charge de certains officiers de la maison royale, devenaient parfois la propriété héréditaire de simples particuliers. En 1160, Louis VII donna, on l'a vu, à Thece, femme d'Yves Lacohe et à ses hoirs, la propriété des cinq métiers de tanneurs, baudroyeurs, sueurs, mégissiers et boursiers de Paris. Cette propriété consistait dans tous les revenus des cinq métiers, notamment dans les produits de la juridiction. Au XIIIe siècle, ces cinq métiers étaient passés dans la famille des Marceau. A la fin du XIVe, ils appartenaient à celle des Chauffecire qui rappelaient la donation faite à Thece, leur auteur, et qui les

---

1. « Au dos desquelles lettres estoit escript une ordonnance ou appointement fait par nous prevost dessus dit, dont la teneur s'enssuit. Ces lettres furent publiées en jugement ou Chastellet de Paris le mercredi XXIe jour de juillet l'an mil CCCLXXII, à la requeste et en la presence de sire Andry Poupart, maistre barbier et vallet de chambre du Roy n. s. et des maistres et jurés du mestier des barbiers cy apres nommés... stipulans en ceste partie pour eulz et pour tout le commun dud. mestier et fu dit que ces lettres seroient enterinées pourveu que la juridicion dud. maistre barbier qu'il doit avoir sur le commun d'icellui mestier ressortira au siege du Chastellet en cas d'appel ou d'amendement, selon ce que les autres juridictions subjettez doivent faire. Et oultre fu commandé aud. maistre qu'il eust doresenavant un pappier pour faire enregistrer les amendes et exploits de sa juridicion, ad ce que les drois du Roy y soient gardez et que les amendes appartenans au Roy soient baillées au receveur de Paris pour les lever et recevoir au proufit dud. seigneur. Fait par le prevost seant en siege, presens le receveur et l'advocat du Roy et eulx sur ce oïz.. » KK 1336, f° 106 v°.

2. Arrêt du parlement en date du 24 mai 1398 décidant que les procès entre le maître maréchal du roi et les fèvres ne doivent pas être portés devant les maîtres des requêtes de l'hôtel, mais devant le prévôt de Paris. Append. n° 22. « Pour ce que Guill. Prevost demourant en la rue S. Victor, au quel les jurez des barbiers de Paris ont fait defense de par le Roy que il n'exercast point le mestier de barbier, consideré qu'il n'estoit pas souffisant aud. fait de barbier exercer et que il n'avoit esté reçeu maistre..., a au jour d'ui confessé en jugement pardevant [nous] que oncques il ne fu reçeu maistre ne comme souffisant aud. mestier, veu les registres et ordenances dud. mestier et tout veu, nous avons dit... lad. defense bonne et valable... et condamnons led. Prevost es despens, dont il a appelé en parlement... » 6 août 1399. Reg. d'aud. du Chât. Y 5222, f° 78 v°.

possédèrent assez longtemps pour que leur nom servît vulgairement à les désigner deux siècles plus tard [1].

Les juridictions dont nous venons de parler, s'étendaient-elles sur les terres des seigneurs justiciers ? On ne peut répondre à cette question d'une façon absolue et générale, il faut distinguer les temps, les lieux, les seigneurs. Au temps d'Et. Boileau, le premier maréchal de l'écurie du roi exerçait sa juridiction dans le ressort des justices seigneuriales sans rencontrer d'autre opposition que celle de l'abbaye de Sainte-Geneviève et du prieuré de Saint-Martin-des-Champs [2]. Les tentatives du maître des charpentiers pour connaître des contraventions professionnelles de tous les ouvriers en charpente, privativement à leurs juges naturels, n'eurent d'autre résultat que de le faire dépouiller d'une juridiction qui soulevait des réclamations unanimes [3]. En 1300, le prieuré de Saint-Martin-des-Champs, les abbayes de Saint-Magloire et de Saint-Germain-des-Prés reconnaissent que le grand panetier a droit de justice sur les boulangers qui habitent leur terre à l'intérieur de Paris, mais en ajoutant que ce droit ne s'étend pas sur les boulangers établis au delà des murs. A la même époque, le représentant du grand panetier ne pouvait exercer sa police sur la terre de l'abbaye de Sainte-

---

1. La charte de donation de Louis VII a été publiée par Brussel (p. 536 en note) d'une façon assez peu correcte. On la trouvera dans le Ms. fr. 24069, f° xii^{xx}, ainsi qu'un vidimus de Philippe le Hardi daté du mois de mars 1277 (n. s.), f° xii^{xx}x. Voy. aussi Delisle, *Restit. d'un vol. des Olim*, n° 637. *Ord. relat. aux mét.* p. 426. En 1343, les ayants cause de Thece Lacohe soutenaient que leurs droits s'étendaient sur le métier des tassetiers, qui n'était, suivant eux, qu'une dépendance de celui des boursiers. Accords homologués par le Parlement, 11 avril 1396. En 1397, Simon Chauffecire poursuivait en reddition de compte le commis à la recette de ses droits, parmi lesquels il faut compter le scellé des lettres de maîtrise. Matinées du Parlement. X^{1a} 4784, f° 334 et v°. « Au jourd'ui de relevée Pierre Breceau, maire et garde à P. de la juridiction de feu Symon Chauffecire s'est consenti en jugement pardevant nous que le don de forfaiture ou confiscacion donné du Roy à Jehan de Gonnesse et sa femme de certains houseaux et soulers à la delivrance desquelz led. Broceau s'estoit opposéz ait et sortisse son effet et ne l'entend aucunement empeschier. » 8 juillet 1399. Reg. d'aud. du Chât. Y 5222, f° 54. A la suite d'une liste des 17 métiers de Paris qui doivent le guet et dans laquelle sont compris *chauffecires*, on lit la note suivante rédigée, comme la liste elle-même, au xvi° siècle : « Nota que le mestier de chauffecire contient cinq parties, c'est assavoir taneurs, bauldroyeurs, bourciers, megissiers et sueurs. » Livre rouge neuf du Chât. Y 6^4, f° 95 v°.
2. *Liv. des mét.* p. 46.
3. Voy. plus haut p. 140 et Append. n° 26, § 3.

Geneviève, pas même sur la partie comprise dans l'enceinte, et il en fit l'aveu en rendant à l'abbaye du pain saisi à la place Maubert et à la Croix-Hémon [1]. En 1299, l'abbaye obtenait la restitution d'objets saisis chez un serrurier qui était son justiciable, par le maître maréchal du roi [2]. Au commencement du XIVe siècle, la même abbaye obligeait le prévôt du chambrier de France à lui rendre des chaussures en basane saisies au bourg Saint-Médard [3]. Les basaniers qui s'établissaient au même lieu ne devaient rien au chambrier et le prix de leurs lettres de maîtrise revenait en entier aux religieux [4].

En 1321 (n. s.), le chapitre de Saint-Marcel, le prieuré de Saint-Martin-des-Champs et les Hospitaliers sont d'accord avec eux pour contester au grand chambrier le pouvoir de s'ingérer dans la police des gens de métiers fixés sur leurs terres respectives [5]. En 1395, le maître et les jurés des barbiers soutinrent devant le parlement contre le chapitre de Saint-Marcel qu'ils jouissaient de leur autorité sur les barbiers dans le ressort des justices seigneuriales et notamment sur la terre du chapitre; ils usaient de cette autorité en conférant la maîtrise après certaines épreuves et en prenant des mesures disciplinaires contre les barbiers récalcitrants, et ils citaient l'exemple de deux femmes expulsées par eux du bourg Saint-Marcel pour avoir levé boutique sans diplôme [6]. Malgré ces précédents, le parlement déclara les procédures, qui avaient donné lieu au procès, iniques et abusives; mais les motifs produits par le chapitre donnent à penser que la cour fut amenée à juger dans ce sens par cette considération que le bourg de Saint-Marcel était distinct de la ville et avait une réglementation et une police industrielles indépendantes [7]. Il ne faut donc pas conclure de

1. Append. n° 26, § 8.
2. *Ibid.* § 4.
3. Append. n° 27.
4. « L'an de grace 1279 ou mois de marz acheterent le mestier des bazenniers à Saint-Maart Baudoin de Chaalons, Guill. de Laon, Syre de Mesieres, Richart de Saint-Denis et Guillaume de Ferrieres chascun 5 s. à leur vies ne plus n'en paieront et leur hoirs de leur cors le doivent avoir pour 5 s. à leur vies et quiconques le voudra avoir d'autres personnes il l'achetera 10 s. de l'abbé et du couvent et einsint fu acordé au marchié fere. » Livre de justice de Sainte-Genev. Bibl. Sainte-Genev. in-fol. H. Fr. 23, f° 42.
5. P. Anselme, *Hist. généalogique*, VIII, 430.
6. Append. n° 24.
7. Voyez les conclusions du chapitre.

cet arrêt que les terres seigneuriales, situées dans la ville, fussent également exemptes de la juridiction du barbier du roi. Il y a lieu de croire, au contraire, que, dans l'intérêt de la santé publique, tous les barbiers de la ville devaient présenter les mêmes garanties et étaient soumis à la même police.

En somme, les droits des officiers de la maison du roi ne prévalaient pas sur ceux des seigneurs justiciers. Ceux-ci avaient un adversaire plus redoutable dans le prévôt de Paris, car ce magistrat pouvait invoquer les considérations les plus puissantes pour s'attribuer la connaissance exclusive de toutes les affaires commerciales et industrielles. Reste à savoir s'il avait réussi à enlever aux justices seigneuriales une partie aussi importante de leurs attributions.

La réglementation et la police de l'industrie et du commerce n'étaient pas exclues des droits que les rois avaient accordés aux seigneurs laïques et ecclésiastiques, entre lesquels se partageait la capitale. En principe, les gens de métiers, établis sur les terres de ces seigneurs hauts justiciers, dont le nombre s'élevait encore à trente ou quarante dans la seconde moitié du xve siècle [1], étaient donc soumis à leur autorité aussi bien pour leurs actes professionnels que pour les autres. Mais ce principe avait subi des dérogations, du consentement même des intéressés. C'est ce que prouve un certain nombre de chartes dont l'objet est de régler les attributions respectives de la justice royale et des justices seigneuriales.

Ainsi, la juridiction commerciale était au nombre des droits dont Philippe-Auguste jouissait sur le fief de Thérouanne, sis aux Champeaux et appartenant à Jean de Montreuil; c'est ce qu'établit une enquête faite en 1190 [2]. Par l'accord célèbre qu'il conclut en 1222 avec l'évêque de Paris et le chapitre de Notre-Dame, le même prince s'attribua dans le bourg de Saint-Germain-l'Auxerrois, la Couture-l'Évêque et le Clos-Bruneau, la juridiction sur les marchands en matière commerciale [3]. Philippe le Hardi, faisant au mois de janvier 1274 (n. s.) une transaction avec le chapitre de Saint-Merry, se réserve dans la terre du

---

1. Append. n° 28.
2. « Justitiam mercatoris quantum pertinet ad mercaturam... » Brussel. *Usage des fiefs*, p. 704 en note.
3. « Præterea in locis predictis habemus justitiam super mercatores de iis que pertinent ad mercaturam. » *Cartul. de N.-D.* I, 122.

chapitre le droit de connaître des denrées de mauvaise qualité et des infractions aux statuts [1].

Même en l'absence de conventions avec les seigneurs justiciers, le roi prétendait être de plein droit seul compétent en matière de commerce et d'industrie. Lorsque, sur les réclamations de ces seigneurs, il abolit la juridiction de son charpentier sur les ouvriers en charpente de Paris, Philippe le Bel se réserva le droit de connaître des délits commis par tous les artisans parisiens, sans distinction de domicile, dans l'exercice de leur métier [2]. La prétention de la royauté à cet égard semblait justifiée par la nature des attributions du prévôt de Paris. Commandant du ban et de l'arrière-ban, conservateur des priviléges de l'Université, évoquant de toutes les parties du royaume les débats qui s'élevaient sur l'exécution des actes passés sous son sceau, juge en appel des causes portées en première instance devant les justices seigneuriales, cet officier réunissait des pouvoirs nombreux et variés qui lui donnaient une autorité et un prestige considérables. Dans le domaine spécial qui nous occupe, son activité n'était pas moins grande : il prenait part à la confection des statuts applicables à tous les gens de métiers [3], quel que fût leur domicile, rendait des ordonnances de police exécutoires dans toute la ville [4], instituait les gardes-jurés et recevait leurs rapports, acceptait du roi la mission de réformer les métiers [5]. Il avait donc bien des titres pour être investi de la

1. Félibien, *Hist. de Paris*, Pièces justif. III, 24. Au contraire la juridiction du prieuré de Saint-Eloi s'étendait à toutes les matières et notamment aux questions commerciales (*mercaturis*). Accord entre le roi et le prieuré du mois d'août 1280. *Cartul. de N.-D. de Par.* III, 280.
2. « ..... Facta tamen pro ipso domino Rege retencione de jure quod ipse habere dicitur Parisius de habendo cognicionem et panicionem de omnibus delictis que a quibuscumque artificibus, in cujuscumque dominio Parisius commorantibus, in eorum artificio committuntur. » *Olim*, II, 604.
3. Voici dans quelle mesure, en 1366, les tailleurs de robes soumirent à la sanction du prévôt plusieurs articles, dont il supprima les uns et modifia les autres, après plusieurs délibérations avec le procureur du roi au Châtelet, des jurisconsultes et les notables de la corporation. Livre du Chât. jaune petit, f° 28.
4. Par exemple, l'ordonnance prévôtale du 20 septembre 1357, défendant la falsification du suif, fut publiée dans toutes les boucheries de la ville et des environs. Livre du Chât. rouge troisième, f° 100 v°.
5. Plusieurs prévôts prennent dans leurs ordonnances le titre de commissaire général sur le fait de la réformation des métiers.

police générale, exclusive de l'industrie et du commerce parisiens. Elle lui fut conférée par des ordonnances royales en 1371, 1372, 1382[1]. Par celle du 25 septembre 1372, Charles V, considérant la compétence du prévôt et l'avantage de soumettre le commerce et l'industrie à une autorité unique, ordonna que ce magistrat pourrait seul, dans toute l'étendue de la ville et de la banlieue, faire inspecter les métiers, les vivres et les marchandises, veiller à l'observation des statuts et des usages, en faisant les réformes nécessaires, et condamner les contrevenants[2]. Le 9 décembre 1396, un arrêt du parlement consacra la doctrine soutenue devant lui par le procureur général, et d'après laquelle, en vertu des anciennes ordonnances et d'une longue possession, le prévôt de Paris était seul compétent pour faire observer les règlements des métiers et en réformer les abus[3].

Les textes si formels que nous venons de citer seraient décisifs, si cette succession d'ordonnances à des intervalles peu éloignés n'attestait leur impuissance, si cette impuissance n'était confirmée par des documents constatant le véritable état des choses.

En présentant leurs statuts à l'homologation du prévôt de Paris, les membres de certaines corporations s'obligent par serment à rester soumis à l'autorité des gardes et à la juridiction du Châtelet, lorsqu'ils iront s'établir dans le ressort d'une justice seigneuriale[4]. Cet engagement, consigné dans des statuts de la fin du XIIIe et du commencement du XIVe siècle, prouve bien qu'en devenant les *hommes levants et couchants* d'un seigneur, les gens de métiers devenaient en même temps ses justiciables pour leurs affaires professionnelles comme pour le reste. A l'époque de la rédaction du *Livre des métiers*, le chapitre de Notre-Dame avait la juridiction des moulins du Grand-Pont, et percevait les amendes encourues par les meuniers, qui étaient placés sous la surveillance d'un agent institué par lui[5]. Le vendredi après l'Assomption 1282, un savetier, nommé Guillaume le Tort, vint devant le même

---

1. Append. n° 28. Les ordonnances de 1371 et de 1382 ne nous ont pas été conservées.
2. *Ord. des rois de Fr.* V, 523.
3. Delamare, I, 150.
4. *Ord. relat. aux mét.* p. 365 et Ms. fr. 24069, f° 31 v°.
5. *Liv. des mét.* p. 19, et Delisle, *Restit. d'un vol. des Olim*, n° 166.

chapitre faire amende honorable pour avoir fabriqué des guêtres en basane, qui, sur la dénonciation faite à l'official de Paris, avaient été confisquées[1]. Un manuscrit où l'abbaye de Sainte-Geneviève a recueilli, au commencement du XIVᵉ siècle, les preuves de ses droits de justice, nous offre des procès-verbaux de ressaisines opérées à son profit par des sergents du Châtelet. On y voit que, si ceux-ci se permettaient de faire des saisies sur la terre de Sainte-Geneviève pour contraventions aux règlements des métiers, l'abbaye savait se faire restituer les objets saisis et faire reconnaître sa juridiction par les agents du prévôt[2]. A côté de ces procès-verbaux, nous en trouvons d'autres qui nous montrent le chambrier de l'abbaye condamnant des gens de métiers pour tromperie sur la marchandise et pour diverses contraventions[3]. Cet officier instituait les gardes-jurés, recevait leurs rapports, touchait une partie des amendes, conservait les registres où, dès une époque reculée, les corporations soumises à sa juridiction avaient fait insérer leurs statuts, et leur en délivrait des expéditions sous le sceau de la chambrerie. Enfin, l'abbaye réglementait l'exercice de l'industrie et du commerce sur son territoire. Les artisans qui y étaient établis avaient leurs statuts particuliers, homologués par l'abbaye, et assez différents de ceux qui étaient enregistrés au Châtelet, sans qu'ils dérogeassent cependant aux mesures d'un intérêt public et d'une application générale prises par le prévôt de Paris[4].

1. *Cartul. de N.-D. de Paris*, III, 440. Les éditeurs ont imprimé *canctarius* au lieu de *cavetarius*.
2. *La resaisine sur les mestiers*, §§ 1, 2, 6, 10. Append. nº 26.
3. *Ibid.* §§ 5, 6, 7, 10.
4. Voy. les statuts des foulons de Sainte-Geneviève, des tisserands drapiers de Saint-Marcel (Append. nᵒˢ 29 et 30), des bouchers de Sainte-Geneviève (Ordonn. d'août 1363, Delamare, II, p. 1264. Ordonn. du 16 décembre 1379 vidimée par Charles VI en août 1381, *Ord. des rois de Fr.* VI, 614), le règlement de la boucherie de Saint-Médard (Append. nº 27), une ordonnance du prévôt sur la teinture des draps du 24 août 1391 (*Ibid.* nº 31). « L'an de grace 1313, le dimanche après les Brandons, fu resaisi messires li abes Pierre en sa propre persone de gages qui avoient esté pris par le prevost de Saint-Germain en la meson de Navarre pour ce que li concirges de la dite meson faisoit ilecques servoise qui avoient esté defendues de par le roi et avoit osté li prevost de Paris lesd. gages de la main S. Germain comme en main souveraine pour le debat... qui estoit entre l'église Saint-Germain et le roi de Navarre qui disoit... que l'église n'avoit point de justice en l'ostel de Navarre... » Reg. des droits

L'abbaye de Saint-Germain-des-Prés avait aussi, sous les mêmes réserves, pleine autorité sur la population industrielle et commerçante de son domaine. Elle n'y avait pas renoncé par la transaction qu'elle passa au mois de février 1273 (n. s.) avec Philippe le Hardi[1], et, dans les premières années du xv° siècle, nous voyons son maire convoquer les corporations pour élire des gardes-jurés, instituer les élus, et condamner sur leurs rapports ceux qui ont violé les prescriptions des statuts[2].

On a vu qu'au mois de février 1321 (n. s.), le chapitre de Saint-Marcel, le prieuré de Saint-Martin-des-Champs et les Hospitaliers, plaidant conjointement avec l'abbaye de Sainte-Geneviève contre le grand chambrier, prétendaient être depuis longtemps en possession de connaître des délits de tous les artisans domiciliés dans leurs terres. En 1395, le même chapitre de Saint-Marcel revendique contre le barbier du roi la juridiction de tous les métiers dans le bourg de Saint-Marcel, juridiction qui comprenait notamment la vérification des mesures[3].

---

de justice de Saint-Germain-des-Prés. Arch. nat. LL 1077, f° 34. Voy. ce que nous avons dit plus haut des boulangers de Saint-Marcel.

1. D. Bouillart, *Piéces justif.*

2. « Aujourd'ui nous avons enjoint à Guill. le Petault, à Yvon le Faucheur, à Bertran Henault, tainturiers de cuir et boursiers et à Jehan Balmet, boursier que ilz comparent mardi prochain céans à paine de 10 s. chascun pour faire des maistres jurez et visiteurs desd. mestiers en lad. ville de S. Germain et aud. jour nous ferons adjourner les autres pour y estre... » 10 avril 1410. Arch. nat. Z² 3485. « Au jour d'uy, en la présence de..... tous bourciers et Guill. le Petaut, tainturier de cuir, faisans la plus grant et saine partie des bourciers et tainturiers de cuirs de la terre de S. Germain des Près, nous led. Jehan du Fueil et Gillet du Bois avons créez et establiz jurez desd. mestiers par l'élection des dessus diz et, ce fait, ont fait le serement en tel cas accoustumé. » 6 septembre 1409. *Ibid.* « Rapporté par Henry le Charron et Pierre le Musnier, jurez huchers et charpentiers, etc. que huy ilz ont veue et visitée une porte bastarde à turillon et pivot que ilz ont trouvée en la possession Guill. du Val, charpentier qui icelle a faicte, en laquelle lesd. jurez ont trouvé plusieurs faultes, c'est assavoir que au merrien de l'enfonceure a neux passans tout oultre d'un costé et d'autre et sy y a auber en jointure et en royneure, lequel auber passe tout oultre les royneures. It. la d. enfonceure n'est point gougonnée entre deux barres, comme elle deust estre. It. les deux gros membres de lad. porte appellez chardonnerèz sont de pieces de boix appelées espaules, esquelles espaules a plusieurs parties d'auber tant es assemblemens comme es royneures d'un costé et d'autre... lesquelles choses sont deceptives au peuple qui en ce ne se congnoist et contre les status et ordonnances desd. mestiers et pour ce lad. porte doit estre arse..... » juin 1410. *Ibid.*

3. Append. n° 24.

En 1383 (n. s.), le roi reconnaissait lui-même la compétence des seigneurs justiciers de la capitale en matière commerciale et industrielle[1].

Il serait difficile de donner des preuves de cette compétence pour toutes les juridictions seigneuriales, comme nous l'avons fait pour quelques-unes, car ce qui nous reste de leurs archives judiciaires ne remonte généralement pas au delà du XVIe siècle. Les faits que nous avons recueillis suffisent d'ailleurs à démontrer que la classe industrielle n'était pas, dans ses affaires professionnelles, soustraite à ses juges naturels et que ces affaires étaient jugées suivant les règles ordinaires de compétence. Le prévôt de Paris n'en avait pas moins à cet égard, comme dans le reste, une supériorité réelle sur les seigneurs justiciers. Non-seulement, ainsi que nous l'avons dit, leurs jugements pouvaient être réformés par lui, non-seulement un grand nombre de ses *bans* avait force de loi dans leur ressort, mais ils ne conservaient leur droit de police sur les métiers qu'à la condition de faire exercer cette police d'une façon permanente, active et efficace par des visiteurs jurés[2]. Ce n'est pas tout ; le prévôt connaissait encore par prévention des contraventions commises par leurs justiciables lorsque ceux-ci répondaient à son interrogatoire et laissaient s'engager la procédure avant d'avoir été réclamés par leur juge naturel[3].

1. *Ord. des rois de Fr.* VI, 685.
2. « Le prevost de Paris a la congnoissance, reformation et ordonnance sur tous les mestiers de Paris, pour raison et à cause de son office, et pour la police de la ville, dont il est capitaine, et mesmes en la terre des haults justiciers, ou cas qu'ils n'auroient visiteurs jurés, ou autres réformateurs sur iceulx mestiers. » *Grand coutumier,* éd. Dareste et Laboulaye, p. 667.
3. « Le prevost de Paris pour le roy est en possession et saisine d'avoir la congnoissance des cas advenus ès terres des haults justiciers, et mesmes par leurs justiciables, mais c'est à entendre quant les gens du roy y préviennent, aultrement non... Nota que quant aucun des subjects d'aucun hault justicier subject du prevost de Paris est prins pour delict, et il respond devant le prevost ou son lieutenant, avant qu'il soit requis de son seigneur, ja plus ne sera rendu ; et prendra jugement devant ledit prevost, mais le prevost baillera lettres que ce soit sans préjudice. » *Ibid.* et p. 668.

ABCDEFG

LIVRE SECOND

MONOGRAPHIE DE CERTAINES INDUSTRIES

CHAPITRE Ier

MEUNERIE ET BOULANGERIE

Approvisionnement en grains. — Remèdes employés par l'autorité contre la disette. — Moulins et mouture. — Boulangerie. — Banalité des fours. — Prix et qualité du pain. — Vente du pain par les forains.

Nous venons d'étudier l'organisation industrielle en analysant la corporation qui en était la base, et de montrer l'influence de cette organisation sur la situation de l'apprenti, de l'ouvrier, du fabricant, ainsi que la façon dont s'exerçait la police de l'industrie. En traitant cette partie de notre sujet, nous avons dû nous placer à un point de vue général et laisser de côté les questions qui se lient intimement au caractère professionnel de chaque métier et lui donnent sa physionomie particulière. Ce sont ces questions que nous allons aborder maintenant ; nous allons entrer dans l'atelier, assister à la fabrication, faire connaître les rapports du chef d'industrie avec les clients, la provenance et la qualité des matières premières, les procédés techniques, la division du travail, les marques de fabrique, etc. Exposer sur tous ces points les particularités des divers métiers, c'est écrire une série de monographies. Les industries auxquelles sont consacrées ces monographies, en même temps qu'elles comptent parmi les plus importantes, sont à peu près les seules sur lesquelles nous ayons assez de documents pour pouvoir entreprendre un travail de ce genre. Ce sont la meunerie et la boulangerie, la boucherie, le bâtiment, les industries textiles et celles du vêtement, l'orfévrerie et les arts qui s'y rattachent.

Les grains arrivaient à Paris par terre et par eau. Selon

Delamare, l'importation avait lieu beaucoup plus par les routes de terre que par la Seine[1]. Les preuves qu'il en donne ne sont pas concluantes. Cela ne résulte pas, comme il le prétend, des statuts des mesureurs[2], non plus que du nombre de mesureurs attachés à chacun des trois marchés au blé par le roi Jean[3], et par Charles VI[4], car le blé venu par bateau pouvait se vendre non-seulement au marché de la Grève, mais aussi dans les deux autres. Le même auteur se trompe en disant que les pays d'aval n'envoyaient pas de blé à Paris par la Seine[5]. Ils se servaient certainement de cette voie de transport pour écouler à Paris l'excédant de leur récolte. Au xve siècle, Commynes, voyant passer les bateaux du palais de la Cité où il était prisonnier, s'étonnait de tout ce qui arrivait à Paris du côté de la Normandie[6]. Avant lui l'approvisionnement devait déjà se faire en grande partie par la même voie. Du reste, Delamare cite lui même des ordonnances du prévôt de Paris de 1373 (a. s.) et de 1396 (a. s.) qui prescrivent aux marchands, de faire descendre ou *remonter* jusqu'à la capitale leurs bateaux de vivres, notamment ceux qui portent des grains, aussitôt qu'ils sont chargés, au lieu de les laisser stationner et de les faire partir successivement[7].

Il y avait, nous l'avons dit, trois marchés au grain : l'un aux Halles, l'autre à la Grève, le troisième rue de la Juiverie, dans la Cité. Le 12 mars 1322 (n. s.), Charles le Bel ordonna que le marché de la Grève ouvrît au coup de prime à Notre-Dame, c'est-à-dire à six heures du matin, celui de la Juiverie — qu'on appelait aussi marché de Beauce, à cause de la provenance des récoltes qui y étaient apportées, — entre prime et

1. *Traité de la pol.* II, 727.
2. *Liv. des mét.* p. 21-23.
3. 30 janvier 1351 (n. s.). *Ord. des rois de Fr.* II, 350, art. 39-41.
4. Février 1416 (n. s.). Delamare, II, 113.
5. *Loc. cit.*
6. « A tout prendre, c'est la cité que jamais je veisse environnée de meilleur pays et plus plantureux, et est chose quasi increable que des biens qui y arrivent. Je y ay esté... avec le roi Loys demy an sans en bouger logié es Tournelles... et depuis son trespas, vingt moys maulgré moy, tenu prisonnier en son palais, où je veoye de mes fenestres arriver ce qui montoit contre mont la riviere de Seine du costé de Normandie. Dessus en vient sans comparaison plus que n'eusse jamais creu ce que j'en ay veu. » Ed. Dupont, liv. I, chap. viii.
7. *Traité de la pol.* II, 704. L'ord. de 1396 est au f° LXXIII du Livre rouge vieil du Châtelet.

tierce (de six à neuf heures), celui de la Halle au blé, entre tierce et midi. Une cloche ou un autre signal annonçait l'ouverture. Les grains, une fois déchargés dans un marché, ne pouvaient être transportés dans un autre. Ce qui n'était pas vendu le premier jour était emmagasiné[1].

Toute personne domiciliée à Paris avait le droit de se faire céder, pour sa consommation, un setier ou une mine du blé acheté par un boulanger, si elle survenait au moment de la remise du denier à Dieu, ou même avant la fermeture du sac ou de la banne. C'était un moyen d'empêcher l'accaparement. Aussi le boulanger et le marchand de blé ne participaient pas à l'achat fait par un bourgeois pour ses besoins ; mais, si ce bourgeois achetait pour revendre, il était tenu de céder une partie du blé au boulanger ou au marchand qui assistait à la conclusion du marché[2].

Il était défendu d'aller au-devant des grains et farines et de les acheter ailleurs qu'aux marchés publics.[3]

En temps de disette, l'autorité prenait des mesures qui allaient souvent contre leur but. Au commencement de l'année 1305 (n. s.), le prix du setier de blé à Paris et aux environs s'éleva à 100 s. et à 6 livres[4]. Philippe le Bel ordonna au prévôt, le 8 février, de faire faire un recensement des grains

1. Ord. du 12 mars 1322 (n. s.). Delamare, II, 56. Ord. du 30 janv. 1351 (n. s.), *loc. cit.* art. 42, 50.
2. *Livre des mét.* 17, 18. Ce droit de concourir à un marché existait entre bourgeois pour les œufs, le fromage, le vin : « ..... quar il est resons que les denrées viegnent en plain marchié... et illuec soient vendues si que li poure home puissent prendre part avec le riche, se il partir veulent et mestier leur est... » *Ibid.* p. 34-35. « Prins oy de nous la depposicion de Jehan le Barbier sur laquelle Richart Henry et Regnaut Malaisié se sont huy rapportéz pour toutes preuves, lequel a depposé que un mois a ou environ il fu présent à un marchié que led. Richart fist avecques led. Malaisié de trois poinçons de vin vermeil pour le pris de XXIII fr. et ad ce marchié nul ne clama part, exepté lui qui parlle qui clama à avoir part esd. trois poinçons par paiant la moitié desd. XXIII fr. et pour ce nous, oy ce que dit est, avons condamné... led. Richart à paier aud. Regnaut la moitié desd. XXIII fr. et à prendre la moitié du vin desd. trois poinçons et es despens. » 17 mai 1409. Plumitif de la justice de Saint-Germain-des-Prés, Z² 3485.
3. Ord. du 30 janv. 1351 (n. s.), art. 49. *Ord. des rois de Fr.* II, 350.
2. La disette sévit dans d'autres régions. Guillaume Forestier, dans sa chronique rimée des abbés de Sainte-Catherine du Mont, à Rouen, donne des exemples curieux du renchérissement général qui, en Normandie et en Vexin, comme dans la France proprement dite, suivit la disette. *Hist. de Fr.* XXIII, 414 f. — 415 d.

récoltés dans les villes et les campagnes de la vicomté, d'y laisser la quantité nécessaire à la consommation locale et aux semailles, et de faire porter le reste au marché le plus voisin. Bientôt après il fixa à 40 s. le prix maximum du setier ; mais cette taxe rendit le pain encore plus rare, à tel point que les boulangers de Paris furent obligés de fermer leurs boutiques pour dérober leur marchandise au pillage. Le maximum fut donc aboli et on se contenta de défendre l'accaparement, la spéculation, l'exportation. Tous les détenteurs de grains durent porter au marché ou mettre en vente ce qui n'était pas nécessaire à leur consommation et aux semailles. On fouilla les greniers. Des commissaires furent nommés pour rechercher le grain caché, le distribuer aux boulangers et en faire profiter le public. Mathieu de Gisors, Pierre du Regard et Richard Morel ayant acheté une grande quantité de blé et l'ayant chargé sur un bateau pour l'expédier à Rouen, le bateau fut arrêté, le blé confisqué et les propriétaires, dont l'un avait précisément été du nombre des commissaires chargés de rechercher les accapareurs, furent condamnés à l'amende[1]. La disette cessa bientôt, sans cependant faire place à une véritable abondance.

A la suite de la mauvaise récolte de 1390, l'autorité s'abstint de taxer le grain et combattit la disette en empêchant l'accaparement et la spéculation. Le 10 juin 1391, les mesures suivantes furent arrêtées et criées à Paris. Les détenteurs de grain et de farine durent réduire leur approvisionnement à ce qui était nécessaire pour une consommation de deux mois et vendre l'excédant. Le commerce en gros fut défendu. Les détaillants ne purent pas s'approvisionner pour plus de huit jours ni en concurrence avec le public ; les marchés et les greniers ne leur furent ouverts qu'après midi, lorsque les consommateurs avaient fait leur provision. Défense d'acheter ailleurs qu'aux marchés et notamment lorsque le grain était encore en route. Les boulangers forains vendront eux-mêmes ou feront vendre par leurs femmes et non par des regrattiers[2].

Pour éviter l'enchérissement du blé, on limitait la quantité de méteil qui entrait dans la fabrication de la bière. En 1369, Charles V ordonna qu'on n'y emploierait pas à Paris plus de trente muids par an[3].

Les moulins à vent étaient beaucoup moins nombreux à Paris

---

1. Delamare, II, 339.
2. *Livre rouge vieil du Chât.* f^{os} C et IX v°.
3. *Ord. des rois de Fr.* V, 222.

que les moulins à eau. Ceux-ci étaient pour la plupart des moulins à farine. De ce nombre étaient les moulins amarrés aux arches du Grand-Pont, en aval du fleuve[1]. Le chapitre de Notre-Dame y exerçait la juridiction et la police. Il trouvait plus avantageux, de les louer que de les exploiter directement[2]. Les locataires étaient quelquefois des boulangers, qui, supprimant ainsi un intermédiaire entre eux et le public, avaient double bénéfice[3].

1. On ne lira pas sans intérêt l'énumération de toutes les parties d'un de ces moulins, d'après deux prisées du xv° siècle. On reconnaît dans l'*abre gesant* l'arbre de couche, dans le *rouet par eaue* la roue extérieure que fait tourner la force motrice, dans l'*abre debout* la lanterne à fuseaux, enfin dans la *potence pour l'abre debout* le gros fer, c'est-à-dire l'axe commun de la lanterne et de la meule courante. Le mécanisme, dans ses parties essentielles, ne différait donc pas de ce qu'il est aujourd'hui ou, pour parler plus exactement, de ce qu'il était à la fin du siècle dernier. On verra que, pour plusieurs pièces, le nom même n'a pas changé. Ce mécanisme était placé sur un bateau ; c'est ainsi qu'une miniature du xiv° siècle, reproduite dans le *Mag. pitt.* t. XIV, nous représente les moulins du Pont aux Meuniers. « ... Deux seuilz [le plancher sur lequel était établi le moulin], cinq aubalestriers, IIII reilles qui souppendent led. moulin, quatre godivelles, une souche, deux chenesueilz, ung abre gesant, neuf braz, quatre sernes, le rouet par eaue garni de son embrasseure, dix huit auves, douze entrauves, ung rosteau garny, l'abre debout, l'esclotouere, cinq blochardeaux qui soustiennent les reilles, le rouet d'en hault garni de son embrasseure et chausseure, le moieul, deux moises, ung pailler, deux chaiennes, l'alegouere, l'espée, la tremuye, les tremuions, l'archeure, l'auget, l'enchevestrure de la meulle, la grant chauche garnie de sa ferreure avec ung chaable, une petite chauche, la huche qui reçoit la farine... S'ensuit la ferreure dud. moulin dont led. harnois travaillant est ferré : une potence pour l'abre debout, deux viroles à quoy elle est fermée à l'abre debout, le pailler sur quoy tourne la potence, la cheville qui soustient les routeaux, quatre chevilles dormans, qui soustiennent les IIII reilles, une cheville pour traire et pour laicher, deux chevilles servans à l'esclotouere, le fer du moulin, l'anille, le pailler sur quoy tourne le fer, une ensse, la cheville de l'alegouere, les sonnettes de la tremuye et le crochet à tendre les sacs... Pour les paignons d'en hault avec deux corbillons et une corbeille. Pour deux meulles de pierre... » 15 mai 1408. Arch. nat. S 29, n° 8. « le sueil d'amont l'eaue garny d'un soubz pontieau... le sueil d'aval l'eaue... les quatre reilles garnies de leurs talons... l'esclotouere garnye de ses bras et planche et de une ante... les aubaltriers... garnis de leurs godivelles et chenessueil... trois cernes... garnis de neuf petis bras et de 12 ou 14 auves... l'abre debout garny de ses routeaux et fuseaux... » *Ibid.* n° 10. Cf. *Encyclopédie méth. Arts et mét.* t. V, meunier (art du) et planches, t. III.

2. « Molendina de subtus magnum pontem tradentur per camerarium clericum ad tres annos pro ducenta francorum per annum. » *Reg. capit.* LL 211, p. 31.

3. Delamare va trop loin (II, 822) en disant en termes généraux

Le blé, généralement fourni par le client, était mesuré chez lui par le meunier, qui encourait des peines pécuniaires et corporelles, quand il mêlait à la farine des matières étrangères, telles que du son, de l'orge, des pois, des fèves. Le roi Jean établit des poids publics pour peser le blé porté aux moulins et la farine qui en sortait[1]. Le setier de froment et de méteil devait rendre quinze boisseaux de mouture, le setier de seigle quatorze boisseaux. Les grains étaient moulus dans l'ordre où ils arrivaient au moulin, il était défendu au meunier de faire passer un client avant son tour[2].

Les crues, les glaçons charriés par le fleuve exposaient à de véritables dangers les moulins et les meuniers, qui y était logés[3]; aussi étaient-ils tenus de se porter secours à toute heure du jour et de la nuit.[4] Ils recevaient un salaire en nature, fixé à un boisseau par setier de grain. Quand la Seine charriait, quand les eaux étaient trop basses ou trop hautes, ils pouvaient stipuler en outre de l'argent. Ils ne prenaient aux boulangers qu'un boisseau pour deux setiers, moitié moins qu'aux bourgeois, ce qui permettait aux premiers de gagner sur le prix de la mouture.[5] Plus tard, ils demandaient à leur choix un boisseau ou sa valeur, c'est-à-dire un sou.[6] Cependant l'ordonnance précitée du prévôt de Paris du mois d'octobre 1382[7],

que les boulangers étaient en même temps meuniers et que les fours étaient réunis aux moulins. Le texte d'où il tire cette conclusion et qui accorde aux boulangers le droit de convertir en pain le *blé* qui leur est livré par le public, doit s'entendre en ce sens que les boulangers se chargeaient de faire moudre le blé de leurs clients et de le leur rendre sous forme de pain, à moins que *blé* ne soit improprement employé là pour *farine*, comme dans le texte suivant : « Sera tenus led. fournier de prendre cascun samedi le blé des moeutures des mollins de Corbye pour faire le blanc pain du couvent... » Du Cange, v° *Panis armigerorum*.

1. En 1420, on ordonna également de peser successivement le blé et la farine, ce qui prouve que ce moyen de contrôle n'avait jamais été appliqué ou était tombé en désuétude. *Journal parisien de Charles VI et Charles VII*. éd. Buchon, p. 271.
2. *Ord. des rois de Fr.* II, 350, art. 54. Ban du prévôt de Paris du 11 octobre 1382, Livre rouge vieil du Chât. f° IX^{xx} XVIII v°. Cf. *Liber albus*, 355. *Liber custumarum*, part. I, p. 328.
3. « Si vero... domicilia habeant in.. molendinis. » Janvier 1312 (n. s.). Bibl. Sainte-Geneviève, Cart. Sainte-Genev. f° 92 v°.
4. *Liv. des mét.* p. 19.
5. *Ibid.* p. 18, 19.
6. *Ibid.* p. 20, n. 1. *Ord. des rois de Fr.* II, 350, tit. VI.
7. Voy. n° 2.

ne leur accorde qu'un boisseau par setier, sans parler de cette alternative ni d'une augmentation dans les circonstances défavorables.

Lorsque le Grand-Pont, construit au IXᵉ siècle par Charles le Chauve[1], eut été renversé par l'inondation le 20 décembre 1296, les propriétaires des moulins ne tardèrent pas à le reconstruire, chacun d'eux rétablissant successivement la partie nécessaire à l'exploitation de son moulin. La première arche du pont vis-à-vis Saint-Leufroi servant à tous les propriétaires pour aller à leurs moulins, pour transporter leur blé et leur farine, devait être entretenue à frais communs. Ce nouveau pont, appelé *Pont-aux-Meuniers, Pont-aux-Moulins*, suivait, à peu de chose près, la direction du Grand-Pont, c'est-à-dire qu'au nord il conduisait directement au grand Châtelet par la rue Saint-Leufroi et qu'au sud il aboutissait à la tour de l'Horloge[2]. Voici l'ordre dans lequel, en 1323, se succédaient à partir de la rive droite les moulins du Pont-aux-Meuniers : le moulin de Guillaume le meunier, deux moulins appartenant au chapitre de Notre-Dame, le moulin de Saint-Ladre[3], celui de Saint-Germain-l'Auxerrois[4], celui du Temple, celui de Saint-Martin-des-Champs, celui de Saint-Magloire[5], celui de Saint-Merri[6] et celui de Sainte-Oppor-

---

1. Berty, *Rech. sur les anc. ponts de Paris*, Rev. *archéol.* an. 1855.
2. Berty, *loc. cit.*
3. En 1396, il appartenait à Laurent le Hale, vicomte de Bayeux, mais était encore connu sous le nom de *Moulin S. Ladre*. Arch. nat. S 29, nᵒ 1.
4. En 1294, le chapitre de S.-Germain produit des témoins devant les enquêteurs commis à la recherche des biens de main-morte nouvellement acquis, pour prouver que ce moulin lui appartient depuis plus de cinquante ans. *Ibid.* nᵒ 6. Le 30 décembre 1377, ce moulin fut loué à un boulanger pour un an et moyennant 80 fr. d'or. Le preneur s'engage à entretenir en bon état le moulin prisé 141 liv. 12 sols par. S'il en a augmenté la valeur à la fin du bail, le chapitre lui remboursera la plus-value. *Ibid.* nᵒ 3.
5. « It. unum molendinum subtus magnum pontem quod valet per annum octo modia bladi ad quatuor terminos Parisius consuetos ecclesie persolvenda, multura abbacie libera remaneate. » Arch. nat. Cart. Saint-Magloire rédigé en 1294. LL 168, fᵒ 23.
6. Ce moulin souffrit des glaces charriées par la Seine en 1407. Quand le chapitre voulut l'étayer par des pilotis, il s'aperçut que ceux du moulin de S.-Magloire dépassaient leur limite légitime. De là procès devant le prévôt de Paris, puis en appel au Parlement. A la cour, les parties s'arrangèrent ; il fut convenu que la *palée* du moulin de S.-Magloire appartiendrait en commun à l'abbaye et au chapitre et que, lorsqu'un

tune[1]. Ici s'ouvrait la grande arche qui était entièrement libre pour la navigation. Les moulins qui se trouvaient au delà ne figurent pas dans le texte auquel nous empruntons cette énumération[2], mais ils ont leur place en tête de la liste dressée par

des pilotis qui dépassaient les autres serait ôté, celui qui le remplacerait serait mis à l'alignement. 17 juin 1423. L 605.

1. Le samedi avant la Saint-Vincent 1323, le prévôt de Paris condamna les chapitres de Saint-Merri et de Sainte-Opportune à contribuer pour les deux tiers à la réparation de la partie du Pont aux Meuniers conduisant à leurs moulins et à celui de l'abbaye de S.-Magloire. *Ibid.*

2 « ... sur ce que le d. procureur des d. religieux [de S.-Magloire] disoit... que yceuls religieus avoient... de lonc temps un pont qui servoit à un leur moulin que il avoient à Paris au dessouz de la Saunerie, joignant... au pont que l'en appeloit le Pont des Moulins, là où souloit estre le viez grant pont de pierre... et que l'entrée du pont que l'en appelloit le Pont des Moulins estoit assis par devers S. Leffroi devant le Change... et comment que led. pont... feust tout conjoint ensemble, toute voies avoit il esté fait par plusieurs foiz et par les personnes chacun endroit soi à qui les d. moulins estoient et que cellui qui avoit le premier moulin assis au d. lieu avoit... fait le premier pont et l'entrée d'ycelui endroit soi et toutes les autres personnes qui avoient moulins au d. lieu avaient ainsi fait chascun endroit soi pont par la suite de leurs moulins que il avoient aus d. lieuz et chascun à leur propres couz et que du premier pont touz les (sic) avoient moulins apres chascun endroit soi avoient.. assieute por aler à leurs d. moulins por porter et rapporter leur blé et leur farine au d. moulins et toutes fois qu'il en avoient eu mestier de refaire ou d'aucune repparacion, chascun des autres personnes qui avoient moulins es d. lieus apres le d. premier pont qui du d. premier pont prist prouffit et aisance.. devoient contribuer souffisamment en la d. reffection... et que le premier moulin et le d. premier pont assis devant icelui estoit à Guillaume le Munier et le secont, etc.... et que apres le d. moulin et pont de S. Magloire, les chapitres de S. Merri avoient un moulin et ceus de Sainte-Oportune un autre moulin apres touz les darreniers par devers l'arche du grand pont...» Bibl. nat. Cart. S. Magloire, Lat. 5413 p. 273. Au f° 135 d'un autre cartulaire de S. Magloire (Arch. nat. LL 168) est insérée la répartition d'une contribution supportée au XIVe siècle par les propriétaires ou les locataires de plusieurs moulins du Pont-aux-Meuniers pour l'établissement ou plutôt la réfection du tablier. « C'est la taxacion de la voie commune qui est feite pardevant les molins du grant pont. Prumierement pour l'arche commune IIII liv. X. s. Pour Guillaume le Munier XXII s. VI d. Pour la premiere arche dou chapistre XXII s. Pour la seconde arche dou chapistre XXX s. Pour le molin de S. Ladre XXXV s. Pour le molin S. Germain IIII liv. et X s. Pour le molin dou Temple XII liv. Pour le molin de S. Martin XVIII liv. Pour les juréz VI s. V den. Somme XLV liv. » Si tous les moulins ne figurent pas dans cette liste, c'est sans doute qu'on ne refit qu'une partie du pont et que ceux-là seuls durent contribuer à la dépense qui profitèrent du travail. Les jurés sont probablement les maçons et charpentiers jurés qui le dirigèrent.

M. Berty dans l'ordre inverse[1]; c'était un autre moulin appartenant au Temple[2], le moulin des Bons-Hommes du bois de Vincennes[3], le moulin de Chanteràine au chapitre de Notre-Dame. Toutefois, s'il existait encore en 1323 un moulin de ce nom, il n'occupait pas tout à fait la même place que celui qui avait été l'objet d'une expropriation nécessitée par l'agrandissement du Palais et pour laquelle, au mois de septembre 1313, Philippe le Bel se reconnaissait obligé à constituer au chapitre une rente de 40 liv. par.[4].

En dehors des moulins du Pont-aux-Meuniers, nous devons à un censier de Saint-Magloire, écrit au commencement du XIVe siècle, la connaissance des moulins situés dans la censive de cette abbaye. Or, cette censive comprenait toute la partie

1. *Recherches sur les anc. ponts de Paris.*
2. « Sur ce que les religieux, prieur et frere de l'ospital de S. Jehan de Jherusalem ou prioré de France, à cause de leur maison de hors les murs de Paris qui jadis furent du Temple, s'estoient dolus en cas de nouvelleté de Guill. Barbou, dont Pierre Barbou, son frere a repris les arremens, pour cause de certains empeschemens que le d. Guill. avoit fait en un certain pont ou alée que les d. religieuz ont pour aler à un molin qu'il ont au bout de grant Pont au costé devers le Palays, pour bien de pais... accordé est en la manière qui s'ensuit : c'est assavoir que les d. religieux feront faire et reffaire leur pont ou alée toutes fois qui leur plaira pour aler à leur d. molin à pié et à cheval et porront mettre... leurs poutres et merrien nécessoire pour refaire le d. pont sur les fondemens de l'ostel du d. Pierre Barbou et sur sa poutre qui est en ce lieu... et au bout du d. pont avera un grant huis qui sera pendus à un des posteaux qui soustient l'ostel du d. Pierre, le quel les d. religieux feront clourre, ouvrir et fermer toutes foys qui leur pl[aira] ou leur gens qui demourent ou d. molin et pour abregier leur chemin semblablement porront faire un autre huis à l'encontre de l'ostel du d. Pierre, lequel sera pendus à un de ses posteaux qui est parmi le milieu du pont de la d. maison le quel clorra et ouvrira... aussi comme l'autre et ara le d. huis IIII piéz de lé et VII piéz et demi de haut et pardessus led. huis led. Pierre prendra, mettera et ostera ses bannes touteffois qui li plaira comme sur son heritage et se le d. viéz pont qui jadis fut de pierre estoit reffait ou temps advenir, les d. religieux ne porroient avoir que un huis por aler à leur d. molin et aussi ne porroit le d. P. mettre nulles bannes ne autres choses dessus l'uissure qui seroit ostée ne ailliours ou prejudice des d. religieux et parmi cest acort se partent les d. parties de court... » Arch. nat. Accord homologué au Parl. le 1er mars 1357 (n. s.).
3. Au XVe siècle, ce moulin fut menacé par la chute partielle d'un hôtel voisin, situé plus en amont sur la Seine. Les religieux de Grammont du bois de Vincennes firent sommation aux propriétaires, détenteurs et créanciers hypothécaires de le réparer d'urgence. Pièce non datée écrite au XVe s. Arch. nat. L 605.
4. Cart. de Notre-Dame, II, 148.

FAGNIEZ, *Études sur l'Industrie.*

de la Seine qui s'étend depuis l'extrémité orientale de l'île Notre-Dame jusqu'au Pont-aux-Meuniers[1]. Presque tous les moulins établis entre ces limites payaient à l'abbaye le cens tréfoncier qui était la marque de la directe ; ils se trouvent donc presque tous sur la liste qu'on va lire. Pour la dresser, le rédacteur du censier a commencé sur la rive droite, à la rue des Barres, et descendu le fleuve jusqu'à la Boucherie, c'est-à-dire jusqu'au Pont-aux-Meuniers, puis, passant à la rive septentrionale de la Cité, il est remonté jusqu'à l'église Saint-Landri. En suivant ce parcours on trouvait successivement : 1° les trois moulins des Templiers, appelés moulins des Barres, du nom de la rue vis-à-vis laquelle ils étaient situés[2] ou moulins de Grève, « moulins assis sous Saint-Gervais[3] ». En 1296, ils furent l'objet d'une sentence arbitrale de M° Hugues Restoré. L'abbaye de Saint-Magloire voulait obliger les templiers à vider leurs mains de ces moulins qu'ils venaient d'acquérir. L'arbitre décida qu'ils seraient amortis aux acquéreurs et que ceux-ci céderaient à l'abbaye une rente de 15 liv. par. sur des maisons du Grand-Pont[4]. 2° Les moulins des juifs, dont le nombre nous est inconnu, et qui étaient établis en face de la rue de la Tannerie. 3° Au même endroit trois moulins, connus sous le nom de « Chambres maître Hugues », à cause de leur propriétaire, Hugues Restoré, avocat au Parlement, le même qui fit l'arbitrage dont nous venons de parler[5]. 4° Les trois moulins d'Eudes Popin[6]. 5° Le moulin de Jean des Champs et de Gautier le Mâtin[7]. 6° Le moulin de Mathieu Fortaillée, drapier. 7° Celui d'Henriot de Meulant. Au pont des Planches-de-Mibrai, étaient amarrés deux moulins vacants portant le nom d'Eudes

1. « Aqua Sequane fluit a capite insule Sainte-Marie usque ad magnum pontem ita libera ut nullus inibi sine gracia et nutu ecclesie et abbatis B. Maglorii piscari sive aliquid construere possit. » Cart. S.-Magloire. Arch. nat. LL 168, f° 23 v°.

2. Jaillot, III, Quart. de la Grève, 4-5.

3. « Les III moulins assis souz S. Gervès. » Cueilloir du Temple, an. 1351. Arch. nat. S 5586, non folioté. « En la Mortelerie et devant noz trois moulins de Greve. » Cueilloir du Temple, an. 1376, S 5586, f° cxl v°.

4. Cart. S.-Magloire. Bibl. nat. Lat. 5413, p. 224.

5. Jaillot, Quart. de la Grève, 49-50.

6. Les «Chambres maître Hugues» ne figurant pas dans l'énumération du censier, on est tenté de les identifier avec les trois moulins d'Eudes Popin.

7. « Johannes de Campis et Galterus le Maatin [pro uno molendino] II S. » LL 168, f° 8. Nous croyons devoir rétablir ici les mots entre crochets, qui se trouvent dans les autres articles.

Popin, le moulin de Pierre de Bobigni, celui des Bons-Hommes du bois de Vincennes[1], celui de Girard d'Epernon, celui de Raoul de Vernon et d'Hugues Charité, ceux de Simon du Buisson (*de Dumo*), de Jean des Champs, de Louis Chauçon, de Saint-Martin-des-Champs[2], un autre moulin à Louis Chauçon, celui de Notre-Dame-des-Champs, les deux moulins de Gautier à l'Epée (*ad ensem*), celui de Saint-Denis-de-la-Chartre[3]. Devant l'Ecorcherie[4] se succédaient les deux moulins de Nicolas Flamenc, celui d'Etienne Maci, ceux de Pierre de Cornouaille, d'Alix la Bouchère, de Robert de Mantes, celui qui appartenait en commun à Guillaume de Neuvi (*de Vico Novo*) et à Marie du Luet, celui de Marguerite du Clotet, enfin les deux moulins du Gort-l'Évêque[5]. Nous ignorons pourquoi le censier omet un moulin, établi sur le même rang que les moulins de l'évêque, et ayant pour propriétaire en 1324 (n. s.) un bourgeois de Paris, nommé Robert Miete[6]. Ce bourgeois avait fait dériver l'eau vers son moulin, et l'y retenait aux dépens de ceux du Pont-aux-Meuniers. A la suite du rapport des jurés de l'eau de Paris et de la constatation de deux plongeurs, le prévôt condamna Miete, à enlever le gord, l'écluse et la vanne qu'il avait établis[7]. Devant la Boucherie le censier énumère sept moulins : un à Adam Savouré, deux à l'hospice du Roule (*pro Rotulo*), le quatrième à l'abbesse d'Yerres, les trois derniers à Jean Bichart, à Guillaume de la Chartre (*de Carcere*), et à Eudes Popin. En remontant de la rue de la Péleterie jusqu'à Saint-Landri, on comptait dix moulins : celui d'Etienne Maci, celui de Richard Pié-et-Demi, celui de Jean Pain-Mollet, les deux moulins de Noël, meunier, en aval de l'église, celui de l'hôpital de la Trinité, celui de l'Hôtel-Dieu, et enfin trois moulins appartenant à Jean

---

1. « Item *Crepin* unum molend. pro *les Barbarans* (sic) de bosco Vicenarum. » LL 168, f⁰ 8.
2. « Yvo de Calvo Monte unum mol. pro S. Martino. » *Ibid.* f⁰ 8 v⁰.
3. Voy. une transaction entre les abbayes de S.-Magloire et de S.-Victor sur la censive d'un moulin des Planches-de-Mibrai. Cart. S.-Magloire, Lat. 5413, p. 62.
4. Au temps de Jaillot, l'Ecorcherie s'appelait la rue de la Tuerie. Il y avait encore dans le voisinage une ruelle nommée du Moulin ou des Moulins. Jaillot, I, *Quart. S.-Jacques-de-la-Boucherie*, p. 74.
5. «... Ses deux moulins établis dans la Seine au dessus et à peu de distance du grant pont au lieu dit les moulins du gort l'évêque... » Cart. S.-Magloire, p. 235.
6. En 1317 Nicolas Miete possédait là plusieurs moulins. *Ibid.*
7. Arch. nat. S 29, n⁰ 7.

des Champs[1]. Au commencement du xive siècle, le nombre des moulins établis dans le grand bras de la Seine, depuis la pointe orientale de l'île Notre-Dame jusqu'au Pont-aux-Meuniers, s'élevait donc à cinquante-cinq environ, sans compter les moulins des juifs. On s'étonne de n'en pas trouver dans la partie de la rivière qui baigne l'île Notre-Dame. Nous ne prétendons pas, du reste, avoir présenté un relevé absolument complet des moulins à farine compris dans les limites de notre censier. Il nous suffit d'en avoir fait connaître cinquante-cinq, qui, ajoutés aux treize moulins du Pont-aux-Meuniers, forment un total de soixante-huit.

La Bièvre faisait marcher aussi des moulins. L'abbaye de Sainte-Geneviève en avait un sur cette rivière, auquel on donnait le nom de moulin des Copeaux[2]. L'abbé Eudes, concédant à l'abbaye de Saint-Victor, par une charte rédigée entre 1148 et 1150, une prise d'eau dans la Bièvre, stipule qu'elle ne portera aucun préjudice à ce moulin[3].

---

1. Censier de S.-Magloire en tête du Cartulaire de la même abbaye. Arch. nat. LL 168, f°s 8-9.
2. Il ne faut pas le confondre avec un moulin à vent du même nom situé sur une butte où a été dessiné depuis le labyrinthe du Jardin des Plantes. A ceux qui voudraient faire des recherches particulières sur le moulin à eau des Copeaux nous signalerons deux baux, l'un de 1322 (n. s.), l'autre de 1385 (Arch. nat. S 1516 *b*, n°s 26 et 29), un bail à croît de cens de 1357 (n. s.), une sentence du prévôt de Paris de 1382 (n. s.) condamnant Anseau de la Taillebotière, comme étant le censier le plus récent dudit moulin, à le garnir et à le réparer de façon à ce qu'il rapporte à l'abbaye les 24 liv. par. pour lesquelles il était loué. S 1516, n° 11 ; 1516 *b*, n° 28.
3. « Odo..., venerabilis patris nostri G. Dei gracia abbatis S. Victoris et filiorum ipsius... precibus annuentes..., eis concessimus ut totam aquam Beveris de sub molendino nostro acceptam per terram ecclesie nostre, ad porprisium ecclesie sue et inde pro voluntate eorum usque in Sequanam versus Parisius ducerent, et de eadem aqua infra ambitum murorum suorum et extra quicquid eis esset utile... facerent, excepto quod molendinum eis extra muros facere non licebit nec ad suum molendinum aliquos recipere molantes. Hoc tamen firmiter determinatum est illud eorum opus, qualecumque fuerit, sic debere fieri, ut molendinus noster qui superius situs est in nullo impediatur. Propterea ne forte inter duas sorores ecclesias aliqua in posterum super hoc oriatur contentio... consilio et inspectione artificum, communi assensu utriusque partis, ad molendinum nostrum juxta aque ductum meta quedam que vulgo *patella* vocatur, posita est, quam scilicet metam aqua nulla operis eorum elevatione vel ipsius aque retentione transire debebit, quin potius si aque ductus eorum aliqua forte negligentia minus cavatus fuerit vel curatus, semper habebunt præ oculis

C'était aussi sur la Bièvre, en aval des Cordelières de Saint-Marcel, près de la fontaine de Gentilly, qu'était établi le moulin Croulebarbe. En juin 1228, le prieuré de Saint-Martin-des-Champs confirmait au chapitre de Notre-Dame la possession de ce moulin, à charge d'un chef cens de 26 den. obole [1]. En 1296, le chapitre le baillait à surcens, avec ses dépendances, pour 15 liv. par. [2]. En 1388, il y avait déjà plusieurs années, qu'à cause de son délabrement, il ne rapportait plus ce revenu annuel. Le 19 septembre, Guillaume de Lyons et sa femme, envers qui il était grevé d'une rente de 10 liv. par., furent condamnés par le prévôt de Paris à le réparer et à le garnir dans les quarante jours, pour assurer le payement du croît de cens et des arrérages dus au chapitre [3]. Les réparations furent faites, car l'année suivante le chapitre loua le moulin pour six ans, moyennant 12 liv. par. [4]. Mais le locataire, ruiné sans doute par les charges foncières, ne le garda pas jusqu'à la fin du bail. En 1393 (n. s.), le moulin était abandonné et sans propriétaire connu. Le chapitre, n'osant en accepter la propriété, de peur de s'exposer à une revendication, requit le prévôt de Paris de pourvoir à cette situation. Celui-ci mit le moulin et ses dépendances à louer; les frais des réparations devaient être pris sur le loyer, ou, en cas d'insuffisance, avancés par le chapitre [5].

Les rapports du boulanger avec le consommateur étaient plus variés qu'aujourd'hui. Tantôt le boulanger achetait le blé, l'envoyait au moulin, faisait le pain et le vendait; tantôt il recevait le blé du client et le faisait moudre ; tantôt enfin le consommateur faisait moudre lui-même son blé, et fournissait la farine au boulanger. L'ordonnance du 30 janvier 1351 (n. s.) exigea que, dans ce dernier cas, la farine fût passée, blutée, pétrie et tournée chez le client [6]. La cuisson était la seule opération qui ne dut pas s'accomplir sur place. C'était le seul moyen de s'assurer

---

ad quam formam aquæ ductum illum debeant reparare... » Bibl. Sainte-Genev. Cart. Sainte-Geneviève, f° 83 v°. Cf. *Invent. des cartons des Rois*, n° 527.
1. Cart. Notre-Dame, I, 428.
2. Arch. nat. S 21, n° 13.
3. *Ibid.* n° 14.
4. *Ibid.* n° 11.
5. *Ibid.* n° 10. Voy. le devis des réparations dressé à la requête du chapitre, peu de temps après la décision du prévôt. Append. n° 33.
6. *Ord. des rois de Fr.* II, 350, art. 37.

que la farine n'était ni soustraite ni falsifiée ; mais l'obligation de travailler hors de chez soi était si gênante pour le boulanger que cette disposition de l'ordonnance ne fut probablement pas appliquée.

Les grands seigneurs, les établissements religieux, se passaient généralement du boulanger. Le grain récolté sur leurs terres ou livré en redevance remplissait leurs greniers ; ils avaient des moulins et des fours [1].

Cependant, au XIVe siècle, le duc de Berry faisait faire au dehors le pain nécessaire à la consommation de sa maison[2]. Le chapitre de Notre-Dame faisait prix avec un boulanger pour la fourniture du pain destiné aux distributions capitulaires. Le blé était acheté tantôt par le chapitre [3], tantôt par le boulanger[4]. Celui-ci pouvait céder à prix d'argent son marché, mais son successeur devait avoir l'agrément du chapitre[5]. Lorsque le pain était mal fait, le chapitre obtenait une réduction de prix ou même la résiliation du marché. Ainsi, en 1393, le boulanger, dont le pain avait provoqué des plaintes fréquentes, consentit à résilier son marché, et les chanoines en conclurent aussitôt un autre avec un boulanger qui demandait 12 s. par. par setier pour la fourniture d'un semestre et 14 sols pour celle d'un an[6].

1. Voy. plus bas p. 170.
2. « De Guillaume de S.-Germain, receveur de Berri, qu'il a livré pour la despense de l'ostel de mond. seigneur du froment des molins dud. seigneur à Raoulet de Ruelle, boulengier à Meun sur Yevre qui en a cuit et livré le pain pour lad. despense faicte à Meun sur Yevre ou mois d'aoust [mil] CCCLXXI. » Arch. nat. KK 251, f° 54.
3. « ... pro blado quod capitulum ipsum d. bolengario suo de quoquendo ministrat... » Arch. nat. K 38, n° 15.
4. « Fiat certifficacio bolengario capituli super blado per ipsum empto pro pane capitulari distribuendo usque ad LX[ta] modios frumenti. » Reg. capit. de N.-D. LL 211, p. 377.
5. « Anno [MCCC] XXVIII° die martis post Brandones capitulantibus..... Mathæus de S. Silvestro, pannetarius et Stephanus Maugeri, ejus pred- [ecessor] in panetaria confessi fuerunt se concordasse inter se super causam quam movebat in capitulo idem Mathæus contra ipsum Stephanum petendo ab eo IX[xx]X lib. par. ex causa depositi et idem Stephanus concessit quod panetaria remaneat d. Matheo et se desaisivit de ea et ad ejus requisitionem capitulum saisivit d. Mathæum de ea et recognovit idem Stephanus se habuisse pecuniam quam debebat habere de precio venditionis panetarie. » Ibid. LL 208, p. 32 v°.
6. « Ordinatum est quod domini loquantur cum boulengerio capituli ut faciat panem melius preparatum quam consuevit facere, et, si ipse voluerit quittare forum quod habet cum dominis, fiet novum forum cum illo qui vult facere sextarium pro XII s. par. usque ad medium annum vel

L'évêque de Paris avait aussi son boulanger qui, comme les autres gens de métiers attachés à son service, était franc de toute imposition, notamment pour le transport du vin et du grain [1]. Aussitôt après avoir été choisi, ce boulanger était présenté au prévôt de Paris par le clerc du bailliage de l'évêque [2]. Il figure dans les comptes de Notre-Dame au XIVe siècle comme ayant touché 13 liv. 12 s. pour la fourniture du pain Chilly consommé pendant un an dans le palais épiscopal [3].

Ce n'était pas seulement les grands seigneurs, les maisons religieuses, qui avaient des fours; le four faisait partie de tout ménage bien monté [4]. Philippe le Bel n'aurait pas autorisé tous les habitants de Paris à cuire chez eux si les bourgeois, les bourgeois aisés du moins, n'avaient été en mesure de le faire ; mais cette autorisation prouve, en même temps, que les fours domestiques ne pouvaient jusque-là servir à faire du pain, mais

---

pro XIIII usque ad annum et quia fuit hodie reppertus adhuc panis non sufficiens, domini R. de Putheolis et Ph. de Salione fuerunt deputati ad loquendum cum ipso primo boulengerio, qui eciam statim fuerunt loquti et retulerunt quod ipse erat contentus de quittando forum, si placeret dominis, quibus bene placuit, et fuit ordinatum quod reciperetur forum alterius usque ad medium annum pro XII s. » *Ibid.* an. 1393, LL 211, p. 128. «Johannes Jaquerii, bolengarius capituli, se excusavit eo quod malefecerat panem capitularem a XV diebus citra et se submisit voluntati dominorum volens quod in compotis domini deducant quicquid eis placuerit. » *Ibid.* an. 1399, LL 212 [a], p. 21. Voici des marchés passés par le chapitre avec des boulangers : « Factum fuit forum... cum Johanne Jaquerii, bolengario pro pane capitulari faciendo a festo Purificacionis B. Marie Virginis proxime futuro usque ad iddem festum anni Domini 1399 pro precio XXII s. p. pro quolibet sextario bladi et debet d. bolengarius reddere pro quolibet sextario... 54 panes ponderantes XXVI oncias ipso pane cocto... et super hoc passabit litteras in Castalleto et se obligabit et debent tradi III[c] franci d. bolengario super dicto foro. » *Ibid.* an. 1399 (n. s.), LL 211[b], p. 427. «Factum fuit forum cum Johanne Fontainne bolengario... pro blado quod capitulum ipsum d. bolengario... habeat pro quolibet sextario XXI sol. cum sex den. et promisit fideliter panem capitularem facere. » LL 212a, p. 170. Voy. aussi LL 212[b], p. 318.

1. Arch. nat. Mémor. de la Chambre des comptes, 2296, f° 217.
2. « L'an de grace mil CCC et trois lundi apres quinsaine de Paskes se comparut par devant nous M[e] P. le Voier, clerc de la balie l'evesque de P., si comme il disoit, et nous presenta Eurvin Leger de par led. evesque, si que il disoit, pour panetier l'evesque fait de nouvel. » Ms fr. 24069, f° XII[xx]X v°.
3. Arch. nat. LL 10, f° 15.
4. « ... les menus ménagiers de lad. ville [Melun], qui ne sont pas aisiés de cuire en leurs hostelz... » *Ord. des rois de Fr.* IV, 593. Il résulte *a contrario* de cette phrase que les « ménagiers » riches cuisaient chez eux.

seulement de la pâtisserie[1]. Cette conclusion est confirmée par des textes qui établissent que, pendant le cours du XIIIe siècle, les habitants de Paris étaient obligés de faire cuire leur pain au four seigneurial.

Parmi les fours banaux de cette époque, il est permis de compter celui de la rue de la Juiverie, dont les revenus furent donnés pour les trois quarts par Barthélemi de Fourqueux au prieuré de Notre-Dame-des-Champs et qui, en 1179, était l'objet d'une transaction entre le prieuré et le fournier[2]. L'accord passé le 8 avril 1228-29 entre les abbayes de Saint-Maur et de Sainte-Geneviève au sujet du four de Vieille-Oreille ne porte pas sur les revenus, mais sur la censive et la mouvance ; il n'y est donc pas question de la banalité, mais ce four est bien connu comme le four banal de Saint-Maur, et, pour être passé dans les mains d'un particulier, il n'avait pas perdu ce caractère. Seulement l'abbaye, au lieu de l'exploiter directement, recevait des propriétaires un revenu fixe[3]. Nous hésitons, au contraire, à considérer comme un four banal celui qui, construit aux Champeaux par Adélaïde la

---

1. Il en était ainsi ailleurs qu'à Paris : « ... et pourra avoir chascun d'iceulz [habitants de Jagny]... un fouret en sa maison, se il lui plait pour cuire tartes, pastelz et flannes tant seulement et sans y cuire pain ... » Arch. nat. Accord homologué le 11 septembre 1361, X[1c] 12. « Les habitans [de S.-Belin] peuvent construire petiz fours en leurs hostelz, pour cuire flaons et pastes alixes, sans ce qu'ilz y puissent cuire pastes levées en forme de pain. » An. 1461, Du Cange, v° panis aliz.

2. Jules Tardif, *Invent. des cartons des rois*, n° 354. Transaction entre le prieuré de N.-D. des Champs et Hugues de Fourqueux, entre 1177 et 1187. Arch. nat. S 6999. Transaction entre le même prieuré et Thibaut fournier en 1179, L 920.

3. « ... Compositum fuit... in hunc modum... quod nos [l'abbaye de Sainte-Geneviève] percipiemus annuatim duos sol. Par. nomine capitalis census pro d. furno... ipsi vero [l'abbaye de S.-Maur] in eodem furno dominium feodi habebunt cum omnimoda justicia ad ipsum feodum pertinente, ita quod, quandocunque contigerit emendam levari a nobis pro defectu solutionis census prefati...., ipsi medietatem illius emende habebunt. Si vero furnus ipse vel furni pars aliqua vendita fuit quinta pars precii nobis et pred. communiter dividetur... » Cart. de S.-Maur dit *Livre noir*, LL 112, f° 42, et v°. Voy. aussi Delamare, II, 821. Ce n'est pas le seul exemple d'un four dont la banalité ne profitait plus au seigneur. Les fourniers, exploitant le four et se succédant parfois de père en fils, arrivaient à se considérer comme propriétaires. Voy. la transaction de 1179 mentionnée p. 18, n° 2. Avec la pâte qu'il recevait comme fournage, le fournier faisait du pain qu'il vendait à son profit. *Restitution d'un vol. des Olim.* n° 454. Accord homologué au parl. le 27 octobre 1370, X[1c] 21.

Gente, femme du médecin de la reine Adélaïde de Savoie, fut en 1223 donné au prieuré de Saint-Martin-des-Champs par Adam évêque de Thérouanne. En accordant à Adélaïde la Gente le privilége exclusif d'avoir un four aux Champeaux, Louis VII ne rendait pas ce four banal, il lui donnait seulement plus de valeur par le monopole qu'il assurait au fournier[1]. Lorsque les habitants du bourg de Saint-Germain-des-Prés se rachetèrent du servage en 1250, l'abbaye stipula qu'ils continueraient à cuire dans son four[2]. En 1269-70, le prieuré de Saint-Eloi avait encore un four banal, situé au coin oriental des rues Saint-Eloi et de la Vieille-Draperie et nommé le four de Sainte-Aure, première abbesse du couvent[3]. L'évêque de Paris, le chapitre de Saint-Marcel, exerçaient également le droit de banalité[4].

Les boulangers étaient soumis, aussi bien que les particuliers, à l'obligation de porter leur pain au four seigneurial. Ceux du domaine royal s'en affranchirent en établissant des fours chez eux. Cette usurpation paraît avoir été tolérée pendant un certain temps ; mais, un jour, les prévôts fermiers, qui perdaient par là une source importante de revenus, voulurent faire démolir les fours. Les boulangers eurent recours à Philippe-Auguste. Le roi, considérant que chacun d'eux lui rapportait 9 sous et 3 oboles par an, leur permit d'avoir des fours, d'y cuire pour eux, pour le public, pour ceux de leurs confrères qui n'en avaient pas. Dès lors la liberté de fait dont ils avaient joui quelque temps fut légalisée, et ils purent exercer leur métier dans toute son étendue. On s'étonne qu'un titre aussi important pour eux que la charte de Philippe-Auguste ait été perdu de bonne heure et que, pour en établir le dispositif, il ait fallu, dès Philippe le Hardi, recourir à une enquête[5]. Bien entendu, Philippe-Auguste n'affranchit de la banalité que les boulangers du domaine royal.

L'obligation de se servir du four seigneurial dura-t-elle au delà du XIII° siècle? L'autorisation accordée en 1305 par Philippe le Bel à tous les habitants de Paris de faire du pain chez

---

1. *Invent. des cartons des Rois*, n° 420, 432. D. Marrier, *Hist. de Saint-Martin-des-Champs*, éd. 1636, p. 33.
2. Bouillart, *Pièces justif.* n° 92.
3. Cart. S.-Maur précité f° 71 v°. Voy. aussi Delamare, II, 823. Plan de M. Berty.
4. Voy. plus bas.
5. *Ord. relat. aux mét.* p. 349.

eux et d'en vendre à leurs voisins l'abrogeait tacitement[1]. Mais cette liberté ne dura pas plus longtemps que la disette à laquelle elle avait pour but de remédier ; elle était en effet incompatible avec l'exécution des règlements sur la boulangerie. On retrouve d'ailleurs au XIVe siècle des traces de la banalité des fours. Ainsi les boulangers, établis sur la terre de l'évêque, ne pouvaient cuire qu'au four Gauquelin et au four de la Couture [2], le premier situé rue de l'Arbre-Sec, le second rue du Four [3]. En cuisant ailleurs ils s'exposaient à la confiscation du pain et à une amende de 60 sols. C'est ce que reconnaissent le 3 août 1360 le concierge de l'hôtel d'Artois et un boulanger qui avait loué le four de l'hôtel et y avait cuit pour le public, bien qu'on ne pût y cuire que pour les gens de l'intérieur. L'évêque remit au boulanger et au concierge la peine qu'ils avaient encourue. La situation intéressante de ce boulanger, chassé de la Celle-Saint-Cloud par la guerre, la considération de la reine, propriétaire de l'hôtel d'Artois, enfin, l'éloignement des fours Gauquelin et de la Couture [4], déterminèrent même le prélat à permettre que le four de l'hôtel chauffât pour le public [5]. Les

1. *Ord. des rois de Fr.* I, 427.
2. Cart. Notre-Dame, III, 274.
3. Arch. nat. L 436, 4e liasse. La rue du Four allait de la rue Saint-Honoré au carrefour devant Saint-Eustache. Jaillot, II, *Quart. S.-Eustache*, p. 23 et le plan.
4. La distance n'était pourtant pas grande entre ce four, situé près de la Croix-Neuve, c'est-à-dire devant Saint-Eustache, et l'hôtel d'Artois, qui était voisin de la rue aux Ours. Jaillot, *Quart. S.-Eustache* 31, 46-47.
5. « Lorens de la Folie, consierge de l'ostel d'Artois assis à Paris en la justice haulte, moienne et basse de reverent pere en Dieu monseigneur l'evesque de Paris, lequel est à présent à tres noble, puissant et excellent dame madame la Royne de France et Jehan Pol, talemelier de la Celles, demeurant ou d. hostel..... afferment que les talemeliers et pasticiers demouranz à Paris en la justice temporelle du d. monseigneur l'evesque... ne pevent cuire pain à bourgois ne à autres personnes quelconques du blé d'iceulz bourgois ne d'autres personnes en leurs fours ne en estranges estanz en lad. justice sanz le congié... dud. mons. l'evesque ou de son baillif, sur peine de 60 s. p. d'amende pour chacune foiz et pour chascune personne que il le feroient et de perdre le pain....., excepté en deux fours..... le four Gauquelin et celi de la Cousture seanz en icelle justice, nyantmoins led. talemelier..... a de nouvel cuit pain à plusieurs bourgois de P. et autres personnes de leur blé sans le congié dud. mons. l'evesque et de son d. baillif en un four estant oud. hostel que le d. consierge a depuis brief temps loué au d. talemelier ou quel par avant le louage d'iceli l'en avait acoustumé à cuire pain, pasticerie et autres choses... pour ma d. dame, ses genz et pour ceulz du d. hostel et non pour autres... il li ont supplié.. que il leur voulsist pardonner..... et leur donner congié...

fours Gauquelin et de la Couture ressortissaient exclusivement à la juridiction du bailli de l'évêque[1]. Le 13 janvier 1384 (n.s.), Pierre Burnoust, huissier du parlement, commis à la garde des droits de l'évêché, se transporta au Palais Royal et là fit reconnaître par le lieutenant du grand panetier et les gardes-jurés de la boulangerie que c'était indûment qu'ils avaient saisi du pain dans le four Gauquelin ; le pain ayant été donné à l'Hôtel-Dieu, le procureur de l'évêque leur fit faire le simulacre d'une restitution [2]. Le chapitre de Saint-Marcel conserva un four banal jusqu'en 1406. A cette époque, les habitants de Saint-Marcel se rachetèrent de la banalité moyennant deux redevances annuelles, l'une de 75 sous pour l'ensemble de la population, l'autre de 2 s. 6 den. pour chaque four domestique. Ces deux redevances étaient connues sous le nom de « droit de petit four [3]. » Avant le chapitre de Saint-Marcel, d'autres seigneurs justiciers avaient sans doute accepté la transformation de cette servitude gênante en une redevance pécuniaire. Le droit de « gueule de four » que l'abbaye de Saint-Magloire percevait au XVIe siècle pour l'établissement d'un nouveau four sur sa terre avait évidemment la même origine que le droit de petit four[4]. Les établissements religieux, qui voulaient attirer la population dans leur domaine, accordaient aux nouveaux habitants la liberté de cuire où ils voudraient. Au mois d'avril 1269-70, le prieuré de Saint-Éloi, désirant faire bâtir des maisons et ouvrir une rue sur sa couture derrière Saint-Paul, exempte de la banalité les futurs habitants de ces maisons [5]. A mesure que ces coutures, ces terrains cultivés se couvraient de maisons et que la population augmentait, la banalité, devenant impraticable, tombait

que..... le d. talemelier peust cuire ou d. four... le quel mons..., pour l'onneur et reverence de la d. madame la Royne, pour consideracion de plusieurs dommages que le d. talemelier avoit.. sousteuns en la ville de la Celles par le fait des guerres, et eue aussi consideracion à ce que le four... est bien loing des autres deux fours Gauquelin et de la Cousture... a pardonné... et leur a donné congié... que led. talemelier puisse cuire en iceli four.....» 3 août 1360. *Ibid.*

1. Cart. de Notre-Dame, III, 274.
2. Arch. nat. L 436, 4º liasse. Delamare cite une sentence des requêtes du Palais de 1402 maintenant l'évêque en possession d'avoir un four banal. II, 175.
3. Delamare, II, 824.
4. Arch. nat. L 602.
5. Cart. de Saint-Maur, LL 112, fº 71 vº. La pièce a eté publiée par Delamare, II, 823.

en désuétude. Pour pourvoir à des besoins toujours croissants, il aurait fallu établir au fur et à mesure de nouveaux fours, et c'est ce que les seigneurs justiciers ne firent pas, bien qu'ils en eussent le droit[1]. En même temps qu'ils devenaient libres de cuire leur pain chez eux, beaucoup de bourgeois trouvaient plus commode et prenaient l'habitude de s'adresser aux boulangers. Ainsi faisait, à la fin du XIV° siècle, l'auteur du *Ménagier de Paris*[2].

Au moyen âge, la farine n'était pas, comme aujourd'hui, blutée au moulin, c'était le boulanger qui la séparait du son[3]. Avec ce son, il engraissait des porcs soit pour sa consommation, soit pour vendre. Il était même exempt de tonlieu pour l'achat et la vente de ces animaux lorsqu'il ne les revendait qu'après les avoir nourris au moins une fois[4]. Cependant, on faisait aussi du pain avec le son, comme avec le seigle, l'orge, l'avoine et même la paille (*acus*)[5].

D'après Delamare, on ne mettait alors dans la pâte ni sel, ni levûre de bière[6]. A l'appui de ce que dit l'auteur du *Traité de la police*, on peut invoquer le témoignage de Bruyere Champier sur ce qui se passait de son temps. A l'époque où paraissait son livre *De re cibaria*, c'est-à-dire en 1560, le sel était encore trop cher pour être employé communément dans la boulangerie. Les populations maritimes étaient les seules qui mangeassent habituellement du pain salé. Partout ailleurs on ne salait que le pain de luxe[7]. Le silence de Bruyere Champier sur la levûre semble prouver que les

---

1. A Paris, en effet, la banalité s'étendait sur toute la terre du seigneur justicier et non pas seulement dans une circonscription d'une étendue déterminée.

2. II, 51, 109.

3. « Toutes manières de talmeliers... seront tenu de sasser, belluter... les farines...» Ord. du 30 janv. 1351 (n. s.). *Ord. des rois de Fr.* II, 350, art. 37. « Se li sergent au talemelier.... c'est à savoir vaneres, buleteres..... » *Liv. des mét.* p. 13. « ... pistores habent servos qui polutrudiant farinam grossam cum polutrudio delicato... » Jean de Garlande, § 33, ed. Scheler.

4. *Liv. des mét.* p. 6. Cf. Berlepsch, *Chronik der Gewerke: Bäckergewerke*, 131, 132.

5. « Vendunt autem panes de frumento, de siligine, de ordeo, de avena, de acere, item frequenter de furfure. » Jean de Garlande *loc. cit.* Cf. Bruyere Champier, *De re cibaria :* « Invenimus... panis quoddam genus armatum vocari, id recte dici posse acerosum haud absurde quis putaverit, ideo quod paleas apludasque ac festucas contineat. » P. 414.

6. II, 894.

7. P. 405-406.

boulangers ne se servaient que de levain ; on n'ignorait pas toutefois au moyen âge les propriétés de la levûre, car l'auteur du *Ménagier de Paris* la recommande pour donner un goût piquant à certaine tisane dont il indique la recette[1].

Il y avait des différences dans la façon de faire le pain à Paris et dans les faubourgs. Les boulangers parisiens trempaient plus et cuisaient moins la pâte que ceux des faubourgs[2]. Un arrêt, rendu en 1361 par des commissaires réformateurs royaux, permit aux boulangers des bourgs Saint-Marcel, Sainte-Geneviève, Saint-Germain-des-Prés et autres de conserver leurs procédés particuliers[3].

La division du travail était poussée assez loin dans la boulangerie : au-dessous des gindres (*joindres, juniores*) ou premiers garçons[4], on distinguait des garçons vanneurs, bluteurs et pétrisseurs[5].

Aucun texte n'oblige les boulangers à mettre une empreinte sur leur pain, comme marque de fabrique[6].

La falsification du pain par des matières nuisibles était punie du pilori et du bannissement. Pendant la disette de 1316, seize boulangers, convaincus d'avoir mêlé au pain des ordures, furent bannis du royaume, après avoir été exposés au pilori leur pain à la main[7].

Les plus anciens statuts des boulangers, ceux dont la rédaction remonte à Ét. Boileau, distinguent trois espèces de pains : le pain d'une *demie* ou d'une obole[8], le pain d'un denier (la

---

1. «... après le mettez en un tonnel et y mettez une choppine de leveçon de cervoise, car c'est ce qui le fait piquant (et qui y mettrait levain de pain, autant vauldroit pour saveur, mais la couleur en seroit plus fade)... » Éd. Pichon, II, 239.

2. « ... et si dit [un boulanger de Notre-Dame-des-Champs près Paris] que les boulengiers de Paris abreuvent leur pain beaucop plus que lui ne les autres boulengiers des faulxbourgs, c'est assavoir de bien ung seau d'eaue plus sur le sextier et cuisent plus leur pain que lesd. boulengiers de Paris. » Arch. nat. Livre du Chât. rouge 3e, Y 3, fo 67 vo.

3. Reg. du parl. X^{ia} 30, fo 124 vo.

4. « Les mestres vallès que l'on apele joindres. » *Liv. des mét.* p. 7.

5. *Ibid.* p. 13. Cf. *le Dit des boulangiers*. Jubinal, *Jongleurs et trouvères*, 1835.

6. Les boulangers de Londres avaient une marque de fabrique : « Quilibet pistor habeat sigillum suum in pane suo apparens, quod melius et apertius cognoscatur cujus sit. » *Liber Albus*, p. 356.

7. Jean de S.-Victor, *Hist. Fr.* XXI, 663, A. Geffroi de Paris, *ibid.* XXII, vers 7645-50. Cf. *Liber custumar.* part. 1, p. 284.

8. La synonymie de ces deux termes résulte de ce que le montant du

denrée) et le pain de deux deniers ou *doublel*, c'est-à-dire d'un double denier. Ces différences de prix ne répondent pas à des différences de qualité, mais de grandeur. Le pain le plus grand était de 2 den., le plus petit d'une obole. Cependant les boulanlangers pouvaient faire des gâteaux plus grands et des échaudés plus petits. Ces diverses sortes de pains ne dépassaient jamais la valeur d'après laquelle on les distinguait, mais se vendaient parfois au-dessous. Seulement, pour éviter un rabais qui n'aurait été possible qu'aux dépens de la grandeur et de la qualité, les statuts interdisent de vendre les trois doubleaux ou les six denrées moins de 5 den. ob., les douze denrées moins de 11 den., les treize denrées moins d'un sou. Le pain vendu pour un prix inférieur était confisqué comme pain *meschevé*. Les échaudés se vendaient meilleur marché, parce qu'ils pouvaient être plus petits que les pains d'une obole; on en faisait à 12 den. les quatorze denrées. Au marché du samedi, les boulangers étaient libres de vendre à tout prix au-dessous de 2 den.; le pain vendu plus cher s'appelait pain *poté* et était confisqué[1]. Si

---

tonlieu payé par les boulangers est fixé indifféremment à trois demies ou à trois oboles par semaine : « ... les trois demies de pain à paier chascune semaine pour son tonlieu, » p. 8. «... chascune semaine III oboles de pain de tonlieu au Roy.., » p. 15. L'auteur du *Dit de la maille* énumérant tout ce qu'on peut se procurer avec cette menue monnaie qui avait la même valeur que l'obole, dit : « Nous en aurions à Paris — une grant demie de pain. » Ach. Jubinal, *Jongleurs et trouvères*.

1. « Nul talemelier ne puet faire plus grant pain de II den., se ce ne sont gastel à presenter, ne plus petit de ob., se ce ne sont eschaudés. Tout li talemelier doivent faire denrées et demies et pains de II den. bons et loiaus... Se aucuns talemelier vent III pains doubliaus plus de VI den. ou mains de V ob., il pert le pain... Li talemelier... doivent faire si bon pain et si grant de denier et de ob. que les VI denrées ne puissent estre donées por mains de V [den.] ob. sans prandre les VI den. ob. pour VI den., les XII den. pour XI den., et les XIII den. pour les XII deniers [*lis*. denrées]... Se li mestre treuve pain meschevé, c'est à savoir pain doublel, que on ait vendu les III plus de VI deniers ou mains de V deniers ob. ou pain de denier et de ob., de quoi on ait vendu les XII denrées pour mains de XI deniers ou les XIII denrées pour mains de XII deniers, fors eschaudés, desquex l'en peut doner XIV denrées pour XII deniers, et nient mains, li mestres auroit tout le pain meschevé... fors que au semedi... Tout li talemelier de Paris et d'ailleurs pueent vendre au semedi ou marchié de Paris pain à touz feurs au miex que il porroit, mes que li pains ne soit de plus de II den., et se li pains estoit de plus de II den., il seroit le mestre, et cel pain apelé l'on pain poté. » *Liv. des mét.* p. 11-13. Enquête sur les droits du grand panetier en 1281, *Restit. d'un vol. des Olim*, n° 454.

étonnant que le fait paraisse, il faut bien conclure de ce qui précède qu'à la fin du xiii° siècle, le pain n'était pas encore vendu au poids. En effet, si le prix avait été dans un rapport précis avec le poids, la fraude aurait été bien facile à constater, tandis que, pour le rédacteur du statut, elle paraît résulter seulement de cette présomption qu'au delà d'une certaine limite, une réduction de prix implique nécessairement que le pain est moins grand et de moins bonne qualité. D'un autre côté, ce statut ne fait pas connaître la grandeur, pas plus que le poids, des trois espèces de pains dont il s'occupe. Il faut donc admettre que la vente du pain — comme cela a lieu aujourd'hui pour le pain de fantaisie — laissait place à un certain arbitraire et que les prix ne reposaient pas sur une base rigoureusement établie.

La distinction entre le pain d'un denier ou petit pain et le pain doublel persista au xiv° siècle ; mais, dès lors, les textes ne gardent plus le même silence sur la qualité et le poids du pain. L'autorité détermine le poids des diverses espèces de pains, non d'une manière permanente, invariable, mais d'après le cours du blé. En établissant un rapport entre le prix du blé et le poids du pain, elle arrivait au même résultat qu'en taxant directement le pain, et elle évitait l'alternative de changer des dénominations consacrées ou de créer un désaccord entre la valeur réelle et la valeur nominale. C'est avec Louis X qu'elle entra dans cette voie. La récolte de 1315 avait été mauvaise[1], et la spéculation avait probablement augmenté encore la disette. Cette influence de la spéculation fut, sans doute, ce qui inspira à Louis X ou à son conseil l'idée d'établir un rapport entre la valeur du blé et celle du pain[2]. Pour cela, la première chose à

---

1. En cel an moult plust et venta
    Qui bléz et vigne adenta
    IIII mois continuement
    ... May, juing, juingnet, pres tout aoust
    ... Si fu grant famine et grant fain
    Et chierté de vin et de pain.
    ... Le temps fu en cel an moult chier ;
    De pain, de vin ne de vitaille
    Ne trouvoit on riens pour maaille
    Et d'autre part touzjors plouvoit.
Chron. de Geffroi de Paris, *Hist. Fr.* XXII, 160 e, 161 a, 1; 162 a.

2. C'est à ce moment que fut nommée, pour s'assurer que le prix du pain était en rapport avec le prix du blé, une commission municipale, composée de représentants de certains métiers et de certains quartiers. La liste de ses membres nous paraît avoir été rédigée à cette date, tant à cause du caractère de l'écriture, qu'à cause de la date des pièces parmi lesquelles elle se trouve. Elle est suivie des noms des deux bourgeois et

faire était de déterminer ce qu'une certaine quantité de blé pouvait donner de pain. Le vendredi avant la Pentecôte 1316, des boulangers déterminèrent par une expérience le rendement d'un setier de blé, mais la mort du roi empêcha de tirer parti de ce résultat. Toutefois il ne fut pas perdu : le roi Jean s'en servit pour fixer le poids de la pâte et du pain d'après le prix du setier, variant depuis 40 sous — chiffre du maximum, on l'a vu, en temps de disette — jusqu'à 24 sous. Les articles de cette taxe nous montrent l'ancienne distinction en pains d'un deniers et de deux deniers subordonnée à des différences de qualité ; chaque espèce, pain « Chilly », pain « coquillé » pain « bis, » comprend des pains d'un et de deux deniers [1]. Le pain de « Chilly » était le pain blanc ; il était fait à l'imitation de celui qu'on avait commencé à faire à Chilly, village des environs de Paris [2]. Le pain coquillé est, comme on sait, celui dont la croûte forme des espèces de boursouflures ; désigné plus tard par le nom de pain bourgeois, il répond à notre pain de ménage. Le pain bis s'appela plus tard pain « faitis » ou « de brode » [3].

---

des deux boulangers, chargés de constater par une expérience le rendement du blé en pain, en veillant à ce que les intérêts du public et de la corporation ne se trouvent pas lésés : « Ce sunt ceus qui se prenront garde por le commun de Paris que li talemeliers de Paris facent pain convenable selonc le pris que il leur coutera au marchié. Por les Hales : Jehan de Clamart, etc... Por Petit Pont : Pierre de Pons, etc... Por la Porte à la Char : Jehan de Petit Pont, etc... Por la porte Baudaar : Gorge de Ballenval, por mestre des tesserans. Pierre de Meudon, por varlet tesserant, etc... Por foulons : Jehan de S. Lo, por mestre foulon. Michel de Caan, por varlet. Por taincturiers... Por corraiers : Gefroi Neveu, por mestre corraier ; Jehan le Barbier, por vallet. Por boucliers : Symon Moiccon, por mestre boucliers ; Jehan de Lorrez, vallet bouclier, etc... Por la cité : Estiene le Cordier, etc. — Ceus qui doivent fere labourer le blé por fere l'essay por le necessité de Paris. Por talemeliers : Pierre de Gornay, Rogier le Passeur. Por le commun : Raoul Aumoiccon, Pierre de Senz. » Arch. nat. KK 1337, f° XVI.

1. Ord. du 30 janv. 1351 (n. s.), titre III. *Ord. des rois de Fr.* II, 350. Delamare, II, 246-247. Dans le recueil des ordonnances la taxe est annoncée comme établie d'après l'expérience faite en 1311. C'est une faute d'impression pour 1316. Voy. le Recueil de Fontanon, I, 853.

2. Legrand d'Aussy, *Vie privée des Français*, I, 77 note a. Aujourd'hui Chilly-Mazarin, Seine-et-Oise, ar. de Corbeil, cant. de Longjumeau.

3. Ord. de juillet 1372. Delamare, II, 893. Ban du prévôt de Paris du 21 oct. 1396. *Ibid.* p. 901. « Pour faire du pain de brode le suppliant a meslé du segle avecques des gouyaulx [gruaux] du pain blanc, ainsi qu'il est accoustumé de faire en leur mestier de boulengier. » Du Cange, v° *broda*.

Le défaut de surveillance de la part du grand panetier permit aux boulangers de s'affranchir des règlements sur le poids, la qualité et le prix. Les plaintes du public amenèrent l'autorité à s'occuper de nouveau de ces questions. Des commissaires royaux, nommés le 21 avril 1372[1], firent une nouvelle expérience sur le rendement du setier. On constata que le setier donnait un peu plus de vingt-neuf douzaines de pains dont quatre douzaines de pains Chilly d'un den., onze douzaines onze pains de Chilly de 2 den., deux douzaines de pains bourgeois d'un den. et cinq douzaines cinq pains de bourgeois de 2 den., six douzaines et dix pains de pain faitis ou de brode. On compara le poids des pains faits pour la circonstance avec celui de pains achetés chez les boulangers, et ceux-ci furent trouvés plus légers que les premiers. Pour le pain Chilly, la différence était de deux onces et demie, pour le pain bourgeois d'une once et demie; le pain de cette qualité qui se vendait 2 den., ne pesait pas plus que le pain faitis qu'on venait de faire pour se rendre compte. A la suite de cette expérience, les commissaires fixèrent le poids du pain d'après le prix du setier de blé de première qualité. Lorsque le prix du setier haussait ou baissait de 3 sous, le pain blanc variait d'une demi-once et le pain bourgeois d'une once; quant au pain faitis, il y en avait d'un den. et de 2 den., le premier variait d'une once et le second de deux onces. Le règlement des commissaires fut validé par le roi au mois de juillet 1372. Tandis que la taxe du roi Jean ne semble pas prévoir que le setier puisse tomber au dessous de 24 sols, celle de 1372 part du cours de 12 s. pour déterminer le rapport entre la valeur du blé et celle du pain, et le cours de l'année était de 16 sous. Cet écart considérable doit sans doute être attribué à l'altération de la valeur monétaire sous le roi Jean et à sa fixité sous son successeur[2]. Les boulangers, prétendant que la taxe les ruinerait et les obligerait à quitter Paris, obtinrent la création d'une nouvelle commission pour faire un autre règlement. Les commissaires, qui appartenaient au Grand-Conseil, ayant appelé à leurs délibérations le prévôt de Paris, plusieurs boulangers et les représentants du grand panetier, renouvelèrent l'expérience de la conversion d'une certaine quantité de blé en pain, et, d'après cette épreuve, fixèrent le poids du pain suivant

1. Reg. du Parl. X^{1a} 22, f° 331 v°.
2. Natalis de Wailly, *Mém. sur les variations de la livre tournois*; *Mém. de l'Acad. des Inscript.* XXI, 2ᵉ part. p. 222, 223.

une échelle des cours qui allait de 8 sous à 24 sous. Si le blé dépassait 24 sous, on constaterait son rendement par un nouvel essai. Pour le Chilly et le bourgeois, la taxe ne porte que sur le pain de 2 den., pour le faitis sur le pain d'un den. Cependant, lorsque la valeur du blé n'était pas supérieure à 16 sous, les boulangers étaient obligés de faire au moins une douzaine de pains Chilly et une douzaine de pains bourgeois d'un den. par setier. Il résulte de cette taxe, homologuée par le roi le 9 octobre 1372[1], confirmée au mois d'octobre 1396[2], qu'à chaque qualité de pain commençait à correspondre un prix unique, le pain bis étant toujours d'un den. pièce, les qualités supérieures ne se vendant généralement pas moins de deux den.

Parmi les boulangers forains, il faut distinguer ceux de la banlieue et ceux qui étaient établis au delà [3]. C'est seulement à ces derniers, et non à tous les forains que Philippe-Auguste défendit d'apporter du pain à Paris un autre jour que le samedi. Au temps de Saint-Louis, des boulangers de Corbeil et d'autres localités non comprises dans la banlieue louèrent des greniers à la Grève et ailleurs pour vendre les autres jours de la semaine. Sur la plainte des boulangers parisiens,

1. *Ord. des rois de Fr.* V, 553.
2. Delamare, II, 901.
3. Les boulangers forains, plaidant au Parlement en 1380 pour être affranchis des règlements sur la boulangerie, invoquent un arrêt de 1361 décidant qu'à Sainte-Geneviève, à Saint-Germain-des-Prés, à Saint-Marcel et dans les autres bourgs du même genre, on continuera à faire le pain d'après les usages locaux : « Dicebant quod de... premissis duo arresta obtinuerant, unum... per certos nostros reformatores anno... 1361 per quod dictum fuerat quod in S. Genovefa, in S. Germano de Pratis et in S. Marcello prope Parisius locisque similibus usus, modo [*lisez* modus] et forma in faciendo panem servarentur quibus ab antiquo fuerat consuetum... » Reg. du Parl. X[1a] 30, f⁰ 124 v⁰. Les lieux que nous venons de nommer n'étaient pas des faubourgs de Paris, mais des bourgs distincts. Voy. dans les *Olim*, II, 411 un arrêt de 1297 visé et implicitement confirmé, en ce qui touche Saint-Marcel, par un arrêt de 1395, X[1a] 43, f⁰ 251. Les boulangers, qui y habitaient, étaient des forains; autrement l'arrêt invoqué n'aurait pas été applicable à l'espèce. On aurait donc tort de considérer seulement comme forains les marchands établis au delà de la banlieue. Il est vrai que l'ordonnance de Philippe-Auguste, telle que nous la connaissons par le *Livre des métiers*, distingue seulement d'une part les boulangers parisiens, de l'autre les boulangers établis hors de la banlieue; mais, outre ces deux catégories, il y avait les forains de la banlieue. On comprenait sous la dénomination de forains tous les marchands qui habitaient en dehors de l'enceinte.

le roi confirma l'ordonnance de son aïeul, ne permettant d'y déroger qu'en temps de disette [1]. Les boulangers établis plus loin que la banlieue, n'avaient pas, comme les autres boulangers. forains, le droit de vendre leur pain de rebut le dimanche à la halle au fer ou au parvis Notre-Dame [2]. Quant aux forains de la banlieue, ils pouvaient vendre leur pain plusieurs jours par semaine [3]. Une enquête faite en 1281 constate qu'ils n'étaient pas soumis à la taxe. Les fourniers en étaient également affranchis pour les tourteaux faits avec la pâte qu'ils prélevaient sur chaque fournée [4]. Cependant les boulangers parisiens réussirent, au moins pour un temps, à faire régler le prix et le poids du pain des forains. Ce prix fut fixé à 4 et à 2 den. [5]. En 1373, les boulangers des environs, notamment ceux de Montmorency, se plaignirent au roi des gens du prévôt qui, contrairement à un usage immémorial, prétendaient les obliger à vendre au poids. Le roi manda au prévôt d'examiner leur réclamation avec le prévôt des marchands, plusieurs membres du parlement, des requêtes de l'Hôtel et de la chambre des comptes et de statuer [6]. La décision du prévôt ne nous a pas été conservée ; il est probable qu'elle fut contraire aux forains et que c'est en appel qu'ils obtinrent, la même année 1373, un arrêt du parlement leur confirmant la liberté de vendre du pain de tout prix, de tout poids et de toute qualité [7].

1. *Liv. des mét.* p. 15-16.
2. « Li rois Phelippes establit que les talemeliers demorans dedans la banliue de Paris, peussent vendre leur pain reboutis, c'est à savoir leur refus, si come leur pain raté que rat ou souris ont entamé, pain trop dur, pain ars ou eschaudé, pain trop levé, pain aliz, pain mestourné, c'est à dire pain trop petit qu'ils n'osent mestre à estal, au dimanche en la hale là où on vent le fer devant le cimetire S. Innocent, où ils peussent vendre, s'il pleist, au dimanche, entre le parvis N. D. et S. Cristofle. » *Ibid.* p. 16.
3. « ... aux jours... acoustuméz... » Ord. du prévôt de Paris de 1366. *Ord. des rois de Fr.* IV, 708.
4. « ... foranei tamen poterunt vendere panem Parisius cujuscunque precii voluerint et quod furnerii poterunt vendere panem Parisius cujuscunque precii voluerint, de pasta que sibi datur pro tortellis. » Delisle, *Restit. d'un vol. des Olim*, n⁰ 454. « Li boulenguiers le pain fera — Et li forniers l'enfornera — Tortel aura et son fornage. » *Le Dit des boulangiers*. Jubinal, *Jongleurs et trouvères.*
5. Ord. précitée de 1366 *ubi supra.*
6. *Ord. des rois de Fr.* VI, 511.
7. Le dispositif de cet arrêt est rappelé dans l'arrêt précité de 1380 : « ... ordinatum fuerat quod... facerent et venderent... in locis assuetis...

A ce privilége, ils joignaient celui d'être exempts de la surveillance du prévôt et du grand panetier et de ne répondre qu'au Parlement de leurs contraventions professionnelles. L'arrêt que nous venons de mentionner le déclara et commit en même temps des huissiers de la cour pour exercer cette surveillance avec le concours de gens du métier [1]. Quelques années plus tard, le prévôt de Paris et le grand panetier, s'autorisant de certaines lettres royaux, voulurent usurper le droit d'inspecter le pain des forains ; mais un arrêt du 1er décembre 1380 statua que cette inspection aurait lieu dans la forme prescrite par le précédent [2]. Le même motif qui avait fait accorder aux forains ces priviléges leur avait fait défendre de vendre à des regrattiers et par d'autres que par eux-mêmes, leurs femmes ou leurs garçons [3]. Le regrat aurait augmenté le prix du pain et le public obtenait plus facilement un rabais des boulangers eux-mêmes, pressés de retourner chez eux, que d'intermédiaires qui pouvaient attendre. Dans cette question de la concurrence des boulangers parisiens et des forains, l'autorité publique, soucieuse à la fois de l'intérêt des premiers et de l'approvisionnement de la ville, finit, ce semble, par sacrifier le monopole à l'intérêt public.

---

panes suos talis ponderis, farine et precii qualis... antiquitus facere... consueverant... » Reg. du Parl. X^{la} 30, f° 124 v°. Le ban du 10 juin 1391 (Livre rouge vieil, f° c et ix v°) prescrit bien aux forains de vendre « à uste pris et raisonnable » mais cette disposition, ainsi que les autres, fut transitoire comme la disette. Voy. p. 156.

1. Reg. du Parl. X^{la} 30, f° 124 v°.
2. *Loc. cit.*
3. *Ord. des rois de Fr.* IV, 708.

CHAPITRE II

BOUCHERIE

Nombre des bestiaux consommés chaque semaine. — Achat du bétail. — Commerce de la boucherie. — Prix de la viande de boucherie. — Bouchers et poulaillers fournisseurs de l'hôtel du roi.

L'auteur du *Ménagier de Paris*, qui écrivait vers 1393, a voulu nous faire connaître le nombre des boucheries de la ville, celui de leurs bouchers et la quantité de bestiaux livrés hebdomadairement par chacune à la consommation[1]. Dans cette statistique, plusieurs choses étonnent et éveillent la méfiance. Que les trente et un étaux de la Grande-Boucherie ne fussent exploités que par dix-neuf bouchers, cela ne surprendra pas ceux qui se rappelleront que ces étaux ne sortaient pas de certaines familles. Parmi les maîtres bouchers, il y en avait qui ne laissaient pas de postérité masculine et dont l'étal passait par conséquent à un confrère. Pour cette raison ou pour une autre, Guillaume de Saint-Yon, le plus riche boucher de la Grande-Boucherie au XIVe siècle, était devenu propriétaire de trois étaux[2]. Si l'auteur du *Ménagier* se contredit sur le nombre de bestiaux nécessaires à l'approvisionnement de la maison du duc de Berry[3], c'est peut-être qu'il a négligé de corriger sa première estimation pour y substituer le résultat de ses nouvelles informations. Mais cette statistique présente d'autres difficultés

---

1. *Le Ménagier de Paris*, II, p. 80 et suiv. Voy. les observations de l'éditeur, M. le baron Pichon, dans l'introduction, I, p. XLIII-XLVI.
2. *Ibid.* II, 80, note 1, *in fine.*
3. *Ibid.* p. 85.

qu'il est moins facile d'expliquer. Dans son énumération des boucheries, l'auteur oublie celle de Saint-Éloi établie en 1358. A l'en croire, la boucherie de Saint-Germain-des-Prés, avec ses treize bouchers[1], n'aurait débité que vingt-six bestiaux de plus que celle du Temple, qui ne comptait que deux bouchers. Enfin, le total des bestiaux de diverses espèces est faux, à l'exception de celui des veaux. Il est cependant impossible de considérer les chiffres de l'auteur comme purement imaginaires. On voit, au contraire, qu'il se renseignait aux meilleures sources et contrôlait les renseignements qui lui étaient fournis [2]. D'ailleurs, ses chiffres n'ont rien d'invraisemblable et s'accordent assez avec l'idée qu'on peut se faire de la population de Paris à la fin du XIVe siècle. Voici, d'après lui, le nombre des bestiaux consommés dans cette ville, y compris ceux qui servaient à l'alimentation de la maison du roi, de la reine, des ducs d'Orléans, de Berry, de Bourgogne et de Bourbon.

Moutons : 3,626 par semaine, soit 188,552 par an.
Bœufs :   583   »   »   »   30,316   »
Veaux :   377   »   »   »   19,604   »
Porcs :   592   »   »   »   30,784   »

Ces évaluations nous paraissent bien en rapport avec une population qu'on peut fixer approximativement à 300,000 âmes. Nous savons en effet qu'en 1328, Paris comptait 61,098 feux qui, en adoptant une moyenne de 4,50 par feu, représentent 274,941 habitants[3]. On peut croire, sans être taxé d'exagération, que soixante-cinq ans plus tard, à la suite du règne prospère et réparateur de Charles V, la population s'était accrue de 25,000 âmes. Ce rapport entre la population et la consommation de la viande de boucherie ne diffère pas sensiblement de celui qui existait dans les années immédiatement antérieures à la Révolution. A cette époque, Paris, qui comptait une fois plus d'habitants qu'en 1393 soit 600,000 [4], consommait 350,000 moutons, 78,000 bœufs et vaches et 120,000 veaux [5],

---

1. Nous avons vu p. 23-24, qu'à la fin du XIIIe siècle elle se composait de seize étaux, non compris trois étaux séparés des premiers tout en étant dans la même rue.
2. « Les gens de monseigneur de Berry dient... mais j'en doute. » — Avéré depuis. » *Ménagier de Paris*, II, 85.
3. Géraud, *Paris sous Philippe le Bel*, p. 474 et suiv.
4. Husson d'après les calculs de Lavoisier, *les Consommations de Paris*, p. 27.
5. *Ibid.* d'après les mêmes calculs, p. 207.

c'est-à-dire que la consommation du mouton n'avait pas tout à fait doublé, que celle du bœuf avait plus que doublé et que celle du veau avait quintuplé.

Au XIVe siècle, Paris avait deux marchés aux bestiaux. L'un est mentionné dans la grande ordonnance du 30 janvier 1351 (n. s.) sous le nom de *Place aux pourceaux*. Situé vers la jonction des rues de la Ferronnerie et des Déchargeurs, il ne fut transporté qu'en 1528 à l'entrée de la rue Sainte Anne [1]. Il n'était pas, comme on pourrait le croire, exclusivement réservé aux pourceaux, car il résulte des termes de l'ordonnance précitée qu'en 1351 le bétail ne se vendait pas ailleurs[2]. C'est donc plus tard seulement que s'ouvrit dans le voisinage de la Grande-Boucherie, le marché ou la *place aux veaux*[3]. Quant au marché aux moutons, près de la Tour-de-Bois, bien que Delamare affirme qu'il exista « de tout temps [4], » nous préférons, en l'absence de textes, nous en rapporter à M. Berty qui ne paraît pas en avoir trouvé trace avant 1490[5].

Le bétail amené à Paris était vendu par les soins de vendeurs attitrés, à l'intervention desquels les parties ne pouvaient échapper. On n'exigeait d'eux aucune garantie de capacité ni de solvabilité. Aussi il y en avait dans le nombre qui s'acquittaient mal de leur emploi, d'autres qui se sauvaient avec le prix des bestiaux. Au mois de novembre 1392, Charles VI, qui venait de nommer courtiers douze personnes de sa maison, ordonna que ce nombre ne serait pas dépassé[6]. Le 31 janvier 1393 (n. s.), il confirma la réduction de ces charges en faveur des titulaires actuels, se réserva la nomination de leurs successeurs, rendit le ministère de ces courtiers facultatif, leur accorda la saisie et la contrainte par corps contre les acheteurs, qui furent privés du bénéfice de cession de biens, exigea des candidats une aptitude reconnue, un serment et une caution de 400 liv. par. [7].

---

1. Jaillot, I, *Quart. Sainte-Opportune*, 17. *Quart. du Palais-Royal*, 5.
2. « Et aussi ne les pourra l'on vendre n'achepter à Paris n'es faux-bourgs... si ce n'est en la place que l'on dit la Place aux pourceaux...... » *Ord. des rois de Fr.* II, 350, art. 139.
3. Jaillot, I, *Quart. Saint-Jacques-de-la-Boucherie*, 75.
4. *Traité de la pol.* II, 1147-48.
5. *Topographie hist. de Paris*, I, 73.
6. *Ord. des rois de Fr.* VII, 516.
7. *Ibid.* VII, 527. Voy. aussi *Livre du Chât. rouge vieil*, f° 96 v°.

Ce n'était pas seulement à Paris que les bouchers se procuraient le bétail. Ils allaient l'acheter ou le faisaient acheter au loin par leurs facteurs soit au pâturage, soit dans les foires et les marchés[1]. Eux-mêmes étaient éleveurs[2]. A la vérité, il leur était défendu d'acheter du bétail près de Paris et avant son arrivée au marché. Ainsi, Jean Marceau, garçon boucher, ayant acheté des moutons à Notre-Dame-des-Champs pour son oncle, Thomassin de Saint-Yon, n'évita l'amende qu'en déclarant qu'il était clerc non marié, sur quoi le prévôt lui interdit l'exercice du métier de boucher[3]. Le boucher, qui allait acquérir aux portes de Paris des bestiaux destinés à l'approvisionnement de la ville, faisait tort à ses confrères ; il n'en était pas de même de celui qui allait en chercher au delà d'une certaine distance. Revenus des marchés et des foires, les bouchers se réunissaient parfois pour se partager le plus également possible les animaux qu'ils rapportaient[4].

1. « En la presence de Denisot de S. Yon, boucher de la grant boucherie de Paris, d'une part, et de Pierre... marchant forain, d'autre part, entre lesquelles parties est debat... pour raison de ce que led. forain disoit que puis Pasques derrenierement passées en ça il en la ville de Verberie avoit vendu... aud. Denisot ou Loys Landry son facteur IIII^{xx} XVI moutons et trois bestes aumailles le pris et somme de IIII^{xx}X fr. et que depuis ilz avoient compté lui et led. Denis ensemble, tant que par la fin dud. compte led. Denis estoit demourant tenus envers ycelui forain en la somme de L fr... » 23 septembre 1393. Reg. d'aud. du Chât. Y 5220. « ... nonnulli mercatores carnifices tam ville Calvimontis quam ceterarum aliarum villarum venissent de nundinis Lingonensibus ducentes per] villam de Relamponte... plura animalia grossa et minuta... » Juin 1351. Trésor des Chartes, JJ, p. V^c XXXVII.

2. Arrêt sur enquête déclarant que la pâture de Chelles est commune aux habitants de Chelles et aux bouchers de Paris. L. Delisle, *Restit. d'un vol. des Olim*, n° 1367.

3. « ..... led. Jehan Marceau, nepveu dud. Thomassin [de S. Yon], le quel confessa que voirement il avoit acheté et paiéz lesd. moutons dud. forain aud. lieu de N. D. des Champs pour et au proufit de son d. oncle, oÿe la quelle confession et pour ce que led. Marceau estoit varlet bouchier à Paris, non ignorant les ordres roiauls faicts sur leur d. mestier comment aucun ne peut aler audevant des denrées des forains si prez de Paris ne ycelles acheter hors du marché de Paris, nous led. Marceau avons condamné à l'amende au roy n. s... lequel lors nous répondit (?) qu'il estoit clerc non marié et lors nous lui interdismes le tailler et exercer sond. mestier de boucherie... » 28 septembre 1395. Reg. d'aud. du Chât. Y 5220.

4. « ... seque, dum ad nundinas seu mercatus pro carnibus emendis accedere contingit, post eorum regressum, invicem congregandi et asso-

On sait qu'ils vendaient la chair de porc. Il en était encore ainsi à la fin du XVe siècle. Les charcutiers qui ne formèrent une corporation qu'à partir de 1476 (n. s.), vendaient presque exclusivement de la chair cuite, et c'était les bouchers qui leur fournissaient la chair à saucisses[1]. Dans les villes où l'on mangeait la chair du bouc et de la chèvre, elle était généralement considérée comme viande de boucherie[2]. C'était surtout lorsqu'ils étaient à la mamelle que ces animaux servaient à l'alimentation. A Paris, le chevreau ne faisait pas partie du commerce du boucher, mais du poulailler[3].

On ne pouvait mettre en vente la chair des animaux morts de maladie et en général de ceux qui n'avaient pas été abattus, des bêtes trop jeunes, atteintes du fi et du loup ou venant de pays où sévissait une épizootie. La même prohibition s'appliquait à la viande gardée trop longtemps sur l'étal, à moins qu'elle ne fut salée et conservée dans des baquets. Les porcs nourris chez les barbiers, les huiliers, dans les maladreries, étaient considérés comme malsains. Les vaches en chaleur, nouvellement saillies ou ayant récemment vêlé, ne pouvaient être tuées et débitées avant trois semaines[4]. Il était défendu de

ciandi unus cum altero ac eas inter se dividendi ac pred. carnes divisim... vendendi. » 9 décembre 1391. Reg. du Parl. X[1a] 39, f° 150 v°.

1. « Que nul n'achete chars pour cuire ne mettre en saulcisses sinon es boucheries jurées de cette ville de Paris.... Que nuls... ne achette ne tue, ne face acheter ne tuer aucunes bestes vives pour vendre ne débiter en leurs hostelz ne ailleurs et ne vendent aucunes chars creues en leursd. hostels excerpté lart... » 17 janv. 1476 (n. s.). Reg. des bann. Y 7, f° 159 v°.

2. Il en était ainsi à Carcassonne (*Ord. des rois de Fr.* VI, 324), à Meulan (*Ibid.* IX, 61), à Évreux (*Ibid:* XIII, 81), à Noyon : « Se les bouchers... tuent boucs ou chievres pour vendre, ilz seront tenus de laissier le pel sur l'estal en vendant la char... » Accord homologué par le Parlement le 16 décembre 1392. A Pontoise, les bouchers ne pouvaient vendre que les boucs et chèvres de lait. *Ord. des rois de Fr.* VIII, 629, art. 8.

3. *Ménagier de Paris*, II, 85, 110.

4. Les prohibitions que nous venons d'énumérer faisaient partie de la police générale de la boucherie et n'étaient pas spéciales à telle ou telle localité. Nous avons donc considéré comme étant en vigueur à Paris les mesures de salubrité prescrites pour d'autres villes : « Que nul boucher de lad. boucherie de Sainte-Genevieve ne pourra doresnavant acheter ne vendre char morte, quelle que elle soit, se elle n'a été tuée en lad. boucherie. Que nul boucher ne pourra... tuer chars... qui aient été nourries en maison de huillier, de barbier ne de maladerie. Nul boucher pourra... tuer en lad. boucherie aucune grosse bete qui ait le fil... » août 1363. *Ord. des rois de Fr.* III, 639, art. 1, 3, 7. « Nul bou-

souffler la viande[1]. Les bouchers de la Grande-Boucherie avaient presque tout le jour sur leurs étaux des chandelles allumées dont l'éclat donnait une apparence de fraîcheur à la viande avancée et corrompue. Sur la plainte qu'on lui adressa, le prévôt leur défendit de les allumer après sept heures du matin en été et huit heures en hiver[2]. Les viandes de mauvaise qualité étaient brûlées et on confisquait parfois en même temps la bonne viande trouvée chez le coupable, qui payait une amende et était privé du métier[3].

Grâce à l'auteur du *Ménagier de Paris*, nous connaissons

cher ne pourra vendre char de morine et non disne d'estre tuée. Nul boucher ne pourra admener aucunes chars mortes pour escorchier ne vendre, ne aussi tuer aucunes bestes malades... qui ne soient veues par les juréz avant qu'il les tuent... Nul boucher ne pourra tuer ne vendre char de lait se elle n'a plus de quinze jours sur peine de la perdre. Quiconques aura char trop gardées que il soient tournées et non disnes de vendre, il ne les pourra exposer en vente... » Décembre 1369. *Ibid.* VI, 614, art. 6, 9, 11, 12. Voy. aussi art. 4, 5, 16. *Ibid.* VIII, 629, art. 1, 2, 3, 4. « Ne pourront les bouchers estaller char de boef, de porc et de mouton que par deux jours en le sepmaine depuis Pasques jusques à le S. Remi et s'il le veullent estaller oultre, il convient que elle soit salée souffisaument en la boucherie et mise et apportée en bacquet... Ne porront les bouchiers... tuer chars de lait se ellez n'ont quinsaine ou plus » — « Carnibus prohibitis, ut sunt carnes porcorum in hospiciis barbitonsorum nutritorum, carnes olei, leprosariarum, carnes morbum *le fy* vulgariter nuncupatum habentes ac carnes vitulorum, boum atque porcorum de partibus a quibus viget mortalitas adductorum... » 9 décembre 1391, X^{ia} 39, f° 150 v° « Guil. Thiboust, garde de la prevosté de Paris... avons ordené que toute char qui meurt senz main de boucher soit arsse, que toute char qui n'a loy et qui est reschaufée II foiz..., toute char fresche gardée du jeudi au dimenche et tout rost aussi gardé du jeudi au dymanche, toute char salée et fresche puente, toute char cuite hors de la ville, toutes saussices de char sursemée, toutes saussices de char de beuf et de mouton avecques porc, toute char que boucher n'ose vendre à son estal.... soient arses.... » Ms. fr. 11709, f° 13 v°.

1. « Se aucun boucher est trouvé avoir aucune char soufflée au chalumeau ou emplie de vent de corps de creature, il perdra le char.... et l'amendera de LX s. p. » *Ord. des rois de Fr.* VI, 614, art. 14.
2. Livre du Chât. rouge vieil, f° II° XIX v°.
3. « Consideré que Richart le Bourguignon... a esté trouvé faisant fait de boucherie et vendant mauvaise char es halles... nous... lad. mauvaise char... condamnons à estre arse... et oultre le condamnons en l'amende déclarée ou registre moderée, consideré la poureté dud. Bourguignon, à XX. s. t. et... avons defendu aud. Bourguignon que il ne face doresenavant fait de boucherie... ne vende telz chars... sur peine de X marcs d'argent... et la bonne char dud. B. avons déclarée estre acquise au roy... » an. 1399. Reg. d'aud. du Chât. Y 5221, f° 166.

l'état dans lequel le bœuf arrivait à l'étal et le dépeçage qu'il y subissait. Après l'avoir tué, on le coupait en six pièces, à savoir les deux épaules, les deux cuisses, la partie antérieure, la partie postérieure du corps. Lorsque l'animal était d'une taille au-dessus de la moyenne, ces deux derniers quartiers étaient séparés longitudinalement en deux. A l'étal, on subdivisait ces six ou huit quartiers de la façon suivante : on commençait par lever la poitrine, puis on coupait le soupis, c'est-à-dire la chair au-dessous du pis ou de la poitrine, le flanchet ou la partie entre la poitrine et la tranche grasse, la surlonge — dans laquelle il faut voir soit ce qu'on entend encore par là, le morceau entre les plats de joues et le collier, soit plutôt, comme le croit M. Pichon, une partie de la culotte, — la longe, le nomblet ou filet, morceau voisin du rognon et auquel avait droit le garçon qui tenait les pieds du bœuf pendant qu'on l'écorchait. Le filet était donc, on le voit, bien différent de ce qu'on appelle ainsi aujourd'hui[1]. Le noyau, que nous nommons maintenant le talon de collier, était le morceau le plus estimé[2]. La poitrine se partageait en deux ; chaque moitié coûtait 3 s. et fournissait quatre mor-

---

1. « Les bouchiers de Paris tiennent que en un beuf, selon leur stile et leur parler, n'a que quatre membres principaux : c'est assavoir les deux espaules, les deux cuisses, et le corps de devant tout au long, et le corps de derriere tout au long. Car les espaules et les cuisses levées, l'on fent le beuf par les deux costés et fait l'en du devant une piece et du derriere une autre ; et ainsi est apporté le corps du beuf à l'estal se le beuf est petit ou moien : mais s'il est grant, la piece de devant est fendue depuis en deux tout au long, et la piece de derriere aussi, pour apporter plus aisieement. Ainsi avons-nous maintenant du beuf six pieces, dont les deux poictrines sont levées au premier, et puis les deux souppis qui là tiennent qui sont bien de trois piés de long et demy pié de large, en venant par en bas et non pas par en hault. Et puis couppe l'en le flanchet : et puis si a la surlonge qui n'est mie grantment plus espais de trois dois ou de deux. Puis si a la longe qui est au plus pres de l'eschine, qui est espoisse d'une grosse poignée ; puis si a le filet que l'en appelle le nomblet, qui est bien d'un pié de long et non plus ; et tient l'un bout au col et l'autre au rongnon, et est du droit de celluy qui tient les piés des beufs à l'escorcher, et le vent à un petit estal qui est au dessous de la Grant Boucherie ; et est de petite valeur. » *Ménagier de Paris*, II, 130-132, et la note.

2. « Et ce qui vient après le col est le meilleur de tout le beuf, car ce d'entre les jambes de devant, c'est la poitrine et ce dessus, c'est le noyau. » *Ibid.* p. 86. « *Nota* que un des meilleurs morceaulx ou pieces de dessus le beuf, soit à rostir ou cuire en l'eaue, c'est le noyau du beuf ; et *nota* que le noyau du beuf est la piece après le col et les espaules... » *Ibid.* p. 133.

ceaux, dont le meilleur était le grumel, c'est-à-dire la partie au-dessous du collet. La longe se vendait de 6 s. à 6 s. 8 den., et se débitait en six morceaux. La surlonge valait 3 s., le gîte 8 s. On vendait le gîte en huit morceaux, et on en faisait un bouillon qui ne le cédait qu'au bouillon de plats de joues[1]. Chez les grands, les plats de joues n'en étaient pas moins laissés à l'office avec les mâchoires et le collier[2]. Le nombre des morceaux que l'on coupait dans chaque partie de l'animal se multipliait naturellement en raison de sa taille[3]. On mangeait aussi la langue, soit salée et fumée[4], soit fraîche, lardée, rôtie, accommodée avec une sauce épicée nommée cameline[5].

L'auteur ne s'occupe guère des autres animaux de boucherie que pour donner la recette des différentes façons de les accommoder. Nous laisserons de côté des détails qui ne concernent que l'économie domestique et qui sont étrangers au commerce de la boucherie. Ajoutons seulement que le quartier de mouton se vendait 3 s., le quartier de veau 8 s., que la poitrine de mouton s'appelait le brichet, que chez cet animal le flanchet, au lieu de désigner, comme dans le bœuf, le bas-ventre, faisait partie du quartier de devant[6].

Lorsque le consommateur ne payait pas comptant, il marquait ses achats sur une taille[7]. L'usage de la taille pour constater les fournitures n'était pas du reste particulier à la boucherie, il s'appliquait à tous les marchés[8].

Nulle part, il n'est question du poids de la viande,

1. « En la moitié de la poitrine de beuf a quatre pieces dont la premiere piece a nom le grumel ; et toute celle moitié couste dix blans ou trois sols. En la longe a six pieces et couste six sols huit den. ou six sols. La surlonge trois sols. Ou giste a huit pieces et est la plus grosse char, mais elle fait le meilleure eaue après la joe, et couste le giste, huit sols... De la poictrine d'un buef la premiere piece qui part d'empres le colet est appellée le grumel et est la meilleur. » *Ménagier de Paris*, p. 86-87.
2. « *Nota* encores que à la court de monseigneur de Berry on fait livrée à pages et à varlets des joes de beuf, et est le museau du beuf taillié à travers, et les mandibules demeurent pour la livrée, comme dit est. *Item*, l'en fait du col du beuf livrée ausdis varlets. » *Ibid*. 85-86.
3. *Ibid*. p. 132.
4. *Ibid*. p. 133.
5. *Ibid*. p. 177. Voy. la recette de la cameline, p. 230.
6. *Ibid*. p. 86-87.
7. «...Sans espandre ou baillier vostre argent chascun jour, vous pourrez envoïer Mᵉ Jehan au bouchier et prendre char sur taille... » *Ibid*. II, 86.
8. *Ibid*. p. 56.

ce qui nous fait croire qu'elle n'était pas vendue au poids mais au morceau ou, comme on dit, à la main. Elle n'était donc pas taxée. En ce qui touche le prix, nous ne connaissons d'autre texte qu'un article de l'ordonnance du 30 janvier 1351 (n. s.) qui défend aux bouchers de gagner plus du dixième sur un animal, en déduisant du prix de revient les profits en nature[1]. Il était bien difficile de rendre cette défense efficace ; comment prouver à un boucher que la vente au détail d'un bœuf ou d'un mouton a produit un total supérieur de plus du dixième au prix de revient ?

Parmi les profits en nature que les bouchers tiraient des bestiaux, il faut compter le suif qui, fondu et clarifié une première fois par leurs soins, passait ensuite dans les mains des chandeliers. Pas plus que les chandeliers, ils ne pouvaient y mêler du saing ni de l'oing, c'est-à-dire de la graisse de porc[2].

L'hôtel du roi était approvisionné de viande de boucherie et de volaille par le boucher et le poulailler qui s'étaient rendus adjudicataires de ces deux fournitures[3]. Comme fournisseur de

---

1. « Toutes menieres de bouchers de la ville, prevosté et vicomté de Paris jureront... que lyaument... ils mettront en somme tout ce que les bestes qu'ils tueront et vendront à estal leur auront cousté et que de chacun 20 s., rabbattu tout le profit qui des d. bestes leur |demeurera, ils prendront pour leur acquest tant seulement 2 s. p. pour livre... Et qui sera trouvé faisant le contraire, il forfera le mestier et sera puni d'amende volontaire et aura l'accusateur la quarte partie de l'amende. Et au cas où les bouchers de la ville de Paris seroient de ce refusans... ils seront privéz du mestier et donneroit l'on congié à toutes manieres de gens de faire et eslever boucherie, en quelque lieu qu'il leur plairoit en la ville de Paris, mais qu'ils vendent chairs bonnes, loyaux et suffisans. » *Ord. des rois de Fr.* II, 350, art. 142.

2. « Perrin Musnier, Jehannin Lucas admenéz prisonniers es prisons de S. Germain pour ce que par informacion precedent ilz ont esté trouvéz chargéz et coupables d'avoir esté de nuit avecques plusieurs autres varlès bouchiers parmi la ville de S. Germain, arméz de bastons ferréz, espées et autres armeures por vouloir batre Jehan de l'Abbaïe et Pierre le Sage, sergens de S. Germain ou content de ce que ilz avoient esté presens avecques monseigneur le prevost dud. S. Germain, son lieutenant et autres à faire la visitacion du suif de lad. boucherie tant pour savoir se icellui suif estoit bon comme se il pesoit juste poix, en faisant laquelle visitacion il en avoit fait plusieurs rebellions... » 2 mars 1409 (n. s.). Arch. nat. Z[2] 3484. *Liv. des mét.* p. 162. Livre rouge 3e du Chât. f° 100 v°. Voy. plus haut p. 125, note 7.

3. « .... Simon des Foiches, bouchier et Nicolas le Boulengier, poulailler qui pour lad. année ont prins à ferme ou loier d'argent les faiz et charges

la cour, le boucher du roi avait le droit de prises, et, sous ce prétexte, il commettait une foule d'abus. Il saisissait les bestiaux même avant leur arrivée au marché, les gardait, sans les faire estimer, pendant deux ou trois jours, après quoi il les laissait aux marchands ou, s'il les achetait, c'était au dessous du prix courant; encore les marchands ne parvenaient-ils pas à se faire payer. En outre, il livrait pour la consommation du roi et de sa maison de la mauvaise viande et gardait celle qui était de meilleure qualité. Le 16 mars 1369 (n. s.), Charles V renouvela les ordonnances qui défendaient au boucher pourvoyeur de l'hôtel de vendre au détail, d'aller au devant des bestiaux, de les acheter au-dessous du cours et lui enjoignaient de payer intégralement et sans délai[1]. Du reste, le mandement royal ne lui enleva pas le droit de prises, il en corrigea seulement les abus[2].

de la boucherie et poulaillerie pour la despense de l'ostel dud. seigneur... » Livre du Chât. rouge vieil, f° viii^{xx} v v°. « Li poullalier servira par le marchié que l'en fera à luy. » Etat de l'hôtel du roi et de la reine, janv. 1286 (n. s.). Leber, *Collection des meilleures dissertations*, XIX, p. 16.

1. « .... vous mandons... que de par nous vous faictes commandement... à nostre boucher qui est à present et à tous ceulx qui le seront ou temps advenir... que ilz ne vendent chairs à estail ne à destail, ne ne voisent au devant des marchans frauduleusement ne ne prengnent aud. marché de Paris ne ailleurs aucunes denrées qui ne soit par juste et raisonnable prix, tel comme les autres marchans en voudraient donner et en faisant plaine solution et payent presentement des sommes en quoy ilz sont tenus aux marchans et bonnes gens à cause de ce, comme dit est... » Arch. de la Préfecture de police. Copie du livre noir du Chât. f° 87. Le 6 avril 1369-70, le roi déclare que ce mandement s'applique aux bouchers de la reine, de ses frères les duc d'Anjou, de Berry et de Bourgogne et enfin de tous les seigneurs qui jouissent du droit de prises à Paris. *Ibid*. f° 89.

2. Les maîtres de l'hôtel suspendirent l'exercice du droit de prises pendant l'année 1399 (n. s.). Livre rouge vieil, f° viii^{xx} v°.

CHAPITRE III

BATIMENT

Maîtres des œuvres. — Maçons et charpentiers jurés. — Système dans lequel s'exécutaient les travaux. — Matériaux et engins de construction. — Corps d'état du bâtiment.

Le plan que nous suivrons pour exposer les conditions du travail dans le bâtiment est tiré de la nature même des choses. Nous traiterons d'abord de l'architecte qui fournit la conception, puis des entrepreneurs des divers corps d'état qui l'exécutent.

Le terme d'architecte n'apparaît, on le sait, qu'au XV° siècle. A l'époque qui nous occupe, on ne connaît que le maître de l'œuvre. Véritable architecte, celui-ci trace les plans, fait les devis, achète les matériaux, passe les marchés avec les entrepreneurs, surveille les travaux, toise et reçoit l'ouvrage, paye les ouvriers ou leur délivre des mandats de payement. Etait-il aussi appareilleur ? M. Viollet-le-Duc n'en doute pas[1] et l'art de l'appareilleur est en effet assez délicat, assez important pour avoir été réservé au maître de l'œuvre. A première vue, le texte suivant semble confirmer une opinion d'ailleurs plausible : « A M° Jehan le Noir... pour le salaire et despens de lui et son cheval par XL jours qu'il a vacqué durans les ouvrages de maçonnerie d'icelle chapelle, tant à visiter et solliciter les ouvriers et *leur faire les trez de la devise desd. ouvrages*[2]... » Mais, après réflexion, nous pensons qu'il s'agit ici de plans et d'épures et non de traits d'appareil. Au reste, voici un autre texte qui nous pa-

---

1. *Dict. d'archit.* v° *ouvrier.*
2. Arch. nat. KK 266, fol. 11.

raît trancher la question : « M° Dreufavier, tailleur de pierre, pour avoir taillé et faict l'appareil aux maçons d'un portail de pierre[1]... » Les maîtres maçons-tailleurs de pierre (on verra plus tard pourquoi nous ne distinguons pas ces deux métiers) étaient donc parfaitement en état de faire le tracé de la coupe des pierres, et le maître de l'œuvre devait le plus souvent s'en rapporter à eux sur ce point. Il n'en reste pas moins vrai qu'il dirigeait entièrement les travaux et que la construction devait s'en ressentir, tant pour le choix des matériaux que pour le soin de l'exécution.

La maçonnerie étant l'industrie la plus importante du bâtiment, le maître de l'œuvre appartenait toujours à ce corps d'état. Il s'adjoignait pour la charpenterie un maître charpentier qui dessinait les plans des ouvrages de charpente, adjugeait les travaux, les recevait et les estimait, mais tout cela avec le concours et sous l'autorité du maître de l'œuvre. La direction de celui-ci s'étendait à tout. C'est ainsi que les comptes des travaux du collège de Beauvais nous le montrent faisant prix avec un tailleur de pierre et un tombier pour tailler et polir la pierre tombale du fondateur, Jean de Dormans, pour y faire graver son épitaphe et sculpter son écu[2]. On le voit encore donner à un orfévre le dessin d'une couronne de cuivre pour une statue de la Vierge destinée à la chapelle du collége[3].

Le maître de l'œuvre, partageant souvent son temps entre plusieurs constructions, qui nécessitaient des voyages, se déchargeait sur des remplaçants d'une partie du contrôle. Par exemple, Raymond du Temple charge un pauvre tailleur de pierres de vérifier et de recevoir les carreaux que des voitures ne cessaient d'apporter de Gentilly pour ces mêmes travaux du collége de Beauvais[4]. Une autre fois, le temps lui manquant, ainsi qu'au charpentier en chef, pour examiner et estimer des travaux de charpente, du consentement de l'entrepreneur, on les fait vérifier et régler par des charpentiers jurés du roi et de l'évêque de Paris[5]. En prévision de ces empêchements, le maître de l'œuvre désignait un remplaçant qu'il payait tant par jour[6]; mais bien entendu, il ne se faisait jamais suppléer que dans

---

1. Comptes du Louvre, *Revue archéol.* VIII° année, p. 768.
2. Append. n° 34.
3. *Ibid.*
4. *Ibid.*
5. *Ibid.*
6. « A Hugue Jouly pour sept jours, inclus trois jours qu'il venist de

la surveillance des travaux et non dans la direction artistique.

Le roi, les grands personnages, les établissements religieux avaient leurs maîtres des œuvres attitrés, l'un pour la maçonnerie, l'autre pour la charpenterie. Ce partage d'attributions est bien antérieur à l'époque que M. Lance lui assigne [1], c'est-à-dire au commencement du XVe siècle. En effet, le maçon et le charpentier jurés du roi, qui figurent dans le *Livre des métiers*, ceux qui faisaient partie de la maison de Philippe le Bel en 1286, ne sont autres que les maîtres des œuvres de maçonnerie et de charpenterie. Cette identité résulte des attributions importantes que le *Livre des métiers* reconnaît au maître maçon et au maître charpentier du roi, et des titres de maçon et de maître des œuvres de maçonnerie que nos documents donnent indifféremment à Raymond du Temple. Dès le XIIIe siècle, les travaux de charpente et de maçonnerie intéressant le souverain étaient donc placés sous la direction de deux personnes différentes.

Ces directeurs des bâtiments royaux étaient nommés par le roi qui les attachait à sa personne en leur donnant une charge de cour, ils prêtaient serment à la chambre des comptes, et résignaient leurs fonctions entre les mains du chancelier[2]. Au temps de saint Louis, le traitement du maître charpentier se composait de 18 den. par jour et de 100 s. payables à la Toussaint et représentant le costume qu'il recevait jadis aux grandes fêtes, comme les autres officiers de la cour. Sous Philippe le Bel, présent au palais ou absent, il touchait, ainsi que le maître maçon, 4. s. par jour et la même gratification de 100 s. De plus, on mettait à la disposition de chacun deux chevaux, qui étaient ferrés à la forge du palais, et ils avaient

---

Bourges à Riom, pour ouvrer et estre lieutenant dud. maistre Guy et à panre garde dez euvres à sept s. par jour à luy ourdenés par led. Me Guy... » KK 255, f° 30 v°. «... M[o] Pierre Juglar comme lieutenant dud. maistre Guy es euvres dud. palais. » *Ibid.* f° 28 v°. « Par le marché sur ce fait par Jenin Guerart, lieutenant de mestre Guy... » KK 256-57, 3e part. f° 84.
1. Lance, *Dict. des architectes franç. Introd.* p. XI.
2. « Petrus Souchet, varletus camere Regis, ordinatus et institutus magister generalis operum carpentarie Regis loco magistri Roberti Souchet vacante per resignationem ejusdem in manibus domini cancellarii factam, per litteras domini Regis datas XXV Marcii CCCC decimo et VIII Junii CCCC XI. Idem Petrus fecit et prestitit solitum in camera juramentum... » Cop. du liv. noir, f° 99 v°.

FAGNIEZ, *Études sur l'Industrie.*

bouche à cour[1]. En dehors de ces appointements fixes, ils recevaient des honoraires lorsqu'ils dirigeaient des travaux. Nous n'en avons pas, il est vrai, la preuve directe ; mais, quand on voit le duc de Berry fixer à 20 s. par jour les honoraires de son maître des œuvres, Guy de Dammartin, pour les travaux qu'il dirigeait au château de Poitiers [2], on a peine à croire que les maîtres des œuvres du roi se contentassent d'un traitement égal seulement au cinquième de cette somme. Nous pensons qu'on leur allouait aussi une indemnité de déplacement. Le même Guy de Dammartin, ayant fait venir de Bourges un certain Hugues Joly pour se faire suppléer dans la surveillance des travaux du château de Riom, lui paya ses journées de transport (le voyage avait duré trois jours) sur le même pied que ses journées de travail, c'est-à-dire 7 s. par jour[3]. Or, si un simple auxiliaire, travaillant de ses mains, était indemnisé de ses frais de route, il en était de même *à fortiori* d'un architecte, dont le temps était bien plus précieux. Il arrivait rarement au contraire qu'il fût défrayé, lui et son cheval, pendant les travaux[4].

Le propriétaire lui témoignait assez souvent sa satisfaction par des libéralités. Le 22 novembre 1362, le duc de Normandie donne à Raymond du Temple, son maçon, 20 fr. d'or pour acheter un roncin[5]. Devenu roi, il en fait un de ses sergents d'armes, et accorde à son fils, Charlot du Temple, dont il était le parrain et qui étudiait à l'université d'Orléans, 200 fr. d'or pour s'entretenir et acheter des livres. En 1394, Louis d'Orléans récompense le même Raymond de ses services comme architecte de l'hôtel de Bohême et de la chapelle d'Orléans aux Célestins, par le don de la même somme[6].

---

1. « Maçon I. Mestre Eudes de Monstereul qui aura IIII s. de gages hors et ens et C s. por robe et forge et restor de II chevaux et mangera à court. Charpentiers I. Mestre Richard et aura aussi comme mestre Eudes. » Leber, *Collect. des meilleures dissertations*, t. XIX, p. 27. En 1317, la charge de maître de la charpenterie du bailliage de Senlis rapportait également au titulaire 4 s. par jour et 100 s. qui étaient censés le prix d'une robe.

2. « A maistre Guy de Dampmartin, general maistre des d. œuvres, pour ses gaiges de XX s. par jour à lui tauxéz par mond. seigneur par ses lettres... » KK 256-57, f° 56.

3. Voyez plus haut, p. 192, note 1.

4. Voyez le texte cité p. 191.

5. Trés. des Chartes, reg. 92, pièce 144.

6. Bibl. de l'Ecole des Chartes, VIII, 55.

Nous ne parlons pas des bénéfices illicites que les maîtres des œuvres pouvaient réaliser en vendant à leur profit les matériaux dont ils avaient la disposition. Contre cet abus la chambre des comptes prit des mesures, qu'elle fit consigner au dos des provisions de maître général des œuvres de charpenterie expédiées à Pierre Souchet en 1402. Les matériaux de toute espèce, vieux ou neufs, plomb, tuile, fer, bois de charpente, échafaudages, verre, châssis, durent dès lors être renfermés dans un magasin, fermé de deux clefs, dont l'une était entre les mains du maître des œuvres, l'autre entre celles du comptable, que ce fût un clerc des œuvres ou le receveur. De cette façon, les détournements n'étaient possibles que dans le cas improbable d'une entente entre l'architecte et le comptable. On employait ceux de ces matériaux, qui étaient en état de servir, les autres étaient vendus par les vicomtes et les receveurs, en présence du maître des œuvres[1].

Si celui-ci payait quelquefois les matériaux et la main-d'œuvre[2], la comptabilité des travaux était plus souvent confiée à un « payeur des œuvres » du roi. Ce comptable acquittait les mandats de payement délivrés par l'architecte aux fournisseurs et aux ouvriers. Le 12 mars 1319 (n. s.), Philippe le Long accorde au payeur de ses bâtiments à Paris, qui était en même temps valet de son hôtel, le droit de toucher son traitement (8 s. par jour et 100 s. de robe annuelle) pendant toute sa vie,

---

1. « Sub provisione quadam tamen scripta a tergo sue expeditionis cujus tenor sequitur : Pourveu que led. maistre des euvres ne pourra prendre pour applicquer à son prouffit aucunes matieres, comme plomb, tuille, fer, merrien, eschaffaudemens, voirres, chassis ou autres matieres vieilles ou nouvelles, mais seront toutes icelles matieres, en tant que touche les euvres qui se payent par les mains du payeur des euvres du Roy, mises en lieu seur, à la discretion desd. payeurs et maistres des euvres, duquel lieu chascun d'eulx aura une clef, et, en tant que touche les ouvrages qui se payent par le receveur de Paris et les vicontes et autres receveurs, toutes icelles matieres seront mises en lieu seur comme dessus à la discretion desd. vicontes et receveurs chascun en sa recepte et dud. maistre des euvres, afin que celles desd. matieres qui seront prouffitables à remployer et mettre en euvres pour le Roy y soient mises et les autres qui ne se pourront employer soient vendues au proufficit du Roy par lesd. vicontes et receveurs appellé le maistre des euvres en chascune recepte ou viconté. » Copie du livre noir du Chât. f° 99.

2. « Pour den. bailliéz aud. Adam [le Piquart maçon, c'est-à-dire ici maître de l'œuvre] pour paier les charpentiers et massons qui firent la loge aus massons... » LL 730, f° 9.

même dans le cas où il n'exercerait plus ses fonctions[1]. A défaut de payeur des œuvres, les payements étaient faits à Paris par le receveur, dans les provinces par les vicomtes et les receveurs des bailliages. Voici un certificat ou mandat de payement délivré par un maître des œuvres à un entrepreneur pour le receveur du bailliage : « Jehan Frangile, maistre des œuvres de charpenterie du Roy nostre sire ou bailliage de Meaulx, à Guillaume......,receveur pour le Roy n. s. ou dit bailliage, salut. Je vous certiffie que Regnault de Gastins, masson, a bien guagné et deservi et lui est deu sept livres trois sols tournois pour avoir fait et parfait les besongnes qui ensuivent.......... Si les lui vueilliez paier, car je vous certiffie que la besongne est faicte et parfaicte. Tesmoing mon seel à ces presentes le xe jour de fevrier l'an MCCCLX et seize [2]. »

Les maîtres des œuvres du roi étaient souvent commis pour faire des expertises, mais les fonctions d'experts étaient remplies aussi par des « maçons et charpentiers jurés du roi, » qui ne doivent pas être confondus avec les premiers. En effet, les maîtres des bâtiments royaux n'étaient pas plus de deux, l'un pour la maçonnerie, l'autre pour la charpenterie[3]. On ne peut donc pas considérer comme tels les huit maçons et charpentiers jurés dont nous possédons un rapport d'experts de 1326, ni les douze jurés qui figurent dans une ordonnance de 1405. Les maîtres des œuvres étaient, nous l'avons dit, des officiers de l'Hôtel; on va voir que les jurés paraissent avoir eu le caractère d'officiers municipaux. Élus par le maître maçon du roi, qui n'est autre que le maître des œuvres de maçonnerie, et par les jurés en exercice, ils étaient institués par le prévôt de Paris, qui recevait par conséquent leur serment. Ce mode de nomination fut confirmé par un jugement du prévôt de 1402, maintenant Pierre Denis, en possession de la charge de maçon juré, qu'il avait obtenue régulièrement, contre les prétentions de Jean Prieur,

---

1. Trésor des Chartes, reg. 58, f⁰ xxiiii v⁰.
2. KK 1338, n⁰ 19. Remarquons que ce certificat est délivré à un maçon par le maître des œuvres de charpenterie.
3. Cela est prouvé et par le *Livre des métiers* et par l'état de la maison de Philippe le Bel que nous avons cité, et par l'ordonnance royale du 15 juin 1320 qui autorise la chambre des comptes à créer, lorsque le besoin s'en fera sentir, deux maîtres des œuvres dans la vicomté de Paris, deux en Champagne, deux en Normandie, deux en Languedoc, l'un pour les travaux de charpente, l'autre pour ceux de maçonnerie. *Ordonn. des rois de Fr.* I, 715.

auquel le roi l'avait donnée[1]. Lorsque Pierre Denis mourut, sa charge fut également l'objet d'un débat entre deux candidats, dont l'un avait été élu, l'autre nommé par le roi. Le prévôt adjugea la charge au premier, et le second, qui avait appelé au parlement, ne tarda pas à se désister[2]. C'est pour éviter que ces places fussent données à la faveur, et pour maintenir le recrutement par l'élection, que fut rendue l'ordonnance de 1405 (n. s.)[3]. Cette ordonnance ne parle pas de la part prise à l'élection par le maître maçon du roi. Celui-ci y restait-il alors étranger, ou son concours a-t-il été passé sous silence? Quoi qu'il en soit, il y participait quelques années auparavant, et le texte qui le constate, en le nommant à côté des jurés, empêche par cela même de le confondre avec eux. Les jurés qui exercèrent depuis le commencement du XVe siècle jusqu'en 1473, figurent, avec les officiers de la ville, dans un registre d'élections municipales[4]. C'est à eux que s'applique la taxe des expertises fixée d'un commun accord par le prévôt de Paris et le prévôt des marchands, en 1293. Les vacations y sont taxées à 2 s. par partie, et à 2 s. par jour, lorsque la clôture de l'expertise est retardée par la faute des parties. Lorsque le retard était imputable aux experts, quelle qu'en fut la durée, ils n'avaient pas droit à plus de 2 s.[5].

Du reste, à part cette différence que les uns appartenaient à la maison royale, tandis que les autres relevaient de l'Hôtel de Ville, maîtres des œuvres et jurés se confondaient par leurs attributions. En effet, non-seulement les uns et les autres faisaient des expertises dans l'intérêt du roi ou pour éclairer la justice, mais les jurés étaient aussi architectes et dirigeaient les travaux que le roi, les princes du sang et autres personnages faisaient exécuter à Paris[6]. Ils se confondaient aussi dans le langage, car les maîtres des œuvres prennent souvent, on l'a vu, le simple titre de maçons et de charpentiers du roi. Quelquefois les textes leur donnent celui de maître général des œuvres, de maçon général du roi, ce qui dénote bien une certaine prééminence sur les jurés[7].

1. Reg. d'aud. du Chât. Y 5224, f° 87.
2. Livre du Chât. rouge 3°, Y 3, f° 98 v°.
3. Ordonn. des rois de Fr. IX, 56.
4. Leroux de Lincy, Hist. de l'Hôtel de Ville, 1re part. p. 21.
5. Ord. relat. aux mét. p. 373.
6. Voy. l'ordonnance précitée de 1405.
7. Dans un rapport d'experts du 8 octobre 1431, Jacques Levaillant prend

C'est parmi ces derniers qu'il faut ranger le charpentier juré qui, de l'accord de l'abbaye de Saint-Magloire et du prieuré de Saint-Martin-des-Champs, fut désigné par le prévôt pour remettre une jumelle et deux chevaliers à un pressoir banal au sujet duquel ces deux communautés étaient en procès (août 1273)[1]. Nous avons déjà mentionné un rapport du vendredi après l'Épiphanie 1326 (n. s.) adressé au prévôt par huit maçons et charpentiers jurés sur une maison du Grand-Pont. On n'apprendra pas sans un certain intérêt les noms de ces experts, qui comptaient parmi eux des architectes de mérite. C'étaient M° Nicolas de Londres, M° Jean de Plailly, M° Pierre de Longperier, M° Michel de Saint-Laurent, M° Jean de Saint-Soupplet, M° Pierre de Pontoise, M° Aubry de Roissy et M° Jacques de Longjumeau. Un certain Soupplicet, chasublier, avait présenté requête pour faire visiter une maison contiguë à la sienne, et qui menaçait ruine. Les jurés allèrent sur les lieux et déclarèrent sous serment, dans un rapport scellé de leurs sceaux, que cette maison, propriété d'Isabelle de Tramblay, mettait en péril imminent celle de Soupplicet, ainsi que le Grand-Pont, et qu'elle devait être rasée sans retard [2]. Philippe de Valois ayant autorisé Guillaume Judet, chapelain de la chapelle Saint-Michel-et-Saint-Louis à la Sainte-Chapelle, à percer à ses frais le mur de sa maison, qui formait la clôture du Palais, et bordait le chemin du Grand-Pont, et à y établir des ouvroirs dont les revenus seraient appliqués à la dotation de la chapelle, manda en même temps à ses maîtres des œuvres de se transporter sur les lieux pour examiner l'endroit où le mur pouvait être percé avec le moins d'inconvénient (novembre 1334)[3].

Les jurés étaient chargés aussi d'estimer les immeubles. En 1349, le roi voulut acheter une maison de la rue Thibaut-aux-Dés, attenante à l'hôtel des Monnaies. Deux maçons jurés, Jean Pintoin et Vincent du Bourg-la-Reine, et un charpentier, Renier de Saint-Laurent, visitèrent cette maison, et,

---

le titre de « maître général des œuvres de maçonnerie »; dans un autre du 26 mai 1433, il se qualifie de « maçon général » du roi. Les deux titres se valaient donc, et si la première fois il emploie celui de « maître des œuvres, » c'est peut-être pour mieux se distinguer du maçon juré du roi qui prend part à l'expertise avec lui. (Arch. nat. S. 5068, n° 9; 4962 n° 34.)

1. Cart. S.-Magloire, p. 178.
2. Append. n° 35.
3. JJ. 69, pièce IX^{xx} VIII.

déduction faite d'un cens de 25 liv., dont elle était grevée, l'évaluèrent à 50 liv. par., somme moyennant laquelle elle fut vendue au roi. Les experts reçurent 40 s. par. pour leurs vacations. Au bas de leur rapport, qui est accompagné de la mention du payement de leurs honoraires, on voit la marque de trois cachets plaqués, ainsi que trois cachets pendants sur queues de parchemin. C'est que les experts ont scellé d'abord la prisée, puis la partie de l'acte constatant le payement. Les mêmes signets se retrouvent au pied de la quittance, et dans le type on remarque des outils [1]. Nous avons conservé deux rapports estimatifs rédigés et scellés par Raymond du Temple. L'un, en date du 24 avril 1372, est la prisée d'un terrain vague de la rue de la Lanterne, près du parvis de Saint-Denis-de-la-Chartre. Le grand architecte fut assisté dans cette expertise par le maître charpentier du roi, Jacques de Chartres [2]. Il figure seul, au contraire, dans l'autre rapport, qui est du 13 décembre de la même année, et qui a pour objet l'estimation d'un autre terrain nu, sis rue aux Oublies, autrement dite de la Licorne [3].

En 1388, il est commis, avec d'autres experts, par la Chambre des comptes, pour examiner si l'on pouvait sans inconvénient accorder aux fripiers colporteurs le droit d'établir aux halles des escabeaux, sur lesquels ils s'assiéraient en vendant leurs hardes. Ceux qui prennent part avec lui à cette expertise sont : Robert Foucher, charpentier du roi, Jean Bérenger et Jean Filleuil, maçons ; Jean de Marne et Gilbert Bernart, charpentiers jurés du roi, et Philippot Milon, charpentier juré de l'évêque de Paris [4]. En 1397, les maîtres des œuvres furent appelés à se prononcer sur une question du même genre. Il s'agissait, cette fois, d'une communication que Pierre Lorfévre, chancelier du duc d'Orléans, voulait établir au-dessus de la rue du Plâtre, entre son hôtel et ses jardins et bâtiments d'en face [5].

Les maîtres des œuvres des établissements religieux, des grands personnages, leur rendaient, comme experts, les mêmes services. Une difficulté s'élevait-elle entre les justiciables, le seigneur justicier commettait son maçon et son charpentier jurés pour visiter les lieux litigieux et lui dire leur avis. Par exemple, nous avons un rapport du maçon et du charpentier

1. Append. n° 36.
2. Append. n° 37.
3. *Ibid.* n° 38.
4. Livre rouge du Chât. Y 2, f° 86.
5. *Ibid.* f° VII[xx].

jurés du Temple sur les servitudes que Nicaise de la Prévôté, tavernier, domicilié dans le ressort du Temple, avait usurpées sur un autre tavernier, son voisin, nommé Gros Perrin. Les jurés décident que Nicaise fera boucher les vues qu'il a prises sur son voisin, qu'il fera faire un contre-mur à l'endroit où ses « aisances » touchent au mur mitoyen, qu'il s'abstiendra d'appuyer quoi que ce soit contre un mur qui appartient exclusivement à Gros Perrin (mardi 29 avril 1371)[1]. Lorsqu'un chanoine de Notre-Dame mourait, les jurés du chapitre constataient la valeur des réparations dont la maison claustrale, occupée par le défunt, avait besoin et qui étaient à la charge de la succession[2]. Il en était de même pour les maisons dont l'évêque avait joui pendant sa vie[3]. Les exécuteurs testamentaires contestaient parfois cette estimation et demandaient au chapitre l'autorisation de faire faire les réparations à moins de frais par d'autres que les jurés[4]. Les travaux terminés, les jurés examinaient s'ils étaient satisfaisants et en faisaient leur rapport au chapitre[5]. Nous nous bornons à indiquer ici quelques-unes des circonstances dans lesquelles on avait recours aux lumières de ces praticiens; si l'on voulait citer d'autres exemples des services qu'ils rendaient en qualité d'experts, il ne serait pas difficile d'en réunir un plus grand nombre. Les textes nous offriraient en même temps bien des noms d'architectes que l'on pourrait attacher à des monuments disparus ou encore subsistants[6].

Nous nous sommes étendu peut-être un peu longuement sur le rôle de l'architecte, tant comme directeur de travaux que comme expert; nous devons cependant ajouter encore que quelquefois le propriétaire se passait de lui et traitait lui-même avec les entrepreneurs. Nous citerons, par exemple, le marché passé entre le chapitre de la cathédrale de Troyes et plusieurs maçons pour la construction d'un jubé[7] et celui

---

1. Append. n° 39.
2. Reg. cap. de N.-D. de Paris, année 1363, LL, 209b, p. 437.
3. Même année. LL 209b, p. 455.
4. *Ibid.* LL 210, p. 170.
5. LL 209b, p. 371. LL 210, p. 130.
6. A ce point de vue, un dépouillement attentif des registres capitulaires de Notre-Dame ne serait pas stérile. On y retrouve Raymond du Temple, en qualité de « maçon » de la cathédrale; on y voit qu'il avait transmis sa charge à un fils, qui n'est pas nommé et auquel le chapitre cherchait un successeur en 1401.
7. Quicherat, *Notice sur plusieurs registres de l'œuvre de la cathédrale de Troyes. Mém. de la Soc. des Antiq.* XIX, p. 67, 71.

que la chambre des comptes d'Angers conclut avec un maçon pour élever un bâtiment dans le château du roi de Sicile à la Ménitré[1].

Il est temps maintenant d'examiner les clauses habituelles des marchés pour donner une idée des rapports des ouvriers du bâtiment avec leurs clients. La rédaction proprement dite des marchés ne peut donner lieu à de longues observations. Il est à peine nécessaire de dire qu'ils étaient rédigés en autant d'exemplaires qu'il y avait de parties[2] et scellés parfois du sceau d'une juridiction, telle que le Châtelet, ce qui leur donnait un caractère authentique. On payait à boire à l'ouvrier en l'arrêtant ; c'était une façon de sceller le marché[3].

Les comptes que nous avons entre les mains nous autorisent à dire que les travaux de construction s'adjugeaient au rabais et s'exécutaient à la tâche et en régie. Ces conditions sont si avantageuses au propriétaire qu'on n'est pas étonné de les voir généralement adoptées au moyen âge. En 1345, Jean le Plâtrier reçoit 12 liv. pour avoir refait au rabais la couverture de tuile du château du Goullet (vicomté de Gisors) endommagé par un incendie[4]. Le même compte constate que Jean Langre et son frère restèrent adjudicataires, après deux rabais, de l'entreprise d'une mai-

1. Lecoy de la Marche, *Comptes du roi René*, n° 298.
2. « Du consentement de Simonnet du Til et Robin du Til frères, couvreurs de maisons de tuilles, contre lesquelz les religieux du Val N. D. faisoient demande et requeste à ce qu'ilz feussent condamnéz à faire et parfaire certains ouvrages de couverture en l'ostel nommé Champignoles assis en la paroisse de Serifontaine en la chastellerie de Chaumont en Veuquessin, selon le contenu en certaine cedule autrefoiz faicte entre ycelles parties, dont lesd. freres ont autant par devers eulz, nous avons dit... que ce qui a esté fait par lesd. freres sera veu et visité par gens expers.... pour savoir se en ce a aucunes faultes.... d'ouvrage et queles, ausqueles reparer... aux despens nous... condamnons yceux freres et oultre.... à faire en ce dedans Pasques prouchain venant selon la fourme et teneur de lad. cedule.... » Année 1398, Y 5221, f° 5.
3. « A Jehan de la Mare, couvreur de chaume, pour avoir recouvert les estables de Cormeilles [en Parisis]........ par marché à lui fait à VII liv. VII s., en ce comprins le vin despendu au marché. » Commencement du xv° s. Arch. nat. LL 1232, f° 73.
4. «.... Pour recouvrir la salle qui fu despeciée quant le feu prist en la cheminée de la d. salle, pour recouvrir suz la cuisine, sur les estables, sur les troiz tours et ailleurs par tout où il a couverture de tieulle, pour toutes les choses dessus d. avoir faites de touz coustumens par Jehan le Plastrier à iceli baillée sen tâche et à rabaz, XII liv. » Arch. nat. K 44, n° 6.

son en bois soumissionnée d'abord par Rabel Gosset au prix de 40 liv.[1]. Monteil a publié un mandement du vicomte d'Auge au sergent de Pont-l'Évêque pour adjuger à la criée dans son ressort des travaux de maçonnerie[2]. C'est au rabais que fut exécutée la charpenterie des combles d'une chapelle, d'un oratoire et d'un escalier que le duc d'Orléans fit élever près des Célestins d'Arpajon[3]. Raymond du Temple, ayant à faire exécuter les travaux de maçonnerie du collége de Beauvais, se rend à la Grève, fait publier et afficher son devis et ouvre l'adjudication. Mais il avait déjà fait commencer les travaux, aux prix du devis, par des maçons qui, malgré les rabais offerts, conservèrent l'entreprise parce qu'ils avaient fait leurs preuves[4]. En effet, les devis fixaient nécessairement un prix maximum qui servait de point de départ aux rabais. Nous n'avons pas trouvé d'exemple d'adjudication à la chandelle avant le milieu du xve siècle; c'est de cette façon que la Chambre des comptes d'Angers adjugea au prix de 300 écus, à la suite de plusieurs rabais de 20 écus, la fourniture des pierres du tombeau du roi René[5].

Ainsi que nous l'avons dit, les ouvriers travaillaient généralement à la tâche, soit qu'on leur payât à forfait et en bloc un travail terminé, soit que le salaire fût fixé à tant la toise[6]

---

1. « Pour avoir faite une maison sur la bove pour l'autre qui estoit pourrie et cheue à terre..... pour ice avoir fait bien et suffisament de touz coustemens, excepté que l'en a trouvé bois en estant, cordes, engins et ferreures, par Rabel Gosset à iceli baillé par XL liv., rabatu VII liv. XII s. pour II rabèz pour tout XXXII liv. VIII s. laquelle tache est demourée à Jehan Langre et à son frère. » Arch. nat. K 44, n° 6.

2. Année 1399, *Hist. des Français*, épître 72, note 1.

3. « A Jaquet Bourée, charpentier demourant à Béthisi, pour sa paine et salaire d'avoir fait et parfait bien et deuement de son mestier, la charpenterie des combles de lad. chappelle, oratoire et viz, lesquels sont fermés, c'est assavoir.... par marché demouré à rabbais aud. Jaquet comme dernier rabbaisseur.... parmi ce que l'en lui a livré à ce fere bois sur le pié et voicture pour ycellui arriver seulement.... » Arch. nat. KK 266, f° 7 v°.

4. Append. n° 34.

5. *Comptes du roi René*, n° 162.

6. « Marchié fait entre Guibert de S. Benoist et Huguelin Halle, maçon en telle maniere que led. Huguenin doit faire la toise de gros mur pour le pris de 5 s. et doit hachier et enduire le mur de devant et remuer jambes, se mestier, est davantage parmy le marchié et doit mener à son droit plon et alignement. *Item* il doit faire et fera de fait cloisons, cheminées et

ou à tant la pièce. Le propriétaire fournissait les matériaux et même les échafauds, les machines, jusqu'aux seaux et aux baquets à mettre l'eau[1] ; c'est dire que, généralement, les ouvriers n'étaient pas entrepreneurs.

Le sol de Paris et des environs abondait en matériaux. Les textes mentionnent les carrières de Lourcines au faubourg Saint-Marcel, celles des Mureaux au faubourg Saint-Jacques, celles de Vaugirard, la pierre de Vitry, de Bicêtre, de Charenton-le-Pont d'où l'on tirait aussi de la pierre à chaux, la pierre de liais de Notre-Dame-des-Champs, la pierre et les carreaux de Gentilly, les carreaux de Saint-Germain-des-Prés. A une certaine distance de Paris, on exploitait déjà les carrières de Saint-Leu d'Esserent[2]. Quant au bois de charpente, nous n'avons trouvé qu'une fois l'indication de sa provenance, c'est dans un article des comptes des travaux du Louvre qui constate l'abatage, la coupe et l'équarissage de huit chênes de la forêt de Compiègne, amenés par eau jusqu'au Louvre pour faire des planchers. Le bois nécessaire aux travaux entrepris pour le roi ne devait être pris que dans les parties des forêts du domaine affectées à l'exploitation, et moyennant payement[3].

Les textes ne permettent pas de restituer les machines qu'on

planchiers deux toises pour une et tout le gros mur, comme dit est, comprins ens carneaux et tout, il aura, comme dit est, V sols pour toise... le lundi VIIIe jour de juillet 1409. » Arch. nat. Z^2 3485.

1. « Pour la façon de III chaffals faiz au bourc de Ceys. » [Scey-en-Varais, Doubs]. Compte de 1305, KK 524, f° 3. « A lui [le maître maçon] pour ung muy et demi de plastre cuit tant seulement que led. maçon a livré pour les d. besoingnes, pour ce que tout le surplus a esté prins en l'ostel de mond. seigneur... » Compte des travaux faits pour le duc d'Orléans du 20 avril 1399 au 25 mars 1401, KK 265, f°s 4 et 5. « Pour ce par marché de main ferme fait aux d. maçons, pour leur peine seulement, parmi ce que l'en leur a livré aux frais de mond. seigneur le duc toute mathere sur le lieu à ce faire, vidanges de fondemens, cintres, cordes et engins, cloyes et merrien pour eschaffauder... » KK 265, f°s 3, v° et 4. « Pro centum longis perticis emptis in territorio de Brionio pro chaufaudendo d. lathomos... pro LX clidis emptis pro d. massonibus chaufaudendis... pro triginta sex paquetis sive comportis ad tenendum aquam pro d. massonibus... pro XX^{ti} IIII^{or} palis fusteis... pro sex selhis ad portandum aquam... » K 1148, n° 34, f°s 38 v° et 39. « pro duobus alveis ad portandum cementum. » Mém. de travaux faits aux Augustins, en 1299, Append. n° 42.

2. « A li pour baillier au quarrier de S. Leu pour pierre achetei de li, VIII liv. » LL 730, f° 9 v°.

3. *Ord. des rois de Fr.* I, 460, art. 6, 12.

employait dans la construction. L'un d'eux nous indique l'argent et la main-d'œuvre consacrés à deux « engins » dont on ne peut que conjecturer la nature et le but. Leur fabrication demanda 147 journées de charpentiers à 3 s. L'ingénieur passa 52 jours sur le lieu des travaux pour faire faire ces engins et toucha 5 s. par jour. Ils étaient en bois et paraissent avoir été mis en mouvement au moyen d'une roue, autour de laquelle s'enroulaient peut-être des câbles [1]. Dans un compte, on trouve la mention d'une « maison des engins, » évidemment destinée à renfermer des appareils semblables à nos grues, à nos chèvres, etc[2]. Grâce à l'album de Villard de Honnecourt, on peut se représenter ce qu'étaient au XIIIe siècle une scierie hydraulique, et une machine à recéper des pilotis pour la construction d'un pont. L'action de la scierie hydraulique se compose de deux mouvements : le mouvement d'une roue dentée qui fait avancer la pièce de bois à mesure qu'elle est sciée et le mouvement vertical de la scie. Le recépage de pilotis sous l'eau s'exécutait à bras ; le contre-poids qui figure dans le dessin servait, croyons-nous, à imprimer à la scie un mouvement de recul, qui devait accélérer la besogne des manœuvres.

Lorsque le travail était de longue durée, le client était tenu d'entretenir et de remplacer les outils des ouvriers. Dans des mémoires de travaux exécutés au couvent des Augustins du mois d'août 1299 à la fin de janvier 1300 (n. s.), puis du mois d'août de cette année au commencement de septembre, nous remarquons des articles ainsi conçus : Pro fabricando martellos, pour forge[3].

Dans les marchés importants, l'entrepreneur se soumettait à une clause pénale pour le cas où il n'exécuterait pas

---

1. « Pour la façon de II engins. Pour VII[xx] VII journées de chapus sans les journées maistre Pierre l'engignour à raison de III s. la journée valent XXI liv. XII den. Pour les gaiges du d. maistre Pierre de LII journées qu'il demora à Gevrey [Côte-d'Or] pour ces II engins faire à raison de V s. par jour, XIII liv. — Pour les despens des chapus le jour qu'il leverent ces engins... XX s... — Pour XX journées de cordiers pour faire les cordes de ces engins et pour une ahide qui viroit la roe... LXX s. — Pour II[c] de chanvre pour faire les cordes de ces engins C s... » Année 1305, KK 524, f[o] 43.

2. « Pour faire les gros murs dessus d. dou lonc de la maison des engins... » Année 1314, *ibid*. f[o] 60.

3. « Pro acuendo martelos d. massonum... » K 148, n[o] 34, f[o] 39. Cf. p. 89. Append. n[o] 42.

le travail d'une façon satisfaisante. Ainsi les maîtres maçons qui vinrent de Paris à Troyes pour construire le jubé de la cathédrale de cette ville, s'obligèrent solidairement et sous la caution de la belle-mère de l'un d'eux, à payer 400 francs au chapitre s'ils ne remplissaient pas tous leurs engagements[1].

Les travaux qui n'exigeaient pas la présence des ouvriers sur les échafauds, s'exécutaient à couvert dans un atelier, qu'on chauffait en hiver et auquel un de nos textes donne 25 toises de long sur 8 de large[2].

Les diverses parties de la construction se partageaient entre un assez grand nombre de corps d'état; nous en énumérerons plusieurs en déterminant la spécialité de chacun. Le maçon et le tailleur de pierre, bien que distincts dans le langage, exécutaient indifféremment les mêmes travaux. Nous voyons, par exemple, un tailleur de pierre (*scinsor lapidum*) poser deux barreaux de fer dans la grande tour des prisons à Notre-Dame de Paris pour tenir une cloche, et sceller dans la pierre les gargouilles de cette tour. Le même texte nous montre un maçon (*lathomus*) taillant des pierres pour remplacer les marches dégradées par lesquelles on descendait du palais épiscopal à la Seine[3].

A côté du maçon-tailleur de pierre, il faut placer le carrier qui faisait parfois équarrir la pierre de taille avant de l'envoyer au chantier[4], le chaufournier appelé aussi plâ-

---

1. *Mém. de la Soc. des Antiq.* XIX, p. 71.

2. « A Henry Poussart et Simon de Vien, charpentiers pour avoir fait et assis la charpenterie d'une loge rendue couverte pour ouvrer dessouz à fere la charpenterie du paveilhon du chasteau de Poittiers... et contient la d. loge XXV toises de long et VIII toises de large ou environ, ainsi qu'il est contenu par le marché sur ce fait par Me Guy de Dampmartin... le XVe jour du mois de decembre l'an 1385 et certiffié dud. Me Guy le XVe jour de janvier l'an 1386... » KK 256-57, 3ᵉ part. f° 82. Voy. p. 195, note 2, et *Mém. de la Soc. des Antiq.* loc. cit.

3. « ... XIX octobris anno quadringentesimo septimo Petro le Sieur sinsori lapidum, pro... assedendo duos barrellos ferri in magna turri carcerum pro tenendo campanam et pro ingravando gallice *les nées* d. turris ad portandum aquas extra pro dicta IIII s... Petro Poncet, lathomo pro sindendo lapides ex quibus fuerunt facti gradus per quos descenditur in Secanam in domo episcopali... et pro assedendo d. lapides pro reparacione d. graduum... » LL 11, fᵒˢ 63 v° et 64. « A Pierre Guobia, tailleur de pierre et maçon... » KK 255, f° 46 v°.

4. « A Jehan Courdrez, filz de Pierre le carrier de Volvic, pour 100 petis quartiers de tailhe qu'il a rendus dans led. palais... au pris de 8 fr. et

trier[1], le mortelier, enfin les manœuvres qui dressaient les échafaudages et faisaient les terrassements[2]. Chose étrange, des femmes travaillaient aux terrassements[3]. On employait aussi les enfants à tailler la pierre et le carreau[4].

Si nous recherchons maintenant les métiers qui mettaient en œuvre le bois de charpente pour le bâtiment, nous trouvons le charpentier-huchier, le *huissier*, le scieur de long, le lambrisseur, le couvreur. La fabrication des meubles était l'objet propre de l'art du huchier, mais cette fabrication n'occupait pas un corps d'état distinct. Le même ouvrier qui faisait la grosse charpente, travaillait pour l'ameublement. Un certain Jean Morille figure dans le même compte tantôt avec le titre de charpentier, tantôt avec celui de huchier, comme ayant fourni des « formes, » raccommodé et rembourré des bancs, réparé un châssis de croisée, fabriqué deux fenêtres en bois d'Irlande[5]. Un ouvrier, qui livre une « forme, » y est qualifié de huchier-charpentier[6]. Un autre texte nous montre des charpentiers ré-

demi, si comme appert par sa quittance donnée le mardi devant la feste de sainte Catherine vierge, l'an 1383... » KK 255, f° 13.

1. « A Jehan le Fevre, plastrier, pour avoir cuit et batu XXIX muis du plastre... » Commencement du xv° s. LL 1232, f° 16 v°. « A Jehan Maciot, plastrier pour trois voyes de plastre que il a livrées pour refaire les planchers de la chambre des enquestes... » KK 336, f° 17 v°. « A Guillaume Ebrart le chaufornier de Combronde, pour cinquante sextiers de chaux qu'il a mis dans le d. palais... » KK 255, f° 11.

2. Ils figurent dans les comptes précités du couvent des Augustins sous les noms de piqueurs, hotteurs, échafaudeurs. Append. n° 42.

3. « Pour faire les fondemenz dedenz terre et descombrer la place et la pierre choite pour VIII° LX XIX jornées de perriers et de ovriers de braz et XL IX jornées de femmes... » KK 524, f° 60.

4. « Duobus pueris pro incidendo l centum de quarrellis in taschia... 13 s. cuidam puero pro cindendo lapides — Il pueris qui cinderunt quarellos in ieme — As II effans qui taillent les carriaus... » Append. n° 42.

5. « A Jehan Morille, charpentier pour avoir fait et livré une fourme de VII piéz et de deux doys d'espoisse... » KK 336, f° 45 v°. » A Jehan Morille, huchier demourant à P. lez le Pont Neuf pour une chaiere en maniere de fourme par lui faicte... » *Ibid.* f° 52 v°. « A Jehan Morille, huchier pour avoir rappareillié en la chambre du Parlement les choses qui s'ensuivent : II bans et y mettre enfoussure neuve où il en faloit, pour bois, clou et paine IIII s. p. Pour avoir rappareillié un chassiz qui siet en une des croisiéz darriere les bancs du parc de la d. chambre... pour bois, clou et paine VI s. p., et pour II fenestres de bort d'Islande assises ou porche en l'entrée de la d. chambre... par quittance du d. Jehan M. donné le VIII° jour de mars l'an 1396. » *Ibid.* f° 26 et v°.

6. « A Girart de Wyers, huchier et charpentier... pour avoir livré une

parant des râteliers d'étable et fournissant des barreaux neufs, fabriquant des portes, des fenêtres, des coffres, des dressoirs[1].

Nous n'avons pas trouvé trace, dans les comptes, d'une profession ayant pour objet la charpente des portes et l'on vient de voir que ce travail rentrait dans l'industrie des charpentiers-huchiers. Peut-être les huissiers, que le *Livre des métiers* nomme parmi les corps d'état faisant partie de la corporation des charpentiers, avaient cessé de former une profession à part.

Les scieries mécaniques n'étaient pas, comme on pense bien, assez multipliées pour remplacer les bras de l'homme. Aussi certains ouvriers faisaient leur métier de scier le bois, c'était les « soyeurs d'aisses », en latin « secatores asserum[2]. »

Les couvreurs se distinguaient en couvreurs d' « estrain » ou de chaume, couvreurs d'ardoise, couvreurs de tuile. En 1399 (n.s.), Jean Judas, maçon, fut condamné à l'amende par le prévôt de Paris pour avoir couvert une maison de tuiles, contrairement aux ordonnances qui garantissaient le monopole des couvreurs[3].

L'ouvrier en bâtiment était assez souvent nourri par celui pour qui il travaillait. A défaut de preuve directe, on est en droit de le conclure d'une sentence du Châtelet condamnant Perrin d'Origny, maçon, à terminer « à ses dépens de bouche » des travaux par lui commencés pour Nicolas Larcher[4]. Assurément le

---

fourme. » *Ibid.* f° 94. « Cy après s'ensuit autre charpenterie faite dedens euvre par ouvriers huchiers... » Append. 34.

1. « Johanni d'Acy, carpentario pro III° cum dimidio eschelonis pro rastellarum stabullorum curie... Pro d. rastellariis faciendis et reparandis... » LL 10, f° 10 v° « Guillelmo de Boubon, carpentario de platea Mauberti pro hostiis, fenestris et dressorio... » *Ibid.* f° 27. « Colin de la Baste, charpentier pour I coffre de noier... » KK 45, f° 169 v°. « Colin de la Baste, huchier demourant à Paris ou viéz cimetiere S. Jehan pour le salaire de lui XII° charpentiers qui ont fait III drecouers... » KK 30, f° 57 v°.

2. « A Colart Moriaul et à son compagnon, soyeurs d'aisses, pour le soyage de pluiseurs estoffes de bos, tant de courbes, de quartelaige, de aisselin comme autres... » KK 524, f° 214. « ... die II septembris anno [M CCCC] octavo Dionisio Fresart, secatori asserum, pro secando seu scindendo de longo V° II piecas lignorum d. molendinorum. » LL 11, f° 69 v°.

3. Reg. d'aud. du Chât. Y 5221, f° 102.

4. « Condempnons Perrin d'Origny, maçon demourant à la Pissote, à faire et parfaire bien et souffisament à ses despens de bouche certains ouvrages de maçonnerie par lui commencés pour Nicolaz Larcher oud. lieu de la Pissotte, moyennant le pris et selon ce que traité a esté

prévôt n'aurait pas eu besoin de décharger le client des frais de nourriture du maçon, si le premier n'avait pas été obligé de nourrir le second, soit par une clause du marché, soit plutôt par l'usage. L'ouvrier qui travaillait à demeure chez le client y prenait nécessairement ses repas. Tel était le cas d'un charpentier qui, dans les aveux qu'il fait au Châtelet où il est traduit pour un vol commis aux dépens de l'abbaye de Notre-Dame de Soissons, rapporte qu'il travaillait depuis six semaines pour l'abbaye et qu'il y habitait [1].

Lorsque le travail était pressé, pour éviter qu'il fût interrompu, on apportait à boire et à manger aux ouvriers sur le chantier [2].

L'ouvrier en bâtiment quittait souvent son pays pour aller travailler au loin; il était naturel que celui pour qui il se déplaçait le logeât ou lui procurât un logement. Ainsi le chapitre de Troyes mit une maison de la ville à la disposition des maîtres maçons de Paris par qui il faisait construire le jubé de la cathédrale [3].

Le salaire ne consistait pas toujours exclusivement en argent. Le marché passé avec Mathieu Lepetit pour la charpenterie de la tour qui surmontait la porte du château de Beaufort-en-Vallée lui accordait 80 liv. et six aunes de bon drap de la valeur de 6 liv. pour faire une robe [4]. Thomas le couvreur se chargea de couvrir cette tour moyennant 20 liv. et une cote hardie de 60 s. [5].

---

entre eulx et à y ouvrer continuelment de jour en jour sens ouvrer ailleurs jusques à ce que les d. ouvrages soient parfaiz bien et souffisament, sauf à luy, ou caz qu'il ne pourra ouvrer par le deffaut dud. Nicos par deffaut de matieres ou autrement, de avoir et recouvrer ses dommages et interests contre ycellui Nicos et aud. Nicos ses defenses, etc. Fait present Jehannin Larcher, filz et stipulant pour led. Nicos... » Année 1402. Y 5224, f° 74.

1. *Reg. crim. du Chât.* II, p. 27-28.
2. Arch. nat. H. 2785¹, f° 7 v°. Append. n° 34.
3. *Mém. de la Soc. des antiq.* loc. cit.
4. « Die mercurii in crastino B. Martini hiemalis que fuit XII^a die novembris fuit tradita carpentaria turris antique de supra portam Matheo Lepetit...precio IIII^{xx} lib. et sex alnarum boni panni sufficientis pro roba d. Mathei facienda que sex alne panni decostiterunt VI lib. » Arch. nat. K. 1144, n° 38, f° 71.
5. *Ibid.* f° 74. « Le d. Jehan Maçon est loué de Noé l'an [MCCC] lxvi jusques à un an ensuivant pour le priz et somme de XXIIII fr. et une robe... Son varlet gaigne X fr. et aulne et demie de draps. Led. Jehannin est loué de Noé l'an lxvii jusques à un an pour le priz de XXVI fr. une robe et unes chauces... Robin varlet dud. maçon est loué de Noé

Indépendamment du salaire, l'ouvrier recevait des gratifications, des pourboires. Les comptes nous en fournissent maint exemple. C'est tantôt vingt-trois paires de gants données à des maçons[1], tantôt du vin distribué aux charretiers et aux terrassiers pendant les longs jours de l'été[2], tantôt enfin de l'argent. Le propriétaire ne visitait pas les travaux sans faire donner un pourboire aux ouvriers[3].

La pose de la première pierre, du premier clou, de la clef de voûte, les fêtes, tout servait de prétexte à des libéralités[4].

Le jour de carême prenant, l'usage était de donner aux ouvriers de quoi faire un repas ensemble. Le jour de l'Ascension était également célébré dans les chantiers importants par un repas en commun que présidait le chef des travaux, le maître de l'œuvre[5].

Avant l'achèvement des travaux, l'ouvrier se faisait payer souvent des acomptes; il en avait besoin surtout lorsqu'il travaillait à l'entreprise et qu'il avait à avancer le prix des matériaux et de la main-d'œuvre[6]. Il apportait alors soit à la chambre des comptes, soit au comptable un certificat de l'architecte fixant la valeur des travaux exécutés, et le montant de l'acompte qui lui était dû. Naturellement le même certificat était nécessaire lorsqu'il se faisait payer à la fin des travaux. C'était la preuve qu'ils avaient été reçus et réglés[7].

l'an lxvii jusques à un an apres ensuivant pour le priz... de XIII fr. et aulne et demie de drap. » Arch. nat. LL. 1242, f° 156.

1. « Pro XXIII paribus cerotecarum pro predictis massonibus.— XV s. » Arch. nat. LL 1242, f° 6 v°.
2. Arch. nat. H. 2785¹, f° 7. Append. n° 34.
3. *Ibid.* f° 11 v°. « Martin Ville et autres ses compagnons aydes aux maçons pour leur vin que le Roy leur donna aud. Louvre... en 2 fr. d'or. Richart Pitois et autres, maçons et tailleurs de pierre pour leur vin que le Roy... leur donna par mandement sous le sel secret donné 18° jour d'octobre 1365 lorsqu'il alla visiter les œuvres de l'hostel de M. d'Anjou à Paris en XX fr. d'or. » Comptes du Louvre, publiés par Le Roux de Lincy. *Revue archéologique*, VIII° année, p. 691.
4. « Pour courtoisie faire auxd. maçons pour asseoir la clef dessus l'uysserie à l'antrée dou cuer. » *Bibl. de l'École des Chart.* tome XXIII, 234. Cf. Berlepsch, *Maurer*, p. 170.
5. H 2785¹, f° 9 et v°. Append. n° 34. « Pour une karte de vin donnée au d. charpentier et à ses vallès. » *Ibid.* f° 17.
6. « A Jehan Caillou, maçon sur ce que li povet estre dehu à cause de maçonner les fondemens des trois pans de la thour de Maubergon du palais de Poitiers... lesquiex il avoit pris à fere à la toise chascune pour le pris de XXIIII s..... » KK. 256-257, 3° part. f° 84 v°.
7. *Ibid.* f° 55 v° et plus haut p. 196 «... de faire bon ouvraige et loyal

L'ouvrier réparait ses malfaçons à ses frais[1]. Il garantissait parfois dans le marché la solidité de l'ouvrage pendant un certain temps[2].

selonc le pourtrait dessusd., au dit d'ouvriers et de gens coignoissans en ce... » *Mém. de la Soc. des Antiq.* loc. cit.

1. « De l'accort et asentement de Clement le Musnier et.. Fremin, maçons qui ont marchandé à faire certains ouvrages de maçonnerie sur le pont S. Michiel à Paris, à Colart Germant, marchant et bourgeois de Paris, selon la teneur de certain cirographe passé entre ycelles parties sur le fait de lad. maçonnerie par le moien du quel lesd. maçons sont tenus de faire certaines piles de maçonnerie de la matiere et selon ce qu'il est contenu oud. cirographe, dit... est que ou cas où aprez la charpenterie mise et troussée sur lesd. piles, ycelles piles ou aucune d'icelles se desmontoient ou estoient trouvéez moins souffisans par le fait et coulpe desd. maçons, ilz en ce cas seront tenus de les amender et faire remettre en bon estat de la matiere et selon ce qu'il est contenue oud. cirographe...» 13 oct. 1395. Y 5220.

2. « Pour couvrir, later la charpente dessus d. de tieulle pour touz cousteemens... par Jehan le Plastrier lequel la doit garantir de couverture jusques à III ans en bon estat... » K 44, n° 6.

CHAPITRE IV

INDUSTRIES TEXTILES

Matières textiles : laine, coton, chanvre, soie. — Transformation des textiles en filasse : laine, lin et chanvre. — Filature. — Tissage de la laine. — Tissage de la soie. — Tissage de la toile.

Les laines arrivaient à Paris à l'état brut ou ayant déjà subi certaines opérations[1]. Les bouchers vendaient aux mégissiers ou aux marchands de laine la peau des animaux qu'ils avaient abattus[2]. Les laines, provenant des bêtes tuées à la boucherie et qui s'appelaient *pelins*[3], *pelades,* en latin *brodones*[4], en italien *boldroni*[5], étaient d'une qualité bien inférieure à celle des toisons. On distinguait déjà sous le nom *d'agnelins* les toisons d'agneaux[6]. La laine en suint était vendue par toisons, la laine lavée au poids[7]. Il entrait aussi à Paris de la laine

---

1. La saison la plus favorable pour la tonte durait de la mi-août à la Toussaint ; certains statuts défendaient l'emploi de la laine tondue à une autre période de l'année. *Ordonn. des rois de Fr.* IV, 702. Arch. nat. KK 1336, f° XLV.
2. « Se piaus de mouton ou de brebiz de boucherie sont achastées pour peler ou pour draper... » *Liv. des mét.* 2° part. p. 325 « Que nulz [mégissier] n'achate... en boucherie ne ailleurs peaulx vives ne mortes se il ne les voient avant... que nulz dud. mestier ne soit si hardiz qu'il voit chiex tisserant ou fillerresses pour peller peaulx... » KK 1336, f° VI^xxIII.
3. *Cartul. d'Arras* publ. par M. Guesnon, p. 75.
4. « Lane, aignelini, brodones... » *Ord. des rois de Fr.* XI, 490.
5. « Boldroni cioè pelle di montoni e di pecore con tutta la lana, che non e tonduta... » Balducci Pegolotti, *Pratica della mercatura* à la suite du traité *Della decima* de Pagnini, tome III, p. 379.
6. *Cartul. d'Arras*, loc. cit. et *Ord. des rois de Fr.* loc. cit. « leur laines, leurs aignelins ou leurs piaus. » *Liv. des mét.* 2° part. p. 336.
7. *Ibid.* tit. XXVII.

filée, qui acquittait des droits de tonlieu, de hallage et de pesage, lorsque sa valeur n'était pas inférieure à 18 den.[1]. Parmi les poids usités pour la laine, nous signalerons la pierre qui, à Paris et au XIIIe siècle, pesait neuf livres[2].

Les laines indigènes étaient moins estimées que les laines anglaises[3], qui le cédaient elles-mêmes à celles d'Espagne. D'après une liste des produits que les divers pays du monde connu envoyaient en Flandre pendant le XIIIe siècle et qui arrivaient nécessairement à Paris comme sur les grands marchés européens, la laine venait d'Angleterre, d'Ecosse, d'Irlande, de Castille et de Galice[4]. Les Iles Britanniques la fournissaient à l'industrie européenne dans une quantité beaucoup plus considérable que l'Espagne. Calais en devint, après la conquête d'Edouard III, le principal entrepôt[5]. La Flandre, où la draperie était plus florissante que partout ailleurs, s'approvisionnait exclusivement de laines anglaises, qui, attirées par cette sorte de monopole, y trouvaient leur principal mais non leur seul débouché. Aussi, en 1337, Edouard III n'eut qu'à défendre l'exportation pour ruiner les Flamands et les forcer à embrasser son alliance[6]. Les laines d'Irlande et du pays de Galles ne valaient pas celles d'Ecosse, et parmi ces dernières, celle de Perth était supérieure à celles d'Aberdeen, de Berwick et de Monrose[7]. Quant à la France, l'élève des bêtes à laine était déve-

---

1. *Liv. des mét.* tit. XXIX.
2. *Ibid.* tit. XXVII. A Châlons, vers le milieu du même siècle, la pierre pesait 13 livres. *Bibl. de l'Ecole des Chartes*, XVIII, 56.
3. « Nus ne puet... vendre laine nostrée por laine d'Angleterre. » *Bibl. de l'Ecole des Chart.* XVIII, 56. « Angleterre est fort garnie de bestail... et par especial de bestes à laine comme de brebiz qui portent la plus fine et la plus singuliere laynne que on puisset savoir nulle part de quoy l'on fait les fins draps et les fines escarlates et les marchans dud. royaume le portant vendre en divers royaumes et pays et si y en croit si largement qu'ilz én tiennent l'estaplez communes à Calays à tous ceulx qui en voulant achapter... » Bibl. nat. Ms. fr. 5838, f° 21 v°. Voy. à la suite de l'Essai de l'abbé Dehaisnes sur les relations commerciales de Douai avec l'Angleterre la liste des abbayes anglaises qui élevaient des bêtes à laine (*Mémoires lus à la Sorbonne* en 1866), et cf. sur la provenance des laines anglaises les renseignements donnés par Pegolotti, p. 263-273.
4. Bourquelot, *Etudes sur les foires de Champ.* 1re partie, 206, 207.
5. Ms. fr. 5838 *loc. cit.*
6. Froissart, éd. Luce, 1, 370, 388-389.
7. Bans et cuers de Saint-Omer communiqués par mon collègue et ami M. Giry, art. 98, 348.

loppée surtout dans le Languedoc, le Berri, la Normandie, la Picardie, l'Anjou, le Poitou et la Champagne[1].

Au XIVe siècle, la laine eut une halle spéciale. Le marché s'y tenait le samedi. Ce jour-là le commerce de la laine ne pouvait se faire ailleurs. Les marchands forains qui arrivaient à Paris un autre jour étaient même obligés de décharger leurs ballots à la halle et de les y laisser jusqu'au delà du samedi suivant. Ils étaient dès lors sujets au droit de hallage, et, après l'avoir acquitté, ils avaient le choix d'emporter leur marchandise ou de la laisser sans nouveaux frais. Le droit de hallage était de 6 den. à partir d'un quarteron et s'abaissait à proportion. Il ne portait naturellement pas sur les locataires d'étaux. Une place louée à l'année coûtait 12 s. par. Les places étaient tirées au sort annuellement le jour de la Madelaine. Les revenus du hallage étaient affermés[2].

La laine brute ou filée passant sur le Petit-Pont acquittait un péage dont le taux variait suivant le mode de transport. La charrette était taxée à 4 den., le cheval à 1 den., le porte-balle à une obole pour les filés et à une poitevine pour les toisons ; il était même exempt lorsqu'il ne portait pas plus de trois toisons[3].

Le tarif de la *chaussée*, droit de circulation dans la banlieue, était également établi suivant que le transport s'effectuait en voiture, à cheval ou à dos d'homme. Pour la laine et les agnelins en suint, la chaussée était de 2 den. par char, d'un den. par charrette, d'une obole par cheval. Le char de laine et d'agnelins lavés devait 4 den., la charrette 2 den., le cheval 1 den. Chose singulière, le transport à dos d'homme était taxé comme le transport à cheval[4].

La laine était encore soumise à d'autres taxes, qu'il est utile

---

1. Bourquelot, *Etudes sur les foires de Champ.* 1re part. p. 210. « Comme de tous temps en nostre ville de Bourges... se fait et exerce... le mestier... de draperie... pour lequel... maintenir... ont tousjours esté tenues et faictes grandes nourritures de bestes à laine en nostre pays de Berry... » *Ord. des rois de Fr.* XIII, 378 «... pelis de Berry » *Tonlieu des marchandises vendues à Paris,* publié par M. Douet d'Arcq. *Revue archéol.* IXe année, p. 221. Des tentatives furent faites pour acclimater en Normandie les races anglaises et espagnoles de bêtes à laine. Delisle, *Etudes sur la classe agricole,* p. 239. La France fournissait à l'Italie des laines de seconde qualité. Pegolotti, p. 93.
2. Ordonn. de Hugues Aubriot du 12 juillet 1369. KK 1336, f° VI[xx]II v[o].
3. *Liv. des mét.* 2e part. p. 283.
4. *Ibid.* p. 277.

de connaître parce qu'elles augmentaient d'autant le prix de revient ; c'était le tonlieu, le pesage, le hallage.

Pour la laine en suint, le tarif du tonlieu reposait sur le nombre de toisons vendues. Deux toisons rapportaient au fermier une obole, trois et quatre toisons 1 den., cinq toisons 1 den. et une obole, six à douze toisons 2 den.[1]. Le tonlieu augmentait dans la même proportion jusqu'à 4 den. chiffre du droit exigible pour vingt-cinq toisons, puis jusqu'à 8 den. (cinquante toisons) et enfin jusqu'à 16 den. (cent toisons).

La laine lavée, acquittant au poids-le-roi un droit d'un den. pour neuf livres, était exempte de tonlieu. Pour les agnelins, le droit de pesage n'était que de moitié, c'est-à-dire d'une obole. Les laines anglaises se vendaient par sacs de trente-neuf pierres, c'est-à-dire de trois cent cinquante et une livres, la pierre pesant, comme on l'a vu, neuf livres. L'acheteur et le vendeur payaient chacun 18 den. par sac, soit 3 s. à eux deux[2].

Dans la vente des peaux de bêtes à laine, le tonlieu n'était payable que par le vendeur ; encore en était-il exempt lorsqu'il était boucher, pelletier ou fripier haubanier. C'est que le fisc retrouvait l'acheteur, qu'il fut mégissier ou marchand de laine, lorsqu'il vendait la laine détachée de la peau, à l'état de pelade[3].

Au dessous de 18 den., la laine filée ne payait ni tonlieu, ni hallage, ni pesage. Le tonlieu était d'un den. pour une valeur de 18 den. et pour un poids non supérieur à neuf livres. Il était du double lorsque les neuf livres valaient plus de 18 den. et pour un poids s'élevant jusqu'à vingt-six livres. A partir de vingt-sept livres, il augmentait d'un den[4].

Le hallage était perçu sur les peaux de bêtes à laine, les toisons, les filés étalés au marché du samedi. Une seule peau, une seule toison ne donnait pas lieu à la perception du droit. Le taux variait suivant le mode de transport[5]. Le nom de ce droit ne suppose pas nécessairement l'existence d'une halle à la laine dès le XIIIe siècle. C'est seulement un peu avant le mois de juillet 1369 que la laine eut une halle spéciale .

---

1. Nous indiquons la totalité du droit, dont moitié payable par le vendeur, moitié par l'acheteur.
2. *Liv. des mét.* 2e part. tit. XXVII.
3. *Ibid.* p. 325.
4. *Ibid.* tit. XXIX.
5. *Ibid.* tit. XXVII, XXIX.
6. « La halle à la laine de nouvel ordenée. » Ord. précitée du 12 juillet 1369, *ubi supra*.

Au moyen âge, le coton ne tenait pas dans l'industrie textile la place qu'il occupe aujourd'hui. Le développement de sa culture et de son emploi constitue sans contredit un des progrès les plus importants de cette industrie, puisqu'il a eu pour résultat d'abaisser beaucoup le prix du vêtement. On distinguait le coton en laine et le coton filé[1]. C'est sous la première forme qu'il arrivait généralement à Paris. Le meilleur coton en laine se récoltait à Hamah[2] et à Alep en Syrie ; puis venaient celui de la petite Arménie, celui d'Emesse[3], qui avait une laine plus courte que le précédent, celui de Saint-Jean d'Acre, celui de l'île de Chypre, celui de Laodicée, enfin ceux de la Basilicate, de Malte, de la Calabre, et de la Sicile[4]. Parmi les pays de production il faut encore compter l'Afrique septentrionale[5]. A Paris, le coton, en qualité de produit exotique et même levantin, faisait partie du commerce des épiciers[6].

Bien que le lin fût très cultivé en France, le lin égyptien, répandu dans l'Occident grâce à son excellente qualité, arrivait sans doute à Paris[7]. Au contraire, le lin d'Espagne et celui de Noyon ne pouvaient y entrer parce que l'un et l'autre étaient de mauvaise qualité[8]. Le lin s'y vendait soit en gros, soit au détail par poignées, par bottes, bottelettes et quarterons (*cartiers*), tant écru que serancé et prêt à être filé[9]. Nous avons trouvé une sentence du prévôt de Paris du samedi après la Sainte-Luce 1302, ordonnant mainlevée d'une saisie faite

---

1. « La balle de cotton filé III. s. La balle de cotton en laine II. s. » Tarif de l'aide levée à Paris en 1349. Félibien, *Hist. de Paris, preuves* III, 435.
2. Ville située un peu au-dessus d'Emesse et appelée par Pegolotti Amano, par Joinville Hamant. Voy. la carte dressée par notre collègue et ami Aug. Longnon pour l'intelligence de la première croisade de saint Louis. Joinville, éd. Wailly, gr. in-8º. Paris, 1874.
3. *Sciame di Soria*, dit Pegolotti. Au moyen âge les Occidentaux appelaient cette ville *La Chamelle*. Aujourd'hui son nom arabe est *Homs*.
4. Pegolotti, p. 367.
5. Depping, *Histoire du commerce entre le Levant et l'Europe* I, 140. Mas Latrie, *Traités de paix et de commerce entre les Chrétiens et les Arabes*, Introd. hist. p. 221.
6. « A Jehan Poit, espicier... pour six livres de coton... au pris de III s. p. la livre. » KK 41, fº 21. « Par Simon d'Esparnon, espicier le Roy pour six livres de coton 9 s. » *Comptes de l'argent.* p. 19.
7. Marin Sanuto cité par Depping, *Op. laud.* 1, 60, nº 1.
8. *Liv. des mét.* p. 146.
9. *Ibid.* tit. LVII, p. 145, il faut lire *son lin* et non *soulment*. *Botelettes de Béthisy*, c'est-à-dire grosses comme celles de Béthisy, ville de Picardie dont le lin était probablement renommé.

par les gardes des liniers parisiens sur le lin de liniers forains, et condamnant les saisissants aux dommages-intérêts et à l'amende. Ceux-ci se prétendaient autorisés à la saisie par leurs statuts qui, disaient-ils, défendaient l'importation et le colportage du lin. Vérification faite, on n'y trouva pas de quoi justifier leur prétention, qui ne pouvait guère, en effet, s'appuyer que sur un article restreignant le colportage à certains jours et à certains lieux, aux halles les jours de marché, au Parvis Notre-Dame les lundis, mercredis et vendredis[1].

D'après un autre article des mêmes statuts, le lin ouvré et serancé vendu à Paris, devait avoir subi ces opérations dans la ville même, où elles s'exécutaient mieux qu'ailleurs. C'était exclure le lin filé, qui, nous en donnerons la preuve tout à l'heure, entrait cependant à Paris. Il faut donc considérer cette prescription comme une de ces prétentions que les corporations ont consignées dans leurs statuts, mais qui, n'étant pas reconnues par l'autorité, n'avaient pas de conséquence pratique.

Le chanvre arrivait à Paris par eau et par terre et s'y vendait en filasse ou en fil et par quarterons. Il devait être bien sec lorsqu'il était mis en vente. Il n'appartenait qu'aux gardes-jurés des marchands de chanvre de le tirer des ballots pour le mettre par quarterons et le faire peser au poids-le-roi. Cette besogne, incompatible avec l'exercice de leur commerce, leur rapportait un sou tournois par cent quarterons[2].

Parlons maintenant des droits imposés sur le lin et le chanvre. Le chanvre en filasse était soumis au péage du Petit-Pont, mais le chanvre en fil ne payait rien[3]. Le lin acquittait aussi le péage, bien que le tarif ne le dise pas expressément ; mais cela résulte nécessairement de ce qu'il exempte le cultivateur qui venait vendre à Paris le chanvre et *le lin* de son cru[4].

Le fil de lin et de chanvre ne devait le tonlieu que lorsqu'il était exposé en vente le samedi, jour de marché. La taxe, fixée à une obole, était seulement à la charge du marchand[5].

Le lin et le chanvre en filasse supportaient un droit de hallage et un droit de tonlieu. L'étalage de la marchandise au marché du samedi donnait lieu à la perception du premier, le second était perçu sur la vente. Le hallage était d'une obole

1. Ms. fr. 24069, f° 169 v°. *Liv. des mét.* p. 145-146.
2. *Liv. des mét.* tit. LVIII.
3. *Ibid.* 2° part. p. 282.
4. *Ibid.* p. 291.
5. *Liv. des mét.* 2° part. tit. XXXI.

pour une charge d'homme et de bête de somme, d'un denier pour le charroi. Le tonlieu consistait en une obole pour deux ou trois poignées, en un denier pour quatre poignées, et ainsi de suite. Il doublait pour la première vente pendant les foires de Saint-Lazare et de Saint-Germain-des-Prés[1].

L'importation de la soie à Paris devait être considérable, puisqu'on y comptait au XIII° siècle six corporations vivant de la vente et de l'emploi de cette matière textile ; mais la rareté des tarifs d'octroi et de tonlieu ne permet pas de se faire une idée précise de ce mouvement d'importation ni des pays de production qui en étaient le point de départ. L'élève des vers à soie et la culture du mûrier s'étaient-elles dès l'époque qui nous occupe introduites dans le Midi de la France[2]? Paris, il est vrai, recevait de la soie de Nîmes[3], mais cette ville n'était peut-être que l'entrepôt des soies du Levant. C'est ainsi que Bruges envoyait à Paris de la soie qui assurément n'était pas indigène[4]. Venise, Lucques, fournissaient aussi la soie à l'industrie parisienne[5]. Mais l'Italie ne récoltait certainement pas toute la soie qu'elle distribuait en Europe, et c'est du Levant et de l'extrême Orient qu'en provenait la plus grande partie. Les pays séricicoles étaient — pour ne parler que de ceux qui ont certainement droit à ce titre — l'Italie méridionale, la Sicile, l'île de Chypre, les îles de la Grèce, le Péloponèse, l'Egypte, Iconium, aujourd'hui Konieh en Asie Mineure.

Nous devons parler maintenant des opérations par lesquelles passaient les matières textiles pour devenir des tissus. Ces opérations comprennent : 1° l'épuration des textiles et leur transformation en filasse ; 2° la filature ; 3° le tissage.

Nous avons peu de chose à dire des premières opérations subies par les textiles. L'extrême rareté des documents sur ce

1. *Liv. des mét.* p. 146 et 2° part. tit. XXXII.
2. D'après Bourquelot, qui ne cite pas son autorité, la Provence aurait eu des magnaneries à la fin du XIII° siècle. *Op. laud.* 1ʳᵉ part. p. 259.
3. Pegolotti, p. 231.
4. La soie amenée de Bruges à Paris payait 4 s. par. par charge (*carica*) au péage de Bapaume. *Ibid.* p. 250.
5. *Ibid.* p. 144, 240 : « Que aucuns marchans oultremontains, estrangiers ou autres ne pourront doresenavant vendre soyes noires de Lucques, de Venise ou de quelque autre ville..... se elles ne sont, etc..... » *Ordon. des rois de Fr.* IX, p. 303, art. 14.
6. Pardessus, *Collection des lois marit.* II, introd. p. XXII, LII et suiv. LVII. Depping, *Op. laud.* p. 310-311. Mas Latrie, *Hist. de l'île de Chypre*, I, 84.

sujet donnerait à penser que ces opérations s'exécutaient presque exclusivement à la campagne, mais cette conclusion serait trop absolue. Nous avons vu, en effet, qu'il entrait à Paris de la laine en suint et que, d'après les statuts des liniers, le lin devait être ouvré et serancé à Paris. Nous trouvons aussi dans les tarifs du *Livre des métiers* la mention de « claies à battre laine[1]. » La laine subissait donc à Paris un battage qui avait pour objet de la purifier. Après le battage, l'ensimage et le cardage sont les seuls travaux préparatoires sur lesquels nous ayons trouvé quelques renseignements. L'ensimage consiste à graisser la laine pour l'adoucir, la rendre plus souple, plus propre à être cardée[2]. Au XVIIIe siècle, on ensimait avec de l'huile[3], au moyen âge on se servait de saindoux ou de beurre. Les autres matières grasses étaient défendues[4]. Les règlements prévoient la fraude par laquelle un fabricant abuserait de la graisse pour augmenter le poids du drap[5].

On voit par Jean de Garlande que l'emploi de la carde n'était pas défendu à Paris, comme il le fut ailleurs[6], et que la laine était cardée par des femmes[7]. La carde avait l'inconvénient de conserver dans ses dents des flocons, qui, lorsqu'on négligeait de les enlever, se mêlaient avec la laine soumise immédiatement après au cardage. Aussi était-il défendu de se servir des mêmes cardes pour des laines différentes de qualité, avant d'avoir soigneusement nettoyé ces instruments[8].

1. 2º part. p. 323.
2. On ensimait aussi les draps pour rendre le tondage plus facile. Savary ne parle même que de cet ensimage. *Dictionnaire du commerce* à ce mot.
3. *Encyclopédie méthod. Manuf. et arts*: *cardage des laines*, § 11.
4. « ... et doivent estre les laines ensainnées de sain clerc ou de beurre sans y mettre autres gresses..... » *Ordonn. des rois de Fr.* VI, 364. On voit par ce passage que les mots modernes *ensimer, ensimage*, viennent de *sain* par corruption.
5. « Et se aucuns enseymoit trop de laine ou empourroit [mettait de la poussière] ou mettait ordure pour faire plus peser son drap..... » *Monuments inéd. du Tiers-Etat,* Abbeville.
6. Bourquelot, *Op. laud.* 1ʳᵒ part. p. 218-220.
7. « Pectrices juxta focum sedent, prope cloacam et prope memperium, in pelliciis veteribus et in velaminibus fœdatis, dum carpunt lanam villosam, quam pectinibus cum dentibus ferreis depilant alternatim. » Jean de Garlande, éd. Scheler, art. 68.
8. « Il sera defendu à tous les eschardeurs..... que, se il leur survient autre laine à escharder, qu'ilz n'y employent les eschardes dont ilz auront encommencié lad. premiere laine jusques à ce qu'elle soit toute achevée et que lesd. eschardes soient bien nectoyées. » *Ordonn. des rois de Fr.* IX, 170.

C'est de peignes et non de cardes qu'Alexandre Neckam veut parler à la page 99 de son traité *De nominibus utensilium*[1]. A vrai dire, le nom qu'il leur donne (*pectines*) peut désigner des cardes aussi bien que des peignes, mais l'opération qu'il décrit s'appliquait, comme il prend soin de nous le dire, à la laine d'étaim ou de chaîne (*ad opus straminis*, lis. *staminis*); or, nous savons que la laine destinée à la chaîne est peignée et non cardée. Du reste, ces peignes dont les dents étaient en fer, paraissent avoir été employés à peu près comme les cardes, c'est-à-dire que l'ouvrier déchirait la laine entre deux peignes, *alternatim*, comme dit Jean de Garlande[2]. Si, au lieu de *molliendum*, qui n'a aucun sens, car il ne se rapporte à rien, il était permis de lire *molliendi*, attribut de *pectines*, on aurait là une preuve curieuse que déjà on chauffait les peignes pour faire fondre la matière grasse dont la laine était enduite avant d'être peignée[3].

La laine cardée ou peignée était encore une fois épurée au moyen de l'arçon. L'arçon devait être, au moyen âge comme à la fin de l'ancien régime, une sorte d'archet long de six à sept pieds, muni d'une corde de boyau bien tendue, qui, mise en vibration, frappait et faisait voler la laine placée sur une claie[4]. Ce travail pénible[5] n'occupait pas à Paris une corporation spéciale[6]. On ne s'en étonne pas quand on voit qu'à Beauvais, où l'industrie des draps était bien plus développée qu'à Paris[7], les

---

1. « Sed frustra quis telam ordietur nisi prius pectines ferrei, lanam pro capillis gerentes, virtute ignis molliendum, longo et reciproco certamine sese depilaverint, ut magis sincera et habilior pars lane educta ad opus straminis reservetur, laneis floccis ad modum stiparum superstitibus. » Scheler, *Lexicographie latine*... p. 99.
2. Voy. p. 218, note 7.
3. *Encyclopédie méth. Manuf. et arts*, v° *peignage*, section II et planche 2. « Draps quelconques pigniéz à saain..... » *Ordonn. des rois de Fr.* IX, 170, art. 9.
4. Du Cange, v° *arçonnarius*. Savary, v° *arçon, arçonner*.
5. « ... dictaque ministeria laneriorum et arçonneriorum erant tanti laboris quod per diem integram lanerii et arçonnerii operaciones suas sine gravamine suorum corporum continuare non possent... » Reg. du Parl. X^{la} 36, f° 179.
6. Les arçonneurs qui figurent dans notre tableau des industries exercées à Paris en 1293 et en 1300 appartenaient probablement à la corporation des tisserands. C'est seulement à la fin du xv° siècle que les arçonneurs, réunis aux cardeurs et aux peigneurs, formèrent un corps de métier. Voy. plus bas.
7. La draperie faisait vivre presque tous les habitants de Beauvais, on y comptait à la fin du xiv° siècle 400 ateliers de tissage, qui fabriquaient 100 pièces de drap par semaine. X^{la} 46, f° 308.

tisserands drapiers prétendaient se passer des arçonneurs et arçonner eux-mêmes leurs laines[1].

Un curieux poëme latin attribué à Hermann le Contrait et publié par M. Édélestand du Méril sous le titre : *De Conflictu ovis et lini,* nous décrit les préparations par lesquelles passait le lin avant d'être filé. Cette description est applicable au chanvre, dont la préparation, comme on sait, est peu différente.

On y reconnaît d'abord le rouissage, qui consiste à faire pourrir le lin dans l'eau et qui a pour but de séparer la chènevotte et la filasse. Il était défendu de rouir dans les eaux courantes. Les routoirs étaient des fosses, que notre auteur appelle *nigros lacus,* parce que l'eau s'y corrompait par son contact prolongé avec le chanvre et le lin. Puis venait le séchage soit au soleil, soit dans des fours proprement appelés haloirs. Au xie siècle, époque à laquelle a été écrit notre poëme, on ne connaissait pas encore la broye, on se servait de maillets pour achever la séparation de la chènevotte et du chanvre. L'espadage que l'auteur nous paraît avoir eu en vue dans les vers suivants, était exécuté par des femmes; remarquons que la poignée de lin et de chanvre était tendue *(tensum)* pour recevoir les coups d'espadon *(gladiis).* Le peignage auquel sont consacrés les quatre vers suivants s'accomplissait au moyen de serans montés sur un pied circulaire *(coronam).* Enfin, c'est d'un peignage plus fin qu'il s'agit dans les derniers vers; l'instrument de ce peignage était un morceau d'étoffe armé de pointes fixées par de la poix[2]. Telles sont les opérations qui, au

---

1. Reg. du Parl. X[la] 36, f⁰ 179, 46 ; f⁰ 308.
2. C'est la brebis qui parle au lin :

> Quis queat in quantas rapieris dicere pœnas,
>   Femineis manibus vulsa solo penitus?
> Prorsus ut intereas, undisque soluta putrescas,
>   Nigros trunca prius perpetiere lacus;
> Post longum tempus ab aqua transibis ad æstus,
>   Ut possis minui sicca labore levi.
> Ruricolas varios, fortes contusa lacertos,
>   Prorsus lassabis tritaque malleolis.
> Cum jam perdideris quod habebas ante vigoris,
>   Ibis femineo dedita ludibrio ;
> In ligno tensum, quod talem servit in usum,
>   De ligno factis te ferient gladiis.
> O quoties structam jaculis ex mille coronam
>   Transibis! Quoties prætereundo gemes,
> Per tam terribiles rapiens tua viscera dentes ;
>   Te violenta manus mille trahet vicibus.
> Cum nil restabit in te quod prendere possit,
>   Istud supplicium tunc patiere novum.

xɪᵉ siècle et probablement encore à l'époque dont nous nous occupons, réduisaient le chanvre et le lin en filasse.

Le coton arrivait à Paris en laine ou en fil et n'y subissait, par conséquent, avant d'être filé, aucune opération.

La filature employait à peu près les mêmes procédés et les mêmes instruments que ceux qui sont encore en usage dans nos campagnes. Le fuseau était considéré comme donnant de meilleurs résultats que le rouet[1].

A Paris, la filature occupait quatre corporations; il y avait des fileuses de laine, réunies aux peigneuses[2], des *filandriers* et *filandrières* qui filaient le chanvre et le lin[3], des fileuses de soie à grands fuseaux, des fileuses de soie à petits fuseaux[4]. La laine était pesée au moment où on la livrait aux fileuses.

Le fil de chanvre et de lin ne devait être vendu que bien sec. Il était interdit de mêler l'un et l'autre sur une même pelote, de mettre dessus le meilleur et dessous le plus mauvais[5], de colporter du fil teint et de le faire teindre avec de la moulée et de la florée[6].

La soie, comme on sait, nous est fournie toute filée par la chenille; la bourre seule avait besoin de passer par ce travail. Pourquoi les deux corporations de fileuses de soie se distinguaient-elles par la grandeur de leurs fuseaux ou, pour mieux rendre notre pensée, quelle influence la grandeur du fuseau

> Astringet solidas panno pix illita setas,
> Compositas æquis exterius stimulis.
> Hæ scrutando tuas penitus penitusque medullas
> Consument totum si quid erit reliquum.
> Herba modo viridis frustra tumefacta superbis;
> Tunc tot trita modis, nil nisi floccus eris,
> Ventis ludibrium, leve pondus in aera raptum.

(*Poésies popul. latines* ant. au xɪɪᵉ siècle, publ. par E. du Méril, p. 381-382.)

1. Aussi les premiers statuts des chapeliers de coton leur défendaient l'emploi du rouet (*Liv. des mét.* p. 252), qui ne fut autorisé que par les statuts de 1367 (n. s.). *Ordonn. des rois de Fr.* IV, 703. « Nul ne pourra filler... estain à rouet. » *Ibid.* IX, 170, art. 21. « Que nulle femme ne file estain à rouet. » *Ibid.* XIII, 68. « En l'an de grace MCC quatre vins et wit..... il fut accordé par eskevins..... que nus ne nule ne filent d'ore en avant à rouet... » *Monum. inéd. du Tiers-Etat*, Abbeville.
2. Ms. fr. 24069, f⁰ IX×ˣXVII v⁰.
3. *Ordonn. des rois de Fr.* XII, 567.
4. *Liv. des mét.* tit. XXXV, XXXVI.
5. « La femme qui file au touret — Quand pour vendre desvide — Du meilleur filé dessus met. » *Dit. des peintres* cité par Littré, v⁰ *dévider*.
6. *Ordonn. des rois de Fr.* XII, 567.

peut-elle avoir sur la filature ? C'est que le fil est d'autant plus tors que le fuseau est plus petit. Le résultat étant tout différent, suivant que le fuseau est petit ou grand, on ne s'étonne plus que cette circonstance ait donné naissance à deux corporations. Dévider, filer, doubler et retordre, telles étaient, telles sont encore les opérations comprises dans la filature et énumérées par le statut des *fillaresses* de soie à grands fuseaux[1]. Les merciers recevaient la soie grége de l'étranger et la confiaient, écrue ou teinte, aux fileuses qui lui donnaient ces préparations. Dépositaires d'une matière beaucoup plus rare et plus chère alors qu'aujourd'hui, elles ne résistaient pas toujours à la tentation de la vendre, de l'engager aux usuriers ou de la leur échanger contre de la bourre. Déjà les statuts du temps d'Et. Boileau défendaient d'acheter de la soie aux recéleurs, aux fileuses, en un mot à d'autres qu'aux marchands de soie[2], et frappaient d'une amende les fileuses qui mettaient le précieux fil en gage[3]. Mais cette pénalité parut insuffisante, car, sur la plainte des merciers, le prévôt de Paris menaça les fileuses du bannissement, jusqu'au jour où le propriétaire serait indemnisé, et du pilori en cas de rupture de ban. C'est en 1275 que ces peines étaient édictées par le prévôt ; en 1383 un autre prévôt délivrait aux merciers une expédition de l'ordonnance de son prédécesseur[4] ; enfin on trouve dans les statuts des merciers de 1408 (n. s.) la preuve que les fileuses ne s'étaient pas corrigées. Pour cacher leurs détournements, elles enduisaient la soie de liquides qui la rendaient plus pesante, et déjouaient ainsi la précaution prise par les merciers de peser la soie qu'ils livraient et celle qu'on leur rendait[6].

Nous avons dit que le travail des fileuses consistait à dou-

---

1. *Liv. des mét.* p. 80.
2. « Il est ordené que nule mestresse ne ouvriere du mestier ne peuent acheter soie de juys, de fileresses ne de nul autre, fors de marcheanz tant seulement. » *Ibid.* p. 100.
3. *Ibid.* p. 82.
4. *Ord. relat. aux mét.* p. 377, 378.
5. « Que aucun ou aucune ne soit si hardis d'aller acheter soye et de changer soye pour soye en maison de personne ne à personne qui fille soye..... » *Ord. des rois de Fr.* IX, p. 303, art. 27.
6. « Que nulle fillerresse de soye ne soit si hardie que elle face en soye nul mauvaiz malice, c'est assavoir estrichemens qui se fait par mauvaises liqueurs dont la soye est plus pesant sus poinne de XII s. d'amende et la value du dechié de la soye la quelle value sera bailliée à celui qui la soye sera... » 7 mars 1324 (n. s.). Ms. fr. 24069, f°s XII XIX.

bler, à tordre et à dévider la soie. L'existence de devideresses à Paris n'est pas inconciliable avec cette assertion. Les devideresses dont parle Jean de Garlande[1] faisaient, croyons-nous, partie de la corporation des fileuses, dans laquelle le travail se divisait tout naturellement entre plusieurs classes d'ouvrières.

Nous parlerons du décrusement de la soie en même temps que de la teinture à laquelle il n'était qu'une préparation.

Les tisserands-drapiers recevaient parfois de leurs clients la laine filée[2]. L'emploi du jarre était défendu[3], ainsi que le mélange de la laine avec l'agnelin[4]. La draperie parisienne s'interdisait à plus forte raison l'emploi de la bourre provenant du tondage des draps[5]; elle utilisait, au contraire, les pelades, c'est-à-dire la laine des animaux tués à la boucherie[6].

En montant la chaîne sur le métier, le tisserand se conformait aux prescriptions relatives tant à la largeur et à la longueur de l'étoffe qu'à l'uniformité du fil. En principe, la chaîne ne devait se composer que de fil d'estaim peigné et filé *ad hoc*. Nous avons trouvé un procès-verbal des gardes-jurés tisserands contre un confrère qui avait mis un fil de trame dans chaque portée de chaîne, contravention que les règlements punissent d'une amende de 20 s.[7].

1. « Devacuatrices, quæ devacuant fila serica, et mulieres aurisecæ devastant tota corpora sua frequenti coitu, dum devacuant et secant aliquando marsupia scolarium parisiensium. » Éd. Scheler, § 69.
2. « ... Li mesme mestre doivent mettre en euvre le fil come l'en leur baillera à tistre les blans desus diz. » *Ordonn. relat. aux mét.* p. 394.
3. « Nus tisserrans ne puet metre nul gart en œvre, c'est à savoir filé gardeus et laine jardeuse... » *Liv. des mét.* p. 124. On appelle jarre les poils longs et durs de la toison.
4. « Nus ne puet metre aignelins avec laine pour draper... » *Ibid.* p. 121.
5. « ... Borrellinos id est quod in mundando panno de eo cum forficibus elevatur..... » *Ordonn. des rois de Fr.* XI, 449, art. 5.
6. « Reboillium, id est lana que de pellibus adaptatis ad pergamenum vel ad aliud corium faciendum extrahitur. » *Ibid.* C'est probablement cette laine, que l'on trouve aussi appelée *gratins* (*Ibid.* IV, 703), *graturse* (*Ibid.* VI, 283). En effet, les mégissiers, lorsqu'ils n'employaient pas la chaux, grattaient les peaux pour en détacher la laine.
7. « Rapporté par Jehan de Cent-Coings et Perriot Jaquelin, juréz du mestier de tixerrans que samedi derrenierement passé ot huit jours ilz furent... en l'ostel de Jehannin Goguery, tixerrant en draps, demourant à S. Germain et là trouverent une piece de drap gris contenant XIII aulnes... lequel drap fu par eulx veu et diligemment visité, appelés avecques eulx Jehan Pestueil et Colart le Nain, tixerrans et ouvriers dud. mestier et dient que en chascune branche dud. drap avoit un fil de tresme qui est contre

Le statut des *tisserands de lange*, rédigé au temps d'Et. Boileau, vise ce mélange aussi bien que tout autre disparate dans la composition du drap, lorsqu'il exige que les draps soient *unis* et proscrit les draps *épaulés*, c'est-à-dire mieux tissus aux lisières qu'au milieu[1]. Le drap épaulé, saisi par les gardes, était porté au Châtelet, coupé en morceaux de cinq aunes chacun, puis, après le payement de l'amende, rendu au contrevenant, qui prêtait serment de ne pas rejoindre les morceaux et de ne pas les vendre sans avoir prévenu l'acheteur du défaut du drap[2].

Le plus ancien statut des tisserands-drapiers de Paris fixe la largeur des « estanforts » et des « camelins » à sept quartiers et à 2,200 fils de la laine la plus forte[3], réglant ainsi et le lé de la chaîne et la consistance du fil. Il était permis de ne donner aux camelins bruns et blancs de même largeur que 2,000 fils de chaîne ; ces camelins pouvaient donc être d'un tissu moins dense et moins serré que les autres. L'estanfort et le camelin n'étaient pas des draps unis. Pour ceux-ci, le nombre réglementaire des fils s'abaissait à 1,600, la largeur restant fixée à sept quartiers et à cinq après le foulage. Enfin il en était de même pour les camelins et les autres draps rayés, dont la chaîne et la trame étaient de même qualité (*draps nays*).

Lorsqu'il ne manquait que vingt fils à la chaîne, le tisserand n'était pas puni[4] ; mais, s'il laissait plus de vingt dents vides,

les ordonnances dud. mestier et ne le peut nul faire à peine de XX s. d'amende, et avecques ce dient que par les ordonnances dud. mestier il convent (?) que la lisiere dud. drap soit ostée... » 14 octobre 1408. Arch. nat. Z² 3484.

1. *Liv. des mét.* p. 121 : « Que nul... ne puisse faire point de drap qui ne soit tout d'un estain et d'une traime... L'on ne doit point mettre de traime en quaine pour ordir par deffaute d'estain... » *Ordonn. des rois de Fr.* XII, 456, art. 7, 14. *Ibid.* IX, 170, art. 17. A Rouen, on pouvait fabriquer des draps avec des laines de diverses qualités, mais seulement jusqu'à concurrence de 10 aunes par an. *Ibid.* XIII, 68, art. 6. « On doit ardoir les dras espauléz de 11 pars. » Drapiers de Châlons, *Bibl. de l'Ecole des Chartes*, XVIII, 55. Append. n° 43.
2. *Liv. des mét.* p. 121.
3. « Laine plaine. » *Liv. des mét.* p. 118. On appelle encore fil de plain celui qui provient du chanvre le plus fort. L'art. suivant ne s'accorde pas, il faut bien en convenir, avec cette interprétation : La laine en XX doit estre toute plaine, III fiz mains... » *Bibl. de l'Ecole des Chart.* loc. cit.
4. La tolérance n'allait pas si loin ailleurs, à Châlons, par exemple, où on ne passait au tisserand que trois rots vides. *Bibl. de l'Ecole des Chart.*, *ubi supra*.

il payait un sou d'amende par dent vide. Quand la chaîne se rompait dans l'opération du montage, le maître et les jurés accordaient quelquefois au tisserand l'autorisation de laisser dans le peigne plus de vingt rots vides; mais il est évident, bien que les statuts n'en disent rien, qu'il devait signaler cet accident à l'acheteur. C'est aussi ce qu'il était tenu de faire pour certaines étoffes dont la chaîne n'avait pas été, contrairement au règlement, peignée et teinte en laine comme la trame ; ces étoffes étaient le pers[1], la brunète et le vert.

En 1351 les tisserands furent autorisés à fabriquer des draps seizains[2] de vingt aunes, pesant avant le foulage trente et trente-deux livres, suivant que le fil était fin ou gros, des seizains de même longueur et de trente-deux livres, dont la trame avait été teinte en laine et la chaîne en fil, des demi-draps de même moison, de dix aunes et de seize livres. La largeur du rot de ces seizains variait entre sept quartiers et sept quartiers et demi. Ils se distinguaient des draps qui avaient plus d'aunage et par la façon dont ils étaient pliés et par l'absence de marque. Outre les articles nouveaux, les tisserands purent encore fabriquer des *gachets* ou *gachiers*[3], draps où entraient des laines de toutes sortes, d'une longueur de seize aunes, d'une largeur de 1,500 fils, y compris les lisières[4], des draps et demi-draps rayés de vingt et de dix aunes, montés dans des peignes de six quartiers et ayant 1,200 fils en chaîne. Le règlement, qui multipliait ainsi les articles de la draperie, renouvelait la prescription de faire des draps homogènes (*ounis*), exigeant l'uniformité dans la laine, la qualité, la couleur, la façon, et permettant seulement de remédier au disparate de la couleur par une nouvelle teinture. Ces pièces et demi-pièces, en sortant de l'atelier, étaient pesées au poids-le-roi par les soins du maître et des jurés, qui devaient y apporter toute la diligence possible[5].

La draperie parisienne était assez florissante pour que dans son sein se fût déjà produite cette division entre l'industrie et le commerce, que nous offrent aujourd'hui toutes les branches

---

1. C'est ainsi qu'il faut lire le mot que M. Depping a reproduit avec son abréviation. *Liv. des mét.* p. 118-121.
2. C'est-à-dire de 1,600 fils de chaîne.
3. Voyez Du Cange, v° *Gachum*.
4. C'est ainsi du moins que nous comprenons ce passage: «... la laziero deus [*lis.* des] ros dedens les draps... » Ms. fr. 24069, xiiii^{xx} ix.
5. Ms. fr. 24069, f° xiiii^{xx} ix.

FAGNIEZ, *Études sur l'Industrie.*

de production. Les plus riches tisserands avaient cessé de travailler de leurs mains et même de diriger des ateliers pour se borner à vendre le drap qu'ils faisaient fabriquer par leurs confrères moins aisés. Dès le xiiie siècle, les « grands maîtres » et les « menus maîtres » tisserands — c'est par ces noms que se distinguaient les négociants et les fabricants — adoptèrent, à la suite d'une contestation, le tarif du tissage des différents articles de la fabrique parisienne. La pièce de drap rayé fut payée désormais au tisserand 18 s. en hiver (de la Saint-Rémi à la mi-carême) et 15 s. en été (de la mi-carême à la Saint-Rémi). Les *menues* furent taxés à 20 s. pour toute l'année. Le marbré, l'estanfort, les draps à lisières rapportèrent au tisserand 16 s. en hiver et 13 s. en été, le camelin blanc et brun 10 s. sans distinction de saison, le camelin blanc, brun et pers, uniforme dans sa chaîne et sa trame, 16 s. en hiver et 13 s. en été. Les prix étaient aussi de 16 et de 13 s. pour le camelin rayé et la biffe cameline rayée. La main-d'œuvre des blancs unis fut fixée à 18 s. en hiver et à 15 s. en été, celle des estanforts *jaglolés*[1] à 24 et à 20 s. Défense était faite d'accepter en payement autre chose que de l'argent[2].

Ce serait ici le lieu de décrire le métier à drap du moyen âge, mais cette description n'aurait d'intérêt que si elle mettait en relief ce qui distinguait ce métier d'un métier à bras quelconque, comme tout le monde en connaît. Il faudrait reconstruire le métier du xiiie et du xive siècle, et montrer en quoi il différait de celui que perfectionnèrent les siècles suivants. Nous n'étonnerons personne en disant que ni les textes ni les monuments figurés ne permettent de faire la description précise et complète, la restitution du métier à drap à une époque déterminée du moyen âge. Le seul texte un peu développé que nous connaissions sur ce sujet est un passage du traité d'Alexandre Neckam, qui nous a déjà fourni de curieux renseignements sur le peignage de la laine ; mais dans ce que Neckam nous dit des pièces du métier et du travail du tisserand, nous ne voyons rien qui caractérise le métier et le tissage de son temps ; nous y reconnaissons au contraire, si nous avons bien compris son langage technique, les éléments essentiels et permanents du métier à bras. Ces étriers sur lesquels appuie le tisserand, pareil

---

1. Peut-être irisés.
2. *Ordonn. relat. aux mét.* p. 392.

à un cavalier, et qui montent et descendent alternativement, ce sont les marches ; ce rouleau tournant, sur lequel on enroule la chaîne, c'est l'ensouple. Nous n'expliquerons pas la phrase suivante avec la même assurance ; cependant, dans les grosses lattes séparées par des intervalles et se faisant pendant, dans les solives placées le long de la chaîne, il est difficile de méconnaître d'une part les montants, de l'autre les traverses, en un mot le bâti du métier. Nous ne devinons pas, au contraire, le rôle des chevilles recourbées en crosse, dont nous parle Neckam et nous ne comprenons pas comment les fils de la chaîne pouvaient être réunis par des franges et des bordures. La phrase suivante a trait à l'introduction des fils de chaîne dans les dents du peigne. Le lexicographe paraît avoir eu en vue un drap façonné, car il nous parle de la chaîne de dessus et de celle de dessous. Il passe ensuite au tissage ; il s'agit ici d'une étoffe étroite, car la navette est lancée par un seul tisserand. Cette navette renferme dans sa chambre un espolin, tournant sur un tuyau de fer ou de bois et chargé de fil de trame[1].

Les règlements défendaient de tisser le fil, le fleuret, la *canette* avec la soie fine, mais non d'employer ces matières à part dans certains ouvrages[1]. Le tissage de la soie occupait six

---

1. « Textor terrestris eques est, qui duarum streparum adnitens apodiamento, equum admittit [Des gloses traduisent par: *let cure, alaschet*] assidue, exili tamen contentum dieta. Scansilia autem, ejus fortune conditionem representantia, mutua gaudent vicissitudine, ut dum unum evehitur, reliquum sine nota livoris deprimatur. Trocleam [glose anglaise : *windays*] habet circumvolubilem, cui pannus evolvendus idonee possit maritari. Cidulas etiàm habeat trabales, columbaribus [*pertuz*] distinctas et diversa regione sese respicientes, cavilis [*kiviles*] ad modum pedorum [baculus pedorum, *croce*] curvatis, trabibus tenorem tele ambientibus, licia [*files*] etiam tam teniis [*frenges*] quam fimbriis [*urles*] apte sociantur. Virgis in caputio debitis intersticiis insigniti, stamen deducat tam supponendum quam superponendum. Trama autem beneficio navicule transeuntis transmissa opus consolidet, que pano [*broche, chevil*] ferreo vel saltem lingneo muniatur inter fenestrellas [*festéres?*]. Panus autem spola vestiatur. Spola autem ad modum glomeris penso cooperiatur. Ex hoc penso materia trame sumatur, dum manus altera textoris naviculam jaculetur usque in sociam manum, idem beneficium manui priori remissuram. » Ed. Scheler, p. 98.

2. « Que nul dud. mestier [de doreloterie] ne face coutuere de flourin de Montpellier pour ce qu'il n'est ne bon ne souffisant... mais quiconques vouldra faire franges de flourin de Montpellier faire le puet... — Quiconques vouldra ouvrer de soie oud. mestier qu'il œuvre tout de pure soie sanz chief, faire le peut et qui vouldra ouvrer de chiefs tous purs faire le

corporations parisiennes, soit d'une façon principale, soit d'une façon accessoire. Les « laceurs de fil et de soie, » appelés plus tard *dorelotiers*, faisaient de la passementerie et de la rubanerie en soie, fil, laine et coton[1]. Les *crépiniers* faisaient à l'aiguille et au métier, en fil et en soie, des coiffes pour dames, des taies d'oreillers, des baldaquins pour mettre au-dessus des autels[2]. Les « tisseuses de soie » tissaient avec la soie et l'or des ceintures, des étoles, de riches coiffures[3], et ornaient leurs tissus de broderies[4]. Les fabricants de soieries et de velours, qui ne formaient avec les boursiers au crochet *(boursiers de lacs)* qu'une corporation, avaient déposé au Châtelet l'étalon de la moison légale de leurs étoffes. Dans les étoffes unies et à une seule chaîne, le nombre de fils ne pouvait être inférieur à 1,800 lorsque la soie était retorse, à 1,900 lorsqu'elle était simple[5]. Les « tisserandes de couvre-chefs de soie » faisaient des voiles pour les femmes[6]. Enfin la fabrication des aumônières sarrazines en soie, imitées de celles qu'on portait en Palestine, faisait vivre une corporation de femmes[7]. On voit que l'industrie de la soie était florissante à Paris bien avant que Louis XI la naturalisât à Lyon (1466) et à Tours (1480).

Au tissage de la soie se rattache l'industrie qui étire et réduit en fil l'or et l'argent, car cette industrie s'exerce surtout en vue du tissage. Le fil d'or et d'argent de Lucques ne pouvait être tissé avec celui de Paris et celui de Chypre, dont la qualité était bien supérieure[8]. Le titre légal du lingot d'argent doré,

---

puet. » KK 1336, f⁰ xxxii v⁰. « Que nuls... ne pourra... ouvrer oud. mestier de quele œuvre que ce soit de soye canete... » *Liv. des mét.* p. 96. » Que nulz ne nulle ne soit si hardiz de ourdir... fil ne florin avecques fine soye... » Ms. fr. 24069, f⁰ xii xix.

1. *Liv. des mét.* tit. XXXIV. Ms. fr. 24069, f⁰ xii xix.
2. *Liv. des mét.* p. 85.
3. « Textrices quæ texunt serica texta projiciunt fila aurata officio cavillarum et percutiunt subtegmina cum lignea spata. De textis vero fiunt cingula et crinalia divitum mulierum et stolæ sacerdotum. » Jean de Garlande, § 67 et les notes explicatives.
4. « Nules mestresses... ne pueent... fere œvre enlevée... » *Liv. des mét.* p. 88.
5. *Ibid.* p. 91.
6. *Ibid.* tit. XLIV.
7. *Ordonn. relat. aux mét.* p. 382.
8. « Que les tissuz qui d'or seront faiz soient faiz de tel or qu'il soient souffisans c'est assavoir or que l'en appelle de Chippre et or de Paris et que nulz... ne soit si hardiz de mesler autre or avecques yceux ne de mettre y or de Luques... » Ms. fr. 24069, f⁰ xii xix. « Que aucun ne pourra

destiné à passer par la filière, était à raison de 10 esterlins d'or pour 25 onces d'argent. Quant au filé d'argent, son titre devait être meilleur que celui de l'esterlin anglais[1].

Le client fournissait au tisserand de toile soit le fil en pelote, soit la chaîne ourdie[2]. Le fil était pesé et la toile, rendue au client, l'était aussi ; quand la différence de poids dépassait le déchet normal résultant du tissage, c'était la preuve que le fil livré n'avait pas été entièrement employé[3]. Lorsqu'on livrait au tisserand le fil en chaîne, il devait s'assurer qu'il avait affaire non à un voleur, mais au légitime propriétaire[4]. Au temps de Philippe-Auguste, il recevait aussi le suif et le son nécessaires à la fabrication ; plus tard on lui en paya la valeur sur le pied de 16 den. pour quarante aunes[5].

Dès le règne de Philippe-Auguste, la corporation des tisserands de toile conservait l'étalon des différentes mesures des toiles unies ou façonnées. Cet étalon consistait en une verge de fer de la longueur du rot des nappes de la table royale et portant la marque de la largeur légale de tous les tissus de toile. La largeur était mesurée entre le temple[6] et le rot[7]. En ce qui touche le nombre des fils de la chaîne, nous n'avons à signaler

---

dores en avant mesler or ou argent de Luques à rubans parmi or ou argent de Chippre... » Livre rouge du Chât. Y 2, f° 210. Voy. aussi *Liv. des mét.* p. 193. L'or de Chypre se faisait à Gênes. Nous savons par Pegolotti (p. 144) que Venise importait à Paris du filé d'or et d'argent ; mais, comme les règlements ne font aucune mention de l'or de Venise, il est probable qu'on y travaillait seulement, comme à Gênes, l'or improprement appelé or de Chypre.

1. *Liv. des mét.* p. 75.
2. « Se aucuns ou aucune engagoit autrui file en pelote ou en chaine... *Ordonn. relat. aux mét.* p. 390. Cf. *Ordonn. des rois de Fr.* XIX, 590 art. 4.
3. « Recevront lesd. ouvriers [teliers] les filéz par poys et renderont lesd. ouvrages par poys seignéz et sera rabatu de le toile fate pour les foussiaux et pour le frait qui y puet queir de vint quatre livres de file de lin une livre et de trente livres de gros file une livre et au fuer l'emplage. » Accord entre l'évêque et l'échevinage de Noyon homologué au parl. le 16 décembre 1392.
4. *Ordonn. relat. aux mét.* p. 389. Cf. *Ordonn. des rois de Fr.* XIX, 590, art. 3.
5. *Ordonn. relat. aux mét.* p. 388-389.
6. On sait que le temple est un instrument avec lequel on tend le tissu pour lui donner sa largeur réglementaire.
7. *Ordonn. relat. aux mét.* n° XIX. En 1396 (n. s.), les gardes-jurés des tisserands de toile saisissent chez un confrère une pièce de toile « qui estoit de trop petit lé. » Reg. d'aud. du Chât. Y 5220.

que les poursuites dirigées en 1408 contre un tisserand parce qu'il manquait sept fils à la chaîne d'une de ses toiles, un de plus que les règlements ne le toléraient[1]. La corporation maintenait le prix de la main-d'œuvre, tel qu'il était sous Philippe-Auguste[2]. Ce n'étaient pas les mêmes ouvriers qui tissaient les toiles unies et les toiles façonnées, et ceux qui voulaient joindre au tissage des premières le tissage des secondes, passaient par un nouvel apprentissage[3]. Bien entendu, cette division du travail n'existait que chez les ouvriers, et les patrons se livraient à la fabrication des unes et des autres.

Les tisserands de toile dont nous venons de parler faisaient des nappes, des serviettes, etc. Les « braaliers de fil, » ainsi que leur nom l'indique, tissaient, taillaient et cousaient des braies ou hauts-de-chausses. La chaîne de leurs toiles devait être composée de fil retors, et la trame de fil double[4]. Le tissage de la toile n'occupait à Paris que ces deux corporations, les *canevassiers* ou *chavenaciers* ne faisaient que le commerce[5].

1. « Pour ce que par le rapport Perrot Jaquelin, juré tixerrant autreffois fait, nous est apparu que Jehan de l'Abbaie a fait en son ouvrouer une toille à sept ros de widenge et il n'en peut faire que de VI de widenge... » août 1408. Arch. nat. Z^2 3484.
2. *Ordonn. relat. aux mét.* loc. cit.
3. « ... et se il avenoit que aucun ouvrier de plain vousist aprendre l'uevre ouvrée... » *Ibid.* p. 389.
4. *Liv. des mét.* tit. XXXIX.
5. *Ibid.* tit. LIX.

CHAPITRE V

APPRÊTS, TEINTURE ET COMMERCE DES ÉTOFFES

Foulage, lainage et ramage du drap. — Tondage du drap. — Teintures et mordants. — Contestations entre les teinturiers et les tisserands drapiers. — Décrusement et teinture de la soie. — Commerce des étoffes.

Au tissage des draps succédait le nopage ou épinçage qui s'exécutait, nous l'avons vu, au moyen de pinces; puis venait le foulage. Les foulons étaient en même temps pareurs ou laineurs, c'est-à-dire qu'après avoir foulé et dégraissé le drap, ils en tiraient le poil à la surface avec le chardon, de façon à lui donner un aspect laineux[1]. On foulait dans une auge soit avec les pieds, soit avec des pilons, mus à bras ou par la force hydraulique[2]. Le foulage avec les pieds était préféré. Les drapiers de Coutances représentèrent à leur évêque que cette méthode était la plus ancienne et la meilleure, et obtinrent qu'on n'en emploierait pas d'autre pour les draps de bonne qualité, marqués du sceau de la ville. Les bureaux et autres étoffes inférieures,

---

1. « Nus foulons ne puet... parer drap qui ne soit parés bien et loiaument... » *Liv. des mét.* p. 134. « Chardon à foulon dont l'en atourne les dras... » *Ibid.* 2º part. p. 290. Jean de Garlande, § 50.
2. Ces trois systèmes sont bien distingués dans le texte suivant : «... les dessus d. doyan et chapitre [de la Chapelle-Taillefert] disoient que touz les habitens de la d. ville d'Issoudun et bannie devoient... venir et aporter touz leurs draps à fouler et aparilher aud. molin à draps tant à pié comme à poulies sanz ce que les dessusd. habitenz... peussent faire fouler draps à molin ne à pié ne à poulie ne aparilher autrement fors tant seulement que au molin et poulies dessus d... » Accord homologué au parlement le 16 mai 1362. X^{lc} 13. « Pro operibus factis in molendinis fulatorum videlicet fontura, quadam pila de novo facta... » *Hist. Fr.* XXII, 656 d.

que la ville n'avouait pas comme sortant de ses fabriques, continuèrent à être portés au moulin[1]. A Paris, on semble avoir reconnu aussi les avantages du travail de l'homme sur le travail mécanique. Du moins, Jean de Garlande nous représente les foulons nus et haletants, ce qui suppose qu'ils se livraient à un travail pénible[2]. C'est parce que ce travail dépassait les forces des femmes que celles-ci ne prenaient part aux travaux du métier qu'à partir du moment où le drap était ôté des rames pour être lainé et mouillé[3].

Le drap arrivait au foulon chargé de la graisse que lui avaient laissée l'ensimage de la laine et le collage de la chaîne. Il était dégraissé dans l'auge avec de la terre à foulon, détrempée dans l'eau claire[4], puis subissait un premier foulage. Ensuite on le faisait dégorger dans l'eau courante. Des planches étaient établies à cet effet sur la Seine, et le foulon qui s'en servait payait annuellement 4. s. par.[5] Le drap était foulé une seconde fois avec de l'eau chaude et de la glaise[6]. Le lisage n'était probablement pas inconnu au moyen âge, mais nous n'avons trouvé aucun renseignement sur cette opération. Un nouveau lavage purgeait le drap de la glaise qui y adhérait. A en croire Jean de

---

1. *Ordonn. des rois de Fr.* XII, 216. « Nul maistre... ne peut faire fouler au moulin ung d. ap... qu'il ait pris... à le faire fouler par le pie. — Que les draps... qui sont foulez par le moulin ne doivent poinct estre scellez. » *Ibid.* XVI, 547, art. 16, 19. « Que tous draps qui seront en compte de vingt cens et au dessus... seront... foulez au pied... » *Ibid.* XIII, 378.

2. Jean de Garlande, § 50.

3. « Nul fame ne puet ne ne doit metre main à drap, à chose qui apartiegne au mestier des foulons, devant que li dras soit tenduz. » *Liv. des mét.* p. 133. Le texte porte *tonduz*, mais nous préférons la leçon fournie par les *Ordonn. relat. aux mét.* p. 398. En effet, après le tondage qui s'exécutait concurremment avec le lainage, il ne serait rien resté à faire aux femmes, toutes les opérations du foulage étaient terminées. Si, au contraire, on lit *tenduz*, le texte veut dire que le drap n'était chardonné et mouillé qu'après avoir été tendu sur la rame. Nous verrons que c'est ce qui se passait ailleurs encore qu'à Paris.

4. « ... devront tout lesd. draps de lad. ville estre foulez de la terre de la terriere de lad. ville [Rouen]... » *Ordonn. des rois de Fr.* XIII, 68, art. 18. « Que nul ne foulle drap fors en clere eaue et nove terre. » *Ibid.* XII, 456, art. 21. Quelquefois la glaise était remplacée par du sain épuré ou du beurre. « ... doivent estre foulez en la terre de la ville en clere eaue ou en cler sain ou en burie... » *Ibid.* VI, 364.

5. *Liv. des mét.* 2ᵉ part. p. 298.

6. « Fullant pannos... in alveo concavo in quo est argilla et aqua calida. » Jean de Garlande. § 50.

Garlande, le drap aurait séché en plein air avant d'être lainé[1]; mais il ne faut pas demander à un clerc curieux, mais étranger aux pratiques industrielles, une exactitude rigoureuse. Au moyen âge comme au XVIIIe siècle, on savait que le drap a besoin d'être mouillé chaque fois qu'il est passé au chardon[2].

A Paris le ramage précédait le lainage[3]. On sait que la rame, qu'on appelait au moyen âge *lices, cloyères* et plus souvent *poulies*, est destinée à donner à la pièce le plus de longueur et de largeur possible.

Après avoir foulé, le foulon allait tendre lui-même sur les rames, qui étaient établies à demeure dans certains quartiers, par exemple rue des Poulies[4] et à Saint-Marcel[5]. Mais, quelquefois aussi, le ramage n'avait lieu qu'après la teinture[6], et la pièce était livrée par le teinturier à un ouvrier spécial nommé *poulieur*[7].

---

1. « Post hæc desiccant pannos lotos contra solem in aere sereno... » § 50.

2. « Il faut remarquer qu'il est absolument nécessaire d'entretenir le drap toujours mouillé tant qu'on travaille à le lainer avec le chardon sur la perche... » Savary, *Diction. du commerce*, éd. 1741, v° *draps*, 11, 931.

3. Voy. p. 293, note 2. A Evreux, comme à Paris, on ne pouvait procéder au lainage sans avoir vérifié si la pièce avait sur la rame l'aunage réglementaire. *Ordonn. des rois de Fr.* IX, 170, art. 25. A Bourges, au contraire, le drap commençait à être tondu et par conséquent lainé, ces deux opérations s'accomplissant alternativement, avant d'être mis sur la rame. *Ibid.* XIII, 378, art. 8. C'est en sortant des mains du pareur que les draps d'Abbeville étaient portés à la poulie. *Ibid.* VIII, 334, art. 13.

4. « ... Quasdam domos sitas Par. in vico *des Poulies* cum tribus poliis retro sitis. » Du Cange, v° *polium* 1.

5. *Reg. criminel du Châtelet*, II, 113. Les tisserands voulurent forcer les foulons à porter les draps aux rames nouvellement établies hors de la ville, mais le parlement repoussa cette prétention. Boutaric, *Actes du Parl.* n° 2979.

6. « Comme ja pieça les d. freres eussent porté un drap nouvellement taint à la poullie pour sachier... » Août 1351. JJ 80, pièce 656. Il en était ainsi au XVIII° siècle. Voy. Savary, II, 931.

7. « Au jour d'ui Guillaume Doucet, poulieur demourant à la porte Baudoier contre lequel messire Guillaume Corde fait demande d'un demi drap de Monstiviller, a offert en jugement pardevant nous aud. messire Guillaume un drap au jour d'ui par lui exhibé en jugement taint en vert brun (?) d'Angleterre contenant environ huit aulnes, c'est assavoir VIII aulnes I quartier moinz, affirmant que c'estoit et est le drap que Pierre de Serens, tainturier lui avoit baillé... tout taint pour poulier et que, se aucune chose avoit esté copé dud. drap, ce avoit esté paravant qu'il lui feust baillé et à ce fu present Pierre le Flame t drapier et bourgeois de Paris qui affirma par serment [que] souventes foiz demi draps de Monstiviller,

Le drap mal paré était, sur la plainte du client, examiné par les gardes-jurés foulons. La malfaçon donnait lieu à une amende et à des dommages-intérêts[1].

Les foulons, par faiblesse envers les riches drapiers, acceptaient en payement des marchandises au lieu d'argent. Ils vendaient ces marchandises à perte et se trouvaient sans argent pour payer leurs ouvriers. Au mois d'octobre 1293, ils firent rendre par le prévôt de Paris une ordonnance qui défendit à tous les foulons de se faire payer autrement qu'en argent comptant[2]. Les statuts validés par la prévôté en 1443, renouvellent la même défense, ce qui prouve que cet abus n'avait pas entièrement disparu dans le cours du XIIIe et du XIVe siècle [3].

En même temps qu'ils se livraient personnellement au foulage et au lainage, les foulons avaient le droit de faire fabriquer et de vendre des draps chez eux et aux halles. Un arrêt du parlement, de la Pentecôte 1273, leur permit d'avoir des étaux aux halles, aussi près que possible des tisserands drapiers[4]. Ces étaux, au nombre de deux, étaient en effet contigus à ceux des tisserands, dans la halle des Blancs-Manteaux[5].

avant qu'ilz soient pouliéz, ne contiennent que huit aulnes, autrefoiz VIII aulnes I quartier, autrefois VIII aulnes II quartier et aucunes fois plus et autrefois moinz, et oultre affirma qu'il creoit que dud. drap exhibé, l'en avoit osté l'un des chiefs avant qu'il feust taint. » 5 juillet 1399. Reg. d'aud. du Chât. Y 5222. «... comme ja pieça les d. freres [Guillaume et Colart de Caveillon] eussent porté un drap nouvellement taint à la poullie pour sachier... » Lettres de rémission d'août 1351. JJ 80, p. VI^c LVI.

  1. *Liv. des mét.* p. 134, 135.
  2. *Ordonn. relat. aux mét.* p. 399-400.
  3. *Ordonn. des rois de Fr.* XVI, 586, art. 16.
  4. « Fulonibuz Parisius petentibuz quod pannis laneis factis Parisius apponeretur certum precium et signum, et quod in halla Parisius possent habere stalla et vendere communiter [*ou conjunctim*] cum textoribuz, auditis partibuz, dictum fuit quod nihil circa antiquum statutum in d. pannis immutaretur quantum ad precium et signum ponendum in eisdem, concessum tamen fuit fullonibuz quod stalla haberent juxta textores ad propius quod commode poterit fieri, sed non communiter [*ou conjunctim*] cum illis. Per arrestum in Parlamento Penthecostes M° cc LXXIII. » Ms. lat. 128 II, f° IIII ^{xx} XIII. Cf. L. Delisle, *Restit. d'un vol. des Olim*, n° 155.
  5. « Doivent iceulx foulons de draps à Paris... paier chascun an au Roy nostred. s. ou à son receveur à P. 34 s. par. de rente pour deux estaulx à vendre leurs draps qu'ilz ont es halles de P. en la halle des Blancs Manteaulx au chevet et joignant des estaulx aux tisserans de draps... pevent iceulx foulons... draper, faire tistre et faire fere draps en leurs hostelz et iceulx vendre et faire vendre en iceulx leurs hostelz en gros ou à détail par chascun jour, fors que au samedi, auquel jour... ilz ne pevent vendre leursd. draps en leurs hostelz, mais pevent iceulx porter vendre

Il est étonnant que ce privilége n'ait été attaqué ni par les tisserands ni par les marchands de draps. Il est encore confirmé par les statuts de 1443[1], et, en 1476, les foulons faisaient valoir son origine reculée, sa longue consécration par le temps pour se faire déclarer exempts du contrôle des cardeurs, peigneurs et arçonneurs, qui, s'étant récemment organisés en corps de métier, prétendaient connaître de la qualité et de la préparation des étoffes[2].

Le drap étant alternativement lainé et tondu à plusieurs reprises, l'exécution de ce double travail par un même ouvrier, ou au moins dans le même atelier, aurait évité une perte de temps et des frais[3]. Cependant le tondage occupait une corporation spéciale, celle des tondeurs. Les draps trop *hault tondus* et *mal unis* étaient l'objet de procès-verbaux et de saisies[4]. Il

en leursd. deux estaux...» Reg. des bann. 18 mai 1443. Y 7, f° XXIII et v°. A Dieppe, à Evreux, tisserands et foulons se livraient réciproquement au foulage et au tissage. *Cartul. de Louviers* publ. par Bonnin, p. 33. *Ordonn. des rois de Fr.* IX, 170.

1. *Ordonn. des rois de Fr.* XVI, 586, art. 21.
2. *Ordonn. des rois de Fr.* XVI, 586.
3. Il en était ainsi à Bourges au xv° siècle. *Ibid.* XVI, 547, art. 28. Il va sans dire que les foulons tondaient ou faisaient tondre les draps qu'ils vendaient tout faits au public; tel est le sens de l'art. 6 des statuts du 23 avril 1384. *Ibid.* VII, 98.
4. « En la presence du procureur du Roy n. s. ou Chastellet... qui contendoit à fin dez paines... declarées es ordenances royaulz à l'encontre de... pour raison de III[c] IIII[xx] XVI aulnes de draps appartenans auxd. marchans arrestés à la requeste dudit procureur... pour ce qu'ilz sont mal et trop hault tondus et qu'ilz ont esté presséz..., ordené est.... que, en baillant bonne et seure caucion desd. marchans jusquez à la valeur des peines et amendes declarées ou registre que led. procureur du Roy demande, yceulz draps appreciéz premierement... leur seront recreuz... Le mardi XXIII° jour de decembre Hennequin de Maalines, presseur de draps... se constitua plege et caucion pour les marchans dessus nomméz de la valeur des peines et amendes que requiert led. procureur du Roy...» Année 1399. Reg. d'aud. du Chât. Y. 5222, f° 178 v°. « Pour ce que Jehan Boutelievre, drapier, en la possession du quel et en son ouvrouer ont esté trouvéz et prinz par les juréz de la visitacion royal de Paris une piece de drap, etc., toutes trop hault et mal ouny tondues..., avons condamné... led. Boutelievre..., sauf à lui à avoir son recours contre son d. tondeur....» Année 1402. Reg. d'aud. du Chât. Y. 5224, f° 1. « Oy le plaidoié aujourd'ui fait en jugement pardevant nous entre le procureur du Roy... ou Chastellet... d'une part, et Jehan Gueraut, drapier et bourgeois de P., pour raison de plusieurs pieces de draps de diverses couleurs trouvées en la possession dud. Gueraut, lesqueles lez jurés de la visitacion général avoient raporté estre trop hault et mal ouny tondus, et une piece de vert gay estre non entresuiant en tainture... et dez defenses proposées au con-

faut remarquer que le tondage à fin n'avait lieu qu'après la teinture [1], et lorsque l'étoffe était déjà entre les mains du tailleur. C'était par conséquent celui-ci qui faisait exécuter cette dernière coupe et qui s'en faisait rembourser les frais par le client [2]. Presque tous les draps fournis à l'argenterie des rois de France avaient besoin de passer une fois encore dans les mains du tondeur [3].

Mais sa tâche ne se bornait pas à tondre ; il éventait les draps, les époutait [4], les aspergeait, les mouillait [5], les pliait et leur donnait le cati à l'aide de planchettes de bois [6]. En 1384, le catissage ou au moins l'emploi des « esselettes » fut défendu [7].

Les teintures les plus employées étaient le guède ou pastel *(isatis tinctoria)*, l'écarlate ou kermès *(coccus ilicis)*, la garance, la gaude *(reseda luteola)*, le brésil, l'inde ou indigo. Pegolotti met au premier rang l'indigo de Bagdad, et fort au-dessous celui de Chypre [8]. La florée était une sorte d'indigo

---

traire par ledit Jehan G. disant lesd. draps estre bien et deuement tondus... et que telz seroient ilz trouvéz par bacheliers et autres dez mestiers desd. juréz, ordené est.... que, parties presentes ou deuement appelées et aussi lesd. juréz, lesd. pieces de draps... seront visitées par dix bacheliers, c'est assavoir deux de chascun mestier dont sont lesd. juréz, c'est assavoir deux drapiers, deux tainturiers, deux tondeurs, deux foulons et deux tailleurs de robes... » Année 1402. *Ibid.* f° 57 v°.

1. « Briceto, tonsori pannorum pro V pannis perseis de librata domini [episcopi Par.] de magna moisone tondendis... pro IIII°ʳ aliis pannis perseis de parva moisone tondendis... » LL 10, f° XXI.
2. « A Alain Hervé, tailleur et vallet de chambre monseigneur [le duc de Berry] pour façon et estouffes d'une hoppellande... et pour tondre VI aulnes d'escarlete...» Année 1372. KK 251, f° 97 v°.
3. *Comptes de l'argenterie* publ. par M. Douët d'Arcq. Notice, p. xxi, xxii.
4. C'est-à-dire qu'il en retirait les ordures avec de petites pincettes.
5. Pour les empêcher de se rétrécir. *Ordonn. des rois de Fr.* XX, 243.
6. « A Regnault Jolis, tondeur de draps... pour ses paine et salaire d'avoir tondu, mouillé, appresté et mis à point les draps qui s'ensuivent...» KK 41, f° 43 v°. « Au meme pour ses painne et salaire d'avoir esventé, ployé et pressé par deux foiz un drap blanc... et pour icellui drap avoir espoutié, mouillé, tondu, apprestê et mis à point...» *Ibid.* f° 74 v°. « A Raoulet du Gué, charpentier... pour avoir fait IIII paires de ais de bort d'Illande pour mettre en presse les manches de noz dames de France... » *Ibid.* f° 149. « Lesd. varlèz pevent faire plaier, mouiller et esparger les drapz qu'ils tondent ou autres drapz... » Livre du Chât. rouge 3ᵉ, Y 3, f° 87.
7. Livre rouge neuf, Y 6⁴, f° vii^{xx} xii v°. Cf. *Ordonn. des rois de Fr.* XVIII, 512, art. 3.
8. « Indaco di Baldacca detto baccaddeo... Indaco di Cipri si è grossa

inférieur dont l'usage était proscrit[1]. Le « noir de chaudière, » connu dès lors sous le nom de moulée, était considéré comme une teinture corrosive[2]; c'était un mélange d'écorce d'aune, de poussière tombée de la meule des taillandiers et rémouleurs et de limaille de fer[3]. Les règlements la prohibaient, mais le public ne se montrait pas aussi sévère. Ainsi nous voyons un marchand de Lucques, Michel Marcati, acheter deux pièces de vert d'Angleterre teintes en moulée pour les envoyer dans son pays ; en déclarant qu'elles étaient destinées à l'exportation, il obtint mainlevée de la saisie de ces étoffes[4]. C'est ainsi encore que Richard le Maçon se fait rendre un drap vert brun teint en moulée sur sa déclaration qu'il l'avait fait faire pour son usage et non pour vendre ; toutefois on prit la précaution d'essoriller le drap[5]. Deux teinturiers, poursuivis pour avoir teint en moulée quatorze pièces de drap, font citer Pierre Waropel, trésorier du duc de Bourgogne, qui déclare que c'est sur sa commande que les draps ont reçu cette teinture[6]. Il faut remarquer que, dans les deux dernières espèces, le procureur du

---

cosa e vale intorno d'uno quarto di ció, che vale il buono indaco di Baccaddeo... » P. 371.

1. « Que nus ne taigne de molée ne de florée. » *Ordonn. des rois de Fr.* XII, 567.

2. Livre rouge vieil du Chât. f⁰ˢ vii^xx et x v⁰.

3. « Nota. Du noir de chaudiere appelé molée qui se fait d'escoce d'aulne et de lymon qui est en une meulle tout boully ensemble et si y mettent de la limaille de fer ou lieu de mollée boullu en vin aigre. » Livre du Chât. vert vieil 2⁰, f⁰ xxiii v⁰.

4. « Consideré que Michiel Marquati, marchant de Luques, sur le quel arrest avoit esté fait de II draps de vert d'Angleterre tains en molée contre les ordenances royaulz, a affermé qu'il n'est point marchand de draps et que lesd. deux draps il vouloit envoier à Luques, senz les vendre en ceste ville..., nous led. arrest avons adnullé sanz admende... » Reg. d'aud. du Chât. année 1399, Y 5222, f⁰ 175 v⁰.

5. « Dit est, present le procureur du Roy, que un drap de couleur de vert brun contenant XII aulnes ou environ, lequel est taint en pure molée, si comme les juréz de la visitacion general de draps de Paris ont rapporté, sera rendu et delivré à Richart le Macon auquel il appartient, qui ycellui avoit baillé à tondre à Colin (?) le tondeur, en la possession duquel il avoit esté trouvé, pourveu que il sera essorillié selon les registres et ordenances, consideré que led. Richart a affermé que il l'avoit fait faire pour son user et non pour vendre et que il n'est mie marchant, reservé au procureur du Roy son action contre le tainturier ou tainturiere qui ycellui drap a taint, pour raison de l'amende que led. procureur dit estre deue pour cause de ce. » Reg. d'aud. du Chât. 6 juin 1399, Y 5222.

6. 11 juillet 1399. *Ibid.*

roi se réserve le droit de poursuivre les teinturiers pour les faire condamner à l'amende ; mais évidemment cette réserve n'était qu'une clause de style, car, le client n'étant pas coupable, l'industriel ne l'était pas davantage pour avoir exécuté ses commandes.

Parmi les mordants, nous nommerons l'alun, la cendre gravelée ou le tartre, la perelle. On distinguait l'alun de plume[1], et l'alun de terre, ainsi nommé parce qu'il était extrait de l'argile. Quant à l' « alun de bouquauz » qui est prohibé par le statut des teinturiers rédigé au temps d'Et. Boileau, ce n'était autre chose que de l'alun gâté (*embouquiéz*). La cendre gravelée est, comme on sait, produite par l'incinération du tartre de vin. La meilleure venait de Syrie ; on estimait moins celle d'Alexandrie[2]. La parelle ou perelle est le lichen avec lequel on fait l'orseille. Mais la teinturerie parisienne s'interdisait l'emploi de l'orseille, connue alors sous le nom de *fuel*, ainsi que celui du fustet[3].

On ne comptait à Paris qu'une corporation de teinturiers, qui teignaient la laine et le drap, le fil et la toile. Quant à la soie, elle était décrusée et teinte par les merciers.

Dans les statuts qu'ils présentent à Et. Boileau, les tisserands-drapiers s'attribuent le droit de faire teindre chez eux. Ils reconnaissent qu'ils ne peuvent pas tous teindre en guède et que ce privilège n'appartient qu'à deux membres de leur corporation. Lorsque l'un de ces deux tisserands mourait, le prévôt de Paris, sur la désignation du corps de métier, lui donnait un successeur. C'est à Blanche de Castille que les tisserands devaient l'avantage de pouvoir se passer de teinturiers[4].

Ceux-ci, de leur côté, prétendaient cumuler le tissage et la teinturerie, et, à l'opposition des tisserands, ils répondaient par le refus de les laisser teindre. Au lieu de cette exclusion réciproque, ils auraient voulu que le métier de tisserand fût accessible à tout teinturier, moyennant le payement du droit d'entrée, comme celui de teinturier l'aurait été gratuitement à tous les tisserands. Ce serait, disaient-ils, assurer le déve-

---

1. Pegolotti, 372. Mas Latrie, *Traités de paix et de commerce... Introd. hist.* p. 217.
2. Pegolotti, p. 380.
3. *Liv. des mét.* p. 135-136.
4. *Ibid.* p. 117-118.

loppement de l'industrie drapière et l'augmentation des revenus du roi [1]. Le désaccord entre les deux statuts, enregistrés tels qu'ils avaient été présentés, fit naître des contestations. Les tisserands faisaient teindre dans leurs ateliers, les teinturiers voulurent les en empêcher. En 1277, ceux-ci actionnèrent devant le parlement un tisserand nommé Michel du Horret qui se livrait en même temps à la teinturerie. Le défendeur, condamné à opter, choisit la teinturerie. Dans la suite, les teinturiers prétendirent que, n'ayant pas fait l'apprentissage réglementaire de trois ans, il n'était pas apte à devenir leur confrère. Michel du Horret répondait qu'il avait été à même d'apprendre le métier avec son père, qui l'exerçait, bien mieux que chez un étranger; mais ses adversaires soutenaient qu'ayant été tisserand presque toute sa vie, il n'avait jamais appris à teindre. La Cour, par un arrêt rendu à la session de la Madeleine 1277, maintint Michel du Horret dans l'état qu'il avait choisi [2]. Les tisserands continuèrent de se mêler de teinture, et, à la suite de nouveaux débats, Philippe le Hardi consulta les prud'hommes experts des villes drapières et, d'après leur avis, ordonna, au mois de juin 1279, que les deux corporations se borneraient à faire chacune son métier [3].

La même année, les teinturiers portèrent plainte au parlement contre les tisserands qui refusaient de tisser pour eux. Les tisserands, de leur côté, avaient plusieurs griefs contre leurs adversaires. D'abord ceux-ci teignaient leurs propres draps, ce qui était contraire à la coutume des villes drapières; en outre, ils se servaient de plusieurs outils dont l'usage appartenait exclusivement aux tisserands. La Cour condamna ces derniers à travailler pour les teinturiers, auxquels elle conserva provisoirement le droit de teindre leurs draps et leurs laines jusqu'à ce que la pratique des villes drapières à cet égard fût constatée par une enquête. Les outils furent séquestrés en attendant que l'enquête vînt éclaircir la question dont ils étaient l'objet. A la suite de cette enquête, fut rendu, au mois d'août 1285, un jugement définitif dont voici le dispositif : les teinturiers, s'ils veulent travailler pour le public, ne pourront teindre chez eux la laine, le fil ni le drap appartenant à eux ou aux gens à leur service, car, sous ce prétexte, ils auraient la facilité de com-

---

1. *Liv. des mét.* p. 137.
2. *Olim*, II, 95.
3. *Ordonn. relat. aux mét.* p. 401.

mettre des fraudes. Ils sont autorisés à se servir des outils en litige pour filer et préparer leur laine avant de la livrer aux tisserands. Il est défendu aux uns et aux autres de se refuser réciproquement leurs services[1].

Les tisserands, forcés de tisser pour les teinturiers, firent teindre leurs draps, leur fil et leur laine hors Paris et privèrent ainsi les teinturiers d'une source abondante de profits ; mais le parlement ordonna que les uns et les autres prêteraient serment, les tisserands de conserver leur clientèle aux teinturiers, tant que ceux-ci les serviraient bien et à bon marché, les teinturiers de ne pas se venger en teignant mal ou en demandant plus cher[2].

Les plaintes pour malfaçons étaient portées devant les gardes du métier[3]. L'emploi de mauvaises teintures entraînait une condamnation à l'amende et à des dommages-intérêts ; mais le teinturier n'était pas responsable de l'imperfection des procédés, car il n'avait pas agi avec l'intention de tromper et il était intéressé à bien teindre[4]. Cette indulgence pour la maladresse s'explique par les tâtonnements d'une industrie qui n'avait pas alors pour se guider les lumières de la chimie.

Quelquefois le tailleur achetait des draps écrus et les faisait teindre suivant le goût du client. En 1402, Jean Pinguet, tailleur de robes, fut condamné à payer 4 francs à Tassin ou Cassin Coullart, teinturier qui avait travaillé pour lui[5].

Le commerce de la soie était, nous l'avons vu, entre les mains des merciers ; c'était eux aussi qui donnaient à la soie son lustre et sa couleur. Après avoir été bouillie et cuite, elle était lavée à l'eau claire. Il était défendu de mettre dans le bain de teinture des liqueurs propres à augmenter le poids de la soie ; pour

---

1. *Ordonn. relat. aux mét.* p. 401 en note. Voy, aussi *Olim.* II, p. 459.
2. *Ordonn. relat. aux mét.* p. 402. A Rouen, à Bruges, à Malines, à Gand, à Montivilliers, à Bruxelles, comme à Paris, la teinturerie et le tissage occupaient deux corporations distinctes, et on ne pouvait se livrer aux deux industries à la fois. 27 juillet 1409. Reg. du Parl. X^{la} 8301, f° 325 v°.
3. *Liv. des mét.* p. 136. On pourrait conclure des mots : « par leurs serments » que les gardes-jurés ne faisaient que donner leur avis, sous serment, au prévôt de Paris, qui prononçait la condamnation. Rappelons cependant que, chez les foulons, ils prononçaient sur les malfaçons, non comme experts, mais comme juges.
4. «... quar amende du mestaindre n'en doit-on pas poier se fausses couleurs n'i a, quar nul ne mestaint que il ne mestaigne malgré sien et que il n'i ait trop grant domage. » *Liv. des mét.* p. 136-137.
5. Reg. d'aud. du Chât. Y 5224, f° 121 v°

teindre en noir on devait se servir exclusivement de teintures à base d'huile et de savon[1]. Des marchands italiens apportaient à Paris des soies teintes en noir à Lucques et à Venise[2]. Le silence des statuts des merciers sur la teinture des soieries ne s'explique que si l'on admet que la soie n'était teinte qu'en écheveaux, jamais en étoffes.

Le commerce des draps, très-actif à Paris, était alimenté beaucoup moins par la fabrication locale que par l'importation des draps de Normandie, de Flandre et d'autre provenance[3]. Certains drapiers parisiens contrefaisaient les marques des villes, dont les draps étaient renommés[4].

Les draps étaient portés aux halles, où ils acquittaient un hallage et un tonlieu. Au premier étage, on les vendait exclusivement en pièces ; autrement le roi aurait perdu son droit de tonlieu qui n'était perçu que sur la pièce entière. Au rez-de-chaussée, la vente en détail était permise[5]. Le 20 juin 1397, le prévôt de Paris autorisa les drapiers forains, venant des foires du Lendit, de Saint-Ladre et de Compiègne, à vendre aux halles du haut, dans le délai de huit jours, les coupons de drap qui

1. « Que nul... ne soit si hardiz de mettre soye à perche qui soit faite en cuve que la d. soie ne soit lavée en yaue clere... Que nulz... ne soit si hardiz de mettre liqueur en sa cuve là où en taint soye par quoy la soie puist plus peser que son droit... Que nulz.. ne soit si hardiz de faire soye noire où il ait nulle liqueur autre que son droit noir, c'est assavoir liqueur de savon et que la soie soit aussi bien boulie comme nulle autre soye...» Ms. fr. 24069, f°s XII, XIX. Cf. *Ordonn. des rois de Fr.* IX, 303, art. 23, 24.
2. Statuts des merciers du 18 février 1408 (n. s.). *Ordonn. des rois de Fr.* IX, 303, art. 14.
3. «... la marchandise de drapperie a eu le temps passé et encores a de present grant cours en nostre d. ville, parce que les drappiers ouvriers et marchans de noz villes de Rouen, Bayeulx, Lisieux, Monstieviller, Saint-Lô, Bernay, Louviers, et d'autres villes de noz pays et duchié de Normandie et pareillement les marchans de noz villes de Beauvais, Bourges, Yssouldun, Orleans et d'autres villes de nostred. royaume, qui sont principalement fondées sur led. fait de drapperie, amainent leurs draps vendre en nostre d. ville de P. en laquelle ilz sont assez tot après venduz et distribuéz par les d. marchans et drappiers d'icelle ville de P. et pareillement ceulx que l'on fait en nostred. ville de P. et à l'environ d'icelle, qui ne montent pas grans chose en regard à la grant quantité de ceulx que l'on amaine des villes et pays dessusd. » 11 novembre 1479. *Ordonn. des rois de Fr.* XVIII, 512.
4. « ... pannos... habentes villarum signa in quibus non erant facti ac flosculos cericos assutos, cum tamen non sint de villis illis quas d. flosculi designant, sepe fraudulose vendiderant... » Append. n° 43.
5. Juillet 1362. *Ordonn. des rois de Fr.* III, 581, art. 13.

leur restaient, pourvu que ces coupons eussent un chef et fussent de bonne qualité. Les drapiers parisiens, lésés par cette concurrence, demandèrent au parlement l'abrogation de cette ordonnance, mais elle fut maintenue, conformément aux conclusions du procureur général, qui fit observer que les drapiers forains, pressés de retourner chez eux, vendraient moins cher que les drapiers parisiens et que le roi n'y perdait rien, puisque chaque coupon lui rapportait un droit de hallage et un tonlieu de 4 den.[1].

Les drapiers de Saint-Denis vendaient leurs draps tous les samedis à Paris, dans le voisinage de la halle aux draps. En 1309, le parlement reconnut leur droit, en chargeant le prévôt de Paris de veiller à ce qu'ils n'empêchassent pas la circulation dans le lieu où ils étaient établis[2].

Les forains cherchaient à se soustraire à la visite des gardes et aux droits de halle. De leur côté, les marchands parisiens s'efforçaient de les écarter du marché.

Le commerce des tissus occupait à Paris plusieurs compagnies d'Italiens. En 1317 (n. s.), Philippe le Long accorda le droit de bourgeoisie à des drapiers florentins qui s'y fixèrent[3]. Les fabricants de soieries de Lucques avaient à Paris, pour vendre leurs étoffes, des représentants de leur nation. Ce fut à la requête de ces correspondants que le roi rapporta, en 1336, une ordonnance du prévôt rendue vers 1316, qui défendait l'importation des cendaux vermeils teints avec une autre teinture que le kermès. Le rapport des quatorze merciers désignés, comme experts, par la chambre des comptes fut favorable à la requête des marchands lucquois, ce qui n'a rien d'étonnant, puisque les merciers devaient profiter, comme les Lucquois, de l'abrogation de l'ordonnance[4].

L'aunage des draps par la lisière donnait lieu à des fraudes. Sur l'avis de gens experts, tels que drapiers, courtiers de draps, tailleurs de robes, le prévôt de Paris ordonna par cri public

---

1. 2 mars 1398 (n. s.). Append. n° 44.
2. Boutaric, *Actes du Parl.* n° 3643.
3. Bourquelot, *op. laud.* p. 213.
4. *Ordonn. des rois de Fr.* XII, 33. « Cosme Cosmy, marchant de Lucques demourant à Paris au nom et comme executeur du testament... de feu Nicolas Cosmy, en son vivant marchant de draps d'or et de soye demourant à P. » KK 48, f° 107 v°. « Bauduche Trente, marchant de Lucques demourant à P. pour la vente et delivrance de V pieces I quartier d'aulne moirré de veluiau bleu sur soye... » *Ibid.* f° 108.

d'auner désormais par le faîte, c'est-à-dire par le dos de l'étoffe pliée en deux et avec un excédant d'aunage d'un pouce[1]. On se servait indifféremment de l'aune du marchand ou de celle de l'acheteur. Un garçon drapier fut condamné à l'amende pour s'être muni d'une aune trop grande avec l'intention de prendre livraison d'un drap qu'il avait acheté à des drapiers de Breteuil dans le Perche[2].

1. 24 septembre 1384, *Ordonn. des rois de Fr.* VII, 285. Voy. Savary, v° *aunage*.
2. « Jehannin Crespelin, varlet drapier a admendé, congnoissant ce que il a aporté en la ville de Saint-Germain [des Prés] une aulne trop grande en entencion de y prendre et recevoir certain drap que il avoit achetté de Pierre Almaurry et Colin Thibaut demourant à Breteuil ou Perche, qui avaient aporté certaine quantité de draps pour vendre aud. S. Germain celeement sans porter en la halle de Paris pour frauder les drois du Roy... » 28 juillet 1410. Arch. nat. Z² 3485.

CHAPITRE VI

CONFECTION DES VÊTEMENTS TISSÉS

Tailleurs-couturiers et doubletiers.— Tailleurs faisant partie de la maison du roi et de celle des seigneurs. — *Braaliers de fil.* — Chaussetiers et aiguilletiers. — Fripiers.

Nous n'avons pas à exposer les variations de la mode pendant le cours du XIIIe et du XIVe siècle. Nous renvoyons le lecteur curieux de connaître les formes et les noms des diverses parties de l'habillement aux trois chapitres consacrés par M. Quicherat à cette période [1]. La division et les procédés du travail, les rapports du chef d'industrie avec les clients, telles sont les questions qui, pour les industries du vêtement comme pour les autres, doivent attirer exclusivement notre attention. Nous n'entreprendrons même pas d'étudier ces questions chez toutes les corporations qui confectionnaient le vêtement : à une telle entreprise les documents auraient fait défaut. Nous parlerons seulement des tailleurs, des doubletiers, des *braiers,* des chaussetiers, des aiguilletiers et des fripiers.

Il est rare aujourd'hui que l'étoffe soit fournie par le client ; au moyen âge, c'est ce qui avait lieu le plus souvent. Aussi le tailleur qui coupait mal payait une amende de 5 s. par. et des dommages-intérêts fixés par les gardes-jurés[2]. L'étoffe gâtée lui restait. Il y avait aussi à craindre qu'il s'appropriât une partie de l'étoffe. Pour constater et punir ce détournement,

---

1. *Hist. du costume,* chap. IX, X, XI.
2. *Liv. des mét.* p. 143.

on se servait à Exeter, en Angleterre, d'un moyen si simple qu'il devait être également en usage à Paris, bien que les textes n'en parlent pas. La corporation des tailleurs conservait des patrons de papier taillés en double de ceux qui servaient à couper. Grâce à ces patrons, on pouvait demander compte au tailleur de l'étoffe qu'il n'avait pas employée[1].

En 1358, les tailleurs-couturiers obtinrent le droit de faire des *doublets* ou pourpoints. Jusque-là la confection de cette partie du vêtement était le monopole des doubletiers ou pourpointiers, qui avaient fait interdire aux tailleurs de s'en mêler. Mais les pourpoints étant devenus très à la mode vers cette époque, le prévôt de Paris jugea que ce n'était pas trop de deux corporations pour un article aussi demandé, et autorisa par cri public les tailleurs à faire et à vendre des doublets. Il fallut une ordonnance royale pour leur assurer la jouissance paisible de ce droit[2]. Leurs statuts de 1366 nous les montrent faisant des doublets aussi bien que des robes[3]. Toutefois ils n'en faisaient que sur mesure, tandis que les doubletiers en vendaient de tout faits. Cette différence, que les statuts de 1366 ne laissent pas soupçonner, est établie par une sentence du prévôt de Paris et par la déclaration des tailleurs eux-mêmes. Les gardes-jurés pourpointiers avaient saisi chez un couturier trois pourpoints, qu'ils considéraient ou feignaient de considérer comme ayant été faits d'avance. Le propriétaire de l'un de ces pourpoints ayant déclaré sous serment qu'il avait été fait pour lui, avec une étoffe payée de son argent, le pourpoint lui fut rendu. Les deux autres furent également restitués à ceux qui les avaient commandés[4]. Du reste, d'une façon générale, les tail-

---

1. « Memorandum that John Rowter received IIII yerdes of brod cloth blew to make master Robert Rydon a gowne, apoun the wheche, the sayde master Robert complayned of lacking of his clothe. And..... ther wasse dewly proved III quarteris of brod clothe convayed in pieces, as hit apereth by patrons of blacke paper in our comen kofer of record, at any tyme redy to shew, etc. » *English Gilds*, p. 321, art. 2.
2. *Ordonn. des rois de Fr.* III, 262.
3. Au moyen âge, le mot robe avait deux sens ; il désignait l'habillement complet et plus particulièrement le vêtement long, que les gens de loi et de plume conservèrent lorsque s'introduisit la mode des habits courts. Voy. Quicherat, *op. laud.* 196, 229.
4. « En la presence du procureur du Roy n. s., à la requeste du quel les juréz du mestier de pourpointerie avoient arresté et mis en la main du Roy III pourpoins par eulx trouvéz chiez Jehan Gode, cousturier, disans que aucun cousturier à Paris ne peut faire pourpoins pour vendre, dont

leurs ne travaillaient que sur commande, tandis que les pourpointiers faisaient de la confection. Si les premiers avaient en magasin des étoffes, c'était pour exécuter plus vite les commandes ; leur métier n'en était pas moins une industrie et non un commerce. Telle est la distinction qu'ils firent valoir pour n'être pas soumis, comme les pourpointiers, au payement d'une aide de guerre, et cette distinction était réelle, puisqu'ils furent exemptés. A l'époque où cette question se posait, c'est-à-dire au commencement du xve siècle, les tailleurs, on le voit, livraient généralement l'étoffe, et c'est là-dessus que les fermiers de l'aide se fondaient pour les classer parmi les marchands[1].

L roi, la reine, les grands seigneurs, avaient parmi leurs valets de chambre des tailleurs, nourris chez eux, recevant des gages fixes[2], et à certaines fêtes des « robes » ou « livrées[3]. » Leurs gages étaient plus élevés pendant le temps qu'ils ne vivaient pas aux dépens de leur maître[4]. Celui-ci leur payait, en outre, des journées et des façons et leur allouait des frais de route, lorsqu'ils voyageaient dans son intérêt, notamment pour lui acheter des étoffes[5]. A la cour, ce soin ne regardait que

l'un d'iceulx pourpoins appartenoit et appartient à Jehan de la Mare, prinz le serment dud. Jehan de la Mare qui a affermé que il avoit dès le lendemain baillé XVI s. aud. cousturier pour acheter les estofes dud. pourpoins, ce considéré que un cousturier à Paris peut faire pourpoins pour ceulx qui les leur font foire, nous avons dit que led. pourpoint sera rendu aud. de la Mare senz despens. Item pareillement lui seront renduz les pareilz pourpoins à Jehan le Moine et Jehan le Canu.... fait le mardi VII de septembre [1395]. » Reg. d'aud. du Chât. Y 5220.

1. *Ordonn. des rois de Fr.* XI, 90.
2. « A Tassin du Brueil, tailleur dud. seigneur [duc de Normandie] pour le fait de sa taillerie depuis le premier jour de juillet MCCCXLVIII jusques au premier jour de janvier ensuivant. » Arch. nat. KK 7, f⁰ 23 v⁰. « Huaiche Dyannain, tailleur et varlet de chambre de mons. pour sa pencion... du 1 jour d'aoust MCCCLXXVIII jusques au premier jour de janvier MCCCLXXIX. » KK 326, f⁰ 9. « Jehan Mauduit, tailleur de robes et varlet de chambre du Roy pour ses gaiges de IX^{xx}IIII jours tout ce terme qu'il a servi de son office à court v. s. p. par jour... » KK 31-32, f⁰ 83.
3. Etat de l'hôtel du Roi et de la Reine dressé au mois de janv. 1286 (n. s.), Leber, t. XIX. KK 7, f⁰ 23 v⁰. KK 251, f⁰ 66 v⁰.
4. « Lambertus talliator pro IIII XX. XI diebus extra curiam IIII s. per diem et pro VIII diebus in curia XX d. per diem. » *Histor. fr.* XXII, 524, d.
5. « A Alain Hervé, tailleur mons. [de Berry] lequel mon d. seigneur a ordonné aler en France pour lui fere ses despens des reubes pour la feste de Toussaint prochain venant pour faire ses frais et despans oud. voiaige...» KK 251, f⁰ 46.

l'argentier. C'est en sa présence que les tailleurs du roi taillaient les étoffes, c'est à lui qu'ils devaient compte des coupons qui étaient serrés sous sa garde dans des armoires[1]. Les communs des palais royaux renfermaient une « taillerie, » c'est-à-dire un atelier pour les tailleurs[2]. Du reste, les tailleurs attachés à la personne du roi et des princes, ne se désintéressaient pas des affaires de la corporation et ne cessaient pas de lui appartenir. C'est pour cela qu'on voit figurer en tête d'une énumération des tailleurs de robes, qui en 1294 (n. s.) présentèrent un règlement au prévôt de Paris, les tailleurs du roi, de la reine, des enfants de France, de Charles de Valois, de la comtesse de Valois, de l'évêque de Paris[3]. Il y avait naturellement aussi des couturières dans le personnel de la maison du roi ; elles faisaient des chemises, marquaient le linge, etc[4].

Quelles étaient, indépendamment des tailleurs et des doubletiers, les corporations qui travaillaient pour le costume d'homme ? Il faut remarquer d'abord que les tailleurs de robes ne se bornaient pas à faire des robes et des doublets, ils faisaient aussi des cottes, des chausses, des chaperons, des houppelandes[5]. On ne doit donc pas s'étonner de ne pas trouver autant de corporations qu'il y avait de pièces distinctes dans l'habillement. Les braies, les chausses, les ceintures, telles étaient à peu près

---

1. Douët d'Arcq, *Notice sur les comptes de l'argenterie*, p. III.
2. Félibien, *Hist. de Paris*, I, 655.
3. *Ordonn. relat. aux mét.* p. 412. Dans les villes anglaises, il était interdit aux gens de métiers d'*être aux robes* ou de porter la livrée d'un seigneur, soit que cette dépendance parût indigne d'un bourgeois, soit plutôt qu'elle mît à la dispositi   des grands personnages une domesticité dont ils pouvaient se servir contre la cité. *English Gilds*, p. 333, 385, 388.
4. « Maria Parisiensis que faciebat robas lingias regis... » *Histor. fr.* XXII, 599 h. « Maria Stulta que solebat facere robas regis... » *Ibid.* 590 K. « Robinete la cousturiere pour seigner et decouper LVI nappes, XVI chenevaz et pour seigner IX^{xx} et XIIII touailles en panneterie tout à la fleur de liz et à l'espée... » KK 30, f° 13.
5. « A lui [Jehan Bernier, tailleur de robes] pour les façons de XXXIIII robes, doublès, chaperons... » KK 45, p. 42. « A Alain Hervé de Garnapi, tailleur et varlet de chambre mons...., pour façon et estouffes d'un surcot de veluau... » année 1372, KK 251, f° 100. « Aud. Alain Hervé... pour façon et estouffes d'une hoppellande, une coute et un chaperon... » *Ibid.* f° 96 v°. « Jehan Bernier, tailleur de robes pour XXIIII aulnes d'autre blanchet pour parfaire les doubleures desdites cotes..... Lui pour la façon de LII cottes faictes pour la livrée de l'escuierie la Royne... » KK 45, f° 118.

les seules parties du costume masculin dont la confection occupât des métiers spéciaux.

Les braies *(braccœ, femoralia)* étaient des caleçons serrés sur les reins par un cordon à coulisse appelé *brael, braier,* en latin *lumbare*. D'après M. Quicherat, on en faisait pour l'hiver et pour l'été, en drap, en soie, en peau comme en toile ; toutefois les ouvriers qui tissaient, taillaient et cousaient les braies portaient le nom de *braaliers de fil* et ne confectionnaient que des caleçons de toile [1].

Les chausses se portaient comme on porta depuis les bas ; elles étaient en laine, en soie et en toile, avec ou sans chaussons [2]. On les serrait par un cordon à coulisse qui se nouait sur la jambe. Vers 1398, la mode s'introduisit de les attacher aux braies par des aiguillettes. Quelques chaussetiers firent défendre par le prévôt la vente des chausses à la nouvelle mode, parce que les statuts n'en parlaient pas ; mais la majorité des chaussetiers obtint la levée de cette défense et l'autorisation de faire des chausses garnies d'œillets pour passer les aiguillettes [3]. L'usage de celles-ci était assez répandu pour nécessiter l'existence d'une corporation spéciale, celle des *aiguilletiers* [4].

Nous ne prétendons pas énumérer, encore moins étudier toutes les industries du vêtement. Les bornes de ce chapitre sont fixées non par celles du sujet, mais par le plan général et par les ressources que fournissent les documents. Or, nous n'avons ni la place ni les matériaux nécessaires pour exposer les conditions du travail dans chacune des nombreuses industries du vêtement. Nous aurons fait tout ce qu'on doit attendre de nous lorsqu'aux détails qui précèdent nous aurons ajouté quelques mots sur les fripiers.

Les corporations dont nous venons de parler faisaient le neuf, les fripiers travaillaient en vieux. On distinguait les fripiers étaliers et les fripiers ambulants, que nous appelons aujourd'hui marchands d'habits. L'infériorité des marchands d'habits par rapport aux fripiers établis consistait en ce que les premiers ne pouvaient participer aux marchés conclus en leur présence par

1. *Liv. des mét.* tit. XXXIX.
2. *Ibid.* tit. LV.
3. *Ordonn. des rois de Fr.* VIII, 301. Pour donner l'idée du progrès que la division du travail avait encore à faire, il est bon d'observer que les chaussetiers faisaient des malles et des besaces en même temps que des chausses. *Ibid.* XII, 87.
4. Livre rouge du Chât. Y 2, f° VII[xx] III v°.

les seconds, tandis que l'inverse avait lieu[1]. Au-dessous des fripiers ambulants, il y avait encore une classe de petits marchands et marchandes de vieux linge et de petits souliers, qui vendaient leurs hardes dans la rue longeant le mur du cimetière des Innocents. Lorsque Philippe le Hardi eut fait construire sur cet emplacement une halle aux souliers, ces pauvres gens obtinrent du roi la permission de vendre sous cette halle, comme ils faisaient autrefois en plein air[2]. Les cordonniers de basane leur ayant cherché chicane, le prévôt de Paris fixa la place et le nombre des étaux des uns et des autres[3].

Le marché à la friperie se tint longtemps depuis l'hôpital Sainte-Catherine, rue Saint-Denis, jusqu'au portail de l'église des Saints-Innocents, et depuis ce portail jusqu'à un puits de la rue de la Charonnerie. Vers 1370[4], Hugues Aubriot, prévôt de Paris, voulant ramener le commerce aux halles et rendre au trésor les revenus qu'il perdait depuis que les étaux n'étaient plus occupés, obligea les gens de métiers à y porter leurs marchandises le vendredi et le samedi. Les fripiers étaliers firent plus : ils y tinrent boutique ouverte toute la semaine et prétendirent forcer les marchands d'habits à y venir tous les jours. Ceux-ci, au contraire, voulaient non-seulement rester dans leur ancien marché, mais y faire revenir les étaliers les autres jours que le vendredi et le samedi. Le débat fut réglé à l'amiable. Les fripiers en boutique restèrent aux halles toute la semaine, les fripiers ambulants continuèrent à colporter et à vendre dans l'ancien marché à la friperie, sauf bien entendu les vendredis et samedis[5]. Ces jours-là, ils étalaient leurs hardes par terre aux halles dans un passage public à ciel ouvert, long de trente-six toises, large de cinq. Les étaliers, alléguant qu'ils avaient fait refaire cette chaussée à leurs frais, leur firent défendre d'étaler à terre. Trop pauvres pour louer des étaux, obligés, eux et leurs femmes, de porter leurs marchandises à bras ou sur les épaules, ils sollicitèrent du roi la permission

---

1. *Liv. des mét.* p. 200-201.
2. *Ordonn. relat. aux mét.* p. 410.
3. Ordonn. de 1303 (n. s.) vidimée par Charles V, en mars 1367. *Ordonn. des rois de Fr.* V, 106.
4. C'est la date à laquelle nous reportent les termes de l'ordonn. de 1389 (n. s.) : « ...le prevost de P. qui estoit environ 18 ans passéz... » Livre rouge du Chât. Y 2, f° 86.
5. L'accord fut homologué par Charles VI, en octobre 1382. *Ordonn. des rois de Fr.* VI, 676.

d'avoir des escabeaux de trois pieds de long, de deux de large, offrant de payer annuellement 3 s. par. par escabeau. Deux considérations empêchèrent le roi de leur accorder cette faveur : d'une part, l'intérêt des étaliers, qui, forcés de s'établir aux halles, avaient dû acheter du terrain, construire des étaux, paver la chaussée devant leurs étaux ; d'autre part, l'encombrement auquel aurait donné lieu sur une place si fréquentée et si peu spacieuse le stationnement des marchands d'habits. Par un arrêt du 30 janvier 1389 (n. s.) la chambre des comptes et la chambre du domaine repoussèrent leur demande[1].

1. Livre rouge du Chât. Y 2, f° IIII^{xx} VI.

CHAPITRE VII

ORFÉVRERIE ET ARTS ACCESSOIRES

Métaux précieux.— Affinage. — Titre de l'or et de l'argent. — Travail au marteau et fonte. — Soudure. — Repoussé. — Dorure et argenture.— Plaqué. — Étampé. — Niellure. — Émaillerie. — L'émaillerie occupait une corporation spéciale. — Joaillerie. — Taille du diamant. — Glyptique. — Variété du commerce des orfévres. — Leurs marques de fabrique.

Personne ne s'étonnera qu'ayant à faire un choix parmi les industries des métaux pour exposer les questions techniques et spéciales que nous avons étudiées dans les autres branches d'industrie, ce choix se soit porté sur l'orfévrerie. On s'étonnera plutôt qu'elle ne tienne pas plus de place dans notre travail. C'est que, parmi les monuments échappés à la fonte, il y en a bien peu qui, par la date et le lieu de leur fabrication, puissent éclairer sur la technique et le style de l'orfévrerie parisienne au XIIIe et au XIVe siècle. D'un autre côté, les inventaires et les comptes, si nombreux et si détaillés, jettent plus de jour sur la forme et le goût des objets que sur les procédés de leur fabrication. Certains ouvrages y sont, il est vrai, caractérisés par les mots : « Façon de Paris, » comme d'autres par les mots : « Façon d'Avignon, de Montpellier[1] ; » mais les articles consacrés à ces ouvrages ne permettent pas de dire en quoi consistait cette façon et prouvent seulement que l'orfévrerie parisienne était facilement reconnaissable soit au style, soit à l'emploi de certains procédés.

---

1. Voy. notamment l'invent. de Louis, duc d'Anjou, publ. par M. de Laborde, *Notice des émaux*, IIe partie.

A la fin du xive siècle, on comptait encore parmi les orfévres parisiens beaucoup de clercs qui ne répondaient de leurs contraventions professionnelles que devant l'official[1]. Il ne faudrait pas croire que ces orfévres sortissent d'un atelier, d'une école qui aurait existé à Notre-Dame ; ils s'étaient simplement fait tonsurer pour devenir justiciables de la juridiction ecclésiastique, plus équitable et plus douce.

On verra, dans le cours de notre travail, combien étaient variés les talents de l'orfévre ; disons tout de suite qu'il gravait les coins des monnaies[2] et les sceaux[3]. Ce dernier travail, il est vrai, était plus souvent exécuté par des artistes appelés *sigillatores, seelleurs,* et dans lesquels il faut voir des graveurs et non des fondeurs[4], mais il était confié aussi aux orfévres.

Indépendamment de l'or que le moyen âge avait reçu de l'antiquité, l'orfévrerie tirait ce précieux métal de certains cours d'eau, tels que le Rhin[5], le Rhône, la Vienne[6]. Lorsqu'on avait recueilli l'or par le lavage du sable, on le mêlait avec du mercure[7]. Nous ne saurions dire de quelle partie de l'Orient

1. «... mesmement car communement le plus de tielx ouvriers sont clercs... » 23 novembre 1395, *Matinées du Parl.* X[la] 4784, f° 9. Append. n° 18.

2. *Ordonn. des rois de Fr.* VI, 698, «... ung nommé Symonnet de Lachesnel, orfevre contrefist les coings de la monnoie du Roi n. s. et ouvra des blans de mauvais aloy par lequel cas il fu boulu ou marchié aux pourceaulx... » Append. n° 47.

3. « A Arnoul Bourel, orfevre et graveur de seaulx, pour den. à lui paiéz qui deubz lui estoient pour sa paine d'avoir forgié tout de neuf et gravé le signet de la court de Parlement et pour le seurcroix de l'argent qu'il a livré par dessus le viel argent que on lui avoit baillié, le quel signet a esté fait par le commandement et ordonnance de noss. de Parlement... pour ce par quittance dud. Arnoul donné le premier jour de fevrier ou d. an mil CCC IIII[xx] et XVIII. » KK 336, f°s 42 v° et 43.

4. « It. led. baillif [de l'évêque de Paris] ou nom dud. evesque, a en toute la ville de Paris la cognoissance des paintres et ymagiers, broudeurs, brouderesses, esmailleurs et autres personnes *faisant images* quelz que ilz soyent, et *ainsi a il la justice des seelleurs.* » xive s. *Cart. N.-D. de Par.* III, p. 276. L'évêque exerçait déjà cette juridiction à une époque où les sceaux étaient fondus, avec d'autres menus objets, par les fondeurs et mouleurs. *Bibl. de l'Ecole des Chartes,* XXIX, p. 30. *Liv. des mét.* p. 94.

5. *Theophili Schedula divers. artium,* ed. Ilg, Wien 1874, p. 223.

6. «... le plus beau mestal qui soit si est or, de quoy les affineurs en trouvent en la riviere du Raune, de Vienne et en autres rivieres en France. » Le Debat des heraults de France et d'Angleterre. Bibl. nat. Ms. fr. 5838, f° 27.

7. *Théophile,* loc. cit.

venait l'or arabe, dont il est souvent question dans la poésie du moyen âge. A la façon dont en parlent Théophile et nos anciens poëmes, on peut le considerer comme l'or le plus éclatant et le plus estimé. Les anciens le connaissaient et les contemporains de Théophile l'imitaient en mêlant à de l'or moins brillant du cuivre rouge[1]. Quant à l'or de la terre de Hévilath et à l'or espagnol, ils appartiennent au domaine du merveilleux[2].

Au xve siècle, on exploitait près de Lyon des mines d'argent qui n'étaient peut-être pas inconnues à l'époque dont nous nous occupons[3].

Le commerce des métaux précieux était entre les mains des changeurs. Ils l'exerçaient en vertu d'une commission des généraux maîtres des monnaies et moyennant une caution de 500 liv. par. C'était pour eux un monopole qu'ils furent obligés de défendre contre les orfévres[4].

---

1. Théophile, *De auro arabico*, cap. 47.
2. *Ibid.* cap. 46 et 48.
3. « Les mineres d'argent sont environ Lyon sus le Raune où il y a ouvriers qui ne cessant à besoigner...» Ms. fr. 5838, *loc. cit.*
4. « A noble homme... mons. le prevost de P... Denis Nicolas, examinateur... ou Chastellet de P... plaise vous savoir que du commandement par vous à moy fait à la requeste des changeurs... disans que, jasoit ce que par ordonnances royaulx pieça et d'ancienneté faictes sur le fait dud. mestier aucun ne peust... tenir change... sur le pont de P. ne ailleurs se il n'avoit esté apprentis à maistre changeur... et que il eust lettre du Roy et des généraulx maistres des monnoyes de povoir tenir change sur le. pont dedens les fins et mettes à ce d'ancienneté ordonnées et qu'il feust homme de bon renom et eust baillé caucion de 500 liv. par..., neantmoins pluseurs orfevres... faisoient... fait de change en achetant billon et en pluseurs autres manieres... en tenant à leur forge et ouvrouers tapiz, or et argent monnoié dessus, sans avoir caiges audevant de leurs comptouers et fenestres, comme à orfevres appartient... le lundi XV[o] jour du moys de may l'an 1419 et autres jours ensuivans... je... me transportay sur led. pont de P. et si enjoigny à Jaquet Lescot, sergent à verge, que de ce il se preneist garde..., lequel... me relata... que le samedi XXII[o] jour de juillet oud. an..., lui passant sur led. pont, il avoit trouvé [plusieurs orfevres]... lesquels avoient leursd. forges ouvertes, tapiz vert sur leurs buffetz et monnoye dessus et que à leursd. forges s'estoient arrestéz gens qui leur avoient offert à vendre monnoye... et... me admena... lesd. orfevres... disans que il y avoit d'autres orfevres plus riches la moitié que eulx qui en faisoient plus grant fait que ilz ne faisoient et les espiciers ferrons et drappiers de P. à qui on ne se prenoit pas, pour lesquelles confessions... je seellay la monnoye qui fu trouvée et arrestée par led. sergent... et si donnay... jour au dessusd. orfevres pardevant vous... à... lundi ensuivant XVII[o] jour dud. moys de juillet à comparoir... à l'encontre du procureur du Roy et des gardes et juréz dud. maistre (*sic*) de

Lorsque le roi faisait frapper de nouvelles espèces, il cherchait à se procurer les métaux précieux nécessaires au monnayage le meilleur marché possible. Pour cela il en défendait le commerce entre particuliers ou au moins la vente pour un prix supérieur à celui que donnaient les hôtels des monnaies ; en même temps, il limitait à un marc le poids des ouvrages que les orfévres pouvaient fabriquer, interdisait l'affinage et ne permettait aux orbatteurs d'exercer leur industrie que jusqu'à concurrence de ce que leur livrait la cour des monnaies. Ces restrictions ne s'appliquaient jamais à l'orfévrerie religieuse, ni à celle que faisait faire la famille royale[1].

Il y avait au moyen âge des affineurs[2], ce qui n'empêchait pas les orfévres d'affiner eux-mêmes leurs métaux. Il en fut ainsi jusqu'au XVIe siècle, comme l'atteste un arrêt de la Cour des monnaies de 1553 qui interdit aux orfévres de se mêler d'affinage[3]. Le Roy ne fait pas remonter l'invention de la coupellation au delà de 1300 ; mais le moine Théophile, dont le traité ne peut avoir été composé plus tard que le XIIIe siècle, l'arabe Geber[4], qui vivait au VIIIe, décrivent l'affinage de l'or et de l'argent dans la coupelle. Au temps de Théophile, le départ de l'or et du cuivre s'opérait par le plomb[5], celui de l'or et de l'argent au moyen du soufre[6]. On obtenait également l'argent pur en le faisant fondre avec du plomb, auquel on ajoutait un peu de verre, lorsque l'argent contenait de l'étain ou du laiton[7]. Pour purger le cuivre du plomb, on jetait sur le cuivre en fusion un petit morceau de braise auquel le plomb ne tardait pas à adhérer. C'est alors qu'on ajoutait la calamine pour obtenir le cuivre jaune ou laiton[8].

---

change... » Arch. nat. KK 1033-34. Le 10 janv. 1422 (n. s.), le parlement décida par provision que les orfévres ne pourraient acheter du billon d'argent au-dessous de 10 den. ni aucune monnaie d'or, sauf, dans le cas où ils en auraient besoin pour ouvrer, à s'adresser aux maîtres généraux des monnaies. *Ibid.*

1. *Ordonn. des rois de Fr.* I, 475, 480, 613, 766 ; II, 290 ; III, 146, art. 6, 195, 245, 439, 483 ; IV, 560 ; VIII, 124.
2. Voy. notre recensement des professions industrielles.
3. Le Roy, *Statuts des orfévres-joyailliers*, p. 215.
4. Cité par Hœfer, *Hist. de la chimie*, I, 336-337.
5. Cap. 68.
6. Cap. 69.
7. Cap. 23. Cf. Albert le Grand, cité par Hœfer, I, 385.
8. Théophile, cap. 65, *De compositione æris* ; cap. 66 : *De purificatione cupri.*

Dès le moyen âge, la pureté de l'or affiné à Paris était sans égale. Aussi les orfévres ne pouvaient en employer d'un titre inférieur. Quant à l'argent, le titre légal fut d'abord celui de la monnaie anglaise appelée *sterling*. Les essais se faisaient à la pierre de touche[1] et à la coupelle. Tout en étant plus perfectionné à Paris qu'ailleurs, l'affinage de l'or laissait encore bien à désirer et était poussé beaucoup moins loin que celui de l'argent. En effet, tandis que le titre de l'or n'était que de dix-neuf carats un cinquième, l'argent contenait onze deniers douze grains de fin. Sous Philippe le Hardi, le gros tournoi remplaça, comme étalon de l'argent, le sterling anglais. C'est ce que les textes appellent « l'argent-le-roi. »

Les statuts des orfévres de 1355 accordent, en considération des soudures, une tolérance qui n'est pas déterminée[2]. En 1378, elle fut fixée à trois grains pour la grosse orfévrerie, ou, comme on disait, la « grosserie; » à cinq grains pour les petits ornements fondus et soudés sur les grandes pièces, pour les boutons étampés et en général pour la petite orfévrerie (*menuerie*)[3]. Le titre légal de l'argent se trouva donc réduit à onze deniers neuf grains ou sept grains, selon la nature des ouvrages. Le titre de l'or ne s'améliora pas, il resta de dix-neufs carats un cinquième[4]; aussi n'était-il susceptible d'aucun remède. Les orfévres pouvaient s'affranchir du titre légal dans la fabrication de l'orfévrerie d'église, sans doute parce que les objets du culte, servant fréquemment, avaient besoin d'être plus solides et pour cela de renfermer plus d'alliage. Quelquefois aussi, les gardes-jurés accordaient la permission de travailler à un titre inférieur[5].

1. « Nus orfevre ne puet ouvrer d'or à Paris qu'il ne soit à la touche de P. ou mieudres, laquele touche passe touz les ors de quoi en oevre en nule terre. Nus orfevres ne puet ouvrer à P. d'argent qu'il ne soit aussi bons come estelins ou mieudres. » *Liv. des mét.* p. 38. « Habeat [aurifaber] etiam cotem qua metallum exploret... » Alex. Neckam, *De nominibus utensilium*, ed. Scheler, p. 115. *Ord. des rois de Fr.* VI, 386, note.
2. *Ordonn. des rois de Fr.* III, 10, art. 12.
3. *Ibid.* VI, 386, art. 18, 19.
4. *Ibid.* art. 10.
5. *Ordonn. des rois de Fr.* III, 10, art. 2. Il ne faudrait pas croire qu'on ne travaillât jamais l'or à un titre supérieur à 19 carats un quint. Il est vrai qu'on se croyait alors obligé d'y mettre un alliage pour donner de la consistance à l'ouvrage : « Pour II or [c'est-à-dire marcs d'or] IIII onces XVIII estellins d'or à XX karaz dont il a esté fait un goblet à couvercle... A Thomas Auquetin, orfevre pour la façon dud. goblet IX l. XII s. p. A lui pour alier led. goblet LXV s. p... » KK 7, f⁰ 24 v⁰. L'orfévrerie religieuse

Les peines encourues par l'orfévre qui employait de l'or ou de l'argent de mauvais aloi étaient l'amende, la prison, le pilori, le retrait du poinçon, le bannissement. L'ouvrage était toujours brisé.

L'or et l'argent, parvenus à la pureté voulue, étaient fondus et coulés dans une lingotière. Théophile indique comment on faisait une lingotière pour couler l'argent destiné à la fabrication d'un calice de grande dimension. Cette lingotière était ronde et formée d'une lame de fer mince maintenue par des plaques du même métal [1]. On y mettait de la cire qui fondait lorsqu'on chauffait la lingotière au moment d'y couler le métal [2]. On faisait disparaître avec le rabot ou avec un instrument analogue à la gouge les défauts de la fonte, qui auraient formé autant de pailles dans le lingot. Le laminoir n'était pas inventé, et c'était au marteau que l'orfévre aplatissait et amincissait le métal [3]. Celui-ci était dès lors propre à être travaillé au marteau ou fondu.

Le travail au marteau se compose de deux opérations ; la première s'appelle l'emboutissage et consiste à donner à la pièce la concavité et la convexité nécessaires; la seconde est la rétreinte et a pour objet, comme l'indique son nom, de la resserrer et de la développer en hauteur. On comprend que le temps n'ait pas sensiblement modifié un travail dont la théorie est aussi simple que l'exécution en est délicate, et on n'est pas étonné de trouver dans Théophile et dans Benvenuto Cellini la description de procédés presque identiques et peu différents de ceux de notre époque. La pièce dont Théophile décrit la fabrication au marteau est un calice de petites dimen-

elle-même était quelquefois à un titre plus élevé. Le trésor de N.-D. de Paris renfermait, par exemple, deux encensoirs à 19 carats un quart et un huitième de carat de fin. Fagniez, *Invent. du trésor de N.-D. de Paris*, tir. à part, p. 31, note 1.

1. Théophile, cap. 27 : *De majore calice et ejus infusorio.*
2. «... Moxque effunde in infusorium rotundum quod sit calefactum super ignem et sit in eo cera liquefacta. » *Ibid.* p. 179. Cf. *Encyclopédie méthod. Arts et mét. Art. de l'orfevre,* v° *Lingotière.*
3. « Percute tabulam auream sive argenteam quante longitudinis et altitudinis velis ad elevandas imagines. Quod aurum vel argentum, cum primo fuderis, diligenter circumradendo et fodiendo inspice, ne forte aliqua vesica sive fissura in eo sit... Cumque considerate et caute fuderis, si hujusmodi vitium in eo deprehenderis, cum ferro ad hoc apto diligenter effodies, si possis. Quod si tante profunditatis vesica sive fissura fuerit, ut effodere non possis, rursumque oportebit te fundere et tamdiu donec sanum sit... » Théophile, p. 285.

sions. Voici la méthode qu'il indique. Après avoir formé la tige du pied et avoir battu et aminci le métal jusqu'à ce qu'il soit flexible à la main, on emboutit et on retreint en suivant les cercles tracés au compas à l'intérieur et à l'extérieur de la pièce. Puis on lime intérieurement et extérieurement pour rendre la coupe complétement unie. Le pied, formé d'un autre morceau, est également embouti et retreint, et, lorsqu'on lui a donné avec le marteau un renflement composé d'un nœud, d'une bague supérieure et d'une bague inférieure, on le rive (*configes*) à la tige. La patène (*rotula*) n'était pas tournée, mais faite aussi au marteau[1]. Les anses du calice étaient fondues à cire perdue et montées à froid en même temps que soudées sur le calice[2]. Les anses du calice d'or étaient en deux morceaux chacune[3].

Pour emboutir et retreindre certaines pièces, on les remplissait de cire et on se servait de bigornes[4].

Si l'habileté des artistes du moyen âge dans le travail et la fonte des métaux n'était pas attestée par leurs œuvres, il suffirait, pour s'en convaincre, de lire les deux chapitres que Théophile a consacrés à l'encensoir battu et à l'encensoir fondu. Voici comment le premier devait être exécuté. On emboutit la capsule supérieure de façon à ce qu'elle soit plus profonde que large de moitié; puis, avec le marteau, la lime, le burin, on la décore de trois étages de tours : au sommet une tour octogone, au-dessous quatre tours carrées percées de fenêtres; enfin huit tours dont quatre rondes et quatre carrées, les premières correspondant aux tours carrées de l'étage supérieur, les secondes, plus larges et ornées de bustes d'anges. Au-dessous de ce couronnement architectural, dans le tympan d'arcs surbaissés (*in supremo modice producti*), seront sculptés les quatre évangélistes ou leurs symboles. Sur la capsule inférieure quatre arcs, répondant aux premiers, surmonteront des figures représentant les quatre fleuves du Paradis, le Phison, le Gehon, le Tigre et

---

1. Cap. 26: *De fabricando minore calice*; cap. 44: *De patena calicis*. Cf. Benvenuto Cellini : *Trattato dell' oreficeria*, cap. 12: *Del modo di tirar vasellami d'oro e d'argento, e de'varj modi di formare e gittare i manichi a piedi loro*, etc.
2. Théophile, cap. : *De fundendis auriculis calicis*.
3. « Hoc modo utrisque partibus unius auriculæ solidatis... » *Ibid.* p. 231.
4. Voy. la fabrication du pied du petit calice, du cratère du grand calice, de la burette, cap. 26, 27, 57.

l'Euphrate. Les chaînes passeront dans des têtes d'hommes ou de lions fondues et montées sur les deux capsules. Le pied n'était pas toujours pris dans le même morceau que la capsule inférieure; il était quelquefois soudé, qu'il eût été fondu ou battu. La platine de main par où passe la chaîne centrale avait la forme d'un lis et était surmontée d'un anneau ; elle était faite au marteau ou fondue [1].

L'encensoir fondu offrait une ornementation encore plus riche : il était ajouré et représentait la Jérusalem céleste. Les figures qui s'y détachaient en ronde-bosse en rendaient la fonte très-difficile. Les noyaux des capsules étaient faits d'un mélange d'argile et de fumier bien pétri, séché au soleil et soigneusement passé. Lorsque ces noyaux étaient secs, on les aplanissait et on les égalisait entre eux. On y taillait ensuite les formes qu'on voulait donner à l'encensoir. Celui dont Théophile trace le modèle a la forme d'une croix dont chaque capsule constitue la moitié [2]. La capsule supérieure est couronnée de pignons que surmonte un clocher à trois étages en retraite. La capsule inférieure se termine par un fond hémisphérique.

On étendait sur une planchette *(ascellam)* une couche de cire d'une épaisseur égale et on appliquait cette cire sur le noyau en autant de morceaux que le noyau comptait de surfaces. On soudait tous ces morceaux au fer chaud. On planait et on unissait l'enduit. On traçait sur toutes les faces des arcs et au-dessous de chacun d'eux un apôtre entre deux portes, conformément à la description de l'Apocalypse : « Il y avait trois portes à l'orient, trois portes au septentrion, trois portes au midi et trois portes à l'occident. » Dans le tympan des pignons on dessinait des pierres dont chacune était placée au-dessus de l'apôtre avec lequel elle avait par son nom un rapport symbolique [3]. Aux quatre angles on modelait des tourelles rondes par lesquelles passaient les chaînes. Sur les quatre faces de la tour inférieure étaient représentés des anges armés de lances

1. Cap. 59 : *De thuribulo ductili*.
2. Voy. l'encensoir de Trèves gravé dans le *Dict. du mobilier*, II, pl. 30.
3. A saint Pierre correspondait le jaspe, à saint Paul ou saint André le saphir, à saint Jacques le Majeur la chalcédoine, à saint Jean l'émeraude, à saint Philippe la sardonyx, à saint Barthélemy le sarde, à saint Mathieu la chrysolithe, à saint Thomas le béril, à saint Jacques le Mineur la topaze, à saint Jude la chrysoprase, à saint Paul l'hyacinthe, à saint Mathieu l'améthyste.

et d'écus qui semblaient garder les murailles. Des anges à mi-corps accompagnaient la seconde tour. La tour supérieure, plus mince, était percée de fenêtres, entourée au sommet de créneaux *(propugnacula in circuitu)*, au centre desquels était un agneau où était fixée la chaîne centrale. Dans la capsule inférieure on dessinait sur les faces de la croix des figures de prophètes que l'on plaçait sous les apôtres, d'après la concordance des témoignages que les uns et les autres ont portés sur le Christ, et qui étaient inscrits sur des rouleaux. Les angles de la croix sont occupés par des tourelles semblables à celles de la capsule supérieure et auxquelles sont fixées les chaînes. La partie inférieure terminée en cul-de-lampe, est ornée de médaillons représentant les vertus personnifiées par des femmes. Enfin on modelait le pied. Après avoir posé les jets et les évents, on faisait les moules de potée. On faisait fondre la cire et on chauffait les moules à blanc. On fondait le métal, et, après avoir ôté les moules du feu et les avoir enduits d'une nouvelle couche, on les plaçait dans la fosse où devait avoir lieu la coulée. On coulait et on laissait les moules dans la fosse jusqu'à ce qu'on vît le jet noircir; on les ôtait alors et on les faisait refroidir, en ayant soin qu'ils ne fussent pas mouillés, ce qui aurait tout rompu. Après les avoir défaits, on faisait disparaître les soufflures avec la lime et on fondait de nouveau les parties qui n'étaient pas venues. Les morceaux refaits étaient soudés, si cela était nécessaire, avec un mélange de tartre calciné et de limaille d'argent et de cuivre. On perfectionnait et on finissait l'œuvre avec des limes de toutes formes, des burins (*ferris fossoriis*), des rifloirs (*rasoriis*), enfin on la nettoyait pour la dorer[1].

Mais, avant de parler de la dorure, nous devons dire comment Théophile enseigne à composer et à appliquer la soudure. La soudure était au tiers, c'est-à-dire qu'elle se composait pour les deux tiers d'or ou d'argent et pour un tiers de cuivre rouge. Il n'y entrait pas de borax, mais du tartre de vin calciné, mêlé d'eau et de sel ou une décoction de cendres de hêtre, mêlée de saindoux et de savon, et passée[2]. On ne l'employait pas, comme aujourd'hui, en paillons, mais avec une plume d'oie.

Le ciment à repousser se composait de brique pilée, de résine

---

1. Théophile, cap. 60 : *De thuribulo fusili*.
2. Cap. 31 : *De solidatura argenti*; cap. 51 : *De solidatura auri*.

et de cire[1]. Théophile, dans son manuel, ne prescrit la mise en ciment que pour les pièces concaves et non pour les plaques[2]. On n'avait pas encore imaginé la resingle pour repousser du dedans au dehors les pièces dont le col étroit ne permet pas de travailler directement avec le ciselet[3]. On ne travaillait donc ce genre d'ouvrages qu'à l'extérieur et on ne repoussait que les fonds. Après avoir fait le dessin avec des traçoirs (*ferros ductorios*), l'artiste prenait la pièce de la main gauche, et, appliquant les ciselets de la main droite aux endroits qu'il voulait repousser, il faisait frapper dessus plus ou moins fort par un apprenti. Il donnait ensuite une chaude à la pièce, la décimentait, la remplissait de nouveau, recommençait à repousser et ainsi de suite jusqu'à ce qu'elle eût l'aspect d'une pièce fondue[4].

Pour repousser une plaque, on travaillait tour à tour à l'endroit et à l'envers. Lorsque la plaque se crevait, ce qui était d'autant plus facile qu'elle n'était pas, comme nous l'avons dit, sur ciment, on soudait les bords de la déchirure; lorsque la déchirure était trop large, on soudait une pièce. On repoussait ainsi des couvertures de livres liturgiques, des plaques de selles, des figures pour l'ornementation de hanaps (*scyphis*) et de soucoupes (*scutellis*)[5].

On évidait quelquefois les fonds pour faire des ouvrages à jour. On reperçait de cette façon des plaques de livres en argent, des plaques en cuivre destinées à être appliquées sur des chaises peintes, sur des bancs, sur des lits, sur des livres à bon

---

1. Cap. 58: *De confectione que dicitur tenax.*
2. Cf. cap. 58 et 73 : *De opere ductili.*
3. La resingle était employée au XVIᵉ siècle. Benvenuto Cellini donne à ces ingénieux instruments le nom de *caccianfuori*, qui n'exprime pas moins bien leur effet que le mot français resingle. Le bout de la resingle en effet fouette, *cingle* le point de la concavité qu'on veut repousser. «... Abbiansi certi ferri, fatti in foggia d'ancudini, colle corna lunghe, i quali sono detti caccianfuori e si fanno di ferro puro, piu lunghi e piu corti secondo il bisogno. Questi caccianfuori si hanno da fermare in un ceppo, come s'acconciano l'altre ancudini. Nel vaso poi si fa entrare uno di quei cornetti delle dette ancudini, il quale sta rivolto colla punta all insu, la quale si fa tonda, nella guisa di un dito piccolo della mano; e questa serve a far innalzare que' luoghi, che nel lavoro del vaso e mestiere d'innalzare. Cosi pian piano percotendo col martello l'altro cornetto delle caccianfuori si viene a sbattere ; facendo per cotal modo quel ch'è nel corpo del vaso e innalzare l'argento tanto quanto fa di bisogno. » *Trattato dell' oreficeria*, Milano 1852, p. 156-157.
4. Cap. 58.
5. Cap. 73 et 77 : *De opere ductili quod sculpitur.*

marché. Ces plaques de cuivre, trempées dans l'étain, avaient l'air d'être argentées. Pour repercer, on se servait non, comme aujourd'hui, de scies très-fines, mais de ciseaux pointus ; les contours découpés par le ciseau étaient régularisés à la lime[1].

Décrivons maintenant les procédés de la dorure et de l'argenture. L'or battu en feuille et uni dans un creuset avec une composition de brique en morceaux et de sel, était soumis à une cuisson qui durait trois jours et trois nuits[2]. Lorsqu'on voulait le moudre, on y mêlait du mercure et on le triturait au feu ou à froid ; il suffisait même de l'agiter dans un vaisseau de terre chauffé à blanc. L'argent, ne pouvant supporter la mouture au feu, était toujours moulu à froid. Théophile, auquel nous devons l'indication de ces procédés, met l'ouvrier en garde contre le danger des émanations mercurielles. L'or moulu était pesé, divisé en deniers de poids et conservé par parties égales dans des plumes d'oie[3]. Avant de l'appliquer, on nettoyait ou, pour employer le mot technique, on dérochait l'argent destiné à la dorure. Il était frotté avec un linge et une brosse de soies de porc trempée dans une composition de tartre de vin, de sel et de mercure. On le frottait et on le chauffait tour à tour, et, dans les endroits où la brosse ne pouvait pénétrer, on se servait de l'avivoir et d'un petit bâton. Ensuite on appliquait l'or avec l'avivoir, on l'étendait d'une façon égale avec la brosse, on passait la pièce au feu, et ainsi de suite, jusqu'à ce que la dorure adhérât partout. On dorait une seconde et une troisième fois de la même façon. On blanchissait la dorure en frottant à sec et en mettant au feu successivement. Lorsqu'elle était également répartie, on lui donnait une teinte jaune en la lavant avec une brosse et en la chauffant[4]. Elle était alors polie avec des brosses de fil de laiton que l'on nomme aujourd'hui gratte-boësses ou cardes[5] ; enfin elle était mise en couleur. Pour cela, on la recouvrait entièrement d'une matière noire (*atramentum*) qui, mêlée de sel et trempée de vin ou d'urine, formait une lie épaisse. On chauffait la pièce

---

1. Cap. 7 : *De opere interrasili*. Pour désigner les ciseaux, Théophile se sert du mot allemand *meissel*, ce qui montre que l'allemand était sa langue maternelle. Il trahit ailleurs sa nationalité de la même façon.
2. Théophile, cap. 33 : *De coquendo auro* ; cap. 34 : *De eodem modo*.
3. *Ibid.* cap. 26-27 : *De molendo auro*.
4. Cap. 28 : *De invivandis et deaurandis auriculis*.
5. Cap. 39 : *De polienda de auratura*.

jusqu'à ce qu'elle fût sèche, on la lavait avec une brosse de soies de porc, et on la faisait sécher de nouveau sur le feu [1].

La dorure du cuivre jaune s'opérait de la même manière que celle de l'argent; le cuivre devait seulement être avivé plus longtemps et avec plus de soin, lavé plus souvent et plus complétement séché [2].

Si la dorure était permise, il n'en était pas de même de ce qu'on nommait le « fourré, » de ce que nous appelons le doublé ou le plaqué. En 1396 (n. s.), le parlement défendit de plaquer d'or les ouvrages en argent ; la question avait été portée devant lui à l'occasion d'un hanap d'argent, sur lequel l'orfévre avait rivé un revêtement d'or. L'artiste, nommé Albert le Grand, eut beau représenter que la vraie nature du métal était évidente et par le poids du hanap et par des rivets (*clavellum*) apparents en argent, et par les anses dorées qui, d'après les règlements, n'auraient pu être qu'en or si la pièce elle-même avait été en or plein ; la cour, moins sévère que le procureur général, qui concluait à ce que le hanap fût brisé et l'orfévre expulsé de la corporation, autorisa la vent secrète de l'ouvrage au profit de l'auteur, mais interdit le plaqué d'une façon générale [3].

L'étampage était très-employé au moyen âge. C'est par l'étampage qu'on exécutait ce que Théophile appelle le pointillé (*opus punctile*). C'était une série de tout petits cercles obtenus avec une matrice sur une feuille de métal et jaunis au feu [4]. On étampait aussi des feuilles d'argent et de cuivre doré sur des poinçons dont les matrices en creux représentaient des fleurs, des animaux, des dragons entrelacés. On appliquait ces feuilles de métal étampé sur des devants et des retables d'autels, des lutrins (*in pulpitis*), des reliquaires, des livres. On gravait encore sur ces poinçons le Christ en croix, l'agneau divin, les quatre évangélistes, le Père éternel sur son trône (*imago Majestatis*), des rois, des cavaliers. On ne frappait pas directement sur la feuille de métal; mince comme elle était, elle aurait pu se déchirer, on plaçait par-dessus une plaque épaisse de plomb qui amortissait le coup [5]. On étampait également des têtes de

---

1. Cap. 40 : *De colorando auro*. Voy. à l'append. n° 48 un procès au sujet de vaisselle d'argent dorée d'or rouge.
2. Cap. 67 : *Qualiter deauretur auricalcum*.
3. Append. n° 49.
4. Cap. 72 : *De opere punctili*.
5. Théophile, cap. 74 : *De opere quod sigillis imprimitur*.

clous en argent, en laiton, en cuivre doré, étamées en dessous, auxquelles on soudait des tiges d'étain passées par la filière. Ces clous servaient à décorer des étriers, des gaînes de couteaux, des reliures de livres, etc[1]. On obtenait, par le même procédé, des ornements sur des boutons et des plaques de ceintures[2]. Les ornements frappés avec le poinçon étaient quelquefois découpés et soudés de façon à former des crêtes, des rinceaux, des crochets, des rosaces, bref tous les motifs de décoration que l'orfévrerie pouvait emprunter à l'architecture[3]. On poinçonnait enfin des ornements sur les pièces d'orfévrerie elles-mêmes[4].

Au temps de Théophile, le nielle se composait d'argent, de cuivre, de plomb, de soufre et de charbon. Ce mélange était réduit en poudre et conservé dans des plumes d'oie. Pour l'employer, on écrasait un peu de borax dans l'eau, on mouillait avec cette eau la partie du métal qu'on voulait nieller et on la saupoudrait de nielle. Puis on faisait fondre la poudre qui coulait dans les traits de la gravure[5]. On pouvait aussi frotter un morceau de nielle sur le métal rougi au feu[6]. Le nielle était poli successivement avec le grattoir, un morceau d'ardoise, un bâton couvert de poussière d'ardoise, enfin avec du suif[7].

La plus grande partie de l'orfévrerie émaillée parvenue jusqu'à nous, est sortie des ateliers limousins, ce qui tient et à la fécondité de l'école limousine et surtout à ce que ses œuvres étant en cuivre doré, représentaient une valeur matérielle beaucoup moins grande que celle de l'orfévrerie en métal précieux et ont tenté beaucoup moins la cupidité. Nous ne pouvons donc guère parler de l'émaillerie parisienne d'après les monuments, et malheureusement les textes ne sont ni assez nombreux ni assez explicites pour en tenir lieu. A défaut de renseignements plus directement applicables à notre sujet, nous

---

1. Cap. 75 : *De clavis*. Cf. Append. n° 18, § 51.
2. « Que nulz orfevres ne puisse faire planches de boutons ferues en tas qui ne se reviengnent massisse et toutes plaines devers le marttel. » Statuts de 1355, *Ordonn. des rois de Fr.* III, 10, art. 13.
3. Viollet-le-Duc, *Dict. du mobilier*, orfévrerie, II, 202.
4. « Pour un gros saphir en un annel d'or poinçonné à menuz fueillages... » KK 42, f° 30 v°. « Ceinture d'argent doré... laquelle est poinçonnée à la devise de la Royne. » KK 43, f° 75.
5. Cap. 28 : *De nigello* ; cap. 29 : *De imponendo nigello*.
6. Cap. 32 : *Item de imponendo nigello*.
7. Cap. 41 : *De poliendo nigello*.

sommes encore obligé d'avoir recours à Théophile et de lui emprunter la description des procédés de l'émaillerie cloisonnée.

C'est en vue de l'ornementation du calice d'or que le moine allemand expose ces procédés ; mais il ajoute qu'on les emploie aussi pour les patènes, les croix, les châsses, les reliquaires, ce qui montre que l'émaillerie cloisonnée était plus cultivée en Occident qu'on ne croit. Les émaux du calice étaient sertis alternativement avec des pierres précieuses sur une feuille d'or garnissant, comme un galon, le bord supérieur. Après avoir formé des alvéoles, de petites caisses emboîtant parfaitement les chatons, on contournait les cloisons avec de petites pinces en forme de fleurs, de cercles, de nœuds, d'animaux, de figures ; on les fixait sur les caisses avec de la colle de farine, puis on les y soudait à deux ou trois reprises avec beaucoup de soin, de façon que ce frêle réseau pût résister à la cuisson. L'émailleur s'assurait si ces émaux étaient fusibles à la même température, faisait chauffer à blanc ceux qui avaient subi cette épreuve d'une façon satisfaisante et les éteignait dans l'eau, ce qui les faisait éclater en petits morceaux. Avec un marteau rond il les écrasait et les conservait dans des coquilles enveloppées de drap. Il fixait ensuite les alvéoles avec de la cire sur une planche unie, puisait avec une plume d'oie les émaux colorés et humides, et, avec une tige de cuivre, les faisait tomber dans les cloisons. Il plaçait la petite caisse dans un moufle, qu'il chauffait à blanc. Le moufle refroidi, il retirait la pièce émaillée et la lavait. Si l'émail avait baissé, il remplissait de nouveau les cloisons et remettait au feu. L'opération se renouvelait jusqu'à ce que l'émail fût également fondu partout et affleurât les cloisons. La plaque émaillée était frottée sur une pierre de grès unie et mouillée, qui purifiait le cloisonnage des bavures de l'émail. Enfin on donnait à celui-ci de l'éclat en le polissant successivement sur une pierre de Cos, sur une plaque de plomb unie, sur un cuir de bouc. La pierre de Cos, la plaque de plomb, le cuir de bouc avaient été préalablement enduits de salive mêlée de poussière de tet[1].

Si les émaux cloisonnés avaient été aussi rares qu'on le dit, si la fabrication de ces émaux ne s'était pas répandue en Occident, Théophile ne leur aurait pas accordé une attention qui

---

1. Cap. 53: *De electro*; cap. 54 : *De poliendo electro*.

contraste avec son silence sur les émaux champlevés[1]. Il faut d'ailleurs considérer comme des émaux cloisonnés ces émaux de *plite* dont on trouve la mention dans des textes du XIIIe et du XIVe siècle et où un éminent archéologue a vu à tort des émaux *appliqués*, sertis sur des pièces d'orfévrerie[2]. C'est à Paris qu'avaient été fabriqués les émaux de plite dont il est question dans une relation des procédures faites contre des orfévres qui avaient contrevenu aux statuts. Cette relation mentionne à la date de 1346 des « émaux de plite d'argent, » c'est-à-dire des émaux dont le fond et le cloisonnage étaient en argent, en 1348 des « émaux de plite qui n'estoient ne bons ne souffisans et estoient plaquiés à cole[3]. »

Nul doute que l'émaillerie en taille d'épargne et l'émaillerie de basse taille fussent aussi cultivées à Paris à la même époque. Il est permis d'attribuer à des émailleurs parisiens les émaux en taille d'épargne des tombes que saint Louis fit élever à ses enfants, Jean et Blanche de France, et dont l'une existe encore presque entièrement[4]. La cassette du saint roi avec ses émaux champlevés, son anneau émaillé de niellure, peuvent encore être considérés comme des œuvres parisiennes[5]. Quoi qu'il en soit, le trésor du saint-siége renfermait à la fin du XIIIe siècle des émaux faits à Paris[6], et l'émaillerie était assez répandue dans cette ville pour occuper une corporation spéciale qui fit enregistrer ses statuts en 1309, mais qui existait déjà antérieurement. A cette date, elle comptait 38 maîtres et un nombre indéterminé mais certainement supérieur d'apprentis et d'ouvriers. En effet, les statuts montrent que certains patrons avaient deux ou trois apprentis et défendent d'en former à l'avenir plus d'un. Ces statuts sont loin de satisfaire notre curiosité sur la technique de l'émaillerie. Deux articles visent les plaques

---

1. M. Labarte a cru pouvoir conclure de ce silence que le manuel de Théophile a été composé avant 1100.
2. M. Labarte a complétement réfuté l'interprétation de M. de Laborde et établi l'identification des émaux de plite et des émaux cloisonnés. *Op. laud.* III, 94-102.
3. Voy. Append. n° 18. art. 4 et 8. On voit que M. Labarte s'est trompé en disant p. 98, qu'on ne fit plus d'émaux cloisonnés à partir du XIVe siècle.
4. On la voit dans l'ancienne abbaye de Saint-Denis, ainsi que les fragments de la seconde. Voy. sur ces monuments, Laborde, *Notice des émaux*, p. 62-64. Viollet-le-Duc, *Dict. du Mobilier*, II, p. 221-222, et pl. 43 et 44.
5. Ces deux objets sont conservés au Louvre.
6. Invent. de 1395, cité par Labarte, III, p. 122.

d'orfévrerie émaillées dont on ornait les chapeaux et les vêtements. Ces plaques devaient être cousues et non clouées à l'étoffe, afin qu'on ne pût pas les faire passer pour pleines lorsqu'elles étaient creuses[1]. L'emploi du carbonate de plomb était prohibé. Certains émailleurs décoraient les ouvrages d'orfévrerie de morceaux de verre colorés imitant les émaux ; cela ne fut désormais permis que dans les travaux pour les églises et la famille royale, ou lorsque les clients le commandaient ainsi. On émaillait beaucoup de plaques de ceinture « férues en tas, » c'est-à-dire étampées sur une matrice ; ces plaques étaient creuses et de si mauvais argent que l'émail ne tenait pas. L'émail ne put dès lors s'appliquer qu'à des plaques pleines, pas plus grandes qu'un sou (ou denier?) artésien. Les statuts fixent à dix ans la durée de l'apprentissage et interdisent le travail de nuit[2].

Le texte que nous venons d'analyser était resté inconnu au marquis de Laborde ; c'est pour cela qu'il a pu croire que l'émaillerie n'avait été cultivée au moyen âge que par les orfévres et que les émailleurs mentionnés dans les textes n'étaient que des orfévres s'adonnant plus spécialement que leurs confrères à cette branche de l'art[3]. Nous n'irons pas jusqu'à dire que les orfévres parisiens n'émaillaient jamais eux-mêmes leurs ouvrages ; mais, lorsque les comptes parlent d'émaux fournis ou même exécutés par eux, cela veut dire le plus souvent qu'ils s'étaient chargés de faire émailler les ouvrages qu'on leur commandait, et qu'ils se faisaient rembourser le salaire de l'émailleur[4].

1. « Que nuls ne puisse clouer ne river pieces à bates ne à deux fons, se l'on ne les fait si que l'en les criese [var. queuse, c'est-à-dire couse] par les costéz, car quant elles sont clouées, elles samblent être massées, et c'est decevance à ceux qui les achetent. » Append. n° 50. Le sens de cet article est éclairci par la disposition suivante des statuts de 1355 : « Que toutes pieces qui auront bastes soudées, soient pour mettre sur soye ou ailleurs, ne puissent être clouées mais cousues à l'aguille. »
2. Append. n° 50.
3. Gloss. et répert. v° Esmailleurs.
4. « Jehan Carré, orfevre pour XIX esmaulx aux armes du Roy assiz es d. hanaps... » KK 32, f° 19. « A Jehan Clerbourc, orfevre de la Royne... pour avoir fait IIII esmaulz des armes de la d. dame assis en IIII cailliers à faire essay... pour avoir fait pour lad. dame un chappeau d'or tout neuf de XII grans pieces et XII petites... six d'iceulz grans pieces en meniere d'un bassin où en chascune a une dame esmaillée de blanc assiz ou millieu et tient un ballay et en chascune a six perles et deux saphirs, et les six autres grans pieces d'une fleur blanche à petiz grainz esmailliéz de noir et de rouge... » KK 41, f° 111 v°. « A Thomas Auquetin, orfevre,

La joaillerie ne doit nous occuper ici que comme un des arts auxiliaires de l'orfévrerie. Le commerce et la taille des pierres précieuses se partageaient entre les orfévres et les lapidaires qui, dès le XIIIe siècle, formaient une corporation sous le noms de « cristalliers et pierriers de pierres naturelles. » Aux premiers appartenait exclusivement le droit de les monter. Leurs statuts de 1355 leur défendent de tailler le cristal dans la forme du diamant, de mettre du paillon sous l'améthyste et le grenat, de polir et de teindre les pierres, et notamment le quartz hyalin ou prisme d'améthyste, de façon à les faire passer pour des pierres fines ; de sertir ce quartz hyalin à côté du rubis et de l'émeraude, sinon en lui laissant son aspect naturel de cristal de roche violet ; de monter en or et en argent des perles d'Ecosse avec des perles d'Orient, sauf dans la grande orfévrerie d'église ; d'enchâsser des verroteries en même temps que des pierres fines dans la bijouterie d'argent, de monter sur or des « doublés de voirrines, » c'est-à-dire de coller sous des pierres fines très-minces des morceaux de verre coloré, qui en doublaient l'épaisseur et l'éclat[1]. La défense de tailler le cristal à l'imitation du diamant prouve qu'avant 1255 on savait donner des facettes à cette pierre précieuse et en obtenir des jeux de lumière. En 1382, un Allemand, nommé Jean Boule, taillait le diamant à Paris[2]. Ceux qui, parmi les orfévres, se livraient spécialement à la taille des pierres étaient, en 1307, au nombre de seize[3].

Les orfévres gravaient aussi sur pierres fines[4]. Pour amollir le cristal et le rendre propre à recevoir la gravure, Théophile donne une recette chimérique que Pline indique déjà pour réduire le diamant en poudre ; elle consiste à tremper le cristal dans du sang de bouc encore chaud, ce qui le rend éclatant en même temps que tendre[5]. On trouve aussi dans Théo-

---

pour la façon dud. gobelet, IX liv. XII s. p... A Regnaut Hune, esmailleur, pour taillier et esmaillier les d. esmaux C. IIII. s. p. » KK 7, f⁰ 24 v⁰.

1. Le passage suivant fait bien comprendre ce qu'était le doublet : « ...un annel d'or où il avoit un voirre et avoit fueilles de saphir... » Append. n⁰ 18, art. 30.
2. *Ibid.* Il était déjà garde de la corporation des cristalliers-pierriers, en 1332 (n. s.). Ms. fr. 24069, f⁰ XII[xx] XIIII.
3. Le Roy, p. 6.
4. « Aurifaber etiam habeat celtem preacutam... qua... in electro ve adamante vel ophelta... figuras multipliciter sculpere possit et formare. A. Neckam, p. 115.
5. Cap. 94: *De poliendis gemmis.* Laborde, v⁰ *Diamant.*

phile le moyen de polir le cristal, l'onyx, le béril, l'émeraude, le jaspe, la cassidoine et les pierres précieuses en général [1].

A côté des lapidaires de cristal et de pierres naturelles, existait une corporation de bijoutiers en faux qui taillaient et coloraient le verre artificiel. Les premiers poursuivirent les seconds en contrefaçon pour avoir teint et taillé des morceaux de verre à l'imitation des doublets de cristal. Pour rendre la confusion impossible, le prévôt de Paris défendit aux « verreniers » de teindre leurs verroteries avec de la teinture de rose et de les tailler à facettes [2].

Si l'on veut se rendre compte des applications multiples de l'orfévrerie et du commerce étendu et varié des orfévres au moyen âge, on n'a qu'à lire un mémoire de la corporation contre les merciers, rédigé au xive siècle [3]. On y trouvera l'énumération d'un certain nombre de marchandises dont trafiquaient à la fois les orfévres et les merciers. Il s'agissait de savoir si ces marchandises devaient acquitter l'impôt de 4 den. pour livre comme articles d'orfévrerie ou de mercerie. On voit, par ce mémoire, que les orfévres vendaient une foule d'objets qui nous paraissent complétement étrangers à l'orfévrerie, et qui ne s'y rattachaient que parce qu'il y entrait de l'or, de l'argent ou des pierreries. On trouve tout simple de les voir fabriquer et vendre l'or et l'argent trait, l'or et l'argent en feuille ; mais on est étonné d'apprendre qu'il y avait dans leurs boutiques des gibecières, des bourses, des étuis à aiguilles (*aguilliers*), des broderies, des tassetes, des ceintures, des résilles de fil d'or et d'argent (*chapiaux sur bissete*) [4], des épingles, des agrafes, des couteaux, des écrins, des écritoires, des cornets à encre, des miroirs, des boutons, des chapeaux. Bien entendu, ils ne fabriquaient pas tout cela ; mais on trouvait chez eux tous ceux de ces objets qu'ils avaient enrichis d'or, d'argent, de pierreries et dont ils avaient ainsi beaucoup augmenté la valeur. Eux seuls pouvaient les garnir d'or, d'argent, de pierres précieuses. En 1402, les gardes de l'orfévrerie saisissent sur un coutelier des bouterolles d'argent que ce coutelier avait faites pour garnir une dague, et ne les lui rendent qu'après lui avoir

1. Cap. 94.
2. 21 janv. 1332 (n. s.). Ms. fr. 24069, f° XII^xx XIIII.
3. Append. n° 51.
4. Quicherat, *Hist. du Costume*, p. 258.

fait reconnaître devant le prévôt de Paris qu'il avait usurpé sur les droits des orfévres [1].

Les orfévres ne pouvaient travailler la nuit que pour le roi, la famille royale, l'évêque de Paris, ou avec l'autorisation des gardes [2].

Chaque orfévre marquait ses ouvrages de son poinçon et de son contre-seing. Le poinçon représentait une fleur de lis. En 1378, à la suite de nombreuses infractions au titre légal, le roi ordonna aux généraux maîtres des monnaies de faire briser tous les poinçons et de les remplacer par de nouveaux, plus larges, et portant un autre signe. Les généraux maîtres adoptèrent une fleur de lis couronnée [3]. Les pièces d'orfévrerie auxquelles manquait la couronne se trouvèrent dès lors signalées à la défiance du public.

Le contre-seing variait avec chaque orfévre ; c'était un cœur, une flamme, un croissant, une étoile, etc. La matrice portant en relief la fleur de lis couronnée et la devise particulière de l'orfévre, était étampée à côté du nom du propriétaire sur deux plaques de cuivre conservées l'une à la chambre des monnaies, l'autre à la maison commune. La propriété de la marque de fabrique se trouvait ainsi assurée, en même temps que la responsabilité de l'orfévre [4].

---

1. « Au jour d'uy Pierre Hune et Berthelot de la Lande, gardez du mestier de l'orferverie (*sic*) de Paris qui avoient nagaires prins et arresté en la possession de Pierre Heuze, cousteller la garnison d'une dague ou autre coustel pour ce que icelle garnison qui est d'argent il avoit faicte et faisoit en son hostel... après ce que led. Heuze a confessé que lad. garniture il ne povoit ne devoit faire, et que ce n'estoit pas des appartenances de son mestier, ont rendu en jugement aud. H. icelle garnison ou bouteroles qui sont en deux pieces, l'une ronde cretrelée par dessoux, et l'autre plate sens aucune façon et s'en est tenus pour content et en a promis garder... ce que dit est... » Reg. d'aud. du Chât. Y 5224, f° 48 v°.

2. *Liv. des mét.* p. 38. *Ordonn. des rois de Fr.* III, 10.

3. ... lesquelx generaulx maistres feront despecier tous les poinçons que ont à present lesd. orfevres qui auront autres poinçons nouveaulx plus larges et telz comme ilz leurs seront ordonnéz par lesd. generaulx maistres... » Append. n° 52.

4. Append. *Ibid.* Le Roy, pp. 98, 102. On peut voir au musée de Cluny une plaque sur laquelle sont gravés les noms et les marques des orfévres de Rouen en 1408.

CONCLUSION

Portée véritable du monopole des corporations. — Influence des importations sur le prix de la main-d'œuvre et des produits industriels. — But et effets de la réglementation. — Comparaison entre l'industrie du xiii° et du xiv° siècle et l'industrie moderne.

Après avoir fait connaître l'organisation de l'industrie parisienne au xiii° et au xiv° siècle, il faut faire ressortir le caractère fondamental de cette organisation, montrer ses conséquences pour l'industrie, pour le fabricant et pour le consommateur, indiquer ses différences avec l'industrie moderne.

Le moyen âge ne concevait pas le travail comme un droit naturel et individuel, mais comme un privilége collectif. La portée d'un privilége dépend naturellement du nombre de ceux qui y participent. Voyons donc comment on entrait dans les corps de métiers.

Nous avons dit que la plus grande partie des statuts rédigés au temps d'Et. Boileau limitent le nombre des apprentis, et que cette disposition restrictive s'étendit à plusieurs métiers qui ne l'avaient pas d'abord adoptée. Le monopole des corps de métiers n'aurait donc profité qu'à peu de personnes, si la maîtrise n'avait été accessible qu'aux ouvriers ayant fait leur apprentissage à Paris. Mais ceux qui l'avaient fait au dehors pouvaient également se présenter à la maîtrise, pourvu que leur apprentissage n'eût pas duré et n'eût pas coûté moins que ne l'exigeaient les statuts parisiens. La durée légale était généralement de six ans, le prix légal était en moyenne de 3 livres. Ces conditions n'ont assurément rien d'exorbitant.

On doit en dire autant de celles qu'il fallait remplir pour passer maître. Les unes étaient destinées à constater la capacité et la solvabilité du candidat (examen, chef-d'œuvre, caution) ou à garantir sa fidélité aux statuts (serment) ; les autres n'étaient que des charges pécuniaires assez peu lourdes (achat du métier, droits d'entrée); toutes peuvent donc s'expliquer autrement que par le désir d'écarter des concurrents, aucune n'était arbitraire ni très-difficile à remplir.

Toutefois, si large que fût le monopole des corporations, il n'en aurait pas moins élevé d'une façon factice la valeur du travail et des produits industriels, si la concurrence étrangère n'était venu la ramener à un taux plus équitable. Les produits de l'industrie étrangère n'étaient pas vendus seulement par les forains, mais aussi par les marchands parisiens qui faisaient venir des lieux de fabrique ou qui allaient y acheter[1]. De toute façon,

---

1. « ... Regnardon de Clermont en Auvergne... comme environ le mois de fevrier derrenier passé il eust fait apporter en la ville de Paris certaine marchandise, c'est assavoir trois bales d'estamines pour les vendre... et pour cause que certains marchanz de P. vont continuelment ou envoient certains leurs facteurs ou païs d'Auvergne pour acheter pour d. estamines et avoient despit... de ce que le d. R. s'estoit entremis... de soy mesler de la d. marchandise aus quelx marchans de P. le d. R. arrait trait à vendre sa d. marchandise, et les d. marchans ne lui donnassent pris raisonnable ne autant comme eulx mesmes les achatoient au d. païs en la value de 10 fr. pour bale, ains lui offrissent grant perte afin qu'il n'eust plus talent de retourner marchander de la d. marchandise, le d. R., pour obvier à leur malice, envoia sa d. marchandise à la foire de la mi quaresme à Compiengne et d'illec à Tournay et à Bruges, par touz les quelx lieux les d. marchanz de P. firent assavoir qu'il auroient bon marchié des d. estamines, se il voulaient, pour ce qu'il ne porroit passer par autres mains que par les leurs en donnant empeschement aud. R..... » novembre 1380. Trésor des chartes, reg. JJ, 118, f° 52. « Après la demande au jourd'ui faicte par Angle de Coulongne, marchant forain à l'encontre de Baudet du Belle, marchant et bourgeois de P. de la somme de 88 francs et demy, restans de la somme de 283 frans et demy, esquelx par cedule escripte de la main du d. Baudet et signée de son signet, ycelui Baudet estoit tenuz aud. forain pour vente de chappeaulx et de pelleterie....., nous ycelui B... condamnons à paier led. reste aud. forain... » 19 aout 1395. Reg. d'aud. du Chât. Y 5220. Un pelletier de Paris est condamné à payer 72 francs d'or à un marchand forain pour prix de pelleteries que celui-ci lui a vendues. 23 sept. 1395, ibid. « ... du consentement de Robin Leclerc, peletier, nous ycelui condamnons à... paier à Jehan de la Croix, marchant forain, demourant à Bruges, la somme de 95 francs 12 s. torn. pour vente de pelleterie... » 23 octobre 1395. Ibid. « A la requeste de Gilequin Reniaut, de l'evesquié de Liege et... [nom illisible] dud. eveschié, marchans de chapeaux de festus, disant que ilz ont envoié chiez feu Giles et feu sa femme environ VI[c] de chapeaux de festus pour estre vendus à ce Lendit prouchain, pendant le quel temps et depuis que ilz les ont envoiéz oud. hostel, lesd.

la vente de ces marchandises ne pouvait avoir lieu qu'aux halles et qu'après avoir subi la visite des gardes-jurés. On supposera peut-être que ceux-ci exerçaient leur contrôle de façon à fermer le marché aux importations ; mais cette supposition n'est pas seulement démentie par les faits, elle est contraire à la vraisemblance. En abusant à ce point de leur droit d'examen, les gardes auraient soulevé des réclamations générales et se seraient exposés à le perdre. Croit-on que les Parisiens se seraient résignés à se passer d'une foule d'objets que l'industrie locale ne pouvait leur fournir ? Voyons donc comment s'exerçait ce contrôle et dans quelle mesure il restreignait l'importation.

En principe, les gardes-jurés n'accordaient leur visa qu'aux marchandises fabriquées conformément aux statuts parisiens. Un examen à ce point de vue, loyalement fait, laissait passer plus de choses qu'on ne croit, car les règlements industriels d'un certain nombre de villes ne différaient pas beaucoup de ceux de l'industrie parisienne et quelquefois même leur étaient empruntés. Bientôt, du reste, les corporations durent se montrer plus larges dans l'admission des marchandises du dehors. Elles y furent forcément amenées par le goût du public pour certains objets inconnus à l'industrie indigène, proscrits par ses règlements et recherchés cependant, à cause de leur bon marché ou de leur commodité. Après des tentatives malheureuses pour exclure ces produits de qualité inférieure, elles durent se résigner à les admettre et réserver leur rigueur pour ceux qui étaient falsifiés ou réellement défectueux. Elles se contentèrent alors de dégager leur responsabilité en rendant impossible toute confusion entre ces produits et les produits congénères sortis des ateliers de la capitale. Parmi les marchandises étrangères qui se vendaient à Paris, bien que leur fabrication ne fût pas conforme aux règlements de l'industrie

---

mariéz sont aléz de vie à trespassement, delaissant un enfant mendre d'ans au quel lesd. marchans requierent estre pourvou de tuteurs et curateur, afin que contre eulz yceulx marchans peussent intenter leurs actions et poursuites......, nous, par puissance de justice, avons ordoné que nostre ami M° Pierre de Campignol... fera ouverture, comme par la main du Roy, de l'ostel desd. defuncts et fera faire inventaire dez biens qu'il trouvera en ycelui, appelléz à ce un cousin dud. mineur..... et l'oste de lad. maison, et led. inventaire fait, se lesd. forains monstrent deuement lesd. VI^c chapeaux... estre leur..., ilz leur seront bailléz... à bonne caucion...... » 5 juin 1399. Y 5222.

parisienne, nous signalerons seulement les draps de diverses provenances, les soies de Lucques, les serges anglaises. Ajoutons que les Parisiens trouvaient aux foires des environs des objets qui ne pouvaient être mis en vente dans les boutiques[1].

La réglementation est inséparable du régime des corporations. Indépendamment des règlements qui organisent le monopole et dont nous venons de parler, il y a deux parts à distinguer dans cette réglementation : l'une qui règle les rapports des membres de la corporation, consacre la confraternité et la solidarité sociales et a, pour ainsi dire, un caractère moral, l'autre qui détermine les conditions du travail et présente un caractère technique.

Si nous réfléchissons aux liens que la corporation créait en-

[1]. « Oÿ le plaidoié aujourd'hui fait en jugement par devant nous entre le procureur du Roy n. s., comme aiant en soy prinz l'adveu… de ceste cause pour les juréz des mestiers des brodeurs et armoiers de la ville de Paris d'une part, et Guillaume, etc., marchans forains des parties d'Angleterre, d'autre part, sur ce que led. procureur… disoit que lesd. juréz avoient… prinz… sept pieces de sarge vermeilles brodées et armoiées estans… en l'ostel de Jehan le Doulx, bourgeois de P., pour ce que ilz disoient que lesd. sarges… estoient faulses… devoient estre arses et pour ce encore devoient lesd. marchands estre condamnés en amende volontaire… 1º pour ce que lesd. sarges avoient esté vendues… par lesd. forains sans avoir esté premierement visitées par lesd. jurés ; 2º pour ce que ycelles sarges sont meslées de sendal avecques toile… pour ce que en ycelles sarges a fil en lieu de soye et si sont brodéz à trop long poins, pour ce aussi que elles sont brodées de autre or que de or de Chipre…, lesd. marchans…. disans… lesd. sarges estoient… faictes, brodées et armoiées en ville de loy en Angleterre et que non pas seulement de maintenant, mais despieça ilz ont acoustumé vendre telz maniere de sarges à P. senz contens et empeschement aucuns et… les marchans de P. mesmes avoient achetéz de eulx et leurs compatriotes… pareilles sarges et denrées, lesquelz mesmes les avoient revendues à Paris publiquement…, savoir faisons que nous, oÿ le propos desd. parties, veuz les registres… dud. mestier des brodeurs…, le raport desd. juréz, lesd. sarges…, l'arrest et empeschement mis et apposé en et sur ycelles sarges par lesd. juréz… levons et ostons… » 6 mars 1396 (n. s.). Y 5220. Les produits étrangers n'étaient quelquefois mis en vente qu'après avoir subi certaines modifications qui les rendaient semblables aux produits parisiens. Par exemple, on faisait en Brabant des selles recouvertes de toile et houssées de basane ; lorsqu'elles arrivaient à Paris, la toile était remplacée par du cuir, et la basane par du cordouan. 23 décembre 1370. KK 1336, fº 65. A partir de 1408 (n. s.), certains articles de mercerie, tels que les futaines d'Allemagne, les serges d'Arras, d'Angleterre, d'Irlande, les étamines d'Auvergne et de Reims durent être vendues en balles, telles qu'elles arrivaient, afin que leur provenance fût bien apparente. *Ordonn. des rois de Fr.* IX, 303.

tre ses membres, nous ne nous étonnerons ni de son patronage sur les apprentis, ni de sa sollicitude pour la moralité privée des ouvriers, ni de ses efforts pour atténuer l'âpreté de la concurrence entre les chefs d'industrie et pour leur ménager, autant que possible, les mêmes chances de gain. Tout cela découlait nécessairement de la solidarité qui unissait les artisans du même métier.

La corporation ne pouvait pas plus se dispenser de réglementer le travail que les droits et les devoirs de ses membres. Les règlements professionnels tendent tous, par des voies diverses, à prévenir la fraude et à ne laisser arriver entre les mains du public que des produits de nature à faire honneur à la corporation. Il en est qui ont existé dans tous les temps, parce qu'ils sauvegardent des intérêts publics de premier ordre : tels sont ceux qui fixent le titre légal de l'or et de l'argent, ceux qui assurent la salubrité des substances alimentaires. D'autres sont faits pour écarter de l'acheteur toute cause d'erreur : de ce nombre sont ceux qui défendent aux drapiers d'obscurcir leurs boutiques par des auvents en toile et aux bouchers de donner à la viande l'apparence de la fraîcheur en mettant des chandelles sur leurs étaux. Ces précautions nous paraissent excessives aujourd'hui. Nous sommes habitués à nous mettre en garde contre les ruses commerciales, et, lorsque nous en sommes dupes, nous ne nous en prenons qu'à nous-mêmes. Nos ancêtres, au contraire, auraient eu le droit d'en rendre les corporations responsables, et celles-ci ne pouvaient par conséquent se fier uniquement à la clairvoyance du public.

Mais les règlements qui nous choquent le plus, parce qu'ils ne paraissent pas, à première vue, dirigés contre la mauvaise foi, sont ceux qui interdisent certaines matières, prescrivent certains procédés. Qu'on y réfléchisse cependant, on verra que la liberté de fabrication eût été l'impunité assurée à la fraude. Or, si le régime de la libre concurrence peut affronter ce danger, parce qu'il offre en même temps le moyen de l'éviter, il n'en est pas de même d'un régime fondé sur le privilége. Dans le premier, l'intérêt du fabricant peut sembler une garantie suffisante de sa bonne foi; il ne saurait, en effet, vendre d'une façon habituelle de la mauvaise marchandise sans voir déserter sa boutique. Cette crainte ne peut arrêter d'une façon aussi efficace l'industriel auquel le monopole assure toujours une certaine clientèle. Aussi ce monopole deviendrait intolérable si les corporations ne se soumettaient à des règlements sévères.

La réglementation remplaçait pour le consommateur la garantie que lui donne aujourd'hui la concurrence. Du reste, cette réglementation ne s'appliquait ni aux objets fabriqués sur commande, ni à ceux qui étaient destinés à l'exportation, ou à l'usage personnel du fabricant[1]. La vente des marchandises défectueuses était même quelquefois autorisée, à condition que le fabricant s'engageât à faire connaître au public leurs imperfections.

Cette liberté n'en était pas moins trop restreinte pour permettre la diffusion de ces objets, qui n'ont pour eux que l'apparence et le bon marché et dont la fabrication fait vivre aujourd'hui des industries spéciales. Par exemple, le doublé et l'imitation des pierres fines occupent maintenant deux industries parisiennes qui répondent à de véritables besoins et qui ne donnent lieu à aucune fraude. Au moyen âge le doublé était défendu, et l'industrie des pierres fausses n'était permise qu'à la condition de ne pas pousser trop loin l'imitation des pierres fines.

La réglementation avait encore un inconvénient ; elle faisait obstacle aux perfectionnements qui n'étaient adoptés que lentement par les corporations et qui n'étaient pas encouragés par des brevets d'invention assurant aux inventeurs, pendant un certain temps, les bénéfices exclusifs de leur découverte.

Mais, si l'industrie du moyen âge était loin d'égaler l'industrie contemporaine en invention, en variété, en souplesse, on peut affirmer qu'elle lui était supérieure par le sérieux, par la sincérité, par la perfection du travail. Ne fabriquant guère que pour la consommation locale, n'étant pas par conséquent obligée et n'ayant pas d'ailleurs les moyens de faire vite, en gros et à bon marché, elle était exempte du charlatanisme et de la nécessité de sacrifier la réalité à l'apparence. Elle n'employait guère que la main de l'homme et ses produits échappaient ainsi à l'uniformité banale que présentent ceux de l'industrie moderne. Le luxe, qui dans les classes riches était au moins aussi grand que

---

1. Aux exemples déjà produits ajoutons le suivant: « Après ce que Jehan Boiseau, concierge de l'ostel de Flandres, pour mons. de Bourbon nous a affermé que par le commandement dud. mons... il lui estoit necessité de faire faire deux xii[nes] de jaques garnis d'estoupes pour donner aux gens de son hostel, nous, pour contemplacion dud. mons..., à Huguet Moyneau, jupponnier... avons donné congié de faire pour led. seigneur lesd. deux xii[nes] de pourpoins garnis d'estoupes, non obstant les ordenances à ce contraires... » 14 avril 1407. Reg. d'aud. du Chât. Y 5226.

de nos jours, ne s'était pas encore répandu chez ceux qui ne peuvent pas le payer ; elle n'était donc pas obligée de le mettre à la portée des petites bourses en sacrifiant le soin de la perfection à l'effet.

Dans cette première période de leur histoire, les corporations parisiennes ne nous frappent que par leurs bienfaits. D'un accès assez facile, n'ayant pas encore transformé d'utiles garanties d'aptitude en moyens d'exclusion, ne favorisant pas à l'excès la famille des maîtres, impartiales pour les patrons et les ouvriers, elles développent l'aisance et l'importance de la bourgeoisie, conservent les traditions industrielles, se montrent jalouses de l'honneur professionnel et maintiennent l'industrie parisienne à un rang honorable. Ajoutons qu'elles sont en complète harmonie avec l'esprit et l'organisation de la société et, en dépit de quelques protestations passagères, acceptées par elle. Si nous poursuivions leur histoire, elles nous offriraient un spectacle bien différent qui justifierait toutes les critiques dont elles ont été l'objet. Considérées à cet âge heureux où elles s'adaptent parfaitement aux idées et aux mœurs du temps ainsi qu'à la tâche qu'elles ont à remplir, peuvent-elles offrir un modèle à l'industrie contemporaine? Nous ne le pensons pas. L'industrie moderne ressemble trop peu à celle du XIIIe et du XIVe siècles, elle a trop étendu ses débouchés, trop transformé son outillage et ses autres moyens d'action pour pouvoir rentrer dans le moule étroit qu'elle a brisé. Ce n'est pas par une restauration ou une imitation de l'organisation industrielle du moyen âge qu'elle répandra le souci de la perfection dans le travail, qu'elle se purifiera des falsifications et du charlatanisme, qu'elle adoucira les souffrances et conjurera les dangers au prix desquels elle obtient de si merveilleux résultats.

APPENDICE

I

Charles, dauphin de France, autorise le prieuré de Saint-Eloi à établir six étaux de bouchers dans la terre que ledit prieuré possède à la porte Baudoyer et au delà de la porte Saint-Antoine.

2 novembre 1358.

Charles, etc..., savoir faisons à touz presenz et à venir que nostre amé le prieur de saint Eloy de Paris nous a fait exposer humblement que, comme, à cause de son dit prieuré, il ait terre certaine à la porte Baudeoir et oultre la porte saint Anthoine vers la rue saint Pol et environ en autres parties voysines et prochaines à ycelle, es quelles il se dit avoir toute juridicion haute, basse et moyenne, et il soit ainsi que ses subgés et habitanz en ycelle es dictes rues et parties soient moult loeins et distans de toutes boucheries estanz à Paris et dehors, qui leur est moult greve chose et dommageable, si nous a supplié que sur ce li vuillions pourveoir de remede gracieux et convenable à touzjours perpetuelement, mesmement que l'abbé de saint Germain des Préz et le prieur de saint Martin des Champs en leurs terres qu'il ont hors les portes de Paris es fors bours d'icelle ville, en la quelle ont toute justice haute, basse et moienne, ont boucheries plusieurs pour l'aisement de leurs subgés et d'autres habitanz et residanz en leurs dictes terres. Pour quoy nous, considerans les choses dessus dictes en tant qu'il puet touchier le droit de nostre dit seigneur et de nous, de nostre plain povoir et auctorité royal, dont nous usons, de certaine science et grace especial, avons donné et ottroié, donnons et ottroions par ces presentes licence, povoir et auctorité au dit prieur pour lui et ses successeurs prieurs du dit lieu, de faire establir, avoir, tenir et posseder perpetuelement à touz jours six estaux de boucherie en sa dicte terre, es lieux toutevoies à ce plus convenables et par le consentement des habitanz d'icelle terre ou de la greigneur partie d'iceulx, ou cas toutevoies que sanz prejudice d'autri se puisse bonnement faire ; si donnons en mandement à noz amez et féalx les genz des comptes de monseigneur et nostres à Paris, au prevost de Paris et à touz autres justiciers et commissaires de nostre dit seigneur et nostres à qui il appar-

tendra ou alcuns lieux tenans presenz et avenir que de nostre
presente grace, ou cas dessuz dit, le dit prieur et ses successeurs
laissent user et joïr paisiblement sanz y mettre ou seuffrir mettre
aucun contredit ou empeschement. Et que ce soit ferme chose et
estable à touz jours, nous avons fait mettre nostre seel à ces presentes, sauf le droit de nostre dit seigneur et le nostre en autres
choses et l'autrui en toutes. Donné au Louvre jouxte Paris le
deuxieme jour de novembre, l'an de grace mil CCCLVIII. Par
monsieur le regent : J. Mellou.

(Trésor des Chartes, reg. 90, pièce 131.)

II

Philippe d'Etampes et Emeline, sa femme baillent à croît de cens aux bouchers de la Grande-Boucherie un terrain sis rue Pierre-à-Poisson.

Janvier 1234 (n. s.).

Omnibus presentes litteras inspecturis officialis curie Parisiensis
in Domino salutem. Notum facimus quod in nostra presencia
constituti Philippus de Stanpis et Emelina uxor sua recognove-
runt se dedisse communitati carnificum Parisiensium quamdam
plateam, quam asserebant se habere Parisius, in platea piscium
juxta stalla carnificum Parisiensium, in censiva domini Ade *Harenc*, ut dicebant, pro novem libris Parisiensium de incremento
census persolvendis dictis Philippo et Emeline uxori sue ac
eorum heredibuz singulis annis a dicta communitate, medietatem
videlicet ad quindenam Nativitatis Domini, et aliam medietatem
ad quindenam sancti Johannis Baptiste, promittentes fide media
quod contra istam acensationem per se vel per alios non venient
in futurum, et quod dictam plateam predicte communitati garan-
tizabunt ad usus et consuetudines Parisienses contra omnes. Predicta autem Emelina quitavit penitus et expresse quicquid habebat vel habere poterat in predicta platea, ratione doarii vel alio
quocunque modo, exceptis predictis novem libris, fide data spon-
tanea, non coacta. De supradicto vero censu terminis superius
nominatis solvendo annuatim jamdictis Philippo, Emeline uxori
sue ac eorum heredibuz Odo, carnifex, magister carnificum, in
nostra presencia constitutus, sexaginta solidos Parisiensium quos
dicta communitas carnificum habebat, ut dicitur, in quadam domo
sita in vico in quo excoriantur boves de incremento census in

censiva ejusdem Ade, quam Hugo Simus tenet, ut dicitur, in contraplegium, nomine dicte communitatis, obligavit. Recognovit eciam idem magister, nomine dicte communitatis, conventum fuisse inter partes in donacione dicti incrementi census quod, si sepedictus census non solveretur dictis terminis supradictis Philippo, Emeline uxori sue ac eorum heredibuz, predicta communitas reddere teneretur eisdem duodecim denarios singulis diebuz quibuz ultra prefixos terminos cessarent a solucione dicti census facienda, pro dampnis et deperditis que incurrerent occasione solucionis minus facte. Voluit insuper dictus magister, nomine dicte communitatis, quod, si deficeret in solucione census predicti, sepedicti Philippus, Emelina uxor sua et eorum heredes recursum haberent ad predictam plateam et ad sexaginta solidos supradictos quousque super dicto censu et dampnis predictis esset eisdem plenarie satisfactum. Hec autem omnia voluit et laudavit communitas predicta coram clerico nostro ad hoc a nobis specialiter destinato, sicut idem clericus nobis retulit viva voce. Actum ad peticionem parcium anno Domini M⁰ CC⁰ XXX⁰ tercio, mense Januario.

Sceau de l'officialité pendant à des lacs de soie verte.

(Trésor des Chartes, J. 151 A, liasse 1 à 10.)

III

Philippe le Long autorise les pelletiers de Paris, après enquête et sous certaines précautions, à rétablir la confrérie fondée par eux en l'honneur de Notre-Dame dans l'église des Saints-Innocents.

Avril 1320.

Philippus, etc... Notum facimus... quod, cum ex parte civium nostrorum pellipariorum ville nostre Parisiensis nobis fuisset humiliter supplicatum quod, cum ab olim inter ipsos quedam confratria in ecclesia sanctorum Innocencium Parisius in honore gloriose Virginis Marie pia devocione fuisset instituta, quam felicis memorie carissimus dominus et genitor noster, aliquibus ex causis, sicut et ceteras confratrias quorumcunque ministeriorum ville predicte Parisiensis, prohibuit non teneri, ut tenendi dictam confratriam in memorata sanctorum Innocencium ecclesia et ipsam habendi de cetero licenciam concedere dignaremur, nos... preposito nostro Parisiensi mandavimus ut se diligenter informaret an eisdem civibus dictam confratriam sine nostro aut alieno prejudicio aut quovis scandalo habendam et tenendam de cetero in predicta ecclesia possemus concedere, et informacionem quam inde faceret, nobis clausam remitteret indilate. Informacione igitur per eundem prepositum super predictis legitime facta, visa eciam et diligenter examinata, reppertum extitit in eadem quod dictam confratriam sine nostro et alieno prejudicio, ac eciam sine quovis scandalo prenominatis civibus concedere poteramus, propter quod nos... prefatis civibus nostris pellipariis Parisiensibus presencium tenore concedimus, ut ipsi de cetero predictam confratriam habere et ipsam in dicta sanctorum Innocencium Parisius ecclesia tenere... Volumus tamen quod prepositus noster Parisiensis aut deputatus super hoc ab eodem, quocienscunque prefati confratres inter se venire voluerint, eorum congregacioni ac in singulis eorum tractatibus presens intersit... Actum apud Castrum Novum supra Ligerim, anno Domini M⁰ CCC⁰ vicesimo, mense Aprilis.

(Trésor des Chartes, reg. 60, pièce 92.)

IV

Philippe le Long autorise les ouvriers merciers de Paris à rétablir la confrérie fondée par eux en l'honneur de saint Louis, à condition qu'elle se réunira aux Quinze-Vingts et que les aumônes faites à l'occasion de sa réunion appartiendront à cet hospice.

Octobre 1320.

Philippe, par la grace de Dieu, rois de France et de Navarre, à touz ceus qui ces lettres verront et orront salut. Savoir faisons que, comme les vallèz merciers de la ville de Paris eussent accoustumé à tenir chascun an ou temps passé en la ville de Paris une confrarie, la quele fu soupendue avec pluseurs autres pour certaine cause, nous, considerans que il avoient establie la dicte confrarie en l'onneur de Dieu et de mon segneur saint Loÿs... voulons et nous plaist, et ottroions aus diz merciers, de grâce especial, que il puissent tenir une foiz touz les anz leur dicte confrarie, c'est assavoir en la maison des aveugles à Paris et non ailleurs, en tele maniere que les oblacions, les offerendes, les aumones et touz autres bienfaiz et quelcunques dependances et remanans qui demourront de la dite confrarie, en quelcunque maniere que ce soit, ne puissent estre convertiz fors en la maison des diz aveugles et pour leur neccessitéz, et, se par aveinture les dessus diz vallèz merciers tenoient ladite confrairie ailleurs que en la maison des diz aveugles à Paris, nous voulons, ordenons et establissons que ladite confrairie soit nule, et que dès lors en avant il ne la puissent tenir en la vile de Paris. Toutevoyes, nous voulons que nostre prevost de Paris ou autre personne convenable à ce deputés par ledit prevost ou celui qui par le temps sera, soit present à la journée que la dite confrarie sera tenue en la dite maison des aveugles, pour eschiver touz perilz, conspirations et taquehanz qui en pourroient ensuir ou temps avenir... Donné au bois de Vincennes, l'an de grace mil CCC et vint, ou moys de otteinbre.

(Trésor des Chartes, reg. 58, pièce 464.)

V

Charles V autorise les ouvriers cordonniers de cordouan à fonder une confrérie en l'honneur de saint Crépin et de saint Crépinien.

6 juillet 1379.

Charles... savoir faisons... que, oÿe la supplicacion des varlèz cordoanniers de nostre bonne ville de Paris, requeranz que, comme passéz sont v ans ou environ, ilz aient ordonné à faire celebrer en l'onneur de monseigneur Saint Crespin le petit [et Saint Crespinien] qui furent cordoanniers en leur vivant, une messe chascune sepmaine au jour du lundi en l'église Nostre-Dame de Paris devant les ymages des diz sains, et aient en devocion de y faire une confrarie le jour de la solempnité des diz sains chascun an, nous leur vueillions donner congié de ordonner, faire et tenir la dicte confrarie par la maniere que autres confraries sont faictes à Paris en cas semblable, nous... octroions par la teneur de ces lettres que ilz puissent fonder, faire et tenir la dicte confrarie en nostre dicte ville de Paris chascun an perpetuelment le jour de la solempnité des diz sains et ycelle faire crier par la dicte ville à la clochete, faire et establir procureurs pour les faiz d'icelle confrarie poursuir, et [faire] toutes autres choses appartenans à fait de confrarie par la maniere que acoustumé est de faire es autres confraries qui y sont faictes es solempnitéz d'autres sains... Donné au bois de Vincennes le VI° jour de juillet l'an de grace MCCCLXXIX et le XVI° de nostre regne.

(Trésor des Chartes, reg. 118, pièce 456.)

VI

Charles V autorise des cardeurs de laine, réfugiés à Paris pour se soustraire aux dangers de la guerre, à fonder dans l'hôpital du Saint-Esprit, place de Grève, une confrérie en l'honneur de la Trinité, de la sainte Vierge et de saint Jean-Baptiste.

Mai 1375.

Karolus..... notum igitur facimus universis quod... nonnulli lane operarii, vocati gallice *cardeurs*, qui, propter guerrarum incomodum, ad nostram villam Parisius, necessitatis coacti articulo, confugerunt et in eadem villa suam eligisse (*sic*) perpetuam se asserunt mensionem (*sic*), nobis ut divinis obsequiis simul et ad invicem valeant frequencius interesse et perinde Altissimus eos salubrius tam spiritualiter quam temporaliter dirigat in agendis ac foveat et protegat ab adversis, utque inter eos vigeant peramplius nexus et vinculum dilectionis et pacis, humiliter supplicarunt quatenus eisdem faciendi confratriam et ordinandi inter se ad honorem et laudem sancte Trinitatis predicte glorioseque semper Virginis genitricis Dei Marie et sancti Johannis Baptiste ac tocius celestis curie, quodque ad causam ipsius confratrie in domo sancti Spiritus in platea Gravie una missa per eos qualibet die lune perpetuis futuris temporibus celebretur, eisdem supplicantibus licenciam et facultatem impartiri misericorditer dignaremur, nos supplicantes eosdem in eorum laudabili et salubri proposito confovere volentes, et ut bonorum spiritualium que ad causam et occasionem confratrie supradicte operari contigerint participes effici mereamur, eisdem supplicantibus dictam confratriam inter se faciendi, erigendi et ordinandi et se, ut moris est in talibus, congre[g]andi et generaliter omnia alia et singula faciendi et ordinandi ex quibus laus et honor Dei et sancte matris nostre ejus ecclesie poterunt resultare, de gratia speciali, certa sciencia et plenitudine regie potestatis auctoritatem, congedium et licenciam tenore presencium elargimur, quod ut firmum et stabile... Datum in castro nostro nemoris Vincennarum mense Maii anno Domini MCCCLXXV et regni nostri XII°.

(Trésor des Chartes, reg. 107, pièce 72.

VII

Reçu des objets composant le trésor de la confrérie de Saint-Eloi délivré aux gardes-jurés orfévres, par Jean Léveillé, clerc de la corporation.

20 septembre 1384.

Par devant le prevot de Paris Jehan Lesveillié, orfevre, à present varlet du mestier des orfevres de la ville de Paris afferma... que les maistres dud. mestier lui avoient... baillié en garde les joyaux et choses cy après declairéz appartenans à la confrarie S. Eloy des d. orfevres : 1º une grant croix d'argent dorée pesant dix-huit mars cinq onces et demie ; 2º le baston d'argent à tout le fust pesant dix mars deux onces et demie ; 3º deux chandeliers d'argent pesant cinq mars et quinze esterlins ; 4º deux bacins d'argent pesans quatre mars une once et quinze esterlins ; 5º une porte paix d'argent pesant cinq onces et dix-sept esterlins ; 6º une navete d'argent pesant neuf onces et quinze esterlins ; 7º un vaissel de cuyvre à porter Dieu à trois escussiaux esmailléz ; 8º un livre du service de S. Eloy ; 9º un messel que donna Guillaume Basin et Jehan de Clichy ; 10º quatre orilliers à parer autel ; 11º trois draps de soye à parer autel ; 12º deux chapes à tenir cuer ; 13º un poile à mettre sur le letrin à chanter ; 14º trois touailles d'autel ; 15º trois revestemens de drap d'or tous fourniz ; 16º deux paire de draps de soye à mettre l'ymage de S. Éloy ; 17º un poile noir à une croix vermeille pour grans corps ; 18º trois aumuces à prestre ; 19º un grant poile viéz à oiseaux ; 20º un petit viéz poile à enfans ; 21º un petit poile à un ymage de S. Eloy pour mettre sur enfans ; 22º Un autre petit poile viéz à enfans ; 23º deux paremens de drap d'or à aubes ; 24º un poile de samin noir à une croix vermeille ; 25º deux surpelis à prestres à une baniere de cendal armoyé des armes dud. mestier ; 26º une croix d'argent pesant treize mars à tout le fust ; 27º le baston d'argent d'icelle croix à tout le fust pesant sept mars six onces ; 28º un mors d'argent à chape pesant un marc que donna Jehan Talemel ; 29º deux pommeaux d'argent à chape pesans trois onces et trois esterlins ; 30º un coffre à trois clefs pour mettre le luminaire ; 31º un mors d'argent à chape à un couronnement pesant dix onces ; 32º deux pommeaux d'argent pesans trois onces et demie ; 33º deux estuiz pour les deux croix dessus d. ; 34º un poile de drap d'or pour enfans que donna Jehan du Vivier, orfevre[1];

---

1. C'était l'orfévre du roi. Le 11 mars 1373 (n. s.), il avait donné à la cor-

35° un reliquiaire d'argent doré où est le doy S. Liefroi pesant un marc sanz l'entablement qui est de cuyvre doré, tous lesquelz joyaux et choses dessus d. led. Jehan Lesveillié promit garder bien et loyaument et... rendre... aux d. maistres... *Item* promist rendre... à ceulx qu'il appartendra et à la volonté d'iceulx tout ce qui lui sera baillié pour recommander [1]. Apres ce vindrent... pardevant nous Jehan Verdelet, Raoul le Drugie, Jehan Bellebouche, Denisot Fautel et Guill. Goulet, tous orfevres... lesquelx, à la priere et requeste dud. Jehan Lesveillié, se firent... ses pleges et caucions envers les d. maistres d'icelui mestier d'orfaverie et, ou cas que aucun d'iceulx joyaux et choses... seroient perdues ou peries par la deffaulte et coulpe dud. Esveillié, les d. plaiges gagerent... en nostre main chascun d'eulx pour le tout rendre et paier... tout ce que d'iceulx joyaulx et autres choses qui aud. Jehan Lesveillié auroient eté bailliés pour recommander... et tout ce en quoy ycelui Jehan pourroit estre tenu par quelque maniere et ou d. cas en firent leur debte desmaintenant. . . . .
. . . .
En tesmoing de ce nous avons mis à ces lettres le scel de la prevosté de Paris l'an de grace mil CCCIIII[xx] et quatre, le mardi vint jours de septembre. *Item* le vendredi ensuivant revint... par devant nous led. Esveillié qui obliga son corps à mettre... en prison fermée oultre le guichet du Chastellet de Paris et partout ailleurs à ses cous pour ces lettres acomplir.

(Arch. nat. K 1033-34.)

VIII

Charles VI autorise des marchands et marchandes des Halles, ainsi que d'autres habitants de Paris, à fonder une confrérie à Saint-Eustache en l'honneur de sainte Véronique.

Février 1382 (n. s.).

Charles... savoir faisons... que pluseurs habitanz de nostre ville de Paris, hommes et femmes, c'est assavoir marchanz et mar-

poration une rente perpétuelle de 20 s. par. assignée sur deux maisons des halles. Arch. nat. T. 1490[3].

1. Lorsqu'une pièce d'orfévrerie avait été perdue ou volée, le propriétaire en donnait la description au clerc de la corporation. Cette description était communiquée aux orfèvres, qui retenaient l'objet, si on venait leur proposer de l'acheter, et s'assuraient même de la personne du détenteur. Leroy, p. 150-153. Le clerc s'engage ici à restituer à leurs propriétaires les objets qu'il a recommandés, c'est-à-dire signalés à l'attention de ses confrères et qui ont été retrouvés par cette voie.

chandes de toyles es hales de Paris et autres, nous ont fait exposer que eulx... ont entencion et propos de creer, faire et ordonner une confrarie à l'onneur de Dieu et de la benoite vierge Marie et en espécial de Sainte Venice vierge, et pour ycelle faire et maintenir, eulx assembler, touteffoiz que mestier sera, pour le dit fait, et par especial chascun an, au jour de la feste de la dicte vierge Sainte Venice, en l'église parrochial de Saint Eustace de Paris, en la chapelle faicte en ycelle en l'onneur de Saint Michiel l'Arcange, pour exercer pluseurs euvres de charité et accroistre le service de Dieu... nous... aus diz supplians avons donné et par ces presentes, de grace especial et auctorité royal, donnons licence et auctorité de faire, creer et ordonner la dicte confrarie, de eulx assembler pour ycelle au dit jour de Sainte Venice chascun an, de constituer pour ce procureurs et avoir clochete pour eulx crier par la ville et de faire toutes autres choses licites et honnestes appartenans à confrarie... Donné à Paris ou mois de Fevrier l'an de grace MCCCCIIII^{xx} et un et le second de nostre regne.

(Trésor des Chartes, reg. 121, pièce 117 bis.)

IX

Charles VI autorise les bouchers de la Grande-Boucherie à fonder dans la chapelle de leur maison commune une confrérie en l'honneur de la Nativité de Notre-Seigneur.

30 septembre 1406.

Charles... Savoir faisons à tous presens et advenir à nous avoir esté exposé de la partie des maistres juréz et communauté de la grant boucherie de nostre bonne ville de Paris que ilz ont en leur dicte grant boucherie une chapelle fondée par eulx et leurs predecesseurs, en laquelle ils font chascun jour chanter et celebrer messe, et en laquelle, pour maintenir, soustenir et augmenter de plus en plus le service divin qui chascun jour y est fait et celebré, ilz ont devocion, bonne voulenté et vraye affection de creer, ordonner et establir une confrairie en l'onneur de la Nativité Jhesu Crist, en laquelle ilz puissent acueillir toutes personnes qui de eulx y mettre auront devocion, afin que de mieulx en mieulx ilz y puissent fere celebrer le service divin et faire prier pour les ames de leurs diz predecesseurs juréz et communauté et doresenavant d'eulx et des confreres d'icelle confrairie, quant ilz yront de vie à trespassement, laquelle confrairie ilz feroient voulentiers seoir le VIII° jour après la feste de la Nativité Nostre Seigneur dessusd. et ce jour celebrer une messe haulte belle et notable en l'onneur de la dicte Nativité, laquelle chose ilz n'oseroient bonnement faire sans avoir sur ce noz congié et licence..., pourquoy nous... donnons et octroyons... par ces presentes congié et licence de creer, ordoner, commancier et establir en la dicte chapelle fondée en lad. grant boucherie de Paris une confrairie en l'onneur de la Nativité Nostre Seigneur Ihesu Crist, laquelle chascun an une foiz seulement, c'est assavoir le Dimanche prouchainement ensuivant la feste de Noël, serra en la sale de dessus la d. boucherie, en laquelle confrarie ilz puissent acompaigner toutes personnes qui auront devocion de eulx y mettre et que[1] eulx et lesd. confrerres se puissent assembler ensemble chascun an une foys, c'est assavoir le jour que se tendra la dicte confrairie, disner ensemble et ordonner des faiz et besongnes appartenans à icelle confrairie, et en oultre, de nostre plus ample grace, nous leur avons octroyé et octroyons comme dessus que, pour mettre les aumosnes que les confreres d'icelle confrairie y vouldront donner et aumosner pour l'acroissement du service divin en icelle chappelle et pour la d. confrairie soustenir, aux quelles toutesvoies donner ilz ne seront tenuz, se il ne leur plaist, ilz puissent avoir une boete fermant à clef, pour les deniers qui y seront mis estre tournéz et convertiz es bienffaiz d'icelle confrairie par la main de certains prodommes dud. mestier d'icelle boucherie et non d'autres, qui à ce faire, et aussi à garder et gouverner les droits et appartenances d'icelle confrairie seront par chascun an ordonnéz par lesd. maistre, juréz et communauté de lad. grant boucherie, lesquelz toutesvoies seront tenuz en rendre compte par tout où besoing sera, se requis en sont, et selon ce que il est acoustumé à faire es autres confraries de la d. ville de Paris.

. . . .

Donné à Paris le XXX° jour de septembre, l'an de grâce mil CCCC et six et de nostre regne le XXVII°.

(Trésor des Chartes, reg. 161, pièce 70.)

X

Philippe de Valois amortit une rente acquise par les orfévres de la confrérie de Saint-Eloi en vue de fonder une chapellenie.

Août 1336.

Philippe, par la grace de Dieu roy de France, savoir faisons... que, comme les orfevres de la ville de Paris nous aient supplié que de vint livres de rente au Parisi que il ont acheté ou veulent

---

1. On lit dans le texte *qui*.

acheter en la ville de Paris, il puissent fonder une chapelle, pour chanter chascun jour une messe pour les mors et especiaulment pour nous et noz amis, Nous... aus diz orfevres confreres de la confrarie Saint Eloy avons ottroié et ottroions par ces lettres... que de vint livres parisis de rente acquises ou à acquerre en censives, senz fié et senz justice, il puissent, en lieu souffisant et honeste à ce, fonder une chapelle et que le chapalain ou chapellains qui à desservir à la dicte chapelle seront instituéz pour le temps tiegnent et puissent tenir à touz jours ou temps avenir la dicte rente paisiblement, senz ce que il soient ou puissent estre contrainz à vendre la dicte rente, ne mettre hors de leur main ne paier à nous ne à noz successeurs pour ce finance, quelle que elle soit. Et que ce soit chose ferme et estable... Donné à la Neuville Saint Denys, l'an de grace mil trois cenz trente et six, au moys d'aoust.

(Trésor des Chartes, reg. 70, pièce 36.)

XI

Statuts de la confrérie Saint-Paul fondée dans l'église de ce nom par Raymondin Le Monnoier et Jacques de Lenge.

Juillet 1332.

...Ces sont les ordenances de la confrarie saint Pol delèz Paris establie par Raymondin le Monnoier [1] et Jaques de Lenge, bourgois de Paris : Premierement que à la feste du dit Saint Pol a un bastonnier qui y donne ce qui li plait, et ce qu'il donne est converti au proffit de ladicte confrarie. *Item* à la dicte feste, les confreres font chanter vespres les veilles et messe le jour à diacre et à surdiacre, et vespres aussi ledit jour en certain lieu à Paris, et pour ce le curé où elles sont chantées a certaine porcion des diz confreres. *Item* il faut fere luminaire tout nuef chascun an à la dicte feste. *Item* nul ne puet estre de la dicte confrarie, ne estre en aucun service d'icelle, s'il n'est souffisaument peléz. *Item* qui est de la dicte confrarie et est souffisaument pelé, comme dit est, paie cinq soulz d'entrées, douze deniers d'aumones, trois soulz pour siege qui veult seoir, II deniers au clerc pour l'entrée et chascun an doze deniers d'aumosnes et trois soulz qui siet. *Item* il font leur siege chascun an l'endemain de la dicte feste Saint Pol ou à un autre jour la sepmaine, tel comme il leur plaît. *Item* au dit siege a quinze poures souffisaument peléz qui sont les premiers assis et servis à un doys des plus riches hommes.

1. Il était huissier de salle du roi.

Item les diz confreres eslisent chascun an certains procureurs de la dicte confrarie, qui chascun an rendront compte au dit Raymondin et Jaques des profis et emolumenz qu'il recevront et leveront de la dicte confrerie. *Item* quant il trespasse aucun de la dite confrarie, il a quatre torches, quatre cierges, la crois et le poile de la dite confrarie, et laisse du sien ce qui li plait à la dite confrarie. *Item* le lundi prochain qu'il sont trespasséz, ils ont messe de *Requien* à dyacre et à surdiacre aus couz de la dicte confrarie, exceptéz pain et vin et pointes ou chandeles que les amis des trespasséz paient[1].

(Trésor des Chartes, reg. 66, pièce 923.)

XII

Statuts d'une société de secours mutuels fondée par les fourreurs de vair pour assister ceux d'entre eux qui ne pourront travailler par suite de maladie.

10 février 1319 (n. s.).

A touz ceux qui ces lettres verront Henri de Taperel, garde de la prevosté de Paris, salut. Nous fasons assavoir que, comme les ouvriers conreurs de robe [vaire deme]urenz à Paris nous aient supplié humblement que, comme pour le grant travail de leur mestier il enchient souvent en grieives [2] et longes maladies, si qu'il ne puent ovrer....., il lour convient querir leur pain et mourir de mesaise, et la plus grant part[i]e de eus ait grant volenté et bonne devocion de pourveeir sus les...[3] de leur dit mestier à leur cous, se il nous plaist, en ceste maniere, c'est assavoir que chescun qui sera malade, tan comme il sera malade ou impotens.... chescune semaine trois souls parisis, pour soy vivre, et quant il relevera de celle maladie ou impotence, il aura troys soulz pour la semaine qu'il relevera et autres trois soulz une foiz pour soy efforcer, et est leur entencion que ce soit de maladie ou impotence d'aventure, et non pas de bleceures qui leur fussent faites par leur diversité, quar en ce il ne prandroient riens, et les ouvriers conreurs qui voudront estre acuilliz et partir à ceste aumosne bailleront chaiscun dix soulz d'entrée et six deniers au

---

1. Ces statuts reçurent l'approbation du roi en juillet 1332.
2. Il y a dans le texte : *grieites*.
3. Ces lacunes proviennent de ce qu'il y a un trou dans le texte.

clerc et paieront chaiscun de eus chaiscune sepmaine un denier parisis ou la quinzaine deus deniers et les seront tenu d'aporter là où ladite aumosne sera reçeue, et qui y devra plus de sis deniers d'areraigez, il sera debouté dou bienfait d'icel aumosne, juques à tant qu'il ait paié. Se il y avoit conreeurs qui ne vousist paier ce que dit est dessus, il ne seroit point acuilli à l'aumosne et n'i auroit nul profit à son besoing et que ces deniers soient receuz par sis persoines dudit mestier, et ne pourront ces deniers convertir en autres usaiges, sus paine de corps et de bien, et en rendront une foiz chescun an compte au commun dudit mestier et du deffaut seront puniz par nous prevost de Paris et par noz successeurs, et changera ledit commun au compte les dites sis persoines et le clerc, se il lour plaist, et se il leur plaist que il demurent, il demourront. Nous qui le commun profit et l'onour de Dieu et de la benoite Vierge Marie et de nostre sire le roy voulons, et desirrons faire, si comme à nous appartient, le profit dou commun poiple, voulons et ottroions au diz ouvriers conreeurs de robe vaire que il puissent faire et ordenner, facent et ordrennent (sic) les choses dessus dites de nostre auctorité, licence et commandement, sauf en toutes choses le droit et l'onor de nostre sire le roy et de son peuple, et que par ce taquehan, assemblée ou conspiracion populaire ne soit faite ou prejudice ou doumaige de nostre sire le roy et de son dit peuple. En tesmoing des choses dessus dites, nous avons signées ces lettres de nostre propre signet et les avons fait seeller du seel de la prevosté de Paris. Ce fut fait en l'an de grace mil CCC diz et huit le semadi diz jours de fevrier.

(Trésor des Chartes, reg. 65², pièce VIII^{xx}XVIII. Vidimus de Philippe de Valois en décembre 1328.)

XIII

Philippe le Long autorise le rétablissement de la confrérie de Saint-Jacques et de Saint-Louis.

Mars 1319 (n. s.).

Philippus, etc. Notum facimus universis presentibus et futuris quod, cum in ecclesia beati Jacobi de Carnificeria Parisiensis quedam confratria in honore Dei ac gloriose Virginis Marie matris ejus, beatique Jacobi apostoli fuisse[t] ex devotione[1] fidelium ab olim instituta, que postmodum, tam in ipsius beati Jacobi apostoli quam beatissimi confessoris Ludovici, quondam regis Francie

1. Il y a dans le registre : *donatione*.

proavi nostri ex devotione confratrum ejusdem confratrie, quam ad eundem confessorem habebant, ordinata extitit et confratria sanctorum Jacobi et Ludovici communiter appellata, dicta tamen confratria, sicut et cetere confratrie ville Parisiensis, certa de causa, de mandato carissimi domini et genitoris nostri, fuit quasi totaliter annullata, ac confratribus ejusdem confratrie inhibitum ne sub nomine confratrie, aliquam congregationem facere inter se presumerent quoquomodo, propter quod confratres quamplures quondam ejusdem confratrie, ad nostram accedentes presentiam, nobis humiliter supplicarunt, ut dictam confratriam ad statum in quo erat tempore quo dictus dominus genitor noster eandem annullavit, reponere et ipsam restituere dignaremur, cumque, sicut ex fide dignorum relatione didicimus, confratres prefate confratrie non fuerunt in culpa de causa pro qua idem dominus genitor noster tam ipsam confratriam quam ceteras confratrias ville predicte anullavit, quodque, tempore quo dicta confratria in statu suo manebat, de bonis ejusdem confratrie large fiebant elemosine, pauperesque confratres ejusdem sustentabantur, ac in ipsa ecclesia misse quamplures, tam pro vivis quam pro defunctis, qualibet ebdomada, ex statutis dicte confratrie, celebrabantur, aliaque quamplura de bonis dicte confratrie fiebant opera caritatis, nos predecessorum nostrorum, qui semper ad ea que ad honorem Dei ac sanctorum ejus fiebant, tempore sue mentis occulo[s] dirigebant, et assensum benigniter impendebant, vestigii[s] inherentes, confratriam predictam ad statum pristinum reducimus, et eam prefatis confratribus concedimus per presentes, hoc tamen adjecto quod, quocienscunque prefati confratres pro ipsius confratrie negociis se congregare voluerint, quod pro hujusmodi facienda congregacione a preposito Parisiensi, seu ejus locum tenente petent licenciam, statuentes quod idem prepositus aut ejus locum tenens, seu alius [1] ab eodem preposito seu ejus locum tenente deputandus[2], pro quacunque suspicione amovenda, et evitando quolibet scandalo, in congregatione hujusmodi presens intersit, quodque aliam congregationem aliquam, sub pena corporum et bonorum, confratres ipsi quam ut predicitur facere non valeant quoquomodo. In cujus rei testimonium... Actum apud Joyacum, anno Domini M° CCC° decimo octavo, mense Martii.

(Trésor des Chartes, reg. 56, pièce 602.)

1. On lit dans le texte : *aliis*.
2. Le registre porte : *deputandas*.

XIV

Philippe le Long autorise les oubliers de Paris à rétablir la confrérie fondée par eux en l'honneur de saint Michel.

Janvier 1321 (n. s.).

Philippus, etc..... Cum igitur nebularii ville Parisiensis a longe retroactis temporibus confratriam inter se tenere et habere in honore gloriosi Dei archangeli sancti Michaëlis consueverint, que postmodum per carissimum dominum et genitorem nostrum, sicut et cetere confratrie ville nostre Parisiensis predicte, certis ex causis fuit teneri prohibita, prefati nebularii nobis humiliter supplicaverunt, ut tenendi et habendi inter se dictam confratriam, modo quo alias tenere ipsam et habere consueverant, sibi licenciam concedere dignaremur. Nos igitur, attendentes quod cause propter quas idem dominus et genitor noster dictas confratrias teneri prohibuit, cessant omnino, et jam diu est cessaverunt, prefatis nebulariis, ipsorum in hac parte supplicationibus inclinati, ob ipsius gloriosissimi archangeli, cui ab eodem domino Jeshu Christo fidelium animas in lucem sempiternam representandi est collata potestas, reverenciam et honorem, tenendi et habendi dictam confratriam de cetero inter se, sicut alias consueverant, licenciam concedimus per presentes, necnon, cum super aliquibus que suarum salutem animarum et dicte confratrie utilitatem prospexerint agere vel tractare habuerint, possint in aliquo loco Parisius honesto convenire, ut conferentes insimul ipsi sibi subvenire studeant auxiliis opportunis, et sic ex bonis operibus caritatis fraterne splendeant apud Deum et homines, quod ceteri pios actus eorum considerantes glorificent patrem suum celestem et ad consimilium operum excercicia propensius animentur. Volumus tamen quod, quociens insimul convenire voluerint[1], prepositus noster Parisiensis aut deputatus ab eo, pro omni evitando scandalo, eorum congregationi presens intersit. Quod ut firmum..... Datum et actum Parisius, anno Domini M° CCC° vicesimo, mense Januarii.

(Trésor des Chartes, reg. 60, pièce 3.)

---

1. *Quod* est répété dans le texte.

XV

Charles V affranchit les tisserands de drap et de toile de l'obligation de fournir des hommes et de l'argent pour le guet et les autorise à faire le service en personne.

Avril 1372.

Charles, par la grace de Dieu roy de France, savoir faisons à tous presens et avenir nous avoir receu humble supplicacion des tissarrans de lange et de linge de nostre bonne ville de Paris, contenant comme jà pieça, ou temps que leur mestier estoit si grant que il y avoit bien trois cens maistres et plus, ilz eussent accordé à livre[r] pour le guet de nostre dicte ville de trois sepmaines en trois sepmaines, soixante hommes, et à nous paier vint solz et pour celui qui asseoit le dit guet dix solz pour sa peine, et pour le temps delors feust et ait de puis esté longement le dit mestier bon et bien puissant de soustenir et porter la dicte charge, et de puis, tant pour les mortalitéz qui sont seurvenues et ont esté, comme pour occasicion de nos guerres, ilz soient telement diminuéz et appeticiéz en nombre de personnes et en chevances que plus ne pourroient bonnement paier, ne souffrir le dit fait et charge, dont il a convenu que de tant pou comme il en y estoit demouré, la greigneur partie se soient partiz et vuydiés de nostre terre là où les dis tissarranz souloient demourer, et sont alés prandre leur demeure es terres des doyen et chapitre de Paris, des religieux de l'Ospital, de saint Martin des Champs, de sainte Genevieve, à saint Marcel et en autres lieux et terres privileges (*sic*) pour ce que eulx et ceulx qui y demeurent sont quittes et exemps du dit guet et charge, et par tele maniere s'estoient dispars qu'il n'en est pas demouré en nostre terre plus de seize mesnages ou environ, jusques à ce que le maistre et les jurés du dit mestier qui estoient et sont demourans en nostre terre se sont nagaires trais devers nos améz et feaulz gens de nos comptes pour requerir et avoir sur ce provision et remede, lesquelz, oÿe ladicte requeste, par leur response leur donnerent bonne et grant esperance d'estre briefment par nous gracieusement pourveuz, et pour ce les dis maistre et jurés, en eulz souzmettant en nostre bonne ordenance et en attendant nostre grace, aient tant fait et par tele maniere induit les dis tissarrans que par leurs grans peines, travaulx et bonnes diligences, pluseurs dudit mestier sont retournéz et revenus demourer nouvelement en nostre dicte terre et desmaintenent y sont demourans bien jusques au nombre de cinquante mesnages ou environ, si comme il dient, en nous suppliant que, afin qu'il ne les conviengne retourner arriere hors de nostre dicte terre et pour donner matiere et occasion à autres du dit mestier d'y revenir et retourner, dont il ont bonne voulenté, nous leur vueilliens sur ce pourveoir et nostre grace leur elargir, pour quoy nous, considerans les choses dessus dictes, oÿe la relacion de nos prevost et receveur de Paris et de nos procureur et advocat en nostre Chastellet, avons par bonne et meure diliberacion (*sic*) de nostre grant conseil, et pour certaines et justes causes qui nous ont meu et meuvent ad ce, octroyé et octroyons par ces presentes de nos certaine science, grace especial et auctorité royal aus dis supplians et voulons et ordenons que doresenavant les dis tissarrans qui à present sont demourans et demouront pour le temps avenir en nostre dicte ville de Paris soubz nous sans moyen et en nostre dicte terre, sont, seront et demouront perpetuelment et à tous jours franz, quittes et delivres du guet et charge dessus dis, et tous les arrerages qui de tout le temps passé nous sont et peuent estre deuz à cause du dit guet et pour occasion d'icellui, nous leur avons donné, quittés et remis, donnons, quittons et remettons à plain, sans ce que de present ou pour le temps avenir, il en puissent ou doient estre molestéz ou contrains à en paier aucune chose, parmi ce que de ci en avant il feront et seront tenuz de faire seulement autel guet et par autelle maniere comme font et doivent faire les autres mestiers de Paris qui doivent le dit guet. Si donnons en mandement par la teneur de ces presentes à nos dictes gens de nos comptes, aux diz prevost et receveur de Paris et à tous autres à qui il appartient et puet appartenir, ou à leurs lieuxtenans, et à chascun d'eulx qui apresent sont et pour le temps avenir seront, que, de nostre presente grace, ordenance et ottroy facent perpetuelment, sueffrent et laissent joïr et user paisiblement les dis tissarranz, sans les contraindre, molester ou empescher ou souffrir estre molestéz ou empeschéz de present ou pour le temps avenir au contraire en aucune maniere, et se, pour cause de ce, aucuns des biens des dis tissarrans ou d'aucun d'eulx estoient pour ce prins, saisis ou arrestés, nous voulons qu'il leur soient renduz et mis à plaine delivrance, non obstant quelconques autres ordenances, registres fais ou à faire, mandemens, deffenses ou lettres empetrées ou à empetrer à ce contraire. Et que ce soit perpetuelle chose ferme et estable à tous jours, nous avons fait mettre nostre seel à ces presentes lettres, sauf en autres choses nostre droit et l'autrui en toutes. Donné à Paris en nostre chastel du Louvre l'an de grace mil CCC soixante et douze et de nostre regne le IXe ou mois d'avril après Pasques.

(Trésor des Chartes, reg. 103, pièce 57.)

XVI

Arrêt du Parlement ordonnant mainlevée de selles saisies chez un sellier par les gardes-jurés de la corporation et autorisant ledit sellier à faire des chapuis et en même temps à les recouvrir de cuir.

23 juin 1354.

Cum lis mota fuisset in curia nostra inter Johannem *Beguin* ex una parte, ac magistros et communitatem seu commune sellariorum Paris, ex altera, super eo quod dictus Johannes proponebat quod, licet per spacium longi temporis Parisius moram traxisset et in artificio seu ministerio sellarii, videlicet tam in hoc quod vocatur chapuiseria quam in alio opere et perfectione sellarum, dictum artificium exercuisset et exerceret, videntibus et non contradicentibus dictis magistris et operariis pacifice et quiete, et in illo ministerio institutus fuisset per ducem Borbonie, camerarium Francie, ad quem, ratione sui officii auctoritate regia fundati, spectat dicta institutio, nichilominus Gaufridus Britonis, etc., dicentes se magistros ministerii sellariorum Par., ceperant et asportaverant extra domum suam per se vel per alios de mandato ipsorum, novem sellas ipsius Johannis *Beguin* ad equitandum novas, bonas et legitimas, eidemque interdixerant artificium predictum et operariis inhibuerant ne in dicto artificio operarentur pro ipso, ipsumque *Beguin* de possessione et saisina ac statu suis in quibus fuerat et erat, ut prefertur, pacifice depunctaverant sine judicio, sine lege, sine cognicione cause, et adhuc dictas sellas ac ipsum sub depunctamento predicto tenebant indebite et injuste....., quare petebat, inter ceteras conclusiones suas, dictam suam partem adversam condempnari et compelli per arrestum ad restituendum sibi dictas sellas, tanquam bonas et legitimas et in valore quo erant tempore dicte captionis, si extarent, seu valorem ipsarum et quanti plurimi valuerant a dicto tempore citra, seque ad dictum statum suum et ministerium restitui et in eo teneri et servari....., dictis magistris et communi sellariorum proponentibus ex adverso quod per ordinationes et statuta super dicto artificio constitutas,..... ad dictum ministerium..... nullus assumi debet in magistrum, qui sub magistro Paris. non fuerit discipulus seu aprenticius aut servitor per certum et longum tempus, et qui postmodum edificetur seu approbetur per magistros dicti ministerii. Dicebant insuper quod, si alias quilibet auctoritate propria se posset dicto ministerio immiscere, multe fraudes et vituperia sequerentur exinde, tam ob inefrenatum numerum inexpertorum qui se in hoc ingererent quam propter magnum concursum populi Paris. confluentis, presertim cum, antequam sella parata sit, per duodecim factiones habeat pertransire. Dicebant etiam quod, inter cetera, secundum dictas ordinationes, prohibetur ne idem quis sit chapuisator et sellarius simul Paris., cum, si hoc permitteretur, talis operarius posset frequenter fraudem in fuste et arçonnis committere et hanc per corium et alia exteriora maliciose tegere, quod fieri non potest quando arçonni nudi penes sellarios deponuntur. Posset eciam quilibet talis utens utroque penuriam et caristiam sellarum inducere, tam per hoc quod, faciendo opus sellarii, chapuiseriam dimitteret et forsan quod per avariciam pro se solo chapuisaret arçonnos. Dicebant etiam quod, secundum ordinationes predictas, si aliquis qui non sit de ministerio sellariorum et per magistrum institutus, modo predicto se de vendendo sellas Paris. intromittat, tales selle sunt nobis acquisite, tanquam forefacte et per manus magistrorum dicti ministerii capiende ac receptori nostro Paris... liberande. Dicebant insuper quod, quia dictus *Beguin* non fuerat aprenticius Paris. nec per magistros institutus, et ad ipsorum noticiam devenisset quod se premissis auctoritate propria ingesserat, ad domum ipsius accesserant dicti magistri et ibidem invenerant dictas sellas vendicioni publice expositas et ob hoc ipsas ceperant et receptori nostro Paris. tradiderant, tanquam nobis confiscatas..... Prefato Johanne *Beguin* replicando dicente quod expedit rei publice et de jure communi competit unicuique quod quilibet expertus in arte et artificio suo, dum tamen fideliter se habeat, operetur non solum pro aliqua parte rei, sed eciam pro perfectione[1] ejusdem, sicut de arçonnis et de his que ad perfectionem sellarum requiruntur, et quanto per pauciores operarios potest attingi alicujus operationis effectus, tanto sequitur exinde minor sumptus, potestque visitari et examinari sella taliter ab uno solo artifice composita ac si esset facta per diversos operarios et plures. Dicebat etiam quod dato, sine prejudicio, quod alique ordinationes contrarie transactis temporibus extitissent servate, atamen carissimus dominus genitor noster pro re publica et corrigendo ea que juri communi derogabant, si que essent, statuerat quod quilibet artifex expertus posset venire, morari et operari Paris. in et de omni parte et puncto artificii sui, exceptis quibusdam artificiis, inter que nulla fit exceptio de artificio sellarum aut chapuiserie predicto..... Parte magistrorum et sellariorum dupplicante quod, supposito quod dictus dominus genitor noster aliquam concessionem fecisset de operando per aliquem ex toto in artificio suo, intelligendum tamen erat rerum ordine non turbato, sed per operationes distinctas et modo solito, non confuse, eratque excepta seu saltem non concessa facultas uni et eidem operario de chapuisando et perficiendo sellas, et, si qua alia concessio facta fuerat generalis vel alia, fundata fuerat ad causam mortalitatis, non tamen perpetua neque talis quod deberet prefatis ordinationibus derogare, cessaveratque

1. Le texte porte : *profectione.*

causa mortalitatis et sic cessabat effectus..... per arrestum curie nostre dictum fuit quod dicte novem selle per dictos magistros capte restituentur per ipsos dicto Johanni, si in valore quo erant tempore captionis extent, alioquin idem valor ipsarum..... et per idem arrestum dictum fuit quod dictus Johannes licite poterit exercere artificium tam chapuiserie quam sellarie simul.....

(Reg. du Parlement, X^{1a} 15, f° 337 v°.)

XVII

Le voyer de Paris autorise un maréchal-ferrant à établir un travail moyennant 2 francs d'or une fois payés et une redevance annuelle.

12 mars 1375 (n. s.).

A touz ceulx qui ces lettres verront Lorens du Molinet, receveur et voier de Paris, salut. Savoir faisons que l'an mil CCCLXXIIII, le dimenche XII° jour de mars, Colin de Hors, mareschal vint pardevers nous et nous requist que nous lui voulsissions donner congié et licence de faire et drecier un travail à mareschal devant son hostel seant à Paris en la grant rue Saint-Martin assèz près de l'archet Saint-Merry..... parmi en faisant au Roy chascun an la redevance en tel cas acoustumée. Après la quelle requeste, nous comeismes maistre Robert d'Otheriche, garde de la dicte voierie pour aler veoir et visiter le lieu et se on y pourroit drecier travail sans prejudice au chemin de la voierie, et aussi combien la dicte place pourroit bien valoir pour une foiz, le quel maistre Robert nous a rapporté qu'il a esté sur le lieu, et pris et geaugé les paaleures où le dit travail pourra estre assiz sans prejudice du chemin de la dicte voierie, et que par ycelle maniere il pourra bien valoir deux francs d'or pour une foiz avec la rente ou coustume ancienne. Pour quoy nous avons donné congié et licence au dit Colin le mareschal de lever et drecier le dit travail devant son dit hostel aus us et coustumes de la dicte voierie, si comme le dit maistre Robert la geauge et paale, et parmi ce aussi qu'il a finé à nous pour le Roy et paié deux franz d'or pour une foiz au collecteur de la dicte voierie et que chascun an il sera tenu de paier au Roy la redevance ou coustume ancienne..... En tesmoing de ce, nous avons scellées ces lettres de notre seel qui furent faictes et données le XII° jour de mars l'an MCCCLXXIIII.

(Trésor des Chartes, reg. 115, pièce 362.)

XVIII

Extraits d'un registre de la corporation des orfévres relatant l'élection et les visites des gardes-jurés.

1345-1412.

Extraiz faiz à la requeste des gardes et juréz du mestier de l'orfavrie à Paris et par vertu d'une requeste par eulx baillée et expediée par la court le XVIIIe jour de ce mois de juin l'an mil IIII^{c}LXII, et collationnéz en la presence de maistre Jehan Fourcault, procureur du Roy en la chambre de generaulx maistres des monnoies le XVIIIe jour dudit mois de juin l'an mil IIII^{c}LXII, en la chappelle des orfevres à Paris, d'un livre escript en parchemin, relié en aiz, couvert de cuir blanc, fermant à clef, commançant le premier feullet l'an mil III^{c}XXXVII, le lundi avant la saint Vincent, etc., et sont les articles desdis extraiz cydessoubz et en ce present quayer escriptz, quottéz et nombrés dessus en teste des feulléz dudit livre, esquelz sont lesdis articles poséz et escriptz, et desquelz feulléz ont lesdis articles esté extraiz.

1. *Item* l'an mil CCCXLV, le Xe jour de decembre furent esleuz pour estre gardes du mestier de l'orfaverie de Paris, par l'assentement et accort de tout le commun dudit mestier, c'est assavoir Richart de Villers, Pierre Fueillet, Martin Le Fevre, Guillaume de Montpellier, Pierre Mangars et Pierre de la Chappelle (folio p^o verso).
2. *Item* en celi temps avint que il aloient visitant et trouverent en la rue au feurre annelès de laton, esquels il avoit pierres d'esmail samblans à grenars à revers, lesquelz il prinrent par tout les lius là où les porent trouver et les despecerent, et fu commandé par maistre Thoumas de la Chevre, qui pour le temps estoit lieutenant du prevost de Paris, à Jehan d'Avalon, sergent à verge que il alast aus maistres des anneliers de laton et que il leur feist commandement que il n'en souffrissent plus neuls fere en leur mestier dores en avant (folio secundo).
3. L'an de grace mil CCCXLVI, le IIIIe jour de decembre, furent esleus et establis pour estre garde du mestier de l'orfaverie de Paris, par l'assentement et accort de tout le commun dudit mestier, c'est assavoir Thoumas Anquetin, Jehan Poitevin, Guyart Villain, Jehan Rous, Jehan de Dreus et Jehan Cornille (eodem folio secundo).

4. *Item* en celi temps avint et fut trouvés sur Colin Begent ung gobelet d'argent garny d'esmaus de plite d'argent, lequel gobelet estoit de villain et oultrageux recrois, lequel recrois pesoit V onces ou environ, pour quoy fut despecié, pour quo[y] ledit Colin se trest devers le prevost de Paris en disant que les maistres li avoient fait grief et dommaige de despecier le dit gobelet, lequel estoit bien et loyaulx, si comme il disoit, pour quoy ledit prevost en vot avoir la congnissance, et vouloit le prevost que nous ne peussiemes condempner ces coses sans li appeller, et en vouloit lesdis gardes traictier à amende ; et en furent lesdis gardes en grant procès, et depuis li, conneu la nature de la cause, le rendi as dis gardes comme bien jugié et mal arresté et sans faire aucune innovacion sus le mestier (eodem folio verso).

5. *Item* l'an mil CCCXLVII le II° jour de janvier, furent esleus et establis pour estre garde du mestier de l'orfaverie de Paris, par l'assentement et accort de tout le commun dudit mestier, c'est assavoir Aliaume Goriau, Regnault Hune, Pierre Boudet, Jehan de Nougis, Amis de Baumes et Thoumas de Lengres (eodem folio verso).

6. *Item* avint en leur temps que, en visitant, furent trouvés verges d'or esmailliées sur plusieurs boinnes gens du mestier, et estoient lesdites verges fourrées d'argent et de coivre dedens et se vendoient par le mestier et les cuidoient les boinnes gens qui vendoient pour toutes d'or, lesquelles verges Perrin Pougeri confessa avoir vendues aus boinnes gens et plus les confessa avoir faictes, par quoy fut mis ledit Perrin en prison en Chastellet et puis fut rendu eu la court l'official (eodem folio verso).

7. *Item* l'an mil CCCXLVIII, VII° jour de janvier, furent esleus et establis pour estre gardes du mestier de l'orfaverie de Paris, par l'assentement et accort de tout le commun dudit mestier, c'est assavoir Jehan de Toul, Rogier de Soissons, Jehan Le Bidant, Jaques Boullon, Robert Hure et Jehan d'Esparnon (folio tercio).

8. *Item* avint en leur temps que ung marchant qu'on appelloit maistre Remon de Tournont qui avait plusieurs joyuaux faulx, lesquelz il avoit appareilliéz et enmalés pour porter hors du païs, lesquelz joyuaux il avoit fait forgier et de sa main et les avoit garnis de faulces pierres et assis sus fausses pierres et orfaverie emaux de plite qui n'estoient ne bons ne souffisans, et estoient plaquiés à cole, et estoient les dis joyuaux couvers entre les emaux de feuilles d'or, samblables à or fin, et pour la faulceté qui estoit es joyuaux fu ledit maistre Remon prins et mis en prison et de plus tourné en pillori ; et pesoient lesdis joyuaux IIII^{xx} et V marcs et vindrent à LVI marcs qui furent acquis au Roy pour les malefices dessus dis (eodem folio).

9. *Item* l'an mil CCCXLIX, le VI° jour de decembre furent esleu et establis pour estre gardes du mestier de l'orfaverie de Paris, par l'assentement et accort de tout le commun dudit mestier, c'est assavoir Jehan de Mante, Martin le Fevre, Thoumas Coutain, Richard Desnés, Guillaume Gargoulle et Gilles Pasquier (eodem folio).

10. *Item* advint à leur temps, que Jehan Manessier orfevre, qui

— 301 —

avoit fait une sainture à ung maçon, en laquelle il avait mis laiton à bates soudées dedens la boucle et le mordant pour estre plus fors, le quel fut livré au prévost de Paris chargié du fait (eodem folio verso).

11. *Item* l'an mil CCCLII, le mardi XVIII° jour de decembre, furent esleus et establis pour estre gardes du mestier de l'orfaverie de Paris, par l'assentement et accort de tout le commun du mestier, Jehan le Rous, Pierre de la Chappelle, Thoumas de Lengres, Jehan Mellier et Pierre Desbarres ; et eslurent pour demourer avec eulz maistre Jehan de Nangis (quarto folio).

12. *Item* avint en leur temps, le samedi avant la Saint Martin d'iver l'an LIII, que les prevosts de la foire Saint Ladre qui pour le temps estoient, dont lors noms se suivent, premierement Thoumas de Senlis, geolier du Four l'Evesque pour le temps, et Jehan Le Picart, Perrin de Compiengne, Oudart Le Cras, Jehan de la Marre et Thoumas de la Marre freres, et Perrin de Godemal, balancier et Richart le Ballancier allerent parmi la hale de la mercerie de Paris prendre certains marcs et pois au marciers et autres, et vindrent par aucuns orfevres qui vendoient denrées d'orfaverie, et par especial à ung que on appelle Guillaume de Mery et prindrent ses marcs de fait et le firent venir de fait à la loge de ladite foire, et li firent amender à force, pourceque ilz disoient que ses marcs estoient plus foibles que raison, et jugerent tantost l'amende à trois escus, lesquelz il falu qu'il paiast tantost ou autrement ilz eussent envoyé en prison, et puis alerent prendre les marcs de Jehan de Soissons et les marcs de Nicolas Durden, lesquels se complaindrent ausdis maistres, monstrerent les griefz et nouvelletés, que lesdis fermiers de ladite foire leur faisoient ; lesquelz maistres se trairent par devers maistre Jehan Gigot, qui pour le temps estoit procureur du Roy et lieutenant dou prevost de Paris, et à Rolant Pougeri qui pour le temps estoient (*sic*) receveur de Paris, et se complaindrent des griefz et des nouvelletés que lesdis fermiers leur faisoient ; pour quoy lesdis procureur et receveurs firent commandement ausdis fermiers et ausdis maistres qu'ilz fuissent le miecredi avant le Saint Climent, aprèes disner, ou Chastellet en la chambre dou receveur[1], lesquelx maistres y furent et comparurent souffisans, et furent lesdis fermiers deffaillans ; pour quoy fut fait à priiere ung autre adjornement asdis maistres et as fermiers à l'andemain en ladite chambre, et y furent presens les II. parties, et firent les maistres leurs complaintes et leurs demandes et les fermiers leurs deffences, et y eut grans altercacions, et fut dit icellui jour que les fermiers rendroient ausdis maistres les marcs qu'ilz avoient prins et avec les admendes qu'ilz avoient levées, et vous demourés en vostre saisine ; et fut ce dit par les devant diz procureurs et receveur dou Roy, present lesdis maistres, Guillaume Potire, clerc dou receveur, Pierre Leblont, Daniau Tibout, Nicolas Dourdon, Guillaume de Mery et lesdis fermiers (eodem folio).

---

1. Le texte porte : *revereur*.

13. *Item* en l'an mil CCCLV, le mardi XXV° jour de janvier, furent esleu pour rester maistres et gardes de l'orfaverie de Paris, Pierre Boudet, Robiert Le Marescal, Gille Pasquier, Pierre Visdame, Jaques Le Blonc, Nicolas Doupin, et par les anciens fu eslu à demourer Girart Villain (folio quinto).

14. *Item* or avint en leur temps que les maistres des orfevres de Rouen envoyerent à Vincent Capel une boucle d'argent creuse que ledit Vincent avoit vendue à un marchant de Rouen comme bonne et loyal, et lesdis maistres de Rouen la trouverent plaine de coivre, pour coy ilz envoierent à Paris audit Vincent, affin qu'il s'escusast et deist qui l'avoit faicte, et lors vint ledit Vincent ausdis maistres de Paris et leur monstra ladite boucle, et dit que Jehannin le Mastin l'avoit faicte. Cy envoierent lesdis maistres querre ledit Jehannin et li monstrerent ladite boucle et il la recongnust avoir faicte, pour quoy lesdis maistres le menerent en Chastellet et le livrerent au prevost, et, pour ce qu'il estoit clerc, le prevost le rendi à l'officiaul, et l'official après ce manda lesdis maistres pour savoir s'il en avoit plus fait, et lesdis maistres respondirent qu'il n'en avoient plus trouvé, pour quoy l'official le delivra (eodem folio).

15. *Item* l'an mil CCCLVIII, le lundi après la Saint Eloy d'iver, furent esleus pour estre gardes dou mestier d'orfaverie de Paris, Martin Le Fevre, Jehan Le Rous, Thoumas Pocart, Guillaume Le Tourneur, Robert Rector (eodem folio).

16. *Item* avint en leur temps que Guillemin Gaingne faisoit une sainture pour Jehan Le Picart à rosetes embouties, les pointes emplies de soudure, et en la boucle et ou mordant avoit IIII. estrelins de plonc, pour coy tout fu depeciés et ledit Guillemin mis en Chastellet, cargiet du fait (eodem folio).

17. *Item* l'an mil CCCLIX, le jeudi après la sainct Andry, furent esleu à estre gardes de l'orfaverie de Paris Richart de Villers, Thoumas Toustain, Simon Loyseleur, Jehan Lescuier, Pierre Le Maistre et Guillaume de La Dehors (folio VI^to verso).

18. *Item* le XXIIII° jour de janvier en l'an dessusdit, en visitant le mestier, lesdis maistres trouverent sur Jehan Charles une sainture en laquelle avoit dessoubz XXV des cloux, en cascun une piece de plonc fin et dedens le mordant en avoit entour la coquille, et pesoit le plonc V. onces et demie, laquelle sainture avoit fait Arnoulet de Maucreux et vendue à la femme dudit Jehan Carles, pour quoy les dis maistres du mestier prindrent yceli Arnoulet et misent en Castelet ; et fut ladite sainture despecié par l'assentement du mestier et ledit Arnoul rendu à la court de l'official, pource qu'il estoit clerc (folio VII^mo).

19. *Item* l'an mil CCCLX, le III° jour de decembre, furent esleuz à estre maistres et gardes du mestier de l'orfaverie de Paris, Guiard Villain, Jehan Malin, Pierre de Sevre, Thoumas Daredant, Pierre Le Clerc, Garnier Bandele (eodem folio).

20. *Item* avint en leur temps que ilz trouverent trois hanaps de madre que Ferry de Dueil vendoit, lesquelz estoient garnis de claviaux de coivre dorés, atachés de pointes d'argent, esquelz hanaps avoit emaux d'argent, lesquelz hanaps furent condempnéz

et despeciés par l'assentement du mestier et le dit Ferry mené en Chastellet et rendu au prevost chargié de son fait (eodem folio).

21. *Item* l'an mil CCCLXI, furent esleus pour estre garde du mestier de l'orfaverie de Paris, par le consentement dudit mestier, c'est assavoir Jehan de Clicy, Jehan Mellier, Jehan Chastellain, Symon Pasquier, Gilles Meneur, Jehan de Nangis (eodem folio).

22. *Item* advint en leur temps que un escuier apporta XVI boutons, lesquelz XVI boutons furent achattéz sur Jehan Ricart et furent trouvéz lesdis boutons qui n'estoient pas d'argent, et nous jura Jehan Ricart par son serment qu'il les cuidoit de bon argent, car ilz estoient bien decevables, lequel Jehan Ricart ne fut pas creu, mais par le consentement dou mestier fut baillé au prevost de Paris chargié du fait (eodem folio verso).

23. *Item* l'an mil CCCLXIII le IIe jour de janvier, furent esleus pour estre gardes du mestier de l'orfaverie de Paris, par le consentement du mestier, c'est assavoir Pierre Boudet, Robert Le Mareschal, Guillaume Totée, Guillaume Le Cordier et Guillaume Le Foulon (folios VII^{mo} et VIII^{vo}).

24. *Item* avint en leur temps que Michel Orel, varlet orfevre, lequel n'avoit estet aprentif que quatre ans et vouloit lever forge et tenir son mestier, pour laquelle cose lesdis gardes li contredisent, pour laquelle coze il ala devers le Roy en taisant la verité, empetra une grace du Roy comment il povoit tenir forge et ouvrer pour soy, la quelle cose fut signiffiée aus dis gardes de par le prevost de Paris, lesquelz gardes retournerent devers le Roy et li exposerent comment ceste cose estoit contre le bien commun et contre le priviliege dou mestier, et le Roy dist que c'estoit s'entente de garder les en leurs franchises, libertés, et en leurs privilieges de mot à mot, et de ce lor donna letres adreçant au prevost de Paris, et fut la chose plaidoyée en Castellet bien par l'espace de deux moys ou environ, et en la fin fut condempné ledit Michel par sentence et avec les autres lettres dou mestier (folio XI^{mo}).

25. *Item* l'an de grace mil CCCLXX, le IIIIe jour decembre furent esleus à estre gardes du mestier de l'orfaverie de Paris, par le consentement de tout le mestier, c'est assavoir Jehan de Maucrois, Thoumas Duredant, Jehan Talemer, Lorens Malaquin, Girart d'Aussoualf, Pierre Luilier (eodem folio.)

26. *Item* advint en leur temps que il vint une sainture à eschange à la femme feu Pierre Luilier, en laquelle avoit boucle et mordant, quatre cloux et quatre fermeures, de coy à la dite boucle de la dite sainture fut trouvée que estoit fourrée de coivre, et le ranguillon de la boucle estoit rivé d'un gros fil de laiton argenté par les bous; et pour ce fut apporté par devers lesdis gardes, lesquelz gardes firent par leur diligence que l'en leur fut dit que Regnault Hurel avoit faicte la dite sainture, et il leur confessa que il avoit faicte, et pour ce par les dis gardes fut mené en Chastellet et livré au prevost chargié de son fait; et dedens II jours après le prevost manda lesdis gardes et leur demanda

qu'en estoit bon du faire et lesdis gardes respondirent : « Sire, à nous n'en appartient, mais ordonnés ent selon ce que boin vous semblera. » Lors le prevost appella dou conseil de Chastellet, et fut ordenné et jugié que il seroit bani du mestier à certain temps, que il n'ouverroit à Paris ne à la viconté, puis fut rendu à la court l'official pour ce que il estoit clerc (eodem folio verso).

27. *Item* avint en leur temps que madame de Flandres feist faire un voerret d'or, lequel fut garny de doublés en guise de balès, lequel vint à faire à Robert Retor, lequel ne le voult pas faire sans le congié des maistres en avoir letres du Roy adreçant au prevost de Paris et aux gardes du mestier, et est contenu esdites letres que ainsi le vouloit le Roy sans ce qu'il tournast riens en préjudice au mestier ne à Robert, et en est mise la letre ou coffre as trois clefz (xii° folio verso).

28. *Item* l'an de grace mil CCCLXXIIII, furent esleuz le VIII° jour de decembre, à estre gardes du mestier de l'orfaverie, par le consentement de tout le commun du mestier, c'est assavoir Guillaume Gargoulle, Jehan Hune, Jehan Poupelin, Thoumas Jourdain, Pierre Barras, Simon Le Fevre, et esleurent des vielz pour demourer en leur compaignie Jehan Jolis (eodem folio).

29. Et avint en leur temps que ilz trouverent à plusieurs bonnes gens du mestier verges d'or esmailliées, qui estoient fourrées d'argent et les achetoient les bonnes gens pour toutes d'or, et fut trouvé que Girard Alorge et Perrin Pillon les avoit faictes, et pour ce les devant diz gardes prindrent ledit Girard et ledit Perrin, et les livrerent au prevost de Paris chargiéz de leurs faiz (xiii° folio).

30. *Item* en leur temps avint qu'il trouverent un anel d'or où il avoit un voirre et avoit fueilles de saphir, lequel anel Robert du Montacelin avoit fait à un lombert, et pour ce fut ledit Robert mis en Chastellet chargié dudit fait (eodem folio).

31. L'an mil CCCLXXV, le VI° jour de decembre, furent esleus du consentement des bonnes gens du mestier de l'orfaverie de Paris, à estre garde dudit mestier, c'est assavoir Jehan de Maucrois, Simon Painet, Girard de Souaf, Jehan de Nangis, Philippe de Bailly et Jehan de Verdelay, et esleurent de leurs devanciers pour demourer avec eulz Jehan Hune (xiiii^to folio).

32. *Item* avint en leur temps que ilz trouverent que Jehannin Brouliart devoit ung marc d'argent, et pour ce les dis gardes le gaigerent, et ledit Broullart se opposa et voult plaidier ausdis gardes, et les gardes alerent devers le receveur et li porterent les gaiges dudit Broulliart, et lors ledit receveur le fit adjourner à la Chambre des Comptes et y vint ledit Brouilliart à tout conseil de Parlement et les gardes alerent avec le receveur et y furent par deux jours, et disoit ledit Broulliart que, combien que il eust esté aprentis à Anevers, il avoit demouré comme aprentis quatre ans sur Raulin Le Mareschal, mais il donnoit point d'argent, et puis demoura deux ans sur Gilles Le Barrois et puis deux ans sur Jehan Du Plessier, et pour ce disoit ledit Broulliart qu'il n'y estoit en riens tenu, et quant les seigneurs de la Chambre des Comptes orent veu nostre previlege, ilz dirent au receveur : « Mettez luy en

Chastellet jusques à tant qu'il ait paié, car il le doit (eodem folio verso).

33. L'an mil CCCLXXVI le VIII° jour de decembre, furent esleus du consentement des bonnes gens du mestier de l'orfaverie de Paris à estre gardes dudit mestier, c'est assavoir Pierre Le Maistre, Nicolas Giffart, Robert Duval, Simon Pasquier, Richart Quenel et Jehan Climent et esleurent[de] leurs devanciers pour demourer avec eulx Jehan de Nangis (eodem folio).

34. Et avint en leur temps que ilz trouverent sur le pont, à la forge Colin au Pois, roelles d'argent pesans environ IX marcs, lesquelles tenoient à venir à fin XXXVII estrelins pour marc, et pour ce que telle mesprenture apparoit que c'estoit de fait apensé, et qu'ilz ne se povoient excuser d'ignorence, et lors fut prins desdis gardes et lui osterent son poinçon et le livrerent au prevost de Paris chargié de ses fais le XVI° jour de juing l'an dessusdit, et depuis fut rendu par ledit prevost à l'official de Paris, pour ce qu'il estoit clerc (xv^{to} folio verso).

35. *Item* l'an mil CCCIIII^{xx} et un, le VIII° jour de decembre, furent esleus du consentement des bonnes gens du mestier de l'orfaverie de Paris, à estre gardes dudit mestier, c'est assavoir Pierre Le Maistre, Richart Quenel, Jehan Clement, Jehan de Lespaut, Robert de Tomberel, Geffroy de Dueil, et esleurent de leurs devanciers pour demourer avec eulz Jehan Jolis (eodem folio).

36. *Item* avint en leur temps que ung marchant forain nommé Balthasar avoit un portepaix fait de hors du païs, auquel avoit plusieurs pierres, comme camaieux et autres pierres, ouquel portepaix ledit Balthasar fit mettre un camaieu de voirre par ung orfevre nommé Gillet de Fraguenas, et pour ce que lesdis gardes en furent informés, ilz manderent ledit Balthasar et lui firent commandement de par le Roy nostre sire que il leur apportast ledit portepaix, et de ce fut desobeissans, et pour ce lesdis gardes [alerent] par devers monsieur le prevost de Paris et lui dirent que ledit Balthasar estoit desobeissans, et pour ce le prevost de Paris leur bailla ung commissaire, et alerent en l'ostel dudit Balthasar et lui firent commandement de par le Roy qu'il monstrast toute l'orfaverie et pierrerie qu'il avoit ausdis gardes, et lesdis gardes trouverent ledit portepaix et plusieurs autres aneaulx d'or de Venise avec autres aneaulx d'or fais de Paris, tout en ung escrin, et porterent lesdis gardes ledit portepaix et les aneaulx fais de Venise au prevost de [Paris] et le prevost de Paris envoya querir ledit Balthasar de main mise et fut dit audit Balthasar que, se il ne fut marchant forain, que il perdisit le joyau, lequel estoit du pris de deux cens frans, et le prevost bailla audis gardes le camaieu de voirre et les aneaux de Venise, et pour ce qu'il n'estoient pas de bon or, ilz furent despeciéz et aussy fut ledit camaieu despecié (eodem folio et folio xvii°).

37. *Item* avint en leur temps que ilz aloient en visitacion pour prendre or et argent, et alerent sur un Alemant nommé Jehan Boule et monterent au premier ovrouer et là ne trouverent riens, et pour ce monterent plus hault, et là trouverent l'uis fermé; et là estoient II varlès qui ne vouldrent laissier entrer dedens; lesdis

gardes se retraierent devers le prevost et se complaignirent de la desobeissance que on leur avoit faicte en l'ostel dudit Jehan Boule, et lors le prevost l'envoya querir de main mise et fut admené sur les carreaux ou Chastellet, et lors le prevost lui demanda pour quoy il avoit desobey aux gardes, et il respondit qu'il tailloit dyamans, lesquelz n'estoient pas en leur visitacion, et lors le prevost lui fit commandement, enjoigni sur quanque il se povoit meffaire envers le Roy, que, quant lesdis gardes ilz vouldroient aler, que il leur ouvrist l'uis et tous les lieux de son hostel, ou, se ainsi estoit qu'il en oist plus de plainte, que il le pugniroit en telle maniere que tous les autres y prendroient exemple (XIX^{mo} folio).

38. L'an mil CCCIIII^{xx} et IX, furent esleus en la garde de l'orfaverie de Paris par le prevost de Paris, c'est assavoir Robert Du Val, Jehan Mouton, Jehan Pigart, Jehan Dory, Estienne Galemer et Raoul de Bethisy, et esleurent de leurs devanciers pour demourer avec eulz Rogier de la Poterne (eodem folio).

39. *Item* avint en leurs temps qui vint en leur congnoissance que on vendoit sur billonneux et marciers et sus orfevres à Paris buletes dorées, blanches et esmailliées faictes dou Pui en Averne, ausquelles avoit entre les deux fons une bate de plon et pate, et pour ce que il li avoit faulceté et larrecin, fut dit par le prevost et conseil du Roy, qu'ale seroient toutes despecées et confisquées au Roy et ainsi tous aneaux et verges du Pui trouvées mauvaises furent condempnées (xx^{mo} folio).

40. L'an mil CCCIIII^{xx} et XIII, furent esleus à estre gardes et visiteurs du mestier de l'orfaverie de Paris par le prevost de Paris, c'est assavoir Rogier de la Porterne, Simon Painet, Jehan Hebert, Jehan Gillebert, Gillebert, Anceau Baudelle, Andry Coniam, et esleurent de leurs devanciers pour demourer avec eulz Jehan de Nangis (eodem folio).

41. *Item* avint en leur temps, en visitant le mestier, ilz trouverent sur Jehan Desfriches verges d'or fourrées d'arjent et les avoit faictes I orfevre nommé Sansonnet de la Porte, et fut pris emprisonné en Chastellet par lesdis gardes chargié des choses dessus dites (xxii^{do} folio verso).

42. L'an mil CCCIIII^{xx} et XV, furent esleus à estre gardes et visiteurs du mestier de l'orfaverie de Paris par le prevost de Paris, c'est assavoir Nicolas Giffart, Simon Le Fevre, Jehan Hasart et Robert de Souaf et Jehan Godart, Pierre Chenart, et esleurent de leurs devanciers pour demourer avec eulz Jehan Pigart (xxvii^{mo} folio).

43. *Item* avint en leur temps que un hanapier nommé Jehan Lorfevre, demourant devant Saint-Merry avoit fait boces et pieces à plusieurs hanaps pour ung tavernier, entre lequel tavernier et lui meu debat et plait pour iceulx hanaps, lesquelz furent apportéz ausdis gardes pour essaier l'argent s'il estoit bon, et pour ce qu'ilz ne trouverent pas l'argent bon, despecerent lesdites boces, et manderent ledit Jehan pour le reprendre et blasmer de sa faulte, lequel leur dit plusieurs injures et villennies, pour lesquelles il fut pris et mené en Chastellet, et le fit le prevost de Paris mettre

ou Puis[1] et manda iceulx gardes par devant lui et le conseil et leur fit amender par ledit Jehan à genoulz et aussi l'amenda au Roy (eodem folio).

44. L'an mil CCCCVII, le jeudi VII° de septembre, furent esleus gardes du mestier de l'orfaverie de Paris Jehan Compte, Jehan Gillebert, Jehan de Boinville, Jehan Hebert, Berthelot de La Lainde, Adenet Bocheron, et esleurent pour demourer avec eulz Jehan Pigart (xxix^{vo} folio verso).

45. Et avint en leur temps que ung nommé Mahiet Villemant, orfevre cy apporta à vendre deux verges d'or à la forge Noel Du Four, et estoient fourrées d'argent et furent prinses par les gardes du mestier, et fut demandé audit Mahiet qui les y avoit bailliées, et il respondit que se avoit fait ung orfevre nommé Bernard Besson, lequel Bernard fut prins par les gardes et mis en Chastellet (xxix^{no} folio).

46. L'an mil CCCC et unze ensuivant et fenissant l'an mil CCCC et XII après ensuivant, furent gardes du mestier de l'orfaverie de Paris, c'est assavoir Jehan de Boiville, Phelippot Pigart, Berthelot de La Lainde, Robin Aubert, Jehan de Gonnesse, Nicolas et Perrin Voirin (xxxi^{mo} folio verso).

47. *Item* ou moys d'octobre dernierement passé, Denisot Paumier fut par l'ordonnance et commandement desdis maistres et gardes dudit mestier emprisonné ou Chastellet de Paris, pource que III marcs d'argent que ledit Denisot avoit mis en euvre avoit esté trouvé en X onces XVI solz d'empirance pour marc et au demourant qui font XIII onces VII parisis pour marc, et pour ce fut condempné à l'enmender de la somme de IIII liv. parisis, dont en appartient ausdis maîstres le quint (eodem folio).

48. L'an mil CCCCXXII fenissans mil CCCCXXIII, furent esleus à la garde du mestier de l'orfaverie de Paris, Jehan Le Maçon, Jehan Chastellain, Simon Cossart, Jehan Nicolas et Jehan Fournier, Guillaume de Neelle, et esleurent pour demourer avec eulz Robert Aubert (xxxiiii^{to} folio).

49. Et avint en leur temps, un nommé Berthelemin de Mauregard, soy disant procureur du Roy fit une prinse sur les billonneurs et leur seella leurs coffres, puis furent par les generaulz maistres des seellés (*sic*) et prindrent le billon et dirent à Berthelemin que à nous appartenoit l'orfaverie à visiter et feusmes praiz des la recevoir, quant ledit Mauregard se opposa en disant que à lui appartenoit nous veoir faire noz excès et nous dissans au contraire, par quoy la chose demoura sans nous estre bailliée, et avint que par la poursuite des billonneurs nous manda le prevost de Paris, qui ordonna que les besongnes nous seroient bailliées à visiter par inventoire, en rapportant au procureur du Roy de Chastellet ledit inventoire avec les faultes déclairées par cedulle, et fut dit par ledit prevost que ledit Berthelemin n'y seroit point present et fut rapporté le bon entier et le mauvais rompu à la charge en quoy il fut trouvé (eodem folio).

1. C'était une des prisons du Châtelet.

50. L'an mil CCCC et XXX fenissans l'an mil CCCCXXXI, furent esleus en la garde du mestier de l'orfaverie de Paris, Jehan Vaillant, Jehan Le Fevre dit de Manneville, Ma[r]tin le Maçon, Aubertin de Bausmes, Jehan Le Galoys, Perrin Nepveu, et y esleurent pour demourer avec eulx Jehan Le Maçon (xxxvi^{to} folio).

51. *Item* avint en leurs temps, le XVIe jour de juing mil CCCC et XXXI en faisant la visitacion par le mestier, trouverent sur une brunissarre en Quiquenpoit, femme de Jehan Bourgois orfevre, cinquante et un clou d'argent frappé en estampes creux, pesans VI onces V estrelins ou environ, desquieulx clous en fut fait essay à la coipelle et revint à IX deniers X grains et demi fin; *item* encore un autre essay à la coipelle d'un d'iceulx clous, lequel revint à X deniers VII grains et icelle empirance trouvée en iceulx clous estoient (*sic*) à cause de souldures dont iceulx cloux estoient emplis à l'envers, et pour ce furent mis en justice par devers le procureur du Roy, et ordennerent que iceulx clous seroient despeciéz par les gardes et rendues à Jehan au Fieux auquel ilz estoient, et pour ce fut condempné par le procureur du Roy en LX solz parisis d'amende envers le Roy, et fut dit que la confrarie saint Elloy en aroit le quint, qui est le droit (eodem folio).

52. L'an mil CCCCXXXVIII fenissant CCCCXXXIX, furent esleus en la garde du mestier de l'orfaverie de Paris, Jehan Nicolas, Jehan Fournier, Andry Mignon, Jehan Chienart, Jehan Brin, Jehan Auguerran et esleurent avec eux Phlisot Garnier pour estre leur doyen (xxxviii^{vo} folio).

53. *Item* avint en leur temps en visitant le mestier fut trouvé en l'ostel Guillaume de Laire plusieurs faulces pierres, c'est assavoir un gros doublet fait en maniere d'un rubis avec ung autre doublet plus petit aussy à façon de tres biau ruby et deux agnios d'or, esquieulx avoit deux saffirs sertis[1] soubz les quieulx ledit Guillaume avoit mis tant que on a acoustumé à mestre soubz dyamant ; et avec ce fut trouvé un chaton d'or auquel ledit Guillaume vouloit asseoir le grant doublet dessusdit pour servir à un ourcs d'or, lequel ours fut trouvé en la main de Jehan Chevalier, esmailleur, pour lequelles choses dessus dites fut mené ledit Guillaume prisonnier ou Chastellet de Paris, et fut examiné par monsieur le prevost de Paris, lequel confessa que ung nommé Jehan Desbonnes marchant lui avoit baillé lesdites faulces pierres et l'or pour faire ledit ourcs et agnios, et lors fut envoyé ung commissaire et des sergens par le Roy au logis dudit Jehan Desbonnes, lequel se destourna, et fut ledit Jehan Desbonnes appelé à ban, lequel ne ala ne vint, ne autre pour lui, et pour ce fut condempné, l'or dessusdit confisqué au Roy nostre sire, et le quint à la confrarie monsieur Saint Elloy. Et pour ce que Anthoine de Brezy, lequel avoit fait l'ours desusdit, n'avoit aucunement offensé aux choses desusdites et ne povoit estre paié de façon, fut ordonné par la plus grant partie des gens notables du mestier que

---

1. La pièce porte : *servis*.

le quint dudit or qui appartenoit à ladite confrarie lui seroit baillé en paiement de sa façon (eodem folio).

54. *Item* au moyen dudit procès et appel furent esleus et commis par la court de Parlement pour faire l'office de gardes et maistres dudit mestier les personnes cy-après nommées, c'est assavoir trois de ladite derniere election et trois de ceulx qui estoient departis de l'année precedente, c'est assavoir Jehan Fournier, Andry Minon et Jehan Chienart, Guillaume Benoise, Pierre Aliart et Jehan de Rouen, lesquieulx ont fait ledit office de maistres et jurés par prolongacion de temps à plusieurs foys, par l'ordenance de ladite court de Parlement, et jusques à la saint Elloy en novembre CCCCXLVI (eodem folio).

55. *Item* il avint en leur temps, le XIIIIe juillet CCCCXLVI, en faisant une prinse audit mestier et visitacion par les dessus nommés, fust trouvé et prins par eulx en la possession et es mains d'un nommé Jehan Bourdant orfevre, demourant en Quiquenpoit, XV planches d'argent feruz en tas pour faire saintures à femmes, et auxi quatre boucles pour servir aux dis saintures non assonnies tout pesans emsenble sept onces et demie ou environ, et fut ladite besongne essayée en la coipelle, et ne fust trouvé ledit argent que à X deniers XXII grains fin, ainxi s'en falloit, oultre le remedde de trois grains fin, XI grains de faulte pour marc, et pource fust ledit Bourdant mis prisonnier ou Chastellet de Paris, et depuis delivré par justice à caucion ou autrement, et fut sa besongne cassée et despecée et l'amenda à justice et sa besongne lui fut rendue toute despecée (XL[mo] folio).

56. L'an mil CCCCLVI avant Pasques et fenissant à la Saint Andry mil CCCCLVII, furent esleus maistres du mestier de l'orfaverie, de par la court de Parlement et du consentement de tout le mestier, Guillaume Benoise, Jehan Martin, Simon Le Sellier, Thibault de Rueil, Pierre Hebert et Jehan Lebarbier (eodem folio).

57. Il avint que, en faisant leur visitacions en l'ostel Pierre de Dreux, que son filz Denisot fut trouvé avoir fait un anel à une turquoise, lequel n'estoit pas bon, et pour la rebellion qu'il en fist et de le receler, il fust mis prisonnier ou Chastellet de Paris et l'amenda, et fut tauxée l'amende à XX solz parisis (eodem folio).

Collatio facta est. Signé : Cheneteau.

Extraictz faiz ou Chastellet de Paris, le XXIe jour de juillet mil CCCCLXII en l'absence de maistre Jehan Fourcault, procureur du Roy sur le fait des monnoies, et de maistre Jehan Lemoyne, procureur des generaulx maistres des monnoies, à ce appelléz par vertu d'une requeste baillée à la court de Parlement, dont dessus est faicte mencion, et response faicte en icelle à la requeste des

maistres et juréz du mestier d'orfaverie à Paris, des livres et
papiers dudit Chastellet exhibéz par le procureur du Roy oudit
Chastellet, et des foilletz d'iceulx, ainsi que cy-après sont cottéz
et designéz; et premierement d'un livre escript en papier du
grant volume couvert de cuir noir, commançant ou premier
foillet : Prisonniers, extraiz du registre des prisonniers du
Chastellet de Paris de l'an XXXII et de l'an XXXIII. Tous sont
delivréz de prison du temps de Jehan de Milon, adont prevost
de Paris. Et premierement du huitieme foillet dudit livre, *ipso
verso*.

Climent de Saint-Germain, orfevre, demourant en la rue Raoul
l'avenier, amené par les maistres des orfevres, du commandement
au prevost fait à eulx, si comme ilz dient, et vint XX{{e}} jours de
septembre l'an XXXIII. Eslargi, consideré la povreté de lui, de
ses enffans qui n'ont point de mere, et la longue prison qu'il a
tenue, delivré de prison, à revenir de dimenche prouchain en
VII mois, devant le prevost ou son lieutenant, et s'enformera cependant le prevost de sa vie et de sa renommée; et lui est deffendu
le mestier d'orfaverie à peril de ban. Fet par Mess{{e}} Guy Chevrier, chevalier et conseiller du Roy nostre Sire, et par le prevost
de Paris commissaire deputé par icellui seigneur à faire grace aux
prisonniers de Chastellet, etc., le mardi avant la Saint-Martin
d'iver l'an mil CCCXXXIII.

Item du XLVII{{e}} foillet d'icellui livre, *ipso folio verso.*

Anthoine Lombart, amené par les maistres des orfevres, pour
ce qu'il leur [a] apporté à vendre ung mordent d'une ceinture
d'argent, lequel il souspeçonnoit que il ait emblé; et fut trouvé
sur luy une cuillier d'argent brisée, lesquelz choses sont devers
lesdis maistres orfevres; delivré par le prevost le vendredi après
la saint Nicolas d'yver, l'an mil CCCXXXIII, pour ce que il lui fut
tesmongné de bonne renommée, etc., et estoit personne qui povoit
bien avoir telle chose, etc.

Item du IIII{{xx}} et III{{e}} foillet d'icellui livre en la premiere page.

Thomas Legier, orfevre, amené par Noel d'Orly, sergent de la
XII{{e}}, à la requeste des maistres des orfevres, qui diront la cause
au prevost, si comme ilz dient. La cause est cele rapportée par
Bouchart l'orfevre, pour ce qu'il ouvra de nuis de mestier d'orbaterie et de l'orfaverie; et dist ledit Thomas que il n'y avoit que
orbaterie et que faire le peut. Relaché (?) contre lui mesmes, pour
ce que il fit assavoir estre souffisant, à revenir et ester à droit et
paier l'amende, s'elle y est, et que il ait mespris, etc. Fait le
samedi apres la Sainte Luce mil III{{c}} XXXIII, par meistre, etc.

Item du cent XVII{{e}} foillet dudit livre.

Thomas Legier, orfevre, amené par Gaultier de Mons, sergent à
verge, à la requeste des maistres des orfevres. Amende repondue
par pleges presens, par le prevost en jugement, le vendredi avant
la Chandelleur mil CCCXXXIII, c'est assavoir aux pleges de Jehan
Hervier, mercier demourant en Quinquenpoit mercier et de Pierre
Lesueur, laboureur demourant au Mesnil madame Rosse, qui ont

promis chacun pour le tout à paier l'amende, telle comme elle sera tauxée par le prevost; et confessa que son argent tenoit d'aloy XII estrelins le marc, et il ne devoit tenir que VIII estrelins; et fut trouvé que l'euvre que les maistres des orfevres avoient pris sur lui estoit decevable et mauvais et trop feble et en avoit esté reprins plusieurs fois desdis maistres.

Item d'un autre livre escript en pappier du grant volume couvert de parchemin, commençant ou premier foillet: C'est le papier de la geole du Chastellet de Paris, du temps Jehan... (le surnom est effacié par porriture), geolier dudit Chastellet, qui fut commancé le mardi XIXᵉ jour de mars l'an de grace mil CCC cinquante deux. Et premièrement du XXXIII° foillet d'icellui livre, en la premiere page.

Jehan Peconné, orfevre amené par Jehan de Chaumont, du commandement de maistre Raoul de Breaucourt, auditeur du Chastellet, pour ce qu'il a confessé avoir reçeu pour ouvrer par maniere de garde de Robert Le Mareschal, V estrelins et obole d'argent, un hanap d'argent pesant VI onces un estrelin d'argent. Délivré. Fait par le lieutenant, le XXIX° jour de may l'an mil III°LIII.

Item du LXVII° foillet d'icellui livre, en la premiere page.

Andry de Varennes, demourant à Lyon sur le Ronne, Jehan Dechault, demourant à la Cossonnerie, amenés par les maistres des orfevres, ledit Jehan pour ce qu'il avoit porté vendre deux plateaux d'argent ou environ ou XIX pieces, et lesquelz l'en souspeçonnoit pour mal prise, et ledit Andry pour ce que ledit Jehan dit qu'il lui avoit baillé. Delivré, etc. Fait par le lieutenant, le XVIII° jour de juillet l'an mil III°LIII.

Item d'un autre livre couvert de parchemin escript en papier du grant volume, commençant : Ce sont les noms et surnoms des prisonniers qui ont esté amenéz prisonniers au Chastellet de Paris depuis le vendredi IIII° jour de fevrier l'an mil CCCLXI, que maistre Laurens de Molinet fut institué receveur de Paris, et aussi les delivrances d'iceulx prisonniers, faictes par messire Jehan Bernier, chevalier le Roy nostre sire, garde de la prevosté de Paris, et ses lieuxtenans, en la manière que contenu est ou papier des delivrances dudit prevost. Et premierement du XIIII°ᵐᵉ foillet dudit livre, *folio verso*.

Vincent Jaqueline, orfevre demourant à la Vennerie, amené par Jacques Comin et Climent de Rossy, sergent de la XII°, à la requeste des maistres des orfevres, pour un escuchon qui avoit lé d'estain, sur lequel il avoit mis II petis escuchons d'argent. Delivré par le prevost le II° jour de mars, l'an LXI, Paié XVI solz d'amende pour le fait du Roy.

Item d'un autre livre couvert de parchemin, escript en papier du grant volume, commençant : C'est le papier des emprisonnemens. Et *primo* du cent LII° foillet, ce qui s'ensuit :

Colin Auspois, orfevre demourant en la rue Thibault aux Déz, amené par Heliot Champion, sergent à verge à lui baillé par les gardes des orfevres, pour ce qu'ilz ont trouvé ouvrant de mauvais argent. Rendu à l'official par le prevost, le XVIII° jour de juing, et a baillé à Lotart d'Arragon, sergent dudit official chargé dudit cas, après ce que, pour respondre au procureur du Roy, lui avons assigné jour à demain en trois sepmaines.

Extraict du XXIIIIme juillet oudit an LXII.

Item d'un autre livre en papier du grant volume, ouquel default le commancement ou intitulacion, pour ce qu'il est viel et usé, ouquel en la premiere page est escript ce qui s'ensuit : Delivrance par le prevost le deux d'octobre l'an LXXIX, en la presence et du consentement de Simon de Villiers procureur, de Jehan Le Bossu son creancier (?), sans prejudice. Extraict du cent XLIIII foilletz dudit livre, *folio verso*.

Jehan Broullart, orfevre demourant au porche Saint Jaques, renvoyé de jugement en prison, du commandement de monsieur le prevost, pour ce qu'il a acheté d'un larron ung gobellet d'argent, qui avoit esté emblé à messire Jehan de La Tournelle chevalier, qui est contre les poins et registres du mestier des orfevres. Délivré par le prevost, le II^{mo} de juing l'an IIII^{xx}, après ce qu'il a amendé au Roy nostre sire le cas de son emprisonnement, tauxé, veu son estat, LII solz parisis qui est autant comme le gobellet que il acheta.

Item d'un aultre livre escript en papier du grant volume couvert de parchemin si vieil et usé ou premier foillet que l'en ne y peut cognoistre l'intitulacion, et ce que l'en y peut cognoistre pour premier article est tel: Henriet de Poucherons, charretier de Rogerin de La Chambre, amené par Robin de Roan, sergent à verge du commandement de M° Jehan Truquam lieutenant pour la batiere faicte en la personne de la dame de l'ostel à l'ymage Sainte Katherine en la rue des Marmoséz[1]. Extraict ce qui s'ensuit de l'onziesme foillet, *folio verso*.

Thevenin Choisel, orfevre demourant devant saint Lyeffroy, amené par Guillemin L'Oubloyer, sergent à verge, à lui baillé par les gardes du mestier d'orfaverie, pour ce que en l'ostel de Jehan George esmailleur, demourant devant la pierre au poisson, ont esté trouvé XIIII verges pesant XIII estrelins et maille pour dorer, esquelles a esté trouvé faulseté, c'est assavoir argent qui avec l'or a esté mis, qui est contre l'ordonnance du mestier, lequel estrelin, quant il est d'or, peut valoir V solz ; esqeulles XIIII verges que dessus estoient d'or à X solz d'empirance ou environ. Eslargi le XVIIIe decembre III^c IIII^{xx} et un jusques au vendredi après la Thiphaine, auquel jour il a promis comparoir sur peine d'estre bany de Paris.

Item d'un autre livre escript en papier du grant volume couvert de parchemin, commençant : C'est le papier de la giole du Chas-

---

1. Il y a dans le ms. : *Marmorez*.

tellet de Paris commençant le lundi XXXᵉ jour du mois de novembre l'an mil CCCIIIIˣˣ et IIII du temps de Guillaume Godet geolier et de Robinet Defresne (?), garde de ladite geole. Extraict du IIIIˣˣIIᵉ foillet, *folio verso*.

Hennotin Lecharron amené par les gardes de l'orfaverie, pour souspeçon qu'il avoit mal pris et emblé une tasse d'argent signée aux armes de monseigneur de Berry, laquelle il exposoit en vente à Jehan Tachier orfevre. Rendu à l'official, le XXᵉ jour de fevrier IIIᶜIIIIˣˣ et IIII, pour ce qu'il est clerc et en possession de tonsure, est baillé à maistre Jehan Molet promotteur.

Item d'un autre livre escript en papier de grant volume couvert de parchemin, duquel l'intitulacion est rongée et rompue, et le premier article dudit livre que l'en peut lire est : Dimengin Bunez, batelier demourant à Meaulx en Brie s'est fait amener prisonnier, à sa requeste, par Denisot de Chaumont sergent à verge, pour ce qu'il dit qu'il a fait eschaper ung poulcin des mains de Jehan le Bourguignon demourant à Petit-Pont, pourquoy le dit Jehan lui avoit rompue la cornecte de son chaperon. Extraict du IIIIᵉ foillet, *folio verso*.

Jehan Moreto orfevre, demourant en la rue Saint-Germain, amené par les gardes du mestier de l'orfaverie ; délivré le XXVᵉ d'aoust IIIIˣˣ et V, du consentement des gardes du mestier de l'orfaverie quil l'avoient fait emprisonner jusques à ce qu'il leur eust paié ung marc d'argent, en quoy il estoit tenu au Roy nostre sire et ausdis gardes, pour ce que lui qui est forain a levé son metier.

Item de ce mesmes livre IIIIᵐᵉ foillet *folio verso*.

Jaquet Le Liegois, orfevre demourant en la rue saint Germain, s'est rendu prisonnier de sa voulenté, pour ce qu'il estoit appellé à trois briefz jours, pour ce que, en ouvrant de sondit mestier, il a fait des cerceaulx d'argent pour ung tabour, ouquel avoit V onces d'argent, dont il lui avoit environ X solz d'empirance.

Item ce mesmes livre, du LXXVᵉ foillet en la premiere page.

Jehannin Le Charron, orfevre demourant au porche Saint-Jaques, amené par les gardes de l'orfaverie, jusques à ce qu'il ait paié ung marc d'argent, la moictié au Roy et l'autre moictié à la confrarie des orfevres, qu'il doit pour ce qu'il est forain et n'a pas servi le temps qu'il doit servir comme apprentis. Delivré le XXVᵉ de novembre IIIIˣˣ XV.

Item d'un aultre livre escript en papier du grant volume, couvert de parchemin, ouquel l'intitulacion default, escript ou premier foillet pour premier article : mardi Xᵉ jour de septembre IIIIˣˣ et XVIII, Jaquet Le Prince s'est rendu prisonnier pour la somme de XLVI solz six deniers, etc. Extraict du IIIIˣˣIIᵉ foillet d'icellui livre, en la premiere page. Loys de Boteaulx, orfevre, etc.

Loys de Boteaulx, varlet orfevre, demourant en l'ostel Jehan Hemery, orfevre près de Saint Lieffroy, amené par Jehan Suant sergent à verge à la requeste des gardes du mestier de l'orfaverie jusques à ce qu'il ait paié au Roy nostre sire et aux gardes dudit mestier pour leur confrarie ung marc d'argent, que il leur doit. Eslargi IIᵉ décembre IIIIˣˣXVIII.

Item d'un aultre escript en papier du grant volume, couvert de parchemin, lequel se commance : lundi XIIe jour de janvier l'an de grace mil CCCC et dix. Extraict du ixe foillet en la premiere page ce qui s'ensuit :

Jehannin Fromont, orfevre demourant à Poissy, amené par Jehan Charpentier et Geuffrin Poteron, sergens à cheval par vertu de certaine commission sellée du seel de ceans, et aussi pour ce que par informacion et aussi par sa confession, il est trouvé coulpable d'avoir fait grant quantité de boutons à boutonner bourses en façon de boutons d'argent, lesqelz estoient et sont faulx et mauvais, et y avoit et y a plus des deux pars de cuivre, comme les juréz de l'orfaverie de Paris qui en ont fait espreuve ont rapporté ; et iceulx boutons avoir vendus ou fait vendre pour bons et loiaulx en la ville de Paris. Eslargi pour tout XXXI janvier IIIIcX.

Item d'un foillet de papier en grant volume, qui autres fois a esté couzu en livre, mais par viellesce ou petit gouvernement est desjoinct avecques plusieurs autres foilletz semblablement descousuz et dessiréz, ouquel foillet, *folio verso* est escript ce qui s'ensuit :

Thomas Morel, orfevre demourant en Quiquenpoit, amené par les maistres et gardes du mestier des orfevres de la ville de Paris, pour ce que le jourd'uy en faisant leur visitacion, ilz ont trouvé ledit Thomas ouvrant d'argent qui n'est pas bon, qui est contre les ordonnances, lequel argent fait IIII marcs, en deux desquelz a sur chacun XVI solz d'empirance, en autre deux et en chacun d'iceulx XV solz et par les ordonnances veu l'ouvrage et la façon d'icelle, peut avoir en chacun marc une once de soudure, en laquelle soudure ledit Thomas povoit mectre licitement trois solz pour once d'empirance et non plus, et ainsi oudit argent a empirance oultre mesure, tant cuivre que laton, c'est assavoir sur chacun des deux d'iceulx autres XII solz, et sur chacun des autres deux marcs XVIII solz, qui font au total sur les dis IIII marcs LX solz parisis de perte et oultre mesure. Eslargi XVIe mars IIIIc XI, *alibi* XVIII mars.

(Arch. nat. K 1033-34.)

XIX

Certificat de moralité délivré par les gardes-jurés des fabricants de cardes à un de leurs confrères qui avait quitté Paris pour s'établir à Senlis.

12 septembre 1399.

Au jourd'ui de relevée sont venuz et comparuz en jugement pardevant nous Hebert des Dréz (?) aagié de soixante ans et plus et Jehannin Caillouel aagié de XXXVI ans ou environ, tous deux faiseurs de cardes, juréz et gardes du mestier de cardes en la ville de Paris, lesquelz, interrogués de nous par serement sur ce [que] aucuns les amis de un nommé Pierre de la Borde, faiseur de cardes, nagueres demourant à Paris et de present à Senliz, si comme l'en dit, disoient led. Pierre, que l'en dit avoir [esté] reprouvé oud. mestier et privé d'icellui, estre homme de bonne vye, senz avoir onques esté ataint, convaincu ou reprochié d'aucun villain blasme ne reproche en ycellui mestier, ont affermé par serement que, des deux ans a ou environ, ilz ont eu congnoissance dud. Perrin, l'ont veu ouvrer oud. mestier comme varlet et depuis ce passer maistre, et en cest estat et comme maistre et tenant son ouvrouer l'ont veu ouvrer et soy maneuvrer (?) bien et honorablement jusques à environ la Penthecouste derrenierement passée, que il se departi de la ville de Paris, et ne scevent mie que onques il feust accusé ne reprouvé d'aucune faulseté ne mauvaistié, mais scevent que à son departir il se departi au gré d'eulz et de ceulx dud. mestier bien et honorablement.

(Reg. d'aud. du Chât. Y 5222, f° 102.)

XX

Jugé du parlement déclarant bien fondé l'appel formé par un layetier contre les procédures des gardes-jurés serruriers.

29 janvier 1396 (n. s.).

Lite mota..... inter ... appellantem..... ex una parte et procuratorem nostrum...... servientes nostros in Castelleto Paris. ac commissarios a proposito et receptore nostris Paris., se dicentes deputatos, necnon..... magistros juratos serariorum Paris. appellatos et intimatos... ex altera, super eo quod dicebat dictus appellans quod ipse et plures alii usque ad viginti quatuor et amplius de faciendo et vendendo parva scrinia de cipresso et aliis lignis diversi modo composita in villa nostra Paris. se intromiserat..... idemque appellans in dictis suis parvis scriniis bonas et competentes seras..... semper posuerat....., post que prefati servientes et jurati, cum quibusdam aliis serariis, ad domum jamd. appellantis, licet serarius non esset, accesserant, et ibidem plura sua scrinia arrestaverant ipsumque de summa quinque solidorum et IIII denar. gagiaverant..... et ob hoc ad eandem [oppositionem] per dictum propositum receptus fuerat, coram quo proposito partibus comparentibus... per eundem propositum ordinatum extiterat quod certa informatio fieret super dictis seris..., virtute cujus appunctamenti certus commissarius pred. Castelleti dictas seras visitaverat et per alios in hoc expertos visitari fecerat, qua informacione facta, reperto quod dicte sere erant bene sufficientes..., idem propositus dictas partes in factis contrariis et in inquesta appunctaverat, quibus appunctamento et lite pendente non obstantibus, prefati servientes et jurati... iterato ad domum prefati appellantis, virtute certe commissionis quam a dicto proposito seu receptore nostris dicebant se habere, accesserant et ibidem certas alias seras et vadia acceperant, contra que uxor prefati appellantis... se opposuerat, dictus eciam appellans qui statim supervenerat... expleto eorum se opposuerat, quam oppositionem predicti servientes noluerant admittere..., sed eidem appellanti... preceperant quod se redderet in carceribus Castelleti, a quibus gravaminibus... necnon a commissione seu precepto quas a dicto proposito... dicebant se habere, dictus Jacobus ad nostram curiam appellaverat, post quam appellationem... pred. servientes dictum appellantem ceperant et ipsum... ad Castelletum duxerant... sex de dicti appellantis scriniis valoris quadraginta solidorum ad requestam predictorum juratorum de dicta domo ceperant... Dictis appellatis... in contrarium dicentibus quod in villa Parisiensi... erant in quolibet artificio certi jurati per prepositum nostrum creati... ad visitandum opera omnium artificiorum... et, si in artificiis predictis aliquem deffectum reperiebant, ille qui dictum defectum fecerat seu penes quem dictus defectus reperiebatur, tenebatur nobis emendare juxta tenorem registri in Castelleto... super ordinacionibus predictorum artificiorum facti..... quodque prefati..... in mensibus aprilis et maii anni Domini millesimi CCC^{mi} nonagesimi tercii erant jurati super artificio serariorum et aliorum quorumcumque seras Parisius vendencium... pro qua visitacione facienda ad domum predicti appellantis... accesserant et ibidem undecim falsas seras reperierant, quas... ex parte nostra, presente nostro magistro marescallo, ceperant et dicto receptori nostro tradiderant, et, licet idem receptor pro emenda... appellantem excecutari fecisset..., idem tamen appellans malas et viciosas seras in dictis suis parvis scriniis ponere et vendere... non cessabat... circa mensem maii anno predicto prefati appellati et intimati de precepto prepositi nostri... ad domum pred. appellantis iterato accesserant..... per judicium dicte curie nostre dictum fuit pred. Jacobum bene appellasse prefatosque appellatos... male fecisse, explectasse....

(Reg. du Parlement, X^{la} 43, f° 266.)

XXI

Appointement prononcé par le parlement dans un procès entre le procureur du roi et le chambrier de France.

28 mars 1379 (n. s.).

Entre le procureur du Roy d'une part, le duc de Bourbon, chamberier de France, son maire et aucuns eux disans sergens du duc d'autre part, le procureur dit..... quant les amendes sont de V. s., III s. en appartienent au Roy et II s. aux maistres des mestiers, quant elles sont plus grandes, le Roy en a X s. et le chamberier VI s..... ces choses non obstans, le fermier du duc, que on dit le maire de Bourbon, s'efforce de contraindre les poures filles qui font bourses de soye d'acheter leur mestier de freperie, pour ce qu'il dit que elles ne puent faire bourses qu'il n'i ait du viel drappel, et, sus ceste ou semblable couleur, s'efforce de contraindre à acheter le d. mestier de freperie aux chapeliers, gipponiers, coustepointiers, espiciers, tassetiers et aux Juifs, pour ce qu'il vendent les gaiges qui leur sont engaigés, par especial se sont efforcéz les gens dud. de Bourbon de contraindre Mathatias, maistre des Juifs, qui ne vant ne n'achate, d'acheter led. mestier de freperie, pareillement contraingnent ceux qui lavent viéz robes et font ces choses à Paris, à S. Marcel et es autres forbours de Paris. Quant au mestier de bazannerie, dit que les gens du d. de Bourbon s'efforcent de contraindre les espiciers et souffletiers d'acheter le mestier de bazannerie, et d'appliquer au proffit de Bourbon les amendes. Dit que par le registre des mestiers, depuis la Toussains jusques à Pasques, les ouvriers ne doivent point ouvrer depuis vespres et se il le font, il le doivent amander..... Dit que, combien que le maire ne puisse aucune chose demender aux marchans, se il n'exposent leurs denrées en vente, néant meins le maire contraingny un bonhomme qui avoit XII douzennes de sollers pour bailler à ses chanlans, les quels sollers il n'avoit aucunement exposé en vente, à composer à XVIII paire de sollers..... Dit que Bourbon et son maire et officiers ont mesprins contre le bien publique en ce que il donnent congé aux gantiers de vendre hors des halles aux jours que on a accoustumé d'y vendre et auxi de donner congé aux ouvriers de faire leur mestier après vêpres[1] entre Toussains et Pasques. . . . .
. . . .

---

1. Le texte porte: *Pasques.*

Les deffendeurs dient..... Et ce que dit le procureur du roy que nuls n'est tenus d'acheter le mestier de freperie, est entendu de ceux qui sont aubeins et non d'autres ; à ce que dit le procureur que le prevost puet faire ordenance et en lettres et mandement du Roy, etc., doit estre entendu qu'il puet ordener par raison, appeléz ceux qui font à appeller et senz enfraindre les usages anciens, quar, se le prevost vouloit aucune chose faire contre les usages anciens de la chamberie, la court de ceans qui est souveraine, ne le devroit pas souffrir. Quant aux Juifs, dient que leur entention n'est pas que un Juifs qui prant en gage une vielle robbe et la revant, que il paye comme frepier, mais il y a plusieurs Juifs qui achetent pour revendre et plus communement que ne font les crestians, et ceuls doivent acheter le mestier de freperie. Quant aux gantiers qui vendent hors des halles, dient que les halles des gantiers sont en très-bon estat et ne puent vendre que en leurs maisons ou es halles, et ne puent demourer que en la cité emprès la Saveterie, et convient que chascun jour de l'an, il y ait un ou deux gantiers es halles, et à ce sont contrains par les poins de leur mestier et pour la necessité du mestier et que hors de Paris on ne treuve pas gans si bien comme à Paris, il est accoustumé de tous temps que les gantiers puissent vendre en leurs hostés ou es halles, et aroit couleur ce que dit le procureur du Roy, se uns marchans dehors vouloit acheter gans pour revendre, combien que en verité encor n'i puet il avoir deception et aussi bon marché en ont les acheteurs comme se tous les gantiers demouroient es halles, considéré qu'il demeurent tous près l'un de l'autre, et qui n'a bon marché à l'un, il puet tantost aler à l'autre.....

Le procureur du Roy replique et dit..... que le mestier de faire bourses est tout autre du mestier de freperie et de tous autres, et se en une velle bourse on met du viel drappel, par raison le plus digne atrait à soy le meins digne et ne puet le chamberier qui est subget et viagier oster la juridiction et cognoissance du Roy n. s..... quar autrement il s'ensuiroit que en chascun ouvrage les mestres de deux ou de trois mestiers en aroient la cognoissance, c'est assavoir les maistres de bourserie pour la bourse, les maistres des vieis drapeaux pour le viel drappel que on ni (*sic*) met, et le maistre des orfevres pour les clochetes que on ni met maintenant, qui seroit très-inconveniant..... Dit que les gantiers puent demourer où il leur plait, et ne convient ja qu'il ait chascun jour gantiers es halles, mais souffist qu'ils y voisent le samedi et n'est pas le lieu ou demeurent les gantiers si propice comme dient les deffendeurs, quar ceux qui demeurent ou sont logé à la porte Saint Denys ou près d'illec, sont plus près des halles que de la Saveterie, et por ceste raison y convenroit que tous autres marchans demourassent en la Saveterie..... Finablement appoincté est que les parties escripront par maniere de mémoire, etc.

(Reg. du Parlement, X^{la} 1471, f° 179 v°.)

XXII

Jugé du parlement réformant un jugement des maîtres des requêtes de l'hôtel qui s'étaient déclarés compétents dans un procès entre le premier maréchal de l'écurie du roi et des forgerons de gros fer.

24 mai 1398.

Karolus... Francorum rex. Universis... notum facimus quod cum lis mota fuisset coram magistris hospicii nostri inter procuratorem nostrum in causis hospitii nostri et magistrum Johannem de S. Audoeno, primum marescallum scutiferie nostre actores et consortes ex una parte et Petrum d'*Autun*, Stephanum de Matiscone, etc. Parisius commorantes, defensores et consortes ex altera super eo quod dicebant actores predicti quod nos, ad causam domanii nostri et alias, multa nobilia jura super gentes et homines operarios et artifices et alios d. ville nostre Parisius et extra eamdem... habebamus, et inter cetera nos seu noster primus marescallus scutiferie nostre pro nobis... jus..... habebamus... levandi quolibet anno semel in septimana magna ante Penthecostes super marescallos equos ferrantes, fabros grossum ferrum fabricantes, custellarios, serarios et certos alios fabros, artifices et grosserios dicte ville nostre Parisius 6 den. p. pro jure nuncupato ferra regia et super non grosserios 1 den. p., in possessione eciam... habendi super omnes fabros et artifices visitacionem, punicionem, correctionem et justiciam dum et quando in d. eorum operibus et artificiis delinquerant et delinquebant quodque... anno 1388 in mense decembris eumdem magistrum Johannem primum marescallum scutifferie nostre..... constitueramus..... Dicebant eciam quod..... dicti defensores, licet serarii et de fabris et artificibus grosseriis in dictis litteris contentis ac Parisius commorantes fuerant, nichilominus eorum quilibet dictos 6 den. par. solvere recusaverant; ulterius dicebant quod primus marescallus noster... magister omnium fabrorum et artificum predictorum erat, adeo quod nullus in dictis artificiis et operibus magister esse poterat nisi suum magisterium ab eodem primo marescallo prius emisset et ab eodem in eodem magisterio institutus fuisset suumque officium magisterii sine litteris dicti marescalli excercere non poterat absque emenda nobis et dicto marescallo nostro applicanda aut per eundem marescallum forgia dictorum fabrorum et artificum ad terram corruenda... Dicebant preterea quod, si per ipsum primum marescallum male judicatum et appunctuatum et ab eo appellatum fuerat, d. magistris hospicii nostri qui ad causam sui officii immediate superiores d. marescallo erant, correctio et punicio solum et insolidum, et maxime cum ad eorum primo perveniebat noticiam, pertinuerat et pertinebat, quodque, certo debato inter Hermanum de Almania et Johannem *Grosse* marescallos ad causam eorum officiorum per jurisdicionem d. marescalli terminato, licet per d. Johannem condempnatum appellatum fuisset et ejus appellacionem in Castelleto nostro Par. relevare voluisset, nichilominus d. appellacionis causa d. magistris hospicii remissa et per eosdem et per arrestum curie nostre Parlamenti confirmata fuerat. Dicebant ulterius quod, quamvis d. noster primus marescallus, ad causam sui officii, suam jurisdicionem super d. defensores propter recusacionem solucionis pred. 6 den. par. et exhibicionis litterarum eorum magisterii excercere potuisset, nichilominus a d. magistris hospicii nostri obtinuerat ut per eorum magistrorum servientem d. defensoribus preciperetur quod dictos 6 den. eidem primo marescallo pro anno precedenti presentem processum debitos solverent et litteras eorum magisterii sibi apportarent et exhiberent, cui precepto se opposuerunt d. tamen Petro *Dantim* et Raymondo de Sabaudia defensoribus pignora... pro dicto jure 6 den. par. dicto servienti tradentibus et ob hoc certa dies d. defensoribus omnibus coram dictis magistris assignata fuerat, dictusque procurator noster eoquod de juribus officiariorum nostrorum tractabatur, cum dicto marescallo nostro se adjunxerat, coram quibus d. defensores quod procedere non tenebantur nec ad eosdem magistros cognicio premissorum pertinebat... proposuerant. Preterea dicebant quod, dicta declinatoria non obstante, procedere tenebantur pro eo quod dictis magistris hospicii nostri, ad causam sui officii, solum et insolidum cognicio omnium officiorum, familiarium et servitorum dicti hospicii et potissime eorum qui per retencionem serviebant, sicuti erat dictus noster marescallus... pertineat... dictaque cognicio et racione bene fundata erat pro eo quia si dictus noster marescallus coram aliis judicibus jura ad ejus officium pertinentia prosequeretur, servicium nostrum impediretur et sepius in gubernacione equorum nostrorum multi defectus obvenirent, quodque dicti magistri in similibus casibus inter extraneos contra dictum marescallum coram dictis magistris contendentes et eorum jurisdicionem declinantes, eorum declinatoria... repulsa, jurisdictionem exercuerant et licet a dicta repulsione ad nostram Parlamenti curiam appellatum fuisset, per arrestum tamen curie confirmata fuerat. Ulterius dicebant quod noster marescallus per dictos magistros et non per prepositum nostrum Par. in suo officio institutus fuerat et juramentum coram eis prestiterat, dicteque littere donacionis dicti officii in camera denariorum nostrorum registrate erant et in eadem de suis vadiis persolvebatur, quodque prosecucio dicti marescalli contra dictos defensores, ad causam jurium sui officii, coram dictis magistris facta fuerat et ob hoc ad eosdem magistros cognicio... pertinebat, quare petebant quemlibet dictorum defensorum ad reddendum et restituendum eidem primo marescallo dictam summam 6 den. par. pro anno presentem processum precedenti ac litteras sui magisterii eidem... exhibendum condempnari et compelli, excecucionesque pro dicto jure... super bonis dictorum Petri et Raymundi defensorum requisitas et inceptas bonas et validas... fuisse ac eas perfici debere et quod cognicio premissorum eisdem magistris competere..... debeat..... Dictis defensoribus ex adverso proponentibus quod, de racione, usu, stilo et consuetudine in curia laycali notorie observatis, quilibet coram judice sub quo degit et manet et non coram aliis judicibus conveniri..... debebat..... dictique defensores subditi et justiciabiles dicti prepositi nostri Par. erant et sub ejus jurisdicione ordinaria et non sub jurisdicione dictorum magistrorum manebant..., quodque per ordinaciones nostras anno Domini 1355 in mense decembris factas, omnes jurisdiciones judicibus ordinariis remisse et dimisse fuerant, sic quod subditi nostri de cetero coram magistris hospicii, eorum locatenentibus, connestabulario, marescallis, admiraldo, magistris arbalistrariorum, aquarum et forestarum nostrarum et eorum locatenentibus trahy... non poterant..., magistris requestarum hospicii nostri cognicionem officiorum et officiariorum dicti hospicii... defendendo dumtaxat reservando..., quodque dicto preposito nostro Par. ad causam sui officii, et non alteri jurisdicio..., correctio... dictorum serariorum pertinuerat et pertinebat, dictique serarii in eorum magisterio, magistri eciam et gardiatores in dictis magisteriis et artificiis per eundem prepositum instituebantur et creabantur et ab eisdem juramentum recipiebatur, dictus eciam noster marescallus per eundem prepositum in suo officio institutus fuerat et eidem juramentum prestiterat. Dicebant eciam quod dicte littere donacionis dicti officii in Castelleto nostro Par. dicto preposito nostro per eundem marescallum presentate et per eum ibidem publicate fuerant, per hoc expresse aut saltem tacite eundem prepositum judicem ordinarium eique cognicionem dictorum fabrorum et artificum et eorum deppendencium pertinere approbando..... qui magistri hospicii nostri, partibus ad fines ad quas tendebant in factis contrariis appunctatis et inquesta facta, prononciassent quod dicta declinatoria per eosdem defensores proposita non procedebat sed de dicta causa cognoscerent..... Fuit a dicta sentencia pro parte dictorum defensorum ad nostram Parlamenti curiam appellatum..... per judicium dicte curie... dictum fuit dictos magistros male judicasse... predictos defensores coram dictis magistris male et indebite adjornatos... fuisse... et eisdem... congedium ab auditorio dictorum magistrorum concedit ac vadia..... ipsis ad plenum deliberavit..... In cujus rei testimonium, presentibus litteris nostrum jussimus apponi sigillum. Datum Parisius in Parlamento nostro XXIIII[a] die maii anno Domini 1398...

(Livre du Châtelet rouge vieil, Y 2, f° 161 v° et suiv.)

XXIII

Appointement rendu par le parlement dans un procès entre le procureur du roi et le maître des barbiers d'une part, l'évêque de Paris, le chapitre de Saint-Marcel et une barbière d'autre part au sujet du droit de celle-ci à exercer le métier (n. s.).

14 mars 1374 (n. s.).

Entre le procureur du Roy et le maistre barbier du Roy d'une part, l'evesque de Paris, chapitre de Saint Marcel et la Poignande d'autre part, sur le fait principal contenu es actes et procès des parties concluent les demandeurs que la defense faite à la Poignande vaille et tiengne et de novel li soit faite par la Court, se mestier est, selon les lettres et ordenences roiaux.

Les defendeurs requierent le renvoy à Saint Marcel ou devant le baillif de l'evesque et dient qu'il soit [à] faire par raison, usage et coustume ancienne, non obstant les lettres roiaux qui sont de novelle date et ou prejudice du droit de partie subrepticement obtenues, ne les dictes lettres ne exclusent pas expressement la fame d'estre barbiere, et c'est son mestier, et li aprist son pere, et n'auroit autrement de quoy vivre et quelconques ordenence que le Roy auroit fait à Paris, elle ne se extendroit pas à la justice de Saint Marcel et en leur prejudice, en droit sur le renvoy concluent ou principal que la visitacion et defense soient mis au neant, les instrumens renduz et restituéz à la fame les quiex le maistre barbier a fait prandre et arrester et à despens.

Les demandeurs dient que l'ordenence des mestiers appartient au Roy seul et pour le tout en la ville et viconté de Paris, et ainsi en a il usé et ses predecesseurs de ci long temps qu'il n'est memoire du contraire au veu et sceu de tous, etc. Finablement appointéz sont en faiz contraires sur le principal, rejette es autres conclusions et aura la court avis se pendent le procès la fame usera de l'office ou mestier de barbier et se ses instrumens li seront renduz ou non.

(Reg. du Parl. X^{la} 1470, f° 76[1].)

[1]. Voy. aussi X^{la} 23, f° 156 et la pièce suivante.

XXIV

Jugé du parlement déclarant illégitimes des saisies faites par le maître des barbiers dans le bourg de Saint-Marcel.

23 décembre 1395.

Lite mota..... inter Merlinum *Jolis*, barbitonsorem et varletum nostrum camere, magistrum barbitonsorum ville nostre Par., Johannem *de Chartres*, etc. barbitonsores et juratos in barbitonsorie officio... in villa nostra pred. ex parte una et decanum et capitulum ecclesie collegiate Sancti Marcelli prope Parisius et Guillelmum Prepositi, barbitonsorem ex parte altera...... et Reginaldum Furnerii, servientem nostrum Castelleti, dictis barbitonsoribus deffendendo et procuratorem nostrum pro nobis dicto decano et capitulo, Guillelmo Prepositi agendo adjunctos, super eo quod dicebant barbitonsores... quod barbitonsorum officium quedam pars et porcio arcium medicine et cirurgie existebat et pro conservacione humanorum corporum in quibus barbitonsores multas curas exercebant introductum magnum requirebat experimentum et propter inconveniencia et pericula que per barbitonsorum impericiem evenire poterant..... certa examen barbitonsorum in d. villa et banleuca d. officium excercere volencium erat neccessario providendum, quodque ab antiquo...... d. barbitonsorum officium..... per barbitonsorem nostrum et varletum camere conservari et gubernari consueverat, èratque et fuerat retroactis temporibus barbitonsor noster... in possessione... habendi cognicionem omnium causarum ad dictum barbitonsoris officium spectantium virtute certorum privilegiorum jamdudum per unum ex predecessoribus nostris... d. barbitonsoribus ville nostre Par... concessorum et per incuriam certorum barbitonsorum, in quorum custodia existebant, deperditorum, utendoque juridictione antedicta deffunctus Andreas Poupardi, varletus et barbitonsor noster ac magister barbitonsorum... Johannem dictum *Gamberon*, barbitonsorem... de lenocinio et vita inhonesta coram eo delatum ab exercicio officii... barbitonsorum..... privaverat..... que quidem sentencia... per generales refformatores anno Domini M CCC⁰ sexagesimo primo in regno nostro ordinatos coram quibus idem *Gamberon* eam anullari... pecierat, partibus auditis, confirmata extiterat . . . .
. . . .
dicebant ulterius quod magister barbitonsorum..... in omnibus et

singulis juridicionibus in villa et banleuca pred. existentibus.....
usus et gavisus fuerant (sic), quodque..... barbitonsores qui in pred.
terra dictorum decani et capituli operatorium levaverant......, per
dictos magistrum et juratos probati et examinati extiterant et
eisdem obedienciam debitam prestiterant et in casu contradic-
tionis per dictum magistrum aut ejus locumtenentem per abla-
cionem... instrumentorum suorum et alias impediti, puniti et
correcti extiterant..... quod anno... M° CCC° septuagesimo tercio
vel circa, quedam mulier de nacione Flandrie que operatorium
pro exercicio dicti officii barbitonsorum in dicta villa Sancti
Marcelli, absque eo quod per dictos magistrum et juratos appro-
bata fuisset, levaverat, per eosdem punita fuerat et a dicto loco
Sancti Marcelli recesserat, subsequenterque quedam altera mulier
Johanna *la Poignarde* nuncupata, pro eo quod absque approba-
cione, etc....., ab eodem loco expulsa fuerat per eos, et ob id certus
processus inter dictam *la Poignarde* et episcopum Paris., racione
ressorti quod se pretendebat habere in dicta terra Sancti Marcelli
ex una parte et dictos magistros et juratos ex altera coram preposito nostro Par. inchoatus et ad requestam dicti episcopi in
curia nostra Parlamenti... remissus extiterat, in quoquidem pro-
cessu episcopus et Johanna *la Poignarde*... interrupcionem fecerant
et perinde expleta facta per... magistrum et juratos ad eorum
utilitatem in firma stabilitate permanserant... quod villa... Sancti
Marcelli erat de suburbiis et de banleuca ville Par., habitantesque
in d. villa... usibus, juribus... dicte ville Par. gaudebant et in
subvencionum seu subsidiorum indiccionibus cum habitantibus
ejusdem ville contribuere consueverant, quodque..... magister et
jurati..... omnes barbitonsores et barbitontrices operatorium in
dictis villa et banleuca... tenentes, sub quacunque existerent
juridicione, visitaverant et temptaverant..... dictis decano et
capitulo, Guillelmo Preposili et procuratore nostro in contrarium
dicentibus quod ipsi decanus et capitulum..... habebant in dicta
villa Sancti Marcelli omnimodam jurisdicionem..... visitacionem
et cognicionem in et super omnibus ministeriis..... pro vino,
blado et granis aliis quibuscunque ibidem venditis mensuras et
ulnas pro pannis et aliis rebus neccessariis mensurandis eorum
signo signatas..... quod villa... Sancti Marcelli semper a dicta
villa Par..... divisa extiterat, quodque jamdudum, racione contri-
bucionis certe taillie de summa centum mille francorum in dicta
villa Par. impositi, inter prepositum mercatorum et scabinos Par.
ex una parte et dictos decanum et capitulum et habitantes Sancti
Marcelli ex altera questione suborta, per arrestum curie... dictos
de Sancto Marcello non esse..... de suburbiis... ville pred. Par.
nec cum habitantibus ejusdem contribuere debere dictum... extiterat..... quod anno... millesimo CCC° sexagesimo primo vel circa
certa explecta facta in et super boulengeriis dicte ville Sancti
Marcelli..... per que dictos boulengerios Sancti Marcelli ad et
secundum usus boulengeriorum dicte ville Par. conformare et
regulare nittebantur et contraque dictus decanus et capitulum
se opposuerant per refformatores eo tunc in regno nostro ordinatos..... adnullata fuerant et quod dicti boulengerii de Sancto

Marcello more suo solito panem suum facerent ordinatum fuerat..... dicta curia nostra per suum judicium expleta pred. per dictum Merlinum *Jolis* et alios barbitonsores prenominatos in dicta terra dicti decani et capituli torsonneria et injusta fore..... declarat.

(Reg. du Parlement, X^{ia} 43, f° 251.)

XXV

Jugement du prévôt de Paris réglant au profit de l'abbaye de Saint-Magloire un conflit de juridiction qui s'était élevé entre ladite abbaye et le panetier du roi à l'occasion d'un procès pour injures entre deux boulangers.

24 octobre 1327.

A touz ceus qui ces lettres verront Hugues de Crusi, garde de la prevosté de Paris salut. Comme plès feust meuz en jugement par devant nous ou Chastellet de Paris entre Bertaut de Thoys, talemelier ou nom et comme garde du mestier de la talemelerie de la ville de Paris, à la cause de noble home monseigneur Bouchart de Montmorenci, chevalier, pennetier du Roy nostre sire et ou nom du dit pennetier par reson de son dit office d'une part, et le procureur de religieus homes et honestes l'abbé et le convent de l'église Saint-Magloire de Paris ou nom des diz religieus et de leur dite église d'autre part, et en icellui plet le dit Bertaut ou son procureur por lui et ou nom que dit est, eust proposé et maintenu contre les diz religieus et leur procureur por eulz que le dit pennetier, le mestre du mestier des talemeliers et leurs devanciers qui por le temps avoient esté pennetiers et maistres dudit mestier estoient et avoient esté par don de Roy, por raison de la dite office de panneterie, en bone et souffisant possession et saisine d'avoir, tenir et exerciter toute maniere de justice basse sur toute maniere de genz talemeliers et seur touz ceus qui du mestier de talemelerie s'entremetoient, demouranz et habitans en la ville et es faus bourcs de Paris, en quelque jurisdicion yceus talemeliers et persones, leurs fames, vallès et autres qui du dit mestier de talemelerie s'entremetoient feussent demourans, couchans et levans, et d'avoir en la court et la congnoissance, et d'icelles persones contraindre de venir aus adjournemens du maistre et garde du dit mestier en sa court por le dit panetier et en son nom, et d'iceus faire respondre par devant lui en touz cas qui à basse justice appartenoient, et de yceus corrigier et punir selonc la qualité de leur meffaiz, toutes fois que li cas s'i estoient offers, et de lever amendes sur leur biens, et que par plusieurs fois y estoient les cas offers et escheus, et encores y escheoient de jour en jour, si comme il disoit, et avecques ce estoient en saisine de deffendre et faire deffendre aus diz talemeliers et à ceus qui du dit mestier de la talemelerie s'entremetoient qu'il ne traisissent ne feissent traire l'un l'autre en autre court ne devant autre juge que en la court du dit panetier et maistre des diz talemeliers de chose dont au dit panetier, por raison de sa basse justice, appartenit la congnoissance, et se il faisoient le contraire, il estoient en saisine de leur deffendre le mestier de talemelerie, jusques à tant qu'il l'avoient amendé por tant comme raison donnoit (sic), et que la dite saisine les diz panetiers et maistres du dit mestier, ou nom dessus dit, avoient gardée et continuée et d'icelle joÿ et esploitié paisiblement, et derrenierement, au veu et sceu de touz, par l'espace de vint, quarante, soixante ans et plus continuelement, et par tant de temps qu'il n'estoit memoire du contraire, et que droit de saisine et plus, se mestier feust du dire, leur estoit et devoit estre acquis, si comme le dit Bertaut ou nom dessus dit disoit. Or disoit il que, eulz estans en la dite possession et saisine, Jaques Aguillete, talemelier et Huet d'Amours, vallet talemelier avoient fait semondre l'un l'autre par devant le dit maistre en sa court por raison de injures et villennies que il s'estoient entredites et faites, et sur ce avoient les dites parties plaidié, entamé plet et longuement procedé en la court du dit maistre, lequel plet pendant, la fame du dit Huet, justiçable en touz cas appartenanz à basse justice comme de injures et villenies sanz sanc, de meubles, de chatiéx et de plusieurs autres choses du dit maistre à la cause dessus dite, avoit fait semondre et adjourner le dit Jaques et sa fame par devant le prevost de Saint-Magloire et en sa court en cause de injures, et que, si tost comme il estoit venu à la congnoissance du dit Bertaut, il, comme maistre du mestier de talemelerie et ou nom du dit panetier, avoit deffendu ou fait deffendre souffisamant au dit Huet à la requeste du dit Jaques que, sur quanque il se povoit meffaire envers le dit panetier, il ne sa fame ne traisissent ne feissent traire en cause le dit Jaques et sa fame par devant le dit prevost, de chose dont au dit maistre ou nom que dit est appartenait la congnoissance por cause de sa dite justice et seignourie, à laquelle deffense le dit Huet avoit obéi et fait sa dite fame obeir, et n'avoit point procedé ne [fait] sa fame proceder d'ileucques en avant en la dite cause contre les diz Jacques et sa fame par devant le dit prevost, si comme il disoit, et disoit que, puis la dite deffense et les choses dessus dites faites en la maniere que dit est, et sachent le dit prevost, icellui prevost, en la hayne dudit Jaques et ou despit et prejudice de la justice du dit panetier, et por ce qu'il savoit la dicte deffense avoir ésté faite à la requeste du dit Jaques au dit Huet, avoit fait semondre et adjourner par devant li et en sa court le dit Jaques d'office, et le dit Huet par donner auctorité à sa fame por plaidier contre le dit Jacques, et que, si tost que le dit Jaques fu en la court du dit prevost, le dit prevost avoit proposé contre li que à sa requeste, la dite deffense avoit esté faite au dit Huet de par le dit maistre des talemeliers, et avoit commandé le dit prevost audit Jaques que il lui amendast, et que, por ce que le dit Jaques ne l'avoit voulu amender, le dit prevost l'avoit fait metre en sa prison où il l'avoit detenu du matin jusques au vespres et si que par force et avant ce que le dit Jaques peust yssir de la dite prison, il avoit convenu amender la dite deffense, et que, tantost que le dit Jaques ot fait la dite amende, le dit prevost avoit fait prendre et lever de ses biens qui bien valoient diz libres, et por la dite amende avait eu et reçeu [du] dit Jaques soixante sols par avant ce qu'il eust voulu rendre au dit Jaques ses diz biens, si comme le dit Bertaut ou nom dessus dit le disoit, et disoit que les choses dessus dites, c'est à savoir la contrainte de faire respondre les diz talemeliers en la court du dit prevost, l'enprisonnement et la detencion du cors du dit Jaques, la contrainte de faire la dite amende, la prise de ses biens et la dite somme por cause de la dite amende avoit fait et fait faire le dit prevost comme justice et en justiçant non deuement, à tort et sanz cause, ou grief, damage et prejudice du dit panetier, du dit maistre des talemeliers, de leur dicte jurisdicion, et en despisant ycelle, en eulz troublant et enpeschant de nouvel en leur dite saisine, et en eulz faisant nouveleté non deue, si comme le dit Bertaut ou nom et à la cause dessus dite, aveques autres raisons, disoit et maintenoit, et requeroit que le trouble, enpeschement et nouvelleté que le procureur des diz religieus de Saint-Magloire et le prevost de la dicte eglise, chascun por tant comme il lui touchoit, avoient mis comme justice et en justice et en justiçeant en la justice et seignorie des diz panetier et maistre des diz talemeliers, feussent par nous et par droit ostéz, et que les diz panetier et maistre feussent par nous tenuz et gardéz paisiblement en leur dite justice et seignorie, et que les diz religieus et prevost feussent condempnéz à cesser des diz trouble et enpeschement et par la prise de leur temporel au fait dessus dit adrecier et amender au roi nostre sire et à partie, et que les soixante sols dont parllé est au dessus, que le dit prevost avoit apportéz en nostre main, si comme il disoit, feussent par nous renduz et delivréz au dit Jaques, se les diz prevost et procureur des diz religieus confessoient les choses dessus dictes entre vraies, et, se il les nioient, le dit Bertaut, ou nom que dit est, en offroit à prouver ce qui il en soufiroit à s'entencion avoir, en faisant protestacion que, se il avoit aucune chose proposé qui touchat propriété, il le proposoit seulement à fin de saisine et à conforter ycelle. Et d'autre part, le procureur des diz religieus et por eulz eust propose et maintenu contre les diz monseigneur Bouchart et Bertaut es noms que dessus est dit et contre chascun d'eulz por tant comme il lui povoit touchier, que les diz religieus estoient persones en qui justice et seignorie toute cheoit selonc l'us et coustume de court laye tout notoirement, et que il estoient haut justiciers de toute la terre que la dite eglise de Saint-Magloire avoit et povoit avoir à Paris, et en saisine d'avoir et exerciter toute justice basse, moienne aveques la haute seulz et por le tout, et que il avoient en leur dite terre plusieurs hostes couchanz et levanz souz eulz et leurs justiçables en touz cas, si comme le procureur disoit. Or disoit il que, puis un an avant le commencement de ce present plet, Jehanne, fame Hue d'Amours avoit fait semondre et adjourner à Saint-Magloire par devant le prevost de la dite eglise Ysabel, fame Jaques Aguillete por ce que la dite Ysabel li avoit faites et dites plusieurs injures et villenies en plaine rue à tort et sanz cause, si comme elle disoit, et avoit requis la dite fame du dit Huet que par ledit prevost la dite femme dudit Jaques feust condempnée à amender les dites injures et villenies, et que ou temps que la dite demande et requeste avoient esté faites comme dit est, les dites fames et les diz mariz estoient hostes couchanz et levanz et justiçables en touz ces cas des diz religieus de Saint Magloire et en leur haute justice, si comme le dit procureur disoit, et disoit que, se le maistre des talemeliers avoit aucune jurisdicion, quele que elle feust, sus aucun talemelier ou aide à talemelier, ce estoit tant seulement des faiz ou malefaçons faites ou mestier de la talemelerie et jusques à six deniers tant seulement, et sanz ce qu'il eust autre jurisdicion, et disoit que les injures et villenies por raison des queles la dite fame du dit Huet avoit fait sa dite requeste et demande contre la dite fame du dit Jaques, avoient esté faites en plaine rue et que les diz religieus estoient et avoient esté en bone saisine, et par tel temps qui souffisoit et devoit souffire à bone saisine avoir acquise, d'avoir la court, la congnoissance, la correction et punicion de touz leurs hostes et justiçables, feussent talemeliers ou autres, et bien en avoient usé, joy et esploitié par plusieurs fois, toutes fois que li cas s'i estoient offers et qu'il estoient venuz à leur congnoissance, au veu et sceu du maistre des talemeliers, sanz contredit qu'il y meist onques, si comme le procureur des diz religieus disoit, et disoit que, depuis que plait avoit esté entamé entre les dictes fames por cause des dictes injures par devant le dit prevost de Saint-Magloire, le dit Jaques lors hostes et justiçables en touz cas des diz religieus s'estoit alé clamer au dit maistre des talemeliers de ce que la dite fame du dit Huet avoit faite la dite demande contre sa dite fame par devant le dit prevost, et que por la dite clameur, le dit maistre avoit deffendu au dit Huet au pourchas du dit Jaques le mestier de la talemelerie ou prejudice de la jurisdicion des diz religieus et en faisant injure, villenie et despit au dit prevost de Saint-Magloire et à la dite cause, et disoit le dit procureur des diz religieus que, si tost comme il estoit venu à la congnoissance du dit prevost que le dit maistre des diz talemeliers avoit deffendu le dit mestier de talemelerie au dit Huet à la requeste du dit Jacques en la manière que dit est dessus, le dit prevost avoit fait semondre et adjourner par devant li le dit Jaques et avoit proposé contre de s'office et en sa presence et mis sus le fait dessus dit afin qui il lui amendast le fait dessus dit, et que le dit Jaques et sa fame, en confessant ce que dit est estre vrai, avoient amendé congnoissaument au dit prevost le fait dessus dit et les injures et villenies dessus dites, et avoient requis au dit prevost que il tauxast la dite amende, et que la dite amende

le dit prevost avoit tauxée à soixante [solz] par. en la presence
du dit Jaques qui d'icelle n'avoit en riens appellé, mes les diz
soixante solz avoit paié paisiblement au dit prevost, si comme le
dit procureur disoit, et disoit que environ la Penthecouste, l'an
mil ccc et vint et cinc, Robert Yoie, comme procureur et ou nom
du dit panetier, quel persone le dit maistre reprensentoit, fist
autele demande contre les diz religieus, comme le dit Bertaut et
por la cause dessus dite, tendant à celle fin, contre les queles
demandes et requeste le dit procureur des diz religieus avoit proposé plusieurs deffenses afin d'assolucion par devant nostre lieu
tenant, oÿes les demandes et defenses d'une part et d'autre sus
les queles les dites parties ou leurs procureurs s'estoient mis en
droit, avoit prononcié et par droit ou qui le valut que, por la
cause dessus dite, demande n'appartenoit à faire de par le dit
monseigneur Bouchart comme panetier contre les diz religieus,
et l'en avoit nostre dit lieu tenant débouté par jugement et par
droit, dont point n'avoit esté appellé, si comme le dit procureur
des diz religieus avecques plusieurs autres raisons disoit et maintenoit et en offroit à prouver ce qui lui soufiroit, à celle fin que les
diz religieus feussent par nous et par droit quittés et absoulz de
la demande faite contre eulz de par le dit maistre des talemeliers
ou nom que dit est, et que les soixante solz dont parllé est dessus,
qui por le debat des dites parties avoient esté apportéz et mis en
nostre main comme en main souvraine de par le Roy, si comme
il disoit, feussent renduz et délivréz au dit prevost de Saint-
Magloire, et que le dit maistre feust condempnéz es despens faiz
et à faire en ceste cause, la tauxacion reservée à nous, et offroit le
dit procureur des diz religieus à prouver de son fait tant comme
il lui soufiroit à s'entencion avoir et sus les choses proposées
d'une partie et d'autre que au fins dessus dites furent bailliés par
escript devers la court, plais eust esté entamés entre les dites
parties ou leurs procureurs por eulz, juré en la cause et respondu
par serement aus faiz dessus diz d'article en article, et eussent
esté plusieurs tesmoins trèz et amenéz d'une partie et d'autre por
prouver leur entencion, les quieux jurerent et furent oÿz et
examinéz bien et diligemment et tenuz por publiéz avecques
lettres mises en forme de preuve d'une partie et d'autre, et depuis
ce eust esté de l'acort des procureurs des dites parties conclus en
la dite cause, et jour certain pris et accepté et de nous à eulz
asigné par memorial à oÿr droit en la diffinitive sus le procès
fait entre les dites parties, le quel jour fu continué de nostre office
jusques au samedi après feste Saint-Luc evangeliste l'an de grace
mil ccc vint et sept, et à ycellui jour Robert Yoie, comme procureur et ou nom de procureur du dit maistre des talemeliers
d'une part, et Pierre de Lamote, comme procureur et ou nom des
diz religieus de Saint-Magloire d'autre part, por ce presens en
jugement par devant nous ou dit Chastellet nous eussent requis
icellui droit à avoir, sachent tuit que nous, oÿ tout ce que il
vodrent dire, veu le procès fait entre les dites parties, consideré
tout ce qui faisoit à considerer, eu sur ce conseil avecques sages,
deismes et prononçames en ceste maniere : veu le procès et les

deposicions des tesmoins d'une part et d'autre, consideré que la chose dont contens est n'est pas por malefaçon faite ou mestier de talemelerie, veu ausinc les autres choses mises en forme de preuve d'une partie et d'autre, et tout ce qui nous doit et puet mouvoir, nous disons que le procureur des religieus de Saint-Magloire ou nom d'iceulz a miex et plus souffisamment prouvé s'entencion que le maistre des talemeliers n'a la siene, por quoi nous absolons (sic) le procureur des diz religieus ou nom d'eulz et por eulz de la demande faite contre eulz de par le dit maistre des talemeliers, et seront les soixante sols que le procureur des diz religieus requiert bailliés et délivréz aus diz religieus, et condempnons le maistre des talemeliers es despens faiz en ceste cause, la tauxacion d'icelle reservée par devers nous par nostre sentence diffinitive et par droit. En tesmoign de ce nous avons fait metre en ces lettres le seel de la prevosté de Paris. Ce fu prononcié en jugement l'an et le samedi dessuz diz.

(Cartulaire de Saint-Magloire, p. 361. Bibl. nat. lat. 5413.)

XXVI

Procès-verbaux de resaisine dressés par les soins de l'abbaye de Sainte-Geneviève pour établir sa juridiction en matière industrielle et commerciale.

(1291 — 1305).

LA RESAISINE SUR LES MESTIERS

1º L'an de grace MCCIIII[xx] et XI, le mecredi après les Brandons, nous fist resaisir Jehan de Malle, prevost de Paris des gages qui avoient esté pris en nostre terre en la place Maubert, chiéz Jaquemart, feseur de coutiaus pour ce que il avoit ouvré ainz jour, la quelle chose estoit contre l'establissement des cousteliers de Paris. A ceste resaisine fere furent Nicholas de Rosai, auditeur de Chastelet presenz [1], mestre Pierre clerc au prevost, mestre Pierre clerc Nicholas du Rosai, etc.....

2º L'an de grace MCCIIII[xx] et XIX, le mecredi jour de feste Sainte Katerine, vint Thoumas Lenglés, mestre des liniers, si

---

1. La construction serait plus satisfaisante si on lisait : A ceste resaisine fere furent presenz Nicholas de Rosai, etc.

comme il disoit, et nous restabli de III d. que il avoit pris en
nostre terre chiés Jehanete la liniere demourant près de l'ostel
l'archevesque de Nerbonne et dist que il les avoit pris pour aidier
à deffendre et guarder le mestier, non pas pour chose que il le
deust fere pour la reson du mestier ne pour nul droit que il i
eust ne pour acquerre saisine ne droit de jousticier liniers ne
linieres de nostre terre, ne droit n'i avait, si comme il disoit, car
la joustice en appartenoit à l'eglise. Ce fu fet presenz...

3º *Item* le mestre des charpentiers vouloit que les charpentiers
de nostre terre responsissent par devant lui des choses qui apar-
tienent au mestier et les fist semondre pardevant lui et, pour ce
que il ne voudrent respondre par devant lui, il prist gages des
queix nous feusmes resaisiz.

4º *Item* le mestre des fevres avoit pris gages chiés Jehan d'A-
vesnes, serreurier, demourant en la rue S.-Nicholas, pour ce que il
ne vouloit respondre du mestier par devant lui et en feumes
resaisiz par le dit mestre et par son commandement.

5º L'an de grace MCCIIII[xx] et XIX, lendemain de la feste Sainte
Luce, fu pris le pain Jehan de Rumes à la Croiz Hemon à sa
fenestre pour ce que il estoit trop petit et fu justicié par frere
Guillaume de Vaucresson, chamberier, mestre Guillaume le Petit,
Guiart de Saint-Benoit, present Pierre le fournier, etc.....

6º L'an de grace MCCIIII[xx] et XVIII, le jeudi devant la Marceche, fu resaisi en Garlande Jehan de Hanin, coutelier, par Pierre
le Convert et Gieffroi dit Vit d'amours, serjant à verge de Chastelet d'une chaudiere que le dit Pierre avoit pris chiés le dit
Jehan de Hanin pour ce que le dit Jehan avoit ouvré trop tart en
son mestier..... et fu ceste resaisine fete presenz frere Guill. de
Vaucresson, lors chamberier, etc.....

7º L'an de grace MCCC, le diemenche après la Nativité Nostre-
Dame, en septembre, une fame, qui avoit non Emengars la texerrande, demouranz en la rue Judas, avoit fete une telle à Jehan
Mouton, tavernier demourant ou Mont Sainte-Genevieve, et, quant
la telle fu descendue du mestier, le dit Jehan vit que son file
n'i estoit pas tout et fist adjourner la fame devant le chamberier
et requist en jugement que la telle feust pesée après la premiere
laveure à savoir mon se la telle pesast autretant que son file avoit
fet et pour ce que la dicte texerrande pacefia et l'amenda au dit
Jehan enderiere de la justice, fu elle soupeçonnée du dit file et
l'amenda au chamberier, presenz.....

8º L'an de grâce MCCC, le vendredi devant Noel, feumes resaisis
par Guillaume le Petit, mestre des talemeliers, par Bassequin,
Jehan Loque et Robert de Chaelons, serjanz du Chastelet envoiéz
pour la resesine fere avecques le dit mestre du commandement
Guillaume Tybout leures prevost de Paris de pain que il avoit
pris de Perrot le fournier en la place Maubert en nostre terre,
et avoit dit en prenant le dit pain que c'estoit pour la desobeissance que le dit Pierre ne vouloit obeir à lui en nulle cause ne
pour cause de mestier ne pour autre chose et dit le dit mestre en
nous restablissant du dit pain que il n'avoit droit de cognoistre
du mestier en rien sus les talemeliers de nostre terre. *Item*

nous restabli le dit mestre de pain que il avoit pris chiéz Raoul le pastaier à la Croix-Hemon pour ce que le dit mestre li avoit deffendu le cuire et il, sus la dite deffense, de no commandement avoit cuit, et pour ce le dit mestre nous resaisi de la dite prise ou lieu meesmes là où la prise avoit esté fete, c'est à savoir devant le four en disant que nul droit n'avoit en lui deffendre le mestier ne de cognoistre en riens sur les diz talemeliers de nostre terre, presenz Guillaume Lami, Pierre de Gournai, Pierre de Douai, juréz du mestier, frere Guillaume de Vaucresson, chamberier, etc..... Et à cele journée le dit chamberier envoia Jehan de Flandres et Pierre le fournier en la terre Saint-Martin-des-Chans, en la terre Saint-Magloire, et en la terre Saint-Germain-des-Prés à savoir mon se li mestres du mestier avoit nulle cognoissance es dites terres sus les talemeliers. Li quel trouverent que dehors les murs es dites terres le dit mestre n'a nulle cognoissance, mes dedens les murs de Paris es dites terres le mestre a la cognoissance du mestier par tout.

9º L'an de grace mil CCC, le vendredi après la Saint-Vincent feusmes resaisiz par Guillaume le Petit, mestre des talemeliers, par Bassequin et Guillot de Saint-Denis, serjanz de Chastelet, envoiéz pour la resaisine fere avecques le dit mestre du commandement Guillaume Tybout, leures prevost de Paris, de pain que il avoit pris en nostre terre pour reson de ce que il estoit trop petiz, si comme il disoit, et li fu dit du dit prevost seant en jugement et par droit que il n'avoit droit en penre sus la dite terre et en feusmes resaisi presenz frere Pierre de Tonnairre, chanoine, etc.....

10º L'an de grace mil CCC et quatre, le mardi après Reminiscere, feumes recesi de coutiaus que Jehan dit le Mestre, sergent aus mestres des couteliers et Jehan Teste Dieu, sergent du Chatelet avoient pris en la meson Guillaume de Saint-Amant par le commandement des mestres du dit mestier c'est à savoir Pierre le Blonc, Pierre du Mesnil, Witace, le coutelier le Roy et Adam le Chandelier et nous en firent recesir par le dit Jehan le Mestre presenz Pierre du Puis, etc., et plusieurs autres, c'est asavoir Benoist de Saint-Gervès qui nous restabli du commandement au prevost et nous, comme seigneurs, ardimes les diz coutiaus en nostre terre comme fausse euvre.

11º L'an de grace mil CCC et quatre, le mardi devant Paques, nous fu rendu pour jouticier par Jehan Chaperon, sergent de Chatelet, pain qui avoit esté pris à Auteul du commandement au prevost de Paris. Ce fu fait present, etc.

12º L'an de grace mil CCC et V, le lundi apres Quasimodo, feumes resaisi à Petit Pont de une maille que en avoit pris à la boite de Petit Pont de Pierre de Breie pour une douzaine de bezannes que le dit Pierre avoit achetées et en feumes resaisi par le dit paagier..... present mestre Alain nostre maire, etc.....

(Livre de justice de Sainte-Geneviève[1], fᵒˢ 16-17.
Bibl. Sainte-Geneviève, in-fol. H. fr.)

1. C'est le ms. cité par Du Cange sous le titre de Consuetudines S. Geno-

XXVII

Procès-verbaux constatant le droit de police de l'abbaye de Sainte-Geneviève en matière industrielle et commerciale.

1300-1305.

L'an de grace 1300, le mardi es octaves Saint-Nicholas, fu arse char mauvese qui avoit esté prise par nos juréz de la boucherie de Saint-Marcel et Maciu nostre serjant de Saint-Maart chiéz Tyon le bouchier à Saint-Maart, presens..... touz de Saint-Marcel, Pierre de Chambrai..... et plusieurs autres.

(Livre de justice de Sainte-Geneviève, f° 43.)

L'an de grace 1301, feusmes resaisis du commandement Guillaume Tybout, leures prevost de Paris par Jehan Popin le juenne, leures prevost au duc de Bourgongne, Acelin le Cousturier, etc..... serjanz de Chastelet de la fausse euvre de bazanne et de la haute et de la longue du sorplus d'un espan, et nous en fu rendue la cognoissance de la fourfeture, presenz..... et à cele journée fu arse la fause œuvre qui avoit esté trovée à Saint-Maart presentes les personnes desus nommées.

(F° 43 v°.)

L'an de grace 1302, le diemenche après la Saint-Jehan, fu arse la char de chiés Symon le Picart et Jehan le Picart, pour ce que elle n'estoit pas souffisanz et fu regardée et jugiée par Jehan Bretigni, Robert Bequet et Symon du Solier du commandement frere Guillaume, leures chamberier, presenz......

(F° 44.)

L'an de grace 1305, le mardi après la Saint-Nicholas en may, fu arse une vache qui fut condampnée par les juréz et par le maire pour ce que la dite vache n'estoit pas souffisant et qu'elle avoit esté IIII jours en son hostel, que les piéz ne povoient porter le

---

vefæ ; celui que nous lui donnons nous paraît bien justifié par son contenu. Voy. p. 148.

cors. Ce sevent le maire, les juréz c'est asavoir Symon du Selier, Robert Chief de ville et Pierre de Montchauvet, Symon d'Anieres et touz les voisins et plusieurs autres.

(F° 44.)

XXVIII

Procès entre le procureur du roi et l'abbaye de Sainte-Geneviève au sujet de la juridiction sur les gens de métiers établis dans la justice de ladite abbaye.

8 août 1473.

Entre les religieux abbé et couvent de Sainte-Genevieve appellans de M° Gerard Colletier, examinateur.... ou Chastellet..... et le procureur du Roy ou Chastellet intimé d'autre part, en continuant leur plaidoié du XVIII° jour de fevrier derrenier passé..... Hale pour le procureur du Roy..... dit que..... par ordonnance faicte des l'an III°LXXI..... fut ordonné par le Roy que le prevost de Paris auroit la cognoissance, punicion et correction des abbus qui se faisoient..... entre tous les mestiers de Paris; pareillement l'an III°LXXII fut faicte autre ordonnance par laquelle est dit semblablement que le gouvernement de toute la police demourroit soubz l'auctorité du prevost de Paris....; pareillement fut faicte autre ordonnance l'an III°IIII^{xx} et deux confirmatives des deux ordonnances dessusd..... et dit que il y a à Paris bien XXX ou XL haultes justices et ainsi quant chacun feroit maistres juréz en sa terre, comme parties s'efforcent faire, ce seroit toute desordre..... Vaudetar pour lesd. religieux appellans dit..... que il est fondé par plusieurs arrestz donné l'an mil III°XI d'avoir visitacion sur les mestiers estans en leur justice..... aussi..... leur a donné le Roy privilleges et ordonnances sur les bouchers de povoir creer juréz et les povoir visiter..... Au regard des boulengiers, dit que anciennement n'avoit que ung four à ban en toute leur terre, mais de puis ilz furent conseillez que il auroit four qui vouldroit mais que chacun qui en vouldroit avoir et vendroit pain paieroit (f° 209) VIII s., ainsi c'est bien raison que ilz aient visitacion sur eulx, car, s'ils vouloient, il n'y auroit que ung four..... ne veult dire que dedens la ville ilz puissent faire ordonnances autres que fait le prevost de P. mais ilz se veullent regler selon les ordonnances du prevost de P. et les mettre à excecucion et ne veulent..... estre si presumptueux de dire que, en cas de negligence et quant il en vient complainte,..... le [1] prévost ne puist

1. Il y a dans le registre : ne.

instituer[1] par sa commission ung commissaire avec juréz..... les
d. religieux ou leurs officiers appelléz. Au regard de ceulz de S.-
Marcel, c'est autre chose, car ilz ont toute visitacion et correccion
sur tous les mestiers de Saint-Marcel, si non en cas de negligence,
les d. religieux deuement somméz..... Icy a sonné l'eure.

(Matinées du Parlement, X^{la} 4814, f° 208.)

XXIX

Statuts des foulons de drap de la terre de Sainte-Geneviève.

Ordonnances anciennement faictes sur le mestier des foulons
drappiers de la ville et terre Saincte Genevieve faictes es registres
d'ancienneté.

1. Que nul maistre dud. mestier ne aura ne pourra avoir que
I apprentis, se il n'est son filz, et, se il est son filz, il pourra avoir
ledit apprentis et son filz et convendra qu'ilz soient apprentis
trois ans et non moins continuellement et, se le maistre en prent
deux, le dernier apprentis s'en yra, et l'amendera le maistre qui le
prendra de 10 s. p., moitié à justice et l'autre aux jurés dudit
mestier, pour en faire ce que bon leur en semblera.

2. Se il advient que un drap soit mauvaisement labouré par
deffaulte du foulon soit du pié ou mal espincé, pour chascune
desdictes malefacons il paiera..... 5 s. p. un chascun qui le foulera
devisés comme dessus et le dommaige rendu à partie.

3. Un drap doit avoir 15 aulnes cheant du mestier et, se il en a
moins plus que I quartier, il paiera pour chascun qui s'en fauldra
5 s. p. devisés comme dessus et le domnage rendu à partie et se
fera court en poulie à l'avenant.

4. Deux maistres foulons ne pourront ouvrer ensemble en
1 ouvroir et, se ilz le font, pour chascune fois... ilz paieront 20 s. p.
devisés comme dessus et si se departiront.

5. Nul ne pourra estre maistre ne louer ouvroir, se il n'a vessel à
fouler et chaudiere qui soit scienne, afin que, se il est trouvé avoir
fait aucune malefaçon, que on puisse trouver sur luy de quoy ce
que il aura mesprins envers les bonnes gens et que les admendes
en soient paiées.

6. Que nul homme ne lannera ne pourra lanner seul en un
drap qui passe 8 aulnez et, se il le fait, il paiera 10 s. devisés
comme dessus.

---

1. *Ibid.*: visiter.

7. Que nul homme ne louera vessel pour fouler à personne quelle que elle soit, ne aussy nul maistre n'en pourra nul louer à autruy sur paine de 20 s. p. devisés comme dessus.

8. Que nul homme ne maistre dudit mestier ne pourra fouler ou lanner par nuit, comment que ce soit, sur paine de XX s. p. devisés comme dessus.

9. Quiconques vouldra estre maistre dudit mestier, il le fera, se il le scet faire, mais que il ait esté aprentis par le temps dessusdit en paiant aux maistres dudit mestier XX s. p.

10. Que les varlès dudit mestier seront tenus de venir dès soleil levant jusques au soleil couchant depuis la Chandeleur jusques à la Toussains et depuis la Toussains jusques à la Chandeleur, des ce que l'en pourra homme congnoistre en une rue de la veue du jour et y demourer jusques au soir.

11. Que nul maistre ne varlet ne pourra mettre en gage... aucun drap d'autruy qui luy ait esté baillé à faire pour aucune somme d'argent, se ce n'est par le congié de justice et, se il le fait, il ne labourra plus dudit mestier en ladite terre et avecques ce il paiera X s. p. d'amende devisés comme dessus.

12. Que nul maistre dudit mestier ne sera tenus de mettre en euvre aucun varlet dudit mestier ou autre, se il le scet qui soit reprins d'estre de mauvaise renommée, houllier, tenant femmes es[1] champs ou reprouvé d'avoir fait aucun mauvais oultrage ou que il en ait esté reprins sur paine d'amende voluntaire.

13. Que nul homme dudit mestier ne sera tenus de faire ou labourer aucun drap où il sache qu'il y ait bourre, sur paine d'estre ars et de 20 s. p. d'amende.

14. Tous draps qui seront fais en ladite terrre ou autres qui y seront trouvés et ilz ne sont bons, loyaulx et marchans sans diffame aucun ou deffaulte, quelle que elle soit, seront prins, et ce que il sera regardé par les jurés, appellés avecques eulx les maistres dudit mestier, et selon ce que le drap devra estre pugnis par le rapport des jurés dudit mestier, il le sera, et paieront les admendes selon ce qu'il appartendra ou cas et que les jurés dudit mestier le rapporteront que ilz doivent paier et que il a esté acoustumé ou temps passé à faire tant en ladicte ville comme es autres bonnes villes.

15. Se un drap est fait pour vendre et il n'est de aussy bonne laine ou dernier chief comme ou premier, il sera mis en deux pieces ou la lisiere ostée et paiera XV s. p. d'amende devisés comme dessus.

16. Tous draps maux tains qui se seront destains puis que le drap sera prest et il ne sera bon, loyal et marchant pour vendre en ply, aura la lisiere ostée ou sera taint en autre couleur aux despens de celuy à qui il sera, lequel qu'il aimera le mieux et paiera XV s. p. devisés comme dessus.

17. Nul ne sera tenus de mettre drap en poulie ne le charier depuis qu'il aura esté moullié et tondu et, se il est trouvé faisant

---

1. Ms.: *de*.

le contraire, il paiera 20 s. p. d'amende devisés comme dessus et sera ledit drap moullié et mis à point de rechief aux despens de celuy à qui il sera.

18. Se aucun drappier ou autre vent drap tout prest comme moullié et tondu, et il est trouvé qu'il ne le soit pas, il paiera pour chascune aulne une once d'argent à justice et, se il a vendu le drap, il sera tenus de le reprendre et rendre l'argent et le dommage à partie.

19. Un drap royé par deffaulte de traime ou d'estain, il sera taint en couleur ounie et paiera 5 s. d'amende devisés comme dessus.

20. Se un drap est royé d'estranges traime, chascune roye paiera XII d. d'amende devisés comme dessus et sera la lisiere coppée en droit la roye un quartier de long.

21. Un drap qui sera de meilleur laine sur les lisieres que ou millieu, il aura les lisieres ostées et paiera XV s. p. d'amende devisés comme dessus.

22. Un drap plus long en une lisiere d'une aulne que en l'autre il aura la lisiere ostée et paiera XV s. devisés comme dessus.

23. Se un drap n'est ouny en tainture, il sera aonnie et la lisiere ostée et paiera X s. d'amende devisés comme dessus.

24. Un drap d'estrange traime, se il n'est d'aussy bonne traime comme le drap et se il n'a deux entrebras entre les deux lames, il paiera 5 s. p. devisés comme dessus.

25. Nul ne vendra drap se il n'est labouré en la terre desdits seigneurs de Sainte-Genevieve à paine de 10 s. p. devisés comme dessus.

26. Que nul homme ne lavera par nuit en paine de 5 s. p. d'amende deviséz comme dessus.

27. Que nul ouvrier n'entrera en besongne l'un devant l'autre et comme lesdits jurés l'aient commandé en paine de 5 s.

28. Que un aprentiz servira 3 ans et paiera 5 s. p. pour son apprentissage à la confrarie sitost comme il y sera entré.

29. Nulle femme ne espincera, se ce n'est la femme du maistre ou sa fille.

30. Que la femme ne la fille ne espinceront à la perche ne dessus drap qui soit sec à paine de 5 s. p. d'amende, moitié à justice et l'autre aux jurés.

31. Un recommandé ou deux qui seront à lit et à potage sur le maistre pourront ouvrer dès qu'il sera jour jusques à jour faillant sans prejudice.

32. Nul maistre ne varlet ne pourra tenir avecques lui femme quelconques s'elle n'est sa femme espousée en paine de 10 s. p. d'admende divisés comme dessus.

33. Il y aura en ladicte terre deux esleuz pour ledit mestier, c'est assavoir un maistre et un varlet dudit mestier qui envoyeront les compagnons en besongne à droicte heure et seront esleuz par le conseil des maistres et varlès dudit mestier, et qui n'enterra en place à droicte heure que lesdicts juréz monsterront et diront, il paiera 5 s. p. d'admende divisés comme dessus.

34. Un chascun varlet estrange qui voudra ouvrer en ycelle

ville de Saint-Marcel paiera autelle bien venue comme feroit chascun varlet d'icelle terre en la ville dont il seroit.

35. Chascun maistre tenant ouvrouer qui n'a point paié de maistrise paiera XVI s. p. à la confrarie saint Eustace pour sa maistrise ou il ne pourra tenir ouvrouer en ladite ville de Saint Marcel.

36. Chascun varlet qui lievera son mestier en ladite ville paiera pour sa maistrise au prouffit d'icelle confrarie 15 s. p. et 5 s. p. à justice et, se il est reffusant de les paier, ceulx qui ouverront avec lui, après la signifficacion à eulx faicte, paieront chascun 12 d. p. d'admende pour chascun jour devisés comme dessus.

37. Que chascun maistre et varlet paiera pour chascune sepmaine au prouffit de leur dicte confrarie 2 den., ou cas que il ouverra 3 jours en la sepmaine, et, se il y a aucun varlet qui soit reffusant, cellui ou ceulx qui seront esleuz pour recevoir yceulx den. le signiffiera au maistre où cellui reffusant sera besogné en lui disant qu'il se garde de mesprendre et sera le maistre tenus de retenir les 2 den. que le varlet ou maistre devront pour ladicte confrarie mais qu'il soit signiffié au maistre et, ou cas que le maistre ne l'arrestera, il sera tenu de paier l'admende, et, se il advient que après ce ledit maistre le mette en besongne, pour chascun jour que il lui mettra, il paiera 2 s. p. à applicquer comme dessus et ainsi se les autres varlès besoingnent en lieu où ycellui reffusant soit besongnant, chascun d'eulx sera en admende de 12 d. après la signifficacion à lui faicte pour chascun jour à applicquer comme dessus et pareillement fera l'en du maistre se il est reffusant de paier lesdits 2 den.

38. Que es vigilles de quatre festes solennelles et des vigilles de Nostre-Dame ne aux samedis après nonne nul ne face besongne sur paine de 12 den. p. d'admende à applicquer comme dessus.

39. Auront lesd. esleuz et chascun d'eulx de tous ceuls du mestier qui se marieront une paire de gans neufs et de chascun trespassé dudit mestier les meilleures chausses et les meilleurs solliers qu'il eust pour signifier le service aux compagnons dudit mestier.

40. Tous les maistres et varlès seront tenus de venir à la messe des nopces de chascun du mestier qui se mariera en ladicte ville sur paine de paier à chascun qui deffauldra 12 d. p. d'admende à la confrarie.

41. Que s'il trespasse aucun ou aucune de ladite confrarie, que chascun soit en son service sur paine de 12 d. et seront rabatus 4 den. à chascun ouvrier sur leur journée.

42. Que nul homme estrange ne ouverra en ladicte terre dudit mestier oultre ou plus de III jours, se les varlès de ladicte ville ne euvrent en la ville dont il est et le maistre qui le mettra en besongne après la signifficacion à lui faicte sera en admende de 5 s. à applicquer comme dessus.

43. Que nul ne pourra fouler à la troterie à paine de 10 s. p. d'admende à appliquer comme dessus.

44. Que nul varlet alant a journée ne yra en besongne plus tost

que la messe de la confrarie sera chantée au jour auquel on la chantera à paine de 12 den.

45. Que nul ne se puet louer hors place à paine chascun varlet de 12 den. et le maistre de 2 s. à appliquer comme dessus.

(Livre de justice de Sainte-Geneviève, f°s 25 et suiv.)

XXX

Statuts des tisserands de drap du bourg Saint-Marcel.

22 avril 1371.

L'ordenence et registre des tixerrans de la ville de Saint-Marcel au regard des draps.

A tous..... le chambrier de l'esglise Sainte Genevieve de Paris ou Mont salut. Savoir faisons que pour l'onneur et prouffit garder du mestier des tisserrans de draps que l'en fait en la ville de Saint-Marcel et de la drapperie que l'en fait en la terre et jusridicion temporelle de la dicte esglise, afin que les ouvriers dudit mestier et qui font ladicte drapperie saichent la teneur des ordenances anciennes, leur avons estrait de nos registres les ordenances de leur dit mestier qui s'ensuivent : 1º que aucun ne puet..... faire aucun drap de laine, quelle que elle soit, en moins de XV cens en laine ronde et que il n'ait sept quartiers en ros de lé et qui plus large le vouldra faire, faire le pourra par y mettant greigneur compte à la value et qui le lé de sept quartiers vouldra faire plus dru faire le pourra en y mettant son compte et y mettra chascun telle lisiere comme il plaira mais que le compte y soit. 2º Que drap en lé en laine plate ne se puet... faire doresenavant en moins de XVI cens et VII quartiers et demi en ros et qui plus estroit le vouldra faire que de VII quartiers et demi faire le pourra en tenant son compte et qui plus large le vouldra faire que de sept quartiers et demi, faire le pourra en mettant compte à la value et pourra l'en faire en ycelle laine de XVI cens drap mabré pigné, en sain ou compte de XV cens sans mesprendre, ou cas que le tisserant arait deffaulte d'estain de celle meisme couleur ou autrement. 3º L'en pourra faire toutes manieres de draps de laine qui vouldra en XVIII cens et ne pourront avoir les dis draps moins de deux aulnes de lé en ros et, se plus large le veulent faire, faire le pourront en y mettant compte à la value, et ou cas que deffaulte d'estain mabré ou autre pigné à sain non d'autre y auroit, on le pourroit faire en XVII cens seulement et non en moins. 4° Quiconques vouldra faire aucuns fourmiers de laine tous faire les pourra en moins de demi aulne de lé et, ou cas que plus large le vouldra faire, faire le pourra en mettant compte à la value des draps de sept quartiers et demi en ros. 5° Qui vouldra faire drap en estroit d'aulne et demi quartier en ros il ne pourra estre fait en moins de XII cens et qui plus dru faire le vouldra faire le puet en mettant compte à la value. 6° Tous les draps dessus nommés seront fais es comptes dessus dis de laine ou de aignelins bons, loyaux et marchans et non autrement. 7° Quiconques vouldra faire draps en laine de V quartiers de lé en estroit faire le pourra en XIII cens ou au moins en XII cens comme cotelle et non autrement. 8° Toux ceulx qui seront trouvés faisant le contraire de ce que dessus est dit et mettant les draps dessus dis en moins de compte dessus dit il paiera pour chascune fois que il y sera trouvé pour chascun ros soit VI d. p. moitié à justice et l'autre moitié aux juréz pour leur paine. 9° Que nul du mestier de tisserranderie ne pourra prendre nulle euvre à faire que il ne face ou face faire en son hostel sans ce que il la puisse baillier à autre tisserant sur paine de X s. p. d'amende devisés comme dit est. 10° Nul ne pourra faire soies dictes de Saint-Marcel toutes de laine en moins de XVI cens sur les paines dessus dictes. 11° Toutes tiretaines de laine sur cheennes de ligne nulz ne pourra faire en moins de XIIII cens sur paines dessus dictes. 12° Tous tisserrans, ersonneurs et toutes autres manieres de ouvriers sur les drapperies dessus dictes se assambleront en la place ordonnée à heure de souleil levant ou plus chascun matin chascun jour qui vouldra pour soy louer, c'est assavoir en la ruelle si comme l'en va et entre l'en en l'esglise de Saint-Maard ou milieu de la boucherie. 13° Tous ouvriers dudit mestier seront tenus de entrer à heure en tous tamps d'yver et esté à heure de souleil levant et non plus matin et paieront l'amende s'il y entrent plus matin et lesseront euvre à heure de souleil resconsant. 14° Quiconques fera drap mal tissu, puis qu'il aura assés tresme, par sa deffaulte, il paiera pour chascune fois d'amende VIII s. p. deviséz comme dit est. 14° Nul ne pourra louer aucun varlet ouvrier du mestier se ce n'est en la place ordonnée, se au samedi, au lessier euvre en son hostel, il ne l'a retenu pour l'autre sepmaine ensuivant sur paine de V. s. p. d'amende c'est assavoir le maistre III s. et le varlet II s. 15° Ne pourra nul tisserant estre maistre oudit mestier ne ouvrer pour soy ne pour autre, se il n'a mestier entier pour ouvrer qui soit sien ou plege de la valeur que le mestier puet valoir afin que, se il fait aucune chose qui soit à amender, que l'en puisse recouvrer sur luy. 16° Tous ouvriers et ouvrieres depuis Pasques jusques à la Saint-Remy se pourront desjuner à l'eure de prime de jour ou environ et diner à heure de midi et mengier à heure de nonne Nostre-Dame de Paris sans partir de l'ouvroir où il ouverront et sans faire trop grant demeure et depuis la Saint-Remy jusques à Pasques il n'ont ne n'averont que deux heures de mengier en l'ouvroir c'est assavoir au matin et au disner et pourront partir aus vegilles de festes aussy tost comme ilz orront sonner nonne à Saint-Marcel ou le premier coup de vespres de Saint-Maard lesquieulx qu'ilz vouldront et semblablement laisseront euvre aus veilles des festes solempnelles des veilles Nostre-Dame, des apostres jeuuables et à la saint Laurens à heure de nonne saint-Maard sur paine de VI s. p. d'amende devisés comme dit est, et se aucun veult laisser euvre au samedi ou à aucune des autres festes à nonne Saint-Maard, pour rabatre le quart de sa journée, faire le pourra. 17º Nul tisserrant ne pourra mettre en drap mabré ne en nul autre nulle couleur estrange fors de meismes le drap et tout d'une sorte afin qu'il n'y ait royes de autre couleur ou laines, se ce n'est en blanchet à faire brunettes noires ou en drap à vestir tout faitis pour l'ostel de bourgois et par son consentement et, ou cas que il seroit trouvé roye par la deffaulte du tisserant, il paieroit XII d. p. pour chascune roye. 18º Nul tisserrant de linge ne pourra estre tisserrant de draps ne faire le mestier avecques l'autre, se il n'est prouvé que il soit avant en draps que en toilles ne pourra faire autrement les deux ensamble sur paine de V s. p. d'amende deviséz comme dessus est dit. 19º Toux varlès de draperie qui vendra de hors du pays pour ouvrer en la jusridiction de ladicte esglise ne pourra estre contraint que en XII d. p. pour sa bien venue, se il ne luy plaist à en plus paier. 20º Quiconques vouldra estre maistre et tenir son ouvroir il paiera XIIII s. p. pour sa mestrise avant que il tiengne son mestier et yceulx XIIII s. p. et XII d. dessus dis seront convertis en la messe ordonée de draperie et tisserrans de la terre de ladicte esglise. 21º Tous tisserrans et ouvriers de draperie pourront faire ouvrer en leur maison de la draperie et faire ouvrer de bonnez euvres par gens en ce congnoissans et expers sans ce que il puissent faire par autres sur les paines dessus dictes par avant. 22º Que toutez manieres de gens qui ne sont pas drappiers qui vouldront venir demourer en la terre pour labourer, faire le pourront par la main des tisserrans en l'ostel d'iceulx tisserrans et non autrement. 23º Que drap royé pigné en saing de aulne et demie en ros ne puet ne ne doit estre fait en moins de XII cens et aultre drap royé à la value. 24º Quant un apprentis est monté sur son mestier à tistre, il doit V s. p. à la confrarie saint Mor avant que il puisse riens faire. 25º Quant un apprentis est quittez de son mestier, il doit V s. p. moitié aux maistres des varlès et l'autre à la dicte confrarie. 26º Nul tisserrant, foulon ne autre ne puet ne ne doit souffrir entour luy ne entour autre du mestier que il saiche larron, murtrier ne houllier ne homme qui soit diffamé de villain reproche ne qui tiengne meschine aux champs ne à l'ostel, que il ne le viengne dire à justice pour le faire vuidier hors du mestier et, depuis que il le sauront, seront tenus de ne les mettre en eu vre[1] en aucune maniere sur paine de XX s. p. deviséz comme dit est. 27º Nul tisserrant ne pourra faire 1 drap où il ait tresme de molée se ce n'est par le congié de justice et des jurés et pour

---

1. Il y a dans le ms. : *ne seront tenus de les mettre en euvre...*

vestir ceulx à qui il seroit et que, avant que il partist des mains de justice, que il feust taillé sur paine de XX s. d'amende ou de perdre le drap devisé comme dit est. 28° Nul drap royé en chesne tainte en file ne puet estre fait en moins de XIIII cens et aulne et demie de lé en ros sur les paines dessus dictes. 29° S'il avenoit que aucun drappier faisoit 1 drap tout prest en son hostel et les faisoit moullier et il ne feust moullié et retrait souffissamment, il paieroit pour ce XX s. d'amende et pour la faulseté l'amanderoit selon le cas. 30° Nuls tisserrans ne ouvriers de draps ne puet ne ne pourra avoir foulerie en son hostel sur les paines dessus dictes. 31° Quiconquez fera drap espaulé soit aux lisieres, soit aux boux, il sera couppé en III pieces ou les lisieres couppées au lonc et avecquez ce paiera XX s. d'amende devisé comme dit est. 32° Nul drap ne se puet faire où il ait bourre qui ne soit ars ou en la volenté de mons. l'abbé et oultre paiera LX s. p. d'amende et sera ars à ses despens. 33° Nulz drappiers ou tisserrans ne puet ne ne pourra faire drap à vendre à destail ou en gros où il ait pesnes pour ce que il sont faulx et mauvais et qui sera trouvé faisant le contraire il perdera le drap et paiera XX s. p. d'amende divisée comme dessus. 34° Nul tisserrant de lange ne autre ne pourra avoir en son hostel que deux mestiers lés et 1 estroit et ne pourra avoir aucun mestier hors de son hostel où tisserrant puisse ouvrer, se il ne luy a vendu et qu'il ne soit à celuy qui y ouverra sur les paines dessus dictes. 35° Nul tisserrant ne pourra avoir en son hostel que un apprentis seulement et ne le pourra prendre à moins de quatre ans et à quatre livres de par. ou à V ans de service et à LX s. p. ou à six ans et à XX s. p. ou à VII ans et sans argent. 36° Le maistre puet bien prendre son apprentis à plus de service et à plus d'argent, mais à moins ne le puet il prendre. 37° L'apprentis puet racheter son service se il plaist à son maistre, mais que il aist servi quatre ans, mais le maistre ne le puet vendre ne quittier, se il n'a servi quatre ans, ne prendre autre apprentis, ja soit ce que l'apprentis s'en fouist ou se mariast ou alast outre mer, ne ne puet le maistre avoir autre apprentis se l'apprentis n'est mort ou se il ne forgeure le mestier à tous jours et se l'apprentis s'en va par sa folie ou par sa jonesse, il est tenus de rendre à son maistre tous les frais et dommaiges que il aura euz durant le temps que il sera hors d'avecques luy avant que il puisse retourner au mestier ne ouvrer du mestier ne que autre maistre le puisse prendre pour demourer avec luy. 38° Se le maistre ne tenoit honorablement son varlet apprentis...., les jurés seront tenus de contraindre le maistre de le tenir honorablement et, se le maistre est sy poures que il ne l'eust de quoy tenir, les jurés le pourront oster de son hostel et mettre là où il verront que bon sera et le prouffit sera à faire à l'apprentis. 39° Les jurés dudit mestier seront tenus de tenir et garder les choses dessus dictes par leurs seremens bien et loyalement et visiter ycelluy mestier par chascune sepmaine deux fois. 40° Les dis maistres et jurés ne pourront prendre de nul maistre nouvel que V s. p. pour leur vin se il ne leur en veult plus donner. 41° Seront tenus yceulx jurés de nous rapporter loyalment et sans fraude ou faveur et par leurs seremens comme à justice toutes les malefactions ou fourfaitures qui escherront es choses dessus dictes pour en faire punicion et correction raisonnable, selon ce que au cas appartendra et la teneur de l'ordenance dudict mestier donra et que cy dessus est faite expresse mencion. En tesmoing de ce nous avons mis à cest estrait le seel de la chambre le mardy XXII° jour du mois d'avril l'an de grâce III^cLXXI.

(Livre de justice de Sainte-Geneviève, f°s 22-23 v°.)

XXXI

Ordonnance du prévôt de Paris autorisant les tisserands drapiers de Paris et de Saint-Marcel à mettre de la laine tannée dans les draps bâtards.

24 août 1391. — Vidimus du 14 sept. 1397.

A tous..... Jehan, seigneur de Foleville....., garde de la prevosté de Paris salut. Savoir faisons que nous l'an de grace 1397, le vendredi XIV jours du mois de septembre, veïsmes unes lettres seellées du seel de la dicte prevosté de Paris contenant la forme qui s'ensuit : A tous..... Jehan, seigneur de Foleville....., garde de la prevosté de Paris..... comme entre les ordenances, poins et status contenus es registres et ordenances du mestier des tixerrans de la ville de Paris fait et reformé par feu mons. Hugues Aubriot, chevalier..... ou mois d'aoust l'an 1373, eust esté et feust contenue une clause..... qui estoit es anciens registres dudit mestier de laquelle la teneur s'ensuit : Item que doresenavant aucun ne mettra ne fera mettre es villes de Paris, de Saint-Marcel ne es autres fourbours d'icelles villes ne ailleurs en la banlieue de Paris noir de chaudiere que on appelle à present molée, fors en la maniere..... qui s'ensuit : c'est assavoir en et sur chaisnez de seize et XVIII cens en laine plate sur les quelles sera mise titure de laine blanche et noire nefve avec partie de violet taint en guede et en garence qui ne monte point plus du tiers qui vouldra, et s'ilz n'y veullent point mettre de violet, faire le pourront et aussy en et sur chaisnes à trois piéz de quinze cens en laine ronde dont l'en fait petit draps et gros appelés gachiers sur quoy se mettra titure de laine blanche et noire nefve sans aucune couleur. Et de nouvel pluiseurs des tixerrans de la dicte ville de Paris disans que la dicte clause n'estoit pas bonne ne prouffitable pour ledit mestier ne pour le prouffit de la chose publique, tant parce que toute la besoigne se widoit de Paris et la faisoient ceulx de Saint-Marcel qui sont au contraire du contenu oudit article, car ils mettent laine tannée avec noir neif et estoient en aventure ceulx de Paris d'aler demourer à Saint-Marcel, laquelle chose leur seroit trop grevable et prejudiciable, comme parce que c'estoit plus le prouffit du commun pueple de mettre laine tanné avec noir nief et violet, combien qu'ilz n'osent faire le contraire pour la paour d'enfraindre la dicte ordenance, nous eussent requis sur ce à eulz estre pourveu de remede convenable, savoir faisons que nous, oÿe l'informacion qui faite a esté par nostre amé M° Andry le Preux, examinateur et procureur du Roy n. s. ou Chastellet de Paris, commis de nous pour enquerir et savoir se c'estoit la verité que ce feust plus le prouffit du commun de mettre laine tainte avec noir neif et violet que autrement, lequel nous a relaté et tesmoignié par son serement que au jour d'uy il a fait assambler pardevant luy en l'esglise Saint-Magloire de Paris les tixerrans, foulons, tainturiers et cardeurs de laine, tant de Paris comme de Saint-Marcel desquels les noms s'ensuient, et premierement s'ensuient les noms des tixerrans de Paris [1]. *Item* s'ensuivent les noms des foulons de Paris [2] (f° 24 r°). *Item* les noms des tainturiers de Paris [3]. *Item* les noms des cardeurs de laine [4]. *Item* s'ensuient les noms de ceulx de Saint-Marcel [5]. Tous lesquelz ont dit et affermé d'un commun accort et assentement par leurs seremens fais solempnelment aus sains evangiles de Dieu que c'estoit chose convenable et prouffitable pour le prouffit du commun de mettre en draps bastars, c'est assavoir en chascun drap de XV aulnez ou environ 3 ou 4 livres de tanné et que les draps en estoient plus beaux et meilleurs, nous avons ordonné que doresenavant l'en pourra mettre en chascun desdis draps bastars de trois à quatre livres de tanné et ycelle ordonnance volons estre gardée et tenue par les tixerrans de Paris et Saint-Marcel sans ce que iceulx tixerrans en puissent doresenavant estre reprins en aucune maniere ne qu'ilz soient tenus pour ce en aucune amende. En tesmoing de ce nous avons fait mettre à ces lettres le seel de la prevosté de Paris. Ce fu fait oudit Chastellet le jeudi XXIIII° jour d'aoust l'an de grace 1391. Ainsi signé : Fresnes. Et nous à ce present transcript avons mis le seel de la d. prevosté de Paris l'an et jour premiers dessusdis.

(Livre de justice de Sainte-Geneviève, f° 24 et v°.)

1. Suivent vingt et un noms parmi lesquels celui de Philippot Ginbaut, arçonneur.
2. Suivent cinq noms.
3. Suivent six noms.
4. Suivent sept noms.
5. Suivent vingt-sept noms.

XXXII

Règlement de la boucherie de Saint-Médard.

xive siècle.

Establi est pour le commun proufit de la boucherie Saint-Maart et du consentement des bouchiers de la dicte boucherie que nul des bouchiers de la dicte boucherie ne puet ne ne doit acheter ne vendre char, morte, quelle que elle soit, se elle n'a esté tuée en la dicte boucherie. De rechief que nul bouchier ne peut..... par lui ne par autre tuer char, quelle que elle soit, au jour dont l'en ne mengera point de char l'endemain, puis que il sera adjourné, se ce n'est aus vendredis, de la Saint-Remi jusques à Karesme prenant. De rechief que nul bouchier ne peut..... par lui ne par autre tuer char, quelle que elle soit, qui ait esté nourri en maison de hullier, de barbier et de maladerie. De rechief que nul ne peut estre bouchier taillant à estal, se il ne poye 6 liv. p. pour son past une seule foys c'est assavoir 30 s. p. à la dicte eglise de Saincte-Geneviève et 30 s. à l'euvre de la dicte eglise de Saint-Maart et le remenant aus diz bouchiers pour boire ensemble. Les noms des bouchiers qui lesdiz establissemens ont accordé tenir et garder sont [1]... De rechief cellui qui sera trouvé..... faisant contre les choses dessus dictes ou aucunes d'icelles pour cause des chars dessus dictes, il sera tenu de paier 40 s. d'amende.... c'est assavoir au chamberier de Sainte-Geneviève 20 s. et à la communauté des bouchiers de ladicte boucherie 20 s. et cellui qui vendra char ou vouldra estre bouchier de nouvel en ladicte boucherie ne pourra estre bouchier ne taillier char en ladicte boucherie juques atant que il ait paié le dit paast et lui pourront deffendre les jurés de ladicte boucherie que il ne vende ne ne taille char en ycelle juques atant que ledit paast il ait paié et se il est depuis trové faisant le contraire, la char que il aura morte en ladicte boucherie sera confisquée et acquise à l'église de Sainte-Genevieve et si paiera 40 s. d'amende audit chamberier et 20 s. à la communauté de ladicte boucherie.

(Livre de justice de Sainte-Geneviève, f° 42 v°.)

---

1. Suivent 43 noms parmi lesquels celui de Jehan Legois.

XXXIII

Devis dressé par le maçon et le charpentier jurés du chapitre de Notre-Dame des réparations à faire au moulin de Croulebarbe.

3 février 1393 (n. s.).

A la requeste de M° Jehan du Soc, chanoine de Paris et procureur de honorables et discretes personnes doien et chapitre de Paris, present à ce Philippot de la Cave, sergent du Roy n. s., sont alés M° Regnault Lorier, maçon et Jehan de la Haye, cherpentiers jurés pour voir et visiter les reparacions neccessaires à faire ou moulin de Crolebarbe près de Saint Marcel lez quelles par provision de justice les d. doien et chapitre font faire. Et c'ensuit la maçonnerie qui est à faire ou d. moulin : 1° au coing du jardin devers les champs fault refaire environ trois taises de mur et massonner de plastre et de moiron (sic). Item ung costé devant l'iaue aucosté d'aval l'iaue entre la riviere et l'uys de l'antrée de la court, fault abatre et refaire sept toyses et demye de mur et clotoier de plastre par dedens euvre et avecques ce fault repenre le cou du piller par dessoubz qui est soubz le bort de la riviere et refaire le piet droit de l'arche de celuy costé du piller tout de mortier, de caulx et de sablon. Item fault tout refaire le mur au long de la riviere depuys le bout d'amont par devers les ventaux jusques au mur de la closture du costé d'aval l'iaue où il y a VI toises et demye de long soubz sept piés de hault, avalué le haut contre le bas qui valent VII toyses et demye et III piés, et yceulx murs fault massonner de caulx et sablon et de deux piés d'espoise fondé à vif fons. Item fault repenre l'arche davant l'iaue par dessous et massonner de mortier de caulx. Item fault avoir trois grans quartiers de haut ferrot à toute la croute, chascun de III piés de long et de deux piés de lé qui seront assis au dessoubz du seul qui soutient la huchete de bois par où l'yaue descent soubz la roe et seront contelés selong la pointe de la d. huchete et avecques ce fault deux autres quartiers, chascun de deux piés de long en ycelui lieu et tout ce fault masonner à caulx et sablon. Item fault refaire la masonnerie du bout de la riviere au bout du derrinier vental de pierre et de mortier de caulx de VIII piés de hault et VI piés de lé et sera tout maçonné de bonnes limbes assemilliées au martiau. Item fault au costé par devers la chambre du munier refaire le mur et repenre l'arche de deux toises et deux piés de long et sera yceluy mur fait de pierre de taille de trois assises l'une sus l'autre et à ce faire fault XVIII quarriaux doubles de ferrot. *Item* pour repenre l'autre costé de l'arche, fault deux quartiers de ferrot, chascun de deux piés de long et de pié et demy en teste et rejointoier de mortier de caulx ou de chyment jusques au ventaux. *Item* fault repenre les murs de la closture pardevers l'estable qui puet monter une toise de mur ou environ. *Item* fault refaire le mur au long de l'yaue entre le coing de la maison du moulin et le mur de la closture avant l'yaue qui contient deux toyses et sera yceluy masonné à caulx et sablon. *Item* pour charpenterie fault 1º ung seul avant l'iaue de IX piés de long et ung pié et plainne paulme de forniture. *Item* fault ung seul dormant à la teste du trebuchet lequel avera deux toyses de long et ung pié et plainne paume de forniture. *Item* fault ung arbalétrier lequel sera sus lez deux seulx dessusd. de III toises de long et ung pié de forniture en tous sens. *Item* deux pieches pour faire godiveles lez quelles averont chascune IX piés de long et ung pié de forniture. *Item* fault le fons du vaissiau lequel avera deux toyses de long et de I grant doué d'espoise en fons et par lez costéz trois doyes et sera la d. pieche fendue pour faire le d. vaissiau et sera refoulliée à la coignie et sera rasamblé à clef et ara desous celuy vaissel trois sieux qui font maniere d'achevetrure et ara à chascun bout une mortaise et avera à chascun bout ung potiau pour tenir lez costés dud. vaissiau et averont les espondes deux piés de haut en droit la roue. *Item* fault faire la deschente du trebuchet la quelle se vient assambler aud. vassiau et l'autre bout au d. seul qui porte l'esclotoir. *Item* fault deux potilles pour celuy esclotoir de V piés de long et ung pié de forniture. *Item* fault ung chapiau dessus lez deux d. potilles de la forniture dez deux potilles. *Item* fault ung seul dessoubz les ventaux de V piés de long et de ung pié sole (*sic*) de forniture et deux potilles et ung chapiau de la d. longueur et forniture. *Item* fault faire trois esclotoires de deux piés de long et de trois piés de lé. Et tout ce rapportent les juréz dessusd. qui bien et loiaument l'ont fait à leur poioir et le tesmoingnent soubz leurs seaulx mis en leur present raport l'an 1392 le 3º jour du mois de feuvrier.

(Arch. nat. S. 22, nº 1.)

XXXIV

Comptes des travaux faits au collége de Beauvais par les exécuteurs testamentaires de Jean de Dormans.

Item pour la d. ordennance et commandement de noz d. seigneurs[1] mettre en fait et à execucion, asséz tost après led. Mº Ray-

1. Les exécuteurs testamentaires de Jean de Dormans, évéque de Beauvais.

mon [du Temple] fist et devisa une cedule de quele forme, matiere, ordennance et espoisse se feroit le d. edifice et ycelle cedule fist doubler par son clerc, afin de monstrer le d. fait et toute la devise à tous ouvriers solables et souffisans qui pour mendre pris le voudroient faire et accomplir, la quelle cedule fu portée en Greve, veue et leue en general en presence de tous ouvriers, et ja 'soit ce que avant que la d. cedule fust ainsi leue et monstrée..., neantmoins ce pendant... l'en ouvroit et maçonnoit oud. fait hastivement et continuelment et entre deux pluseurs ouvriers maçons, veue et avisée lad. cedule, vindrent et se ingererent à prendre led. ouvrage et ravalerent pluseurs fois le premier pris, neantmoins après plusieurs paroles et debas qui y survindrent, led. marchié pour le miex et pour le greigneur prouffit et utilité d'icelluy, par le conseil et conclusion dud. M° Raymon fu et demoura aux premiers maçons sur lesquelz l'en avoit ravalé et qui tous jours ouvroient en attendant ceulx qui vouldroient venir aud. marchié pour mendre pris, comme dit est, c'est assavoir Jehan le Soudoier et Michiel Salmon, maçons et tailleurs de pierres demourans à Paris souffisans et solables qui par avant avoient aidié et esté au fait de la construction de la chapelle dud. college, demoura ausd. maçons selon le pris et la teneur de la d. cedule et soubz certaine obligacion faicte sur ce ou Chastellet de Paris de laquelle... la teneur s'ensuit... (f° 2).

Le devis est suivi du marché ci-dessous :

Jehan Soudoier, tailleur de pierre et Michiel Salmon, maçons... confessent avoir fait marchié et convent chascun pour le tout avec honorable et discrete personne M° Giles d'Appremont, maistre du college des escoliers de Dormans, etc. de faire par la forme et maniere, es lieux et places cy dessus esclarcis en l'ostel des d. escoliers la taille et la maçonnerie du corps d'une maison..... et pour le pris de XXIIII s. pour toise de peine..... 1387 le samedi VII° jour de septembre (f° 3 v°).

Item en abatant lad. maison[1] led. M° Raymon vinst sur la place et fist venir piqueurs et pionniers pour marchander à la toise carrée et de chascune toise chever et geter hors terre en place pour chargier, rabatues fosses et widanges que l'en trouveroit, fu fait lors pris et fu la dicte besoigne de piquier et chever... et le pris monstré et publiée en Greve lequel fait en conclusion demoura à Jehannin de Reims et autres ses compaignons parmi VII s. p. pour toise carrée et de la mesure et tesement il apperra cy après... (f° 4).

Item en ce faisant ordenna M° Raymon que l'en feist provision de sablon et des autres matieres... (f° 4 v°)

Lundi XXII° jour de juillet fu feste de la Magdalaine (f° 5).

Mercredi XIII° jour d'aoust veille de l'Asumpcion Nostre-Dame, pour cause de la vigile et que les d. widanges estoient bien exploitées, l'en retinst tant seulement II tumeraux..... II aides.

---

1. Elle était sise au chevet de la chapelle, sur la rue Saint-Hilaire.

Jeudi feste Nostre-Dame en my aoust.

..... Jeudi feste S. Jehan de Collace, Mᵉ Raymon vinst sur l'atelier et lors prins les maçons, les piqueurs et autres..., tesa et mesura toutes les widanges du parfont jusques au rez de chaussée et fist escrire..... somme ᵀᵀᴵˣˣ III toises carrées au pris de VII s. pour toise valent XXIX livres VIII s. (f⁰ 5 v⁰).

Pour ce que lors l'en arrivoit carreaux de Gentilly à pluseurs voitures et bien abundanment, à paine avoit l'en loisir de les bien aviser, l'en commist I poure homme tailleur qui estoit continuellement en l'atelier à yceulx aviser se il estoient souffisant et pour ce l'en lui donna pour courtoisie... 4 s.

..... Lundi XIIIIᵉ jour d'octobre Mᵉ Raymon vinst sur l'atelier et tout ce qui estoit fait jusques alors par lui veu et avisé, fu ordonné que l'en abateroit la maison qui fu Mᵉ Jehant Audant..... (f⁰ 6 v⁰).

... Ledit Lundi le woier de mons. de Paris, en qui fons de terre est ce present edifice assis, vinst sur l'atelier, present Mᵉ Raymon, et lors, pour l'alignement et pour le droit de lad. voierie, par l'ordennance dud. Mᵉ Raymon paié à lui XX s.

.....durant le temps de ceste euvre, par le temps d'esté que les jours estoient longs et que il faisoit chaut et que l'en amenoit et arrivoit pierres, chaux, sablons et autres matieres, il convenoit, pour oster escandle, donner à boire par plusieurs fois à laboureurs.....

Vendredi XVIIIᵉ jour d'octobre fu feste S. Luc et, ja soit ce que en ce jour l'en cessast de ouvrer par commandement de l'eglise, neantmoins... l'en prist aides de l'atelier en tache... (f⁰ 7).

..... il est assavoir que, en chevant les fundemens des d. murs, une journée entre les autres, pour ce que les gelées approchoient et se passoit la saison de maçonner, les maçons aloient disner et lors appellerent aucuns et prierent que, tandis qu'il prendroient leur heure, les piqueurs ouvrassent tousjours, lesquelx piqueurs... vouloient avoir semblablement leur heure, pour ceste cause l'en donna auxd. piqueurs, afin qu'ilz ouvrassent sans partir, à boire et à manger en la fosse mesmes, pour ce... IIII s. (f⁰ 7 v⁰).

Ou mois de novembre pour funder et asseurer le pignon de l'edifice d'amont emprès Mᵉ Jehan du Val..., led. Mᵉ Raymon vinst sur le lieu et autres juréz du Roi... pour ce qu'il convenoit que led. Mᵉ Jehan du Val en paiast sa porcion selon le rapport et jugement des juréz... (f⁰ 8).

Il fu avisé par Mᵉ Raymon et par le college que, consideré ce present edifice qui est notable memoire du fundeur et des siens..., que l'en y feroit une pierre de lioys en laquelle seroit l'epitaphe et escripture avecques l'escu du fundeur..., pour laquelle pierre taillier et polir fu fait marchié par Mᵉ Raymon à Jehan d'Argenville, tailleur de pierre..... pour tailler l'escu de monseigneur le fundeur et graver la lettre et taillier les angelos qui y sont, dut avoir Hennequin de Tournay, tumbier... par l'ordennance dud. Mᵉ Raymon VI fr. I quart valent..... C. s. (f⁰ 8 v⁰).

... Le jour de caresme, ouquel temps estoient les maçons et manuevres sur l'atelier, tous en semble requirent que, comme en tel atelier où l'en ouvroit continuelment il fust acoustumé que l'en donnoit à tous les ouvriers et manouvriers courtoisie, c'est assavoir pour la char d'un mouton manger ensemble.....

Samedi XIX° jour de mars, Colin Commun, charpentier vint en l'atelier pour marchander et faire la charpenterie à l'ordennance de M° Raymon et de M° Jaques de Chartres..... (f° 9).

Environ led. jour de Penthecoste, les maçons et mannouvriers de l'atelier et qui continuelment y estoient, par maniere de courtoisie et de curialité firent requeste sur l'atelier tous par une mesme bouche que, comme en chascun atelier notable et continuel comme est ce present... il fust de coustume... que le jour de l'Ascencion Nostre-Seigneur il mengoient ensemble et avoient avantage sur la despense dud. atelier et le d. M° Raymon estoit en ceste partie chef et maistre du mestier de maçonnerie et de tous mannouvriers quelconques et leur juge en ceste partie vousist sur ce ordenner, pour ce est que... il ordenna.... que, se il plaisoit bien et non autrement aud. college, tous les d. maçons et mannouvriers... feroient leur d. disner ensemble avecques les enfans et boursiers... et furent aud. disner led. maistre Raymon comme chef, sa femme et plusieurs et honnestes personnes..... (f° 9 v°).

Environ XX° jour de juillet, mons. de Beauvès passa par ce present atelier et visita les ouvriers et l'ouvrage et lors commanda à son maistre d'ostel que l'en leur donnast 1 fr. pour boire (f° 11 v°).

Environ la premiere sepmaine de septembre M° Raymon ordenna que, pour geter et aviser les huisseries et fenestrages..., l'en feist venir M° Jaques de Chartres sur le lieu..... lequel M° Jaques vinst et fu fait cedule de son ordennance et monstrée à ouvriers huchiers... (f° 12).

En ce mois de decembre, M° Raymon, avecques lui M° Michel Mote juré du Roy, commança à recoler et teser tout le massonnage de ceste presente despense et avoit avec lui un propre clerc appelé Hebert qui escrivoit chascun article que lui nommoit led. M° Raymon, et ja soit ce que les principaulx maçons peussent estre tenus à en paier leur porcion du salaire, neantmoins l'en a paié pour honneur dud. M° Raymon et de ce present edifice aud. Hebert... XXXII s. (f° 13).

Quant la vis de ce present edifice a esté maçonnée et merriennée, M° Raymon ordena qu'elle fust couverte de tuille et de girons... et premierement que l'en feist l'enhouseure, pour quoy fu marchandé par lui mesmes à II plommiers... (f° 13 v°).

C'est le paiement fait pour la chaux et, pour ce que ou commencement de cest edifice l'en trouvoit chaux à très grant difficulté, par l'ordennance et conseil de M° Raymon l'en ala à Chalanton... (f° 21).

..... M° Raymon traicta lui mesme à Rogier de la Chambre..... le quel finablement accorda que moiannant certain prest que l'en lui fist à son besoing, il liverroit et a livré IIII^{xx} muis dep lastre... pour XXII s. pour muy... (f° 21 v°).

Cy après s'ensuit le paiement fait aux principaux maçons sur tout leur marchié... tesé et mesuré par M° Raymon et par plusieurs fois recolé, avecques lui autres jurez du Roy, par le quel

tesement... chascune toise a son pris tout geté et sommé par luy... (f° 22).
... pour teser et mesurer toutes les maçonneries de ce present edifice... le d. M⁰ Raymon appella avec lui autres jurés... (f° 22 v°).
..... despense de la grosse charpenterie pour laquelle M⁰ Jaques et M⁰ Raymon furent sur le lieu et fist escripre le d. M⁰ Jaques la devise, la forme et les pieces de la d. charpenterie pour tout le corps dud. edifice... et la d. cedule faicte fu monstrée aux charpentiers en Greve et autre part et finablement pour le plus prouffitable demoura à Colin Commin charpentier... et sur la devise et cedule du d. M⁰ Jacques se obliga en Chastellet... (f° 23).
.... depuis que la d. charpenterie a esté parfaite..., il a esté très grant neccessité et avisé par les d. maistres que l'en feroit oud. present edifice dedans euvre hors la tache dessus d. et par nouvel marchié plusieurs clostures, etc..., lesquelles l'en ne povoit si prouffitablement faire comme par le d. Colin qui avoit son merian prest pour le greigneur partie... et pour ce que à visite[r] les pieces et parties faites... les d. maistres qui les devoient taxer ne peurent vacquier..., du consentement des d. maistres, le d. Colin... accorda que tout ce qu'il avoit fait fut visité, jugé et tauxé par II ou III jurés du Roy en l'art de charpenterie... par vertu de la quelle les d. jurés vindrent sur le lieu le lundi cras et... firent sur ce leur rapport... duquel... la teneur s'ensuit.
... sont aléz Girart de Helbuterne et Martin Renart, charpentiers jurés du Roy en l'office de charpenterie et Philippe Milon juré oud. mestier de l'evesque de Paris.... (f° 23 v°, 24).
Cy après s'ensuit autre charpenterie faicte dedans euvre par ouvriers huchiers, pour laquelle M⁰ Jaques de Chartres, par ordennance de M⁰ Raymon, de rechief vinst sur le lieu et fist cedule de la forme et devise de toute la d. charpenterie... et fu moustrée pour ravaler et demoura à Estienne de la Nasse, huchier pour telle porcion comme il en vouldroit faire et à un appellé Oudin Blanchet pour l'autre porcion (f° 25).
C'est la despense du fer employé en ce present edifice qui a esté bailliée par cedule pour ravaler qui voudroit demourée à Abraham, serreurier (f° 26).
Pour honorer la d. chapelle... l'en a acheté un ymage de Nostre-Dame sans peinture... pour une couronne de cuivre devisée par M⁰ Raymon faite par Marcelet, orfevre, à l'aide de N. de Vertus, peintre... (f° 28 v°).
Cy après s'ensuivent autres parties à XVI s. pour toise et autres à XII s. pour toise mises en semble pour ce que en aucuns lieux et membres sont tenens tout à un... comme sont manteaux de cheminées et les tuiaux et chapelles qui sont dessus (f° 34).
..... cloisons et planchiers au pris de cinq toises pour une toise de gros mur mise à pris à XXIIII s. p. (f° 36).
..... depuis le d. edifice tesé et mis à une somme totale par le d. M⁰ Raymon..., l'en a fait les parties qui s'ensuivent par les d. principaux maçons tauxées et mises à pris par l'ordennance dud. M⁰ Raymon (f° 38).
..... pour le fait de la charpenterie grosse..... par le conseil

dud. Mo Raymon....., l'en marchanda à Colin Commin... et du pris que pour ce il aurait il se souzmist au jugement et à la tauxacion de Mo Raymon.

Laquele charpenterie parfaicte... le d. charpentier requist... que il fust parpaié de ce qui lui en estoit deu de reste et pour ce que le d. Me R. en sa personne ne y povoit lors vacquier, ordonna que II jurés du Roi charpentiers veissent tout son fait et tauxassent (f° 41).

... Me Raymon, avecques lui Michel Mote, vinst sur le lieu pour visiter tout le fait et pour teser et mesurer la d. vis..... et pour ce le premier jour M^o Raymon et les autres disnerent ou college et le lendemain les autres senz le d. Me R. Pour ce convinst prendre dehors aucune despense qui monta XXXII s. VIII d. (f° 44 v°).

..... toises dessus d. comptées pour gros mur à 24 s. pour toise... les cloisons qui sont à X s. pour toise... (f° 45).

... Despense..... faite depuis le XXIe jour de mars... mil CCCLXXVI ou XXe jour de mars mil CCCLXXVII...

... pour XXI journées d'un maçon pour chascune journée V s. et pour son varlet... III s. III d.

... pour III journées d'un couvreur... pour jour pour led. recouvreur V s. et pour son varlet II s. IIII d.

Pour un aide pour I jour avec ce que dit est... II s. IIII d. (f°s 13, 15 v°).

Pour la journée d'un charpentier qui a fait plusieurs choses es huis des chambres du college... II s.

Pour une karte de vin donnée au d. charpentier et à ses vallès.

... le Xe jour de juillet paié à un sainctier qui mist à point les cloces...

Pour le dysner dud. sainttier (f° 17).

(Arch. nat. H 2785[1].)

XXXV

Rapport des maçons et charpentiers jurés de la ville de Paris sur une maison du Grand-Pont qui menaçait ruine.

10 janvier 1326 (n. s.).

A touz ceus qui ces presentes lettres verront et orront Hugues de Crusi, garde de la prevosté de Paris salut. Nous avons vue et reçeu unes lettres d'un rapport seellées de huit seaus contenant ceste fourme : Du commandement au prevost de Paris et à la requeste de Soupplicet, le chasublier, sunt alés les jurés de la ville de Paris maçons et charpentiers, en cause de peril, sus grant pont, en une maison joingnant du dit Soupplicet laquele fu dame Ysabiau de Tramblay et à ses parçonniers, por savoir et regarder les perilz et dommages qui y puent estre et en puent avenir. C'est asavoir les noms des juréz : maistre Nicholas de Londres, maistre Jehan de Plailly, maistre Pierre de Lonc Perier, maistre Michiel de S. Lorenz, maistre Jehan de S. Soupplet, maistre Pierre de Pontaise, maistre Aubery de Roissi et maistre Jaques de Lonc Jumel. Dient les diz jurés que il ont esté en la dite maison et l'ont veue et regardée haut et bas bien et diligemment et à grant deliberacion, et dient que la dicte maison de la dite Ysabel et ses parsonniers est perilleuse, ruyneuse et non habitable, et y est le péril si grant que il convient que la dicte maison soit abatue jusques aux piéx toute jus sans point de délai, et por greignors perilz eschiver, especiaument por la maison du dit Soupplicet joingnant d'icelle et por le pont du Roy n. s. que elle abatroit tout avant soi si elle cheoit. Et se le dit Soupplicet en avoit aucun damage et le pont dessus dit, la dicte maison ou ceus qui y vodroient aucune chose reclamer seroient tenus de desdommager le dit pont et le dit Soupplicet au regart de bone gent qui en tel chose se congnoistroient. Tout ce rapporterent les diz juréz par leurs seremens et le tesmoingnerent par leurs seaus. Ce fu fait le vendredi après la Tifainne, l'an de grace mil CCC et vint et cinc.

Cart. de l'abbaye de Saint-Magloire. Bibl. nat. Latin. 5413, p. 262.)

XXXVI

Prisée d'une maison par les maçons et charpentiers jurés de la ville de Paris et quittance de la vacation reçue par eux pour leur prisée.

3 et 5 mai 1349.

De l'accort et assentement de Estienne Obbisse, sont aléz les juréz du Roy nostre sire de la ville de Paris maçons et charpentier, en une maison seant en la rue Thibaut aus déz, tenant de touz costéz aux maisons du Roy nostre sire où l'en fait la monnoie d'ycelli seigneur, et la quele maison est au dit Estienne, si comme il dit, pour savoir et rapporter combien la dicte maison pourroit valoir et peut valoir à present à juste pris, compté dedens vint et cinq livres de cens en quoy elle est par avant charchiée. C'est assavoir les noms des juréz : Jehan Pintoin, Vincent du Bourc la Royne, maçons et Renier de Saint-Lorent, charpentier. Rapportent les juréz qu'il ont esté en la dicte maison en bas et en haut, et en toutes les appartenances du dit hostel, et veu l'ostel, si comme dessus est dit, à grant déliberacion, la dicte maison vaut, compté le cens dessus dit dedens, cinquante livres parisis une foiz paiéz seulement, le quel pris dessus dit les juréz dessus diz rapportent avoir fait bien et loiaument à leur povoir, et le tesmoignent par leurs seauls. Ce fu fait le IIIe jour de May l'an mil CCC quarante et neuf. De par les generauls maistres des monnoies du Roy nostre sire, Pierre Brac, bailléz à Jehan Pitoin, à Vincent du Bourc la Royne, maçons et à Renier de Saint-Lorent quarante solz parisis en prenent lettre de quittance d'eulz, par la quele, en rapportant ces presentes, nous les ferons aloer en vos comptes. Escript à Paris le IIIe jour de May l'an quarante et neuf.

Sachent tuit que nous Jehan Pintouin, Vincent du Bourc la Royne, maçons et Renier de Saint-Lorent, charpentier, touz juréz du Roy nostre sire en la ville de Paris, confessons avoir eu et reçeu des generauls maistres des monnoyes du dit seigneur, par les mains Pierre Brac, quarante soulz parisis qui nous estoient deuz pour cause de nostre salaire de prisier une certaine maison, laquele est Estienne Obbisse, seant en la rue Thibaut au déz, tenant de touz costéz aus maisons où l'en fait les monnoies du Roy nostre sire à Paris, des quels quarante soulz parisis nous nous tenons à bien paiéz, et en quittons les maistres generaulx, le dit Pierre, et touz autres à qui quittance en peut et doit appartenir. En tesmoing de ce nous avons seellé ceste quittance de nos propres seaulz dont nous usons en nostre dit office le V[o] jour de May l'an mil CCC quarante neuf.

Les sceaux sont en cire rouge sur des attaches de parchemin. Dans le type on remarque des outils.

(Trésor des Chartes, J. 151[a], pièce 46, liasses 41 à 50.)

XXXVII

Prisée d'un terrain par Raymond du Temple et Jacques de Chartres, maîtres des œuvres de maçonnerie et de charpenterie du roi.

24 avril 1372.

Du commendement de honnorable homme et saige maistre Lorens du Moulinet, receveur de Paris sont aléz Remon du Temple, maçon du Roy nostre sire et Jaques de Chartres, charpentier du Roy nostredit seigneur en la rue de la Lanterne près de la place Saint-Denis de la Chartre en une place vuide où jadiz a eu maison, la quelle place fu à Guillaume Auberée, si comme l'en dit, tenant d'une part à maistre Perre de Nouvillier et d'autre part à Saillot Castris, aboutissant par derriere à Lorens Pitou. Si dient le ouvriers dessus diz qu'il ont esté en la dicte place et ont bien veu et diligement regardé le lonc et le lé, la quelle place contient environ XVII toises et III quarz, en la quelle place n'a riens que gravois et ordure. Lesquiex ouvriers prissent (*sic*) la dicte place ou point où elle est à present à L. soulz parisis et tant puet elle bien valoir, si comme il leur samble. Et tout ce rapportent lez ouvriers dessus diz que bien et loiaument l'ont fait à leur povoir. En tesmoing soulz leurs séaulz. Ce fu fait le XXIIII[o] jour d'Avril l'an mil CCCLXXII.

Deux sceaux en cire rouge sur queues de parchemin.

(Arch. nat. J. 151, n° 78 A.)

XXXVIII

Prisée d'un terrain par Raymond du Temple, maître des œuvres de maçonnerie du roi.

13 décembre 1372.

Du commendement de honnorable home et saige maistre Lorens du Moulinet, receveur de Paris est[1] alé Remon du Temple, maçon du Roy nostre sire en la cité de Paris en la rue aux Obloies, autrement la rue de la Licorne pour veoir une place qui est wide et vague où jadiz ot maison appellé l'imaige Saint Jaque la quelle place est à present au Roy nostre sire, pour veoir et rapporter combien ladite place pourroit valoir de rente par an au Roy. Sy dit le juré dessus nommé qu'il a esté au lieu dessus dit et a bien veu et diligemment regardé la dicte place la quelle tient d'un costé à la maison Estienne Monchart, notoire de la court à l'official de Paris et d'autre part à la maison du prebitaire de la Magdalaine, aboutissant par derriere aux escoulliers de Laon, si comme l'en dit, laquelle place a VIII toises et un piéz de lonc et II toises de lé ou environ en laquelle place a grant

1. *Il y a dans le texte :* et.

cantité de gravoiz et de terres getisses. Si dit le juré dessus nommé que ladite place puet bien valoir ou point et en l'estat où elle est à present XX soulz parisis de rente. Et ce vous certifie estre vray, tesmoing mon seel. Ce fu fait le XIIIe jour de decembre l'an mil CCCLXXII.

Sceau plaqué en cire rouge.

(Arch. nat. J. 151, n° 78 B.)

XXXIX

Rapport du maçon et du charpentier jurés de la commanderie du Temple sur des servitudes de vue qui faisaient l'objet d'un procès entre deux justiciables de ladite commanderie.

29 avril 1371.

Du commandement de l'ospital de Paris qui jadis fu du Temple et du maire, et à la requeste de Jehan Gros Perrin tavernier sont allés Guillaume Halle maçon et Reinier de Saint-Lorans charpentier jurés de la terre du dit hospital seans en la rue du Temple au dehors de la porte du Temple, en une maison que l'en dit à l'ensaigne du signe, laquelle maison est au dit Jehan Gros Perrin et en une autre maison joignant à ycelle que l'en dit à l'ensaigne de la croix de fer, la quelle maison est Nicaise de la Prevosté, tavernier, pour voir plusieurs veues qui sont en la maison dudit Nicaise et plusieurs autres choses cy dessoubz desclarcies et desquelles choses le dit Jehan Gros Perrin estoit plaintif en cas de peril et de heritage. Rapportent les jurés que il ont estés es dictes deux maisons, et present les dictes parties, et ont bien veu et diligemment visité et regardé tout ce que les parties leur vourrent avoir dit et monstrer, et dient que deux archieres qui sont en la maison du dit Nicaise aus dessus de ses aisances les quelles ont veues et regart sur le jardin et heritage dudit Jehan Gros Perrin lesquelles sont trop basses sy escomvient que ledit Nicaise les face estouper, et ou cas où il les vouldroit faire autres, que il les face faire à sept piés de haut du rés de son planchier à voirre dormant. *Item* ylecques en droit où les aisemens du dit Nicaise sont encontre le mur moitoien n'a point de contre mur es aisances, sy esconvient que ledit Nicaise faice faire le contre mur ylecques en droit. *Item* en une autre chambre où il a une fenestre qui est emprès le tuiau d'une cheminée de la maison dudit Gros Perrin, la quelle fenestre est assés haut, sy esconvient que le dit Nicaise y face mettre fer et voirre dormant et tout ce à ces couls. *Item* un mur qui est au bout du jardin du dit Gros Perrin le quel mur est de platras et de terre, et est tout ycellui mur au dit Gros Perrin et ainssin ledit Nicaise n'est tenus de y riens bouter n'atachier par devers soy, et se aucune chose y a atachié, que il le face hoster, se ce n'est par la volonté dudit Gros Perrin. Et tout ce rapportent les jurés lesquielx y ont estés meus par Jehan Petit sergent de la dicte terre que bien et loialment l'ont fait à leur pouvoir et le tesmoigne (*sic*) par leurs seaulx le mardi XXIXe jour du mois d'Avril l'an mil CCCLX et onze.

Sceaux en cire rouge sur queues de parchemin.

(Arch. nat. S. 5069, n° 5.)

XL

Avis donné par les maçons et charpentiers jurés de l'abbaye de Saint-Magloire sur la question de savoir à quelle hauteur on peut construire sur un terrain pris à cens de l'abbaye.

5 novembre 1315.

A requeste des parties du prevost de l'eglise de Saint-Magloire d'une part et Thomas de Saint-Benoit et Jehan de Saint-Gervais, drapiers d'autre part, sunt aléz les juréz de la terre Saint-Magloire, c'est à savoir Jehan de Plailli, Jehan de Lavillete, Ligier le charpentier, Jacques le Chanu, pour veoir un descort qui est entre la dite eglise de Saint-Magloire et les diz Thomas et Jehan d'une edifice ou meson que les diz Thomas et Jehan font faire en une place que ils pristrent jadis à cens de Saint-Magloire. Dient les juréz que par la coustume chascun peut maçonner en sa terre si haut comme il veult se il ne s'en est obligiéz par point de chartre, et que l'edifice ou meson que les diz Thomas et Jehan font faire ne puet estre plus haute que elle est à present lors de la couverture à apentis tant seulement, dont les chevrons seront sus les solives rés à rés[1], joignant à joignant, et seur le mur par derrieres sanz plus haucier le dit mur, quar se il le hauçoient plus, il oscurciroient les veues de l'église de Saint-Barthe-

---

1. *Il y a dans le texte :* arrès.

lemi et de la meson au prieur, et ce dient les jurés par la coutume et par leur seremens. Ce fu fait l'an de grace mil CCC et quinze, le mecredi après la feste de touz sains.

(Cart. Saint-Magloire, Bibl. nat. lat. 5413, p. 101.)

XLI

Vérification par les maîtres des œuvres de maçonnerie et de charpenterie de la vicomté de Rouen des travaux exécutés au château de Touque et à la halle de Darnetal.

19 mai 1379.

A tous ceulx qui ces lettres verront ou orront Guy Crestien, bailli de Rouen et de Gisors salut. Savoir faisons que au jour d'uy pardevant nous furent presens maistres Jehan Dusuillot et Pierre de Cracint, maistres des œuvres de charpenterie et machonnerie du Roy nostre sire en la viconté de Rouen, qui tesmoingnierent et afermerent par leurs seremens que le tiers jour de ce present mois de may et es jours ensuians, yceulx maistres, de nostre commandement à eulx fait à la requeste de Jehan le dyacre, viconte d'Auge, s'estoient transportés en chastel de Touque et à Darnestal en Auge, et illec en la presence de Guieffroi de Craville et de Oisellet de Herouval, escuiers, lors ayans la garde dud. chastel soubz monseigneur Le Bauduim de la Heuse, chastellain dud. chastel et en la presence de plusieurs charpentiers, machons, couvreurs, plastiers et autres ouvriers en ce congnoissans, avoient fait lire de mot à mot les œuvrez contenuez et diviséez ou roulle par my lequel ces presentes sont annexées montans par les partiez contenuez en dit roulle à la somme de six cens soixante sept liv. nuef s. et ycellez avoient veuez et visitéez et fait veoir et visiter par les dessus dis le plus diligeaument qu'il avoient peu, et avoient trouvé tant par eulx que par tous les dessus dis que toutez ycelles œuvrez estoient faictes et parfaictes bien et loyaument au prouffit du Roy nostre sire, jouxte ce qui contenu et divisé est en dit roulle et que toutez les matieres de pierre, de tieulle, d'estende, de clou, clefs, serreurez et autres choses contenuez en ycelui roulle estoient bien et loyaument emploiéz, tant endit chastel comme en la cohue dud. lieu de Darnestal au prouffit du Roy nostre dit seigneur, si comme dessus est dit, et ces choses ont les dis maistres aferméez et tesmoingnéez en leurs amez et consciencez. En tesmoing de ce nous avons mis aus presentez le seel des dis bailliage le XIXe jour de may l'an mil CCC LXXIX.

(Arch. nat. KK 1338, n° 29.)

XLII

Mémoire de travaux exécutés au couvent des Augustins.

1299-1301 (n. s.).

... Item tertia edomada mensis Augusti, primo pro quinque maçonnariis..... 50 s.
Item pro quinque incisoribus lapidum... 50 s.
Item pro quatuor servitoribus..... 19 s.
... Item pro duobuz diebuz ultime septimane mensis Augusti, et pro quinque diebuz prime edomade mensis septembris, primo tribuz maçonnariis, quilibet pro septem diebuz...... 37 s. 4 d.
Item pro tribus incisoribuz, quilibet pro septem diebuz..... 35 s. 8 d.
Item duobuz pueris pro incidendo I centum de quarrellis in taschia... 13 s.
Item pro quatuor adjutoribuz, quilibet pro septem diebus... 24 s. 6 d.
Item pro duabuz asseribuz ad faciendum moulas pro lapidibuz... 8 d.

... Item secunda edomada mensis septembris, primo pro tribuz maçonnariis... 18 s. 8 d.
Item quatuor incisoribuz lapidum, quilibet pro quinque diebuz... 34 s. 10 d.
Item pro tribuz adjutoribuz quilibet [pro] V diebuz... 13 s. 9 d.
... Item pro fabricando martellos pro quinque septimanas... 4 s. 6 den.

Item tercia edomada mensis septembris.
... Item duobuz servientibuz pro faciendo cementum... 20 d.
Item tribuz incisoribuz lapidum, quilibet quinque diebuz... 27 s. 6 d.

Item quarta edomada septembris.
Primo Teobaldo, pro scindendo centum quinquaginta octo quarellos... 22 s. 2 d.
Item quatuor incisoribuz de magnis lapidibuz... 38 s. 4 d.
Item tribuz maçonnariis et duobuz servitoribuz... 20 s. 8 d.

— 360 —

Item magistro Roberto pro quatuor diebuz... 8 s.
Item pro fabricando martellos... 3 s.

Item prima edoma[da] mensis octobris cum tribuz diebuz ultime edomade mensis septembris.
Primo pro scindendo ducentos LXVI quarrellos... 37 s. 1 d.
Item quinque incinsoribuz de magnis lapidibuz quilibet quinque diebuz... 36 s. 6 d.
Item magistro Roberto et duobuz aliis maçonnariis, quilibet VI diebuz 21 s.
Item tribuz adjutoribuz, quilibet V diebuz..... 10 s. 3 d.
Item Galterio pro elevando terram fundamenti sacristie... 10 s.
... Item pro fabricando martellos... 12 d.

Item secunda edomada octobris, primo quatuor maçonnariis quilibet quinque diebuz... 32 s. 4 d.
Item VI servientibuz quilibet quinque diebuz... 20 s. 3 d.
Item pro duobuz alveis ad portandum cementum... 6 d.
Item VI incisoribuz lapidum qui scinderunt X magnos lapides in taschia... 41 s. 10 d.
Item pro scindendo L quarellos in taschia... 7 s.
... Item Galtero pro evacuando fundamentum... 8 s.

Item tercia edomada octobris: primo quatuor maçonnariis quilibet VI diebuz 40 s.
Item V servientibuz quilibet VI diebuz... 26 s. 8 d.
Item quatuor incisoribuz lapidum quilibet VI diebuz... 42 s. 6 d.
Item quidam (sic) puero pro cindendo lapides... 4 s.
... Item pro cindendo III quarterones de quarellis in taschia... 10 s. 6 d.
Item pro fabricando martellos... 3 s. 6 d.

Item quarta edomada octobris : primo quatuor maçonnariis quilibet VI diebuz... 40 s.
Item tribuz incinsoribuz lapidum quilibet VI diebuz... 31 s.
Item VII servientibuz quilibet VI diebuz... 33 s. 6 d.
Item pro II hotariis quilibet III diebuz... 3 s. 6 d.
... Item pro cindendo II^c LX quarellos in taschia... 36 s.
Item pro fabricando martellos... 2 s. 6 d.

Item ultima edomada Octobris: primo IIII^{or} maçonnariis quilibet V diebuz... 33 s. 4 d.
Item pro VI servientibuz quilibet V diebuz... 23 s. 6 d.
Item IIII^{or} cinsoribuz lapidum quilibet V diebuz... 33 s. 4 d.
Item Gileberto *de Soissons*, pro cindendo III diebuz... 4 s. 6 d.
Item pro cindendo V magnos lapides quelibet III solidos... 15 s.
... Item duobuz incinsoribuz quilibet uno die... 2 s. 9 d.
Item pro cindendo IIII^c L quarellos in taschia... 63 s.
Item pro fabricando martellos... 3 s. 8 d.

Item prima edomada Novembris : primo II maçonnariis... 15 s.
Item tribuz incinsoribuz quilibet V diebuz... 25 s.
Item pro cindendo LXVI quarellos in taschia... 9 s. 3 den.
Item IIII servientibuz quilibet V diebuz... 12 s. 5 d.
... Item pro fabricando martellos... 2 s.

Item secunda edomada Novembris pro magistro Roberto maçonnario V diebuz... 10 s.
Item pro Guillelmo cinsore lapidum V diebuz... 8 s. 4 d.
Item pro fabricando martellos... 12 d.
Item pro II servientibuz quilibet V diebuz... 6 s. 8 d.
Item pro VII hotariis quilibet V diebuz... 20 s. 5 d.
Item pro cindendo LIIII *toisses* de quarellis in taschia... 27 s.

... Item tercia edomada Novembris, pro magistro Roberto VI diebuz... 12 s.
Item pro II incinsoribuz lapidum, pro cindendo VIII magnos lapides in taschia... 20 s.
Item pro cindendo VI^{xx}VIII *toisses* et IIII^{or} pedes de quarellis in taschia... LXIIII s.
Item III servientibuz quilibet VI diebuz... 13 s. 10 d.
Item V hotariis, pro portando sablonem quilibet VI diebuz... 17 s. 6 d.

Item quarta edomada Novembris : primo tribuz incinsoribuz lapidum pro X magnos lapides... 25 s.
Item pro cindendo centum duodecim cum dimidio *toisses* de quarelis in taschia... 55 s. 8 d.
... Item III servientibuz quilibet V diebuz... 10 s. 10 d.

Item prima edomada Decembris, primo pro cindendo duos magnos lapides... 5 s.
Item pro cindendo LXII *toisses* de quarellis in taschia... 28 s. 6 d.

Item secunda edomada Decembris : primo pro cindendo quinque magnos lapides in taschia... 12 s. 6 d.
Item Guillelmo, filio magistri Roberti, pro cindendo per decem dies... 15 s.
Item pro cindendo LXVII *toisses* de quarellis in taschia... 30 s. 5 d.

Item ultima edomada Decembris, primo IIII^{or} valetis, pro vacuando curiam et preparando curiam ad descendendum calcem pro faciendo cementum... 8 s. 7 d.
Item II pueris qui cinderunt quarellos in ieme... 3 s.

Item prima edomada Januarii ; primo III famulis, quilibet duobuz diebuz... 5 s. 8 d.

Item secunda edomada Januarii. Primo pro IIII°r famulis, pro calando sablonem et faciendo cementum, quilibet tribuz diebuz... 7 s. 4 d.

Item tercia edomada Januarii : primo tribuz valetis, pro faciendo cementum, quilibet quinque diebuz.., 10 s. 10 d.
Item pro I adjutore II diebuz... 16 d.
Item Guillelmo, pro undecim diebuz... 4 s.
Item pro calce solvit frater Gregorius bacalarius 8 liv.
Item *à Poinchet* et Philippoto *du Faiel*, pro scindendo in taschia XIIII^{xx}VIII.

En l'an de nostre Segneur mil et trois cenz, en la semaine de saint Martin de Juing, commencha sire Jaques Bondos et frere Jehan de Machie fere les despens de l'euvre des freres de Saint-Augustin.
Premierement, à Colin et à Gautier por fere mortier, à chescun por trois jors... 4 s. 6 d.
Item à Gautier por fere le fondement en tasche, chescune toise por 22 d., por quoy on li a presté 10 s.
Item por cent charetées de pierre à fere le fondement, chescune charetée 2 s. 6 d., 12 liv. 10 s.
Item à Symon le carrier pour chaus 54 s. et 6 d. paiés le Diemence après la feste Saint-Martin en esté.
Item à Gautier pour widier les fondemens, 11 s. prestés le Diemence après la feste Saint-Martin.

Vesci les depens de la derreine semaine de Juignet.
Premierement, à mestre Robert por III jors, 6 s.
Item à Denis et à Jehan, son compaignon, machons, chascun por III jors, 25 d. le jor, 11 s.
Item à Gautier por III jors, 3 s.
Item à III aides chascun III jors, 8 s.
Item à Gautier et à ses ouvriers, por widier le fondement 13 s. 6 d.
Summe de tot 41 s. 6 d.

Vesci les despens de la premiere semaine d'Aoust.
Premierement, à mestre Robert por IIII jours V[IIII s.].
Item à Denis et à Jehan, machons chascun IIII jours, 14 s. 8 d.
Item as aides ; premièrement à Guillot IIII jours, 4 s. 8 d.
Item à Gautier, IIII jours 4 s.
Item à 2 aides por le mor[tier] chascun 4 jours, 8 s.
Item por I piqueeur et II hoteeurs chascun 2 jours, 6 s.
Summe 45 s. 4 d.

Veschi les despens de la seconde semaine d'Aoust.
Premierement à mestre Robert, por V jours 10 s.
Item à 3 machons chascun 5 jours, 29 s. et 2 d.
Item por 5 aides, chascun 5 jours, 24 s. et 7 d.
Item por 1 piqueeur et 2 hoteeurs chascun 3 jours 9 s.
Item pour 2 baqués por metre le mortier, 4 s.
Item à Thomas des Halles por 32 chartées de pierre, por fere fondement, 4 liv.
Summa 7 l. 16 s. 9 d.

Veschi les despens de la tierche semaine d'Aoust.
Premierement à mestre Robert por 5 jours 10 s.
Item à Jehan de Cretuel (?) 9 s. 2 d.
Item à Denis 9 s. 2 d.
Item à Hue le machon 10 s.
Item à Guiot 8 s. 4 d.
Item à Regnart 10 s.
Item à Gautier 6 s.
Item por 2 tailleeurs 20 s.
Item à 8 ouvriers por porter pierres, ch' est à savoir lengleis[1]... 5 s. 5 d.
A Gautier 5 s.
A Colin du Tremblei 5 s.
A Simon 5 s.
A Jehan Dutil 5 s.
A Colin Lepetit 5 s.
... *Item* por forge 12 d.

Vesci les despens de la quarte semaine d'Aoust.
Premierement à mestre Robert por 4 jors 8 s.
Item à Regnaut de Senlis et Jehan de Meudon, machons chascun 4 jours, 22 d. le jour, 15 s. 4 d.
Item à Regnaut de Paris et à Denis et Jehennot de Senlis, machons, chascun 2 jours, 22 d. le jour... 10 s. 8 d.
Item à Jehan de Saint-Quentin, à Girart de Van...[2], à Guillaume, tailleeurs de pierre, chascun 4 jours, 2 s. le jour..... 24 s.
Item à Tibaut, tailleeur de pierre, por 3 jours..... 6 s.
Item por 6 aides chascun 4 jours, 12 d. le jour..... 24 s.
Item por 2 aides, chascun 2 jours..... 4 s.
Por forge..... 18 d.

Vesci les despens pour 2 jours de la derraine semaine d'Aoust et de 2 jours de la premiere semaine de Septembre.
Premierement, à mestre Robert, pour 4 jours..... 8 s.
Item à 4 tailleeurs de pierre, chascun 4 jours, 2 s. le jour..... 32 s.

---

1. Cette leçon est sûre.
2. Une déchirure du parchemin a enlevé la fin du mot.

Item à Tibaut, tailleeur, por 4 jours, 22 d. le jour..... 7 s. 4 d.
Item à 2 aides, por fere le mortier, chascun 4 jours..... 8 s.
Item pour forge..... 28 d.

... Vesci les despens de la seconde semaine de Septembre.
Premierement à mestre Robert por 5 jours..... 10 s.
Item à Denis et à Jehan de Meudon, machons, chascun 4 jours..... 15 s. 4 d.
Item por 4 tailleeurs de pierre, chascun 5 jours..... 40 s.
Item à Tibaut, tailleeur por 5 jours..... 9 s. 2 d.
Item por 2 aides et 1 eschafaudeur, chascun 5 jours..... 15 s. 10 d.
. . *Item* por forge..... 32 d.

Summe des despens depuis la feste saint Martin d'esté desiques au Diemanche après Nativité Nostre-Dame 51 liv., 15 s., 1 d., et les despens sormontent les entrées 4 liv. 17 s., les quiex nous devons à sire Jaques Bondes.

Veschi les despens de la 4 semaine de Novembre.
Premierement à Guillaume, le fiex mestre Robert et à Gautier de Tangui et à Huechon, pour taillier 10 grans pierres en tasche, 26 s.
Item pour taillier chent et 11 toises et demie de carriaus..... 55 s. et 8 d.
... *Item* à 3 aides : premierement à Colin 4 s. et 2 d., à Gautier 3 s. et 4 d., à Phelippe 3 s. et 4 d. et chascun pour 5 jours.

Veschi les despens de la premiere semaine de Decembre.
Premièrement à Gautier de Tangui, por taillier 2 grans pierres, 5 s.
Item pour taillier 62 toises de carriaus en tasche 28 s. et 5 d.

Veschi les despens de la seconde semaine de decembre.
Premierement à Gauthier de Tangui pour taillier 2 grans pierres..... 5 s.
Item à Huechon, pour taillier 5 grans pierres..... 7 s. 6 d.
Item à Guillaume le fiex mestre Robert, pour taillier par 10 jours..... 15 s.
Item pour taillier carriaus en tasche : 1º à Eustache pour taillier 13 toises et 5 piés..... 6 s. et 3 d. *Item* à Poinchet, pour taillier 12 toises et 5 piés..... 5 s. et 11 d. *Item* à Jehanot de Brai, pour 11 toises et 2 piés..... 5 s. et 2 d. *Item* à Phelippot du Faiel

et à son compaignon, pour 11 toises et demie..... 5 s. *Item* à Guiot de Rulli et à son compaignon, por taillier 17 toises et demie..... 8 s. et 1 d.

Veschi les despens de la derraine semaine de Decembre.
Pour widier la court de pierres et de gravois pour faire une plache à moutre la chaus : 1º à Colin pour 3 jours, 30 d., à Gautier 2 s., à 2 autres aides 4 s. et 1 d.
Item as 2 effans qui taillent les carriaus..... 3 s.

Veschi les despens de la premiere semaine de Jenvier.
Pour faire mortier : 1º à Colin pour deux jours..... 20 d., à Gautier et à Guillaume, chascun pour 3 jours, 4 s.

Veschi les despens de la seconde semaine de Jenvier.
Pour faire mortier : 1º à Guillaume 2 s., à Adam 2 s., à Gautier 16 d.

Veschi les despens de la tierche semaine de Jenvier.
1º A Colin pour 5 jours, 4 s. et 2 d.
A Gautier et à son compaignon, 6 s. et 8 d.
Item pour 1 aide, 16 d.
Item à Guillaume pour 11 jours, 4 s.

(Arch. nat. L 921.)

XLIII

Arrêt du Parlement prononçant la confiscation de cinq pièces de drap et condamnant à l'amende les marchands de drap sur lesquels elles ont été saisies. Cet arrêt est suivi d'un règlement sur la draperie.

19 février 1396 (n. s.).

Litigantibus in nostra Parlamenti curia procuratore nostro generali pro nobis actore ex una parte et mercatoribus pannorum ad detaillum sive draperiis Par. commorantibus defensoribus ex altera, pro parte d. procuratoris nostri fuit propositum quod in civitate Par... super singulis ministeriis et mercaturis... ab olim certe facte fuerant ordinaciones et presertim super facto mercature pannorum potissime venditorum vel ad vendicionem ad detaillum dispositorum, et inter cetera fuerat ordinatum quod non venderentur panni male vel parum madefacti sub pena unius uncie argenti neque tincti mala tinctura et specialiter in altera duarum quarum una moleya vulgariter *molée*, alia vero in bresillo que gallico nomine *en bresil* nuncupatur, quibus casibus debebant panni sic tincti comburi, nec eciam in quibus esset fractura seu ruptura cardonis, nisi ligatura ex opposito sit vel esset affixa vel abscisa, et pariter si in eis sint... fila ex transverso vel aliena, neque eciam inter asseres pressurati quod gallice vocatur *esselletéz*, cujus racione debetur pro pecia una marcha argenti nomine emende, nec insuper exhumerati, quod dicitur vulgari nomine *espauléz*, qui in capite panni quod emptoribus consuevit exhiberi tonsi sunt dumtaxat et non alibi, quinymo neque male seu minus alte tonsi quod sub pena duodecim den. par. pro qualibet ulna existit prohibitum, quoniam sub hac alta tonsura septem... latitari poterant vicia, videlicet falsa tixtura, falsa fullatura, falsa seu mala tinctura et minus debite facta madefactio, fila eciam seu radii filorum alienorum atque insuture que gallice dicuntur *entraictures* et fracture seu rupture cardonum ac eciam trochearum seu poliarum. Erat insuper... prohibitum ne nimis basse tonsi venderentur et eo casu, quia non potest corrigi nec emendari, venditor ad emendam nobis arbitrariam et ad precii restitutionem emptori tenetur... Dicebat eciam pred. procurator noster quod drapperii suprad. pannos hujusmodi viciis... contactos necnon tinctos[1] in garencia pura pro semigrano et habentes villarum signa in quibus non erant facti ac flosculos cericos assutos, cum tamen non sint de villis illis quas d. flosculi designant, sepe... fraudulose vendiderant... que, ut liberius valerent occultare, per electos ex ipsis et non per tonsores pannorum qui jamdudum ad visitacionem faciendam fuerant ordinati, pannos suos procuraverant visitari, et quia hec ad noticiam reformatorum nuper Parisius ex ordinacione nostra existencium pervenerant, eorum panni fuerant arrestati, ac propter odium quod contra se tonsores pannorum habere dicebant, per alios una cum juratis fuerant iterum visitati, in quorum pluribus vicia supradicta per dictum procuratorem nostrum specificata in quantum quemlibet d. drapperiorum concernebat, post iteratam visitacionem per textores, fullones, cousturarios et alios ex dictorum reformatorum ordinacione factam, reperta, quare... d. pannos arrestatos concremendos aut nobis confiscatos et acquisitos fore dici... ac eosdem drapperios in magnis emendis erga nos condempnari... et ne de cetero similia facere presumerent, eisdem inhiberi et alias super hiis, si opus esset, de condecenti remedio per dictam curiam nostram provideri supradictus procurator noster petebat ad hoc concludendo. Ex parte dictorum defensorum extitit in contrarium propositum quod... in ea [civitate Par.] tamen plures diversi status homines habitabant quodque propter multitudinem habitancium in eadem, quod uni non erat necessarium,

---

1. *Il y a dans le registre:* tinctis.

potissime in quantum mercaturam panni concernebat, alteri majoris forsan vel minoris status esse poterat conveniens vel utile, quamobrem... rei publice erat expediens mercaturas majoris et minoris precii reperire, nam de jure et racione cuilibet licitum erat mercari atque contrahentes se invicem decipere, dum tamen fraus vel dolus non committatur in contractu et si in rebus venditis vicium sit apparens, de illo venditor non tenebatur... Dicebant eciam quod quodlibet ministerium per se Parisius suos habebat visitatores et juratos qui super aliis ministeriis visitare non poterant, et quia tonsores qui ministerium suum habent separatum a dictis drapperiis, eos nitebantur... visitare, orta fuerat, dictis tonsoribus mediantibus, et prosequentibus coram reformatoribus nostris nuper Parisius existentibus, ex eo quod medietas emendarum ex pannis male tonsis proveniens ad dictos tonsores pertinere dicitur, presens discordie materia et quamvis inter aliquos ex dictis drapperiis coram preposito Parisiensi mota fuisset controversia, racione certorum pannorum male seu nimis alte tonsorum et a sentencia que ad ipsorum utilitatem lata fuerat per procuratorem nostrum in Castelleto ad dictam curiam nostram extitisset appellatum, post appellacionem tamen in eadem curia nostra desertam pronunciatam causamque principalem coram dicto preposito remissam, fuerant dicti draperii ab impeticione dicti procuratoris nostri absoluti, quequidem sentencia in rem transierat judicatam, quibus tamen non obstantibus, ad prosecucionem tonsorum hiidem drapperii coram dictis reformatoribus fuerant, ut prefertur, evocati et eorum panni per eosdem tonsores visitati, quamquidem visitacionem, tanquam per eorum odiosos factam, predicti drapperii semper contradixerant. Proponebant ulterius quod ipsorum non... erat intencio quominus, racione pannorum minus debite madefactorum, uncia argenti, secundum tenorem registri, solvatur impedire..... si tamen vicio tonsorum id factum esset, debent tonsores... et non drapperii teneri ; nolebant eciam sustinere pannos inter asseres plicatos vel exhumeratos vendi debere... quamquam sibi licitum fore dicerent pro plicaturis ordinandis in pannis quos in armariis suis reponebant super ipsos unum magnum asserem ponere absque tamen alia pressura, nec quod liceat vendere pannos quasi tinctos in semigrano qui non sunt vel dumtaxat in garencia, seu in eis sigilla ponere aliarum villarum vel signa alia quam earum in quibus facti sunt et quin propter hoc debeatur emenda nunquam fuerat eorum intencionis sustinere. Si vero panni essent alias male tincti, non erat eis imputandum, tum quia ex eorum facto non contingebat sed eorum qui pannos tingebant, tum eciam quia vicium erat... apparens quod declaracione non eget et quod unicuique ex visu solo constare poterat, quapropter de eo teneri... non debebant. Tingere insuper in tinctura quam moleam seu *molée* nuncupant non erat prohibitum, supposito vero quod alias prohibitum fuisset, postea tamen permissa fuerat hujusmodi tinctura et deinde iterum tempore defuncti Hugonis *Aubriot*, olim prepositi Parisiensis prohibita et demum si misceretur cum alia tinctura premissa, quamvis in pannis modici valoris semper licita fuisset... et idcirco occasione hujusmodi statutorum, erant excusandi, et insuper dicebant quod vendere pannos alte tonsos non erat illicitum, ymo panni alte tonsi erant legales et mercabiles et sic emebant a mercatoribus a villis in quibus certe leges erant super hoc... ordinate eos defferentes sed nec revera vicium erat sed expediens habere pannos alte tonsos, presertim eis qui aliquando habent eos diu in domibus suis custodire, poterant eciam in alium colorem tingi, quod fieri non posset si ad finem et perfecte tonsi fuissent, nam tunc tingendo fila comburerentur et efficeretur pannus inutilis qui, si non fuisset tam basse tonsus, utilis remansisset et si alte tonderetur, poterat, sicut plures appetunt, cotonnari, quod pati non posset bassa tontura. Nullum eciam latere poterat sub alta tontura vicium vel defectus, quia ex retroverso panni poterant omnia vicia, si qua forent in eo, luculenter apparere, cumque licitum sit eis pannos eciam nullo modo tonsos vendere, si voluerint, eadem et forciori racione tonsos alta tontura ipsis vendere licebat, attento potissime quod ipsi sepius suis suadebant emptoribus ut adhuc modicum deprimi facerent tonturam quod et ipsi sepissime suis eciam sumptibus post vendicionem fieri faciebant, ex quibus altam tonturam non esse defectus vel vicium, ymo, sicut premittitur, expedientem esse dicebant, et, si non unimode tonsi forsitan reperirentur, hoc eis imputari non debebat, cum non ex facto eorum proveniat sed tonsorum qui communiter bini pannos tondere consueverunt, quorum sepius contingit alterius manum fore preponderosam vel forficem habere minus scindentem vel non bene preparatam, propter quod eciam super tonsores fuerat jamdudum imposita pena duodecim denariorum pro ulna. Si qua vero fractura seu ruptura cardonis vel alia in pannis existat ex opposito, et cognosceretur, solitum erat unum filum pendens apponi nec eorum est factum et tamen vicium est apparens, de quo minime teneri poterant... attenta vero sentencia supradicta contra tonsores in Castelleto obtenta, procuratorem nostrum non esse admittendum et quod eorum panni arrestati sibi deliberarentur... nec dictorum tonsorum relacionibus fides adhiberetur, cum eorum sint, ut predicitur, odiosi, necnon quod a dicti procuratoris nostri impeticionibus absolverentur petebant dicti drapperii ad hoc concludendo..... Supradicto procuratore nostro replicante et dicente nimis altam tonturam esse vicium, ut expresse sonat verbum nimis, nam sicut nimis basse tondere viciosum est, eadem racione nimis alte... quodque sub nimis alte tonso panno pulveres concervantur et aqua vel pluvia superveniente, pannum per putrefactionem corrumpunt....... Præterea dicebat... id quod proponebant drapperii... sibi licere magnum asserem pannis suis supponere ad ipsorum pocius accusacionem valere quam excusacionem quum asseribus ipsis madefactis et calefactis in pressuris ad modum torcularis factis adeo pannos comprimebant quod ordinacionem de parvis asseribus imponendis in hoc fraudare nittebantur, et supposito quod dudum tinctura dicta *molée* in pannis modici precii fuisset permisssa, ipsi tamen nunc eadem abutentes, eciam pannos magni precii in ea tingere faciebant, quodque revera nulla ordinacione permittatur, et insuper hujusmodi pretextu quod a mercatoribus extraneis pannos in quibus erant vicia supradicta... emebant, non erant excusandi... quum licet inter se de precio conveniant, nunquam tamen solvere consueverant nisi prius in domo sua panno visitato... nec eis prodesse poterat quod deffectus apparentes fore proponebant, nam adeo suorum operatoriorum offuscare consueverant limina verbisque juratoriis et excessivis assercionibus emptores seducere, quod deffectus hujusmodi non poterant apparere... ex quibus... quod prefati drapperii ad proposita sua non erant admittendi..... procurator noster concludebat... tandem partibus... auditis ordinatoque per dictam curiam nostram quod quatuor ex consiliariis nostris in eadem pannos arrestatos... facerent per tot personas in talibus expertas quas eligere vellent visitare... visis igitur relacionibus super visitacionibus sepedictorum pannorum... factis..., curia nostra per suum arrestum infrascriptas quinque panni pecias..... non esse venales ex certis causis et deffectibus... nobisque confiscatas... fore et in usus pios, secundum ordinacionem ejusdem curie nostre, convertendas declaravit... quemlibet infra seriatim nominatum pro qualibet pecia panni male tincti... nobis in emenda unius marche argenti, videlicet Thomam *Aymer*, etc..... necnon Stephanum *Guederon* racione unius pecie violeti morei novem ulnas continentis que inter asseres extiterat pressurata condempnavit... drapperios ab emenda, racione pannorum nimis alte seu nimis basse vel male unite tonsorum ac eciam tinctorum in molea, pro tempore preterito dumtaxat relevavit... matura eciam deliberacione prehabita, curia nostra... certas fecit super certis punctis et articulis superius tactis ordinaciones, quas nos constituimus et volumus... ut ordinaciones regias... observari, et, ne quis earum valeat ignoranciam pretendere, fecimus easdem in gallicis verbis redigi in modum qui sequitur : Ce sont les ordenances faictes, ordonnées et advisées par nostre court de Parlement pour l'utilité publique... regardans le fait de la marchandise de draps venduz en nostre bonne ville de Paris, lesqueles nous voulons... estre tenues... sanz enfraindre sur les peines en icelles contenues : 1º que touz draps quelxconques mouilliéz et tonduz qui doresenavant par les drappiers et autres vendans draps en la ville de Paris seront venduz ou exposéz en vente à détail ou autrement en la dicte ville, seront tonduz à fin en ceste maniere, c'est assavoir, se ilz sont gros et de petit pris comme de 20 s. l'aulne et au dessoubz, ilz seront tonduz hault à fin et, se ilz sont fins, deliéz et de plus haut pris, ilz seront aussi tonduz à fin en telle maniere qu'ilz soient touz prests pour bouter le cisel sens ce que jamais il soit neccessité que iceulz draps soient retonduz, et qui desoremais fera le contraire il paiera au Roy n. s. pour chascune aulne de drap 12 den. par. d'amende et aussi paiera le tondeur qui iceulz aura tonduz autres 12 den., sauf aus diz drappiers avoir leur recours contre lesdiz tondeurs ou cas où il sera trouvé la faulte de la dicte tonture estre avenue par la faulte et coulpe d'iceulz tondeurs. *Item* que doresenavant les drappiers de la dicte ville de Paris seront visitéz par cinq juréz qui à ce seront preposéz chascun à l'eleccion et nominacion des gens de son mestier par le prevost de Paris et ses successeurs, c'est assavoir un drappier, un tondeur, un foulon, un tainturier et un tailleur de robes. *Item* quiconques vendra ou exposera en vente en la ville de Paris aucuns draps qui aient esté ou soient esseléz ou mal tains ou non entresuivans en tainture, il paiera d'amende au Roy pour chascun drap... un marc d'argent. *Item* aucun d'ores en avant ne pourra vendre ne exposer en vente en la dicte ville de Paris draps tains en moulée pure, pour ce que c'est une tainture corrosive, mauvaise et ardant de soy plus hault de 12 s. l'aulne et au dessoubz, et qui fera le contraire sera puni d'amende arbitraire à la discrecion du prevost de Paris... non comprins toutesvoies en ceste presente ordonnance les fins draps ainsi tains en moulée qui... seront apportéz à Paris d'estranges parties, lesquelz toutesvoies ne pourront estre venduz... par les drappiers et autres vendans draps en la ville de Paris qu'ilz ne soient essorilliéz, c'est assavoir la lisiere ostée tout au long, sur peinne de perdre le drap ou la valeur, de quelque moison que il soit, et supposé que partie en ait esté vendue, sur les quelz fins draps encore le prevost de Paris et ses successeurs, appelléz avec lui les diz juréz et autres expers en fait de drapperie mettront prix raisonnable. *Item* et aussi ne pourra aucun vendre doresenavant..... en nostre dicte ville de Paris autres draps esquelz aura tainture de moulée mistionnée avecques autre tainture, se n'est que la mesleure ou mistionnement soit fait selon la teneur du registre sur ce autrefois fait contenu es ordonnances faictes sur le mestier des tisserans de la ville de Paris cy dessoubz incorporée, de quelque pays, priz ou valeur que yceulz draps soient, que ilz ne soient essorilliéz d'une lisiere, la quele sera ostée tout au long d'icelluy drap, et quiconques sera trouvé d'oresenavant faisant le contraire, il perdra icelluy drap ou la valeur d'icelluy, de quelque moison ou grandeur que il aist esté ou soit, supposé encores que partie d'icelui drap ait esté vendue, et y mettra le prevost de Paris priz en la maniere que dit est en l'article precedent. — Cy s'ensuit la teneur dudict registre des tixerrans, c'est assavoir que doresenavant aucun ne mettra ne fera mettre es villes de Paris, de S. Marcel ne es autres fauxbours d'icelles villes ne ailleurs en la banlieue de Paris, noir de chaudiere que l'on appelle à present moulée, fors en la maniere qui s'ensuit, c'est assavoir sur chaisnes de 16 à 1800 en lainne plate, sur lesqueles sera mise titure de lainne blanche et noire neisve avecques partie de violet ta[i]nt en guede et en garence qui ne monte point plus du tiers qui vouldra, se ilz n'y vuellent point mettre de violet, fere le pourront, et aussi en et sur chaines à trois piéz de 1500 en lainne roonde dont l'en fait petiz draps et gros appelléz gacheiz, sur quoy se mettra titure de lainne blanche et noire neisve sanz aucune couleur. *Item* que nulz drappiers ou autres vendans draps en la ville de P. ne vendent... doresenavant draps qui soient casséz de chardon ou de poulie, que iceuls draps ne soient essorilliéz à l'endroit où lad. casseure sera, c'est assavoir que la lisiere soit ostée et laissiée toute pendant en icelluy drap en autelle longueur comme lad. casseure se comportera sur peinne de demy marc d'argent à appliquer au Roy

n. s. et de rendre l'argent qu'ilz en auront reçeu à l'acheteur et de reprendre le drap. *Item* que aucun drappier ne autres vendans draps en la ville de P. ne vendent... en icelle ville doresenavant draps plains qui aient rayes traversaines en eulz, se ainsi n'est que, avant qu'ilz soient exposéz en vente, ilz soient couppéz ou tranchiéz et mis en deux pieces en tant de lieux comme il y aura de royes traversaines ou la lisiere ostée à l'endroit d'icelle roye sur peinne de perdre iceulz draps ou la valeur d'iceulz. *Item* que aucun ne vende... à Paris draps plains et d'une couleur qui aient rayes d'estranges filz au long d'eulz sur peinne de forfaire iceulz draps au Roy n. s. *Item* et combien que pieça par ordonnance sur ce faicte les draps se doient aulner pardevers le feste, pour obvier aus fraudes qui sur ce adviennent..., il est ordonné que doresenavant sera en l'eleccion et voulenté de ceulz qui acheteront draps à Paris de faire aulner le drap par eulz acheté pardevers la lisiere ou par le feste du drap. *Item* et demeurent toutes les ordonnances autrefoiz faictes sur la marchandise de la drapperie en leur vigueur ausqueles par ces presentes ordonnances n'est expressement derogué. Et est assavoir que encores demeurent aucuns poins ausquelz le procureur du Roy a requis estre pourveu sur les quelz il sera pourveu par le prevost de Paris.

Pronunciatum XIX^a die februarii anno nonagesimo quinto.

(Reg. du Parlement, X^{la} 43, f° 107-111.)

XLIV

Arrêt du Parlement confirmant une ordonnance du prévôt de Paris qui avait autorisé les drapiers forains à vendre aux Halles les coupons de drap qu'ils rapportaient des foires du Lendit, de Compiègne et de Saint-Ladre.

2 mars 1398 (n. s.).

..... Litigantibus juratis super facto pannorum seu drapperie ville Parisius..... appellantibus ex una parte et procuratore nostro generali pro nobis..... ex altera super eo quod appelantes..... proponebant..... quodque Parisius erant halle alte pro vendicione pannorum integrorum non abscisorum et absque detaillio disposite..... erant eciam inferiores halle in quibus vendi poterant..... pannorum pecie et escroe, dum tamen hujusmodi venditores domos vel operatoria aperta seu bouticas ad vendendum pannos dispositas haberent...., quod ea fuit racione introductum ut emptores, si quid forsan appareret in dictis pannis venditis corrigendum, melius suos venditores reperirent et contra ipsos suum valerent habere pro dampni sui resarcione recursum..... predictus prepositus Parisiensis ad requestam..... nonullorum mercatorum foraneorum..... quandam nuper publicari fecerat ordinacionem..... per quam idem prepositus..... dicebatur ordinasse quod dictis foranei..... frustra et pecias pannorum eis remanentes a mercatis nundinarum..... Landiti, Compendii et Sancti Lazari in dictis superioribus hallis vendere possent..... quod in dampnum rei publice et nostrum vergebat..... quia racione pannorum qui integri in dictis superioribus hallis vendi consueverunt, nobis debitum est tholoneum..... ex adverso fuit..... propositum quod dictus prepositus..... ordinaverat quod mercatores foranei..... post regressum suum a dictis nundinis infra octo dies dictos pannos et pecias, dum tamen hujusmodi pecie unum caput haberent, vendere possent in superioribus hallis..... in quo utilitas publica conservabatur, eoquod ab ipsis volentibus ad partes suas accedere minori precio vendebantur, quia suum mercatores foranei accelerebant recessum, jus eciam nostrum in hoc illesum remanebat, quia in hallis descendebantur hujusmodi panni et pecie et pro qualibet pecia nobis quatuor denarii debebantur jusque hallagii eciam conservabatur, poterant insuper minores pannorum mercatores facilius ab eis pecias predictas emere, quia minori lucro quam majores..... mercatores contentabantur poterantque dicte pecie capita habentes eciam visitari..... et insuper quia nec major pars dictorum mercatorum Parisiensium comparuerat nec procuratorem fecerat, sicut nec revera facere potuerant, quia corpus et communitatem non haberent nec se congregandi a preposito..... licenciam habere potuerant..... curia..... appellacionem supradictam..... anullat..... et ordinat quod ordinacio per dictum prepositum super premissis facta..... tenebit. Dicte vero ordinacionis tenor sequitur sub his verbis: L'en fait assavoir à tous que d'ores en avant tous marchans forains frequentans et qui amenront draps pour vendre es foires du Lendit, de S. Andry et de Compiegne et d'illec freschement et sans longue demeure amenront ou feront amener..... à Paris le residu des draps qui leur seront demourés à vendre es dictes foires...., soit que iceulx soient entiers, soit que ilz soient en escroes, pourront vendre..... sans detaillier es halles d'en haut..... dedans VIII jours vendables à compter du jour que leurs draps auront esté et seront descenduz en la dicte ville de Paris depuis le retour et repaire desdictes foires seulement les escroes et pieces de draps, quelqu'encoyson qu'elles contiennent..... pourveu que une chascune des dictes escroes ou pieces de draps ayent un chief et que elles soient yssues de draps loyaulx..... et aussi que une chascune d'icelles pieces..... soient vendues tout à une foiz sans detaillier..... et que de un drap n'y ait que une escroe soulement. Escript soubz nostre signet le mercredi XXe jour de juing l'an mil CCCIIII^{xx}XVII.

Reg. du Parlement, X^{la} 45, f° 96 v°.)

XLV

Statuts des pourpointiers de Paris homologués le 20 juin 1323.

A touz ceus qui ces lettres verront Jehan Loncle, garde de la prevosté de Paris salut. Comme les bonnes gens de tout les ouvriers pourpointiers de la ville de Paris se feussent traiz à nous et nous eussent supplié et requis que, comme ou dit mestier des pourpointiers [1] grant quantité de gent se entremetoient et entremetent de jour en jour plus asséz que on ne souloit, qui se dient estre bons ouvriers du dit mestier, par quoi tout plain de fraudes, faussetéz et malices qui ne peuent pas bien estre aperçeues [se commettent] et pour ce le peuple y est deçeu et donmagé grandement, pour ce que [2] n'eussent onques esté ordenance ne establissement fais selonc les quiex ceux qui du dit mestier se entremetent ou vouloient entremettre se deussent contenir, si comme es autres mestiers de la ville de Paris et especiaument en tout plain qui ne sont pas aussi neccessaires au menu peuple comme ledit mestier des pourpointiers estoit, nous qui sommes tenuz à contrester aus malices doumageus et grevables au peuple, voussissions ou dit mestier establir et ordener certains poins et articles selonc les quiex touz ceus et toutes celles qui du dit mestier s'entremetoient et voudroient entremetre en la ville de Paris se contendroient et devroient contenir en telle maniere que le prouffit commun et de ceus qui dudit mestier s'entremettoient peust estre gardéz et que aveques ce nous y conneissions et ordeneissons certaine paine que ceus paieroient en non d'amende qui contre les poins et articles dessus diz ou aucuns d'yceuls mesprendroient ou feroient faire par euls ou par autre en quelque maniere que ce feust... sachent tuit que nous..... avons fait, ordené et establi, faisons, ordenons et establissons les poins et articles que ci après s'ensuivent.

Premierement quiconques voudra estre pourpointier à Paris estre le pourra, mès qu'il sache faire le mestier, en telle maniere que au commencement il paiera douze soulz parisis, c'est à savoir huit soulz au Roy et quatre soulz aus gardes d'ycelui mestier.

---

1. Après pourpointiers on lit le mot : *du* que nous avons supprimé comme inutile.
2. Nous avons rétabli ici les mots : *pour ce que* qui dans le texte se trouvent un peu plus haut, après : *par quoi*.

Item que nulz ne sera maistres dudit mestier se il n'a esté aprantis en la ville de Paris pour temps deu, c'est à savoir sis ans touz accomplis, se il n'est vallet cousturier qui sera aprentiz deulx ans tant seulement pour ce que il scet de l'aguille, ou un vallet peletier qui sera quatre ans aprentis tant seulement, ou se il n'a esté maistres dudit mestier en autres bonnes villes.

Item que nuls ne nulle du dit mestier ne pourra ouvrer de viéx et de neuf en son hostel, mès face le quel que il lui plaira sanz l'autre, sus paine de vint soulz parisis d'amende, c'est à savoir quinze soulz au Roy et cinc soulz aus gardes dudit mestier, et sus paine de perdre l'euvre, sauf ce que se une personne le vouloit faire pour son user et de ses estoffes, faire le pourroit.

Item nuls varlèz du dit mestier ne pourra tenir aprentis.

Item que nuls maistres du dit mestier ne pourra avoir que deulz aprentis ne ne les pourra prendre à mains de temps ne à plus petit terme que les sis ans dessus diz, excepté les vallèz cousturiers et peletiers que il pourront prandre pour le temps dessus esclarci, c'est à savoir le cousturier deulz ans et le peletier quatre et non à mains, mès à plus se il leur plest.

Item que nuls ne soit si hardis de mettre viéx coton entre bougueren et toille neuve au dessouz de deulz livres sus paine de sept soulz parisis, c'est à savoir cinc soulz au Roy et deulz soulz aus gardes d'ycelui mestier.

Item que nuls ne face doublet neuf où il y ait escroes ne autres choses fors tout coton, et, se il y a bourre de soye ne escroes de toille ne autres estoffes, qu'il soient fait enfermes et contrendroit et qui autrement le fera, il sera tenuz pour faus et paiera l'amende au Roy.

Item que nuls ne taille doublet ne cote fort gamboisiée se il n'a acheté le mestier du Roy.

Item que nuls ne face viéx doublet de vielle toille qui soit lisiée ne apesté de nul afaitement fors tout autel que elle vient de la buée et qui autrement le fera, l'euvre sera fausse.

Item quiconques fera doublet d'ycelle toille qui vendra de la buée, que il ne le face à moins de libre et demye de viex coton et que il n'i mette que coton net du dessouz de trois libres et, se il poise plus de trois libres, que il y ait contrevers et contrendroit.

Item que nuls ne face doublet de bourre plus lonc de demy aune et de demy quartier et qui autrement le fera, l'euvre sera arse et l'amendera au Roy.

Item que en touz les guarnemenz qui seront fais d'orez en avant, chascun du dit mestier y mette i essamplaire au colet de la façon et des estoffes qui seront dedens, par quoi les bonnes gens n'i puissent estre deceus.

Item que nuls ne vende denrées au Dymenche, fors une personne du dit mestier seulement, qui le fera chascun à son tour, sus paine de dis soulz parisis d'amende, c'est à savoir sept soulz au Roy et trois soulz aux gardes du dit mestier.

Item que nuls ne soit si hardis de mettre en œuvre l'aprentis d'autrui, se il n'a fait[1] son terme ou se n'est par le congié de son maistre.

Item que ou dit mestier et pour ycelui garder seront chascun an establiz deulz personnes du dit mestier par nous ou par noz successeurs prevos de Paris pour ycelui mestier garder et pour raporter toutes les mesprentures que il pourront savoir et trouver ou dit mestier, et les quiéx pour ce faire auront leur part es amendes en la maniere que dessus est dit et que ci-dessous sera esciarci.

Item quiconques mesprendra contre les poins ou aucuns des poins dessus esclarcis es quiex amendes ne sont esclarcies, il paiera dis soulz d'amende, c'est à savoir sept soulz au Roy et trois soulz aus dits gardes.

Les nons des bonnes gens du dit mestier qui furent presens en jugement par devant nous et qui les choses dessus dites accorderent comme dessus est dit sont tiéx [suivent les noms].....

En tesmoing des quelles choses dessus dites nous avons mis en ces lettres le seel de la prevosté de Paris l'an de grace mil trois cents vint et trois, le lundi vint jours ou mois de Juing.

(Bibl. nat. fonds franç. 24069, f° 65 r°.)

XLVI

Ordonnance de l'abbaye de Sainte-Geneviève sur les tiretainiers de Saint-Médard.

Fin du XIII° ou commencement du XIV° siècle.

Nous volons et ordenons que toutes les foiz que aucun tiretanier venra en lad. ville pour ouvrer du mestier de tiretaines et de sarges, il doit prendre congié de nous avant que il puisse asseoir son mestier. . . . .
Que toutes les tiretaines et les sarges que l'en fait et..... fera en la dicte terre doivent avoir III quartiers en ros ou plus et, se einsint estoit que il ne feussent de droit lé ou d. ros, cil qui les feroient en seroient en amende de V s. — Que nus ne puisse faire en ladicte terre ne vendre tiretaines de bourre mellée avecques laine ne de poil de vache..... — Que nul marcheant estrange, se il n'estoit nostre hoste, ne puisse vendre tiretaines ne sarges que il aporte dehors en la dicte terre, se ce n'estoit en trespassant I jour ou II au plus et par le congié de nos jurés..... et se il le faisoit, il seroit en nostre amende de XL s., les II pars à nous et à nostre maire et la tierce à nos juréz et au serjent qui seroit

---
1. Il y a dans le texte : *se il ne fait.*

avec euz. — Que nus ne puisse faire tiretaines ne vendre en la dicte terre de noir d'escorce que il n'i ait la moitié d'autre couleur avecques et que il n'i ait que IIII duites de noir au plus en I tenant et seur paine de X s. à paier en la maniere desusd. — Pour ce que l'en ne voise en nostre terre contre les establissemenz desusd., nous volons que nostre maire et nos juréz voisent par les mesons toutes foiz que il leur samblera bon, pour garder..... que il n'i ait mesprison ou male façon ou d. mestier.

(Livre de justice de Sainte-Geneviève, f° 12.)

XLVII

Devis d'un travail de broderie commandé à Jean de Clarcy, brodeur du roi par Isabelle de Bavière, pour la tenture d'une chapelle et les vêtements du chapelain.

11 février 1410 (n. s.).

Coppie de la devise et du marchié fait pour une chappelle broderie sur veloux asur que la Royne a ordonné faire. Il a esté advisé que, pour une chappelle entiere de veloux azur pour la Royne il fault les parties qui s'ensuivent lesquelles doyvent estre faictes par la maniere cy après declairée. Et premierement deux tables d'autel qui seront chascune de II aulnes et demie de long et de III quartiers et demi de lé largement et aura en chascune XL quarrés où il aura en chascun quarré une ystoire de la Passion brodée bien et richement de nues, estoiles d'or et royes de soleil.

2° Un ciel qui aura II aulnes et demie de long et II aulnes de lé et sera semé de nues à estoiles et royes de souleil d'or et aux IIII quignez IIII evangelistes et ou milieu un jugement de N. S., les pentes doubles brodées pardedens de nues, royes de souleil comme dessus et pardehors coppannées des armes de la Royne et d'un apostre ou un autre saint.

3° Une chasuble et cinq chappes où il aura sur chascune riches orfroiz de brodeure d'istoires de la Passion et de maçonnerie et de coppons des armes de la Royne faiz de brodeure bien et richement d'un quartier de lé chascune tout le champ semé de nues, estoiles et royes de souleil comme dessus.

4° Un tunique et dalmatique qui auront orfroiz sur le tour des manches et des colez de demi quartier de lé ou environ d'appostres et des armes de la Royne faiz de brodeure bien et richement et frangé de franges et tout le champ semé de nues à royes de souleil et estoiles faictes d'or bien et richement.

5° Une couverture de chayere pour le prelat qui aura II aulnes I quartier de long et une aulne III quartiers de lé.

6° La couverture du letrin II aulnes de long et III quartiers de lé et sera frengée aux deux bouz, toutes ces deux couvertures brodées et semées de nues à estoilles et royes de souleil.

7° La couverture du livre aura une aulne de long brodée de nues comme dessus.

8° II estoles, III fanons, III paremens d'aube et d'amitz, un estuy à corporaulx brodé tout de nues, estoiles et royes de souleil comme dessus.

9° Un parement de nappe d'autel qui sera fait d'ymages et des armes de la Royne copponnées, par dessoubz frangé de franges.

10° Et seront tous les ymages desd. ystoires par les lisieres brodéz de perles de semence par le colet et autour des manches et autour des dyadesmes où il aura plus grosses perles telles qu'il plaira à la Royne et qu'elle vouldra faire delivrer, etc.

Et pour faire les besongnes dessus d. de brodeure bien et richement au dit d'ouvriers, il a esté par le commandement de la Royne fait marchié par mons. de Roussay, son grant maistre d'ostel et Hemon Raguier, son tresorier à Jehan de Clarcy, brodeur et varlet de chambre du Roy pour le pris..... de IIII^m escuz qui valent IIII^{m}V^c fr., par telle condicion que, s'il estoit trouvé par le dit d'ouvriers et gens en ce congnoissans, quant la dicte besongne sera faicte, que il y ait perte pour led. de Clarcy, il lui sera amendé au dit des dessus d. et doit avoir presentement sur son d. marchié V^c fr. et de mois en mois jusques à fin de paye III^c fr. et doit rendre lad. besongne faicte dedens Pasques prouchain venant en un an ou cas que on ne lui fera faulte en sesd. paiemens. Ce present marchié fait le XIe jour de fevrier l'an mil CCCC et neuf.

(Arch. nat. KK 48, f° 75.)

XLVIII

Arrêt du parlement condamnant Laurent Malaquin, orfèvre, à rembourser à Jean Perez, écuyer castillan, un à-compte payé sur le prix de vaisselle en argent doré, laquelle n'avait pas été fabriquée conformément aux conventions des parties.

14 janvier 1402 (n. s.).

Constitutis in nostra parlamenti curia Johanne *Peres de Hee*, utifero de regno Castelle, actore ex una paarte et Laurencio *Malaquin*, aurifabro Parisius commorante, défensore ex altera, pro parte d. actoris propositum extitit quod ipse de faciendo certam vaissellam argenti deauratam certis modo et forma declaratis... in litteris contractus super hoc sub sigillo Castelleti nostri Par. confectis cum d. defensore certo precio..... convenerat, de qua summa idem defensor 600 libras tur. receperat... et eandem vaissellam reddere... debebat factam... infra XXII^{am} diem mensis novembris ultimo lapsi sub pena XL^{ta} solidorum tur. pro qualibet die qua defectus esset post dictum terminum lapsum nobis et parti mediatim applicandorum, et quia dictus defensor predictam vaissellam juxta tenorem dicti contractus non fecerat, dictus actor ipsum adjornari fecerat coram preposito Parisiensi a quo certa pro parte dicti defensoris appellacio interjecta et per nostram Parlamenti curiam postmodum adnullata fuerat ac certi commissarii dati... qui dictam vaissellam per magistros et bachalarios ministerii aurifabrie et alios in opere expertos visitari fecerant et per eorum rapportum repererant quod dicta vaissella non erat bene facta neque modo et forma in litteris contractus pred. contentis, prout apparere poterat per litteras dicti rapportus ad quas se referebat, quare petebat ipsum defensorem ad sibi reddendum et deliberandum predictam vaissellam factam juxta tenorem dicti contractus ac in penis, dampnis interesse et expensis condempnari, supradicto defensore ex adverso proponente quod ipse predictam vaissellam bene... fecerat secundum precium quod inde habere debebat, nam de qualibet marcha operata ad octo francos duntaxat convenerant et nullus reperiretur operarius qui eam faceret pro XIIII francis et in qualibet marcha semi francum amiserat, in litterisque contractus scriptum erat optime rubeum deauratum et postea bene rubeum deauratum et ad sui exoneracionem sufficiebat... quod dicta vaissella esset competenter rubea deaurata atque poinçonnata et foliata et, si quis defectus erat, omnia emendare offerebat......... curia nostra dictum defensorem ad reddendum... eidem actori summam pecunie quam pro dicta vaissella facienda ab eo receperat ac in ejus dampnis interesse et expensis... condempnavit... eundem defensorem a penis relevando et ex causa ordinavitque..... quod dicta vaissella in manu nostra remanebit usque ad plenam... omnium premissorum satisfactionem.

(Reg. du Parlement, X^{la} 49, f° 96 v°.)

XLIX

Arrêt du parlement interdisant le plaqué et ordonnant la vente secrète, au profit de l'orfèvre, d'un hanap en plaqué.

29 janvier 1396 (n. s.).

Constitutis in nostra Parlamenti curia procuratore nostro generali pro nobis ex una parte et dilecto et fideli consiliario nostro episcopo Parisiensi et Albreto Magni aurifabro, prout eorum quemlibet tangere poterat ex altera, fuit ex parte dicti procuratoris nostri propositum quod..... super artificio sive ministerio aurifabrie, sicut in ceteris, certi erant jurati et visitatores deputati, ad quorum nuper devenerat noticiam quod dictus Albretus quemdam ciphum argenteum rotundum pedem habentem una cum operculo in domo sua fieri fecerat, cui desuper eo visitato per ipsos tam intus quam extra aurum sic artificialiter adjunctum repererant quam tam in coopertorio quam corpore ipsius ciphi cuilibet prima facie conspicienti totaliter aureus apparebat, et ideo falsus, reprobus et deceptibilis tam in corpore quam operculo et contra ipsius ministerii statuta existebat, quia alterius se condicionis et materie quam erat exibebat, nam primo aspectu de auro puro credebatur, cum revera ab intus argenteus existeret, et esse posset occasio in quibuscunque aliis rebus ex argento confectis similiter operandi, quod in maximum cederet et cedere posset rei publice detrimentum et fraudem, perniciosumque exemplum atque ville Parisiensis, quam in bonis et licitis operibus inter ceteras regni nostri civitates precellere, presertim in argenteis et aureis operibus, publica vox et fama locuntur, quare petebat dictus procurator noster vas supradictum tanquam falsum nobis confiscatum et acquisitum et destruendum atque frangendum fore dici et pronunciari dictumque Albretum ab ulteriori dicti artificii seu ministerii aurifabrie Parisisius exercicio privari..... dictus vero Albretus peticioni dicti procuratoris nostri defendendo proponebat quod ipse in dicto aurifabrie ministerio seu artificio peritus erat et expertus artemque predictam sic aurum cum argento consolidandi et adjungendi repererat, in dictoque cipho nulla erat falsitas vel deceptio, nam in superiori parte operculi sive copertorii et in inferiori parte ipsius ciphi apparebat per quemdam clavellum argenteum ibi exeuntem et positum firmaturam auri in eo existentis facientem et tenentem, quod ciphus predictus in interiori sui parte argenteus existebat, quod etiam ex pondere ac ex pluribus aliis circum ligaturis argenteis et ipsius ciphi auribus[1] deauratis quas, si esset ex auro puro, non licuisset, nisi essent de auro, secundum ipsius ministerii statuta et ordinaciones, circumponere, faciliter cuilibet intuenti poterat apparere, nulle eciam erant ordinaciones vel statuta hujusmodi operis prohibitoria, quin ymo utilis erat ciphus habere nolentibus vasa ex auro puro confecta, prout et nonnulli domini hiis temporibus appetebant..... in quantum vero dictum Albretum concernebat, dicebat, prout supra, dictus procurator noster replicando supradictum ciphum esse falsum et deceptione plenum, cum sit argento inter aurum duplex forratum, quod difficilime et potissime per non expertos in opere poterat percipi, duo vero clavelli in superiori et inferiori parte ipsius exeuntes de facili poterant removeri et alii de auro apponi, et supposito sine prejudicio quod revera

---

1. Il y a dans le ms. *horis*. On pourrait aussi substituer à ce barbarisme le mot : *oribus* qui désignerait les bords du hanap ; mais la leçon *auribus*, signifiant anses, nous parait préférable. Voy. Du Cange, v° *Auris*, 2.

dictum opus non esset falsum, attamen propter fraudes que talium occasione fieri possent, non esset permittendum, possent et enim plures alia vasa simili modo fabricare et ea vel pignorando tradere, vel aliorum omnino aureorum loco supponere..... predictus autem Albretus hujusmodi non erat operis adinventor, nam et alias plura facta fuerant, que fieri fuerant propter fraudes et sequelas prohibita. Fuerat eciam alias dictus Albretus opera falsa faciendi suspectus, et jamdudum, ut ad dicti procuratoris nostri pervenerat noticiam, aliud vasculum seu gobeletum de ere pro auro vendiderat, et, ne ejus malicia detegeretur, delictum ipsum, restituta emptori pecunia, occultaverat..... prefata curia nostra per suum arrestum ordinavit et ordinat quod de cetero talia vasa vel alia talis materie non fiant..... quod ciphus supradictus per manum ejusdem curie nostre ad utilitatem dicti Albreti occulte et non publice vendetur [1].

(Reg. du Parlement, X[la] 43, f° 99 v°.)

L

Statuts des émailleurs.

Septembre 1309.

Quiconques veult estre esmailleur d'orfaverie à Paris estre le puet franchement en fesant le mestier en la maniere qui s'ensuit.

Premierement que nulz ne puisse ouvrer de mauvais esmail ne de voirre de plonc en or ne en argent, car il est de mauvaise condicion, car l'en en ouverroit bien sus argent où il auroit bien la moitié de mauvais aloy et ce ne porroit on faire de bon esmail, car le bon esmail ne se porroit souffrir à mettre, fors que sus bon or et sus bon argent, le voirre de plonc n'est pas dignes à ouvrer, ains est faux et dignes à condampner hors du mestier, car il se maingne de toutes sueurs et de toutez yaues et si n'a pas en un marc de telle œvre fausse une once d'argent, et par ycelle façon de tieux esmaux faux les faisoit l'en samblables à esmaux d'or, et les mettoient les merciers en chapiaux avec fines pelles dont ceus qui les achetoient estoient deçus.

Item que nulz ouvriers dudit mestier ne autres ne puisse mettre en or ne en argent voirre pains ne cristauz pains ne saffrés, pour ce que ceus en sont deceus qui les achettent, se on ne les fait faire

---

1. Sur cette affaire, voy. Leroy, p. 128.

par certaines convenences ou marchié faire en œvre d'eglise ou en œvre des royaulz.

Item que nulz ouvriers du dit mestier ne puisse esmaillier chose qui soit férue en taz qui soit cruese dessouz, pour ce que, quant l'en achete une çainture, l'en cuide qu'il y ait un marc d'argent, et il n'en y a pas la moitié.

Item que nulz ne puisse clouer ne river pieces à bates ne à deus fons, se l'en ne les fait si que l'en les queuse[1] par les costéz, car quant elles sont clouées, elles samblent estre massées [2] et c'est decevance à ceus qui les achetent.

Item que nulz ne puisse esmailler pieces ferues en taz qui viengnent tailliés du taz qui passent le grant d'un artisien et que celle dite piece soit plaine et plannée par dessouz, par ce que l'en fesoit grans pieces pour çaintures ferues en taz qui estoient si flebes d'argent que l'esmail n'i poent demourer longuement entiers sus telle fausse taille, et si n'i a pas le tiers d'argent qu'il samble et de telle fausse œvre touz ceus qui les achetent en sont deceus.

Item que nulz ne puisse ouvrer de nuis ou dit mestier en avant de cuevre feu ne faire ouvrer ne relever de nuis jusques à plain jour que l'en puisse veoir à ouvrer de la lueur du jour, se ce n'est es œvres des royaulz, pour ce que l'œuvrages des faussez œuvres ne voudroit rien, car l'en le feroit de nuis.

Item que nulz maistres qui tiegne le mestier ne puisse prendre ne avoir que un aprantiz ne à mains de dis anz, et quant ycelui aprantiz aura fait la moitié de son terme des dis anz, que le maistre en puist prendre un autre aprentiz seulement à tel terme que dit est.

Item se aucuns aprentiz se rachete par argent envers son maistre avant qu'il eust tout fet son terme par aucune ochoison, quelle que elle fust, que li aprentiz ne puist prendre ne avoir aprentiz devant que les dis années de son dit terme soient acomplies, et qu'il ne puisse tenir ledit mestier en son hostel jusques à tant qu'il aura esté esprouvé souffisament et qu'il aura fait serement de tenir et garder toutes les ordenances du mestier.

Item li maistre qui auront eu l'argent de leurs aprentiz pour leur rachat ne puissent prendre point de autre aprentiz devant que les cinc années dudit terme soient acomplies de son aprentiz, excepté seulement un aprentiz qu'il porra prendre à la moitié dudit terme, si comme dit est par devant.

Item que les maistres qui maintenant sont, c'est à savoir en l'an MCCC et nuef ou mois de septembre [et] ont deus aprentiz ou trois, n'en puisse plus nul prendre devant que le darrenier aprentiz n'ait mais à faire que la moitié de son service.

Item que nulz ouvriers, soit maistres ou autres qui vœille ouvrer dudit mestier à Paris, qui soit de dehors ou viengne d'estrange païs pour ouvrer à Paris, ne puisse ouvrer en son hostel pour tenir ledit mestier jusques à tant qu'il aura esté esprouvé

---

1. Telle est la leçon du ms. des Arch. nat. KK 1336. Celui de la Bibl. nat. fr. 2,069 a : *criese.*
2. Ms. KK 1336 : *Massiches.*

souffisamment, et qu'il aura fait le serement envers ceus du mestier à qui il appartendra à faire que bien et loialement feroit le mestier et tendroit les ordenances dessus dites.

Item que nulz des maistres du mestier dessus dit ne baille ouvrage à faire à autrui aprentiz qui soit en autrui service en feste, ne en diemanche, ne à jour ouvrable, car c'est une maniere de fortraire l'aprentiz.

Et quiconques mesprendra ou dit mestier ou sera trouvéz mesprendant en aucuns des articles des choses dessus dites, il paiera trente soulz par. d'amende, et si perdera la fausse œvre, des quiex trente soulz d'amende li roys en aura vint soulz et les maistres qui garderont ledit mestier en aront dis soulz pour leur paine par la main du prevost de Paris, les quix maitres qui garderont le dit mestier y seront mis et ostéz par le prevost de Paris toute foiz qu'il li plera.

Lesquelles choses dessus dites, si comme elles sont divisées dessus, Adam de Saint-Denis, Lucas l'esmailleur, etc.......... touz esmailleurs d'orfaverie de la ville de Paris, de leur bone volenté, voudrent, loerent et acorderent et les promistrent par leurs seremens avoir fermes et estables...... sauf à nostre seigneur le Roy et au prevost de Paris de muer et corriger es choses devant dites toutes fois qu'il leur plaira.

(Bibl. nat. fonds fr. 24069, f⁰ 76 v⁰.)

LI

Conclusions présentées au parlement par les orfévres contre les fermiers de l'impôt sur la mercerie, pour faire déclarer exempts de l'impôt un certain nombre d'articles qui font partie à la fois du commerce des orfévres et de celui des merciers.

xiv⁰ siècle.

Ce sont les choses que les orfevres de Paris dient contre les fermiers de l'imposition des merciers disans que à l'imposition des orfevres appartient à paier des choses qui s'ensuivent IIII d. pour livre et non pas ausd. fremiers de l'imposition desd. merciers.

1. *Item* à ce que il demandent l'imposicion de toutes manieres de patenostres, respondent les d. orfevres que de celles d'or et d'argent ne doivent point avoir d'imposition, car c'est orfavrerie et toute orfavrerie appartient à l'imposition des d. orfevres de toutes manieres de genz qui les vendent en la ville de Paris et es forbours.

2. *Item* à ce qu'il demandent or et argent fillé de Lucques, de Paris et d'ailleurs et de tout or et argent en feuille et or soudé, combien qu'il l'appellent orpel et argent pel, respondent les orfevres que c'est orfavrerie, car il passe par le martel et par la forge et ne le font pas les merciers, mès le font les orfevres et, puis que c'est orfavrerie, aus d. orfevres appartient et non à euls...

3. *Item* à ce que il demandent imposition de toutes gibecieres et de toutes bourses, respondent les d. orfevres que là où il auroit or, argent et pelles et perrerie que c'est orfavrerie...

4. *Item* à ce que il demandent l'imposicion de touz aguilliers de soie, d'or et d'argent, respondent les d. orfevres que se la couverture de l'aguillier estoit d'or ou d'argent ou garni de perrerie, que c'est orfavrerie et les font les orfevres et non pas les merciers......

5. *Item* à ce que il demandent l'imposition de toute maniere de brouderie, respondent les d. orfevres que une mittre et toute autre chose où il auroit orfavrerie, pelles et pierres, que aus d. orfevres appartient et non aus d. fermiers, car il pourroit avoir en une mitre mil livres que d'or, d'argent, de pelles et de perrerie et la brouderie ne cousteroit pas c. solz et par consequent des autres brouderies.

6. *Item* à ce que il demandent l'imposition de toutes tassetes, respondent les d. orfevres que là où il auroit or, argent, pelles et pierres, soit sur cuir ou sur soie, que c'est orfavrerie et les font les orfevres et non pas les merciers.

7. A ce que il demandent l'imposicion de toutes ceintures, respondent les d. orfevres que de toutes ceintures sur soie ou sur cuir où il a or, argent, pelles et perrerie que c'est orfavrerie.

8. A ce que il demandent l'imposicion de touz chapiaus sur bissete et sur soie, respondent les d. orfevres que toute bisete où il a or, argent, pelles ou pierres, est orfavrerie et le font les orfevres.....

9. A ce que il demandent l'imposition de toutes espingles, respondent les d. orfevres que là où il seroient d'or et d'argent ou à pelles et pierres, que c'est orfavrerie...

10. .....de toute bouclerie, de touz coutiaus, de tous escrins, de toutes escriptoueres et cornèz et mirouers, boutons d'or et d'argent, de pelles et de perrerie, respondent les d. orfevres que là où il auroit es choses dessus d. or et argent ou pelles ou perrerie, que c'est orfavrerie.....

11. .....de touz chapiaus à pelles d'or et d'argent et de toutes pelles et perres en œuvre et hors œuvre, respondent les d. orfevres que c'est orfavrerie.

12. Dient les d. orfevres que il sont en saisine... de si lonc temps qu'il n'est memoire du contraire de prendre par toute la ville de Paris soient chiés merciers, orfevres ou autres, toutes les œuvres, quelesque elles soient, d'or ou d'argent assis sur soie ou ailleurs, et de garder et examiner se le d. or ou argent est bon et, s'il est mauvais, de toute l'euvre depecier et corrigier par les maistres et gardes dud. mestier... et de ce ont il bonne lettre du

Roi, par quoy il peut clerement apparoir que c'est orfavrerie et non mie mercerie.

13. Que autre fois les d. fermiers ont gagié aucuns de l'orfavrerie pour la d. imposition, li quelz se sont opposéz, les d. fermiers voians qu'il n'avoient une bonne cause leur ont leurs d. gaiges rendus.

. . . .
L'autre raison, quar selon toute raison, chascune chose où il a diverses œuvres doit estre denommée ou jugée de la plus noble, plus grant, plus vaillant partie et doit le plus enporter le mains, or est il ainsint que l'euvre d'argent, d'or, de perrerie, de pelles est plus vaillant, plus noble, plus riche et plus precieuse sans conpareison que l'euvre de mercerie sur quoy elle est assise . . .

. . . .
Le Roy tient en sa main et à son profit l'imposition du mestier d'orfavrerie, et l'inposition de la mercerie est baillié à ferme... et ainsi, se les fermiers avoient l'inposition des œuvres dessus d., le Roy y seroit trop griefment bleciéz et dommagiés . . . .

. . . .
Supposé, sans prejudice, que en teles œuvres vendues par les merciers les d. fermiers deussent prenre l'imposition, toutesvoies pour teles œuvres vendues par les orfevres qui lad. œuvre font, raison ne peut souffrir que il en lievent imposition....

Si concluent les d. orfeivres et les maistres du mestier afin que leurs gaiges qui pris ont esté par les fermiers de l'imposition de la mercerie leur soient renduz... et que il soit esclarci que les œuvres dessus especefiés ne sont ne ne doivent estre conprinses sous l'inposition de la mercerie et, ou cas où la chose prendroit delay, requierent que leurs gaiges leur soient rendus par recreance et pendant le plait soit levée l'imposition des d. œuvres par la main du Roy...

(Arch. nat. K 1033-34.)

LII

Conclusions des gardes-jurés orfévres contre Barthélemi Morgal, soi-disant procureur du roi sur le fait des monnaies.

xve siècle.

..... Il est vray que l'an mil III^cLXXVIII, par le roy Charles qui lors regnoit, les gens de son conseil, generaulx maistres des monnoies, plusieurs notables gens du mestier de l'orfaverie et autres furent faictes certaines ordonnances nouvelles sur le fait des orfevres de Paris..... Par les d. ordonnances fu entre autres choses ordonné que les orfevres de Paris ouvreroient des lors en avant de meilleur arg[ent qu'il] ne faisoient paravant et... afin que on

peust congnoistre l'argent et l'ouvrage qui depuis lors auroit esté fait... fu ordonné que ou poinçon des orfevres de Paris où il n'y avoit paravant que une fleur de lys, aroit des lors en avant une fleur de lys couronnée . . . .
. . . .
..... A ce que dit led. Barthelemy Morgal que ung nommé Symonnet de Lachesnel, orfevre, contrefist les coings de la monnoie du Roy nostre sire et ouvra des blans de mauvais aloy, pour lequel cas il fu boulu ou marchié aux pourceaulx... respondent lesd. juréz et gardes dud. mestier que led. Symonnet fut voirement accusé d'avoir contrefait lesd.coings... mais ce ne fu pas par led. Morgal, mais fu par Jehan Marceau, changeur, et par la bonne diligence de messieurs les generaulx maistres des monnoies.
. . . .
A ce que dit led. Berthelemy... que Guiot de Cleve, orfevre, pour ce qu'il faisoit ceintures au quart d'argent et les trois quars cuivre, fu tourné ou pillory et puis mené en ung tumberel par les carrefours de la ville de Paris, respondent lesd. juréz... que led. Guiot fut tourné ou pillory voirement, mais la faulte dud. Guiot ne fut pas trouvée en lieu où les gardes aient povoir de visiter, car elle fut trouvée en la mercerie du Palais. . . . . .
. . . .
Fu la cause pourquoy il [Jean le Maçon, orfevre] fu condempné en lad. amende pour ce qu'il avoit 4 marcs d'argent en cendrée qu'il envoia vendre sur le pont à ung change et vendi le marc LX fr. foible monnoie qui estoit plus que le Roy n'en donnoit à la monnoie . . . .
. . . .
A ce que dit led. Morgal que Baudet Hebert, Robin Gaultier et Huguet de Colombel, orfevres, ont esté emprisonnéz pour ce qu'ilz ont usé et signé de leurs poinçons qu'ilz ont fait faire sans les avoir apportéz en la chambre des monnoies pour ferir en la table de cuivre et sans estre applegés et tesmoingnéz par les gardes dud. mestier, respondent lesd. juréz... que se lesd. Hebert, etc., ont cecy fait et ilz ont esté punyz, c'est très bien fait.

(*Ibid.*)

LIII

Appointement du Parlement ordonnant le séquestre de bijoux frauduleux saisis par le concierge du Palais de la Cité chez des merciers dudit Palais.

Mai 1396.

Entre les merciers du Palais complaignans en cas de novelleté d'une part et le concierge du Palais d'aultre part, les merciers..... ne veulent pas dire que il ne soient visitéz par le prevost et jurez

de Paris mais non par le concierge........ Le concierge......
dit que le Roy a ceans en ce noble palais sa jurisdiction et y [a]
pourveu de concierge qui a le gouvernement de toute la jurisdiction haulte, moienne et basse, comme appert par chartrez, et
est la jurisdiction du Roy ou Palais qui est limitée, car il con-
dempne en cas criminel et baille le malfaicteur au prevost à la
porte et si a la correccion des seaulx et marchandises à la pierre
de marbre et si a la visitacion ou punicion des denrées qui y sont
venduez, tellement que le prevost de P. n'a ou Palais ne ou
pourpris aulcune visitacion et n'est point ce droit contencieux
entre le prevost de P. et le concierge... dist... que, pour prou-
veoir au bien publique pour les plaintez, il envoia son bailli visiter
et ala à l'estal Philippote de Rosierez et de Fleurent et aultres
et prinrent partie pour visiter de leur jouyaux... que, pour visiter
les denréez, furent par lui appeléz les plus notables des offrevez
(*sic*) de P. et furent trouvéez XIII sainturez ferréez d'argent sur
Florent où dessous l'esmail avoit plonc qui en faisoit plus peser
et pour ce furent rompuez et si y avoit soudeurez plus que ilz
ne deust avoir pour plus pezer et en vergez et anneaulx avoit or
de mauvaise touche et es fermaillèz avoit soubs les pierrez feullez
pour mielx monstrer les pierrez et si mettent pierrez en or qui ne
se doivent mettre que en argent....... leur fist faire commandement que ilz portassent le remanent pour estre visitéz . . . .
. . . .
Les merciers dient que restablissement leur doit estre fait........
appointé est que restablissement se fera en la main du Roy et à
lundi vendront et lors sera ordené sur le restablissement requis
par le concierge.

(Matinées du Parlement, X^a 4784, f° 101 v°, 102.)

LIV

Reçu délivré par le receveur de Paris aux gardes jurés orfévres de la partie
des épaves et droits d'entrée afférente au roi.

2 janvier 1381 (n. s.)

Sachent tuit que nous Pierre de Senz, receveur de Paris, avons
reçeu de Jehan de Nangis, Pierre Barras, Jehan Garnier, Symon le
Fevre, Nicolas Hebert et Thibaut Hune, tous orfevres, maistres,
gardes et jurés du mestier des orfevres de Paris, pour un an co-
mançant à la saint Andry CCCLXXIX et fenissant à icelle mesme
feste ensuivant CCCIIII^{xx} derrenierement passée, pour les aventures
et espaves eschues ou fait dud. mestier durant la dicte année, la
somme de vint deux livres XIIII solz deux deniers obole par., pour

les parties et causes qui s'ensuivent : c'est assavoir pour Vaigneaux d'argent, dont il y a en un desd. aigneaulx une pierre de chappon pesant XVIII esterlins ; *item* pour deux fermouers d'argent à livre pesant XIX esterlins ; *item* un mordent d'argent à tout treze clos d'argent, qui sont assiz sur le bout d'une sainture pesant deux onces six esterlins ; *item* une piece d'argent malfondue pesant XXXVII esterlins ; *item* certaine quantité de agneléz d'argent doréz pesant onze esterlins ; somme six onces demie et un esterlin, dont il chiet pour le tissu du bout de la dicte saincture et pour la dicte pierre de chappon qui ne vault riens une once demie et un esterlin, demeure cinq onces d'argent, à quatre livres quatorze solz, ou quel pris il est demouré aux dis maistres valant chinquante sept solz neuf deniers par. *Item* pour un hanap à cervoise prisé vint solz par. ; *item* pour quatre esterlins de limaille d'or prisés vint solz par.; somme quatre livres dix sept solz neuf deniers par. dont à iceulx maistres en appartient le quint pour leur droit, qui vault diz neuf solz six deniers obole par., reste au roi soixante dix huit solz deux deniers obole par. *Item* pour Pierre Ulfersin, Hennequin Mustrerolle, Jehan Voyer, Bertran Monnoie, Girart Husemain, Perrin Bridaut, Conrrat Vigne et Jehan Lispesque qui ont esté receuz nouvellement au mestier d'orfaverie en la dicte année, desquelx doivent chascun demi marc d'argent au Roy, qui font quatre marcs qui valent au pris dessus dit dix huit livres seize sols par., lesquelles parties dessus dictes font la dicte somme de vint deux livres quatorze solz deux deniers obole par. de laquelle somme nous sommes contens et bien paiéz et les en quittons. Donné soubz nostre scel le 11º jour de janvier l'an mil CCCIIII[xx].

Il reste un morceau du sceau en cire rouge sur queue de parchemin [1].

(Arch. nat. T 1490[6].)

LV

Charles V accorde à Evrard de Boessay, marchand de couteaux, la propriété héréditaire de la marque de fabrique de Jean de Saint-Denis, fabricant de lames de couteaux, mort sans héritier.

Janvier 1365 (n. s.)

Charles... savoir faisons à touz presens et advenir que, comme Evrart de Boessay, marchant de cousteaux, ait de lonc temps acoustumé à faire faire alemeles de cousteaux au seign de la

---

[1]. A cette quittance se trouve annexée une série de quittances du même genre pour les années 1381-1382, 1383-84, 1384-85, 1386-87, 1387-88, 1388-89, 1389-90, l'année commençant toujours à la Saint-André (30 novembre).

corne de cerf que forgoit de son heritage Jehan de saint Denys, autrement dit de Saint Germain en nostre ville de Paris pour le temps qu'il vivoit, auquel seign aucuns autres, se par sez genz n'estoit et de son commandement, sur peine de XL liv. par. d'amende paier à nostre proffit et d'avoir forfait sez danrrées, n'osast forgier, et à present ne soit demouré aucun heritier ne successeur dud. Jean qui led. seign doie ou puisse faire, si comme l'en dit, et pour ce le dit Evrart, qui de touz temps a accoustumé à faire faire allemeles à cousteaux au seign de la corne de serf, comme dit est, nous ait fait supplier que de nostre grace nous plaise à lui octroier pour lui et pour sez hoirs que il puisse faire forgier par aucun bon ouvrier et bon forgeur en nostre royaume alemelez à cousteaux au dit seign de la corne de cerf en la maniere que le faisoit et faisoit faire led. Jehan et sez predecesseurs ou temps que il vivoient, nous, inclinans à la supplicacion de ceulx qui sur ce pour le dit Evrart nous ont supplié, à ycelli Evrart, pour lui et pour sez hoirs yssuz et à ystre de son corps en loyal mariage et qui samblablement comme lui seront marchans d'alemelez à cousteaux, avons donné et octroié à heritage et par cez presentes de nostre certeinne science, grace especial et auctorité royal, donnons et octroions le dit seign à la corne de cerf, ou cas qu'il ne seroient aucuns hoirs demourans dud. Jehan à qui led. seign devroit appartenir par raison, et nous plaist et voulons que le dit Evrart et sez hoirs puissent faire [à] ycellui saing forgier par aucun bon ovrier en nostre dit royaume, sans ce que autres ovriers ou cousteliers qui onques ne forgerent à lad. forge le puissent contredire ne y forgier en aucune maniere, fors que celi à qui il le fera faire, sur la peine dessus dicte. Si donnons en mandement par la teneur de cez presentes au prevost de Paris et à touz noz autres justiciers, officiers et subgèz.... que de nostre presente grace et octroy facent et laissent joyr et user le dit Evrart et sez hoirs et successeurs perpetuelment et heritablement..... Et que ce soit ferme chose,et establе.... Donné à Paris l'an de grace mil CCC soixante et quatre ou moys de janvier.

(Trés. des Chart. reg. 98, pièce 30.)

LVI

Notice de plusieurs décisions du Châtelet et du Parlement condamnant la tentative faite par un lormier pour joindre à son industrie la fabrication des selles et défendant d'exercer concurremment les deux métiers.

8 mars 1320 (n. s.) et 26 juin 1322.

Entre Guillaume Menart, lormier, d'une part, et le[s] maistres selliers d'autre part, pour ce que ledit Guillaume disoit que lui et plusieurs autres lormiers de Paris estoient en saisine de tenir en leurs hostelz ou autre part bons ouvriers de sellerie et faisant bonnes selles, et icelles selles garnir d'euvre de lormerie[1], et aussi lesd. selliers exerçoient l'un et l'autre mestier, et que led. Guillaume tenoit en sa maison deux bons selliers faisant selles qu'il garnissoit de lormerie, et tant led. Guillaume que lesd. deux selliers avoient acheté du Roy led. mestier; *item* lesd. maistres selliers avoient prinses en l'ostel dud. Guillaume plusieurs selles bonnes et souffisant, partie desquelles ilz avoient achetées et l'autre il avoit fait faire, soubz umbre de certain registre que iceulx selliers avoient de nouvel fait faire pour leur singulier prouffit, au desçu dud. Guillaume et des gens des autres mestiers de Paris; lesd. selliers disant au contraire que led. Guillaume qui estoit lormier, avoit fait faire en sa maison lesd. selles contre la teneur de leur registre conferrmé par arrest, et pour ce devoient lesd. selles estre confisquées, et si le devoit amender, le prevost de Paris par sentence condempna led. Guillaume en amende envers le Roy et les selliers, pour ce que lui qui est lormier avoit fait ouvrer en sa maison de sellerie contre la teneur dud. registre et contre l'arrest de Parlement, et furent les choses confisquées, dont Guillaume appella en Parlement et fut dit bien jugié le VIII° jour de mars III°XIX°.

(Bibl. nat. lat. 12811, f° IIII××XIII v°.)

Item le XXVI jour de Juing mil CCC XXII fut prononcié ung jugement en Parlement entre lesd. parties faisant mention des registres desd. mestiers, et comme ils seront doresnavant gardéz et tenuz sans entreprendre l'un sur l'autre et estoit pour VI articles que les seilliers avoient nouvellement fait mettre en leurs registres contre les lormiers.

(Ibid.)

LVII

Notice d'un arrêt du Parlement qui reçoit les gantiers opposant à la requête des boursiers, tendant à être autorisés à faire des gants, et qui rejette provisoirement cette requête.

2 juin 1369.

Entre les boursiers de Paris d'une part et le duc de Bourbon, chambrier de France, et les gantiers de Paris d'autre part, sur ce que lesd. boursiers disoient que jadis de par le Roy et ses prede-

---

1. *Il y a dans le texte :* sellerie.

cesseurs et par le prevost de Paris avoit esté ordonné pour le bien commun que chacun fut reçeu à faire le mestier ou euvre qu'il sauroit faire en la ville de Paris, nonobstant que en ycelle il n'eust apprentiz esté, en paiant les debtes acoustumées et en gardant les choses qui appartenoient aud. mestier, et ainsi avoit esté gardé jusques à present et y avoit plusieurs gantiers qu'ilz (*sic*) n'avoient point esté apprentiz à Paris qui vendoient et faisoient bourses et gans, et disoient lesd. boursiers qu'ilz savoient bien faire ganz et qu'il y avoit peu de difference entre leurs mestiers, car chacun euvre de cuir, si avoient requiz au prevost de Paris estre reçeuz gantiers, ce que lesd. gantiers avoient empeschié, et led. chambrier disoit au contraire que par le registre d'iceulx gantiers, avant que aucun peust estre maistre à Paris, il convenoit qu'il eust esté apprentiz trois ans et qu'il feust approuvé souffisant, ce que lesd. boursiers n'avoient pas esté, que s'estoient divers mestiers qui de tout temps avoient esté separéz et que autrefoiz par le prevost de Paris en avoient esté deboutéz, et qu'ilz estoient en possession et saisine de tenir leur mestier separé du mestiers des boursiers, par arrest fut dit que lesd. gantiers seroient receuz en opposition contre la demande et que la demande d'iceulx boursiers ne leur seroit pas faite quant à present le 11º jour de juing CCCLXIX.

(Bibl. nat. lat. 12811, fº IIII^{xx}XV vº.)

LVIII

Notice d'un procès entre un fabricant d'épingles et les gardes jurés de sa corporation au sujet d'épingles en fer-blanc.

14 avril 1378 (n. s.).

Les juréz espingliers de Paris prindrent en l'ostel Jehan Bitou, espinglier des espingles de fer blanc ou blanchies de fer à grosse teste qu'il avoit faictes, à quoy il s'opposa, et dist par sentence le prevost de Paris que elles n'estoient pas bonnes ne loyales à faire ne vendre à Paris, et estoient deceptives pour le peuple et qu'elles avoient esté prinses à bonne cause et qu'elles avoient esté forfaictes, ou avoit illicitement ouvré en faisant telle euvre deffendue ou non acoustumée faire à Paris sans auctorité de justice mesmement, et qu'elles seroient cassées en signe d'amende et sans ardre pour sa poureté lui seroient rendues pour ceste foiz, et lui deffendi led. prevost que il n'en fist d'oresenavant plus nulles telles contre les constitucions et ordonnances dud. mestier, dont le procureur du Roy, pource que on n'avoit adjugié amende, et led. Bitou, en tant que lad. sentence faisoit contre luy simplement, appellerent, et veue lad. sentence, le registre desd. espingliers et certaine imformaçion sur ce faitte de l'office de la court, fut dit par arrest de la court que, en tant que touchoit l'appelacion dud. Bitou avoit esté mal jugié, etc., et que lesd. espingles estoient bonnes et lui seroient rendues et qu'il en pourroit faire de telles doresenavant, et, en tant que touchoit l'appelacion dud. procureur du Roy, fut dit bien jugié, etc., et furent relevéz les juréz de despens et pour cause, le XIIII jour d'avril mil CCCLXXVII avant Pasques.

(Bibl. nat. lat. 12811, f° IIII^{xx}XVII v°.)

LIX

Charles VI adoucit la condamnation prononcée contre un marchand pelletier pour avoir vendu des ventres d'écureuil et de menu vair mêlés avec des fourrures de rais.

25 juin 1399.

Charles par la grace de Dieu roy de France, savoir faisons...... à nous avoir esté exposé de la partie de Pierre du Four, marchant peletier demourant à Paris que, comme led. exposant eust acheté à une foire du Lendit plusieurs peleteries, lesquelles il fist amener... en son hostel à Paris, dont entre les autres y en avoit deux[1] pennes de rays contenans environ cincq cens ventres, lesquelles furent vendues par un de ses varlès à Guillaume Poitevin, fourreur en l'absence et sanz le sceu dud. exposant qui, par ce qu'il ne les avoit vendues, desploiées ne visitées, cuidoit que elles feussent bonnes et marchandes quant il les achata aud. Lendit, toutesvoies led. fourreur, lequel avecques autres fourreurs de Paris led. exposant presume estre ses hayneux pour cause de certain plait... pendant ou Chastellet... entre les marchans pelletiers de nostre ville de Paris d'une part et les fourreurs de nostred. ville d'autre sur ce que lesd. fourreurs par les ordonnances et statuz dud. mestier ne doivent point estre marchans vendeurs et fourreurs ensemble, mais se doivent tenir à l'un desd. mestiers pour les fraudes qu'ils y pourroient commettre...... quant il ot emportées en son hostel lesd. pennes de rays, [trouva?] aucuns ventres d'escureux et de menus vairs meslés avecques lesd. rays

---

1. *Il y a dans le registre :* en y avoit.

et les porta incontinent par devers nostre procureur en nostre Chastellet..... lequel manda led. exposant et fist par serement visiter lesd. pennes par lui comme juré dud. mestier et par Estienne Joseph juré aussi dud. mestier et Pierre du Nou, jadis gendre dud. exposant qui raporterent par leur serement que lesd. deux pennes de rays estoient bonnes et marchandes et n'y congnoissoient aucuns ventres autres que de rays, excepté un de menu vair qui valoit autant comme un ventre de rays, et depuis led. fourreur, en monstrant la grant affection qu'il avoit de grever led. exposant, aporta de rechef en nostre cour de Parlement lesd. pennes où elles ont esté visitées par serement par lesd. Pierre du Four, Estienne Joseph comme juréz et Pierre du Nou qui raporterent en nostred. Parlement par leurs seremens, ainsi que par avant avoient raporté en nostre d. Chastellet...... et tant a esté sur ce procedé qu'il a esté dit par arrest de nostre Parlement que lesd. pennes seront descousues publiquement et en lieu haut devant l'ostel dud. exposant et sera dit que c'est pour ce qu'il y a autres pennes ou pelleterie meslé avec lesd. rays .... et a esté privé led. exposant d'estre juré desoremaiz du mestier de pelleterie et condempné en amende de LX liv. p. et lesd. Estienne et Pierre du Nou chascun en vint liv. par. et pour ce que, se lesd. deux pennes estoient ainsi descousues publiquement devant led. hostel dud. exposant,....... ce seroit vergoingne perpetuelle à lui qui tous les temps de sa vie a esté reputé bon et loyal marchant................ pourquoy nous, eue consideracion es choses dessusd., aud. suppliant... avons quitté....... le fait dessusd........ l'avons restitué...... à sa bonne renommée et l'avons rehabilité à povoir estre juré de lad. marchandise de peleterie..... quant le cas y escherra,......... parmi toutesvoies paiant lad. amende de LX liv. p. à nostre trésor..... et aussi la somme de cent livres tourn. à l'ostel Dieu de Paris..... Donné à Paris le XXV° jour de juing 1399.

(Reg. du Parlement X^{ia} 46, f° 78 v°.)

LX

Condamnation d'un corroyeur de cuir qui se mêlait de tanner, au lieu de se renfermer dans son métier.

10 mai 1407.

Pour ce que au jour dui Perrin le Plastrier, present le procureur du Roy qui contendoit contre lui afin d'amende pour ce que lui qui est conroieur de cuirs s'entremetoit de tenner cuirs, encore de mauvaiz tan, comme de couldre, qui est deffendu par les ordonnances, a confessé en jugement que il ne peut estre tenneur et conroieur ensemble et qu'il vouloit tenner troiz peaulx de veel de tan de couldre, nous l'avons condamné en X s. t. d'amende... et si lui avons deffendu le d. mestier de plus tenir .... et... avons ordonné que lesd. troiz peaulx lui seront restitués, parmi ce que elles seront vendus à gayniers et non autres.

10 mai 1407.
(Reg. d'aud. du Chât. Y 5226.)

LXI

Accord entre les fermiers du poids-le-roi et les marchands parisiens homologué par le Parlement.

Juillet 1322.

Charles...... Nous faisons assavoir à touz que dou descort ci après contenu entre les parties ci dessous nommées les dites parties furent à accort et le baillerent en nostre Parlement en la maniere qui s'ensuit. Ce sont les poins des quiex accors est faiz pour appaisier le contens qui pour cause du pois entre les tenens le pois que l'en dit le poys le Roy et les marchans bourgois de Paris usanz du pois en la dite ville. Primierement il est accordé que touz marcheanz de pois qui sont et seront demeuranz à Paris, pour tant que il soient à present et ou temps avenir bourgois de Paris et tenuz pour borgois, puissent de ci en avant à touz jours mais, perpetuelment peser leurs marchandises, que il acheteront les uns aus autres et que il vendront en leur hostieux à quelconques personnes privées ou estranges en leurs hostieux à leur pois, consentens à ce leurs marcheanz, et, où il ne seroient d'acort, les denrées soient portées et pesées au pois dessus dit. *Item* que toutes les denrées que il acheteront ou feront achater hors de Paris et hors de metes de Paris et de la banlieue, comme en Champaigne, en Flandres, à Monpellier et ailleurs..., il les puissent faire venir à Paris en leur hostieux... et vendre et peser les en leurs hostieux à toutes manieres de genz en la maniere dessus dite. *Item* toutes foiz que les diz marcheanz bourgois de Paris acheteront denrées qui se vendent à pois de marcheans estranges en la ville de Paris et dedenz la banlieue qui ne seront bourgois comme euls de la dite ville, que icelles denrées soient pesées au pois dessus dit une foiz, et après, quant il seront en leurs hostieux, se peseront en la maniere que dessus est dit, et se il avenoit que les achateurs vousissent recevoir des vendeurs des denrées que il acheteront par le pois dont elles vendront avalué à celui de Paris, ce que il avient aucunes foiz, ou que les vendeurs feussent à accort que les acheteurs les passasent à leur pois, que par paiant de ce le droit du pois faire le peussent, et de ce soient les marchanz par leurs seremens, et pour ce que grant grief seroit de porter au pois au dessouz de vint et quatre livres, il sera fait en la maniere que il a esté acoustumé ou cas où le vendeur et acheteur si assentiroient.... *Item* que les pois soient ygaus, se il ne le sont et pesera l'en les marcheandises au pois qui est appellé le pois le Roy par mi langue, comme dessus est dit. *Item* que toutes foys et quantes foiz que esconvendra ordener, mettre ou changier peseurs ou dit pois, que les tenenz iceli, appelé aveques euls quatre ou sis des plus souffisans marcheanz, les y metront les plus proudes hommes et les plus seuffisans que il pourront et qui sachent maniere de peser, et aura au dit pois un clerc sage et souffisant, qui escrira par journées tout ce qui au dit pois sera pesé et retendra et escrira en son registre ce que les avoirs peseront, et qui vendra et qui achatera, si comme l'en fait en Champaigne et en plusieurs autres lieus, pour ce que les descors qui aucunes foiz naiscent entre les marcheanz puissent estre appaisiéz par le dit reguistre.... *Item* que toutes les fois que les dis marcheanz feront à ajouster, il yront au prevost de Paris ou à son lieuxtenant, qui les fera en sa presence par la main le Roy ajouster au patron du pois que le prevost de Paris garde ou Chastellet de par nous.... Et ce ont il accordé... et nostre Cour, pour appaisier le content dessus dit et pour le commun proufit, a reçeu cest accort.... En tesmoing de la quele chose, nous avons fait mettre nostre seel en ces presentes lettres données à Paris en nostre Court l'an de grâce mil trois cenz vint et deus, ou mois de julet.

(Trésor des Chartes, reg. 61, pièce XI^{xx}IIII.)

INDEX ALPHABÉTIQUE DES MATIÈRES

CONTENANT

UN GLOSSAIRE

DES ADDITIONS ET DES CORRECTIONS

Aboivrement, abuvrement, 101 et n. 7. Voy. *Past.*
Abre debout, 157, n. 1. Lanterne à fuseaux d'un moulin.
Abre gesant, 157, note 1. Arbre de couche d'un moulin,
Achevreture, 347. Enchevêtrure, assemblage de deux solives et d'un chevêtre.
Acy (Regnaut d'), avocat du roi au Parlement, 52.
Adam, évêque de Thérouanne, 169.
Afeteeurs de toiles, 7. Apprêteurs de toiles.
Affineurs, affineurs d'argent, 7.
Aguilletiers, 127, n. 2. Voy. Aiguilletiers, Aiguillettes (fabricants d').
Aguillieres, aguilliers, 7. Fabricants d'aiguilles.
Aguilliers, 383. Etuis à aiguilles.
Aigle (maison de l'), rue Baudoyer, 76.
Aignelins, 340, art. 6. Toisons d'agneaux.
Aiguillettes (fabricants d'), 7. Voy. *Aguilletiers,* Aiguillettiers.

Aiguillettiers, 244. *Faiseurs d'aiguillettes.* Voy. *Aguilletiers,* Aiguillettes (fabricants d').
Aisances, aisemens, 356. Lieux d'aisances.
Alegouere, 157, n. 1. Pièce d'un moulin à eau.
Alençon. Voy. Cordouan.
Allemagne. Voy. Apprentissage, Maîtrise.
Allouéz, 95, n. 1. Apprentis liés à leur maître par un contrat et initiés à tous les secrets du métier, par opposition à ceux qui n'étaient que des manœuvres. Cf. Du Cange, *Allocatus,* 3. Leroy, 50. *Livre des mét.*
Ameçonneeurs, 7. Fabricants d'hameçons.
Amiens, 43, n. 1; 84, n. 2; — (échevinage d'), 119. Voy. Boulangers et Pâtissiers.
Ampollieeurs, 7. Ouvriers qui tendaient le drap sur la poulie.
Ampoulieurs, 7, 8. Voy. *Ampolieeurs.*

Aneliers, 8. Fabricants d'anneaux. Voy. *Anneliers*.

Angleterre. Voy. Apprentissage.

Angoisselles. Voy. Anguisciola.

Anguisciola, 116, n. 1.

Anille, 157, n. 1. Annille de moulin.

Anjou (duc d'), 190, n. 1.

Anneliers de laiton, 299. Fabricants de bagues en laiton. Voy. *Aneliers*.

Apesté, 374. Probabl. pour *apresté*.

Apothicaires, 49.

Appareilleurs, 8. Maîtres ouvriers qui tracent la coupe des pierres. C'est à eux que se rapportent les chiffres 2 et 3 *placés trop haut dans les deux colonnes*.

Appremont (M⁰ Giles d'), maître du collége de Dormans, 348.

Apprentis, 341, art. 24, 25 ; 342, art. 35, 36, 37, 38 ; 382.

Apprentissage, 303, 335, 337, 374, 381. Son caractère, 55-56. *Conditions du contrat*, 56-64. *Obligations des parties*, 64-71. *Causes de résiliation du contrat*, 71-74. *Apprentissage en Allemagne*, 57, n. 1, n. 3 ; 70, n. 7. *En Angleterre*, 64, n. 1 ; 72 n. 4.

Arbalestiers, 8. Fabricants d'arbalètes.

Arbre-Sec (rue de l'), 170.

Archal (batteurs d'), 8.

Archalieres, 8. Ouvrières qui faisaient le fil d'archal.

Archers, Archiers, 8, 21, 48. Fabricants d'arcs, d'arbalètes, de traits et de flèches.

Archeure, 157, n. 1. Archure d'un moulin.

Archieres, 356. Fenêtres étroites et longues comme des meurtrières.

Arçonneurs, 8. Arçonneurs, ouvriers qui arçonnaient la laine.

Arcyes (M⁰ Jehan d'), 95, n. 1.

Argent (batteurs d'), 8.

Argent filé de Lucques, 383.

Argent filé de Paris, 383.

Argent pel, 383. Argent filé.

Argenteeurs, 8. Argenteurs.

Arles, 43, n. 1.

Armurerie, 6.

Armuriers, 8, 95, n. 1 ; 120.

Arrhes, 41.

Artisans *libres*, 3 ; — *attachés au service du roi et des seigneurs*, 49.

Artois, 117, n. 3.

Artois (hôtel d'), 170.

Assonniés, 309. Achevés, parfaits.

Atacheeurs, 8. Faiseurs de petits clous pour fixer les boucles, les mordants des ceintures, etc.

Atachiers, Attachiers, 21. Voy. *Atacheeurs*.

Ateliers, 107, 109-110.

Aubalestriers, 157, n. 1. Membres d'un moulin à eau.

Aubaltriers. Voy. *Aubalestriers*.

Auber, 79, n. 3. Aubier.

Aubier, 149, n. 2.

Aubriot (Hugues), prévôt de Paris, 54 n. 2.

Auges, 46.

Auges (fabricants d'), 99, n. 1.

Auget, 157, n. 1. *Extrémité de la trémie d'un moulin.*

Augustins (couvent des), *à Paris. Travaux qui y sont exécutés*, 359-365.

Aumônières, 6.

Aumonieres (faiseuses d'). Aumônières sarrasinoises (faiseuses d'), 8.

Aumucieres. Voy. *Aumuciers*.

Aumuciers, 8. Faiseurs d'aumusses.

Aumussier-chapelier, 61.

Aumussiers, 56, n. 5.

Aunage du drap, 371.

Auquetonniers, 8. Faiseurs de hoquetons.

Autriche (Robert d'), garde de la voirie 298.

Auves, 157, n. 1. Aubes de moulin.

Avaloire, 95 n. 1. *Piéce de harnais sur laquelle s'appuie le limonier pour retenir la charge. C'est à tort que nous n'avons pas fait précéder ce mot d'une virgule.*

Avoirs-de-poids (marchands d'), 102.

Azur (qui font), 8. *Fabricants de bleu azur.*

Baatiers, 8. Fabricants de bâts. Voy. *Bastiers*.
Bachelers, 95 n. 1. Bacheliers, ouvriers.
Bahuiers, 8. Fabricants de bahuts.
Bahuriers. Voy. *Bahuiers*.
Balanciers, 8. Fabricants de balances.
Bannissement, 173.
Barbete (Etienne), 51, 101, n. 7.
Barbier du roi, 133, 141-142, 145, 149, 322, 323-324.
Barbiers, 28, 48, 131, n. 1; 141, 142, n. 1, n. 2; 144, 145, 185, 323-324; — (maître des), 141.
Barilliers, 8, 48. Fabricants de barils en bois de prix.
Barres (moulins des), 162.
Barres (rue des), 162.
Basane, 333.
Basaniers, 134, 135, 144. Cordonniers de basane. Cf. *Bazaniers*.
Bastiers. Voy. *Baatiers*.
Bateliers, 49.
Bates, 381. Chatons.
Batiere, 95, n. 1. Battes d'une selle. Voy. *Selle à bastière*.
Bâtiment. *Prix des matériaux et de la main-d'œuvre*, 359-365.
Bâtonnier des confréries, 37.
Batteurs en grange, 80, n. 5.
Batteurs d'or, 44.
Baudaar (porte), 76, n. 2. Voy. Baudoyer (porte).
Baudoyer (porte), 25,45, 175, n. 2. Voy. *Baudaar (porte)*.
Baudoyer (rue), 76.
Baudraieres, 8. Voy. *Baudraiers*.
Baudraiers, 8 ; — (vallets) 9. Voy. *Baudroiers*, *Baudroyers*, baudroyeurs.
Baudroiers, 135, n. 5. Voy. *Baudraiers*, *Baudroiers*. Baudroyeurs.
Baudroyers, 82 n. 1. Voy. *Baudraiers*, *Baudroiers*, Baudroyeurs.
Baudroyeurs, 4, 59, n. 1; 60, 65, 97, n. 1 ; 116, 142, 143, n. 1. *Corroyeurs de cuir pour ceintures et semelles de souliers*.
Bavière (Isabelle de), 376.

Bazaniers (vallets), 9, Voy. *Basaniers*.
Beaumanoir, 114-115, 118.
Beauvais (collége de), 347.
Beauvais, 43 n. 1. Voy. Poissonnerie.
Berry (duc de), 166, 190, n. 1. Sa maison, 181, 182, 188, n. 2.
Besançon (archevêque de), 129, n. 2.
Besicles, 6.
Bestiaux. *Nombre de ceux qui étaient consommés à Paris*, 182-183. *Conditions de l'approvisionnement*, 184. *Citons deux pièces qui constatent l'obligation pour les marchands de bestiaux de vendre au marché* :

« Pour ce que Yvon Colledit a aujourdui confessé que le II° jour de ce present moys de novembre que lui qui amenoit LXII beufs du pays de Bretaigne en la ville de Paris pour yceulx vendre au marchié de Paris, avoit fait metre, tenir et descendre lui et sesdiz beufs en la ville de Roquencourt en l'ostel Perrin de Hoquencourt et que le lendemain n'en avoit amené ou fait amener au marchié de Paris que XVIII pour vendre, desquelz l'on n'avoit vendu que deux seulement, et le residu remené au dit lieu de Hoquencourt en l'erbage dudit lieu ; et le samedi ensuivant n'en avoit autres amené oudit marchié que XII beufs seulement qui furent vendus, delaissant d'iceulx beufs, XXXII audit herbage, qui ne furent point amenéz oudit marchié, en venant contre les ordonnances, etc. Nous, en sa presence et en la presence de Pierre de Ronchan, escuier, affermant XLII d'iceulx beufs estre siens, avons dit et déclaré, disons et declarons yceulx beufs estre forfaiz et acquis au Roy.

Item pareillement avons dit et declaré LX beufs amenéz led. jour audit lieu de Roquencourt par Guillaume Andri et Yvon de la Pierre Vert, marchans de Bretaigne, qui ne furent amenéz oudit marchié jusques au samedi ensuivant en venant contre les ordonnances etc. estre confisqués et acquis au Roy.

Item pareillement avons declaré autres XXXVIII bœufs appartenans audit de la Pierre Vert latitéz et musséz, au moins receléz audit lieu de Roquencourt depuis ledit samedi sixiesme jour de ce present moys jusques au mercredi ensuivant, senz les amener oudit marchié, contre lesdites ordonnances, si comme il l'a confessé, estre fourfaiz et acquis au Roy par nostre sentence, etc. Fait sur les quarreaux, present le procureur du Roy d'une part et lesdiz marchans d'autre. » 17 novembre 1395. Reg. d'aud. du Chât. (Y 5220, f° 65).

Bestiaux (courtiers de), 183. *Les faits suivants ont trait à un courtier marron. Le 21 mars 1396 (n. s.), le prévôt de Paris défend à Perrot Blondeau, soi-disant vendeur de bétail à pied fourché, de faire le courtage jusqu'à ce qu'il ait fourni caution et produit sa licence de courtier.* Reg. d'aud. du Chât. Y 5220, f° 161. Led. *Blondeau ayant enfreint cette défense est emprisonné au Châtelet, d'où il est élargi provisoirement, sous caution, le 27 mars 1396 (n. s.).* Ibid. f° 165 v°. *Il était aussi détenu au Châtelet à la requête d'un marchand forain de bétail; le même jour, il obtient aussi de ce chef sa liberté provisoire moyennant caution bourgeoise.* Ibid.

Béthune, 117, n. 3.
Bezon, lieutenant du prévôt de Paris, 123, n. 2.
Bichart (moulin de Jean), 163.
Bienvenue (droit de), *payé par ouvrier en entrant dans un atelier*, 78.
Bière (fabrication de la), 9, n. 3, 156.
Bièvre (la), *rivière*, 44, n. 1; 164, 165; — (moulins de la), 164, 165.
Biffe, 20. Etoffe.
Bijouterie, 20.

Bijoux en verre (fabricants de), 49.
Billonneurs, 22, 306, 307. *C'étaient ceux qui achetaient les espèces de mauvais aloi.*
Blancs-Manteaux (rue des), 21.
Blazenniers, 9. Ouvriers qui recouvraient de cuir les selles et écus. Cf. *Blazoniers.*
Blazoniers. Voy. *Blazenniers.*
Blé, 158. *Son prix*, 155. *Son rendement*, 176, 177, 178.
Blé (marchands de), 155.
Blochardeaux, 157, n. 1. Membres d'un moulin à eau.
Blutage de la farine, 172.
Bluteurs (garçons), 173.
Bobigni (moulin de Pierre de), 163.
Boces, 306. Vases à mettre le vin.
Bocetiers, 9. Fabricants de *boces.*
Bœuf (dépeçage du), 187-188; — (consommation du), 182. Langue et mâchoires, 188. Plats de joue, poitrine, talon de collier, 187, 188.
Boileau (Etienne), 5, 17, n. 2 ; 33, 72, n. 5 ; 93, 96, 99, 122, n. 1 ; 124, n. 7 ; 134, 136, 137, 143.
Boisseau de grain. *Sa valeur*, 158.
Boisseliers, 9.
Boîtiers, 9. Serruriers pour boîtes et meubles.
Bonnet, 49. Nom d'une étoffe.
Bonnets, 6.
Bons-Hommes du bois de Vincennes. Voy. Grammont (religieux de).
Boschet (qui font ou vendent), 9. Le boschet était une boisson composée d'eau, de sucre et de cannelle.
Bouc (chair de), 185.
Boucher du duc d'Anjou, 190, n. 1.
Boucher du roi, 189, 190; — de la reine, 190, n. 1.
Bouchère (moulin d'Alix la), 163.
Boucherie, 181-190.
Boucherie (rue de la), 23.
Boucheries, 22-25, 181-182. Boucherie de l'évêque de Paris, 25 ; — du Grand-Châtelet, 23, 162, 163 ; — du Parvis, 25, n. 3 ; —du Petit-Pont,

25; — de la porte de Paris, 23; — de Saint-Éloi, 182, 279; — de Saint-Germain-des-Prés, 23-24, 103, 279, 182; — Saint-Jacques, 23; — Saint-Marcel, 25; — de Saint-Martin-des-Champs, 25, 279; — de Saint-Médard, 148, n. 4 (on trouvera le règlement qui la concerne au n. 32 et non au n. 27 de l'appendice); — de Sainte-Geneviève, 23, 103, n. 4; 185, n. 4; — du Temple, 24-25, 182.

Philippe VI mande au prévôt de P., le 4 janvier 1347 (n. s.), de vider au possessoire le débat qui s'était élevé entre l'abbaye de Sainte-Geneviève, d'une part, et les jurés de la Grande-Boucherie et le procureur du Roi au Châtelet de l'autre, sur la police et la justice de la boucherie de Sainte-Geneviève. Les bouchers de la Grande-Boucherie se prétendaient en possession d'exercer cette police et juridiction sur les bouchers et tripiers. Arch. nat. L 886.

Bouchers, 9, 184-190; — du Châtelet, 24; — de la Grande-Boucherie, 3, 4, 5, 27, 29-30, 54, n. 2; 101, 104, 131, 186; — de la Grande-Boucherie (confrérie des), 34, 36, 287, append. n° 9; — de Poissy, 105, n. 3; — de Saint-Médard, 345; — de Sainte-Geneviève, 56, 101, 102, 107, 148, n. 4; — (Maître des), 101, 131-132; — (vallets), 9.

En 1361, les bouchers de Sainte-Geneviève étaient: Guillaume de Morille, Jean Haudebran, Denis Doré, Jacques Aloel, Robert de Pacy, Jean de Plotiau, Guill. Alongé, Laurent Chagré, Guill. Alongé, Milon de Mariée (?), Jean Garnier. En 1381, il n'y en avait guère plus de treize. C'étaient: Thibaut d'Auvergne, Jean Blondel, Gueret aux Deux-Epées, Robin Laurilleux, Thomas Legois, Denisot aux Deux-Epées, Jean aux Deux-Epées, Richard Guérin, Pierre Edeline, Thomas Dufriche, Guill. Allongé, Adam de Chevreuse, Renaut Evrart. Arch. nat. L 886.

Bouchieres, 9. Bouchères.
Bouchiers, 80, n. 5. Voy. Bouchers.
Boucles (fabricants de), 123, 175, n. 2; — de fer (fabricants de), 62.
Bouclieres, 9. Femmes de boucliers.
Boucliers, 9; — d'archal, 9; — d'archal et de cuivre, 32; — de fer, 31, 64. Fabricants de boucles. Cf. ce mot.
Boucliers (fabricants de), 102; — (qui font), 9.
Boudin, 9.

« En la presence du procureur du Roy nostre sire et de procureur des juréz charcuitiers de la ville de Paris, à la requeste desquels Jehan de Chauny, Jehan Bocquet, Jehannet Dart, Durande La Legerotte, Perrette La Feronne, Jehannette Dupont, Alipson Labarbée, Colette Cuisme et Guillaume Dantre, tous faiseurs de boudins, demourans à Paris, avoient et ont esté gagiéz et excecutéz, pour ce que ilz avoient esté trouvéz exposans en vente boudins de sang, qui est contre les ordonnances, sur quoy lesd. procureurs sont en procès, etc.; nous avons ordonne et ordonnons, par provision de justice, que, pendant led. procès, lesd. boudiniers pourront faire boudins de sang de porc, pourveu que ilz seront tenus de prendre le sang à la boucherie de Paris, senz ce que ilz en puissent prendre ailleurs pour faire leurs boudins que à lad. boucherie, et que à prendre led. sang sera presente certaine personne qui à ce sera commise par les maistres des bouchers. » Samedi, 23 novembre 1409. Arch nat. Y 5227.

Boudinieres, 9. Voy. Boudiniers
Boudiniers, 9. Marchands de boudins.
Bougies. Voy. Chandelles de cire.
Bouillon de gîte et de plats de joue, 188.
Boulangerie, 6, 121, n. 1; 152, 165-180.

Boulangers, 9, 28, 31, 100, 102, 136, 137, 138, 139, 143, 155, 156, 157, 158, 165-180, 325-330; — forains, 156, 178-180; — haubaniers, 112 ; — d'Amiens, 36; — de Londres, 103, n. 2; 173, n. 6; — de Montmorency, 179; — de Notre-Dame-des-Champs, 173, n. 2 ; — de Pontoise, 101, n. 7; — de Saint-Marcel, 324; — (maître des), 102, 103, 331-332. Cf. *Boulengiers, Talemeliers.*

Boule (Jean), tailleur de diamant, 305-306.

Boulengiers, 80, n. 5.

Bourbon (duc de), chambrier de France, 134, n. 1, n. 5. Son hôtel 22. Sa maison, 182.

Bourg-Thibout (rue du), 21.

Bourgogne, 115, n. 2.

Bourgogne (duc de), grand chambrier, 135. Son boucher, 190, n. 1. Sa maison, 182.

Bourrelets de fleurs, 107 ; — papillotés d'or, *ibid.*

Bourreliers, 9, n. 1 ; 95, n. 1 ; 123, n. 3 ; 134; — (vallets), 9.

Bourses, 318 ; — en lièvre et en chevrotin, 9, n. 2.

Boursieres, 9; — de soie, 317. Voy. Boursiers.

Boursiers, 4, 9, 116, 142, 143, n. 1 ; 389-390 ; — leur confrérie, 34, 36 ; — (vallets), 9 ; — de soie, 9. — Teinturiers de la terre de Saint-Germain des Prés, 149, n. 2. Cf. Boursieres.

Boutiques, 107, 108, 109-110.

Boutoniers, 79, n. 3. Boutonniers, 9. Fabricants de boutons et de dés à coudre.

Boutonnieres, 9. Voy. *Boutoniers.*

Braaliers, 9. Faiseurs de braies en fil.

Braiers de fil, 97, n. 1. Voy. *Braaliers.*

Braies (fabricants de), 49, 60.

Braoliers, Voy. *Braaliers.*

Brasseurs, 9. Cf. *Cervoisiers.*

Braz, 157, n. 1. Membres d'un moulin à eau.

Brésil, 366 ; — (*qui battent le*), 9. Ouvriers qui préparent la teinture de brésil.

Bretagne, 34.

Brichet, 188. *Poitrine de mouton.*

Brodeeurs, 9, 10. Voy. Brodeurs.

Broderesses, 9, 10. Voy. *Brodeeurs.*

Broderie, 376-377.

Brodeurs, *broudeurs*, 62, 79, 95, n. 1, 99; — (ouvriers), 92, n. 5; — de soie, 49; — et brodeuses, 64.

Brouderesse, 95, n. 1. Voy. Brodeurs.

Brunissarre, 308. Brunisseuse.

Brunisseurs, 10.

Buée, 374. Lessive.

Buffetiers, 49. Taverniers.

Buisson (moulin de Simon du), 16 .

Burgondes. *Dépouillent les Gallo-Romains*, 1, note.

Cages (qui font) 10.

Calendreeurs, 10; *calendreurs*, 49. Calandreurs d'étoffes.

Camaieu de voirre, 305. Morceau de verre travaillé de façon à imiter un camée.

Cameline, 188. Sauce.

Carcassonne, 185, n. 2.

Cardes (fabricants de), 314-315.

Cardeurs de laine, 344. — (confrérie des), 34, et append., n° 6 ; 85, n. 5 ; 284; — du bourg Saint-Marcel, 344.

Carreaux de fer (fabricants de), 10.

Carriers, 10. *Carriers.*

Castille (Blanche de), 45, 53.

Catissage du drap, 366, 367, 369, 370.

Caution *fournie par le nouveau maître*, 101-102.

Cavetieres, 10. Voy. *Cavetiers.*

Cavetiers, 10 ; — (vallets), 10. Savetiers.

Cavetonniers, 10. Faisaient des souliers de basane.

Ceintures, 6.

Ceinturiers, 134.

Celle-Saint-Cloud (La), 170.

Celliers. Voy. Selliers.

Cendal, 285. Etoffe de soie.
Cerceaux (plieurs de), 10. Cerclaient les tonneaux.
Cerceliers, 10. Pliaient les cercles pour tonneaux.
Cerenceresses, 10. Ouvrières qui sérançaient le lin et le chanvre.
Cernes. Voy. *Sernes*.
Cervoisieres, 10. Voy. *cervoisiers*.
Cervoisiers, 10. Brasseurs. Voy. Brasseurs.
Chambellan du roi. Ses droits sur les métiers, 10, n. 2; 133, 134, 136.
Chambre des comptes, 48, 179.
Chambrier de France, 144, 317, 318.
Champagne (maréchal de), 52.
Champeaux, 145, 168.
Champs (moulins de Jean des), 162, 163.
Chandeles de bougie (qui font), 10; — de cire, 10, n. 2.
Chandelieres, 10. Marchandes de chandelles; — de cire, 10. Marchandes de bougies.
Chandeliers, 10, 189; — de cire, 10; — de suif, 28, 67, 100, n. 1; — (vallets), 10.
Change (commerce du) à Paris, 22, n. 2; 160, n. 2; — à Rouen, 22, n. 3.
Changeurs, 22, 45, 47.
Chanteraine (moulin de), 161.
Chapeaux en bonnet (fabricants de), 49. Voy. *Bonnet*.
Chapeaux de marjolaine, 107.
Chapelets de corail et de coquilles, 17.
Chapelier du roi, 107.
Chapelieres, 10; — d'orfroi, 11, n. 1; — de perles, 10; — de soie, 11.
Chapeliers, 11, 81, 107; — de coton, 80; — de feutre, 11, 64, 131, n. 2; — (vallets), 11; — de fleurs, 11, n. 1; — mitainiers, 86, n. 3; 95, n. 1; — de paon 11, n. 1; 48, 116; — de perles, 11.
Chapelles, 351. Partie d'une cheminée.

Chaperonniers, 11. Faiseurs de chaperons.
Chapiau, 347. Chapeau, pièce de bois posée horizontalement sur les potilles dans un moulin à eau.
Chapiaux sur bissette, 383.
Chappelet d'or, 95, n. 1. Cordon, galon auquel pendent des franges.
Chapuiseresses de selles, 11. Fabricantes de chapuis de selles.
Chapuiseur (apprenti), 94.
Chapuiseurs, 8, 11, 66; — de bâts 11; — de selles, 57. — (Vallets), 11.
Charcutiers, 185.
Chardonneréz, 149, n. 2. Gros membres d'une porte.
Charenton près Paris, 350.
Charier, 336.
Charité (moulin de Hugues), 163.
Charles dauphin, régent en l'absence de son père. Voy. Charles V.
Charles V, 46, 48, 53, 104, 156, 279, 283, 294, 387. *Fait de la fabrication de la bière un monopole*, 9, n. 3. *Autorise la création de la boucherie de Saint-Éloi*, 25, et append. n. 1. *Ses mesures relativement à la police de la boulangerie*, 138-139. *Confirme les priviléges des barbiers*, 141. *Confère au prévôt de Paris la police exclusive des métiers*, 147. *Renouvelle les prescriptions relatives au boucher pourvoyeur de l'hôtel royal*, 190.
Charles VI, 53, 105, 154, 286, 287, 391. *Confisque la Grande-Boucherie, puis s'en dessaisit*, 54. *Confirme les prérogatives de la maréchaussée de France*, 140. *Mesures prises par lui concernant les courtiers de bestiaux*, 183.
Charles le Bel, 105. *Son ordonnance sur la vente des grains dans les marchés*, 154-155.
Charles le Chauve, 159.
Charles Martel, 48.
Charpente (ouvriers en), 140, 143, 146. Voy. Charpentiers.
Charpenterie (bachelers ou varlés du mestier de), 95, n. 1.

FAGNIEZ, *Études sur l'Industrie*. 26

Charpentier du roi. *Sa juridiction abolie*, 146.
Charpentier juré du chapitre de Notre-Dame, 346 ; — de la commanderie du Temple, 356.
Charpentieres, 11.
Charpentiers, 11, 70, 81, n. 1 ; 94 ; — jurés, 160, n. 2 ; — jurés de l'abbaye de Saint-Magloire, 357 ; — jurés de la ville de Paris, 352-354 ; — de maisons, 11 ; — de *nés*, 11 (charpentiers de bateaux) ; — (maître des), 143, 331.
Charrons, 11 ; — (vallets), 11.
Chartre (moulin de Guillaume de la), 163.
Chartres (M° Jacques de), 350, 351, 354.
Chasubliers, 11 ; 49.
Châtelet, 45, 48, 102, 124, 126, 127, n. 3 ; 128, 137, 141, 147, 148. *Les juridictions des officiers de la maison du roi y ressortissent*, 142.— (Examinateur du), 124 ; — (guetteur du), 84 ; — (huissier audiencier du), 124 ; — (prisonniers du), 31, 38, 124 ; — (registre du), 138 ; — (sceau du), 63, 146 ; — (sergents du), 117, 124, 125, 129, 130, 141, 148. Voy. Bouchers, boucheries, notaires, procureur du roi.
Chats (place aux), 45.
Chauche (la grant), 157, n. 1. Membre d'un moulin à eau.
Chauciers, 11 ; — (vallets), 11. Chaussetiers.
Chauçon (moulins de Louis), 163.
Chaudronniers, 11, 99.
Chauffecire (famille des), 142-143.
Chaumeeurs, 11. Couvreurs en chaume. Voy. *Chaumiers*.
Chaumeresses, 11. Voy. *Chaumeeurs*.
Chaussetiers, 120.
Cheennes de ligne, 340, art. 11.
Chaînes de l'étoffe. Nous ignorons le sens du mot *ligne*.
Chef-d'œuvre, 66, n. 3 ; 93, 94-95
Chelles (habitants de), 184, n. 2.
Cheneseuilz, 157, n. 1. Membres d'un moulin à eau.

Chevalier du guet, 44.
Chevaliers, 198. *Pièces de charpente*.
Chever, 348, 349. Creuser.
Chèvre (chair de), 185.
Chevre (Thomas de la), lieutenant du prévôt de Paris, 299.
Chevrier (Guy), chevalier et conseiller du roi, 310.
Chilly-Mazarin (Seine - et - Oise, ar. Corbeil, cant. Longjumeau), 176.
Chômage, 106, 117-118, 127, n. 1 ; 338, art. 38 ; 340, art. 16 ; 374.
Cimentières, 22, n. 6. Cimetières.
Ciriers, 11 ; — (vallets), 11. Fabricants de bougies.
Clos-Bruneau, 145.
Clotet (moulin de Marguerite du), 163.
Clous dont les pointes sont soudées d'étain, 95, n. 1, *in fine*.
Cloutiers, 11, 79, 85.
Clovis, chef franc, 1.
Coalitions, 106, 118-119 ; — d'ouvriers, 76, n. 3.
Coffres à sommier, 95, n. 1. Malles en cuir dont on chargeait les bêtes de somme.
Coffretiers, 95, n. 1. Voy. Maletiers.
Coffrieres, 11. Voy. *Coffriers*.
Coffriers, 11 ; — *bahuiers*, 11, Voy. *Coffretiers*.
Coiffes de laine (faiseurs de), 11.
Coiffières, 11. Voy. *Coiffiers*.
Coiffiers, 11. Voy. coiffes de laine (faiseurs de).
Coiffure (corporations travaillant pour la), 11, n. 1.
Coipeaux, 15.
Collegia opificum, leurs rapports avec les corps de métiers, 3-4.
Collier, 187, 188. *Terme de boucherie*.
Colliers, 6.
Commendaige, 82, n. 2. Travail sur commande, à forfait, à façon.
Commerce (livres de), 117.
Commerce fluvial, 43.
Communauté entre époux, 114.

Communes. *Rapport entre leur formation et celle des corps de métiers*, 3.
Compagnonnage, 93.
Compaignies, 114. Sociétés.
Compiègne. Voy. Foires.
Complies *marquaient la fin de la journée de travail*, 82.
Confrérie. *Sens de ce mot dans le Livre des métiers*, 33. Confréries, 31-42, 33, n. 2 ; 52, 54 ;—*prohibées*, 281, 282, 292, 293 ;—*d'ouvriers*, 92. Voy. Bouchers de la Grande-Boucherie, Boulangers d'Amiens, Cardeurs de laine, Cordonniers de cordouan, Drapiers, Foulons, Halles (marchands et marchandes des), Marchands de l'eau, Notre-Dame, Notre-Dame-du-Blanc-Mesnil, Orfévres, *Oubliers*, Pelletiers, Pourpointiers, Saint-Blaise, Saint-Brieuc, SS. Crépin et Crépinien, Saint-Denis, Saint-Eloi, Saint-Jacques, Saint-Léonard, Saint-Louis, Saint-Paul, Saint-Sépulcre, Sainte-Anne et Saint-Marcel, Sainte-Véronique, Savetiers, Tailleurs de Paris, Tailleurs de Soissons, Tailleurs de robes.
Congé d'acquit des ouvriers, 78.
Connétable de France, 136.
Conreeurs, 11 ; — de basane, 11 ; — de cordouan 11 ; — de cuir, 11, 92, n. 4 ;—de peaux, 11. Corroyeurs.
Constructions. *Hauteur qu'on peut leur donner*, 357.
Contresangliers, 11. Fabricants de contre-sangles.
Copeaux (moulin à eau des), 164 ; — (moulin à vent des), 164, n. 2.
Copistes (industrie des), 6.
Coquilliers, 11. Faiseurs des coiffures appelées coquilles.
Corbeil. Voy. Boulangers.
Corbeilliers, 11. Vanniers.
Corbeliniers, 11. Voy. *Corbeilliers*.
Corbie (moulins de), 157, n. 3.
Cordeliers, 38.
Cordelières de Saint-Marcel, 165.
Cordieres, 11. Voy. Cordiers.
Cordiers, 11, 99 n. 1 ; — (vallets), 12.

Cordoenniers, 80, n. 5. Voy. Cordonniers.
Cordonniers, 12, 31, 45, 135, n. 5 ; — de basane, 97, 99, 135 ; — de cordouan, 93, 97, 99, 111, 134, 135, 136 ; —de cordouan (confrérie des), 283 ; — (compagnons), 12, 35 ; — (confrérie des ouvriers), 34 et append. n° 5 ; — (vallets), 12.
Il était défendu d'employer dans un même ouvrage le cordouan et la basane. « Rapporté par... jurés et garde du mestier des cordonniers de la terre du Temple... que... en faisant la visitacion sur lesdiz cordonniers... ils trouverent en l'ostel de... cordonnier... deux paire de soulers à usage d'omme... dont les seurpiéz sont de cordouan et les collès et quartiers de basanne, qui est contre les ordonnances d'icelluy mestier et pour ce doivent... estre hars... » 10 mars 1412 (n. s.). Arch. nat. Z³ 3762.
Cordouan, 115, n. 2 ; 134 ; — d'Alençon, 111 ; — d'Espagne, 113.
Cordouanieres, 12. Voy. *Cordouaniers*.
Cordouaniers. Voy. Cordonniers.
Corporations. *Leur origine*, 1-5. *Forment des personnes morales*, 26-27. *Leurs revenus*, 27-28. *Leurs dépenses*, 30. *N'avaient pas, en principe, le droit de sceau.* Ibid. *Leur participation au gouvernement municipal*, 43. *Aux fêtes et cérémonies publiques*, 43, 50-51. *Leur rôle politique*, 43, 51-54. *Services rendus par elles en matière d'impôts et de police*, 43-49. *Dissoutes*, 53-54. *Leur caractère fondamental*, 55. *Le nombre des apprentis y est généralement limité*, 55-56. *Leurs archives*, 63, 64. *Soumises à des prestations en nature*, 99, n. 1. *Reçoivent un droit d'entrée du nouveau maitre*, 101. *Propriétaires de terrains et de machines*, 106. *Cherchent à répartir également entre les chefs d'industrie les matières premières*, 110-113. *Pratiquent l'assistance mutuelle*, 119.

Leur juridiction professionnelle, 128, 133. *Droits d'entrée*, 373, 387.

Corroiers, 12, 84, n. 3; 88; —(vallets), 79, n. 3; 82, n. 1. Cf. *Corroyers*, courroies (fabricants de).

Corroyers, 62. Voy. Courroies (fabricants de).

Corroyeurs, 97, n. 1; 123, 127, n. 3; 135, n.5; 392-393; —de cordouan, 49, 59, n. 1; — de robes de vair, 39, 49, 88. Append. n. 12.

Corvoiserie (rue de), à Rouen, 22, n. 3.

Cote fort gamboisiée, 374.
Coton, 374.
Cotonnari (lat.), 368. Doubler de coton.
Coupellation, 308, 309.
Couronnes, 6.
Courraieres, 12. Voy. *Courraiers*.
Courraiers, 12, 95, n. 1; 128, n. 3.
Courroieres, 12. Voy. *Courroiers*.
Courroiers, 12. Voy. *Corroiers*.

Courroies (fabricants de), 31, 51, 101, 175, n. 2; —(maîtres des fabricants de), 133.

Courtepointiers, 49. Voy. *Coutepointiers*.

Courtiers de commerce, 49.

Courtille-Barbette (rue de la), 21.
Coutelieres, 12.
Couteliers, 12, 45, 97, 98, n. 1; 330, 331; — fevres, 12; —de lames, 139, 140.

Coutepointiers, 12. Faiseurs de courtes-pointes. Voy. *Courtepointiers*.

Coutieres, 12. Voy. *Coutiers*.
Coutiers, 12, 56, n. 4. *Faiseurs de couvertures*.

Coutouere (*piece de*) *à lacier de soie vermeille*, 95, n. 1. Cordon, lacet. On en faisait aussi en fil. En 1404 (n. s.), il fut défendu d'en faire en laine. Livre rouge du Chât. f° 210. Cf. Douet d'Arcq, *Comptes de l'argent*, v° *Couttouere*.

Couture (four de la), 170, 171.
Couture-l'Evêque, 145.
Couturieres, 12.
Couturiers, 12, 80, n. 5; — de gants, 12; — de robes, 12; — (vallets), 12.

Couverturiers, 12. Fabricants de couvertures.

Couvre-chefs, 11. Voiles.
Couvreurs, 63, 70.
Crepinieres, 12. Voy. *Crepiniers*.
Crepiniers, 12. *Faisaient des coiffes de femmes, des taies d'oreiller et des pavillons pour couvrir les autels*.

Cristalieres, 12. Voy. *Cristaliers*.
Cristaliers, 12. Lapidaires.
Crochet à tendre les sacs dans un moulin à eau, 157, n. 1.
Croix-Hémon, 144.
Croix-Neuve (La), 170, n. 4.
Croulebarbe (moulin de), 165, 346.
Cuir de vache, 120, n. 3; — importé à Paris, 135, n. 5.
Cuisinieres, 12.
Cuisiniers, 9, 12; — (vallets), 12.
Cuviers (fabricants de), 12.
Damiète, maison de Rouen, 76, n. 3.
Darnetal (halle de), 358.
Déchargeurs (rue des), 183.
Déchargeurs de vin, 49.
Deciers, 12. Fabricants de dés à jouer.
Deeliers, 12. Fabricants de dés à coudre.
Deiciers, 12. Voy. *Deciers*.
Demie, 173. Obole.
Denier à Dieu, 113. Voy. Arrhes.
Denrée, 173-174. Pain d'un denier.
Dépopulation, 294.
Despense, 350. Office, garde-manger.
Deux-Portes (rue aux), 41-42.
Devise, 348. Devis de travaux.
Disette de 1305, 137, 155-156; — de 1316, 173, 175; — de 1390, 156.
Diversité, 290. Humeur querelleuse.
Division du travail, 297, 374, 388-390, 391, 392-393; — dans la boulangerie, 173.

Doreurs, 12; — (vallets), 12. Doreurs.
Dorelotieres, 12, Voy. *Dorelotiers.*
Dorelotiers, 12. Rubaniers.
Dormans (Jean de), évêque de Beauvais, 347.
Dossiere, 95, n. 1. *Pièce du harnais encore désignée sous ce nom.*
Doublel, 174. Pain de deux deniers.
Doublés, 386. *Doublets,* 308. *Doublés de voirrines,* 267. Pierres fines doublées de verre.
Doubletiers, 18, note 2. Voy. Pourpointiers.
Doublets, 304, 374. Pourpoints.
Doullens. Voy. Tisserands.
Draperie, 19-20; — de Rouen, 76, n. 3.
Drapiers 5, 13, 20, 26-27, 35, 45, 47, 106, n. 1; 109, 126, n. 1; 127, n. 3; 337; — (confrérie des), 34, 38, 39, 41, 52; — forains, 371-372; — (vallets), 13.
Draps, 6; —(commerce des), 371-372; — de Flandre, 20; — *bâtards,* 343, 344;—(draps de quinze aunes); *blanchets,* 341, art. 17; — *brunettes,* 341, art. 17; — draps *cotellés,* 340, art. 7; — *épaulés,* 224, 342, art. 31; 366, 367 (draps mieux tissus aux lisières qu'au milieu ou qui ne sont tondus qu'au chef de la pièce); — *esselléz, esselletéz,* 366, 370 (draps qui ont subi le cati au moyen de planchettes de bois); — *essorilliéz,* 370 (draps dont on a ôté la lisière pour faire remarquer un défaut); — *gachiers,* 343 (gros draps de petite dimension); — *marbrés,* 341, art. 17; — *pignés en sain.* 339, art. 2. 3; 341, art. 23 (draps dont la laine a été graissée et peignée); — rayés, 341, art. 23; 342, art. 28. Voy. Tissage, Épinçage, Teinture, Tondage.
Draps d'or (fabricants de), 13.
Droits d'entrée dans les corporations, 93, 96-101, 336, 338, art. 36; 341, art. 20.
Eau de Paris (jurés de l'), 163.

Echafaudeeurs, 13. Constructeurs d'échafaudages.
Echanson du roi, 112, n. 1.
Echaudeeurs, 13. Faiseurs d'échaudés?
Echaudés, 174.
Echevinage de Paris, 43, 138; — aboli par Charles VI, 53.
Echevins. Voy. marchands (prévôt des).
Ecorcherie (l'), 22, 163; — (rue de l'), 27.
Ecorcheurs, 13, 49, 132; — de moutons, 13.
Ecouffes (rue des), 21.
Ecreveiciers, 13.
Ecriniers, 13, 47, n. 2. Faiseurs d'écrins.
Ecrivains, 49.
Ecueliers, 13, 46;—(compagnons), 13. Fabricants d'écuelles, d'auges, d'outils en bois.
Ecuelles (fabricants d'), 99, n. 1; — d'étain (batteurs d'), 13; — (fabricants d'), 13.
Ecuyers du roi. *Leur juridiction sur les savetiers,* 133, 136.
Eglises. *Habitants de leur enclos,* 49.
Emailleurs, 13, 380-382.
Emaux d'argent, 302; — *de plite,* 300. Emaux cloisonnés.
Embauchage des ouvriers, 75-76.
Emmancheurs, 13. Faiseurs de manches de couteaux.
Emouleurs, 13; — de couteaux, 13; — de *grandes forces,* 116-117.
Empoleeurs, 7. Voy. *Ampolieurs.*
Enchevestrure de la meulle, 157, n. 1
Encrieres, 13. Voy. *Encriers.*
Encriers, 13. Fabricants d'encre.
Enfermes, 374.
Enhouseure, 350. Partie d'un escalier.
Enlumineurs, 6, 13, 21, 49; — (rue des), 21.
Ensse, 157 n. 1. Pièce d'un moulin à eau.
Entailleurs d'images, 13 (sculpteurs); — de manches, 13.

Entraictures, lat. *insuture*, 366. Nœuds des fils du drap qui ont été rompus.
Entrauves, 157, n. 1. Pièces d'un moulin à eau.
Epaules, 149 n. 2. Terme de charpenterie.
Epaves, 386. *Objets d'orfèvrerie perdus qui ont été déposés au bureau des orfèvres et qui n'ont pas été réclamés par les propriétaires.*
Epée (moulins de Gautier à l'), 163.
Epernon (moulin de Girard d'), 163.
Eperonniers, 13.
Epicières, 13.
Epiciers, 10, n. 2 ; 13, 102 ; — (vallets), 13.
Epidémie à Paris, 12, n. 1.
Epinçage, 337. Nettoyage du drap à l'aide de pincettes.
Epingles à cheveux, 6.
Epingliers, 13, 124, 127, 390-391. Fabricants d'épingles.
Epizooties, 185.
Erembourg-de-Brie (rue), 21.
Ersonneurs, 340, art. 12. Voy. *Arçonneurs*.
Escandle, 349. Mutinerie.
Eschequetiers, 13.
Esclotoir, 347. Ecluse.
Esclotouere, 157, n. 1. Voy. *Esclotoir*.
Escriniers. Voy. *Ecriniers*.
Escroes, escroes de toille, 374. Morceaux d'étoffe.
Escuciers, 13. Fabricants de boucliers (?).
Escueliers, esculliers. Voy. *Ecueliers*.
Espée, 157, n. 1. Epée de trempure d'un moulin à eau.
Espinguieres, 13.
Espinguiers, 13.
Espondes, 347. Pièces d'un moulin.
Estain, 337. Etaim, laine peignée et destinée à former la chaîne du drap. — (*Batteresses d'*), 13.
Estende, 358. Bardeau.

Etacheeurs, 13. Voy. *attacheurs*.
Etalonnage des poids, 394.
Etampage, 308, 309.
Etampes (rue Perriau d'), 21.
Etampes (Philippe d'), 280.
Etaux, 110.
Etoffes de soie et de velours (Industrie des), 93.
Etuveurs, 49.
Eudes, abbé de Sainte-Geneviève, 164.
Evreux, 185, n. 2.
Examen, 93.
Expertises faites par les gardes jurés, 130, n. 1.
Fariniers, 13. Meuniers.
Faucheurs, 80, n. 5.
Fausse monnaie, 385.
Favresses, 14. Voy. *Fevres*.
Fenestriers, 49. Petits marchands qui étalaient leurs denrées aux fenêtres.
Fenêtres. *Pourquoi ce mot est synonyme de boutique*, 109.
Fermaillers, 14. Fabricants d'anneaux, de fermeaux, de fermoirs de livres. Voy. *Fremaillers*.
Fermaillieres, 14. Voy. *Fermaillers*.
Ferronnerie (rue de la), 183.
Ferrons, 14.
Ferrot, 346, 347. Liais ferault, espèce de pierre qui se trouve sous le liais.
Fers du roi, 98, n. 1 ; 319. Droit levé sur les forgerons et censé destiné à ferrer les chevaux du roi.
Feru en taz, 381. Etampé sur matrice.
Feste du drap, 371. Faîte du drap.
Fêtes et cérémonies publiques, 50.
Feurre (rue au), 22.
Feutrieres, 14. Voy. *Feutriers*.
Feutriers, 14 ; — (*valles*), 14. Ouvriers qui apprêtent le feutre.
Fevres, 2, n. 3, n. 4. ; 14, 98, n. 1 ; 142, n. 2 ; — (maître des), 139, 331. Forgerons.
Fi, 185, Fic, maladie du bétail.
Fil (marchands de), 49.
Fil d'argent (qui tret le), 14.

Filandrieres, 14. Voy. *Filandriers*.
Filandriers, 14, 49. Fileurs.
File laine (*qui*), 14.
File linge (*qui vent*), 16. Marchand de fil de lin.
File sa quenouille (*qui*), 14.
Fileresses de soie, 14 ; — d'or, 14.
Filet, 187. Terme de boucherie.
Fileurs d'or, 14.
Fileuses de soie à petits fuseaux, 73 ; — à grands fuseaux, 72.
Flamenc (moulins de Nicolas), 163.
Flanchet, terme de boucherie, 187, 188.
Flandre. Voy. Draps.
Floreresses de coiffes, 14. Fleuristes.
Foires de Champagne, 20. Foires de Compiègne, 371-372 ; — de Langres, 184 n. 1 ; — de Saint-Ladre, 301, 371-372.
Foleville (Jean de), garde de la prévôté de Paris, 41, n. 5.
Fondeeurs, 14. Fondeurs de cuivre, 14 ; — de la monnaie, 14.
Fontaine-Malbué (rue de la), 82, n. 1.
Fonteniers, 14. *Fabricants de fontaines*.
Fontouer, 125, n. 7. Fondoir.
For-l'Evêque, 23, n. 2 ; 68 ; — (prévôt du), 101.
Forains. *A quelle condition ils peuvent travailler à Paris*, 56, 78, 128, n. 3 ; 313, 371-372, 375, 381-382. Voy. Boulangers.
Forcetiers, 14, 73, 91, 139, 140. Fabricants d'outils en fer et notamment de forces pour tondre les draps.
Forgerons, 14, 98 ; — maréchaux, 97 ; — de gros ouvrages, 139.
Forges publiques, 3 et n. 1.
Formagiers, 14. Faiseurs et marchands de fromages. Voy. *Fourmagiers*, *Fromageres*.
Forniture, 347.
Fortaillée (moulin de Mathieu), 162.
Fostet, 15. Fustet, teinture.
Fouacieres, 14.

Fouaciers, 14. Faiseurs de fouaces.
Foulage, 342, art. 30.
Fouleurs, 80, n. 5.
Foulons, 14, 51, 76, 78, 81, n. 1 ; 114, n. 1 ; 123, 124, 175, n. 2 ; 344. Leur confrérie, 40. Foulons de Provins, 56, n. 5 ; — du bourg Saint-Marcel, 344 ; — de la terre de Sainte-Geneviève, 148, n. 4 ; 335-339 ; — (vallets), 14, 82, 89.
Four, 23. Nom de la maison commune des bouchers de la Grande-boucherie.
Four (rue du), 170.
Four (aides à), 14.
Fourbisseur du roi, 81.
Fourbisseurs, 14, 81, 90, 102, 110, 120 ; — (vallets), 14, 78.
Fourcault (Jean), procureur du roi sur le fait des monnaies, 299, 309.
Fourmagiers, 14. Voy. *Formagiers*.
Fouret, 168, n. 1. Petit four.
Fourmiers de laine, 340, art. 4. Espèce de drap.
Fournage, 168, n. 3.
Fournieres, 14.
Fourniers, 14, 168, n. 3 ; 179 ; — (vallets), 14. Ceux qui faisaient chauffer les fours banaux ; patrons et garçons boulangers.
Fourqueux (Barthélemi de), 168.
Fourreliers, 15. Fabricants de fourreaux.
Fourreurs, 80, n. 5 ; 391 ; — de chapeaux, 15 ; — de vair, 290.
Fourrures, 6.
Fours banaux, 168-172, 334 ; — domestiques, 167-168. Voy. Couture Gauquelin, Juiverie (fours de la).
Fours (faiseurs de), 15.
France, 87, 88.
Francs, tribu germanique, 1, 4.
Franges et rubans (*mestier de*), 95, n. 1.
Franges (*pièce de*) *couponnée de trois ou quatre couleurs de soie*, 95, n. 1. Couponné a encore en blason le sens de partagé.
Frasarresses, 15. Voy. *Fraseurs*.

Fraseeurs, 15. Faisaient les garnitures bouillonnées appelées *frezeaux, frezelles*.

Fremaillers de laiton, 14. Voy. *Fermaillers*.

Freres mineurs (poterne des), 23. Friperie, 117.

Fripiers, 14, 21, 49, 97, 133; — ambulants, 112; — en boutique, 112; — (maître des), 115, n. 2; — (vallets), 14.

Fromage, 155, n. 2.

Fromageres, 15. Voy. *Formagiers*.

Froment (setier de). *Son rendement en farine*, 158.

Fueil (*qui font le*), 15. Ceux qui faisaient la teinture d'orseille. L'existence de cette profession prouve que la teinture d'orseille était tolérée, malgré l'interdiction portée par les statuts des teinturiers.

Gachiers. Voy. *Draps*.

Gainieres, 15. Voy. Gainiers.

Gainiers, 15, 102; — (Compagnons), 15.

Gaites. Voy. *Guetteurs*.

Gallo-Romains, 1, note.

Galochiers, 15. *Fabricants de galoches*.

Gantieres, 15.

Gantiers, 15, 31, 97, 122, n. 1; 133, n. 4; 134, 317, 318, 389-390; — de laine, 15; — (maître de), 134-135; — (vallets), 15.

Gants, 6, 318.

Gants, 101. *Droit payé par le nouveau maître aux gardes jurés*.

Gants de laine (fabricants de), 49.

Garance, *teinture*, 366, 367.

Garde doyen des orfévres, 123.

Gardes jurés, 49, 56, 79, 337, art. 33; 338, art. 39; 342, art. 39, 40, 41; 375. *Veillent sur les intérêts des apprentis*, 63, 72, 73. *Jugent si l'apprenti mérite d'être salarié*, 71. *Examinent les produits fabriqués à Paris ou qui y entrent*, 86. *Protégent l'ouvrier*, 90. *Nommés par les ouvriers*, 92. *Touchent le prix d'achat du métier*, 99. *Font passer les examens pour la maitrise*, 93-94. *Jugent le chef-d'œuvre*, 94-95. *Reçoivent une gratification du nouveau maitre*, 101. *Reçoivent le serment du nouveau maitre*, 102. *Leur élection*, 121-125. *Leurs fonctions*, 124-130. *Indemnités et bénéfices à eux accordés; reddition de leurs comptes*, 78, 130-131. *Donnent des certificats de bonne conduite*, 314-315.

Garlande, 140, n. 5.

Garnisseurs, garnisseurs de couteaux, 15. *Garnissaient de viroles et de coipeaux les couteaux, les épées, les gaines*.

Gascheeurs, 15. Gâcheurs de plâtre.

Gasteliers, 15. Pâtissiers.

Gâteaux, 174.

Gaule, 1.

Gauquelin (four), 170, 171.

Gente (Adelaïde la), 168-169.

Gentilly (Fontaine de), 165.

Geter, 350, 351. Mettre sur le papier.

Ghildes. *Leur influence sur la formation des corps de métiers*, 4.

Gibet (corde du) *fournie en redevance par les cordiers*, 99, n. 1.

Gindres, 173. *Premiers garçons boulangers*.

Gipponiers, 317. Fabricants des justaucorps appelés jupons.

Girons, 350. Surfaces horizontales des marches d'un escalier.

Gîte, 188. *Terme de boucherie*.

Godiveles, 157, n. 1; 347. Pièces d'un moulin.

Gort-l'Evêque (moulins du), 163.

Graine (*demi-*), 366, 367. Ecarlate mêlée à une autre couleur.

Grains (approvisionnement en 153-156.

Grammont (Religieux de) du bois de Vincennes. *Leurs moulins*, 161, 163.

Grand Chambrier. *Sa juridiction et ses droits utiles sur les métiers*, 133-136, 149. *Au lieu de* : Grand chambrier, p. 138, *lisez:* Grand panetier.

Grand-Châtelet, 23, 159; — (boucherie du). Voy. Boucherie.

Grand Conseil, 177.

Grand panetier, 143, 171, 177, 180. *Sa juridiction et ses droits utiles sur les métiers*, 136-139. Lisez: Grand panetier *au lieu de* : Grand chambrier, p. 136.

Grand-Pont, 22, 50, n. 1 ; 54, n. 2; 159, 162; — (maison du), 110; — (moulins du), 147, 157 ; — (quartier d'outre), 20, 121, n. 1. Voy. Meuniers.

Grand Rue, 21. Rue Saint-Denis.

Grande-Boucherie, 22, 23, 35, 54, 103, 104, 106, 132, n. 1; 181. Voy. Boucherie du Grand-Châtelet, Bouchers du Grand-Châtelet, de la Grande-Boucherie.

Gravelieres, 15. Voy. *Graveliers*.

Graveliers, 15. Ouvriers qui se livraient à l'extraction du gravier.

Graveurs de sceaux, 49.

Greffiers, 15, 139. Fabricants d'agrafes.

Grève, 22, n. 2; 178 ; — (moulins de), 162 ; — (place de), 45 ; — (port de), 115, n. 2. Voy. Marché.

Grossiers, 98, n. 1. Forgerons de grosses pièces.

Grumel, 188. Partie du bœuf au-dessous du collet.

Guerre de cent ans. *Son influence sur le taux des salaires*, 87-88.

Guet, 44-49, 99, n. 1; 143, n. 1; 294-295; — (clercs du), 45, 47, 48, 49 ; — (maîtres du), 48.

Guêtres en basane, 148.

Guetteurs du Châtelet, du Louvre, du Petit-Pont, 83-84, n. 1.

Gueule de four (droit de), 171.

Gynécées, 2.

Hale (Laurent le), vicomte de Bayeux, 159, n. 2.

Halle au blé, 155; — au fer, 179; — des gantiers, 318 ; — de la pelleterie, 133; — aux tanneurs, 118.

Halles, 6, 22, 34, 110 et 111, 154, 175; — (étaux des), 110.

Halles (marchands et marchandes des). *Leur confrérie*, 286-287.

Ham. Voy. Maréchaux-ferrants.

Ham (seigneur de), 98, n. 1.

Hanapiers, 306. Fabricants de hanaps.

Hanaps, 46.

Hanse de Londres, 19-20.

Harnois travaillant, 157, n. 1.

Harnois de lymons, 95, n. 1. Harnais de cheval limonier.

Harpin, seigneur de Herquin, panetier de France, 137.

Hauban, 102, 112, n. 1.

Haubaniers, 112, n. 1.

Haubergeons (fabricants de), 49. Cf. *Haubergiers*.

Haubergieres, 15. Voy. *Haubergiers*.

Haubergiers, 15, 48. Fabricants de hauberts. Cf. Haubergeons (fabricantes de).

Heaumier du roi, 15.

Heaumiers, 15, 139;— (vallets), 15.

Helbuterne (Girart de), charpentier juré du roi, 351.

Henri II, roi de France, 57, n. 9.

Henri VI, roi d'Angleterre, 51.

Herondelle (rue de), 139, n. 6.

Heuse (Le Baudouin de la), châtelain du château de Touque, 358.

Hospitaliers, 144, 149, 161, n. 2.

Hôtel du roi (maîtres de l'), 190, n. 2.

Hôtel-Dieu, 25, 31, 76, n. 2 ; 171 ; — (moulin de l'), 163 ; — (pauvres de l'), 33, 38, 39 ; — (terre de l'), 101.

Hôtel des Trois pas de Degré, rue aux Deux-Portes, 42.

Hôtels-Dieu, 9, n. 3.

Hottiers, 80, n. 5. Hotteurs.

Huches (faiseurs de), 15.

Huchieres, 15.

Huchiers, 15, 95, n. 1.

Hueses le roy (les), 98-99. Droit payé par certaines corporations et dont le produit était censé destiné à acheter les houseaux du roi.

Huilieres, 15.
Huiliers, 15, 185. Fabricants d'huile.
Huissieres, 15.
Huissiers, 15. Fabricants de portes.
Ile-de-France, 155, n. 2.
Imagieres, 15.
Imagiers, 15, 48 (sculpteurs) ; — emmancheurs, 15. Ouvriers qui sculptaient les manches de couteaux.
Importations, 86.
Industrie moderne, 118.
Industrie parisienne, *décrite par Jean de Jandun*, 5-6.
Industrie (chef d'), 106-120.
Innocents (fontaine des), 45.
Italie reçoit de l'étranger des *draps à teindre*, 111, n. 2
Jacobins, 38.
Jagny, 168, n. 1 (Seine-et-Oise).
Jardin des Plantes, 164, n. 2.
Jean II, roi de France, 33, n. 1; 45, 47, 50, n. 1; 154. *Etablit la liberté des conventions en matière d'apprentissage*, 60. Etablit des poids publics pour le blé, 158. *Fixe le poids du pain*, 176-177.
Joindres, 173. Gindres. Voy. Gindres.
Journées de travail, 81-84, 89, 317, 336, 340, art. 12, 13.
Joyeux avénement (droit de), 139.
Juifs, 26, 317, 318 ; — (moulins des), 162.
Juiverie (rue de la), 154, 168.
Jupiter (autel de), 4.
Juridictions exceptionnelles abolies, 321.
Laboureurs, 349. Travailleurs.
Laceeurs, 15. Passementiers-rubaniers.
Lacets de soie (Faiseuses de), 15.
Laceurs de fil et de soie, 58.
Lacieres, 15.
Lacohe (Thece), 4, 142, 143, n. 1.
Lacs (qui font), 15 ; — de soie (Femmes qui font), 15 ; — à chapeaux (Hommes qui font), 15.

Laine (Femmes qui œuvrent de), 15.
Laine *plate*, 339, art. 2 ; 343, 370 (laine basse, la laine la plus courte et la plus fine?) ; — *ronde*, 339, art. 1 ; 343, 370 ; — *tannée*, 343, 344. Laine de couleur tannée.
Lampiers, 15. Fabricants de lampes et de chandeliers.
Laneeurs, 15. Ouvriers qui chardonnaient le drap.
Langres. Voy. Foires.
Lanieres, 16. Voy. *Laniers*.
Laniers, 16. Marchands de laine?
Lanterniers d'archal, 16. Fabricants de lanternes.
Lapidaires, 48.
Laveeurs *de robes*, 16. Dégraisseurs. Les fripiers dégraissaient les étoffes : « Condamné Jehan Ysart, frepier à rendre et restituer à Jehan du Pré, fauconnier de Mons. de Moncauquier, une robe rouge doublé de blanchet qu'il lui avoit baillée pour relaver... » Juin 1410. Arch. nat. Z, 3485
Laveurs, 81, n. 1. Voy. *Laveeurs de robes*.
Layetiers, 126, n. 1. 315.
Lendit, 110, n. 8 ; 371-372.
Lenge (Jacques de), 289.
Lengleis, 363. Espèce de pierre(?)
Léproserie du Roule, 31-32.
Levain *employé dans la boulangerie à l'exclusion de la levûre*, 173.
Leveçon de cervoise, 173, n. 1.
Levûre de bière *n'était pas employée dans la boulangerie*, 172-173.
Libraires, 21, 49.
Liches, 95, n. 1. Lisses du métier à tisser.
Lieeurs, 16. Relieurs de livres.
Limbes *assemilliées au marteau*, 346.
Lingieres, 16.
Lingier, 16.
Lingnier, 16. Marchand de lin. Cf. Liniers.
Linieres, 120. Marchandes de lin.
Liniers, 58, 122, n. 1. Marchands

de lin ; — (maître des), 330. Cf. *Lingnier*.

Lisier, toile lisiée, 374. Toile qui a été lisée, c'est-à-dire tirée en largeur pour faire disparaître les bourrelets du tissu.

Livre des métiers, 5, 48, 94, 99, 137, 147. Voy. Châtelet (registre du).

Loiriers, 16. Fabricants de courroies.

Londres. Voy. Boulangers, Hanse.

Longe, 187, 188. *Terme de boucherie*.

Lorimieres, 16. Voy. *Lorimiers*.

Lorimiers, 16. Lormiers.

Lormiers, 79, n. 3, *in fine* ; 80, 95, n. 1 ; 126, n. 1 ; 131, n. 1 ; 388 ; — (ouvrier), 84, n. 3, *in fine*.

Lotissement, 111, et n. 2.

Louis VII, 143, n. 1 ; 169. Sa charte de concession à *Thèce Lacohe*, 4, 142. Remet en vigueur les usages des bouchers de la Grande-Boucherie, 5.

Louis IX, roi de France, 50, n. 1. *Confirme une ordonnance de Philippe-Auguste relative aux boulangers forains*, 178-179.

Louis X, roi de France, 43, n. 2 ; 137. *Entreprend de fixer le poids du pain*, 175-176.

Louis XI, roi de France, 154, n. 6.

Loup, 185. Maladie du bétail.

Louvre, 22, 84, n. 1.

Lucques. Voy. argent filé, or filé.

Luet (moulin de Marie du), 163.

Maci (moulin d'Etienne), 163.

Maçon juré de Notre-Dame, 346 ; — du Temple, 356.

Maçonnerie (ouvriers en), 140.

Maçonnes, 16. Femmes de maçons.

Maçons, 16, 32, 81, n. 1 ; — (aides à), 16 ; — (apprentis), 70, n. 7 ; — jurés, 160, n. 2 ; — jurés de la ville de Paris, 352-354 ; — de Saint-Magloire, 357.

Madelinieres, 16. Voy. *Mazelinniers*.

Maignans, 16. Chaudronniers.

Maille, 173, n. 8. Monnaie de la même valeur que l'obole.

Maillotins (sédition des), 53.

Maison du roi, 182, 189.

Maison du roi (officiers de la), 97, 98, 99 ; — *en conflit de juridiction avec les seigneurs justiciers*, 143-145.

Maison de la reine, 182.

Maître des œuvres de charpenterie. *Sa juridiction sur les ouvriers en charpente*, 133, 140.

Maître des œuvres de maçonnerie. *Sa juridiction sur les ouvriers en maçonnerie*, 133, 140-141.

Maîtres des œuvres de charpenterie et de maçonnerie du roi dans la vicomté de Rouen, 358.

Maîtrises, 93-104.

Maladreries, 185.

Males (qui font), 16.

Maletiers, 95 n. 1. Fabricants de malles le plus souvent en cuir. Voy. *Coffretier*.

Maliers, 16. Voy. Maletiers.

Manches (fesceurs de, qui font), 16.

Mantes (moulin de Robert de), 163.

Marceau (famille des), 142.

Marcel (Etienne), 52.

Marchands de l'eau, 3-4, 52. Leur confrérie, 52.

Marchands (prévôt des), 107, 108, 137, 179.

Marchands (prévôté des), 60.

Marchands (garde de la prévôté des), 53, n. 4.

Marché de Beauce, de la Juiverie, de la Grève, 154 ; — aux moutons, 183 ; — aux pourceaux, 385 ; — du samedi, 174. Marchés aux bestiaux, 183 ; — aux grains, 154-155.

Marchés. *Droit des tiers d'y participer*, 112-114.

Maréchal de l'écurie du roi (premier), 98, n. 1 ; 143, 319. *Sa juri-*

diction et ses droits sur certains métiers, 133, 139-140.

Maréchal du roi, 142, n. 2 ; — (maître), 98, n. 1, 144 ; — (premier), 140, n. 6.

Marechales, 16.

Maréchaussée de France, 140.

Maréchaux-ferrants, 16, 98, 107-108, 139, 298 ; — de Ham, 98, n. 1 ; — (maîtres des), 46 ; — (vallets), 16.

Marques de fabrique, 173, 366, 367, 387-388.

Marseille, 43, n. 1.

Martres (Gorges de), 115, n. 2.

Massées, massiches (pièces à bates), 381. Pleines.

Mathatias, maître des Juifs, 317.

Matières premières, 106, 110-113 ; — importées, 128.

Mâtin (Moulin de Gautier le), 162.

Maubert (Place), 144.

Mauregard (Berthelemin de), 307

Mazelinniers, 16. Fabricants de vases en madre.

Mée (Pierre le), chirurgien de la reine, 115, n. 2.

Megis, 128, n. 3.

Mégissiers, 4, 16, 22, 28, 58, 83, n. 4 ; 93, 116, 123, 131, n. 2 ; 142, 143, n. 1 ; — (ouvriers, vallets), 82-83, 86, n. 4 ; 92, n. 4.

Melles (M° Jehan de), commissaire royal sur les monnaies de l'Artois, 117, n. 3.

Mercerie *très-florissante à Paris*, 20, ainsi que l'append. n° 51 et non 59.

Mercieres, 16.

Merciers, 16, 80, 108, n. 4 ; 115, n. 2 ; 124, 126, n. 1 ; 382-384 ; — (confrérie des), 282-283 ; — du Palais, 385-386 ; — (vallets), 16 ; — (confrérie des vallets), 34 et append. n° 4.

Mereaux de plomb (Fabricants de) 16.

Merriennée, 350. Charpentée.

Mesureurs, 49 ; — de grains, 154 ; — de sel, 101, n. 7.

Meteil (setier de). *Son rendement en farine*, 158.

Métiers dont les revenus appartiennent à des particuliers, 142. Au xv° siècle, les cinq métiers qui se trouvaient dans ce cas étaient rentrés dans le domaine royal. « La ferme des cinq mestiers de Paris qui sont tanneurs, bauldroyeurs, boursiers, mégissiers et sueurs, lesquelz mestiers ceulx qui s'en meslent ne pevent tenir ouvrouer sans lettre du fermier, mesmement payent guet aud. fermier..... Et toutesfoiz, en tant que touche les sueurs, comme ilz dient, pour avoir leurs lettres de licence et payer leur guet, ilz se pevent restraire à l'escuyer d'escuyerie du roy et aud. fermier, auquel qu'il leur plaist. » Avis sur les revenus domaniaux de la recette de Paris rédigé peu après 1425. Copie du livre blanc, f° 33 v°.

Métiers (cumul de), 106, 116-117.

Meulan, 185, n. 2.

Meulant (moulin d'Henriot de), 162.

Meulant (M° Raoul de), 139, n. 4.

Meunerie, 152-165.

Meung-sur-Yevre, 166, n. 2.

Meunieres, 16.

Meuniers, 16, 147, 158 ; — du Grand-Pont, 102.

Miel (qui fait, qui vend), 16.

Miete (moulins de Nicolas), 163 n. 6.

Miete (moulin de Robert), 163.

Miroeriers, 16. Fabricants de miroirs.

Miteniers, 16.

Moieul, 157, n. 1. Moyeu.

Moiron, 346. Moellon.

Moises, 157, n. 1. Membres d'un moulin à eau.

Molinet (Laurent du), receveur et voyer de Paris, 298, 311.

Monastères. Habitants de leur enceinte, 49.

Monnaie, 51, 88, 177 ; — (ateliers de la), 353 ; — (ouvriers de la),

104; — (qui fait les coins de la), 16; — (généraux maîtres de la), 121, n. 1. Voy. Montdidier, Troyes.
Monnayers, 104.
Monnayeurs, 49; — de la monnaie de Paris, 31-32.
Monnoier (Raymondin le), 289.
Monnoiers, 16; — (vallets), 16.
Montdidier (hôtel des monnaies de), 32 et n. 1.
Montmartre. Voy. Saint-Denis (chapelle de).
Montmorency. Voy. Boulangers.
Montpellier, 43, n. 1.
Moret (Gerard de), abbé de Saint-Germain-des-Prés, 23.
Morgal (Barthélemi), procureur du roi sur le fait des monnaies, 384-385.
Mors clousis, 95, n. 1. Mors fermé.
Mortalité, 87.
Morte saison, 106, 118.
Morteliers, 16, 48. Mortelliers.
Mortellerie (rue de la), 21.
Moulée, 15, 341, art. 27, 343, 366, 367, 368, 370. Teinture.
Mouléeurs, 16; — (vallets), 16. Ouvriers qui fondaient dans des moules des boucles, des sceaux et autres petits objets en cuivre et en archal.
Moulin ou des moulins (ruelle du), 163, n. 4.
Moulinet (Mᵉ Laurent du), receveur de Paris, 354, 355.
Moulins à eau, 157-165; — publics, 3; — à vent, 156. Voy. pour les moulins particuliers les noms de leurs propriétaires.
Moutardières, 17.
Moutardiers, 17.
Mouton (flanchet, poitrine, quartier de), 188.
Moutons. *Nombre de ceux qui étaient consommés à Paris*, 182.
Municipalité parisienne, 4.
Nates (qui font), 17.
Natiers, 17.
Nattes (fabricants de), 49.
Navarre (maison de), 148, n. 4.

Navarre (roi de), 148, n. 4.
Navetiers, 17. Fabricants de navettes de tisserands.
Nemours (Pierre de), évêque de Paris, 31.
Nés (qui euvrent es), 17.
Neuve-Notre-Dame (rue), 25.
Neuvi (moulin de Guillaume de), 163.
Noël (moulins de), 163.
Noir de chaudière. Voy. *Moulée*.
Noir d'écorce, 376. *Teinture*.
Nomblet, 187. Terme de boucherie.
Normandie, 154, 155, n. 2; — (maréchal de), 52.
Notaires du Châtelet, 41, 47, 63, n. 7.
Notre-Dame de Paris, 35, 83, 283.
Notre-Dame (chapitre de), 145, 147, 148, 157, 165, 166; — (moulins du chapitre de), 159, 161; — (terre du chapitre de), 100. Voy. Charpentier juré, Maçon juré.
Notre-Dame (confrérie de), 36, n. 7; 38, 53, n. 1.
Notre-Dame (île), 50, n. 1; 162, 164.
Notre-Dame (parvis), 179.
Notre-Dame-du-Blanc-Mesnil (confrérie de), 34.
Notre-Dame-des-Champs, 184; — (prieuré de), 168; — (moulin de), 163. Voy. Boulangers.
Noyau, 187. Talon de collier, terme de boucherie.
Noyon, 185, n. 2. Voy. Teinturiers.
Œufs, 155, n. 2.
Oiers, 17. Rôtisseurs.
Oing, 189. Graisse de porc.
Or filé de Lucques, 383; — de Paris, 383.
Or rouge, 378.
Or de Venise, 305. *Or d'un titre inférieur*.
Orbatteurs, 17. Batteurs d'or.
Orfaveresses, 17. Femmes d'orfèvres.

Orfevrerie, 121, n. 1 ; 123, n. 3 ; — parisienne, 379.
Orfévres, 17, 30, 45, 47, 49, 50, 94, 122-123, 124, n. 5, n. 7 ; 126, n. 1. Le n° de la pièce de l'append. citée est 51 et non 59 ; 128, n. 2. *Noms des gardes jurés et compte rendu de leurs visites de* 1345 *à* 1466, 299-309, 382-385. — (Confréries des) 33, n. 1 ; 34 ; — (maison commune des), 34, 39, 42, 94 ; — (apprentis), 70 ; — (vallets), 17 ; — de Rouen, 302.
Orfrois, 68.
Orfrosiers, 17. Faiseurs de galon.
Orléans (maison du duc d'), 182.
Orpel, 383. Or filé, oripeau.
Oublaieres, 17. Voy. *Oubloiers.*
Oubliers. Leur confrérie, 293.
Oublies (marchands d'), 49.
Oubloiers, 17 et n. 1. Faiseurs d'oublies.
Ours (rue aux), 170, n. 4.
Outillage, 106.
Outils (entretien des), 89.
Ouvriers, 336, 337, 340, art. 14, 16. *Leur participation à la production*, 75. *Leur embauchage*, 75-78. *Modes de travail*, 78-84. *Taux des salaires*, 84-89. *Leur vie nomade*, 85. *Nourris et logés chez le patron*, 89. *Entretien de leurs outils, ibid. Leur responsabilité, ibid. Fin de leur engagement*, 89-90. *Leur situation comparée à celle des ouvriers contemporains*, 90-92. *Avaient leurs gardes jurés*, 123, 124. — Forains, 337, art. 34 ; 338, art. 42 ; 341, art. 19.
Oyers-cuisiniers, 56.
Pacy (M° Jean de), 95, n. 1.
Pacy (Pierre de), conseiller du roi, 44, n. 1.
Paignons, 157, n. 1. Pièces d'un moulin à eau.
Pailler sur quoy tourne la potence, 157, n. 1. Palier, pièce servant à faciliter le mouvement de la potence d'un moulin.
Pain, 137, 172-178, 331, 332 ; — bis, 176, 178 ; — blanc, 177 ; — bourgeois, 176, 177, 178 ; — *de brode*, 176, 177 ; — Chilly, 167, 176-177, 178 ; — *coquillé*, 176 ; — *faitis*, 176, 177, 178 ; — de ménage, 176 ; — *mescheve*, 174 ; — *mestourné*, 179, n. 2 ; — *poté*, 174 ; — *raté*, 179, n. 2.
Pain Mollet (moulin de Jean), 163.
Palais de la Cité, 52, 140, 154, 159, 161, 171 ; — (concierge du), 385-386 ; — (cour du), 45. Voy. Mercerie, Merciers.
Paneliers, 17.
Panetier du roi, 325-330.
Panonceaux (qui font), 17.
Paonnieres, 17. Chapelières de paon.
Paonniers, 17. Chapeliers de paon.
Parcheminiers, 6, 21, 49.
Pareurs, 17. Ouvriers qui chardonnaient le drap.
Paris. *Attaques nocturnes*, 82. *Dépopulation*, 40. *Privé de son échevinage*, 53. *Emeute de* 1306, 51. *Fêtes qui y sont célébrées*, 50. *Son approvisionnement de grains*, 153-156. *Nombre des hautes justices*, 334. *Industries qui y étaient les plus florissantes*, 19-20. *Les gants y sont mieux faits qu'ailleurs*, 318. *Réputation de son orfévrerie*, 379. *Mortalité*, 12, n. 1 ; 87. *Population ouvrière*, 84-86. *Hôtel des monnaies*, 32. Voy. Argent filé, Charpentiers jurés, Maçons jurés, Moulins à eau et à vent. Or filé.
Paris (bourgeois de), 47.
Paris (évêque de) *possède un étal à boucher*, 25 et n. 3 ; — (bailli de l'évêque de), 171 ; — (clerc du bailliage de l'évêque de), 167 ; — (terre de l'évêque de), 100. Voy. Boucheries.
Paris (official de), 27, 148.
Paris (porte de), 21.
Paris (prévôt de), *investi des fonctions de l'échevinage*, 53. *Son intervention dans l'épreuve du chef d'œuvre*, 94-95. *Confirme l'élection des*

gardes jurés, 122. *Exerce en partie la police de la boulangerie*, 136-139. *Sa juridiction sur les forgerons*, 139-140. *Sa compétence en matière industrielle et commerciale*, 145-150, 334-335. *En conflit de juridiction avec les Requêtes de l'hôtel*, 319-321.
   Paris (sceau de la prévôté de), 68 et n. 1.
   Paris (prisonniers de), 39.
   Paris (receveur de), 129, n. 1 ; 141, 142, n. 1.
   Paris (voyer de), 101.
   Parisiens compromis dans l'insurrection d'Et. Marcel, 53.
   Parloir aux bourgeois, 107.
   Parvis. Voy. Boucheries.
Past, 101, 105, n. 3 ; 345. Droit payé par le nouveau maître à la corporation.
   Pataieres, 17. Voy. *Pataiers*.
   Pataiers, 17 ; — (Vallets), 17. Pâtissiers.
   Patella (lat.), 164, n. 3.
   Patenostres, 382.
   Patenotrieres, 17. Voy. *Patenotriers*.
   Patenotriers, 17. Fabricants de chapelets.
   Pâtissiers. Voy. Boulangers.
   Patrons *imposaient leurs conditions aux ouvriers*, 86. *Leurs rapports avec les ouvriers*, 90-92. *Responsables pour leurs apprentis*, 71 *et pour leurs ouvriers*, 89. — (Femmes de), 117 ; — (fils de), 56, 95, 99.
   Pauciers, 17. Peaussiers.
   Paumée, 113.
   Paveurs, 17.
   Peautre (batteurs de), 17.
   Peautriers, 17.
   Pêche (droit de), 97, n. 1.
   Pêcheurs, 112 ; — de l'eau du roi, 97, n. 1.
   Peintres, 17 ; — (vallets), 17.
   Peinture, 6.
   Pêleterie (rue de la), 163.
   Pelletieres, 17.
   Pelletiers, 17, 109, 133, 134, 391 — leur confrérie, 281-282 ; — ouvriers), 17 ; — (confrérie d'ouvriers), 34.
   Pelliers, 17. Marchands de perles.
   Perche, 357. *Morceau de bois sur lequel le drap est étendu pour être lainé*.
   Perez (Jean), écuyer castillan, 377.
   Péronne, 43, n. 1.
   Perpignan, 43, n. 1.
   Perres en œuvre et hors œuvre, 383. Pierres précieuses montées et non montées.
   Perrières, 17. Voy. *Perriers*.
   Perriers. 17. Joailliers.
   Perruches. Voy. Perruzzi.
   Perruzzi, 116, n. 1.
   Pesnes, 342, art. 33. Laines qu restent sur l'ensouple lorsqu'on a retiré la pièce.
   Peste de 1348, 60, 87.
   Petit four (droit de), 171.
   Petit-Pont, 22, 26, 84, 175, n. 1 ; — (quartier d'outre), 121, n. 1. Voy. Boucherie.
   Pétrisseurs (garçons), 173.
   Philippe Auguste, 5, 23, 24, 26, 45, 50, n. 1 ; 112, n. 1 ; 143, 145, 149, 169, 178, 179, n. 2.
   Philippe le Bel, 22, 33, 51, 52, 60, 137, 140, 146, 155-156, 161, 167, 169.
   Philippe le Hardi, 149, 169.
   Philippe le Long, 33, n. 2 ; 35, n. 3 ; 281-282, 291, 293.
   Philippe de Valois, 25, 35, 56, n. 4 ; 288, 297.
   Piautriers, 17. Voy. *Peautriers*.
   Pié-et-Demi (moulin de Richard), 163.
   Pierre, abbé de Saint-Germain-des-Prés, 148, n. 4.
   Pierre de chappon, 387. « Pierre extraite du gésier d'un chapon et qui aurait eu quelque vertu magique, » dit M. de Laborde. Cette explication ne paraîtra pas invraisemblable à ceux qui savent que les bézoards, c'est-à-dire les pierres qui se forment dans le corps de certains quadrupèdes, étaient l'objet de sem-

blables superstitions, et, pour cette raison, conservées précieusement.
Pierre de marbre, 386. Table de marbre.
Pierre-à-Poissons (rue), 27.
Pierriers de verre, 17, n. 4.
Pigneresses, 17. Ouvrières qui peignaient les matières textiles.
Pigneresses de laine, 17. Elles appartenaient à la même corporation que les fileuses de laine. Voy. un mandement de Philippe le Bel au prévôt de Paris, du jeudi après la Pentecôte 1304. Bibl. nat. Fonds franç., 24069, f⁰ˢ IX××, XVII v⁰
Pigneresses de soie, 17.
Pigniers, 17. Peigniers, fabricants de peignes.
Pilori, 173.
Piqueeurs, 17. Faiseurs de piques.
Piqueurs, 348, 361, 363. Ouvriers qui démolissent les murs à coups de pic. Cf. Scheler, *Gloss. de Froissart*, v⁰ *Piquer*.
Pise. Voy. Teinturiers.
Pise (m⁰ Jean de), chirurgien, 115, n. 2.
Planches-de-Mibrai (moulins des), 162-163.
Plaqué, 306, 307, 378-380.
Plastriers, 17; — (compagnons), 17.
Plommiers, 350. Plombiers.
Plommiers, 17. Fabricants de plommées, c'est-a-dire de fléaux terminés par une boule de plomb.
Plongeurs, 163.
Ploumiers, 17. Voy. *Plommiers*.
Poids-le-Roi, 393-394.
Poinçon des orfèvres, 385.
Poisson d'eau douce (marchands de), 112.
Poissonnerie de Beauvais, 109, n. 1.
Poissonniers, 112, n. 3; — d'eau douce, 97, n. 1; — de mer, 97, n. 1.
Poissy. Voy. Bouchers.
Pont-aux-Meuniers (Moulins du), 157, n. 1; 159-161, 162, 163, 164.

Pont-aux-Moulins. Voy. Pont-aux-Meuniers.
Pont Notre-Dame, 107, n. 1.
Pont Saint-Michel, 139, n. 6.
Pontoise, 106, n. 1; 185, n. 2.
Popin (moulins d'Eudes), 162, 163.
Population industrielle, 6-19; — ouvrière, 84-88.
Porc (chair de), 185.
Porcs *Nombre de ceux qui étaient consommés à Paris*, 182; — *engraissés par les boulangers*, 172; — *malsains*, 185.
Porte (Thierry de la), prévôt de Moret, 115 n. 2.
Porte à la chair, 175.
Porte de Paris. Voy. Boucherie.
Porte Saint-Ladre, 21.
Portes (rue des), 68, n. 2.
Potence pour l'abre debout, 157 n. 1. Gros fer d'un moulin.
Poterie de métal, 6.
Potieres, 17; — d'étain, 17. Voy. Potiers.
Potiers, 17; — d'étain, 18, 56, 99; — de terre, 18; — travaillant le peautre, 17, n. 3.
Potilles, 347. Pièces de bois sur lesquelles glissent les vannes dans un moulin à eau.
Poulailler du roi, 189.
Poulailleres, 18. Marchandes de volaille et de gibier.
Poulaillers, 31, 97, n. 1; 185.
Pouletières, 18. Marchandes de volaille et de gibier.
Pouletiers, 18. Voy. *Pouletieres*.
Poulies à tendre le drap, 106, n. 1.
Poulieurs, 8.
Pourboire *payé aux témoins de l'achat du métier*, 101.
Pourceaux (place aux), 183.
Pourpointiers, 18, n. 2, et append. n⁰ 45 et non 52, 373-375; — (confrérie des, 34, 40; — (ouvriers), 38, 78.
Pourpoints (mode des), 18, n. 2.
Prestations en nature dues par certains métiers, 99, n. 1. *Aux exemples que nous en avons donnés on*

peut ajouter le suivant : « *La ferme des journées des tonnelliers, lesquelz doivent chascun tonnellier demeurant à Paris, une journée de son mestier au Roy... en chascun an en temps de vendanges...* » Copie du livre blanc, f° 25 v°.

Preux (Andry le), notaire du Châtelet, 41, n. 5.
Prises (droit de), 190.
Procureur du roi au Châtelet, 124, 125, 146, n. 3.
Produits manufacturés importés, 128.
Provins. Voy. Foulons, Tisserands.
Prudhommes. *Sens de ce mot*, 122.
Puis, *prison du Châtelet*, 307.
Puy-en-Velay (le), 306.
Quartiers occupés par les diverses industries, 20-25.
Queus, 18. Cuisiniers.
Quignez, 376. Coins.
Quincampoix (rue), 21.
Quinze-Vingts, 39, 282-283.
Rafreschisseeurs, 18. Ils remettaient les vêtements à neuf.
Raineval (Raoul de), grand panetier, 138.
Rais (*pennes de*), 391, 392. Nous ignorons quelle est cette fourrure.
Ranguillon, 303. Ardillon.
Receveur du domaine, 99.
Recommandé, 337. Ouvrier. Dans le bas-lat., *recommendisia* désigne le service dû par le vassal au seigneur (Du Cange, *hoc verbo*). Dans notre texte, recommandé doit donc s'entendre de celui qui est au service de quelqu'un, d'un serviteur, d'un ouvrier. Cf. Recommanderesse, celle qui fait entrer au service de quelqu'un, qui tient un bureau de placement.
Recouvreeurs, 18 ; — (vallets), 18. Couvreurs.
Recrois, 300.
Regrattiers, 156, 180 ; — de fruits, de légumes aigres, etc., 97, n. 1.
Reilles, 157, n. 1. Membres d'un moulin à eau.
Reims, 67.

Relief (*art du*), 6.
Relieurs, 6, 18. Voy. lieurs.
Renard (roman du), 50.
Requêtes de l'hôtel, 142, n. 2 ; 179, 319-321.
Restoré (M° Hugues), avocat au Parlement, 162.
Retondeeurs, 18. Ouvriers qui tondaient les draps qui avaient subi déjà une première tonte.
Retordent fil (*qui*), 18.
Richard, abbé de Saint-Germain-des-Prés, 24.
Robes (*ceux qui lavent viéz*), 317. Dégraisseurs.
Ros, 339, art. 1, 2, 3 ; 340, art. 4, 5 ; 375. Dents du peigne dans le métier à tisser.
Rosiers (franc-fief des), 100 ; — (rue des), 21.
Rosteau garni, 157, n. 1.
Rôtisseurs, 100.
Rouen, 22, n. 3 ; 32, 76, 156. Voy. Orfevres.
Rouen (vicomté de). Voy. Maîtres des œuvres de maçonnerie et de charpenterie.
Rouet *d'en hault, rouet par eaue*, 157, n. 1. Roue extérieure d'un moulin.
Roule (moulins de l'hospice du), 163.
Roussay (monseigneur de), grand maître d'hôtel d'Isabeau de Bavière, 377.
Routeaux, 157, n. 1. Membres d'un moulin à eau.
Royaulz, 381. Princes du sang.
Ruban (*piéce de*), *croisetée d'or et de soie*, 95, n. 1. Ruban tissé d'or et de soie et dont le dessin se compose de petites croix. Croiseté s'est conservé dans la langue du blason, 95, n. 1. Ruban (*piéce de*) *eschicquettée d'or et de soie*, 95, n. 1. Ruban orné d'un dessin en échiquier. On emploie encore le mot échiquetté dans le blason.
Rubans. Voy. franges et rubans (mestier de).
Rubaniers, 123, n. 3 ; 128, n. 3.

Sachets (frères), 31.
Sacre du roi, 99, n. 1.
Saffré, cristaux saffrés, 380. Cristaux dorés.
Saing, 189. Graisse de porc.
Saint-Antoine (porte), 25.
Saint-Belin, 168, n. 1.
Saint-Benoît (cloître), 101.
Saint-Blaise (chapelle de), 32.
Saint-Blaise (confrérie de), 32.
Saint-Brieuc (confrérie de), 34, 35, 36, 40.
Saints Crépin et Crépinien (chapelle des), à Notre-Dame-de-Paris, 35 et n. 3; — (confrérie des), 34.
Saint-Denis (chapelle de), à Montmartre. *Des orfèvres y fondent une confrérie*, 33, n. 1.
Saint-Denis (confrérie de), 34.
Saint-Denis (rue), 21, 22, 41, n. 5.
Saint-Denis (ville de), 85, n. 4.
Saint-Denis (Richart de), 144, n. 4.
Saint-Denis-de-la-Chartre (moulin de), 163.
Saint-Denis-de-la-Chartre (terre de), 101.
Saint-Eloi (abbaye de), 52.
Saint-Eloi (confrérie de) aux orfèvres, 30, 33, 34, 35, 41, 42, 285, 288-289, 308. Append. n. 7, 10, 39.
Saint-Eloi (prieuré de), 25, 146, n. 1. 171. Append. n° 1. *Son four banal*, 169. Voy. Boucherie de saint-Eloi.
Saint-Eloi (rue), 169.
Saint-Eloi (terre de), 101.
Saint-Esprit (hôpital du), 35, 284.
Saint-Eustache (confrérie de), 338, art. 35, 36, 37.
Saint-Eustache (église de), 34, 170, n. 3, 286.
Saint-Germain-l'Auxerrois (bourg de), 145; — (cloître de), 101; — (église de), 34; — (moulin de), 159, 160, n. 2.
Saint-Germain-des-Prés (abbaye de), 25, 68, 125, n. 7; 143, 148, n. 4; 149; — (bourg de), 24, 100, 125, n. 7; 149, n. 2; 169, 173, 178, n. 3;

189, n. 2; 332. Voy. boucherie de Saint-Germain-des-Prés.
Saint-Gervais (église de), 76.
Saint-Gervais (moulins assis sous) 162.
Saint-Honoré (cloître de), 101; — (porte de), 95, n. 1; — (rue de), 170, n. 3.
Saint-Innocent (cimetière de), 179, n. 2.
Saint-Jacques et Saint-Louis (confrérie de), 291.
Saint-Jacques-de-la-Boucherie (église de), 54, n. 2; 291. Voy. Boucherie de Saint-Jacques.
Saint-Julien-le-Pauvre (église de), 32.
Saint-Ladre (léproserie de), 28, n. 2; — (moulin de), 159, 160, n. 2.
Saint-Landri (église de), 162, 163.
Saint-Léonard (confrérie de), 32.
Saint-Leufroi (église de), 22, n. 2; 107, 159, 160, n. 2; — (rue de), 159.
Saint Louis. Voy. Louis IX.
Saint-Louis (confrérie de), 34 et Append. n. 4; 39.
Saint-Magloire (abbaye de), 143, 162, 163, n. 3; 171, 325-330; — (église de), 334; — (Fournier de), 14; — (moulin de), 159, 160, n. 1, n. 2; — (terre de), 332. Voy. Charpentiers jurés, Maçons jurés.
Saint-Marcel (bourg de), 44, n. 1; 100, 144, 171, 173, 178, n. 3; 334, 335; — (chapitre de), 144, 149, 169, 171, 322, 323-325. Voy. Boucherie, Cardeurs de laine, Foulons, Teinturiers, Tisserands de draps.
Saint-Martin (rue), 51.
Saint-Martin-des-Champs (bourg de) 101, 139, n. 4; 332; — (Fournier de), 14; — (moulin de), 159, 160, n. 2; 163; — (prieuré de), 25, 139, n. 4; 143, 144, 149, 165, 169. Voy. Boucherie de Saint-Martin-des-Champs.
Saint-Maur-des-Fossés (abbaye de), 76, n. 2; 168; — (confrérie de), 341, art. 24, 25. Voy. Vieille-Oreille (four banal de).

Saint-Médard (bourg de), 144. Voy. Bouchers, Tiretainiers.

Saint-Merry (chapitre de), 145; — (cloître de), 101; — (église de), 32; — (moulin de), 159, 160, n. 1, n. 2; — (paroisse), 21.

Saint-Ouen (Jean de), premier maréchal de l'écurie du roi, 98, n. 1; 319.

Saint-Paul (confrérie de), 36, 38, 40, 289-290. Append. n° 11; — (église de), 40, 171; — (quartier de), 25.

Saint-Pierre-des-Arcis (église de), 40.

Saint-Quentin, 43, n. 1; — (hôtel des monnaies de), 32, n. 1.

Saint-Sépulcre (confrérie du), 41, n. 5.

Saint-Symphorien (terre de), 101.

Saint-Victor (abbaye de), 163, n. 3, 164; — (rue de), 142, n. 2.

Saint-Yon (Guillaume de), boucher de la Grande-Boucherie, 181.

Saint-Yon (Richard de), maître des bouchers de la Grande-Boucherie, 132, n. 1.

Sainte-Anne (rue de), 183.

Sainte-Anne et de Saint-Marcel confrérie de), 34.

Sainte-Aure (four banal de), 169.

Sainte-Catherine (église de), 34; — (hôpital de), 21, 39.

Sainte-Geneviève (abbaye de), 143, 144, 148, 149, 164, 168. *Son droit de police sur les métiers*, 330, 375-376; — (Bourg de), 100-101, 148, 173, 178, n. 3. Voy. Boucherie, Foulons de drap.

Sainte-Marie-Madeleine-de-la-Cité (église de), 45.

Sainte-Opportune (cloître de), 101; — (moulin de), 159, 160, n. 1, n. 2.

Sainte-Véronique (confrérie de), 34. Append. n° 8.

Saintiers, 18, 352. Fondeurs de cloches.

Saints-Innocents (église des), à Paris, 281; — (paroisse des), 21, 31.

Salaires des ouvriers, 84-89, 90,

n. 2; — dans le bâtiment, 359-365.

Samin, 285. Etoffe de soie. On trouve plus souvent *samit*.

Sarges (qui fet les), 18. Voy. Serges.

Sargiers, 18. Fabricants de serges.

Sarrasinoises (qui fait œuvres), 18. Fabricant de tissus imités des tissus orientaux.

Saucisses, 185.

Saunerie (la), 160, n. 2.

Sauniers, 49.

Savetiers, 97, 116, 136; — (confrérie des), 40-41.

Savoie (Adélaïde de), reine de France, 169.

Savonniers, 18. Fabricants de savons.

Savouré (moulin d'Adam), 163.

Sceaux des corporations, 30.

Scieurs d'es, 18. Scieurs de long. Cf. *Sieeurs*.

Sculpture, 6.

Seelleeurs, 18, 49; — (vallets), 18. Graveurs de sceaux.

Seigneurs justiciers. *Leur juridiction en matière commerciale et industrielle*, 143-150.

Seine (la), 1, 22, 154, 158, 159, n. 6; 162, 164.

Sel *n'était pas employé dans la boulangerie*, 172.

Selle à bâtière, 95, n. 1. *Selle dont les arçons sont surmontés de battes; — à haquenée ou palefroi. Ibid.*

Sellerie, 6, 296-298.

Sellerie (la), *partie de la rue Saint-Denis*, 21.

Sellieres, 18.

Selliers, 9, n. 1; 18, 57, 93, 95, n. 1; 97, 99, 129, n. 2; 134, 136, 388-389; — (vallets), 18.

Serges, 126, n. 1; 128, n. 3; 375. Voy. *Sarges*.

Serment professionnel *prêté par le nouveau maître*, 93, 102.

Sernes, 157, n. 1. Membres d'un moulin à eau. Voy. *Cernes*.

Serpillières *tendues par les dra-*

piers devant leurs boutiques, 109.
Serruriers, 18 et n. 3, 95, n. 1; 97, 98, n. 1; 126, n. 1; 128, n. 3; 139, 140, 315-316; — (ouvriers), 77, n. 1.
Servitudes de vue, 356.
Seuil, seul, seul dormant, pl. *seulx, sieux,* 157, n. 1; 347. Seuil d'écluse et non le plancher sur lequel est établi un moulin, comme nous l'avons dit p. 157. Cf. *Sueil*.
Sieeurs, 18. Voy. *scieurs*.
Singes (rue des), ou Perriau-d'Etampes, 21.
Six corps de métiers, 51.
Soc (M° Jehan du), chanoine de Paris, 346.
Société en commandite, 115; — de secours mutuels, 39, 290-291, append., n° 12; — taisible, 114; — temporaire et à vie, 115.
Sociétés commerciales, 106, 114-116; — italiennes de banque et de commerce, 116.
Soie (ouvrieres de), 18; — *(femmes qui font tissus de),* 18; — *(qui carient, qui dévident),* 18; — *(travail de la),* 80.
Soieries, 6.
Soies de Saint-Marcel, 340. art. 10. Espèce de drap.
Soieurs, 80, n. 5. Scieurs de blé.
Soissons. Voy. tailleurs.
Sonnettes (hommes qui font), 18.
Soubz pontieau, 157, n. 1. Partie d'un moulin à eau.
Souche, 157, n. 1. Membre d'un moulin à eau.
Soufletiers, 18, 317. Fabricants de soufflets.
Soupis, 187. Partie du bœuf qui est au-dessous de la poitrine.
Sueil d'amont l'eaue; — *d'aval l'eaue,* 157, n. 1. Voy. *Seuil*.
Sueurs, 4, 18, 116, 142, 143, n. 1. Cordonniers.
Suif, 146, n. 4; 189.
Surlonge, 187, 188. Partie d'un bœuf entre les plats de joue et le collier ou partie de la culotte.
Tabletieres, 18. Voy. tabletiers.

Tabletiers, 18. *Fabricants de tables, d'étuis, etc., en bois, en ivoire, en corne.*
Taçonneeurs, 18. Savetiers.
Taieres, 18. Voy. *taiers*.
Taiers, 18. Faiseurs de taies d'oreillers.
Taillandiers, 27, n. 1. Tailleurs.
Taillandiers, 139.
Taille, 188. *Petit bâton sur lequel on marque par des coches les marchandises fournies.*
Tailleresses, 18. Voy. tailleurs.
Tailles levées à Paris, 6, 43-44.
Tailleurs, 18, 85, 93, 121, n. 1; — *de dras,* 19; — *de robes,* 19, 31, 48, 127, n. 3; 146, n. 3; — (confrérie des), 40, 124, n. 2; — (vallets), 19, 88, n. 3; — de Pontoise, 79, n. 3; — de Soissons (confrérie des), 36, 39.
Tailleurs d'or, 19.
Tailleurs de pierre, 19, 48.
Talemelieres, 19. Voy. *Talemeliers*.
Talemeliers, 19, 97, 174, n. 1; 175, n. 2; 179, n. 2; — (maître des), 136; — (vallets), 19. Boulangers. Voy. ce mot.
Tannerie, 392-393.
Tannerie (rue de la), 21, 162.
Tanneurs, 4, 19, 116, 142, 143, n. 1; — (vallets), 19; — de Pontoise, 106, n. 1; — de Troyes, 118.
Taperel (Henri de), garde de la prévôté de Paris, 290.
Tapis sarrazinois, 31. Tapis façon d'Orient.
Tapis de luxe (fabricants de), 46. Voy. *Tapissiers sarrazinois*.
Tapissieres, 19. Voy. Tapissiers.
Tapissiers, 19 et n. 1; — à navette, 49; — *sarrazinois,* 31, 48, 116, 122, n. 1; — (ouvriers), 78.
Tassetes, 383. Bourses.
Tassetiers, 143, n. 1; 317. Faiseurs de bourses.
Tàte-Sauveur (Etienne), bailli de Sens, 115 n. 2.
Taverniers, 45, 47, 51.
Teinture, 148, n. 4; 336. Voy.

Brésil, Demigraine, Garance, Moulée, Noir d'écorce.
Teinturerie, 22.
Teinturieres, 19.
Teinturiers, 19, 175, n. 2 ; 344 ; — de peaux, 124, n. 4 ; — *de robes*, 19 ; — de soie, 19 ; — du bourg Saint-Marcel, 344 ; — de Noyon, 114, n. 1 ; — de Pise, 111, n. 2 ; — (ouvriers), 19, 85. Voy. Boursiers-teinturiers.
Telieres, 19. Voy. *teliers*.
Teliers, 19 ; — (vallets), 76, n. 3. Tisserands de toile.
Temple (le), 51 ; — (moulins du), 159, 160, n. 2 ; 161, 162 ; — (quartier du), 21. Voy. Boucherie, Charpentier juré, Maçon juré.
Temple (M° Raymon du), architecte, 347-352, 354-356.
Templiers *établissent une boucherie*, 24-25.
Terres getisses, 356. Déblais.
Thérouanne (fief de), 145.
Thiboust (Guillaume), garde de la prévôté de Paris, 185, n. 4.
Tiretaines, 340, art. 11 ; 375-376.
Tiretainiers, 19 ; — de Saint-Médard, 375. Fabricants de tiretaines. Ils faisaient aussi des serges. Voy. un règlement sur les tiretainiers de Saint-Médard. Append. n° 46.
Tissage, 339-343.
Tisserandes, 19 et n. 2 ; — de toile, 19.
Tisserands, 19, 21, 28, 45-46, 51, 116, 175, n. 2 ; — (apprentis), 62-63, 65 ; — (maître des), 45-46, 63, 65, 70, 131 ; — (vallets), 19, 78, 82, n. 1 ; — drapiers, 19, 72, 81, n. 1 ; 94, n. 4 ; 97, n. 1 ; 99, 119, 131, 294, 343-344 ; — de soie, 19, 97, n. 1 ; — de toile, 81, n. 1 ; 125, n. 6 ; 294, 341, art. 18 ; — de Doullens, 119 ; — de Provins, 56, n. 5 ; — de Rouen, 76, n. 3 ; — de Saint-Marcel, 148, 339-343 ; — de Troyes, 86.
Tissus (fabricantes de), 19, 59.

Titre des ouvrages d'or et d'argent, 314.
Toieres, 18. Voy. *Taiers*.
Toile, 331 ; — de Hollande, 36, n. 7 ; — (marchands et marchandes de), 34.
Toiles (qui bat les), 19.
Toilliers, 19. Tisserands de toile.
Tondage des draps, 117, 368-369 ; — à table sèche, 116, n. 5.
Tondeurs de drap, 19, 49, 102, 116, 127, n. 3 ; — (ouvriers), 83, 89.
Tonnelieres, 19.
Tonneliers, 19, 46-47, 80, n. 5 ; 93, 95, n. 1 ; 111, n. 1 ; 124, n. 3 ; 130, n. 1 ; — (vallets), 19.
Touque (château de), 358.
Tour-de-Bois (la), 183.
Tour de France, 85, n. 7.
Tournai, 84, n. 2.
Tournelle (Jean de la), chevalier, 312.
Tournelles, 154, n. 6.
Tourneurs, 19.
Tourteaux, 179.
Tranche grasse, 187. Terme de boucherie.
Travail à la lumière, 81, 127, n. 2 ; 129, n. 2 ; 330, 331, 336, 381 ; — à temps et à façon, 80-84 ; — en chambre, 80 ; — en ville, 78-79.
Travail de maréchal-ferrant, 108, 298.
Trébuchet, 347.
Tréfileurs (et non tréfiliers), 19 ; — d'archal, 31, 59, 81 ; — d'argent, 19 ; — (ouvriers), 118.
Trémuions, 157, n. 1. Trémillons d'un moulin.
Tremuye, 157, n. 1 ; — (sonnettes de la), 157, n. 1. Trémie d'un moulin.
Tresses, 6.
Trinité (église de la), 124 n. 2 ; — (hôpital de la), 57, n. 9 ; — (moulin de l'hôpital de la), 163.
Tripieres, 19. « ... pour XXXVI pourceaulx achattés... ou marché de Paris... ou mois de decembre MCCC III[xx] et IX... pour yceulx.. langoier, tuer, saller, appareiller, et pour le salaire des trippieres qui ont appa-

reillé et lavé les yssues et fait les boudins...» Arch. nat. KK 30, f° 73 v°.
Tripiers, 19.
Trompeeurs, 19. Faiseurs de trompes.
Troterie, 338, art. 43.
Trousse-Vache (rue), 21.
Trousseau de l'ouvrier, 78.
Troyes (Hôtel des monnaies de), 32. Voy. Tanneurs, Tisserands. — (Bailli de), 118, n. 5.
Troyes (M° Jean de), médecin, 68, n. 2.
Trumeliers, 19. Fabricants de l'armure de jambe appelée trumelière.
Tuerie (rue de la), 163, n. 4.
Tuiliers, 19. Fabricants de tuiles.
Tumbier, 349. Sculpteur de tombes.
Université, 146.
Ursins (Jean Juvenal des), garde de la prévôté des marchands, 53, n. 4.
Vacances des ouvriers à l'année, 81, n. 8.
Vaches malsaines, 185.
Valeur des denrées de première nécessité, 87 ; — de la main-d'œuvre, 84, 87, 88 ; — relative de l'argent, 84.
Valprofond (abbaye de), 38.
Vanetiers, 19. Vanniers.
Vaniers, *vanniers*, 19, 49. Vanniers.
Vanneurs (garçons), 173.
Vanves, 130, n. 1.
Veau. Sa consommation à Paris, 182 ; — (quartier de), 188.
Veaux (Place aux), 183.
Veilleurs du grand et du petit pont, 45.
Veilliers, 19, 139. Fabricants de vrilles.
Vernon (moulin de Raoul de). 163.
Veuves de maîtres, 100.
Vieille-du-Temple (rue), 21.
Veluet (qui fait le), 19. Ouvrier en velours.

Vendengeurs, 80, n. 5.
Venise. Voy. Or.
Vêpres *marquaient la fin de la journée de travail*, 82, 317. Voy. *vesprées*.
Verberie, 184.
Verges, *verges d'or*, 306, 307, 312, 386. Cercles de bagues.
Verriers, *voirriers*, 19. Verriers.
Vesprées, 81, n. 8 ; 82. Soirées.
Vêtements. *Ouvriers qui les remettaient à neuf*, 49.
Vexin, 155, n. 2.
Viande *mauvaise brûlée*, 333.
Vieille-Draperie (rue de la), 169.
Vieille-Oreille (Four banal de), 168.
Villepereur, 110, n. 8. Villepreux (Seine-et-Oise, ar. de Versailles, canton de Marly-le-Roi).
Vin, 155, n. 2 ; — (marchands étaliers de), 49.
Vincennes (bois de), 161, n. 3.
Viroliers, 19. Faiseurs de viroles. Cf. *Garnisseeurs*.
Vis, 350. Escalier.
Vivier (Jean du), orfévre du roi, 285.
Voerret d'or, 304.
Voirie (garde de la), 108.
Voirre de plonc, 380. Carbonate de plomb.
Voirrieres, 19. Voy. *voirriers*.
Voirriers, 49. Bijoutiers en faux.
Voyer de Paris, 108. Voyers des seigneurs justiciers, 108.
Wergeld des esclaves initiés à des arts mécaniques, 2.
Widanges, 348, 349. Excavations, fondations.
Wisigoths, 1, note.
Worcester. *Disposition de ses statuts relative à l'apprentissage*, 69, n. 1.
Worms (évêques de). Organisation de leur *familia*, 2, note 2.
Yevres (moulin de l'abbesse d'), 163.
Ymagiers, 15. Voy. *Imagiers*.

TABLE DES MATIÈRES

	PAGES
DÉDICACE.	I
AVANT-PROPOS	II

LIVRE PREMIER

Organisation civile, religieuse et économique de la classe industrielle.

CHAPITRE PREMIER. — ÉTAT DE L'INDUSTRIE

Origine des corps de métiers. — Population industrielle. — Industries parisiennes les plus florissantes. — Quartiers occupés par les diverses industries 1

CHAPITRE II. — VIE CIVILE ET RELIGIEUSE DU CORPS DE MÉTIER.

Le corps de métier était une personne morale. — Ses revenus et ses dépenses. — Il n'avait pas, en principe, le droit de sceau. — La confrérie. 26

CHAPITRE III. — VIE PUBLIQUE DU CORPS DE MÉTIER

Services rendus par le corps de métier en matière d'impôts et de police. — Sa participation aux fêtes et aux cérémonies publiques. — Son rôle politique. 43

CHAPITRE IV. — L'APPRENTI

Entrée en apprentissage. — Obligations du patron et de l'apprenti. — Causes de résiliation du contrat d'apprentissage. 55

CHAPITRE V. — L'OUVRIER

Embauchage de l'ouvrier. — Travail en ville et en chambre — Travail à temps et à façon. — Taux des salaires. — Responsabilité de l'ouvrier. — Fin de l'engagement de l'ouvrier. — Rapports du patron et de l'ouvrier.   75

CHAPITRE VI. — CONDITIONS POUR OBTENIR LA MAÎTRISE

Conditions de capacité : examen et chef-d'œuvre. — Droits d'entrée : achat du métier et droits accessoires. — Caution. — Serment professionnel. — Particularités de la maîtrise chez les boulangers et les bouchers. — Création de maîtrises.   93

CHAPITRE VII. — LE CHEF D'INDUSTRIE

Outillage et locaux industriels. — Acquisition des matières premières. — Sociétés commerciales. — Cumul de professions. — Jours chômés et morte saison. — Coalitions. — Situation comparée des chefs d'industrie. — Caractère économique du chef d'industrie.   106

CHAPITRE VIII. — LES GARDES JURÉS ET LA JURIDICTION INDUSTRIELLE

Élection des gardes jurés. — Leur police. — Juridiction professionnelle exercée par certaines corporations. — Autres attributions des gardes jurés. — Leurs indemnités et leurs profits. — Leur reddition de compte. — Le maître dans certains métiers. — Juridiction exercée par les bouchers de la Grande-Boucherie sur les membres de la corporation. — Juridiction exercée sur certains métiers par le grand chambrier, — le grand panetier, — le chambellan, — les écuyers du roi, — le premier maréchal de l'écurie, — le barbier du roi, — les maîtres des œuvres de maçonnerie et de charpenterie. — La juridiction de certains métiers passait quelquefois entre les mains de simples particuliers. — Conflits de juridiction entre les officiers de la maison du roi et les seigneurs justiciers. — Compétence des seigneurs justiciers et du prévôt de Paris en matière industrielle.   121

LIVRE SECOND

Monographie de certaines industries.

CHAPITRE I. — MEUNERIE ET BOULANGERIE

PAGES

Approvisionnement en grains. — Remèdes employés par l'autorité contre la disette. — Moulins et mouture. — Boulangerie. — Banalité des fours. — Prix et qualité du pain. — Vente du pain par les forains. 153

CHAPITRE II. — BOUCHERIE

Nombre des bestiaux consommés chaque semaine. — Achat du bétail. — Commerce de la boucherie. — Prix de la viande de boucherie. — Bouchers et poulaillers fournisseurs de l'hôtel du roi . . . 181

CHAPITRE III. — BATIMENT

Maîtres des œuvres. — Maçons et charpentiers jurés. — Système dans lequel s'exécutaient les travaux. — Matériaux et engins de construction. — Corps d'état du bâtiment. 191

CHAPITRE IV. — INDUSTRIES TEXTILES

Matières textiles : laine, coton, lin, chanvre, soie. — Transformation des textiles en filasse : laine, lin et chanvre. — Filature. — Tissage de la laine. — Tissage de la soie. — Tissage de la toile. . . . 210

CHAPITRE V. — APPRÊTS, TEINTURE ET COMMERCE DES ÉTOFFES

Foulage, lainage et ramage du drap. — Tondage du drap. — Teintures et mordants. — Contestations entre les teinturiers et les tisserands drapiers. — Décrusement et teinture de la soie. — Commerce des étoffes. 231

CHAPITRE VI. — CONFECTION DES VÊTEMENTS TISSÉS

Tailleurs-couturiers et doubletiers. — Tailleurs faisant partie de la maison du roi et de celle des seigneurs. — *Braaliers de fil.* — Chaussetiers et aiguilletiers. — Fripiers. 244

CHAPITRE VII. — ORFÉVRERIE ET ARTS ACCESSOIRES

PAGES

Métaux précieux. — Affinage. — Titre de l'or et de l'argent. — Travail au marteau et fonte. — Soudure. — Repoussé. — Dorure et argenture. — Plaqué. — Étampé. — Niellure. — Émaillerie. — L'émaillerie occupait une corporation spéciale. — Joaillerie. — Taille du diamant. — Glyptique. — Variété du commerce des orfévres. — Leurs marques de fabrique. 251

Conclusion. . . . .

Portée véritable du monopole des corporations. — Influence des importations sur le prix de la main-d'œuvre et des produits industriels. — But et effets de la réglementation. — Comparaison entre l'industrie du xiiie siècle et l'industrie moderne 270

Appendice. 279

Index alphabétique des matières contenant un glossaire, des additions et des corrections. 395

Table des matières 423